Malleus Maleficarum
말레우스 말레피카룸
마녀를 심판하는 망치
The hammer of witches

MALLEVS
MALEFICARVM,
MALEFICAS ET EARVM
hæresim frameâ conterens,

EX VARIIS AVCTORIBVS COMPILATVS,
& in quatuor Tomos iustè distributus,

*QVORVM DVO PRIORES VANAS DÆMONVM
versutias, præstigiosas eorum delusiones, superstitiosas Strigimagarum
cæremonias, horrendos etiam cum illis congressus; exactam denique
tam pestifera secta disquisitionem, & punitionem complectuntur.
Tertius praxim Exorcistarum ad Dæmonum, & Strigimagarum male-
ficia de Christi fidelibus pellenda; Quartus verò Artem Doctrinalem,
Benedictionalem, & Exorcismalem continent.*

TOMVS PRIMVS.
Indices Auctorum, capitum, rerùmque non desunt.

Editio nouissima, infinitis penè mendis expurgata; cuique accessit Fuga
Dæmonum & Complementum artis exorcisticæ.

Vir siue mulier, in quibus Pythonicus, vel diuinationis fuerit spiritus, morte moriatur
Leuitici cap. 10.

LVGDVNI,
Sumptibus CLAVDII BOVRGEAT, sub signo Mercurij Galli.

M. DC. LXIX.
CVM PRIVILEGIO REGIS.

Malleus Maleficarum

by Jacob Sprenger, Heinrich Kramer

MALLEUS MALEFICARUM

말레우스 말레피카룸

마녀를 심판하는 망치

야콥 슈프랭거 · 하인리히 크라머 지음 　　 이재필 옮김

마녀 사냥을 위한 교본

우물이 있는 집

추천사

500년 만에 한글로 번역된 '중세 마녀 사냥 광풍'을 이끈 책

조한욱(한국교원대학교 역사교육과 교수)

역사를 되돌릴 수는 결코 없는 일이지만, 그렇다 할지라도 절대로 일어나지 않았으면 좋았으리라고 생각하는 일들이 있다. 그중의 하나가 마녀 사냥이다. 그렇듯 기억에조차 떠올리고 싶지 않은 일이지만 그것을 다시 되새겨야 하는 이유는 오늘날에 이르기까지 도처에서 그것이 다른 모습으로 나타나고 있으며, 그 현상의 본질을 파악해야지만 반복을 피할 수 있다고 믿기 때문이다. 그런 의미에서 마녀 사냥의 교본이라 할 수 있는 《말레우스 말레피카룸: 마녀를 심판하는 망치》는 그 출간이 뒤늦은 감이 있긴 하지만 우리나라의 번역 세계에 더해진 소중한 목록이 아닐 수 없다.

이 책은 하인리히 크라머와 야콥 슈프랭거의 공저로 알려져 있다. 하인리히 크라머는 독일 도미니크 교단의 가톨릭 사제였던 헨리쿠스 인스티토르Henricus Institor의 라틴어화된 이름이다. 그가 주 저자였는데, 이 책의 공신력을 더하기 위해 야콥 슈프랭거를 공저자로 끼워 넣었을 뿐이라는 설이 유력하지만, 슈프랭거가 집필한 부분이 상당히 많다는 주장도 없지는 않다.

이 책은 1486년 독일 남서부의 도시 슈파이어에서 출판되었다. 슈파이어는 유네스코 세계문화유산으로 선정된 대성당이 지금도 풍광을 지배할 정도로 종교적 색채가 강한 도시였다. 마법과 그 실행자인 마녀가 실재한다고 주장한 이 책이 출판된 지 3년 만에 가톨릭교회에서는 이 책의 내용이 사실이 아니라고 부인했다. 하지만 출판 이후 30여 년 동안 20쇄를 찍고, 1574년부터 1669년 사이에 16쇄를 더한 이 마녀 사냥의 교본은 르네상스 시대 이래 법정에서 마녀의 단죄를 위한 지침을 제공하며 마녀 사냥의 광풍과 대중의 미신과 종교 개혁으로 말미암은 종교적 긴장을 악화시켰다.

본디 가톨릭교회에서는 마법이나 마녀의 실재를 부정했다. 그 존재를 믿는 사람들은 "꿈이나 환각 속에서 악마의 꾐에 빠져 오랜 이교도의 과오에 빠진 것"이라고 주장했다. 그럼에도 마법을 믿는 사람은 있었지만, 당시까지 그들에 대한 처벌이라 해야 사람들 앞에서 하루 정도 벌을 서며 망신을 당하는 것에 그쳤다. 그러나 《말레우스 말레피카룸: 마녀를 심판하는 망치》가 나온 뒤 사람들은 마녀가 실재한다는 것을 더욱 확신하게 되었으며, 그에 따라 마녀에 대한 처벌도 잔인해졌다.

실상 하인리히 크라머는 티롤 지역에서 마녀로 지목된 여인을 기소하다가 실패하여, 오히려 그가 주교로부터 '망령이 든 노인'으로 취급받으며 인스브루크에서 추방된 적이 있었다. 평상시에도 상궤에서 벗어난 행동을 하던 그에 대한 성직자들의 평판도 그를 추방한 요인이 되었을 것이지만, 어쨌든 하인리히 크라머로서는 자신을 합리화하고자 하는 마음도 이 책을 쓰게 된 계기가 되었을 것이다.

이 책은 마녀 사냥을 위해 세 가지가 필요하다고 주장하니, 마녀의 사악한 의도, 악마의 도움, 그리고 처벌에 대한 신의 허락이 그 요인들이다. 3부로 구성된 이 책의 1부는 마녀의 실재를 부정하며 따라서 그들에 대한 처벌도 거부하는 성직자들을 겨냥한다. 2부에서는 마법의 여러 형태와 그에 대한 해결 방법을 제시하며 3부에서는 재판관과 심문관들로 하여금 마녀에 대처하여 그들을 처벌할 방편에 대한 조언을 아끼지 않는다.

마법을 행하는 사람들 중에는 남성도 있었고 지역에 따라서는 남성이 압도적으로 많은 곳도 있었지만, 전체적으로 여성이 훨씬 많았고, 그것은 라틴어의 제목에서부터 반영된다. '말레우스 말레피카룸'이라는 제목의 말레피카룸은 여성형 소유격으로서 특히 '마녀의'라는 뜻을 가리키기 때문이다. 여성이 색욕과 같은 욕망에 더 취약하며 도덕적으로도 더 불완전하다는 생각이 제목에서부터 반영되고 있는 것이다. 마녀의 배후에는 악마가 존재하며 그들은 난교를 벌인다. 그러나 악마의 목적은 쾌락의 추구가 아니라 단지 마녀를 타락시키는 데 있다.

이렇듯 불합리한 생각을 담은 이 교본이 어찌 그리 널리 퍼졌을까? 몇 가지 요인이 있다. 첫 번째는 구텐베르크에 의한 인쇄술의 보급이었다. 인쇄술은 성서만 보급시킨 것이 아니었다. 그것은 마녀에 대한 두려움도 확산시켰다. 지역 교구 차원의 가톨릭교회에는 여전히 주술과 점복, 점성술과 같은 요인들이 잔존해 있었고, 그것도 《말레우스 말레피카룸: 마녀를 심판하는 망치》의 확산에 기여했다. 그러나 가장 중요한 것으로는 종교개혁이 진행되던 당시 신교와 구교 양측 모두 서로에 대해 별로 관용을 보이지 않으며 상대방이 진정한 신앙을 모독하고 있다며 저주를 퍼붓던 태도를 꼽아야 할 것이다.

차 례

3부 이단을 근절하는 방법

해설

1부

마법의 세 요소, 악마, 마법사, 신의 묵인에 관하여

쟁점 1
마법은 존재하는가?

마녀의 존재를 완강히 부인하는 것이 명백한 이단으로 간주되어야 할 만큼, 마녀의 존재를 주장하는 것이 가톨릭교 교리에 충실한 것인가?

1. 위와 같은 주장은 가톨릭교 교리에 위배된다는 것이 입증되고 있다. 캐논 〈Episcopi〉에는 "어떤 존재가 더 나아지거나 더 나빠질 수 있고 또 아예 다른 모습으로 바뀔 수 있다고 믿는 사람 그리고 어떤 존재가 조물주의 허락 없이 다른 모습을 취할 수 있다고 믿는 사람은 이교도와 불신자보다 더 나쁜 사람이다"라고 기록되어 있다. 만약 이와 같은 변화가 마녀들에 의해 일어나는 것이라고 주장한다면 이는 곧 가톨릭교 교리에 반하는 이단적 주장이 될 것이다.

2. 마법은 존재하지 않는다. 만약 존재한다면 그것은 악마의 소행일 것이다. 마귀가 물질적인 변화를 일으킬 수 있고 또 그런 변화를 방해할 수도 있다고 주장한다면 이는 곧 가톨릭교 교리에 어긋나는 주장이 될

것이다. 왜냐하면 만일 그렇게 될 경우 마귀들에 의해 온 세상이 파괴될 수 있기 때문이다.

3. 육신에 일어나는 모든 변화는, 그것이 질병이 되었든 아니면 건강이 되었든, 물질의 공간 이동으로 귀착된다. 물리학적 관점에서 보면 이러한 사실을 분명히 알 수 있는데 우선 대전제로 되어야 하는 것이 바로 천체의 운행이다. 하지만 마귀에게는 천체를 운행할 수 있는 능력이 없다. 왜냐하면 오직 신만이 그런 능력을 지니기 때문이다. 따라서 마귀는 그 어떠한 물질적 변화도 일으킬 수 없다(적어도 실제적인 변화는 일으키지 못한다). 어떤 물질적 변화가 일어난다면 우리가 알지 못하는 어떤 원인이 작용하고 있음에 틀림없다.

4. 신의 권능과 역사는 악마의 권능과 역사보다 더 의미심장한 것이다. 만약 마법이 존재한다면 그것은 신의 권능에 대항하는 악마의 소행임에 틀림없다. 악마의 권능이 신의 창조물에 영향을 미칠 수 있다고 생각한다면 그것은 잘못된 생각이다. 또한 신의 창조물과 신의 역사가 악마에 의해 변화될 수 있다고 믿는다면 그것 역시 잘못된 믿음이다(사람뿐만 아니라 동물의 경우에도 마찬가지다).

5. 물질의 법칙을 따르는 존재는 결코 물질적 존재에 영향을 미칠 수 없다. 가령 마귀는 천체天體의 힘에 종속되는데 흔한 예로 주술사들이 마귀를 불러낼 때 별자리를 관찰한다는 사실을 떠올려 보면 이를 쉽게 알 수 있다. 마귀에게는 물질적 존재에 영향을 미칠 수 있는 능력이 없다. 따라서 마녀가 그런 능력을 지닐 가능성은 더욱 적다.

6. 마귀가 인위적 수단을 통해서만 활동한다는 것 그리고 그런 수단들로 인간이나 동물의 실제 모습을 바꿔 놓을 수 없다는 것은 잘 알려져 있

는 사실이다. 그래서 〈미네랄de inineris〉* 장章에 "숙련된 연금술사들은 모습의 변화가 불가능하다는 것을 잘 알고 있다"라고 기록되어 있는 것이다. 이처럼 인위적 수단을 이용하는 마귀들은 건강이나 질병의 실제적 특징을 만들어 내지 못한다. 만약 건강에 어떤 변화가 일어난다면 그것은 또 다른 원인, 즉 마귀와 마녀의 영향권 밖에 있는 미지의 원인에 의해 좌우되는 것이 분명하다.

하지만 교령 33항의 첫 번째 질문을 보면 "만약 신의 묵인하에 마법과 주술의 도움을 받는다면 그리고 사탄의 힘을 빈다면"이라는 문구가 나온다. 이 문구는, 마녀의 방해를 받은 남녀가 부부로서의 의무를 다할 수 없게 된다는 문제와 관련 된 것인데, 결국 마녀의 방해가 가능하기 위해서는 신의 묵인, 마녀 그리고 악마의 세 힘이 필요하다는 것이다.

7. 더 강한 것은 덜 강한 것에 영향을 미칠 수 있다. 게다가 마귀들의 힘은 그 어떠한 물질적 힘보다 더 강하지 않은가? 욥기는 다음과 같이 기록하고 있다.

"세상에 그것과 비할 것이 없으니 그것은 두려움 없는 것으로 지음 받았구나" (욥기 41장).

답변. 여기서 중요한 것은 세 가지 이단적 교리의 그릇됨을 증명하는 것이고 이를 통해 진실을 밝히는 것이다. 마녀의 해악에 대해 언급한 토마스 아퀴나스의 학설에 따라(《Commentary on Pronouncements》 IV dist.,

---

* 알베르트의 《미네랄에 관한 다섯 권의 책》 중의 한 장.

24), 어떤 이들은 "이 세상에 마법이라는 것은 없다. 다만 사람들의 상상이 그렇게 만들었을 뿐이다. 심지어 사람들은 그 원인을 알 수 없는 자연현상들까지 마녀의 간계에 기인하는 것으로 본다"라고 주장했고 또 어떤 이들은 "마녀의 존재는 인정한다. 하지만 마녀가 하는 일은 자신의 마법으로 사람들의 상상과 환상을 불러일으키는 것뿐이다"라고 생각한다. 그런가 하면 "마녀가 악마의 도움을 받는 것은 사실이지만 어쨌든 마법은 환상에 불과한 것이다"라고 주장하는 이들도 있다.

이제 이 거짓된 주장들의 실체를 밝히고 그 그릇됨을 증명해 보자. 첫번째 교리는 학자들에 의해, 특히 성 토마스 아퀴나스에 의해 철저한 이단으로 간주되고 있다. 토마스 아퀴나스에 따르면, 이러한 교리는 성인聖人들의 근본 교리에 어긋나는 것으로서 불신앙에 그 뿌리를 두고 있다. 성서에 기록되어 있는 것처럼, 만약 신이 묵인할 경우 마귀들은 물질 세계는 물론, 인간의 상상력까지 지배할 수 있다(이것은 성서의 많은 대목들을 통해 분명하게 드러나고 있는 사실이다). 거짓된 주장의 옹호자들은 "세상에 마법은 존재하지 않는다. 다만 사람들의 상상 속에서 그런 일이 일어나는 것뿐이다"라고 주장한다. 다시 말해서 사람들의 상상 속에 존재하는 마귀들 외에는 그 어떠한 마귀들의 존재도 믿지 않는다는 것이다. 그들은 마귀나 마녀를 보게 되어도 단지 그렇게 느껴지는 것일 뿐이라고 주장할 것이다. 하지만 이 모든 것은 참된 믿음에 모순된다. 참된 믿음에 따르면, 하늘에서 떨어진 천사들이 마귀로 변했고 바로 이 때문에 마귀들은 우리보다 더 큰 힘을 갖는다. 그리고 마귀의 일을 돕는 자는 마법사라는 이름을 얻게 되었다. 세례받은 자의 불신앙이 이단으로 간주되는 만큼 세례받고 믿지 않는 자는 이단자로 간주되어야 한다.

나머지 두 '거짓된 주장'은 마귀와 마귀의 천부적인 힘을 부정하지 않는다. 하지만 마법과 마녀의 본질이라는 문제에 가서는 두 교리의 견해가 엇갈리고 만다. 한 교리는, 마법을 위해서는 마녀의 참여가 필요하다는 것을 인정하지만 마법의 결과가 실재한다는 것은 부정한다. 다른 한 교리는 "마법에 의한 피해는 분명히 실재한다. 하지만 마녀의 참여는 단지 그렇게 느껴지는 것에 불과하다"고 주장한다. 사실 이 두 교리는 캐논 〈Episcopi〉(XXVI, 5)에 나오는 두 대목, 즉 자신이 디아나, 헤로디아와 함께 야간 비행을 한다고 믿는 여자들이 맹비난을 받는 대목에서 비롯되었다. 그리고 거짓된 주장의 옹호자들은, '이런 일이 상상 속에서만 일어나는 것이라면 다른 모든 결과도 이와 마찬가지일 것'이라는 잘못된 생각에 빠져 있다.

또한 캐논 〈Episcopi〉는 다음과 같이 규정하고 있다.

"어떤 존재가 더 나아지거나 더 나빠질 수 있다고 믿는 사람 그리고 어떤 존재의 모습이 조물주가 지은 것과 다른 모습으로 변할 수 있다고 믿는 사람은 믿음이 없는 자요 이교도보다 못한 자이다."

거짓된 주장의 옹호자들은 캐논에 '또는 더 나빠지게 된다'는 문구가 있다는 것을 근거로, 마법에 홀리는 것이 현실이 아니라 상상의 유희라고 주장한다.

이러한 주장들이 이단적일 뿐만 아니라 캐논의 취지에도 어긋난다는 것을 신법神法과 교회법 그리고 민법에 기초하여 개괄적으로 증명할 것이고 또한 캐논에 언급된 내용을 통해 구체적으로 증명된다. 신법은 마녀를 멀리하고 또 죽일 것을 명하고 있다. 만약 마귀를 도와 실제적인 해악을 끼치지 않았다면 신법은 그와 같은 형벌을 명하지 않았을 것이다. 영혼의 죽음은 환상의 미혹이나 유혹에 의해 초래되지만 육체의 죽음은 오직 중대한 물질적 죄악에 의해서만 초래된다. 이것은 마귀들의 도움을 받는 것이 진정 죄악인가라는 문제와 관련해서 성 토마스 아퀴나스가 밝힌 견해다(2, dist, 7). 신명기는 "모든 마법사와 주술사는 죽임을 당해야 한다"고 기록하고 있다(18장). 그리고 레위기 20장 6절에는 "접신한 자와 박수무당을 음란하게 따르는 자에게는 내가 진노하여 그를 그의 백성 중에서 끊으리니"라고 기록되어 있고 또 20장 27절에는 "남자나 여자가 접신하거나 박수무당이 되거든 반드시 죽일지니"라고 기록되어 있다(악마와 함께 놀라운 이적異蹟을 행하는 사람을 '접신하는 자'라 부른다).

배교자 아하시야와 사울이 병들어 죽은 것은 바로 이런 죄 때문이었다(열왕기하 1장 16-17, 역대기상 1장을 참고하라). 성서 주석자들이 악마의 권능이나 마법에 대해 이와 다른 견해를 보인 적이 있는가? 여러 학자의 견해를 자세히 살펴보자. 《명언집》을 보면, 마귀의 도움을 받는 마법사와 마녀가 상상 속의 마법이 아닌 실제 마법을 행할 수 있다는 것을 알 수 있다. 나는, 이러한 현상들에 대해 성 토마스 아퀴나스가 자세히 설명한 대목만을 염두에 두고 있는 것이 아니다(《대이교도 대전》 3권 1-2장, 제1부, Q. 114, 4항). 파라오 마법사들에 대한 주석자들의 언급, 출애굽기 7장, 《신의 도시》와 《기독교 교리》에 나오는 성 아우구스티누스의 언급도 마찬가지이다. 그리고 다른 학자들 또한 이와 같은 견해를 보이고 있다(그들의 견해에 이의를 제기하는 것은 이단들이나 하는 어리석은 짓이다). 교회법에서, 성서를 잘못 해석하는 사람을 이단자라 부르고(〈이단들〉 Q. 1, 24) 또 신앙에 대해 교회의 가르침과는 다른 견해를 갖는 사람을 이단자라 부르는 데에는 그만한 이유가 있는 것이다.

그리고 교회법은, 이 '거짓된 주장'이 캐논의 양식良識에 어긋난다는 것을 여실히 보여준다. 〈Si per sortiarias et maleficas artes 24, qu. I〉 장章을 해석할 때 교회법 학자들이 관심을 갖는 것은 오직 하나다. 그것은 바로 부부 관계를 방해하는 요소들이 마녀에 의해 야기된다는 것 그리고 그런 요소들로 인해 결혼 생활이 파탄에 이르게 된다는 것을 설명해 내는 것이다. 이런 점에서 교회법 학자들의 견해는 성 토마스 아퀴나스의 견해와 같다.

"육체적 교합이 있기 전에 마법의 영향을 받을 경우 그리고 그것(마법)이 영속적인 것일 경우 마법은 결혼 생활을 방해하는 것은 물론 심할 경우 두 사람을 갈라놓기도 한다."

자명한 일이겠지만, 만약 마녀의 영향이 상상에 의한 것이었다면 교회법 학자들이 이와 같은 견해를 피력하지는 않았을 것이다.

《Summa copiosa》에 서술된 호스티엔시스와 고프레도 그리고 라이문두스의 견해도 비교해 봐야 한다. 그들은 마법의 실재를 의심하기보다는 오히려 당연한 현상으로 받아들였고 또한 마법의 영향이 영속적인 것이라고 판단할 수 있는 시기가 언제쯤이냐는 질문에 대해 3년이라는 기간을 제시했다. 그리고 그들은, 마녀와 계약을 맺은 악마가 실제로 이러한 방해 요소들을 야기하거나 또는 마녀의 중개 없이 악마 스스로 야기한다는 것을 믿어 의심치 않는다. 이런 일은 보통 믿음이 없는 이교도들 사이에서 일어난다. 왜냐하면 악마는, 그들이 당연히 자신의 지배를 받게 된다는 것을 알고 있기 때문이다. 가령 피터 드 팔루드는《명언집》제 4권에 대한 주석에서 다음과 같이 이야기하고 있다.

"한 남자가 있었는데 이 남자는 바보 같은 여자와 결혼한 후 다른 젊은 여자와 성교하기를 원했다. 하지만 인간으로 둔갑한 악마가 매번 그들 사이에 누웠기 때문에 남자는 꿈을 이룰 수 없었다."

한편 믿는 자들 사이에서 이런 일이 일어날 경우 악마는 주로 마녀의 도움을 받아 영혼을 파멸시킨다. 악마가 어떻게 이런 일을 벌이는지 또 악마가 이용하는 수단은 어떤 것인지에 대해서는 잠시 후 인간에게 해를 끼치는 일곱 가지 방법에 대해 이야기할 때 다시 설명하도록 하겠다. 신학자들과 교회법 학자들이 제기하는 또 다른 문제들에 관련해서도 마찬가지의 결론이 나온다. 그들이 제기하는 문제는 첫째, 어떻게 하면 마법을 깨뜨릴 수 있는가 둘째, 이미 행해진 마법의 효력을 없애기 위해 또 다른 마법을 이용하는 것이 올바른 일인가 셋째, 마법을 행한 마녀가 이미 죽고 없으면 어떻게 해야 하는가이다. 고프레도가 자신의《대전大典》에서 이러한 문제들에 대해 언급하고 있는데 우리는 이 책 3부에서 이 문제들을 다룰 것이다.

끝으로, 만약 마법이 실재하지 않았다면 어째서 교회법 학자들은 그토록 열을 내며 마법을 응징하려 했을까? 또한 마법사들이나 점쟁이들의 은밀한 죄악과 명백한 죄악을 구분한 것은 대체 무엇때문이었을까? 가령 교회법 학자들은 그 죄악이 명백할 경우 성례 성찬의 거부를 그리고 그 죄악이 은밀할 경우 40일간의 회개를 명하고 있고(De cons., dist-2, pro dilectione을 참고하라), 사제가 점쟁이 짓을 할 경우 수도원에 가두고 평신도가 과실을 범할 경우 파문할 것을 명하고 있으며(26, Q. 5, Non oportet) 끝으로 이들 모두로부터 시민권을 박탈하는 것은 물론, 법정에서 항변할 기회마저 빼앗을 것을 명하고 있다(2, Q. 8 Quisquis nec). 도대체 무엇 때문이었을까?

민법의 입장도 이와 다를 바가 없다. 가령 암살자와 살인자에 관한 코르넬리우스법에 의거한 아조는 《유스티니아누스 법전》 제9권에 대한 자신의 《대전》(마녀에 관한 조항 2 post 1, Cornelia de sicar et homicid)에서 다음과 같이 밝히고 있다.

"마법사로 불리는 자들과 점술을 행하는 자들은 모두 극형에 처해진다는 사실을 알아야 할 것이다."

그리고 이와 똑같은 형벌을 적용한 《The Laws Culpa and Nullus》에도 다음과 같이 명시되어 있다.

"점술을 행해서는 안 된다. 만약 이를 어기는 자가 있다면 그는 복수의 검을 피할 수 없을 것이다. 또한 요사스러운 마법으로 독실한 신자의 삶을 망쳐 놓고 또 여자를 유혹해 죄 많은 음욕에 빠지게 하는 자들이 있다. 이런 자들은 《the Law Multi》에 따라, 사나운 짐승에게 몸이 갈기갈기 찢기는 고통을 겪게 될 것이다."

더 나아가 이 법들은, 반역 죄인을 고발할 때와 마찬가지로 누구든 이러한 죄인을 고발할 수 있다고 밝히고 있다. 캐논에도 다음과 같이 쓰여 있다.

"이런 자들은 심지어 신의 위엄까지 모욕하고 있다. 따라서 이런 죄를 범하는 자는 지위 고하를 막론하고 심문을 받아야 하며 또한 죄상이 드러났음에도 불구하고 자신의 죄를 인정하지 않는 자는 고문을 받아 마땅하다. 갈고랑쇠에 몸이 갈기갈기 찢긴 후 그들은 응분의 처벌을 받게 될 것이다."(유스티니아누스 법전 9.18.7).

과거에는 이런 죄인들에게 이중 형벌이 적용되었다. 하나는 사형이었고 다른 하나는 갈고랑쇠에 몸이 찢기거나 사나운 짐승에게 잡아먹히는 것이었다. 하지만 이제 그들을 기다리고 있는 것은 오직 화형뿐이다. 왜냐하면 그들 모두가 여자들이기 때문이다.

또한 죄인들을 돕는 것도 금지되어 있다. 법에는 다음과 같이 명시되어 있다.

"이러한 죄인들은 남의 집 문턱을 넘어서도 안 된다. 만약 그들을 집에 들이는 자가 있다면 그의 재산은 모두 불태워질 것이다. 누구도 그들을 맞이해서는 안 되고 또 그들에게 조언을 해서도 안 된다. 이러한 죄를 범하는 자는 유형에 처해질 것이고 그들의 재산은 몰수될 것이다."

여기서 유형에 처해지고 재산을 몰수당하는 자들이란 바로 마녀를 돕는 자들을 말한다. 그리고 전도자들이 직접 이러한 형벌에 대해 알리는 것이 성서의 문구를 인용하는 것보다 훨씬 더 큰 마녀 퇴치 효과를 갖는다.

뿐만 아니라 법은 마녀의 활동을 방해하는 사람에게는 호의적이다. 앞에서 언급한 교회법 학자들의 저작을 참고하라.

"마녀가 불러오는 폭풍과 우박으로 인해 사람들의 노고가 물거품이 되지 않도록 하는 이에게는 형벌이 아니라 보상이 주어질 것이다."

그렇다면 마녀의 파괴 행위를 막을 수 있는 방법은 무엇인가? 이 문제에 대해서는 나중에 다시 살펴보도록 하자. 어쨌든 스스로 이단자를 자처하지 않는 한 지금까지 이야기된 것들을 부정해서는 안 되고 또 경솔하게 이의 제기를 해서도 안 된다. 무지無知가 용서의 구실이 될 수 있는지는 각자 알아서 판단해야 할 것이다. 어떤 종류의 무지가 용서의 구실이 되는지에 대해서는 곧 설명하도록 하겠다.

지금까지 설명한 것들을 종합해 보면 다음의 주장이 가톨릭교의 신앙과 교리에 매우 충실한 것이라는 결론에 이르게 된다.

"악마와 계약을 맺는 마녀들이 분명히 존재한다. 그들은 신의 묵인과 악마의 도움으로 마법을 행할 수 있는 능력을 지니게 되었다. 그리고 그들이 불러일으키는 온갖 환상과 착각으로 인해 많은 사람들이 농락당하고 있다는 사실 또한 부정할 수 없다."

하지만 이 책이 현실적인 마법을 다루고 있는 만큼 상상 속의 마법에 대해서는 더 이상 거론하지 않겠다. 상상 속의 마법을 펼치는 자들에게는 마녀보다는 점쟁이와 예언자라는 이름을 붙이는 쪽이 더 정확할 것이다.

첫 번째 거짓된 주장과 마찬가지로 나머지 두 교리 역시 캐논의 이야기에 근거를 두고 있다(물론 첫 번째 교리는 성서의 말씀에 어긋나는 것으로서 이미 그 진실성을 잃은 것이나 다름없다). 따라서 지금부터는 캐논의 양식을 분명히 밝히고 두 번째 거짓된 주장, 즉 마녀가 이용하는 수단은 환상적인 것이고 겉으로 드러나는 그 결과물은 실제적인 것이라고 주장하는 교리를 논박해 보자.

여기서 주목해야 할 것은, 미신이 그 종류만 해도 열네 가지가 될 정도로 아주 다양하다는 것이다. 이 책에서는 1부의 마지막 쟁점을 다룰 때 미신의 종류와 그 의미에 대해 살펴볼 것이다(이시도르《어원론》8와 아퀴나스(II, 2, 92)가 이 문제에 대해 자세히 언급하고 있는 부분을 참고하도록 하자).

앞에서 언급한 여자들은 이른바 피톤*의 범주에 속한다(악마의 놀라운 이적異蹟이 바로 이 피톤들을 매개로 해서 일어난다). 반면에 마녀는 마법사의 범주에 속하는데 마녀들끼리도 서로 큰 차이를 보이기 때문에 한 범주에 속하는 마녀를 다른 범주에 포함시키는 것은 적절치 못하다. 그리고 결정적으로 캐논은 위에서 말한 여자들에 대해서만 이야기할 뿐 마녀들에 대해서는 아무런 언급이 없다. 따라서 캐논에 언급되어 있는 내용을 모든 종류의 미신에 적용시키는 사람이 있다면 그 사람은 캐논을 잘못 이해하고 있는 것이다. 위에서 언급한 여자들이 상상 속에서만 활동한다고 해서 모든 마녀가 그와 같은 식으로 활동하는 것은 아니다. 게다가 모든 마녀는 오직 상상 속에서만 사람을 유혹할 수 있고 또 재앙과 질병을 불러올 수 있다는 식으로 결론 내리는 사람들 때문에 캐논의 의미가 더욱더 왜곡되고 있다.

---

* 그리스 신화에서 스스로 신탁을 내리는 거대한 뱀.

이런 식으로 잘못된 교리를 퍼뜨리는 자들이 더욱더 비난받을 수밖에 없는 이유는 그들이 외적 영향, 즉 마귀의 활동이나 질병 같은 실제적인 결과는 인정하지만 매개 수단으로서의 마녀는 부정하기 때문이다.

여기서 환상은 실제적인 어떤 것이라고 주장해도 크게 달라질 것이 없다. 왜냐하면 환상은 그 자체로서는 아무것도 이룰 수 없고 또 마귀의 간계에도 이용될 수 없기 때문이다. 그리고 악마와 계약을 맺을 때에도 환상과 상상이 하는 역할은 그다지 중요하지 않다. 계약을 이행하기 위해서는 악마와의 물질적인 협조가 필요한 것이지 상상 속의 협조가 필요한 것이 아니기 때문이다. 마녀와 마법사가 해를 끼칠 때는 상상 속의 수단이 아닌 실제 수단이 사용된다. 가령 저주의 눈길, 주문, 주문에 걸린 물건들이 그것이다(주문에 걸린 물건을 몰래 문간에 숨겨 놓는 것이다).

뿐만 아니라 캐논을 자세히 들여다보면, 사제들과 전도자들이 열과 성을 다해 전도해야 할 내용을 많이 발견하게 된다. 첫째, 신 이외에 또 다른 신적 존재가 존재한다는 말을 믿어서는 안 된다. 둘째, 디아나 또는 헤로디아와 함께 말을 타고 하늘을 질주한다는 말과 악마(즉 다른 모습을 취한 악마)와 함께 말을 타고 하늘을 질주한다는 말은 엄연히 다른 말이다. 셋째, 말을 타고 하늘을 질주한다는 것은 상상의 유희가 만들어내는 현상, 즉 악마에게 사로잡힌 사람이 환상을 현실로 받아들이기 때문에 일어나는 현상이다. 넷째, 악마에게 굴복하는 사람은 모든 일에서 악마의 뜻을 따르지 않으면 안 된다. 이상과 같으므로 앞에서 언급한 캐논의 이야기를 모든 마녀에게 적용시키는 것은 참으로 어리석은 짓이 아닐 수 없다(세상에는 아주 다양한 종류의 마법이 존재한다).

마법사의 공중 이동이 실제로 가능한가 아니면 상상 속에서만 가능한 가라는 문제는 이 책 2부 3장에서 다루게 될 텐데 결론적으로 말하면 실제로도 가능하고 또 상상 속에서도 가능하다. '캐논의 양식良識'이라는 관점에서 그 근거들을 분석한다면 두 번째 교리도 첫 번째 교리와 마찬가지로 논파되고 말 것이다.

세 번째 교리도 마찬가지다. 캐논에 그 근거를 두어 마녀의 마법은 환상의 산물에 불과하다고 주장하는 세 번째 교리 역시 캐논의 내용을 실제적으로 해석함으로써 얼마든지 논파할 수 있다. 캐논에는 "어떤 존재가 더 나아지거나 더 나빠질 수 있다고 믿는 사람 그리고 어떤 존재가 조물주의 허락 없이 다른 모습을 취할 수 있다고 믿는 사람은 이교도와 불신자보다 더 나쁘다"라고 기록되어 있다. 하지만 여기에 언급되어 있는 세 가지 논점은 성경 말씀에 어긋날 뿐만 아니라 학자들의 정의와도 맞지 않는다. 가령 마녀가 불완전한 짐승을 만들어 낼 수 있다는 것은 캐논 〈Nec mirum〉과 캐논 〈Episcopi〉 그리고 파라오 마법사들에 대한 아우구스티누스의 해석만 보더라도 쉽게 확인할 수 있고 또 출애굽기 7장에 대한 주석("파라오가 현인들과 마술사들을 부르매……")과 스트라본의 주석("마녀가 주문을 외우며 도움을 청하자 마귀들이 곧바로 온 세상을 날아다니며 갖가지 정자들을 모으기 시작한다. 왜냐하면 이 정자들로 온갖 짐승을 만들어 낼 수 있기 때문이다") 그리고 알베르투스 마그누스의 《동물들에 관해서》와 성 토마스 아퀴나스의 저작을 통해서도 얼마든지 확인할 수 있다. 하지만 간결한 기술을 위해 이것들에 대한 설명은 생략하기로 하자. 다만 한 가지 짚고 넘어가야 할 점은, 이들이 사용하는 동사 'fieri'에 '만들어졌다procreari'는 의미가 함축되어 있다는 것이다.

오직 신만이 그 권능으로써 무언가를 더 낮게 만들거나 더 못하게 만들 수 있지만 때에 따라서는 마귀들을 통해 이런 일이 이루어지기도 한다(신은 인간을 바로잡거나 벌하기 위해서 이런 일을 한다). 첫 번째 경우(더 낫게 만드는 경우)와 관련해서는 "신이 자비를 베풀고 신이 벌하노니", "내가 죽이고 내가 되살릴 것이니"라고 기록되어 있고 두 번째 경우(더 못하게 만드는 경우)와 관련해서는 "사악한 천사들을 통한 계시"라고 기록되어 있다. 또한 캐논 〈Nec mirum〉에서 "마녀와 마법으로 인해 질병과 죽음이 초래된다"는 아우구스티누스의 말에 주목할 필요가 있다.

셋째, 마귀의 권능에 의지하는 마녀들이 늑대를 비롯하여 온갖 짐승으로 둔갑하는 상황을 고려해야 한다. 게다가 캐논 또한 상상에 의한 둔갑이 아닌 실제로 일어나는 둔갑에 대해 언급하고 있다(상상에 의한 둔갑도 자주 일어나는 편이다). 가령 아우구스티누스는 유명한 마법사 키르케, 디오메데스의 동료들 그리고 프레스탄티우스의 신부에 대해 자세히 설명하고 있다(《신국론》, 18, 17). 그리고 이 책 2부에서도 짐승으로 둔갑하는 문제와 함께 이런 일에 마녀가 항상 참여하는지의 문제, 악마가 그런 모습을 취하는지의 문제 그리고 인간이 그와 같은 새로운 모습을 취하는지의 문제가 다루어질 것이다.

마법사들을 인정하는 것이 과연 이단인가?

이 책 1부 서두에서 던진 질문은 마녀의 존재를 완강히 부정하는 것은 곧 이단이라는 주장을 담고 있다. 그렇다면 이렇게 물어볼 수 있을 것이다.

"마녀의 존재를 부정하는 자는 이단적 행위를 공공연하게 일삼는 자로 간주해야 하는가 아니면 단지 이단의 죄를 강하게 의심받는 자로 간주해야 하는가?"

우리가 보기에는 전자가 더 정확한 것 같다. 가령 버나드는 자신의 주석집 《glossa ordinaria》(in cap. ad abolendam, praesenti u vers. deprehensi)에서 다음과 같이 밝히고 있다.

"이단을 적발하는 방식에는 세 가지가 있다. 첫째, 피의자가 공공연하게 이단을 설파할 경우 현행범으로 체포한다. 둘째, 목격자들의 합법적인 증언을 통해 적발한다. 셋째, 피의자 자신의 자백을 통해 적발한다."

이런 자들은 노골적으로 이단을 설파하는 자들로서, 마녀가 존재하지 않는다고 주장하거나 마녀가 아무런 피해도 주지 않는다고 주장한다. 따라서 그들을 이단자의 범주에 포함시키는 것은 충분히 가능한 일이다. 〈Excommunicamus〉 장章에 나오는 문구 'deprehensi publice'에 대한 버나드의 주석도 이와 같은 맥락에서 이해되어야 한다. 그리고 캐논 〈Cuibusdam extra de ver. sig〉도 이와 똑같은 식으로 문제를 해결하고 있다. 만약 독자들이 이와 관련된 대목을 직접 읽는다면 우리 말이 진실인지 아닌지 쉽게 확인할 수 있을 것이다.

이런 경우에 캐논 〈Ad adoleedam〉은 성직자일 경우 사제직을 박탈하고 평신도일 경우 세속 권력에 인도해야 한다는 형벌 규정을 명시하고 있다. 하지만 거짓된 주장과 관련하여 수많은 사람의 죄상이 폭로된다는 것을 고려하면 이 형벌이 지나치게 가혹하다는 것을 인정하지 않을 수 없다. 그러므로 형벌의 가혹함을 덜어 주는 것이 합당하다(dist 40 ut constitueretur).

답변. 교령집 《Extra de praesum》(eitteras, quodcirca mandamus)에 나와 있는 것처럼 우리는 설교자들을 비난하기보다는 오히려 그들의 허물을 덮어 주었으면 한다. 이단의 죄를 의심받는 것은 사실이지만 그래도 사제들이 그토록 무거운 죄로 유죄 선고를 받는 것은 결코 바람직한 일이 아니다. 물론 혐의가 있으니 재판에 회부될 수야 있겠지만 그렇다고 해서 반드시 유죄 판결을 받아야 하는 것은 아니다. 다만, 참된 신앙에 반하는 경솔한 주장을 했다는 혐의가 있고 또 그런 혐의를 무시할 수 없는 만큼, 적어도 그들에게 적용된 혐의의 경중을 따져 볼 필요는 있을 것이다. 혐의는 크게 세 가지, 가벼운 혐의와 무거운 혐의 그리고 아주 무거운 혐의로 나뉜다. 이와 관련해서는 〈Accusatus〉 장과 〈sum Contumacia〉 장(lib VI, de haeret) 그리고 〈Accusatus〉 장과 'vehemens'라는 말에 대한 아르크데아콘과 요한 안드레아스의 주석을 참고하기 바란다. 또 혐의에 대해서는 〈Litteras〉 장을 참고하고 아주 심각한 혐의에 대해서는 캐논(dist, 24 quorundam)에 언급된 내용을 참고하면 된다.

다시 한번 강조하지만 설교자가 어떤 혐의를 받고 있는지 잘 따져 봐야 한다. 왜냐하면 이단적 주장을 내세운다고 해서 그들 모두에게 똑같은 잣대를 들이댈 수는 없기 때문이다. 어떤 사제들은 신법神法을 몰랐기 때문이라고 하고 또 어떤 사제들은 상당한 지식을 갖추었음에도 불구하고 우유부단한 모습을 보이며 대답을 망설인다(어쨌든 이들 모두가 전적으로 혐의를 인정할 생각은 없는 것이다). 하지만 완강한 의지가 수반되지 않는 단순한 생각의 실수를 이단이라 단정지을 수는 없다. 다시 말하면 이단자로 의심받는다고 해서 그 의심의 정도가 모두 똑같은 것은 아니라는 말이다. 심지어 자신은 무지하기 때문에 그랬으니 재판을 피해갈 수 있을 것이라고 생각하는 사람들조차 자신의 죄, 즉 무지함으로 인해 과실을 범하는 자의 죄가 얼마나 무거운지는 인정해야 한다. 물론 온갖 종류의 무지가 있겠지만 영혼의 지도자인 신부에게 불가항력적 무지란 있을 수 없다. 그들의 무지는 신학자들과 법률가들이 사실에 대한 무지라고 이름 붙이는 것과도 다르고 또 철학자들이 부분적인 무지라고 부르는 것과도 다르다. 그들의 무지는 그들 모두가 반드시 알고 있어야 하는 신의 법에 대한 무지인 것이다. 이 문제와 관련해서 교황 니콜라이의 교령은 다음과 같이 밝히고 있다.

"우리의 사명은 천상의 씨앗을 뿌리는 일이다. 만약 그 씨앗을 뿌리지 않고 침묵을 지킨다면 우리가 화를 면치 못할 것이다."

이처럼 성경 말씀을 새기는 것이 그들의 임무이고(dist 36 pertotum과 비교하라) 신도들의 영혼을 올바른 길로 인도하는 것이 그들의 사명이다(ibid., c. 2, ecce u. siquis vult). 라이문드, 호스티엔시스 그리고 토마스 아퀴나스가 지적하는 것처럼, 그들에게 요구되는 것은 방대한 양의 지식이 아니다. 그들은 자신의 임무를 수행하는 데 필요한 적당한 지식만 갖추면 되는 것이다.

하지만 혐의를 받는다고 해서 너무 괴로워할 필요도 없다. 만일 이전의 그릇된 교리를 버리고 참된 교리만을 전도한다면 법적 문제들에 대한 그들의 무지도 사악하지 않은 무지로 간주될 수 있기 때문이다(그것이 의도적인 것이든 아니든 상관 없다). 사실 첫 번째 무지는 정당화될 수 없는 무지이고 따라서 단죄되어 마땅한 무지이다(시편의 작자는 "그는 어떻게 하면 선을 행할 수 있을지 알고 싶어하지 않는다"라고 말한다). 그리고 두 번째 무지는 그 죄가 좀 더 가벼운데 이것은 무언가를 알아야 할 의무가 있음에도 불구하고 당사자가 그런 의무를 깨닫지 못해서 일어나는 경우이기 때문이다. 예를 들어 사도 바울의 경우가 그랬다. 디모데전서는 "내가 전에는 비방자요 박해자요 폭행자였으나 도리어 긍휼을 입은 것은 내가 믿지 아니할 때에 알지 못하고 행하였음이라"라고 기록하고 있는데 사실 그는 다른 일이 많다는 핑계로 배우는 일을 소홀히 하였고 또 경고가 있었음에도 자신의 잘못을 고치려 하지 않았다. 그래서 그의 죄는 부분적으로만 용서받았던 것이다.

한편 암브로시우스는 로마서 2장 4절의 말씀("혹 네가 하느님의 인자하심이 너를 인도하여 회개하게 하심을 알지 못하느냐?")을 해석했는데 여기서 그는 "네가 만약 많은 것을 알지 못한다면 너의 죄가 아주 깊을 것이다. 그러므로 오늘날 위험에 빠진 영혼들이 구원받을 수 있도록 반드시 무지를 뿌리 뽑아야 하고 또 오만한 무지가 득세하지 못하도록 가혹한 심판을 내려야 할 것이다"라고 말하고 있다. 그리고 《Flores regularum moralium》(규정 2)에는 "무지를 범하지 않기 위해 최선을 다한 사람은 신법에 대해 몰랐다 하더라도 형벌에 처해지지 않는다. 이는 성령께서 그를 참된 구원의 길로 인도하려 함이다"라고 씌어 있다.

캐논의 양식이라는 측면에서 봤을 때 첫 번째 논거에 대한 답은 아주 명쾌하다.

그리고 두 번째 논거와 관련해서 따헝떼스의 베드로는 다음과 같이 밝히고 있다.

"그 큰 질투심으로 인해 인간과 투쟁을 벌이는 악마는 만약 신의 묵인만 얻는다면 인간 세상을 절멸시키고 말 것이다."

하지만 신은 하나를 행하는 것은 묵인하지만 다른 하나를 행하는 것은 허락하지 않는다. 그리고 바로 이것이 악마에게 크나큰 치욕을 안겨 준다(신은 자신의 영광을 현시하기 위해 모든 일에서 악마를 이용한다).

세 번째 논거와 관련해서는, 신체의 병적 변화나 다른 어떤 피해가 있기 전에 공간 이동이 먼저 일어난다고 말할 수 있다. 왜냐하면 마녀에 의해 고무되는 마귀는, 해를 끼칠 수 있는 적극적 동인動因을 모은 다음 그것을 피동적 동인과 결합시켜 고통과 불행 그리고 그 밖의 온갖 혐오스러운 현상을 불러일으키기 때문이다. 그리고 이러한 공간 이동이 천체의 움직임에 의해 일어나는가라는 질문에 대해서는 그렇지 않다고 답해야 한다. 공간 이동이란 자연력에 의해 일어나는 것이 아니라 마귀, 즉 인간의 신체를 지배하는 마귀에게 복종함으로써 일어나는 것이기 때문이다. 물론 그렇다고 해서 마귀가 다른 자연적 원인의 도움 없이 물질에 근본적 변화나 우발적 변화를 일으킬 수 있다는 것은 아니다. 하지만 마귀는 신의 묵인하에 물체들을 이동시킬 수 있고 또 그 물체들의 결합을 통해 고통을 야기하거나 그와 유사한 변화를 일으킬 수 있다. 그러므로 마법은 마귀와 마찬가지로 천체의 움직임에 거의 종속되지 않는다고 말할 수 있다.

네 번째 논거와 관련해서는 다음과 같이 말할 수 있다. 신의 피조물들은 악마의 교활한 음모, 예컨대 마법에 의해 고통을 겪을 수 있다. 하지만 이것은 신의 묵인이 있을 때에만 가능한 일이다. 즉 악마의 힘이 신의 힘보다 더 강할 수 없다는 말이다. 게다가 악마는 폭력을 행사할 수도 없다. 만약 악마가 폭력을 행사할 수 있다면 신의 피조물들이 모두 파괴될 것이기 때문이다.

그리고 다섯 번째. 누구나 알고 있는 것처럼, 천체는 마귀들에게 영향을 끼칠 수 없다. 하지만 마법사들의 경우 천체의 배열 형태를 이용해 마귀들을 불러낼 수 있는데 그들이 이렇게 하는 데에는 두 가지 이유가 있다. 첫째, 일정한 형태의 천체 배열이 자신의 일에 도움이 된다는 것을 알고 있기 때문이고 둘째, 사람들을 유혹하여 별을 숭배하게 만들어야 하기 때문이다(이런 식의 숭배로 인해 한때 우상숭배가 만연했다).

끝으로 연금술사의 황금에 관한 여섯 번째 논거가 어떤 의미를 갖는지 살펴보자. 먼저 성 토마스 아퀴나스의 학설(2, 7)에 따라 다음과 같이 말할 수 있다.

"인위적 기술이 자연력, 즉 자연적 작인(作因)의 도움을 받아 일부 본질적 형식들을 만들어 낼 수 있지만 그렇다고 해서 이것을 보편적 현상이라고 말할 수는 없다. 왜냐하면 능동적 요인과 피동적 요인을 결합시키는 일이 언제나 가능한 것은 아니기 때문이다. 연금술로 만들어 낼 수 있는 것은 기껏해야 황금을 닮은 그 무엇에 불과하다. 다시 말해서 연금술사들이 만들어 내는 것은 황금의 외적 속성을 지닌, 황금의 유사물일 뿐 진짜 황금이 아니라는 것이다. 실제로 황금의 본질적 형식은 연금술사가 사용하는 불에 의해 만들어지는 것이 아니라 일정한 곳에 내리쬐는 태양열에 의해 만들어진다(햇볕이 내리쬐는 자리에 광물의 힘이 작용한다). 그리고 이런 점에서는 연금술사의 다른 행위도 이와 마찬가지라 할 수 있다."

다시 본제로 돌아가자. 마귀는 마법을 사용한다. 따라서 다른 작인作因의 도움 없이는 본질적 형식이나 우발적 형식을 만들어 낼 수 없다. 하지만 이것이 작인의 도움 없이는 마법이 일어날 수 없음을 의미하지는 않는다. 다만 이러한 작인의 도움이 있기에 마귀들이 실제적인 피해를 입힐 수 있다는 것이다. 이제 다음 질문을 논의하는 과정에서, 이러한 마법이 실현되기 위해서는 어떤 것들이 요구되는지 그리고 마법을 행하는 일에 마귀들의 참여가 꼭 필요한 것인지에 대해 자세히 설명하도록 하겠다.

쟁점 2
악마는 마법사의 도움을 필요로 하는가?

"마법을 행하는 악마는 언제나 마법사의 도움을 필요로 한다"고 주장하거나 "악마와 마법사 모두 독자적으로(가령 마법사의 도움 없이 악마 혼자서 또는 이와 반대로) 마법을 행할 수 있다"고 주장하는 것이 과연 가톨릭교 교리에 충실한 것인가?

1. 아우구스티누스는 마법사의 도움 없이 이루어지는 악마의 행위와 관련하여 다음과 같이 주장한다.

"눈에 보이게 일어나는 모든 일은 더 낮은 힘들에 의해서도 일어날 수 있다. 하지만 물질적 피해가 눈에 보이지 않는 경우, 즉 지각되지 않는 경우는 없으므로 마귀들 역시 물질적 피해를 입힐 수 있다."

2. 성경에 기록되어 있는 것처럼, 악마가 욥에게 해를 가할 때 신의 묵인은 있었지만 마녀의 도움은 없었다(욥기 1장 12-19절은 "하느님의 불이 하늘에서 떨어져 양과 종들을 살라 버렸나이다 …… 거친 들에서 큰 바람이 와서 집 네 모퉁이를 치매 그 청년들 위에 무너지므로 그들이 죽었나이다"라고 기록하고 있다). 그리고 악마가 사라의 일곱 남편을 죽인 것도 이와 마찬가지 경우였다.

3. 더 높은 힘은 다른 어떤 힘의 도움도 필요로 하지 않으며 따라서 더 낮은 힘의 도움도 필요로 하지 않는다. 동시에 더 낮은 힘은 더 높은 힘의 도움 없이도 우박과 병을 일으킬 수 있다. 대大알베르투스는 자신의 저작 《사물의 본성에 관하여》에서 "우물 속에 던져진 썩은 세이지 풀이 어마어마한 폭풍을 불러일으킨다"라고 말하고 있다.

4. 만약 "악마가 마법을 행하는 목적이 욕망을 채우기 위해서가 아니라 자신이 찾는 자들, 즉 마녀들을 파멸시키기 위해서이다"라고 말한다면 이것은 아리스토텔레스의 견해에 반하는 주장이 될 것이다. 아리스토텔레스는 자신의 《도덕론》에서 "자유 의지가 없으면 악행은 일어나지 않는다"라고 주장하면서 다음과 같은 근거를 제시한다.

"불의不義를 원하지 않는 사람이 자유 의지로 불의를 행하는 경우는 없다. 그리고 무절제함을 원하지 않는 사람이 방탕한 행위를 하는 경우도 없다. 따라서 법의 심판을 받는 자들은 모두 자유 의지로 악을 행한 사람들이라고 봐야 한다. 악마가 마녀의 도움을 받아 무언가 사악한 일을 행한다고 했을 때 마녀의 역할은 기껏해야 악마의 도구에 불과할 것이다. 그리고 도구는 그것을 사용하는 주체의 의지에 종속될 수밖에 없다. 그렇다면 도구로 사용되는 마녀 역시 독립된 의지를 가질 수 없고 따라서 마법 행위에 대한 죄를 추궁당해서는 안 된다."

이러한 견해에 대해 "악마는 마녀의 도움 없이는 아무 것도 할 수 없다"고 반론할 수 있을 것이다. 모든 작용은 접촉을 통해서 일어난다. 하지만 악마는 육체와의 접촉 자체가 불가능한 존재이고 따라서 자신을 도와줄 도구를 필요로 한다(접촉을 통해 해를 끼칠 수 있는 특별한 힘을 도구에 부여하는 것이다). 하지만 갈라디아서와 그 주석은 악마의 도움 없이도 마법이 가능하다는 것을 증명하고 있다. 갈라디아서는 "어리석도다 갈라디아 사람들아! 예수 그리스도께서 십자가에 못 박히신 것이 너희 눈 앞에 밝히 보이거늘 누가 너희를 꾀더냐?"(갈라디아서 3장 1절)라고 기록하고 있고 이에 대한 주석은 "몇몇 사람은 이웃들, 특히 아이들에게 마법을 걸 수 있다"고 밝히고 있다. 또한 이븐 시나*는 "영혼이 자신의 몸에 하듯 타인의 몸에 영향을 미치는 경우가 종종 있다. 예를 들어 저주 서린 악마의 눈으로 영향을 미칠 때가 그렇다"라고 밝히고 있다《자연에 관하여》, 6권 3 마지막 장). 가잘리 역시 이와 같은 견해를 피력하고 있다《물리학》, 5권, 10장).

이븐 시나에 따르면, 상상의 힘은 악마의 눈길이 없어도 얼마든지 타인의 신체에 영향을 미칠 수 있다. 하지만 그는 상상이라는 개념에 지나치게 확장된 의미를 부여한다. 우리가 이해하는 상상은 지각, 관념, 판단과 구별되는 어떤 특별한 힘이 아니라 오히려 이 모든 내적 인식 능력을 포괄하는 힘이다. 물론 상상의 힘이 신체에 영향을 미칠 수 있다는 것은 분명한 사실이다. 가령 길 위에 널판이 놓여 있다고 하자. 이때 사람이 그 위를 걸어가는 것은 결코 어려운 일이 아니다. 하지만 이 널판이 깊은 강물 위에 매달려 있다면 어떻게 될까? 아마 그 위를 걸어갈 엄두가 나

---

* Ibn Sina(980~1037), 이슬람에서 가장 유명하고 가장 많은 영향을 끼친 철학자이자 과학자이며 의학과 아리스토텔레스 철학 연구에 기여한 업적으로 유명하다. 철학과 과학의 방대한 백과사전인《치유治癒의 서書》와 의학사에서 가장 저명한 저작 중 하나인《의학 정전》을 저술했다.

지 않을 것이다. 왜냐하면 떨어질지도 모른다는 강한 불안감에 사로잡힌 그의 영혼이 온몸을 마비시켜 버릴 것이기 때문이다. 상상의 경우 그 영향이 자기 자신에게 미치지만 어쨌든 신체에 특별한 영향을 미친다는 점에서 상상의 힘과 악마의 눈길은 크게 다를 바가 없다.

하지만 오직 살아 있는 사람만이 이러한 영향을 미칠 수 있다고 주장하는 것은 옳지 못하다. 가령 살해당한 사람의 상처에서 피가 흘러나오는 상황을 떠올려 보자. 사실 이것만 보더라도 인간의 육체 그 자체에서 (즉 영혼의 작용이 없어도) 놀라운 현상이 일어난다는 것을 알 수 있다. 또 하나의 예를 들면, 살해당한 사람의 옆을 지나갈 때 우리는 이미 죽은 사람을 보고서도 두려움에 떨게 된다.

그런가 하면 다양한 자연 현상 역시 신비로운 힘을 지니고 있다. 예컨대 아우구스티누스는 자신의 《신국론》(20)에서 자석이 쇠를 끌어당기는 현상 등 다양한 자연 현상에 대해 이야기하고 있다.

그리고 여자들 또한 악마의 도움 없이 타인의 신체에 영향을 미칠 수 있다. 물론 상식적으로 납득하기 힘든 일이지만 그렇다고 해서 이러한 영향이 악마에 기인하는 것이라고 단정지어서는 안 된다.

실제로 마녀들은 여러 가지 물건을 마법의 도구로 사용하는데 가령 이런 것들을 사람과 가축이 자주 드나드는 곳이나 문간에 몰래 숨겨 두면 동물과 사람이 마법에 걸리거나 목숨을 잃는다. 그리고 중요한 것은 이러한 마법이 천체와 연관되어 있다는 것이다. 자연적 물체뿐만 아니라 인공적 물체 또한 천체로부터 신비로운 특성을 부여받을 수 있다. 이로부터 분명해지는 것은, 악마가 이러한 특성들을 이용할 수 있다는 것이다.

그레고리우스 1세는 "성인들은 때로는 기도로, 때로는 영혼의 힘으로 기적을 행한다"고 설명하면서 사도 베드로의 이야기를 그 증거로 제시한다(《대화》, 2).

"죽은 타비타가 살아날 수 있었던 것은 베드로의 기도 덕분이었다. 하지만 거짓을 말한 아나니아와 삽비라의 죽음은 베드로의 저주가 불러온 것이었다. 이처럼 인간은 자신의 영혼의 힘으로 물질의 상태를 바꿀 수 있을 뿐만 아니라 건강한 사람을 병들게 하거나 병든 사람을 건강하게 할 수 있다."

영혼의 영향을 받는 인간의 몸은 항상 변화할 수밖에 없다. 가령 화내는 사람이나 겁 많은 사람의 경우처럼 인간의 몸은 차가워질 때도 있고 뜨거워질 때도 있는데 이것이 심해지면 병에 걸리거나 목숨을 잃을 수도 있다. 이처럼 영혼은 외부로부터의 영향이 없어도 물질을 변화시킬 수 있다.

하지만 "영혼이 다른 작인의 도움 없이 사물의 형태를 변화시키는 것은 불가능하다"라고 주장할 수도 있다. 예컨대 아우구스티누스는 앞에서 말한 책에서 "눈에 보이는 사물의 본질이 타락한 천사들의 명령에 복종한다고 믿어서는 안 된다. 그것은 오직 신의 명령에만 복종하기 때문이다"라고 밝히고 있다. 만약 그렇다면 인간이 마법을 행할 수 없다는 것은 더 말할 필요도 없을 것이다.

답변. 마녀를 너그럽게 용서하고 오직 악마의 죄만 따지려는 사람들이 있는가 하면 그들의 행위가 자연적 변화에 기인한다고 주장하는 사람들도 있다. 이러한 관점이 잘못되었다는 것은 잠시 후에 증명하기로 하고 여기서는 우선 마녀들에 대해 살펴보도록 하자. 세비야의 이시도르는 다음과 같이 천명한다.

"마녀라는 이름은 바로 마녀들의 무거운 죄에서 그 유래를 찾아야 할 것이다. 그들은 마귀의 힘을 빌려 4원소를 뒤섞은 다음 우박과 폭풍을 불러온다. 그리고 이성을 마비시키는 사랑, 정신 착란, 증오심 따위를 불러일으킴으로써 인간의 영혼을 혼란에 빠뜨린다. 또한 그들은 독을 사용하지 않고 오직 주술의 힘으로 인간 영혼을 파괴한다"(《어원론》, VIII, 9).

그리고 캐논 〈nec mirum〉(5장, Q. 26)과 아우구스티누스의 《신국론》에서도 이 문제가 언급되고 있는데 특히 아우구스티누스는 다음과 같이 말한다.

"마법사들은 4원소를 뒤섞어 놓는다. 그리고 주문을 외워 사람을 불행하게 만들거나 믿음이 부족한 사람을 미치광이로 만든다."

이뿐만이 아니다. 루카누스 역시 다음과 같이 지적한다.

"영혼을 죽이는 것은 타는 듯한 독이 아니라 바로 주문의 노래로구나."

마녀는 악마에게 도움을 청한다. 그리고 자신의 마법으로 원수들을 제거한다. 즉 악마와 마녀가 협력을 하는 것이다.

그리고 죄가 될 만한 행위에는 네 가지 종류, 즉 누군가를 돕는 행위,

해를 끼치는 행위, 마법을 부리는 행위, 자연 발생적인 행위가 있다. 이 중 첫 번째 행위에는 선한 천사들이 그리고 두 번째 행위에는 악한 천사들이 개입한다. 예컨대 선한 천사들의 힘을 빌린 모세가 열 가지 역병을 일으켜 이집트인들을 경악하게 했다면 악한 천사들의 도움을 받은 이집트 마법사들은 아홉 가지 역병으로 모세에게 대항했다. 그리고 다윗왕의 과실로 인한 3일간의 역병과 산혜립 군대에 의한 양민 학살에는 주의 천사들이 개입했고, 광야에서 유대민족이 겪어야 했던 재난에는 악한 천사들이 개입했다. 세 번째, 마법을 부리는 행위는 악마가 주도하고 마녀와 마법사들이 그 매개자 역할을 하는 행위이다. 그리고 네 번째, 자연 발생적 행위는 천체의 영향을 받는 행위로서 그 영향은 죽음, 농지의 황폐화, 우박을 동반한 폭풍 등으로 나타난다.

이 네 가지 행위는 엄격하게 구별되어야 한다. 가령 악마가 욥에게 재앙을 쏟아 붓는 경우는 마법을 부리는 행위가 아니라 해를 끼치는 행위로 간주되어야 한다. 그런데 어떤 이들은 사물의 본질에 다가가기를 거부한 채 "욥에게 재앙을 불러온 것이 어째서 마법사가 아니라 악마였느냐"라며 말꼬리를 잡는데 이런 사람들에게는 "욥에게 재앙을 쏟아 부은 것은 마법사도 아니고 마녀도 아니었다. 그것은 바로 악마였다. 왜냐하면 그때까지만 해도 마녀에 대해 알려진 것이 없었기 때문이다"라고 답할 수 있다. 신의 섭리가 원했던 것은, 악마의 힘이 세상에 알려지는 것 그리고 사람들이 그 힘에 맞서는 법을 배우고, 신의 허락 없이는 악마가 할 수 있는 일이 아무것도 없다는 것을 깨닫도록 하는 것이었다.

최초의 미신이 언제 생겨났느냐는 문제와 관련해서 빈센트는 "함의 아들이자 노아의 손자였던 조로아스터가 최초의 마법사—점성술사였다"

라고 밝히고 있다(《역사의 거울》). 또한 아우구스티누스에 따르면, 조로아스터는 태어나는 순간 소리 내어 웃은 유일한 사람인데 사실 이 웃음은 악마의 소행으로 봐야 한다(《신국론》). 후일 왕이 된 조로아스터는 니네베를 창건한, 아니 더 정확하게는 아시리아 제국의 초석을 다진 니누스에게 패하고 말았다(이것은 아브라함 시대의 일이었다).

한편 니누스는 자신의 아버지가 세상을 떠나자 원기둥 모양의 추모비를 세웠다. 그런데 추모비 주위로 몸을 숨긴 죄인들이 하나같이 형벌을 면하는 신기한 일이 벌어졌다. 이때부터 사람들은 마치 신을 섬기듯 추모비를 숭배하기 시작했다. 하지만 이때까지만 해도 천지창조에 대한 생생한 기억이 남아 있었기 때문에 미신으로서의 우상 숭배가 등장했다고 보기는 어렵다(성 토마스 아퀴나스의 설명을 통해 이를 확인할 수 있다(II. 95, 4)). 오히려 사람들에게 불을 숭배하도록 강요했던 니므롯이 최초의 미신으로서 우상 숭배를 등장시킨 장본인이었을 것이다.

미신의 두 번째 단계는 예언이고 그 다음 단계는 관측이다. 그리고 주문으로 악마를 불러내는 마녀들의 의식儀式은 두 번째 단계의 미신에 속하며 이것은 다시 강신술, 점성술, 해몽을 통한 예언으로 나뉜다.

이 책을 읽는 독자들은, 유해한 요술妖術의 발생, 확산, 변형이 단계적으로 이루어졌다는 사실과 "욥의 시대에는 마녀가 존재하지 않았다"는 주장이 근거 있는 주장이라는 사실을 분명히 깨달아야 한다. 시간의 흐름과 함께 성인聖人들에 대한 지식이 널리 보급되었던 것처럼(그레고리우스 1세의 《도덕론》을 참고하라) 악령들의 극악무도한 파괴행위가 해마다 그 도를 더해 가고 있다. 그리고 한때 온 세상이 신에 대한 지식으로 가득차 있었다면(이사야서 11장을 참고하라) 지금은 온 세상이 마귀들의 사악함으로 몸살을 앓고 있다. 사람들의 죄는 깊어 가고 사랑은 점점 그 힘을 잃어 가고 있다.

조로아스터 역시 점성술을 이용한 예언에 깊은 관심을 보였는데 사실 이것은 악마의 부추김이 있었기 때문이다(그레고리우스 1세의 《도덕론》을 참고하라).

이미 언급한 바와 같이 악마와 마녀들은 힘을 합쳐 마법을 행하기 시작했다. 출애굽기 7장에도 이와 관련된 이야기가 나오는데 여기서 파라오의 마법사들은, 모세가 선한 천사들의 도움으로 기적을 행한 것처럼 마귀들의 도움에 의지하여 많은 기적을 행하고 있다.

그렇다면 이제 가톨릭교의 진리가 드러나지 않는가!

"마법을 행하기 위해서는 마법사와 악마가 항상 함께 해야 한다!"

그리고 앞서 제시한 논거들에 대해서도 답할 수 있다. 첫 번째 논거와 관련해서는, 사람과 가축 그리고 들판의 곡식에 가해지는(또한 천체 배열에 의해 일어나는) 재앙이 마귀들에 의해서도 야기될 수 있다는 사실을 부정할 수 없다(단 신의 묵인하에). 아우구스티누스가 "불과 공기는 마귀들의 지배를 받는다. 왜냐하면 신이 이것을 허락했기 때문이다"(《신국론》, 3)라고 말했고 또한 '악한 천사들이 일으킨 재앙'에 대한 주석에서도 이를 확인할 수 있기 때문이다.

"신이 악한 천사들을 통해 벌하노니."

또한 이로부터 두 번째 논거에 대한 답이 도출된다(두 번째 논거는 욥에 관한 논거였다).

세 번째 논거(우물에 던져진 썩은 세이지 풀에 관한 논거)의 경우 "악마의 개입 없이도 재앙이 일어날 수 있지만 단 행성의 영향을 무시할 수는 없다"라고 주장한다. 하지만 지금은 마법에 관한 이야기를 하고 있는 만큼 이러한 주장은 논외가 될 것이다.

네 번째 논거는 "악마가 마녀를 도구로 이용한다는 사실은 인정하지만 마녀를 형벌로 다스려야 한다는 주장에는 동의할 수 없다. 왜냐하면 마녀는 악마의 도구에 불과할 뿐 아니라 자신의 의지가 아닌 '인류의 적'의 의지에 따라 행동하기 때문이다"라고 주장한다. 하지만 이에 대해서는 다음과 같이 반박할 수 있다.

"마녀는 영혼을 가진 도구, 즉 자기 자신의 자유로운 결정에 따라 행동하는 도구이다(비록 악마와 계약을 맺음으로써 자기 자신에 대한 권리를 포기했지만 말이다)."

화형당한 마녀들의 자백이 말해 주듯, 마녀는 비록 마귀에게 채찍질 당할 것을 두려워하여 어쩔 수 없이 마법에 참여하기는 하지만 어쨌든 자신이 한 첫 번째 약속으로부터 자유로울 수 없다.

한편, "늙은 여자들 또한 마귀의 도움 없이 마법을 행할 수 있다"고 주장하는 또 다른 논거들에 대해서는 "하나의 특별한 예로 전체를 판단하는 것은 사리에 맞지 않는 일이다"라고 말해야 한다. 그리고 성경 어디에서도 (단 한 곳을 제외하고) 늙은 여자들의 마법을 언급하는 대목은 발견할 수 없다. 그러므로 항상 그런 일이 일어난다고 결론 내려서는 안 된다. 게다가 주석註釋 또한 '마귀의 도움 없이 마법이 가능한가?'라는 문제에 대해 확실한 입장을 밝히지 못하고 있다.

주석에 따르면 마법은 세 가지 종류로 구별되는데 첫째, 마법은 요술에 의해 감각이 기만당하는 것을 의미하며 만약 신이 허락한다면 악마도 마법에 참여할 수 있다. 둘째, 사도 바울의 말처럼 마법은 증오라고도 할 수 있다(사도 바울이 "누가 너에게 마법을 걸었느냐?"라고 했는데 이 말은 곧 누가 그런 증오심으로 너를 괴롭혔느냐는 말이다). 셋째, 증오하는 자의 눈길이 닿는 순간 몸에서 병적인 현상들이 일어난다.

이븐 시나와 가잘리가 지적한 것처럼, 학자들은 이 세 가지 종류의 마법에 대해 견해를 같이하고 있다. 이런 점에서는 성 토마스 아퀴나스도 예외가 아닌데 그는 다음과 같이 말한다.

"영혼의 강한 긴장이 신체의 여러 원소를 변화시키고 이동시킨다. 이러한 변화는 주로 눈에서 일어나는데 쉽게 말해서 눈에서 복사輻射가 일어나고 이것이 상당한 거리에 있는 공기를 감염시키는 것이다. 가령 아리스토텔레스는 "월경을 하는 여자의 모습이 거울에 비치면 깨끗한 새 거울이 뿌옇게 변해 버린다"(《수면과 각성》)라고 했다.

특히 여자들에게 자주 일어나는 일이지만, 영혼이 걷잡을 수 없이 악으로 이끌리게 되면 악은 반드시 일어나고야 만다. 또한 토마스 아퀴나스는 독기로 가득 차 무서운 재앙을 불러오는 여자들의 눈길은 주로 "가냘픈 몸매와 풍부한 감수성을 지닌 아이들에게로 향한다"라고 밝히고 있고 또한 "만약 여자들이 악마와 계약을 맺는 경우라면 악마는 신의 묵인 하에 또는 다른 어떤 신비로운 원인에 의해 이 일에 참여하게 된다"라고 덧붙이고 있다(1, 97).

이 모든 것을 더 잘 이해하고 또 더 많은 진실을 밝히기 위해서는 먼저 몇 가지 의문점에 대한 해답부터 구해야 한다. 예컨대 "다른 작인의 도움 없이 육신의 영적 실체가 물리적 실체로 변하는 것은 불가능하다"라는 주장은 언뜻 보기에, 앞서 기술된 내용과 모순되는 듯하다(이 주장에 따르면 영적 긴장이 대단히 강한 경우에도 그것이 미칠 수 있는 영향은 아무것도 없다). 뿐만 아니라 "주술사가 한 번 쳐다보기만 해도 낙타는 곧장 구덩이에 처박혀 버린다. 왜냐하면 주술사의 뛰어난 이해력이 낙타의 이해력을 지배하고 또 주술사의 더 지혜로운 영혼이 낙타의 더 열등한 영혼을 지배하기 때문이다"라는 주장도 있다(이 주장은 대부분의 대학, 특히 파리 대학으로부터 강한 비난을 받았다).

이 문제들에 대해 좀 더 자세히 살펴보자. 자신의 몸과 타인의 몸에 변화를 일으키지 않고 영혼의 자연적인 힘만으로 그런 위력, 즉 '재앙을 불러오고 사람에게 다른 형태를 부여할 수 있는 위력'을 눈으로부터 뿜어낼 수는 없다. 그러므로 "마녀들은 자신의 힘만으로 이 모든 것을 행할 수 있다"는 주장은 진리에 부합하지 않는다.

어떻게 이런 작용이 일어나는지 좀 더 자세히 살펴보도록 하자. 가령 남자나 여자가 아이에게 눈길을 던져 그 몸에 변화를 일으키는 경우가 있을 수 있다(악마의 눈길과 상상의 힘을 이용해서 말이다). 실제로 눈은 인상을 쉽게 받아들이기 때문에 만약 정신적으로 좋지 않은 자극을 받게 되면 눈에도 좋지 않은 인상이 남게 된다. 그리고 상상의 힘도 눈에 쉽게 나타나는데 이것은 일단 눈이 민감하기 때문이고 또 상상의 중심이 감각 기관과 가까운 곳에 있기 때문이다. 예컨대 해로운 성질로 가득 찬 눈은 주위 공기를 나쁜 성질로 감염시킬 수 있다. 그리고 공기를 통해 전달된 나쁜 성질이 아이의 눈을 거쳐 뱃속 장기로 침투하면 아이는 음식을 소화시키지 못해 신체적 성장을 멈추게 된다. 그리고 눈병을 앓는 사람은 자신과 눈이 마주친 사람에게 재앙을 불러 올 수 있다. 이 경우에도 마찬가지로 사악한 성질의 눈이 주위 공기를 감염시키면 그 공기가 다른 사람의 건강한 눈을 감염시키는데 이때 '내가 감염될지도 모른다'는 상상이 큰 의미를 지닌다.

이 밖에도 적절한 예들이 많지만 간결한 기술을 위해 생략하도록 하자.

시편의 저자는 "너를 두려워하는 자가 나를 보고 기뻐하리라"라고 말했다. 그리고 이 대목에 대해 주석은 다음과 같이 설명한다.

"자연계에서 일어나는 일들을 잘 살펴보면 눈에 얼마나 큰 힘이 내재되어 있는지 알 수 있다. 예컨대 바실리스크*는 자신이 노려본 사람을 죽음에 이르게 만든다. 바실리스크의 눈길이 사람을 죽음에 이르게 하는 것은, 바실리스크의 눈길과 상상이 그의 몸속에 유독 물질을 만들어 내고 이 유독 물질이 그의 눈을 통해 빠져나와 공기 속에 퍼지기 때문이다(공기와 함께 유독 물질을 들이마신 사람은 죽음에 이르게 된다). 만약 바실리스크를 죽이려는 사람이 있다면 그는 자기 몸에 거울을 매달아 바실리스크가 그 거울을 보게 해야 한다. 거울을 보는 순간 감염된 공기가 반사되어 돌아올 것이고 이것을 들이마신 바실리스크는 곧바로 죽게 될 것이다. 하지만 바실리스크를 죽이는 사람은 왜 죽지 않는 것일까? 아마도 여기에는 우리가 알지 못하는 어떤 원인이 있는 것이 분명하다."

지금까지 한 이야기에는 어떠한 선입견도 있을 수 없다. 왜냐하면 마

---

* 전설에 등장하는 상상의 동물로 모든 뱀의 왕이며 한번 노려보는 것만으로도 사람을 죽음에 이르게 할 수 있는 무서운 동물로 여겨졌다.

녀와 악마는 언제나 함께 활동하고 서로의 도움 없이는 아무것도 이룰수 없으며, 가톨릭교의 참된 진리를 밝힐 수 있는 방법은 오직 성인들의 말씀에 의지하는 것뿐이기 때문이다.

앞서 언급한 논거들로 다시 돌아가자. 첫 번째 논거에 대한 답변, 즉 마법에 대한 답변은 분명하게 제시되었다.

두 번째 논거와 관련해서 빈센트는 "살인자의 영혼이 감염시킨 상처가 이번에는 감염된 공기를 자신에게 끌어들인다. 그리고 살인자가 옆을 지나갈 때 출혈이 시작된다. 살인자가 옆에 있으면 상처 속에 들어간 공기가 진동을 일으키며 피를 뿜어내기 때문이다"라고 지적한다. 그런가 하면 또 다른 근거를 제시하는 학자들도 있는데 그들은 "이와 같은 출혈은 땅속에서 올라오는, 죽은 자의 절규를 암시한다"라고 주장한다(《자연의 거울》, 13).

피살자 옆에 있는 사람의 전율과 관련해서는, 아주 사소한 인상까지 수용하고 그것을 다시 영혼에 전달하는 정신적 특성이 전율을 불러일으키는 것이라고 말할 수 있다. 하지만 이러한 현상들이 마녀의 마법을 반증하는 것은 아니다. 왜냐하면 이 모든 것은 저절로 일어나는 현상들이기 때문이다.

이제 세 번째 논거를 살펴보자. 이미 언급한 바와 같이, 마녀의 행위는 두 번째 종류의 미신, 소위 예언의 범주에 속한다. 그리고 징조를 관측할 때 몇 가지 물건을 사용하는 것은 세 번째 종류의 미신에 속한다. 따라서 세 번째 논거는 타당하다고 볼 수 없다. 게다가 이러한 미신은 모든 종류의 마법을 포함하는 것이 아니라 단지 의도적으로 악마를 불러내는 마법만을 포함한다. 그리고 여기에는 몇 개의 아종亞種도 있는데 강신술, 흙점, 물점 등이 그것이다. 성 토마스 아퀴나스의 설명과 비교해 보라(II. 2, 95, 5). 그리고 주술사의 마법은 미신의 여러 종류 중에서도 눈에 띄는 자리를 차지하고 있으며 마땅히 특별한 재판을 받아야 한다. 우리의 관점에 반대되는 견해들은 다음과 같은 것으로 귀착될 수 있다.

"마법사들이 자연적 결과물을 얻기 위해 자연력을 이용하는 경우 그들의 행위가 불법적인 행위로 간주되어서는 안 된다. 반면에 건강이나 우정 또는 그 밖의 다른 이익을 얻기 위해 기이한 말을 내뱉는 경우 비록 의도적으로 마귀를 불러내지는 않지만 어쨌든 암암리에 마귀를 불러내고 있기 때문에 이런 일을 허락해서는 안 된다."

이러한 행위들은 세 번째 종류의 미신, 즉 다양한 징조의 관측에 속하기 때문에 마녀 이단의 문제와는 거리가 멀다. 마녀들이 '앞으로 닥쳐올 운명과 성경 말씀을 피해 갈 방법(그리고 건강을 회복하는 방법)'에 대한 지식을 얻기 위해 징조 관측에 의지한다는 것을 근거로 두 번째 그룹의 네 가지 아종을 이 세 번째 종류의 미신에 포함시키는 것은 옳지 못하다. 징조 관측의 허용 가능성에 대해 언급한 성 토마스 아퀴나스 역시 다음과 같이 지적하고 있다.

"단 건강과 관련된 경우에만 허용될 뿐 마법에 고유한 사악한 일과 관련된 경우에는 허용되지 않는다"(9, 96 art. 2).

따라서 일반적인 징조 관측과 마법사들에 의한 징조 관측 행위는 세 번째 종류가 아닌 두 번째 종류의 미신에 포함시켜야 한다.

네 번째 논거에 대해서는 다음과 같이 답해야 한다.

"징조 관측에는 두 가지 종류, 즉 강신술적 관측과 천문학적 관측이 있다. 강신술적 관측의 경우 악마를 불러내는 행위가 항상 수반되는데 이것은 의도적으로 악마와 계약을 맺기 때문이다(두 번째 논거에 대한 답변을 참고하라). 반면 천문학적 관측의 경우에는 암묵적 계약만이 있을 뿐이다. 그리고 천체이 일정한 형태로 배열될 때 강신술과 관련된 이미지들 images of nigromancy이 그려지고 또 반지나 보석 같은 물건에 도형과 기호가 새겨진다는 사실도 잊어서는 안 된다. 그런가 하면 천체 배열과 상관없이 그려지는 이미지들도 있는데 이 이미지들은 마법을 행하는 데 사용된다. 우리는 지금 기호가 표시된 이미지들에 대해 논하고 있다. 따라서 네 번째 논거 역시 우리가 다루고 있는 문제와는 거리가 멀다."

마법에서 그림이 갖는 의미를 부정해서는 안 된다. 예컨대 성 토마스 아퀴나스는 "그림을 이용하는 행위는 절대 용납될 수 없다. 악마의 지시를 받은 마녀들이 마법의 효과를 높이고 창조주를 모욕하기 위해 그림을 이용한다. 게다가 마녀들은 성스러운 축일에 이런 일을 벌이려고 한다"라고 지적한다.

다섯 번째 논거와 관련해서 그레고리우스 1세는 자연의 힘이 아닌 신의 은총의 힘을 강조한다.

"요한이 말한 것처럼, 신의 자녀가 된 사람들이 신의 권세로 기적을 행하는 것은 전혀 놀라운 일이 아니다."

여섯 번째 논거와 관련해서는 "유사하다는 것만으로는 아무런 결론도 내릴 수 없다"고 말할 수 있을 것이다. 왜냐하면 영혼이 자기 몸에 미치는 영향과 영혼이 타인의 몸에 미치는 영향은 서로 다르기 때문이다. 몸과 영혼은 하나의 전일체를 이룬다. 그리고 감각은 몸의 여러 기관이 물리적, 심리적 자극을 느끼는 기능이다. 따라서 영혼의 영향을 받으면 감각이 흥분하게 되고 그 흥분은 추위나 더위 같은 물리적 변화를 일으키게 된다(심한 경우 죽음까지도 초래할 수 있다). 하지만 타인의 몸을 변화시키기 위해서는 영혼의 영향 외에 또 다른 무언가의 영향이 필요하다. 이와 마찬가지로 마녀들이 마법을 행하기 위해서는 마귀의 도움을 받아야 할뿐만 아니라 못, 뼈, 머리털, 나무, 쇠붙이 같은 다양한 물건들을 사용해야 한다.

이제 교황의 교서에 담긴 영적 내용을 근거로 마법사의 기원과 그 행위에 대해 살펴보도록 하자. 무엇보다 마법이 효과를 거두기 위해서는 악마와 마녀 그리고 신의 묵인이라는 세 가지 요소가 필요하다는 것을 잊지 말아야 한다(《Si per sortcarias》, Q. 1, 23). 아우구스티누스 또한 "인간과 악마의 파멸적인 동맹이 미신적 광기를 불러왔다"라고 지적한다.

마법 이단이 다른 이단과 구별되어야 하는 이유는, 일반적인 이단이 악마와의 계약에 근거를 두지 않는 데 반해 마법 이단은 악마와의 의도적인 계약을 통해 창조주와 그 피조물들에게 해를 끼치려 하기 때문이다. 그리고 마법이 얼마나 큰 적의를 품고 있는지는 그 라틴어 이름(maleficium)이 maleficere, 즉 male de fide sentrie('신앙에 대해 적의를 보이다')에서 유래했다는 사실만 보더라도 잘 알 수 있다.

마법 이단을 전파하기 위해 마녀들은 다음과 같은 만행을 저지른다. 첫째, 가톨릭 신앙을 모욕적으로 부정한다. 둘째, 자신의 영혼과 몸을 판다. 셋째, 세례받지 않은 아이들을 악마에게 넘겨준다. 넷째, 인큐버스,

서큐버스와 성관계를 맺는다.

아아, 이 모든 것이 거짓으로 꾸며낸 이야기라면 얼마나 좋을까! 아아, 이 끔찍한 신성 모독이 교회를 뒤흔들어 놓지 않았다면 얼마나 좋을까! 하지만 교황의 교서가 입증한 바에 따르면, 상황은 우리의 바람과는 전혀 딴판으로 돌아가고 있다(마녀들의 자백을 통해서도 이를 확인할 수 있다). 만일 우리의 영혼이 구원받기를 원한다면 결코 이단 심문을 중단해서는 안 될 것이다.

마법 이단의 기원과 확산에 대해 이야기해 보자. 물론 이것은 쉽지 않은 일이지만 우리는 사리에 맞고 또 성경 말씀에 어긋나지 않는 것들을 한데 모아 철저한 연구를 수행할 것이다. 마법 이단의 확산에 결정적인 역할을 하는 것은 두 가지 현상, 즉 '인큐버스와 서큐버스의 활동'과 '아이들을 악마에게 바치는 행위'다. 따라서 우리는 악마와 마녀 그리고 신의 묵인을 논하는 과정에서 이 모든 논점들을 짚어 볼 것이다. 그리고 악마의 활동은 일정한 천체 배열에 의해 좌우 된다. 그러므로 우리는 천체 배열에 대해서도 살펴볼 것이다. 결국 우리 앞에는 세 가지 논점이 놓여 있다.

첫째, 마법 이단이 인큐버스 또는 서큐버스와의 성관계로 인해 성장할 수 있었는가?

둘째, 천체 배열이 마법 이단의 성장을 촉진시켰는가?

셋째, 아이들을 악마에게 바치는 행위가 마법 이단을 더욱 성장하게 만들었는가?

두 번째 논점과 세 번째 논점 사이에서 우리는 천체 운행이 마법 이단에 영향을 미치는지의 문제를 살펴볼 것이다. 그리고 첫 번째 논점과 관련해서 세 가지 난항이 예상되는데 그 첫 번째는 인큐버스에 관한 것이고 두 번째는 이러한 만행을 저지르는 악마에 관한 것이며 세 번째는 악마에게 헌신하는 마녀들에 관한 것이다.

쟁점 3
인큐버스와 서큐버스에 의해 인간이 태어날 수 있는가?

언뜻 보면 "인큐버스와 서큐버스에 의해 인간이 태어날 수 있다"는 주장은 잘못된 것처럼 보인다. 사실 사람이 어떻게 세상에 나와야 하는지는 인간이 타락하기 전에 이미 신에 의해 결정되어 있었다. 신께서는 남자의 갈비뼈로 여자를 지으시며 이렇게 말씀하셨다.

"생육하고 번성하여 땅에 충만하라"(창세기 1장 28절).

그리고 이 말에 고무된 아담은 "이러므로 남자가 부모를 떠나 그의 아내와 합하여 둘이 한 몸을 이룰지로다"(창세기 2장 24절)라고 했고 노아 역시 "생육하고 번성하여 땅에 충만하라"(창세기 9장 1절)라는 말을 들었다. 또한 신약성경에는 "예수께서 대답하여 이르시되 사람을 지으신 이가 본래 그들을 남자와 여자로 지으시고"(마태복음 19장 4절)라고 나와 있다. 그러므로 사람이 이와 다른 방법으로 세상에 나오는 것은 절대 용납될 수 없다.

만약 누군가가 "악마는 자연적 수태受胎가 아닌 인위적이고 용납될 수 없는 수태 방법을 사용한다"라고 주장한다면 그런 주장은 단번에 물리쳐야 한다. 왜냐하면 그런 주장을 받아들일 경우 악마가 모든 사람들, 즉 결혼한 사람과 결혼하지 않은 사람들 모두에게 그런 일을 일으킬 수 있다는 결론이 나오기 때문이다. 첫 번째 경우는 가능하지 않을 것이다. 왜냐하면 만약 그렇게 될 경우 악마의 힘이 창조주의 힘보다 더 세다는 이야기가 되고 또한 전능하신 신께서 이루어 놓으신 부부 관계의 통일성이 무너져 버리기 때문이다. 그리고 두 번째 경우는 더욱 불가능할 것이다. 왜냐하면 그런 야만적인 수태가 일어날 수 있다는 말은 성경 어디에서도 찾아볼 수 없기 때문이다.

수태라는 것은 살아 있는 육신만이 할 수 있는 일이다. 왜냐하면 수태는 영혼으로부터 비롯되고 영혼은 신체 기관을 통해 작용하기 때문이다 《영혼에 관하여》 2). 그런데 육신의 탈을 쓰고 있는 악마에게 살아 있는 육신이 있을 리 만무하다. 따라서 악마는 수태와 같은 행위를 할 수 없다.

만약 "악마가 육신의 탈을 쓰는 것은 생명을 창조하기 위해서가 아니라 단지 인간의 씨앗을 받아들인 후 나중에 다시 돌려주기 위해서이다"라고 한다면 이에 대해서는 다음과 같이 반박해야 한다.

"선한 천사와 악한 천사의 행위에 불필요한 것이 없듯이 자연의 창조물에도 불필요한 것이 없다. 만약 악마가 자신의 천부적인 힘으로 은밀히 씨앗을 모으고 그것을 다시 돌려줄 수 있다면 그것은 곧 그런 일을 은밀히 해서는 안 된다는 주장의 근거가 될 수 있다. 만약 악마가 그런 일을 행할 수 있다면 악마의 다른 행위가 불필요한 것으로 될 것이다."

이러한 근거를 뒷받침하는 예는 또 있다. 《원인들에 관한 책》을 보면 "이성의 힘은 아래로는 무한하지만 위로는 한정되어 있다"라는 설명이 나온다. 그리고 모든 육신은 이성보다 낮은 곳에 있다. 따라서 이성은 그 무한함으로 인해 육신을 원하는 대로 변화시킬 수 있다. 하지만 이성의 힘은 곧 선한 천사들과 악한 천사들이다. 그러므로 선한 천사들과 악한 천사들은 육신의 모습을 취하는 것과 관계 없이 씨앗에 변화를 일으킬 수 있다.

뿐만 아니라 한 사람으로부터 씨앗을 얻어 다른 사람에게 다시 돌려주는 행위는 공간 이동을 통해 이루어진다. 하지만 악마는 공간 이동과는 거리가 멀다. 왜냐하면 악마는 영혼과 마찬가지로 정신적 실체이기 때문이다. 가령 사람이 죽으면 그 사지가 움직이지 않는 것처럼 영혼은 생명이 없는 육신을 이동시킬 수 없다. 따라서 악마 역시 생명을 불어넣지 않는 한 물체를 이동시킬 수 없다. 그리고 잘 알려져 있는 것처럼, 악마에게는 물체에 생명을 불어넣을 수 있는 능력이 없다. 따라서 악마는 씨앗을 이동시킬 수 없다는 결론이 나온다.

《발생론 1권》에 기술되어 있는 것처럼, 모든 행위는 접촉을 통해서 일어난다. 하지만 악마가 육신과 접촉할 수 있을 것이라고는 상상할 수 없다. 왜냐하면 악마와 육신 사이에는 아무런 공통점도 없기 때문이다. 결국 씨앗을 받아들이고 이동시키는 행위 역시 접촉을 통해 일어난다는 점을 고려하면 우리는 악마가 수태에 참여할 수 없다는 결론에 이르게 된다.

또한 악마는, 가령 천체와 같이, 그 본성에 있어 자신과 더 유사한 물체조차 움직일 수 없다. 그렇다면 자신과 유사하지 않은 물체를 어떻게 움직일 수 있단 말인가? 《물리학 2권》에 따르면 이동시키는 것과 이동되는 것은 동시에 존재한다. 만약 악마가 천체를 움직일 수 있었다면 악마는 하늘에 있었을 것이다. 하지만 우리도, 플라톤 주의자들도 이것을 진리로 간주하지 않는다.

이러한 논거들에 대한 반론은 다음과 같다. 아우구스티누스는 "마귀들은 씨앗을 모은 다음 그것을 육체적 행위를 위해 사용한다"(《삼위일체에 관하여》, 3권)라고 말한다. 공간 이동이 없다면 이런 일은 일어날 수 없다. 따라서 악마는 모아 둔 씨앗을 다른 사람들에게 전달할 수 있는 것이다. 이와 같은 맥락에서 출애굽기 7장에 대한 스트라본의 주석에는 "파라오도 현인들과 마술사들을 부르매"(출애굽기 7장 11절)라고 기록되어 있고 또한 "마귀들이 세상 곳곳으로 흩어져 씨앗을 모은다. 그리고 이 씨앗으로 온갖 동물을 만들어 낸다"라고 기록되어 있다. "파라오가 부르매"에 대한 주석과 창세기 6장의 "하느님의 아들들이 사람의 딸들의 아름다움을 보고"에 대한 주석을 참고하라. 여기서 주석은 이중적인 주장을 담고 있는데 그 하나는 "하느님의 아들들이란 셋의 아들들을 의미하고 사람의 딸들이란 가인의 딸들을 의미한다"라는 것이고 다른 하나는 "성경에 나오는 거인족을 마귀들과 인간의 딸들의 자식들로 보는 것이 놀라운 일은 아니다"라는 것이다. 성경에는 다음과 같이 기록되어 있다.

"당시에 땅에는 네피림이 있었다. 왜냐하면 대홍수 이후에도 남자의 몸과 여자의 몸이 놀랄 만큼 아름다웠기 때문이다"(창세기 6장 4절).

답변. 간결한 기술을 위해, 마법과 관련된 악마의 권능과 그 행위에 대해서는 부연 설명을 하지 않겠다. 만약 이 문제에 대해 더 자세히 알고 싶은, 신앙심 깊은 독자가 있다면《명언집》(2, 5)을 읽어 볼 것을 권한다. 이 책을 통해 독자들은, 마귀의 행위가 이성과 의지에 근거한다는 사실을 확인하게 될 것이다. 디오니시오스에 따르면, 마귀들은 이러한 능력을 선한 일에 사용할 수 없다(《신의 이름들》). 그들의 이지理智는 심오함, 다년간의 경험 그리고 더 높은 영혼의 도움이라는 점에서 강력한 힘을 지닌다. 신앙심 깊은 독자라면 이 책을 통해 확인하게 될 것이다. 마귀들이 천체를 이용하여, 어떤 사람이 마법을 부릴 능력이 있는지 또 어떤 사람이 자신들에게 도움을 청하려 하는지 알아낸다는 것을 말이다.

마귀의 의지에 관해 말한다면, 독자는 위의 책을 통해 마귀가 언제나 악으로 이끌린다는 것, 교만과 증오의 죄악을 범한다는 것 그리고 신에 대해 불만을 품는 무서운 죄악을 범한다는 것을 확인하게 될 것이다(마귀들은 "신이 스스로의 영광을 위해 우리를 이용하고 있고 이것은 우리들의 의지에 반하는 것이다"라며 불만을 토로한다). 또한 독자는, 마귀들이 이성과 의지에 힘입어 세상 그 어느 것과도 비교할 수 없는 놀라운 기적을 행한다는 사실을 알게 될 것이다. 욥기는 "세상에는 그것과 비할 것이 없으니 그것은 두려움이 없는 것으로 지음받았구나"(욥기 41장 33절)라고 기록하고 있고 이에 대한 주석은 "그것은 아무도, 아무것도 두려워하지 않지만 성인들의 공적 앞에서는 감히 얼굴을 들지 못한다"라고 덧붙이고 있다.

뿐만 아니라 독자는, 악마가 어떻게 사람의 생각을 알아내고 또 어떻게 사람의 육신을 하나의 상태에서 다른 상태로 변화시킬 수 있는지 그리고 어떻게 물체를 이동시키고 또 어떻게 인간의 의지와 이성에 영향을 미치는지 알게 될 것이다.

신학자들은 악마를 순결하지 못한 영혼으로 간주한다. 예컨대 디오니 시오스에 따르면, 본래부터 악마는 광포하고 탐욕스러울 뿐만 아니라 시 기와 적의 그리고 오만함으로 가득 차 있다. 그러므로 악마는 인류의 적 이 아닐 수 없다. 악마는 사리에 밝고 눈치가 빠르며 백해무익한 일을 잘 꾸며 낸다. 또한 악마는 위험할 정도로 탐욕스러우며 항상 기발한 방법 으로 사람들을 현혹한다. 그뿐만이 아니다. 악마는 감정을 왜곡하며 깨 어 있는 사람의 마음을 어지럽힌다. 또한 악마는 잠든 사람을 놀라게 하 고 병과 폭풍을 불러일으키며 자기 자신을 빛의 천사로 둔갑시킨다. 악 마는 모든 사람에게 독을 가져다준다. 그리고 마녀들에게는 자신을 숭배 할 것을 요구한다(마녀들의 도움으로 마법이 실현된다). 악마는 선한 사람들 위에 군림하기를 원하며 자신의 힘이 미치는 한 그들을 괴롭히기를 원 한다. 악마는 늘 인간의 수명을 단축시킬 수 있는 방법을 찾는다. 하지만 인간에게 해를 끼칠 수 있는 수천 가지의 방법을 알고 있어도 상관없고 또 교회의 통일을 무너뜨리려 해도 상관없다. 사랑하는 마음에 상처를 주거나 성인들의 공적을 시기해도 좋고 또 온갖 방법으로 인류를 절멸 시키려 해도 좋다. 하지만 악마의 힘은 허리와 배꼽에서 나온다(욥기 40 장 16절을 참고하라). 왜냐하면 악마는 정욕의 무절제함을 통해서만 인간을 지배할 수 있기 때문이다. 남자들의 경우 씨앗이 뿜어나오는 곳이 허리 이기 때문에 무절제함의 중심은 허리에 있다. 그리고 여자들의 경우 배 꼽 부위에서 난자가 분비된다.

이제 인큐버스와 서큐버스에 관한 사전 지식을 갖추었으니 다음과 같 이 말할 수 있을 것이다.

"인큐버스와 서큐버스에 의해 '인간의 수태'가 가능하다는 주장이 가톨릭 교리와 전적으로 일치하는 만큼 그 반대의 주장은 성경의 참뜻과 성인들의 금언金言에 어긋난다."

자신의 저작에서 마귀들의 만행(그리고 이에 대한 시인들의 묘사)을 문제 삼은 아우구스티누스는 처음에는 이 문제가 의문의 여지가 있다는 식으로 말하지만 나중에는 성경과 같은 맥락의 설명을 제시한다. 먼저 《신국론》 3권 2장에서 그는 "'비너스가 안키세스와의 관계를 통해 아에네아스를 낳을 수 있었는가'라는 문제는 일단 남겨 두기로 하자. 왜냐하면 타락한 천사들과 사람들의 딸들이 거인족을 낳았는지의 문제가 이미 성경에서 다루어지고 있기 때문이다"라고 말한다. 하지만 《신국론》 5권 23장에서는 다음과 같이 설명한다.

"많은 사람들이 개인적 경험과 다른 목격자들의 확실한 증언을 근거로 다음과 같이 주장한다. 사람들 사이에서 인큐버스라 불리는 숲귀신과 목신牧神들이 여자에 대한 욕정에 사로잡혀 그들과 성교를 하려 했고 결국 성교를 하고 말았다. 그리고 일부 마귀들(갈리아 사람들 사이에서 dusii라 불리는 마귀들) 또한 이처럼 더럽고 추잡한 행위를 일삼았다. 이러한 주장을 하는 사람들의 진실성을 고려했을 때 더 이상 그들의 주장을 부정하는 것은 파렴치한 일이 될 것이다."

또한 아우구스티누스는 "신의 아들들 셋은 경건한 자손들이고 사람의 딸들은 가인의 불경한 자손들이다"라는 창세기 구절에 대해 언급하면서 "이것은 비단 인큐버스에 관한 이야기만은 아니다"라고 주장한다. 그리고 앞서 언급한 주석은 다음과 같이 설명한다.

"'여자를 원하는 자들이 거인족을 낳았다'는 성경 구절이 사람들이 아닌 천사들(또는 마귀들)에 관한 이야기라는 해석은 진실된 해석이다."

　또한 한 선지자가 바빌론 왕국의 황폐화를 예언하는 이사야서 13장에 대한 주석에서도 이 문제가 언급되는데 그 선지자의 예언은 다음과 같다.

　"그곳에는 괴물들이 살게 될 것이다. 그리고 타조들과 숲귀신들이 뛰어다니게 될 것이다."

　귀신을 마귀로 해석한 이 주석은 다음과 같이 설명을 이어 간다.

　"뻣뻣한 털을 가진 숲귀신은 마귀의 변종으로서 인큐버스 또는 사티로스로 불린다."

　그런가 하면 이사야서 34장에 대한 주석은 유대인을 박해한 이두미아 왕국의 황폐화에 대해 언급하면서 다음과 같이 설명한다.

　"이 나라는 큰 뱀들의 거처가 되고 낙타들의 방목지가 될 것이다. 그리고 마귀들이 그곳을 만남의 장소로 삼을 것이다."

　이 주석에 따르면, 그곳은 괴물들과 마귀들이 만나는 장소가 된다. 그리고 그레고리우스 1세의 주석은 다음과 같이 밝히고 있다.

"숲신이라 불리는 존재는 그리스인들 사이에서 목양신牧羊神이라는 이름을 얻었고 로마인들 사이에서는 인큐버스라는 이름을 얻었다."

한편 세비야의 이시도르는 숲신이 그리스인들의 목양신이나 로마인들의 인큐버스와 동일하다고 주장한다(인큐버스라는 이름의 어원은 'incubare - 간통을 행하다'이다). 그는 다음과 같이 말한다.

"숲신은 여자들 꽁무니를 쫓아 다니며 성교를 일삼는다. 그리고 인큐버스는 로마인들 사이에서 음란한 파우누스라는 이름으로 불리고 있다."

그런가 하면 호라티우스는 "오, 달아나는 님프들을 사랑하는 파우누스여, 그대는 들판의 두렁길과 햇빛 가득한 경작지에서 사뿐사뿐 잘도 걸어 다니는구나"라고 말한다.

사도 바울이 "여자는 천사들을 위해 머리에 베일을 쓰고 다녀야 한다"라고 천명한 것에 대해 많은 가톨릭 신자들은 "여기서 천사란 인큐버스를 가리키는 것이다"라고 주장한다. 그리고 비드(《영국의 역사》), 윌리엄(《우주론》, 마지막 편, 6절), 성 토마스 아퀴나스(I qu. 25; II dist, 8 et quolibet 6, qu. 10 on the Commentary on Isaiah, Chs 13 and 34) 또한 이와 같은 견해를 보이고 있다.

마귀들이 인큐버스와 서큐버스로 둔갑하는 이유는 쾌락을 느끼기 위해서가 아니다. 왜냐하면 마귀들에게는 뼈와 살이 없기 때문이다. 마귀들이 그렇게 하는 이유는, 인간의 영혼과 육신이 음욕과 방탕의 죄악에 빠지게 되면 다른 모든 죄악에 더 쉽게 빠져들기 때문이다. 마귀는 천체이 일정한 형태로 배열될 때 씨앗이 더 활발하게 성장한다는 것을 알고 있다. 그리고 그때 아이를 배는 사람은 마법의 힘에 쉽게 지배당하게 된다. 이것은 분명한 사실이다.

믿음 없는 자들이 범하는 수많은 죄악을 열거하면서(신은 자신의 백성이 이러한 죄악에 빠지는 것을 원하지 않는다) 신은 다음과 같이 말한다.

"너희는 이 모든 일로 스스로 더럽히지 말라. 내가 너희 앞에서 쫓아내는 족속들이 이 모든 일로 말미암아 더러워졌고"(레위기 18장 24절).

그리고 이 구절에 대한 주석은 "여기서 백성이란 곧 마귀들을 가리킨다. 왜냐하면 그들의 수가 헤아릴 수 없이 많기 때문이다. 마귀들은 모든 죄악에 기뻐하지만 그중에서도 특히 마법과 우상 숭배의 죄악에 기뻐한다. 왜냐하면 이러한 죄악에 빠질 때 사람의 육신과 영혼 그리고 사람 전체가 더럽혀지기 때문이다. 알다시피 간음을 제외한 모든 죄악은 육신과 관계 없이 일어난다. 따라서 간음하는 자는 자기 육신에 대해 죄를 짓는 것이다"라고 설명한다. 인큐버스와 서큐버스에 대해 더 자세히 알고 싶은 독자는 위에서 언급한 비드, 윌리엄 그리고 브라반트의 토마스가 쓴 저작《꿀벌들》을 참고하기 바란다.

이제 반론들을 분석해 보자.

첫째, 신에 의해 정해진 자연 번식(남자와 여자가 참여해야 하는 번식)의 문제에 대해서는 다음과 같이 말해야 한다.

"혼인 성사聖事가 신의 묵인하에 그리고 악마의 만행에 의해 더럽혀질 수 있는 것처럼 남자와 여자의 모든 애정 행위도 그와 똑같은 이유로 더

럽혀질 수 있다."

"어째서 악마는 유독 애정 행위와 관련해서만 마법을 부릴 수 있느냐?"라는 질문에 대해서는 다음과 같이 답해야 한다.

"이 문제와 관련해서 학자들이 많은 근거를 제시하고 있다. 하지만 우리는 좀 더 나중에, 즉 신의 묵인이라는 문제를 다룰 때 이 근거들에 대해 살펴볼 것이다. 지금은 '사람 허리에 있는 마귀들의 힘의 중심'이라는 문제를 살펴보는 것만으로도 충분할 것이다. 왜냐하면 온갖 종류의 싸움 중에서 자기 자신의 음욕과 싸우는 일만큼 힘든 일은 없기 때문이다. 사실 음욕과의 치열한 싸움이 매 순간 벌어지지만 싸움에서 승리하는 경우는 매우 드물다. 하지만 그렇다고 해서 '신이 정해 놓은 일을 악마가 방해한다는 것은 곧 부부 행위의 영역에서 악마의 힘이 창조주의 힘보다 더 강하다는 것을 말해 준다'라고 결론 내린다면 그것은 옳지 못한 결론이 될 것이다. 신에 의해 정해진 것을 마귀의 힘으로 거스를 수는 없다. 아니, 오히려 그와는 정반대의 일이 일어난다. 악마는 신의 묵인 없이는 아무 것도 이룰 수 없으며 이는 곧 악마의 힘이 창조주의 힘보다 약하다는 것을 말해 준다."

둘째, "수태는 살아 있는 육신만이 할 수 있는 일이다"라는 주장은 전적으로 옳은 주장이다. 만약 "마귀는 생명을 탄생시킬 수 없다. 왜냐하면 생명이란 영혼으로부터 생겨 나오는 것이기 때문이다"라고 주장한다면 이것 역시 전적으로 옳은 주장이다. 하지만 더 정확하게 말해서 마귀가 생명을 불어넣을 수 없는 이유는 첫째, 생명이 물질적으로, 즉 씨앗으로부터 생겨 나오기 때문이고 둘째, 마귀가 사람 몸에 씨앗을 집어넣는 행위는 오직 신의 묵인하에 그리고 성교를 통해서만 가능하기 때문이다.

하지만 성 토마스 아퀴나스가 지적한 것처럼, 마귀가 집어넣는 것은 자신의 씨앗이 아니라 다른 남자에게서 빌린 씨앗이다(1 qu . 51 art 3). 남자의 씨앗을 받을 때 마귀는 서큐버스의 모습을 취한다. 그리고 그 씨앗을 여자 몸속에 집어넣을 때에는 다시 인큐버스의 모습을 취한다.

이런 식으로 잉태되는 것이 누구의 자식이냐는 질문에 대해서는 "그것은 마귀의 자식이 아니라 자신의 씨앗을 마귀에게 빌려준 남자의 자식이다"라고 답해야 한다. 물론 마귀는 몰래 씨앗을 받은 다음 그것을 다시 여자 몸속에 몰래 집어넣을 수 있다. 하지만 이런 추악한 행위로 남자와 여자의 육신과 영혼을 더럽혀 놓기 위해 마귀는 기꺼이 서큐버스와 인큐버스로 둔갑한다.

뿐만 아니라 마귀는 다른 많은 일도 눈에 띄지 않게 할 수 있다. 하지만 그렇게 하기를 원한다 해도 항상 그것이 허락되는 것은 아니다. 그 대신 마귀는 선한 사람들을 유혹하고 악한 사람들을 교화하기 위해 많은 일을 눈에 띄게 할 수 있다. 그리고 서큐버스 대신 인큐버스가 씨앗을 받은 다음 그 씨앗을 다시 여자에게 전달하는 경우가 있을 수 있고 또 남자의 모습을 하고 여자에게 나타난 마귀가 그 이전의 또 다른 마귀, 즉 남자의 모습을 하고 남자에게 나타난 마귀로부터 씨앗을 받는 경우도 있을 수 있다. 하지만 이런 경우에는 특별한 조력자의 도움이 필요한데 이것은 그 행위가 너무 추악해서 만약 마귀 혼자 그런 행위를 할 경우 기겁을 하고 물러설 수도 있기 때문이다. 그런가 하면 앞서 바보와 결혼한 남자의 이야기를 통해 확인할 수 있었던 것처럼, 마귀가 육신들 사이에 누워 씨앗을 받는 경우도 있을 수 있다.

셋째, 더 높은 존재가 가장 보편적인 힘을 지니기 때문에 더 높은 존재의 힘은 더 낮은 존재의 힘을 능가할 수밖에 없다. 하지만 그렇다고 해서 더 높은 존재의 힘이 어떠한 행위도 할 수 있는 것은 아니다. 만약 그렇다면 더 높은 존재의 힘은 아래로뿐만 아니라 위로도 무한할 것이기 때문이다. 끝으로, 능동적 요소와 피동적 요소는 서로 상응해야 하고 또한 정신적 실체와 물질적 실체 사이에는 아무런 공통점도 있을 수 없기 때문에 마귀들은 다른 능동적 요소가 매개되지 않는 한 아무 일도 할 수 없다. 이로부터 우리는 '마귀들이 씨앗을 이용하는 것은 일정한 결과를 얻기 위해서이다'라는 결론을 얻을 수 있다(아우구스티누스의 《삼위일체에 관하여》 3권을 참고하라). 그리고 이를 통해 '마귀들이 육신의 모습을 취하는 것은 물론, 씨앗의 변화까지 일으킬 수 있다 해도 이것이 인큐버스와 서큐버스에 대한 우리의 주장을 부정하는 것은 아니다'라는 결론을 내릴 수 있다(앞에서 언급한 바와 같이, 마귀가 인큐버스와 서큐버스로 활동 하기 위해서는 반드시 육신의 모습을 취해야 한다).

넷째, 다음과 같은 논거가 있었다.

"영혼과 마귀는 정신적 실체들이다. 그런데 영혼은 물체에 생명을 불어넣지 않는 한 물체를 이동시킬 수 없고 따라서 마귀 또한 물체에 생명을 불어넣지 않는 한 물체를 이동시킬 수 없다. 하지만 마귀에게는 물체에 생명을 불어넣을 수 있는 능력이 없지 않는가? 결국 '마귀는 물체를 이동시킬 수 없다'는 결론이 나온다."

이러한 논거에 대해서는 다음과 같이 답해야 한다.

"천사 또는 마귀의 정신적 실체는 영혼의 실체와는 다른 것이다. 영혼은 정신적 실체들 중에서도 가장 낮은 수준에 있다. 따라서 영혼은 물체에 생명을 불어넣지 않는 한 물체를 이동시킬 수 없다. 하지만 마귀의 경우는 다르다. 왜냐하면 마귀는 물리적 힘에서조차 인간을 훨씬 앞지르기 때문이다."

다섯째, 마귀와 씨앗(또는 다른 물체들)의 접촉은 물질적 접촉이 아니라 가상적 접촉, 즉 잠재적 효력을 갖는 접촉이다. 그리고 물체를 공간적으로 이동시키는 일은 결코 마귀의 힘을 초월하는 일이 아니다. 하지만 천제의 움직임, 대지 그리고 우주 속 자연 현상들의 경우에는 그렇지 않다. 왜 그렇지 않은지에 대해서는 성 토마스 아퀴나스의 《악에 관한 문제들》(10, de daemonibus)을 참고하기 바란다.

누구든 다음과 같은 반론을 제기할 수 있을 것이다.

"사물의 일부를 이동시키는 것과 사물 전체를 이동시키는 것은 어차피 마찬가지이다(《물리학》 3권과 비교하라). 따라서 마귀가 대지의 일부를 이동시킬 수 있다면 대지 전체도 이동시킬 수 있지 않겠는가?"

하지만 이것은 옳지 못한 주장이다. 씨앗을 모으고 그것을 일정한 목적에 사용하는 일은 신의 묵인이 있는 한 결코 악마의 힘을 뛰어넘는 것이 아니다.

결론적으로 다음과 같이 말할 수 있다. 몇몇 사람들이 "육신의 탈을 뒤집어쓴 마귀는 절대 생명을 탄생시킬 수 없다. 그리고 신의 아들들은 인큐버스가 아닌 세 명의 아들들로 이해해야 하며 사람의 딸들은 가인의 혈통을 지닌 딸들로 이해해야 한다"라고 주장하지만 우리의 견해는 이와 달라야 할 것이다(아리스토텔레스의 《윤리론》 7권과 《잠과 각성》의 마지막 부분을 참고하라). 게다가 이 책에서 이야기된 것들(마녀들의 말과 행동들)이 오늘날에도 일어나고 있고 또 그것을 실제로 목격한 사람들도 있다. 그러므로 우리는 다음과 같이 단언하는 바이다. 첫째, 마귀들이 가증스러운 성행위를 일삼는 것은 쾌락을 얻기 위해서가 아니라 사람들의 영혼과 육신을 더럽히기 위해서이다. 둘째, 이러한 성행위의 결과물로써 아이를 잉태하고 출산하는 여자들이 실제로 존재한다(단 마귀가 여자 몸속 적당한 곳에 씨앗을 집어넣을 수 있는 경우에만 그렇다). 셋째, 수태 과정에서 마귀의 역할은 씨앗을 공간적으로 이동시키는 일에만 국한된다. 왜냐하면 수태는 마귀가 마음대로 할 수 있는 일이 아니고 또 수태의 힘은 마귀에게 씨앗을 빌려준 사람으로부터 나오는 것이기 때문이다. 따라서 이런 식으로 태어나는 아이는 마귀의 아이가 아닌 사람의 아이라는 결론을 내릴 수 있다.

그리고 마귀가 아이를 수태시킬 수 없는 이유 두 가지를 밝혀 두겠다.

첫째, 수태는 살아 있는 육신(마귀에게 씨앗을 빌려준 사람의 육신)의 형성력formative power이 씨앗으로 옮겨질 때 비로소 완성된다. 하지만 마귀가 뒤집어쓴 육신의 탈은 그와 같은 기능을 할 수 없다.

둘째, 씨앗의 수태 능력은 영혼으로부터 얻은 온기가 얼마만큼 유지되느냐에 따라 달라진다는 견해가 있다. 왜냐하면 한 곳에서 다른 곳으로 멀리 옮겨지는 과정에서 씨앗이 차갑게 식어 버리기 때문이다. 이 문제에 대해서는 다음과 같이 답할 수 있을 것이다.

"마귀는 씨앗을 신선한 상태로 보관함으로써 그 온기가 사라지지 않게 할 수 있다."

또는 이런 답변도 가능할 것이다.

"마귀는 씨앗의 온기가 사라질 틈조차 없을 정도로 빠르게 이동한다."

쟁점 4
인큐버스와 서큐버스로 활동하는 마귀들은
어떤 마귀들인가?

인큐버스와 서큐버스의 행위가 모든 마귀에게 똑같은 정도로 고유하다고 주장하는 것이 과연 가톨릭 교리에 충실한 것인가?

　이 질문에 대해 긍정의 답을 하는 사람들이 있다. 왜냐하면 그렇지 않다고 답할 경우 마귀들에게도 어느 정도의 질서가 있음을 인정하는 셈이 되기 때문이다. 이를 입증하는 근거로 다음과 같은 것들이 있다.

　첫째, 선의 개념을 특징짓는 것은 절도와 질서이고 악의 개념을 특징짓는 것은 무질서이다(아우구스티누스의 《선의 본성에 관하여》를 참고하라). 따라서 선한 천사들에게는 무질서가 있을 수 없고 악한 천사들에게는 질서가 있을 수 없다. 둘째, 성경 말씀 중에도 이 문제와 관련된 대목이 있다.

"땅은 어두워서 흑암 같고 죽음의 그늘이 져서 아무 구별이 없고 광명도 흑암 같으니이다"(욥기 10장 22절).

셋째, 만약 모든 마귀가 이러한 행위를 하는 것이 아니라면 그것은 마귀의 본성 때문이거나 아니면 죄악 또는 형벌 때문일 것이다. 하지만 마귀의 본성 때문만이라고는 말할 수 없다. 왜냐하면 모든 마귀는 예외 없이 죄악을 범할 수 있기 때문이다. 마귀는 그 본성에 있어 순결하지 못하며 방탕하고 탐욕스럽고 또 교만하기 짝이 없다. 그러므로 여기서 의미를 갖는 것은 죄악이나 형벌이다. 만약 그렇다면 "죄가 깊으면 형벌도 무겁다"라고 말할 수 있다. 그리고 상급 천사들은 죄를 더 많이 지었기 때문에 벌도 더 자주 받아야 하고 또 이런 추악한 행위도 더 많이 해야 한다. 만약 이러한 근거가 적절치 못하다면, 또 다른 근거를 찾을 수 있다. 넷째, 순종이 없는 곳에서는 모두가 똑같이 행동한다. 그리고 마귀에게서는 이러한 성질을 발견할 수 없다. 순종이 있기 위해서는 먼저 조화가 있어야 하는데 마귀에게서는 조화라는 것도 찾아볼 수 없다(잠언 13장 10절 "교만에서는 다툼만 일어날 뿐이라"를 참고하라). 다섯째, 최후의 심판이 있는 날 그들 모두가 지옥에 떨어지겠지만 그 전에는 어두운 허공 속에서 마법을 부리고 있을 것이다. 자신의 마지막 운명에 있어서 그들은 아무런 차이도 지니지 않는다. 따라서 그들은 의무나 유혹에 어떠한 차이도 갖지 않는다.

이러한 견해들은 고린도전서에 대한 주석으로써 반박해야 할 것이다.

"세상이 존재하는 한, 한 천사가 다른 천사보다 더 높이 서게 될 것이고 한 사람이 자신과 비슷한 사람보다 더 높이 서게 될 것이다"(고린도전서 15장 40절).

또한 욥기 41장에 '레비아탄의 비늘'을 언급하는 대목이 있는데 여기서 비늘은 마귀의 수족이라는 뜻으로 이해해야 한다.

"비늘들이 서로 달라붙어 있다"(욥기 41장 6-8절).

그러므로 마귀들은 저마다 다른 행동 방식과 질서를 갖는다.

만약 누군가가 "마귀가 마녀를 통해 만행을 일삼을 수 있는 것은 선한 천사들이 방해를 하지 않기 때문이거나 또는 선한 천사들이 다소 무관심하기 때문이다"라고 주장한다면 우리는 다음과 같이 답해야 한다.

"신의 묵인만 얻는다면 마귀와 인간은 얼마든지 악행을 저지를 수 있다. 또한 그들의 악행이 좋은 결과를 가져올 경우 빛의 천사는 마귀와 사악한 인간들의 만행을 방해하지 않는다."

답변. 마귀들에게도 어느 정도 조화로운 질서가 존재한다는 주장은 가톨릭 교리에 충실한 주장이다. 즉 최하급 마귀들에 의해 추악한 행위가 저질러지지만 더 높은 계급의 마귀들은 스스로의 고결한 사고思考로 인해 이러한 만행으로부터 자유로울 수 있다. 이에 대한 근거는 마귀들의 본성, 신의 지혜 그리고 마귀들이 범한 죄의 정도에서 찾을 수 있다.

만약 마귀의 타고난 본성이라는 관점에서 조화로운 질서를 설명한다면 우리는 다음과 같이 말해야 할 것이다.

"세상이 창조되는 첫 순간부터 천사들 중에는 그 본성상 위에 있는 천사들이 있었고 또 그 본성상 아래에 있는 천사들이 있었다."

심지어 두 천사가 완전히 동격을 이루는 경우도 찾아볼 수 없다. 디오니시오스에 따르면 천사는 세 그룹, 즉 가장 높은 계급의 천사와 중간 계급의 천사 그리고 가장 낮은 계급의 천사로 구분되어야 한다(《천상의 위계 The Heavenly Hierarchy》, 10장). 그리고 이 문제에 관한 성 토마스 아퀴나스의 설명도 참고하기 바란다(《the Commentary on Pronouncements》, 2권, 2부). 죄를 지었다고 해서 타고난 본성이 바뀌는 것은 아니다. 그리고 마귀들이 타락했다고 해서 그들의 천부적인 재능까지 사라지는 것은 아니다. 마귀들의 행위는 타고난 본성에 의해 좌우되며 바로 이 때문에 그들의 행위가 그토록 다양한 것이다.

이는 신의 높은 지혜, 즉 무질서하게 지으신 것이 없는 신의 높은 지혜에서 확실하게 드러난다. 로마서는 "신으로부터 난 것에는 질서가 있다"(로마서 13장 1절)라고 기록하고 있다. 신께서 악한 사람을 교화하고 죄있는 사람을 벌하기 위해 마귀들을 보내신 이상 그들의 행위에는 필연적으로 질서가 있을 수밖에 없다.

우리의 관점은 마귀들이 범하는 죄의 정도에 의해서도 그 정당성이 입증된다. 마귀들은 서로 의견이 맞을 때 더 많은 해악을 끼친다. 그러므로 마귀들이 추잡하면 추잡할수록 그들의 만행은 더욱 자신의 본성과 조화를 이루게 되는 것이다.

앞에서 말한 것처럼 행위를 결정짓는 것은 타고난 본성이다. 그리고 이로부터, 타고난 본성이 더 낮은 마귀들의 행위는 타고난 본성이 더 높은 마귀들의 의지에 종속된다는 결론이 나온다. 이는 물질 세계의 경우에도 마찬가지인데, 가령 더 낮은 질서를 갖는 물체들(지상에 있는 물체들)은 더 높은 질서를 갖는 물체들(천체)에게 복종한다. 타고난 본성이 서로 다른 마귀들은 그 내적 행위와 외적 행위에 있어서도(특히 인큐버스와 서큐버스의 추악한 행위와 관련해서) 서로 차이를 보인다.

이로부터, 추악한 행위를 일삼는 자들은 주로 더 낮은 질서를 갖는 마귀들이라는 결론이 나온다. 왜냐하면 마귀들의 추악한 행위는 인간의 여러 행위 중에서도 가장 질이 낮고 또 혐오스러운 행위로 간주될 것이기 때문이다.

"극한의 바닥으로 떨어진 마귀들과 또 그들 중에서도 가장 낮은 계급의 마귀들이 그보다 좀 더 높은 계급에 있는 마귀들의 지시에 따라 추악한 행위를 일삼는다"라는 주장은 결코 부적절한 주장이 아니다.

비록 성경이 인큐버스와 서큐버스 그리고 자연 법칙에 반하는 별의별 기괴한 죄악에 대해 언급하고 있지만 인큐버스와 서큐버스의 행위에 참여하는 것과 관련해서 마귀들과 그보다 더 높은 본성을 가진 마귀들의 의견이 일치한다는 말은 그 어디에서도 발견할 수 없다.

어떤 이들은 "그리스도가 이승에서의 삶을 마친 다음, 즉 그리스도가 33세가 된 이후에는 '자연 법칙에 어긋나는 성행위'로 죄를 지은 자들 중에서 그 죄를 용서받을 자가 아무도 없다"고 말한다(게다가 이것을 믿기까지 한다).

마귀들 사이에 위계 질서가 존재한다는 것은 마귀들의 이름을 통해서도 알 수 있다. 성경에 자주 등장하는 마귀들은 한 명의 우두머리 악마에 의해 지배된다. 악마diabolus라는 말은 'dia'(duo, 둘)와 'bolus'(morsellus, 물다, 찌르다, 죽음)에서 유래한다. 이는 곧 악마라는 말 속에 두 가지 죽음, 즉 육신의 죽음과 영혼의 죽음이 내포되어 있음을 말해 준다. 그리고 그리스어에서 악마라는 단어는 '지하 감옥에 고립된 자'라는 뜻을 갖는다. 단어의 의미를 그대로 따른다면, 악마는 자신이 원하는 대로 해를 끼칠 수 없다. 또한 '악마'라는 말은 'defluens'(사방으로 흘러 퍼지다)라는 말과 같은 의미를 갖는데 이것은 글자 그대로의 의미로든 아니면 비유적인 의미로든 악마가 사방으로 흩어지고 또 산산이 쪼개졌기 때문이다. 그런가 하면 악마는 '데몬demon'이라는 이름으로도 불리는데 이것은 '피 냄새가 나는 존재' 아니 더 정확하게는 '죄악의 냄새가 나는 존재'를 의미한다(이러한 죄악을 행할 때 악마는 자신의 타고난 본성, 오랫동안 쌓아 온 경험 그리고 선한 천사들의 묵인에 의지한다). 또한 악마는 '벨리알Belial'이라고도 불리는데 이것을 번역하면 '멍에가 없는', '주인 없는'이라는 말이 된다. 왜냐하면 악마는 자신이 복종해야 할 존재에게 있는 힘을 다해 저항하기 때문이다. 이뿐만이 아니다. 악마는 '벨제부브Beelsebub'라고도 불리는데 이것을 번역하면 '파리들의 남편'이라는 말이 된다. 다시 말해서 악마는 자신의 진짜 아내—그리스도를 버린, 죄 많은 영혼의 남편인 것이다. 또한 악마는 '사탄Satanas'이나 '베헤못Behemoth'이라는 이름으로도 불리는데 특히 후자의 경우 사람들에게 야수와 같은 잔인한 성질을 부여함으로써 이런 이름을 얻게 되었다. 한편 간음의 마귀는 '아스모데우스Asmodeus'라 불리는데 이것을 번역하면 '심판자'라는 말이 된다(소돔과 고모라를 비롯한 여러 도시들은 자연의 질서를 거부하는 성적 방종으로 인해 무시무시한 심판을 받아야만 했다). 그리고 교만의 마귀는 '레비아탄Leviathan'이라 불리며('레비아탄'이라는 말에는 '있는 것에 더한다'는 의미가 담겨 있는데 이는 아담과 이브를 유혹할 때 마귀가 신성神性을 더해 주겠노라고 약속한 데에서 유래하였다) 부와 탐욕의 신은 '마몬Mammon'이라 불린다(마태복음 6장에는 그리스도가 마몬에 대해 언급하는 대목이 나온다).

다시 논거들로 돌아가자. 첫째, 선은 악이 없어도 존재할 수 있지만 악은 선이 없으면 절대로 존재할 수 없다. 또한 신의 창조물들은 그 자체로서 선한 존재들이다. 그러므로 선한 본성을 지닌 마귀들은 이러한 본성과 자신의 행위의 정도에 따라 그 순서가 정해진다.

욥기에 나오는 대목에 대해서는 다음과 같이 덧붙일 수 있다.

"죄악을 범하기 위해 보내진 마귀들은 지옥이 아닌 이곳, 즉 우리의 어두운 현실 세계 속에 존재한다. 따라서 그들은 지옥이었으면 없었을 위계를 이곳에서 가지게 된다. 만일 마귀들이 이러한 위계에서조차 빠져버린다면 그들은 더 이상 지고의 행복을 바랄 수 없다. 그리고 지옥에서 형벌을 받을 때조차도 마귀들에게는 어느 정도의 위계질서가 존재할 것이다. 왜냐하면 마귀들 중 일부는 정신적 고통을 겪게 되지만 다른 마귀들은 그렇지 않을 것이기 때문이다. 그리고 이와 같은 형벌의 위계는 마귀들이 아닌 신에 의해 정해진다."

셋째, 어떤 이들은 '높은 계급의 마귀들은 더 많은 죄를 지었기 때문에 더 가혹한 형벌을 받아야 하고, 인큐버스와 서큐버스의 추악한 행위 또한 더 많이 강요받아야 할 것이다'라고 생각한다. 하지만 이것은 잘못된 생각이다. 형벌은 죄에 상응하는 것이지 본성에 상응하는 것이 아니다. 그리고 더 높은 계급의 마귀들이 추악한 행위를 피하는 것도 바로 이 때문이다(그들에게 전혀 다른 형벌이 내려지기 때문이 아니다). 마귀들 모두가 순결하지 못하고 또 해를 끼치려 하는 존재들이지만 그들의 수준은 타고난 본성에 따라 다르다.

넷째, 마귀들 사이에서는 우호 관계가 아닌 의견의 일치가 영향력을 발휘한다(마귀들은 하나같이 인간에 대한 적의에 사로잡혀 있으며 신의 정의에 대항하려는 야심을 품고 있다). 그리고 우리는 사악한 목적을 위해 서로에게 복종하고 일치단결하는 불신자들에게서 이와 같은 합의를 발견한다.

다섯째, 지옥에 가면 모든 마귀들을 위한 노예의 쇠사슬이 준비되어 있다. 하지만 그렇다고 해서 저마다 다른 본성을 가진 마귀들에게 똑같은 형벌이 주어지는 것은 아니다. 오히려 그 반대이다. 타고난 본성이 더 높은 수준에 있을수록 그리고 위계 구조에서 더 높은 위치에 있을수록 마귀들은 더욱 가혹한 형벌을 받게 된다. 그래서 솔로몬의 지혜*는 다음과 같이 기록하고 있다.

"강한 자들은 심한 고통을 받게 될 것이니"(솔로몬의 지혜 6장 7절).

다음 쟁점에서는 천체의 영향과 관련된 거짓된 주장들을 살펴보도록 하자.

---

* 구약 성서 경외서 중의 한 편.

쟁점 5
마법의 확산은 어디에서 기인하는가?

마법의 발생과 확산이 인큐버스와 서큐버스의 추악한 행위의 영향이 아니라 천체의 영향이나 인간의 악의에서 기인한다고 보는 견해가 과연 가톨릭적일까? 마법의 발생과 확산이 인간의 악의에서 기인한다고 보는 견해가 가장 진실되지 않을까?

아우구스티누스는 인간 타락의 원인이 다름아닌 인간 자신의 의지에 있다고 본다(9권 83번 문제). 그리고 마법사의 타락 또한 죄악에서 그 원인을 찾을 수 있다. 그러므로 인간의 타락은 악마가 아닌 인간의 의지에 기인하는 것으로 봐야 한다. 인간의 자유 의지에 대해 아우구스티누스는 "인간의 악의는 인간 자신에 기인한다"라고 거듭 주장한다. 인간의 죄악은 인간 자신의 자유 의지에 의해 결정되며 악마는 이러한 결정을 바꿔놓을 수 없다. 따라서 악마는 인간의 타락에 대해 아무 책임도 지지 않는다. 게다가 《Ecclesiastical Dogmas》에는 이렇게 씌어 있다.

"우리의 사악한 생각들 모두가 악마에 의해 생겨나는 것은 아니다. 사악한 생각은 우리 자신의 의지에 의해 생겨나는 경우가 적지 않다."

또한 마귀들이 아닌 천체의 영향으로 마법이 생겨난다는 주장도 있다. 하나에서 다수가 생겨 나오듯 단조로운 것에서 다양한 것들이 생겨 나온다. 인간의 행위 역시 아주 다양하다(악행의 관점에서뿐만 아니라 선행이라는 관점에서도 그렇다). 그러므로 인간의 행위를 어떤 기본적인 원리로 단순화할 수는 없을 것이다. 가장 좋은 방법은 인간의 행위를 천체의 단조로운 운행에 기인하는 것으로 보는 것이다.

만약 천체이 인간 행위에 영향을 미치지 않는다면 점성가들이 전쟁과 같은 인간 삶의 여러 가지 사건들의 결과를 그처럼 정확하게 예언할 수 없을 것이다. 그러므로 천체이 이러한 사건들에 영향을 미칠 수 있다고 보는 것이 맞다.

게다가 모든 신학자와 철학자들이 주장하는 바와 같이, 천체는 정신적 실체, 즉 영혼들spirits에 의해 움직인다. 그리고 이 영혼들은, 천체이 우리의 육신을 능가하는 것과 똑같은 정도로 우리의 영혼soul의 힘을 능가한다. 그러므로 천체와 그 정신적 실체는 인간의 육신과 영혼에 영향을 미치며 더 나아가 인간의 행위에도 영향을 미친다.

그 다음. 천체는 마귀가 각종 마법을 부리는 데 영향을 미친다(사람은 말할 나위도 없다). 예를 들어 몽유병자들은 마귀들로 인해 고통을 겪는데 문제는 특정 시기가 되면 그 고통이 유난히 심해진다는 것이다. 만약 달의 위상位相이 마귀에게 영향을 미치지 않는다면 그래서 마귀가 이런 일에 이끌리지 않는다면 마귀는 결코 이런 일을 할 수 없을 것이다. 그리고 주술사는 상서로운 별자리를 미리 선택한 다음 주문을 외워 마귀를 불러내는데 이 경우에도 만약 마귀가 천체의 영향을 받는다는 사실을 알지 못한다면 주술사는 이런 일을 하지 않을 것이다.

아우구스티누스에 따르면, 풀, 돌, 동물 같은 하급 물체들lower bodies을 이용하거나 또는 특정 단어와 소리 그리고 기호를 이용하면 마귀를 불러낼 수 있다(《신국론》 10권). 만약 그렇다면 천체가 하급 물체들보다 더 큰 힘을 지니는 만큼 마귀들이(마녀들은 말할 것도 없이) 하급 물체들보다는 천체의 영향을 훨씬 더 많이 받을 것이고 따라서 마녀들의 행위 역시 악마의 도움보다는 천체의 영향에 더 많이 의존할 것이다. 이러한 주장은 사무엘상 16장의 한 대목에 의해 입증된다.

"하느님께서 부리시는 악령이 사울에게 이를 때에 다윗이 수금을 들고 와서 손으로 탄즉 사울이 상쾌하여 낫고 악령이 그에게서 떠나더라"(사무엘상 16장 23절).

이러한 주장에 대해서는 다음과 같이 반박해야 한다.

"원인을 밝히지 않고서는 행위에 대해 말할 수 없다. 즉 마법사들의 행위는 마귀의 도움 없이는 실현될 수 없는 행위이다."

이를 입증이라도 하듯 세비야의 이시도르는 "그들이 마법사로 불릴 수밖에 없는 이유는 그들이 지은 죄가 너무 크기 때문이다. 그들은 4원소의 질서를 무너뜨리고 인간의 영혼을 혼란에 빠뜨린다. 또한 그들은 독을 한 방울도 사용하지 않고 오직 주문만으로 인간의 영혼을 파괴한다. 이것은 인간이 할 수 있는 일이 아니다"라고 설명한다《어원론》8장).

뿐만 아니라 아리스토텔레스는 자신의 《윤리론》에서 "영혼 속의 무엇이 활동 원리로 작용하는지 분명히 말하기는 어렵지만 어쨌든 외적인 무언가가 원리로 작용하고 있음에 틀림없다"라고 밝히고 있다. 발생하는 모든 것에는 원인이 있기 마련이고 사람이 무언가를 시작하는 이유는 그가 그것을 원하기 때문이다. 그리고 사람이 무언가를 원하게 되는 것은 그 전에 미리 생각을 하기 때문이다. 만약 사람이 무언가 선행하는 생각에 대해 미리 생각한다면 이러한 원인의 사슬을 계속 이어 가거나 또는 최초의 생각을 하게 만든 외적 원리를 찾아야 한다. 따라서 그가 말하고자 하는 것은, 선한 사람이 선한 행위를 하게 되는 것은 신 때문이지만(신은 죄악의 원인이 아니다) 악한 사람의 경우, 만약 그가 죄악에 대해 생각하고 원하고 또 행동하기 시작한다면 그 원인은 외적 원리에서 찾아야 한다는 것이다. 물론 악마 외에는 다른 어떤 원인도 있을 수 없다(천체 또한 아무런 영향을 미칠 수 없다).

뿐만 아니라 행위의 동기를 지배하는 힘은 행위 자체도 지배한다(행위가 동기에 의해 좌우되기 때문이다). 욕망의 동기는, 감정이나 이성에 의해 수용되는 그 무엇이며 감정과 이성은 마귀의 지배를 받는다. 아우구스티누스는 이렇게 말한다.

"악, 즉 악마는 감정의 모든 통로를 따라 침투하고 다양한 형상을 취한다. 그리고 여러 가지 색상으로 치장하고 소리에도 달라붙는다. 또한 분노와 거짓된 말 속에 몸을 숨기고 냄새 속에 모습을 감추며 이성에 이르는 모든 통로를 안개로 가득 채운다."

이로부터 '악마는 죄악의 직접적 원인인 의지에 영향을 미칠 수 있다'는 결론이 나온다.

무언가로 이끌리는 모든 것에는 그에 상응하는 자극이 있기 마련이다. 인간의 자유 의지는 선으로 이끌릴 수도 있고 또 악으로 이끌릴 수도 있다. 그렇다면 악으로 이끌리는 인간에게도 그에 상응하는 어떤 자극이 있을 것이다. 즉 악마의 사악한 의지가 인간, 특히 마녀들의 사악한 의지의 원인이 된다는 말이다. 선한 천사가 인간을 선으로 이끈다면 악한 천사는 인간을 악으로 이끈다.

답변. 마법의 기원에 관한 문제가 천체의 영향에 관한 교리에 그 근거를 두고 있는 만큼 우리는 이러한 관점을 공유하는 거짓된 주장들, 즉 점성술사들의 교리와 운명론자들의 교리를 반박할 것이다. 마법의 죄악이 천체의 영향에 기인하느냐는 질문에 대해서는 다음과 같이 답해야 한다.

"천체의 영향으로 인한 인간 기질의 변화는 두 가지 관점에서 바라볼 수 있다. 첫째, 이러한 변화는 필연적으로 일어나는 것이며 모든 기질을 포괄하는 것이다. 둘째, 이러한 변화는 부분적으로 그리고 우발적으로 일어나는 것이다. 첫 번째 관점은 옳지 못할 뿐만 아니라 이단적이기까지 하다. 왜냐하면 그렇게 될 경우 종교의 진리가 독립하여 존재할 수 없을 뿐만 아니라 선행의 공적이 쓸모없는 것이 되어 버리고 신의 자비가 그 근거를 상실하게 되며 인간의 죄가 천체에 기인하는 것으로 되어 버리기 때문이다(결국 마법은 아무런 비난도 받지 않은 채 자유롭게 허용될 것이고 인간은 천체를 숭배할 수밖에 없을 것이다)."

만약 "천체가 인간의 기질에 미치는 영향은 부분적인 것이다"라고 한다면 차라리 이것이 진리에 더 부합하는 설명이 된다. 왜냐하면 이러한 설명은 신앙에 어긋나는 것도 아니고 또 상식에 반하는 것도 아니기 때문이다. 육신의 다양한 상태는 영혼의 영향이 변화할 때 큰 의미를 갖는다(영혼은 육신의 성질과 요구에 따르는 경우가 많다). 그래서 성마른 기질의 사람이 화를 잘 내고 낙천적인 기질의 사람이 친절하며 우울한 기질의 사람이 질투심이 강하고 차분한 기질의 사람이 게으른 것이다. 하지만 이런 일이 필연에 의해 일어나는 것은 아니다. 결국에는 영혼이 육신을 지배하게 되는데 특히 창조주의 자비가 영혼을 구원할 때에는 성마른 기질의 사람들이 상냥해지고 우울한 기질의 사람들이 친절해지는 일이 일어난다. 따라서 천체의 힘이 육신의 상태 변화에 영향을 미칠 때에는 그 힘이 어느 정도 기질에 반영되는 것이다. 하지만 이것은 직접적인 영향이 아니라 간접적인 영향이다. 그래서 아우구스티누스는, 동시에 병이 나고 동시에 병을 고친 두 형제에 관한 문제를 해결할 때 천문학자가 아닌 히포크라테스에게서 그 원인을 찾을 것을 권하고 있다(《신국론》 5권). 마법에 관해서는 이렇게 말해야 한다.

"마녀들이 이런 추악한 행위에 이끌릴 경우 별자리가 어느 정도 마법에 영향을 미친다."

아리스토텔레스가 자신의 책 《원소의 본성The properties of Elements》에서 "목성과 토성이 합슴을 이룰 때 나라가 멸망하고 백성이 절멸한다"라고 말하지만 이것이 우리의 관점과 모순되는 것은 아니다. 왜냐하면 그가 말하고자 하는 것은, 두 행성이 합을 이룰 때 사람들이 반목과 불화(즉 두 행성의 합이 초래한 반목과 불화)에 맞서 싸울 수 없었다는 것이 아니라 단지 그러한 현상을 거스르려 하지 않았다는 것이기 때문이다. 프톨레마이오스 역시 《알마게스트》*에서 "지혜로운 사람은 별들이 인도하는 대로 따른다"라고 말한다. 토성은 우울과 악의를 가져다주고 목성은 선을 가져다준다. 즉 두 별의 위치가 어떻게 되느냐에 따라 반목과 불화가 일어날 수 있다는 말이다. 하지만 인간은 자신의 자유 의지에 입각해서 그리고 신의 은총 덕분에 이러한 영향을 물리칠 수 있다.

다마스쿠스의 성 요한이 쓴 《정통신앙 주해》의 한 대목 또한 우리의 관점과 모순되지 않는다. 비록 그가 "왕들의 죽음을 초래하는 혜성과 징표들이 자주 나타난다"라고 지적하고 있지만 이 말을 혜성이 인간의 행위에 필연적인 영향을 미친다는 식으로 이해해서는 안 된다. 그는 혜성이 자연적인 방법에 의해 생겨난 것이라고 보지 않는다. 또한 그는 혜성이 하늘에 떠 있는 별들 중의 하나라고 보지 않는다. 그가 이해하는 혜성은 태초에 만들어진 별들 중 하나가 아니라 한때 신의 명령에 의해 생겨났다가 나중에 다시 흩어지는 존재이다. 그는 혜성의 발생과 소멸이 천사들의 도움에 의해 일어난다고 주장한다.

철학자들의 견해 또한 우리의 견해와 모순되지 않는다. 그들은 "혜성은 대기 상층부에서 만들어지는 뜨겁고 건조한 물체로서, 불에서 뿜어나오는 어둡고 건조한 증기로 이루어져 있다. 그리고 바로 이 어둡고 건조한 증기의 핵이 별의 몸통을 구성한다. 혜성은 그 자체로서는 죽음을 불러오지 못한다. 다만 뜨겁고 건조한 질병을 초래하는, 자신의 부차적 특

---

* 프톨레마이오스가 쓴 점성학 또는 연금술에 관한 책.

성으로 죽음을 불러올 뿐이다. 가령 뜨겁고 건조한 음식을 즐겨 먹는 부자들(왕과 제후들) 중 다수가 바로 이 시기에 죽음을 맞이한다"라고 주장한다. 이러한 견해는 다마스쿠스의 성 요한의 견해와도 일맥상통한다. 성 토마스 아퀴나스의 죽음을 예고한 혜성 역시 처음에 천사들에 의해 만들어졌다가 나중에 그 필요성이 없어졌을 때 다시 천사들에 의해 소멸되었다.

지금까지 이야기된 것들로부터 알 수 있는 것은, 천체가 인간의 자유의지에 아무 영향도 끼치지 못한다는 것 그리고 인간의 악의와 기질에도 아무 영향을 끼치지 못한다는 것이다.

여기서 또 한 가지 주목해야 할 점은, 천문학자들이 정확하게 예언하는 것은 특정 지역 또는 특정 대중과 관련된 사건들이라는 것이다. 왜냐하면 그들이 관측하는 천체은 각 개인의 행위에 영향을 미치기보다는 대중의 행위에 더 많은 영향을 미치기 때문이다.

운명의 여신을 숭배하는 점성술가들의 거짓된 주장에 대해 세비야의 이시도르는 다음과 같이 반박한다(《어원론》8, 9).

"그들이 점성술가로 불리는 이유는 그들이 인간의 탄생에 영향을 미치는 천체을 관측하기 때문이다. 그리고 운명의 여신이라는 말의 어원은 fortnitum(우연)인데 이 여신은 운명의 우연과 기만으로 마치 인간의 모든 행위와 노력을 비웃는 듯하다. 그래서 운명의 여신을 눈먼 여신이라고 부르는 것이다."

운명의 여신을 믿는 것은 곧 우상을 숭배하는 것이다. 한편 인간의 육신을 타락시키는 마녀들의 만행이 운명의 여신으로부터 비롯된다는 주장 또한 철학자들의 견해에 모순된다. 이 문제에 대해 더 자세한 설명이 필요하다면 성 토마스 아퀴나스의 《이교도 대전》(3권, 쟁점 87)을 참고하기 바란다.

위의 책이 없는 사람들을 위해 다음과 같은 대목을 인용해 보자.

"인간은 하늘로부터 내려오는 세 가지 원인의 영향을 받는다. 즉 이 세 가지 원인이 인간의 의지와 이성 그리고 육신을 지배하는 것이다. 의지는 신에 의해 좌우되고 이성은 천사들에 의해 인도되며 육신은 천체의 지배를 받는다."

선善에 대한 욕망과 선택이 신에 의해 좌우된다는 것은 잠언의 기록을 통해서도 확인할 수 있다.

"왕의 마음이 여호와의 손에 있음이 마치 봇물과 같아서 그가 임의로 인도하시느니라"(잠언 21장 1절).

여기서 왕이 언급되는 이유는 왕이 다른 사람들보다 더 큰 힘을 지니고 있기 때문이다.

우리의 인식 능력은 신에 의해 결정되고 천사를 통해 결정된다. 또한 인간의 육신에서 일어나는 모든 것은(그것이 외적 행위이든 아니면 내적 행위이든) 신과 천사들 그리고 천체의 지배를 받는다. 성 디오니시오스는 "천체는 지상에서 일어나는 일들의 원인으로서 작용한다. 하지만 이러한 원인이 불가항력, 즉 인간의 힘으로 어쩔 수 없는 힘은 아니다. 인간은 육체적으로는 천체의 영향을 받고 이성적으로는 천사들에게 복종하며 의지에 있어서는 신의 지배를 받는다. 따라서 신의 계시와 천사들의 충고를 무시한 채 육신의 욕망만을 따르는 사람은 천체가 이끄는 쪽으로 기울어질 수밖에 없다. 그리고 그 결과로서 인간의 의지와 이성은 악의惡意와 미혹의 덫에 걸리게 된다.

하지만 비록 천체의 영향으로 학살과 약탈 그리고 이보다 더 혐오스러운 죄악이 일어난다 해도 마녀들이 걸려드는 미혹의 덫에 걸려들 수는 없을 것이다. 윌리엄은 자신의 책《우주론The Universe》에서 이렇게 말한다.

"만약 매춘부가 올리브 나무를 심는다면 그 나무에서는 열매가 맺히지 않을 것이다. 하지만 정숙한 여자가 올리브 나무를 심는다면 그 나무는 틀림없이 열매를 맺을 것이다. 치료를 하는 의사와 씨를 뿌리는 농부 그리고 공격을 하는 병사가 상응하는 천체의 영향을 받을 경우 그들은, 자신과 똑같은 일을 하는 다른 사람들이 하지 못하는 일을 능히 해낼 수 있다."

"운명은 존재한다"라는 주장과 관련해서는 다음과 같이 반박해야 한다.

"가톨릭 교회의 가르침에 입각했을 때 비로소 운명의 존재를 주장할 수 있다. 그 외의 모든 해석은 이단적인 해석이다. 만약 이교도나 일부 점성술가들의 방식으로 운명을 이해하려 한다면 그것은 그릇되고 이단적이며 저주받을 짓이 될 것이다(그들은 별자리의 변화가 인간의 기질에 변화를 일으킨다고 주장하며 또한 자신이 태어날 때의 별자리에 따라 어떤 이는 마법사가 되고 또 어떤 이는 고결한 사람이 된다고 주장한다). 왜냐하면 이러한 주장은 선행의 공덕을 말살하고 신의 은총을 쓸모없는 것으로 만들어 버리기 때문이다(마치 신이 불행과 재앙의 원인인 것처럼 되어 버린다). 그러므로 이런 의미에서의 운명은 실재하지 않는 것으로서 부정되어야만 할 것이다."

그레고리우스 1세 또한 《복음서에 관한 설교The Homily on the Gospels》에서 이렇게 말했다.

"믿음 가진 자들이여, 운명 따위를 믿어서는 안 될 것이다!"

방금 언급한 견해와 점성술사들의 견해 사이에 유사점이 있음에도 불구하고 두 견해는 분명히 다른 견해들이다. 왜냐하면 별자리의 영향과 일곱 행성의 보편적인 영향이 서로 다르기 때문이다.

만약 운명을, 근본적 원인이 아닌 부차적 원인에 영향을 미치는 것 그리고 신에 의해 미리 정해진 사건을 진척시키는 것으로 본다면 이 경우에 운명은 실재가 된다. 즉 신의 섭리와 행위의 연결 고리로서 운명이 존재하게 된다(물론 이것은 부차적 원인이 존재하는 현상들, 가령 영혼의 창조, 찬양, 신의 은총과 같은 현상들일 경우에 그렇다). 따라서 행위에 대한 일정한 인도력引導力을 섭리라고 말하기도 하고 또 운명이라고 말하기도 한다. 만약 그 인도력이 신에게 있다면 그것은 섭리, 즉 하느님의 뜻이 될 것이고 만약 그 인도력이 부차적인 원인을 통해 영향을 미친다면 그것은 운명이 될 것이다. 이와 마찬가지의 견해를 보이는 보이티우스는 자신의 저작 《철학의 위안Consolation》에서 운명에 대해 다음과 같이 밝히고 있다.

"운명이란 움직이는 사물moveable things에 고유한 일종의 조직화establishment이다. 그리고 신의 섭리는 이러한 조직화를 통해 모든 것에 정당한 질서를 부여한다."

이러함에도 불구하고 우리의 성스러운 교부들은 '운명'이라는 말을 사용함에 있어 신중한 태도를 보일 수밖에 없었다. 왜냐하면 그들이 보기에 운명이란 천체의 영향에 관계되는 것이었기 때문이다. 아우구스티누스는 이렇게 말한다.

　"만약 누군가가 신의 의지와 신의 권능을 운명이라 부르고 또 이로 인해 인간의 일을 운명에 기인하는 것으로 보려 한다면 그런 사람은 침묵을 지키게 해야 한다"(《신국론》 5권).

　이로부터, 모든 것이 운명의 지배를 받느냐, 만약 그렇다면 마녀들의 마법 또한 운명의 지배를 받느냐는 질문에 대한 답이 저절로 나온다. 운명은 부차적 원인들을 통해 작용하고 부차적 원인들은 신의 의도에 따라 작용한다. 그리고 신이 직접 행하는 것들(가령 천지 창조나 영적 실체의 찬양 같은 것들)은 운명의 지배를 받지 않는다. 앞에서 소개된 보이티우스의 견해 또한 이러한 맥락에서 이해되어야 한다. 즉 지고至高의 신성에 가까운 존재는 운명을 초월한다. 따라서 부차적 원인의 영향을 받지 않는 마법은 그 발생에 있어 운명이 아닌 또 다른 원인들의 지배를 받는다.
　따라서 마법은 천체를 움직이는 작인에 의해 일어날 수 없다. 그리고 이로부터 얻을 수 있는 결론은, 이븐 시나와 그 추종자들이 그릇되게 주장했던 것처럼, 마법은 천체의 영향에 의해 일어날 수 없다(이븐 시나와 그 추종자들은 천체의 실체와 천체를 움직이는 힘들이 보다 더 완전한 힘에 속한다고 주장했고 또한 영혼의 동요와 내적 인상의 수용으로 인해 자신의 몸(때로는 타인의 몸)이 변화를 일으킨다고 주장했다). 예컨대 누군가가, 높은 곳에 매달린 통나무 위를 걸어간다면 그 사람은 떨어질지도 모른다는 두려움 때문에 쉽게 아래로 떨어질 것이다. 하지만 평평한 땅 위에 놓인 통나무 위를 걸어간다면 그 사람은 떨어지지 않을 것이다. 그런가 하면 아주 단순한 인식 작용에 의해 육체가 뜨겁게 달아오를 수도 있고(악의로 가득 찬 사람이나 탐욕스러운 사람들의 경우처럼) 또 딱딱하게 굳을 수도 있다(겁 많은 사람들의 경우처럼). 게다가 인간의 육체는 열병이나 발진 같은 병에 걸릴 정도로 심한 상태 변화를 일으킬 수도 있다. 이러한 변화는 자기 몸에서도 일어날 수 있고 타인의 몸에서도 일어날 수 있다. 그리고 마법에 관한 이븐 시나의 견해가 바로 여기에 근거하고 있다. 즉 이븐 시나에 따르면, 마녀들의 행위는 천체를 움직이는 힘의 영향에 기인한다. 이러한 관점이 잘못되었음을 이미 증명한 바 있지만 여기서 몇 가지를 덧붙이도록 하겠다. 천체를 움직이는 힘—영적 실체는 그 본성과 욕망에 있어 선한 실체다. 하지만 마법을 실현하는 데 이용되는 창조물들은, 비록 그 본성에 의해 선한 실체를 내포하고 있다 해도 자신의 욕망으로 인해 선해질 수가 없다. 그러므로 두 실체를 같은 수준에 놓을 수 없다.

이러한 실체들substances이 그 의지에 있어 결코 선善할 수 없다는 것은, 그 실체들이 선에 반反하는 것을 조장할 뿐 선의善意의 이성well disposed intellect을 드러내지 않는다는 사실에 의해 입증된다(예컨대 마법사들의 경우가 그렇다). 이 책 2부에서 자세히 설명하겠지만, 마법사들은 음란 행위와 살해(아이와 가축의 살해) 등 수많은 죄악을 범한다. 그리고 바로 이 때문에 malefici(이 단어는 maleficere—'사악한 행위를 하다', '마법을 부리다'에서 유래한다)라는 이름을 얻게 된다. 그들의 본성에는 덕virtue이 존재하지 않는다. 게다가 죄인들을 돕고 또 그들과 가까운 관계를 유지하는 것을 선의의 이성의 발로라 할 수 없다. 마법사의 범죄는 죄 많은 사람들에 의해 이용된다. 그리고 이것은 범죄의 결과를 통해서도 알 수 있다.

'천체를 움직이는 실체들movers of the heavenly bodies'의 도움이 있기에 모든 창조물은 선으로 이끌리기 마련이다(비록 부수적 현상들에 의해 타락의 길을 걷는 경우도 적지 않지만 말이다). 따라서 이러한 실체들은 마녀 활동의 근본 원인이 될 수 없다.

뿐만 아니라 선의의 이성을 특징짓는 것은, 그것이 자신의 선, 즉 이성의 선으로 사람을 인도한다는 것이다. 반면에 사람을 다른 길, 즉 가장 가치가 적은 선으로 인도하는 것은 비열하고 저급한 이성의 특징이다. 비열하고 저급한 이성으로 인도되는 사람은 지식과 선행의 영역에서 아무런 가치 있는 암시를 얻지 못하며 단지 기만과 약탈 같은 해악에 관련된 암시만을 얻을 뿐이다. 따라서 마법은 위에서 언급한 실체들에 기인하는 것이 아니라 다른 어떤 사악한 힘에 기인한다.

그리고 마법사들의 경우처럼, 범죄를 통해 누군가에게 도움을 주는 것은 진정한 이성의 요구에 부합하지 않는다. 마법사들은 신앙을 버린 채 죄 없는 아이들을 살해한다. 하지만 마법사들의 만행에 영향을 미치는 것은 천체를 움직이는 실체가 아니다. 마법은 사악한 의지를 지닌 어떤 존재의 힘으로부터 생겨 나온다. 그리고 그런 존재들이 바로 마귀들이다. 이러한 주장에 이의를 제기하는 아주 경박한 견해가 있는데 이 견해에 따르면, 마녀들은 인간의 악의에 근거해서 그리고 주문의 도움을 받아 추악한 마법 범죄를 일삼는다. 쉽게 말해서 마법사가 어떤 이미지를 몰래 숨겨 둔 다음 "내가 너를 봉사로 만들고 절름발이로 만들겠다"라고 말하면 그 사람이 그런 몹쓸 병에 걸린다는 것이다. 또한 이 견해에 따르면, 마법사들은 천체의 영향을 받아 그리고 특정 별자리의 영향을 받아 다른 사람들에 비해 훨씬 더 큰 힘을 지니게 된다. 따라서 만약 다른 사람들이 주문이나 마법을 배운다 해도 마법사들만큼 성과를 거두지는 못한다는 것이다. 이제 이 모든 것들을 하나하나 자세히 살펴보도록 하자.

먼저 인간의 악의가 실제보다 두 배나 더 큰 것이라 해도 마법을 실현하는 것은 불가능하다. 설령 그 악의가 부단하고 의식적인 숙련에 의해 습관이 되어 버린 악의이거나 또는 성령에 반하는 죄악인 우발적인 악의라 해도 달라지는 것은 없다. 첫 번째 경우든 아니면 두 번째 경우든 악의는 그 자체로서 요소들을 하나의 상태에서 다른 상태로 변화시킬 수 없으며 인간이나 짐승의 육신에 해를 입힐 수도 없다.

이제 마녀들의 행위에 대해 이야기해 보자. 마녀들의 행위에 대해 알게 되면 우리는 그 행위를 야기하는 원인들을 더 잘 이해하게 될 것이다. 알 수 없는 원인에 의해 일어나는 모든 것을 우리는 기적이라 부른다. 만약 마녀들의 마법이 어떤 원인에 의해 일어나는지 모른다면 우리는 그것을 기적적인 행위라고 부를 수 있을 것이다. 왜냐하면 인간의 힘으로는 그런 마법을 행할 수 없기 때문이다. 마법사들은 악마와 맺은 계약을 근거로 활동한다. 그리고 천부적인 힘을 지닌 악마는 자연적 질서의 범위 밖에 있는 일들을 해낼 수 있다. 우리 눈에는 이것이 기적처럼 보이지만 사실 이것은 기적이 아니다. 성경에 기록되어 있는 것처럼, 오직 신만이 진정한 기적을 행할 수 있기 때문이다.

주문으로는 마법을 행할 수 없다. 인간의 이성은, 실제 사물이나 상상 속의 사물이 일으키는 인상들을 통해 인식 작용이 일어나도록 만들어져 있다. 하지만 자신의 말로 사물을 창조해 내거나 자신의 말로 물체를 변화시킬 수 있는 사람은 없다. 만약 그런 사람이 존재한다면 그것은 이름만 사람일 뿐 결코 사람이 아닐 것이다.

만약 "마법은 말words에 의해 일어나며 마법사가 태어날 당시의 별자리의 도움을 받는다"라고 주장한다면 이러한 주장에 대해서는 앞서 점성술사들과 운명론자들의 거짓된 주장을 반박할 때 사용했던 논거들을 제시해야 한다.

말은 영혼의 인식 작용을 표현한다. 그리고 천체와 천체를 움직이는 실체는 인간의 이성intellect에 영향을 미칠 수 없다. 말은 이성을 교화할 뿐이며 이때 천체의 영향은 모두 배제된다. 그리고 이런 일은 선행을 위해서만 일어날 수 있다. 왜냐하면 악행을 위해서는 이성의 교화가 아닌 이성을 '어둡게 하는 일darkening'이 요구되기 때문이다. 후자는 선한 영들의 의무에 포함되지 않으며 다만 악한 영들에 의해 수행될 뿐이다. 비록 그것이 본성적으로는 선하다 해도 의지의 사악함으로 인해 결코 선한 존재가 될 수 없다. 왜냐하면 그것은 언제나 악을 지향하기 때문이다. 앞에서 언급한 것처럼, 언제나 악을 지향하는 것은 오직 마귀들뿐이다.

마녀가 사용하는 이미지는 그 자체로서는 해로운 행위를 할 수 없다. 왜냐하면 그것은 인간에 의해 행해지는 일이기 때문이다. 그리고 천체의 행위가 자연적 행위인 반면, 마법사들의 행위는 자연적 행위가 아니다. 왜냐하면 마법사들의 행위는 자연 법칙에 반하는 것이기 때문이다. 따라서 이러한 이미지들 역시 마법에 영향을 미치지 못한다.

앞에서 지적한 것처럼, 이미지에는 두 가지 종류, 즉 점성술에 사용되는 이미지와 마법에 사용되는 이미지가 있다. 점성술의 이미지는 사적인 이익을 얻기 위해 사용되고(재앙을 불러일으키기 위해서가 아니다) 마법의 이미지는 살아 있는 존재들에게 해를 끼치기 위해 사용된다(이런 이미지들은 마귀들의 요구에 따라 일정한 장소에 몰래 숨겨지는데 만약 사람들이 그곳을 지나다니거나 그곳에서 잠을 자면 피해를 입는다). 이것은 마녀들 스스로가 인정하는 사실이며 따라서 마녀들의 행위에 영향을 미치는 것은 별자리가 아니라 마귀들임을 알 수 있다.

반론들에 대한 답변. 첫째, 아우구스티누스의 말은 인간의 타락은 그의 의지, 즉 신의 묵인과 악마의 부추김에 의해 생겨나는 의지에 기인한다는 의미로 이해해야 한다. 아우구스티누스는 《편람서Enchiridion》에서 "악마는 내적 암시로 사람을 설득하고 외적 자극으로 사람을 부추긴다. 악마는 마녀들처럼 자신에게 전적으로 복종하는 자들에게 명령을 내린다"라고 말한다.

둘째, 모든 사람은 자기 자신의 악evil의 원인이다. 명령에 대한 복종이 자유 의지의 개념에 반하는 것이기는 하지만 어쨌든 내적 암시에 의해 경향성inclination을 띠게 된다면 이러한 모순은 사라진다.

셋째, 선행과 악행으로 이끌리는 것은 모두가 별자리의 영향에 의한 것이다. 따라서 마법사들의 마법, 즉 자연적 질서의 범위 밖에 있는 마법은 이러한 영향에 종속되지 않는다.

넷째, 인간의 행위가 천체의 영향을 받는다는 것은 분명한 사실이다. 하지만 마녀의 행위를 인간의 행위로 인정할 수는 없다.

다섯째, 천체를 움직이는 실체는 두 가지 방법, 즉 직접적인 방법과 간접적인 방법으로 영혼에 영향을 미친다. 직접적인 방법은 마법 행위로 영향을 미치는 방법이고 간접적인 방법은 천체와 비슷하게 영향을 미치는 방법이다.

여섯째, 마귀들은 달의 크기가 커질 때 인간을 괴롭히는데 그 이유는 첫째, 히에로니무스와 크리소스토무스가 지적한 것처럼 마귀들이 신의 창조물, 즉 달을 모욕하기를 원하기 때문이고 둘째, 마귀들은 자연력natural virtue의 매개 없이는 활동할 수 없기 때문이다. 아리스토텔레스에 따르면, 인간의 뇌는 신체의 가장 중요한 부분이기 때문에 달, 즉 액체를 움직이는 특별한 힘을 지닌 달의 영향을 가장 많이 받는다. 인간의 뇌 속에서 영혼의 힘이 완전해지는 것이다.

달의 크기가 커질 때 마귀들이 인간의 상상력을 자극하는 것은 바로 이 때문이다. 왜냐하면 마귀들은 인간의 뇌가 그런 경향을 보인다는 것을 잘 알고 있기 때문이다.

특정 별자리와 함께 마귀들이 나타나는 이유는 첫째, 천체가 마치 신과 같은 힘을 지닌다는 망상을 심어주기 위해서이고 둘째, 특정 별자리에서 물질이 마법 행위의 영향을 받는다는 것을 알기 때문이다.

아우구스티누스에 따르면, 마귀들은 다양한 종류의 돌과 풀, 나무와 동물 그리고 악기에 대단한 흥미를 보인다《신국론》 36권). 그리고 어떤 사람들은 "풀plants과 음악적 화음harmony이 있으면 마귀들이 인간에게 해를 끼칠 수 없으며(하프의 선율 덕분에 악마의 괴롭힘으로부터 벗어날 수 있었던 사울의 경우가 그렇다) 또한 특별한 풀을 이용하거나 숨겨진 원인을 꿰뚫어볼 경우 마귀의 도움 없이 마법을 행할 수 있다"고 주장한다. 이러한 주장은 다음과 같이 반박해야 한다.

"만약 신이나 천사들의 허락이 없다면 풀과 화음이 자극을 완전히 막을 수는 없다. 그리고 인간 속에 성향inclination이 있다면 악마는 더욱 강하게 인간을 자극할 수 있다."

풀과 음악적 화음이 육신의 성향에 강한 영향을 미칠 수 있다고 확신하는 사람들이 있다. 예컨대 아리스토텔레스는 음악적 화음과 관련하여 "다양한 화음이 다양한 고통을 일으킬 수 있다"고 말한다(《정치학》 8권). 그리고 보이티우스 역시 자신의 저서 《음악》에서 이와 같은 견해를 피력하고 있다.

신의 묵인이 없다면 어떻게 풀과 화음이 다양한 성향을 불러일으킬 수 있을까? 자연적인 방법으로는 성향을 불러일으킬 수 없을 것이다. 하지만 악마는 아주 작은 자극만으로도 인간을 괴롭힐 수 있고 또 이러한 자극은 그 어떤 강한 성향에 의해 완전히 제거될 수 있다. 가령, 악마의 괴롭힘으로 인해 사람이 우수와 비애의 감정에 빠지게 되지만 이런 것들은 풀과 화음에 의해 쉽게 제거될 수 있다.

다윗이 하프를 연주하는 순간 사울이 마귀의 시달림으로부터 벗어날 수 있었던 것은 전적으로 화음의 자연력natural virtue 때문이었다(화음의 자연력이 사울의 사악한 의도를 억누름으로써 그의 괴로운 마음이 위로받을 수 있었던 것이다). 그리고 십자가 표식으로 악령을 물리칠 수 있다는 사실이 다음의 주석을 통해 분명히 드러난다.

"다윗은 아름다운 선율과 다양한 음계를 알고 있었고 음악 연주 전반에 깊은 조예가 있었다. 다윗이 악령의 기세를 억누를 수 있었던 것은 하프 자체에 어떤 큰 힘이 내재되어 있었기 때문이 아니다. 악마를 쫓은 것은 바로 십자가 표식, 즉 하프의 나무 틀과 현이 만들어 내는 십자가 표식이었다."

쟁점 6
악마에게 복종하는 마녀들에 관하여

악마에게 헌신하는 마녀들과 관련해서 일련의 문제들이 제기되는데 결국 이 문제들은 어떻게 악마가 이런 추악한 행위를 하게 되느냐는 문제로 귀착된다. 우선 다음과 같은 문제들에 주목할 필요가 있다.

1) 악마의 정체는 무엇이고 악마가 취하는 육신은 어떤 요소들로 구성되어 있는가?

2) 악마의 성행위란 어떤 것인가? 악마의 성행위에 정액 배출이 수반되는가?

3) 악마의 성행위는 언제 어디에서 일어나는가? 악마가 이 일을 하는데 특별히 정해진 시간이 있는가?

4) 성행위를 하는 악마의 모습이 눈에 보이는가? 악마의 방문을 받는 여자는 이런 추악한 행위에 의해 태어난 여자인가 아니면 태어나는 순간 산파에 의해 악마에게 넘겨지는 여자인가? 마녀가 악마와의 성행위에서

성적 쾌감을 느끼는가?

이 문제들에 대한 자세한 논의는 이 책 2부에서 하기로 하고 여기서는 이러한 추악한 행위가 어째서 남자들보다 여자들 사이에서 더 만연하게 되는지 그 이유를 밝혀 보도록 하자. 첫 번째 논점은 여자의 주된 속성들에 관한 것이고 두 번째 논점은 어떤 부류의 여자들이 미신과 마법에 더 많이 빠지게 되느냐에 관한 것이며 세 번째 논점은 사악함에 있어 모든 여자들을 능가하는 산파들에 관한 것이다.

어째서 여자들이 마법에 더 이끌리는가?

이 문제와 관련해서는 성경 말씀과 신뢰할 만한 사람들의 증언뿐만 아니라 일상생활의 경험까지도 제시할 수 있다. 우리는 모든 여자에게 모멸감을 안겨 주려는 것이 아니라 다만 여자들에 관한 여러 견해가 그 본질에 있어 대동소이하다는 것을 말하고 싶은 것이다. 아마도 여자들을 깨우치고 타이르는 데 이보다 더 적절한 주제는 없을 것이다. 그리고 설교자의 설교가 용의주도하게만 진행된다면 여자들은 호기심에 가득 찬 눈으로 이 이야기에 귀를 기울일 것이다.

일부 학자들에 따르면, 세상에는 중용을 취할 수 없는 것들이 존재하는데 그것이 바로 혀와 성직자 그리고 여자들이다. 이 세 존재가 한계를 넘어서면 곧바로 선과 악의 정점에 도달하는데 가령 선의 지배를 받을 경우 그들은 가장 선한 일을 행할 수 있고 또 악의 지배를 받을 경우 그들은 가장 추악한 일을 행할 수 있다. 먼저 혀와 관련해서 말하면, 대부분의 나라들이 기독교를 받아들일 수 있었던 것은 모두가 혀의 도움이 있었기 때문이다. 예컨대 사도들 앞에 나타난 성령의 모습이 불타는 혀와 같았고 또 목회자(도미니크회 수사) 단체를 조직한 사람이 짖는 개의 모습으로 묘사되었다(짖는 개의 주둥이에는 불붙은 횃불이 물려져 있는데 이는 곧 자신의 짖음으로써 그리스도의 양들을 이단의 늑대들로부터 보호하겠다는 의지를 표현한 것이다).

그리고 일상생활의 경험으로부터 알 수 있는 것처럼, 지혜로운 한 사람의 혀가 무수히 많은 사람의 죽음을 막을 수 있다. 솔로몬의 잠언은 다음과 같이 기록하고 있다.

"명철한 자의 입술에는 지혜가 있어도 지혜 없는 자의 등을 위하여는 채찍이 있느니라. 지혜로운 자는 지식을 간직하거니와 미련한 자의 입은 멸망에 가까우니라"(잠언 10장 13-14절).

그리고 그렇게 되는 이유에 대해서도 기록하고 있다.

"마음의 경영은 사람에게 있어도 말의 응답은 여호와께로부터 나오느니라"(잠언 16장 1절).

성직자들과 관련해서는 요한 크리소스토무스의 말을 떠올려 보자. 복음서는 장사치들이 성전으로부터 쫓겨난 사건을 기록하고 있는데 이 대목에 대한 주석에서 크리소스토무스는 "모든 좋은 일이 성직자들로부터 비롯되고 모든 나쁜 일 또한 성직자들로부터 비롯된다"라고 지적한다. 그리고 히에로니무스는 "이름 없는 가난뱅이에서 돈 많은 유명 인사로

탈바꿈하는 영적 고리대금업자들은 마치 역병을 피하듯 피해야만 한다"라고 말한다(《네포티아누스에게 보내는 서한》). 또한 클레르보의 베르나르는 성직자들에 대해 다음과 같이 지적한다. "성직자들이 선량한 사람을 공격하는 세상이 되었으니 어찌 그들을 내쫓고, 어찌 그들을 피할 수 있단 말인가? 주위의 모든 사람이 친구이자 적이다. 모두가 자기 사람들이지만 그들 모두가 평화애호자들은 아니다. 모두가 가까운 사람들이지만 그들 모두가 자신의 것을 구한다. 고위 성직자들이 빌라도처럼 되었고 영혼을 지켜야 할 성직자들이 황금을 지킨다." 또한 베르나르는, 아랫사람에게 힘든 일만 시키고 아무런 도움도 주지 않는 고위 성직자들에 대해서도 언급한다. 그리고 대大그레고리우스는 "그릇된 행동을 하는 성직자보다 더 해로운 사람이 또 있겠는가? 아무도 그런 성직자를 꾸짖으려 하지 않는데 만약 죄 많은 사람을 단지 그 지위가 높다는 이유만으로 계속 존경한다면 그의 죄는 더욱 깊어질 것이다"라고 지적한다(《목회자Pastoral Book》).

여자들의 악의와 관련해서 《집회서》*에는 다음과 같이 기록되어 있다. "여자의 악의보다 더 나쁜 것은 없다. 사악한 여자를 데리고 살 바에는 차라리 사자와 사는 게 낫다." 바로 이 때문에 요한 크리소스토무스는 마태복음 19장 10절에 대한 설교에서 "장가를 가서는 안 된다. 여자는 곧 우호의 적이요 피할 수 없는 형벌이며, 필연적인 악이요 자연스러운 유혹이며, 열망하던 불행이요 가정의 위험이며 유쾌한 고통이요 고운 빛깔로 칠해진 자연의 결함이다. 만약 여자를 버리는 것이 죄악이라면, 그래서 여자를 옆에 둘 수밖에 없다면 우리는 그에 상응하는 고통을 각오해

---

* Ecclesiasticus, 구약 외전 중의 한 편.

야 할 것이다. 여자를 버린다는 것은 곧 간음의 시작을 뜻하며 여자를 옆에 둔다는 것은 곧 언쟁이 끊이지 않는다는 것을 뜻한다"라고 지적한다. 그리고 툴리우스 키케로는 "남자들이 다양한 욕망에 의해 악행으로 이끌리는 반면 여자들은 오직 하나의 욕망, 즉 탐욕에 의해 악행으로 이끌린다"라고 주장한다(《수사학》 2권). 그리고 세네카는 자신의 비극에서 다음과 같이 주장한다.

"여자들은 크게 '좋아하는 여자'와 '싫어하는 여자'로 나뉜다. 즉 좋아하고 싫어하는 것 외에는 다른 가능성을 찾을 수 없다는 말이다. 그리고 여자의 눈물은 기만이다. 여자의 눈물에는 두 가지 종류가 있는데 하나는 정말로 슬프기 때문에 흘리는 눈물이고 다른 하나는 교활한 간계를 위해 흘리는 눈물이다. 그리고 홀로 생각에 빠져 있는 여자들은 십중팔구 사악한 일에 대해 생각하고 있을 것이다."

하지만 현숙賢淑한* 여자에게는 좋은 평판이 따라다닌다. 현숙한 여자는 남자를 행복하게 만들 뿐 아니라 도시와 나라 그리고 민족을 구한다. 가령 유디트와 데보라 그리고 에스텔의 위대한 업적을 모르는 사람은 없을 것이다. 사도 바울은 이렇게 말한다.

"어떤 여자에게 믿지 아니하는 남편이 있어 아내와 함께 살기를 좋아하거든 그 남편을 버리지 말라. 믿지 아니하는 남편이 믿는 아내로 말미암아 거룩하게 되나니"(고린도전서 7장 13절).

---

* 현숙하다는 말은 성경에 나오는 표현으로 여자의 마음이 어질고 정숙하다는 뜻이다.

그리고 《집회서》에는 다음과 같이 기록되어 있다.

"현숙한 여자의 남편은 수명이 두 배로 늘어날 만큼 축복받은 사람이다."

《집회서》의 경우 한 장章 전체가 현숙한 여자들을 칭찬하는 말로 가득 차 있고 잠언의 마지막 장 역시 현숙한 여자들에 대한 찬사로 가득하다.

신약성경에서도 현숙한 여자들에 대한 찬사가 이어지는데 그 주인공은 바로 이교 민족과 국가들을 기독교로 개종시킨 동정녀와 성녀들이다. 또한 빈센트의 《역사의 거울》 26권 9장에 나오는 '헝가리 제국과 위대한 기독교도 기셀라에 관한 이야기'와 '프랑크 왕국과 동정녀 클로틸드(클로비스 1세의 왕비)에 관한 이야기'를 읽어 보라. 그 속에서 여러분은 놀라운 사실들을 발견하게 될 것이다.

여자들이 비난받는 이유는 주로 육체적 쾌락에 대한 탐욕스러운 욕망 때문이다. 그래서 성경도 다음과 같이 기록하고 있다.

"현숙한 여자들마저 육체적 쾌락의 포로가 되어 버렸다"(전도서 7장 27절).

여자들이 남자들보다 더 쉽게 미신적 신앙에 빠지는 현상에 대해 사상가들은 다음과 같은 근거를 제시한다. 1) 악마는 인간의 믿음을 무너뜨리는 데 혈안이 되어 있다. 그리고 여자는 남의 말을 쉽게 믿는 경향이 있다. 따라서 남자보다는 여자가 더 쉬운 공격 대상이 된다. 2) 여자는 원래 지껄이기를 좋아한다. 그래서 마법을 통해 경험한 것을 자신의 여자 친구들과 공유하지 않고는 못 배긴다. 그리고 여자는 힘이 약하기 때문에 마법의 힘을 빌려서라도 모욕에 대한 앙갚음을 하려고 한다.

한편 이러한 현상에 대해 또 다른 근거를 제시하는 사상가들이 있는데 특히 목회자들이 이런 근거들에 대해 언급할 때에는 각별한 주의를 기울여야 한다. 비록 구약성경이 여자들에 대해 좋은 이야기보다는 좋지 않은 이야기를 더 많이 기록하고 있지만(이것은 원죄를 범한 이브와 이브를 본받은 자들 때문이다) 신약성경에서 이브Eve의 이름이 아베Ave(기뻐하라)로 바뀌었고 또 히에로니무스가 지적한 것처럼, 이브에 의해 초래된 악이 성모 마리아의 축복에 의해 제거되었기 때문에 이제부터는 여자를 칭찬하는 말을 많이 해야 한다. 하지만 최근에 여자들 사이에서 마법이 널리 행해지고 또 마법의 추악함이 그 도를 더해 가고 있는 만큼 우리는 "여자들은 불완전한 영혼과 육체를 지닌 존재들이다. 따라서 여자들이 추잡하고 음란한 짓을 더 많이 저지르게 되는 것은 전혀 놀라운 일이 아니다"라고 말해야 한다. 그리고 여자들은 영적인 것spiritual matters을 이해함에 있어서도 남자들과 차이를 보인다. 여기서 몇몇 권위자들의 견해를 살펴보자. 테렌티우스*는 "여자들의 사고방식은 아이들의 사고방식처럼 경박하다"라고 했고 락탄티우스**는 "테미스테 외에는 이 세상 그 어느 여자도 철학을 제대로 이해하지 못했다"(《Institutes》, 3)라고 말했다. 또한 솔로몬의 잠언은 "아름답고 음탕한 여자는 돼지 코에 걸린 황금 반지와 비슷하다"라고 기록하고 있다. 대체로 여자들이 남자들보다 더 많은 육체적 쾌락을 갈망하는데 이것은 여자들이 탐닉하는 추악한 성행위를 통해서

---

* 푸블리우스 테렌티우스 아페르(Publius Terentius Afer, 기원전 195년 또는 185년~기원전 159년)은 고대 로마시대의 희극작가이자 시인이다. 북아프리카 출신의 노예였는데 그의 재능에 감복한 주인에 의해 교육을 받고 해방되어 극작가로 이름을 날렸다.

** 루키우스 카이킬리우스 (또는 카일리우스) 피르미아누스 락탄티우스(Lucius Caecilius Firmianus Lactantius, 240년?~320년?)는 초기 기독교의 신학자이자 저술가였다.

도 잘 알 수 있다. 그리고 여자들의 이러한 결함은 최초의 여자가 만들어 질 때부터 분명하게 드러났다. 왜냐하면 여자는 남자의 휘어진 갈비뼈, 즉 남자로부터 뒤틀리며 이탈하는 듯한 갈비뼈로 만들어졌기 때문이다. 이러한 결함으로부터 '여자들은 불완전한 동물이기 때문에 언제나 거짓을 말하고 또 사람을 현혹한다'는 결론을 내릴 수 있다. 카토*가 말하기를 "여자가 눈물을 보인다는 것은 곧 간계를 꾸미고 있다는 것을 뜻한다"라고 했다. 그리고 "여자들은 남편을 현혹하고 싶을 때 어김없이 눈물을 보인다"라는 말도 있다. 이 말이 틀린 말이 아니라는 것은 삼손과 삼손의 아내를 보면 알 수 있다. 삼손의 아내는 남편의 비밀을 알아낼 때까지 온갖 방법으로 그를 괴롭혔고 또 알아낸 비밀을 공범에게 알린 다음에는 삼손을 떠나 버렸다. 최초의 여자, 이브의 예를 통해서도 알 수 있는 것처럼, 아내들이란 원래 믿음이 부족한 사람들이다. 예컨대 뱀이 "너희는 왜 동산 모든 나무의 열매를 맛보지 않느냐"라고 묻자 이브는 "우리는 동산 모든 나무의 열매를 먹을 수 있으나 동산 중앙에 있는 나무의 열매는 하느님의 말씀에 '너희는 먹지도 말고 만지지도 말라. 너희가 죽을까 하노라' 하셨느니라"라고 대답했다. 이로써 이브는 자신이 하느님의 말씀을 믿지 않는다는 것을 직접 증명해 보였다. 그리고 여자들의 믿음이 부족하다는 것은 femina(여자)라는 단어가 'Fe'(Fides-믿음)와 'minus'(더 적다)에서 유래한다는 것만 보아도 쉽게 알 수 있다.

여자들은 더 빨리 의심하고 더 빨리 믿음을 부정한다. 그래서 여자들

---

* 마르쿠스 포르키우스 카토(Marcus Porcius Cato Uticensis, 기원전 95년~기원전 46년)은 소 카토라고 불리기도 하는데, 이는 같은 이름을 가진 대 카토의 증손자이기 때문이다. 로마 공화정 말기의 정치인으로 율리우스 카이사르와 대적하여 로마 공화정을 수호한 것으로 유명하고 스토아학파의 철학자이기도 하였다. 그는 당시 부패가 만연한 로마의 정치 상황에서 완고하고 올곧은 인물, 청렴결백함의 상징적 인물로 유명했다.

은 천성적으로 음험할 수밖에 없다(이러한 음험함이 마법 행위의 기초가 된다).

영혼의 또 다른 힘, 의지와 관련해서는 다음과 같이 말할 수 있다.

"한때 사랑했던 사람을 증오하게 되면 여자들은 미친 듯이 분노를 터뜨린다. 이런 여자들은 사납게 휘몰아치는 파도와 같다."

전도서 25장 19절은 "여자의 노여움보다 더 큰 노여움은 없다"라고 기록하고 있고 세네카는 자신의 비극 《메디아》에서 "활활 타오르는 불길과 사납게 휘몰아치는 폭풍우 그리고 무섭게 내려치는 번개의 위력도 버림받은 아내의 노여움과 증오에 비하면 결코 두려운 것이 아니다"라고 말한다. 또한 요셉을 부당하게 고발하여 감옥 생활을 하게 만든 여자의 노여움도 빼놓을 수 없는데 이 여자가 노여움에 사로잡힌 이유는, 그녀가 간통의 죄를 범하도록 부추겼음에도 불구하고 요셉이 이를 거절했기 때문이다(창세기 39장). 그런가 하면 결혼한 남녀와 결혼하지 않은 남녀의 불화 또한 마녀의 수를 증가시킨 주된 원인 중 하나다. 심지어 신에게 헌신하는 성녀들조차 그러할진대 다른 여자들이야 오죽하겠는가? 창세기에 등장하는 여자들을 보라. 하갈에 대한 사라의 질투(창세기 21장 9~21절), 레아에 대한 라헬의 질투(창세기 30장), 브닌나에 대한 한나의 질투(사무엘상 1장), 모세에 대한 미리엄의 질투(민수기 12장), 막달라 마리아에 대한 마르다의 질투(누가복음 10장 38~42절) 등 이루 다 표현할 수 없을 정도다.

이쯤 되면, 어째서 임종을 앞둔 그리스 왕 포로네우스가 자신의 동생 레온티우스에게 "여자가 없었다면 더 없이 행복했을 텐데"라고 말했는지 그 이유를 알 만하다. 레온티우스가 "여자가 어떻게 행복을 막을 수 있단 말입니까?"라고 묻자 포로네우스는 "결혼한 남자라면 누구나 알고 있는 일이야"라고 대답했다. 그리고 소크라테스는 "결혼을 해야 합니까,

말아야 합니까?"라는 질문에 대해 "결혼하지 않는다면 대가 끊어지는 것은 물론, 다른 집안 사람이 재산을 물려받게 될 것이다. 그리고 결혼을 한다면 언제나 노여움과 불만 속에 살게 될 것이고 혼수婚需를 둘러싼 다툼과 장모의 잔소리가 끊이지 않을 것이다"라고 말했다. 물론 이것은 소크라테스 자신의 경험에서 나온 말이었다. 히에로니무스에 따르면, 소크라테스에게는 두 명의 아내가 있었는데 둘 다 그 성격이 대단했다고 한다. 물론 소크라테스가 대단한 인내심을 발휘하여 참고 살기는 했지만 어쨌든 두 여자의 독설과 비난 그리고 호통치는 소리로부터 자유로울 수 없었다. 그러던 어느 날이었다. 두 아내가 어김없이 소크라테스를 공격했고 소크라테스는 싸움을 피해 집 밖으로 나왔다. 그런데 설상가상으로 두 여자는 집 밖에 앉아 있는 소크라테스에게 구정물을 끼얹어 버렸다. 하지만 철학자는 이 일에 노여워하지 않았고 다만 "천둥이 친 다음에는 비가 쏟아지는 법이지"라고 말했다. 그런가 하면 또 다른 남편에 관한 이야기도 있다. 이 남자는 강물에 빠져 죽은 아내의 시신을 찾기 위해 강가를 따라 걷고 있었다. 그런데 이상한 것은 이 남자가 강물의 흐름을 따라 걷지 않고 그 반대 방향으로 걸었다는 것이다. 사람들이 "왜 강 아래쪽으로 가지 않고 위쪽으로 가느냐"라고 묻자 남편은 "살아 있을 때 아내는 모든 일을 반대로 했습니다. 그러니 죽어서도 그렇게 하지 않겠습니까?"라고 대답했다.

여자들은 이성의 결함으로 인해 남자들보다 더 빨리 믿음을 버리는 경향이 있다. 이와 마찬가지로 여자들은 그 유별난 격정과 욕망으로 인해 남자들보다 더 열심히 복수할 방법을 찾아내고 또 마법의 힘을 빌려(또는 그 밖의 다른 방법으로) 악착같이 복수하고야 만다. 그러므로 여자들 사이에서 그토록 많은 마녀들이 생겨나는 것은 너무도 당연한 일이다.

천성적으로 남의 뜻을 따르지 않는 여자들은 오직 자신의 생각에 따라서만 행동하려고 한다. 그래서 테오프라스토스는 "만약 집 전체를 여자에게 맡긴다면 여러분은 노예처럼 살아야 할 것이다. 왜냐하면 여러분이 어떤 결정권을 가지려고 하는 순간 여자는 자신을 의심한다는 이유로 싸움을 걸어올 것이기 때문이다. 만약 여러분이 서둘러 양보하지 않는다면 그녀는 곧바로 독약을 준비할 것이다. 그리고 마법사와 천리안을 가진 사람에게 도움을 청할 것이다"라고 말한다. 바로 이 때문에 마법이 생겨나는 것이다.

여자가 지배한다는 것이 어떤 것인지 키케로의 설명을 들어 보자.

"아내의 명령을 따르는 남자가 과연 자유로울까? 만약 아내가 자신의 판단으로 이건 해도 된다, 이건 하면 안 된다는 식으로 사사건건 통제한다면 그리고 자신의 결정에 반대할 권리조차 주지 않는다면 과연 그 남자가 자유롭다고 말할 수 있을까? 내가 보기에 그런 남편은 불쌍한 노예라고밖에 부를 수 없을 것 같다. 양가良家의 자제가 그런 모습으로 살고 있으니 불쌍하지 않은가?"(《Paradox of the Stoics》).

그리고 세네카는 미친 듯이 날뛰는 메데아를 통해 이렇게 말한다.

"무엇 때문에 망설이는가? 너에게 기쁨을 안겨 주는 복수는 정말 위대한 것이다!"(《메데아》 595-596).

여기서 세네카가 말하고자 하는 것은, 여자들이 오직 자신의 판단에 따라서만 행동하기를 원하며 누군가에 의해 지배당하는 것을 절대 용납하지 않는다는 것이다(복수를 할 수만 있다면 여자들은 자살도 마다하지 않는다). 히에로니무스는《다니엘서에 대한 주석》에서 이와 비슷한 여자, 라오디케의 이야기를 소개하고 있다. 시리아의 왕 안티오쿠스의 아내였던 라오디케는 왕의 또 다른 아내 베로니케를 시기한 나머지 그녀와 그녀의 아들(안티오쿠스의 아들)을 살해했고 결국에는 자기 자신도 죽음을 택했다.

사실상 거의 모든 왕국들이 여자들로 인해 멸망했다고 해도 과언이 아니다. 헬렌의 납치로 인해 트로이가 멸망했고(이때 수천 명의 그리스인들이 희생되었다) 사악한 왕비 이세벨과 그 딸 아달랴로 인해 유다 왕국이 시련을 겪었다. 특히 아달랴는 자신의 손자들까지 살해했는데 이것은 아들이 죽은 후 왕국의 통치권을 차지하기 위해서였다(하지만 두 여자 역시 살해당하고 말았다). 또한 로마제국은 이집트의 사악한 여왕 클레오파트라로 인해 고통과 불행을 겪었다. 그러므로 오늘날의 세계가 여자들의 악의로 인해 고통받는 것은 전혀 놀라운 일이 아니다.

육체적 쾌락에 대한 여자들의 탐욕으로 인해 인간의 삶은 엄청난 불행을 겪어야 했다. 그러므로 우리는 다음과 같이 주장할 수 있다.

"여자들 없는 세상이 존재한다면 신과 교통하는 것도 가능할 것이다."

그렇다. 여자들의 악의가 존재하지 않는다면(마녀들의 악의는 말할 필요도 없다) 세상은 온갖 위험으로부터 벗어날 수 있을 것이다. 발레리우스는 루피누스에게 보내는 편지에서 이렇게 말했다.

"그대는 여자들이 키메라와 같다는 사실을 알지 못한다. 하지만 그대가 반드시 알아 두어야 할 것은, 이 괴물이 사자의 위풍당당한 얼굴과 악취 풍기는 염소의 몸 그리고 뱀의 독기 가득한 꼬리를 가졌다는 사실이다. 이는 곧 여자들의 외모가 비록 아름답지만 여자와의 접촉은 역겨운 일이고 여자와의 성교는 죽음을 초래한다는 것을 의미한다."

여자의 또 다른 속성들 중 하나는 목소리와 관련된 것이다. 여자들은 천성적으로 거짓말을 즐겨 하고 또 비꼬는 말과 기분 좋은 말을 동시에 내뱉는다. 그래서 여자들의 목소리를 사이렌*의 노랫소리에 비유하는 것이다. 발레리우스가 루피누스에게 보낸 편지의 또 다른 대목에는 "장미를 사랑의 꽃이라 부르는 이유는 그 선홍색 꽃잎 아래에 많은 가시들이 숨겨져 있기 때문이다"라고 씌어 있다. 그리고 솔로몬의 잠언은 "대저 음녀의 입술은 꿀을 떨어뜨리며 그의 입은 기름보다 미끄러우나 나중은 쑥 같이 쓰고 두 날 가진 칼 같이 날카로우며"라고 기록하고 있다(잠언 5장 3-4절).

그렇다면 여자들의 몸가짐은 어떨까? 그것은 정말이지 허망하기 짝이 없다고밖에 말할 수 없을 것이다. 여자가 남자들에게 잘 보이려고 노력하는 만큼 신을 기쁘게 하기 위해 노력하는 남자가 있을까? 가령 안티오케이아에서 한껏 멋을 부리고 다닌 펠라게야를 예로 들어 보자. 하루는 노니우스라는 노老신부가 우연히 펠라게야의 모습을 보게 되었다. 그런데 펠라게야의 모습을 본 노신부는 갑자기 눈물을 흘리며 "내 평생 남자들에게 잘 보이기 위해 펠라게야가 노력하는 만큼 열심히 신을 섬긴 적이 없구나"라고 말했다. 결국 이 가증스러운 여자는 고결한 노신부에 의해 진리의 길로 인도되었다.

---

* 그리스신화에서 아름다운 노랫소리로 근처를 지나는 뱃사람을 유혹하여 파선시켰다는 바다의 요정.

개탄을 금할 수 없는 여자들에 대해 전도서는 다음과 같이 기록하고 있다.

"나는 여자가 죽음보다 더 고통스러운 존재라는 것을 깨달았다. 여자는 사냥꾼의 올가미와 같은 존재다. 그리고 여자의 심장은 그물이고 여자의 손(또는 팔)은 쇠사슬이다. 신을 섬기는 자들은 여자를 멀리할 것이고 죄 많은 자들은 여자에게 사로잡힐 것이다"(전도서 7장 27절).

여자는 죽음보다 더 고통스럽다. 왜냐하면 죽음이 자연스러운 현상이고 또 육신만을 소멸시키는데 반해 여자로부터 비롯되는 죄악은 당연한 응보로서 육신을 죽게 만들 뿐 아니라 신의 은총을 앗아감으로써 영혼까지 살해하기 때문이다.

여자가 죽음보다 더 고통스러운 이유는, 육신의 죽음이 '드러난 무서운 적'인데 반해 여자들은 '드러나지 않는 교활한 적'이기 때문이다. 여자의 심장은 그물이다. 즉 여자의 심장에 깃들어 있는 악의가 헤아릴 수 없을 정도로 크다는 말이다. 그리고 여자들의 손(또는 팔)은 쇠사슬이다. 신의 창조물에 해악을 끼치는 여자들은 악마의 힘에 의지함으로써 자신이 원하는 바를 이룬다.

지금까지 이야기한 것을 정리하면, 여자들이 행하는 모든 것은 육체적 쾌락에 대한 '만족을 모르는 탐욕'에 기인한다. 그리고 솔로몬의 잠언은 "족한 줄을 알지 못하여 족하다 하지 아니하는 것 서넛이 있나니"라고 기록하고 있다(잠언 30장 15절). 결국 여자들은 자신의 욕망을 채우기 위해 악마의 도움을 청하는 것이다. 이 문제에 대해 좀 더 자세히 이야기할 수도 있다. 하지만 이해력이 뛰어난 독자라면 지금까지 이야기된 것만으로도 여자들이 남자들보다 더 강하게 마법에 끌리는 이유를 충분히 이해할 수 있을 것이다. 그리고 이러한 이단은 마법사 이단heresy of Sorcerers이 아니라 마녀 이단heresy of Sorceresses이라고 부르는 것이 더 정확할 것이다. 오늘날까지 우리 남자들을 추악한 행위로부터 지켜 주신 하느님께 영광과 찬양을 돌릴지어다! 주께서 남자의 형상으로 세상에 내려와 고난당하기를 원하셨고 바로 이 때문에 남자들에게 그런 혜택을 주신 것이다.

쟁점 7
어떤 여자들이 마법에 탐닉하는가?

이런 질문에 대해서는 다음과 같이 답해야 한다.

"추악한 여자들이 범하는 가장 큰 죄악 세 가지는 불신不信, 야심 그리고 육체적 쾌락에 대한 탐욕이다(특히 육체적 쾌락에 대한 탐욕은 여자들이 가장 흔하게 범하는 죄악이다). 그리고 이런 죄악을 범하는 여자들이 바로 마법에 탐닉하는 여자들이다."

전도서에 따르면 육체적 쾌락에 대한 탐욕은 만족을 모르는 탐욕이다. 그러므로 육체적 쾌락을 즐기는 여자들의 야심이 크면 클수록 그 여자들은 더 걷잡을 수 없이 마법에 빠지는데 가령 화냥년, 매춘부 그리고 고관대작의 정부情婦가 그런 여자들이다. 마녀 사냥을 허가하는 교서, 《Summis desiderantes》에 씌어 있는 것처럼 그들의 마법에는 일곱 가지 종류가 있으며 그 일곱 가지 모두 성교 능력이나 수태 능력을 손상시키는 것과 관련이 있다. 1) 사람들의 마음에 파격적인 사랑의 감정을 불러일으키는 마법. 2) 생식 능력을 떨어뜨리는 마법. 3) 생식기를 제거하는 마법. 4) 사람을 동물로 둔갑시키는 마법. 5) 여자들이 아이를 갖지 못하게 하는 마법. 6) 여자들이 조산하게 만드는 마법. 7) 아이들을 악마의 제물로 만드는 마법. 이 일곱 가지 마법에 대해서는 나중에 다시 살펴보기로 하고 여기서는 비정상적인 사랑의 감정과 증오심을 불러일으키는 마법에 대해 살펴보도록 하자. 마녀들의 간계에 대해 언급한 성 토마스 아퀴나스는 어째서 신이 유독 성행위와 관련해서 그토록 막대한 권한을 악마에게 부여하는지 그 이유를 설명한다.

"인간을 악마의 지배에 굴복하게 만든 최초의 타락은 성행위로부터 비롯되었다. 물론 나중에 신이 혼인을 축성祝聖하긴 했지만 어쨌든 악마에 의해 혼인이 깨지는 경우가 많았다. 하지만 이런 일이 악마의 강요에 의해 일어나는 것은 아니다. 만약 그렇다면 악마가 신보다 더 강한 존재가 될 것이기 때문이다. 악마의 힘이 영향을 미치는 것은 어디까지나 신의 묵인이 있기 때문에 가능한 것이다"(《Commentary on Pronouncements》 4권, Dist. 34).

경험을 통해 알 수 있는 것처럼, 마녀는 다양한 계층의 사람들에게 사랑의 마법을 건다. 특히 마녀가 불러일으키는 사랑의 감정은 인간을 광란의 지경에 이르게 하고 또 이성의 소리를 듣지 못하게 한다. 아아, 차라리 아무것도 모른다면 속이 편할 것이다! 하지만 우리가 알고 있는 것처럼, 마녀들은 부부 관계에 심각한 문제를 불러일으키고 남편과 아내가 성교에 대해 무관심해지도록 만든다. 그래서 성교를 통해 자식을 낳는다는 것은 상상도 할 수 없는 일이 되는 것이다.

쟁점 8
마녀가 사랑의 감정이나 증오심을 불러일으킬 수 있는가?

악마가 마녀를 통해 뜨거운 사랑의 감정이나 증오심을 불러일으킬 수 있느냐라는 질문에 대해서는 앞서 언급한 내용을 근거로 부정의 답을 해야 한다.

1) 인간에게는 의지와 이성 그리고 육신이 있다. 먼저 인간의 의지를 지배하는 것은 하느님이다. 왜냐하면 성경 말씀에 "왕의 마음이 여호와의 손에 있음이 마치 봇물과 같아서 그가 임의로 인도하시느니라"라고 했기 때문이다(잠언 21장 1절). 그리고 이성은 천사들에 의해 계발되고 육신은 천체의 영향을 받는다.

2) 악마가 육신을 변화시킨다고 하지만 그렇다고 해서 육신 속에 존재할 수 있는 것은 아니다. 따라서 영혼 속에는 더더욱 존재할 수 없고 또한 사랑의 감정과 증오심도 불러일으킬 수 없다. 왜냐하면 악마는 그 본성상 영혼보다는 육신에 대해 더 큰 지배력을 지니기 때문이다. 앞서 증

명한 것처럼, 또 다른 동인動因이 없으면 악마는 육신을 변화시킬 수 없다. 이 문제와 관련해서 캐논 〈Episcopi〉는 다음과 같이 밝히고 있다.

"어떤 존재가 더 나은 상태나 더 못한 상태로 변할 수 있다고 믿는 사람은 이교도보다 더 나쁜 사람이다"(《Episcopi》 26, Q.5).

3) 만약 악마가 사랑의 감정이나 증오심을 불러일으킬 수 있다면 영혼의 생각도 알 수 있을 것이다. 하지만 이것은 《기독교 교의Ecclesiastical Dogmas》의 가르침에 어긋나는 것이다. 이 책에 따르면 "악마가 영혼의 생각을 알아차린다는 것은 불가능한 일이다. 그리고 우리의 사악한 생각이 전적으로 악마에 의해서만 생겨나는 것은 아니다. 때에 따라서 그것은 인간의 자유 의지에 의해서도 생겨난다."

4) 사랑의 감정과 증오심은 우리의 의지, 즉 영혼 속에 뿌리 내린 의지로부터 나오는 것이다. 그러므로 악마의 재주가 아무리 뛰어나다 해도 사랑의 감정과 증오심을 불러일으킬 수는 없다. 아우구스티누스가 지적한 것처럼, 영혼 속으로 들어가는 일은 오직 그것을 창조한 자만이 할 수 있는 일이다.

5) "악마는 인간의 감정에 영향을 미칠 수 있고 따라서 영혼에도 영향을 미칠 수 있다"는 주장은 잘못된 주장이다. 인간의 감정은 육신을 만들고 키우는 힘power of nourishment보다 더 중요한 의미를 갖는다. 그렇다면 살과 뼈조차 만들 수 없는 악마가 어떻게 인간의 감정에 영향을 미칠 수 있단 말인가?

물론 다음과 같이 반박할 수 있을 것이다.

"악마는 눈에 보이게 사람을 유혹하기도 하지만 눈에 보이지 않게 유혹하기도 한다. 그러므로 악마가 인간의 감정에 아무 영향도 미치지 못한다는 말은 틀린 말이다."

게다가 다마스쿠스의 요한이 자신의 《금언집》에서 "모든 해악과 음란 행위는 악마가 생각해 낸 것이다"라고 말하고 있고 디오니시오스 또한 "악마의 무리가 자기 자신들뿐만 아니라 다른 사람들에게까지도 재앙을 불러왔다"라고 주장한다(《신의 이름들Divine Names》 4장).

이러한 주장을 반박하기 위해서는 첫째, 인과 관계 개념을 분명하게 밝히고 둘째, 악마가 인간의 감정에 영향을 미칠 수 있는 지 여부를 따져 봐야 한다.

먼저 인과 관계에 대해 말하면, 원인에는 직접적인 원인과 간접적인 원인이 있을 수 있다. 첫째, 간접적인 영향을 미치는 원인, 즉 일정한 결과가 나오도록 이끄는 원인은 간접적인 원인이 된다. 가령 장작을 톱으로 자르는 사람은 간접적인 원인, 즉 장작이 불타는 데 동기opportunity를 제공하는 사람이라고 말할 수 있다. 그리고 이와 똑같은 방식으로 "악마는 인간이 범하는 모든 죄악의 원인이다"라고 말할 수 있다. 왜냐하면 악마의 유혹으로 인해 최초의 인간이 죄를 지었고 또 이 때문에 전 인류가 죄악에 빠지기 쉬운 존재들로 전락해 버렸기 때문이다. 따라서 다마스쿠스의 요한과 디오니시오스의 주장 역시 이런 의미로 해석되어야 한다.

둘째, 직접적인 영향을 미치는 원인은 직접적인 원인이 된다. 그리고 이 경우에는 악마가 죄악의 원인이라고 말할 수 없다. 왜냐하면 모든 죄악이 악마의 교사에 의해 저질러지는 것은 아니기 때문이다(인간이 범하는 죄악의 일부는 자유 의지와 육체적 타락에 의해 범해진다). 오리게네스가 올바르게 지적한 것처럼, 악마가 존재하지 않는다 해도 인간은 여전히 음식과 성적 쾌락에 대한 욕망에 사로잡힐 것이다. 그리고 이성이 인간 본성의 타락을 막지 않는다면 그야말로 엄청난 혼란이 일어날 것이다. 이러한 욕망을 억제하는 것은 전적으로 인간의 자유 의지에 달려 있다. 그리고 인간의 자유 의지는 악마 마음대로 조종할 수 있는 것이 아니다.

직접적인 원인과 간접적인 원인을 구별하는 것만으로는 파멸적이고 광란에 가까운 사랑의 감정이 생겨나는 이유를 설명하기 어렵다. 물론 악마는 이런 감정이 생겨나는 데 직접적인 영향을 미칠 수 없다(즉 인간에게 그런 감정을 강요할 수 없다). 하지만 그 대신 인간을 유혹하고 설득할 수는 있다. 악마는 두 가지 방법, 즉 드러나는 방법과 드러나지 않는 방법으로 인간을 유혹한다. 인간의 형상으로 나타나 마녀들과 이야기를 나누고 또 그들을 유혹해 죄악을 범하게 하는 것은 드러나는 방법이다(에덴 동산에서 아담과 이브를 유혹할 때도 그랬고 광야에서 그리스도를 유혹할 때도 그랬다). 그리고 내적 암시로 인간의 이성과 감정에 영향을 주어 자신이 원하는 대로 행동하도록 부추기는 것은 드러나지 않는 방법이다. 천사가 사물의 참된 이치를 밝히고 인간을 진리의 길로 인도하는 반면, 악마는 인간이 진리를 깨닫지 못하도록 방해하고 또한 암시를 통해 인간을 기만하려고 한다. 그리고 이러한 암시는, 물질을 이동시키고 물질의 속성을 변화시키는 힘에 의해 주어진다. 가령 악마가 파라오의 신관들을 앞세워 지팡이를 뱀으로 둔갑시킬 수 있었던 것도 바로 이 힘 때문이었다. 한편 상상과 내적 감정의 영역에서 일어나는 현상들은 '물질의 이동'이라는 개념으로 설명할 수 있다. 예를 들어 꿈에 다양한 이미지가 나타나는 것은 물질의 이동 때문에 가능한 것이다. 사람이 잠을 잘 때 혈액이 감정의 중심으로 흘러내리고 이때 육신의 행위가 남긴 인상들이 혈액과 함께 감정의 중심으로 모인다. 그리고 이 인상들이 또 다른 방식으로 응집되어 이미지 저장소를 형성한다(바로 이 이미지들이 꿈의 내용이 된다).

이븐 시나에 따르면, 인간은 상식, 환상, 상상, 판단 그리고 기억이라는 다섯 가지의 내적 지각력internal perception을 지닌다. 한편 상상과 공상을 동일시하는 성 토마스 아퀴나스는 인간이 지니는 내적 지각력이 네 가지라고 주장한다. 게다가 환상을 이미지 저장소로 보는 사람이 있는가 하면 기억이 이미지 저장소라고 주장하는 사람도 있다. 하지만 여기서 분명히 지적해 두어야 할 것은, 환상이 '인식된 형태들의 저장소'라면 기억은 외적 지각에 의해서는 인식될 수 없는 판단들의 저장소이다. 예컨대 늑대를 발견한 사람이 놀라 달아나는 것은 늑대의 혐오스러운 형태나 색깔, 즉 외적 지각에 의해 인식되고 환상 속에 저장되는 형태와 색깔 때문이 아니다. 그것은 인간이 그 본성상 늑대를 적으로 규정하기 때문이다. 이런 일이 일어나는 것은 늑대를 적으로 규정하고 개를 친구로 규정하는 판단 능력이 있기 때문이다. 이러한 판단 능력의 저장소는 기억 속에 자리잡고 있다.

꿈과 깨어 있는 상태에서 보게 되는 환영들은 기억 영역으로부터 나오는 다양한 이미지들이 만들어 내는 것이다. 그리고 이때 영靈의 영향을 받은 혈액과 체액이 이동한다. 만약 이 영이 악마라면 기억 영역으로부터 나오는 이미지들은 내적 유혹이라 부를 수 있을 것이다.

이로부터 우리는, 사랑의 파멸이 인간의 인식 저장소로부터 생겨 나오는 이미지들에 의해 초래된다는 사실을 알 수 있다. 악마는 이중적인 방법으로 인간을 유혹한다. 하나는 이성을 흐리는 방법이고 다른 하나는 이성을 흐리지 않는 방법이다. 그리고 그 예는 술꾼과 뇌질환을 앓는 사람들에게서 찾을 수 있다. 이성을 흐리게 하는 일은 마녀와 마법을 통해서도 할 수 있고 또 그것들을 통하지 않고서도 할 수 있다.

우리는 세 명의 사제(그것도 같은 수도원에 있는 세 명의 사제)를 유혹하여 광란의 사랑에 빠지게 만든 한 늙은 여자의 이야기를 알고 있다(수도원의 모든 수사들이 이 사실을 증언하고 있다). 결국 이 여자는 마법에 걸린 세 명의 사제를 살해했고 이것으로도 모자라 네 번째 사제를 미치게 만들었다. 그리고 더욱 황당한 것은 스스로 모든 사실을 인정한 후 다음과 같이 선언했다는 것이다.

"내가 그렇게 했다. 그리고 앞으로도 그렇게 할 것이다. 그들은 계속 나를 사랑할 것이다. 왜냐하면 내가 싼 똥오줌을 많이 처먹었기 때문이다."

그녀는 손을 내밀어 횟수까지 가리켜 보였다. 솔직히 말해서 우리에게는 이 늙은 여자를 벌할 수 있는 권한이 없다. 그래서 어쩌면 이 여자는 아직까지도 살아 있을 지도 모른다.

악마가 사람들을 유혹하는 방법 중에는 그들 각자의 성향을 이용하는 방법도 있다. 왜냐하면 음욕이나 분노에 쉽게 사로잡히는 성향의 사람일수록 이러한 욕망과 관련된 암시들에 더 쉽게 넘어가기 때문이다.

이러한 주제들로 설교를 한다는 것은 결코 쉬운 일이 아니다. 그러므로 목회자들은 누구나 알아들을 수 있는 말로 쉽게 설명해야 한다.

그리고 무엇보다 중요한 것은 다음과 같은 주장이 가톨릭 교리에 충실한 것인지 아닌지 자세히 설명하는 일이다. 첫째, 마녀는 남자들이 남의 아내에 대한 사랑의 감정으로 불타오르게 할 수 있는데 일단 마녀의 마법에 걸리면 말로 해도 안 되고 두들겨 패도 안 될 정도로 깊이 욕망의 늪에 빠지게 된다. 둘째, 마법에 걸린 남자들은 심지어 자기 아내에 대해서도 증오심을 느낀다. 셋째, 마법에 걸리면 부부관계를 피하게 된다. 넷째, 마법에 걸린 남자들은 칠흑 같이 어두운 밤에도 사랑하는 사람을 찾아간다(그것도 인적이 끊긴 길 위를 막 달려서 말이다).

다음에는 광란에 가까운 사랑의 감정에 대해 이야기할 것이다. 그리고 수태하지 못하도록 방해하는 것에 대해서도 이야기할 것이다.

첫째, 악마가 그 자체로서는 인간에게 영향을 미칠 수 없지만 만약 신의 묵인이 있다면 영향을 미칠 수 있다. 이 문제와 관련해서 욥기 2장의 말씀을 인용해보자.

"여호와께서 사탄에게 이르시되 내가 그를 네 손에 맡기노라. 다만 그의 생명은 해하지 말지니라"(욥기 2장 6절).

악마는 우리의 지각뿐만 아니라 이성과 의지에도 영향을 미칠 수 있다. 단 악마가 마녀들의 도움을 받아야 하는 경우가 있고 또 그렇지 않은 경우가 있다. 예를 들어 야고보서는 다음과 같이 기록하고 있다.

"오직 각 사람이 시험을 받는 것은 자기 욕심에 끌려 미혹됨이니 욕심이 잉태한 즉 죄를 낳고 죄가 장성한 즉 사망을 낳느니라"(야고보서 1장 14-15절).

또한 야곱의 딸 디나에게 반한 세겜은 그녀를 유괴하여 강제로 성관계를 맺었다.

"레아가 야곱에게 낳은 딸 디나가 그 땅의 딸들을 보러 나갔더니 하위 족속 중 하몰의 아들 그 땅의 추장 세겜이 그를 보고 끌어들여 강간하여 욕되게 하고 그 마음이 깊이 야곱의 딸 디나에게 연연하며 그 소녀를 사랑하여 그의 마음을 말로 위로하고"(창세기 34장 1-3절).

이 대목에 대한 주석은 "디나와 같이 자신의 일은 소홀히 하고 남의 일에만 정성을 들이는 나약한 영혼은 반드시 타락의 길을 걷게 된다"라고 덧붙이고 있다.

둘째, 마녀의 도움 없이 인간을 유혹하는 예를 들어 보자. 암논은 아름다운 누이 다말을 너무도 사랑하여 병에 걸리고 말았다.

"그 후에 이 일이 있으니라. 다윗의 아들 압살롬에게 아름다운 누이가 있으니 이름은 다말이라. 다윗의 다른 아들 암논이 그를 사랑하나 그는 처녀이므로 어찌할 수 없는 줄을 알고 암논이 그의 누이 다말 때문에 울화로 말미암아 병이 되니라"(사무엘하 13장 1-2절).

악마의 유혹에 굴하여 완전히 망가진 사람이 아니고서야 어떻게 이토록 철저히 타락할 수 있단 말인가? 그래서 이 대목에 대한 주석은 다음과 같이 밝히고 있다.

"이 일이 우리에게는 교훈이 될 것이다. 신께서 이 일을 묵인 하신 데에는 그만한 이유가 있다. 첫째, 우리가 신중하게 행동하도록 하기 위함이고 둘째, 우리가 죄악에 물들지 않게 하기 위함이며 셋째, 죄악의 왕Prince of Sin이 우리를 예기치 않게 죽이지 못하도록 하기 위함이다."

악마가 마녀의 도움 없이 불러일으키는 두 번째 종류의 사랑은 교황들의 일대기에서 자주 언급된다. 비록 교황들이 온갖 육욕의 유혹을 물리쳤다고는 하지만 그들 또한 이성에 대한 성적 욕망으로 괴로워할 때가 있었다. 그래서 고린도후서는 다음과 같이 기록하고 있다.

"너무 자만하지 않게 하시려고 내 육체에 가시 곧 사탄의 사자를 주셨으니"(고린도후서 12장 7절).

셋째, 악마의 개입 없이는 광란의 사랑이 일어날 수 없는 경우들이 있다. 1) 유혹당하는 남자의 아내가 아름다운 외모와 존경받을 만한 성품을 지닌데 반해 그 애인은 정반대의 외모와 성품을 지니고 있을 때. 2) 그 어떤 방법으로도 남자의 애정 행각을 막을 수 없을 때(설득을 해도 안 되고 두들겨 패도 안 될 때). 3) 사랑에 빠진 남자가 자제력을 잃고 애인을 향해 달려갈 때(그것도 시간이 늦거나 말거나, 가는 길이 멀거나 말거나 상관하지 않고 말이다).

쟁점 9

마녀가 출산을 방해할 수 있는가(또는 성행위를 방해할 수 있는가)? 교서에서 말하는 마법이란 어떤 것인가?

특히 여자들 사이에서 간통과 음란 행위가 만연한다는 것은 마법이 여자들의 출산 행위에 영향을 미친다는 사실에 의해 입증된다. 먼저 이 주장에 대해 이의를 제기하는 사람들은 "실제로 이러한 마법이 가능하다면 부부들 또한 마법의 대상에서 제외될 수 없을 것이다"라고 주장한다. 만약 이것이 사실이라면 우리는 악마의 힘이 신의 힘보다 더 강하다는 것을 인정할 수밖에 없다. 왜냐하면 결혼은 신에 의해 정해지고 마법은 악마로부터 비롯되기 때문이다. 또한 "마법은 간음하는 자들에게만 적용될 뿐 결혼한 사람들에게는 적용되지 않는다"라고 말한다면 이는 곧 "마법은 현실이 아니라 사람들이 지어낸 이야기(또는 환상)에 불과하다"는 주장과 다를 바가 없다(쟁점 1에서 우리는 이와 반대되는 주장을 펼친 바 있다). 마법이 어떤 사람들에게는 효과가 있고 또 어떤 사람들에게는 효과가 없는 이유를 따지다 보면 결국 "결혼은 신에 의해 정해진 것이다"라는 것 외에는 다른 근거를 발견할 수 없게 된다. 하지만 《De impedimento maleficiali》를 통해 알 수 있는 것처럼 이러한 근거가 확실한 것이라고 는 말할 수 없다. 그렇다면 이제 하나의 주장, 즉 악마의 힘이 신의 힘보 다 더 강하다는 주장만이 남는다. 하지만 이러한 주장은 어떠한 경우에 도 용납될 수 없기 때문에 마법이 출산을 방해할 수 있다는 주장 또한 절 대로 용납될 수 없다.

또한 악마는 음식의 섭취, 걷기, 일어서기 등 자연적 욕구에서 비롯되 는 행위들을 방해할 수 없다. 만약 그렇지 않다면 악마가 온 세상을 파괴 해 버릴 것이다.

모든 여자와 똑같은 방식으로 성교를 한다면 그리고 성교 행위 자체를 방해 받는다면 어떤 여자와 성교를 하더라도 방해를 받을 것이다. 하지 만 이것은 잘못된 주장이고 따라서 첫 번째 주장도 잘못된 주장이다. 또 한 경험을 통해 알 수 있는 것처럼, 자신이 마법에 걸려 어떤 여자와 성 교를 하게 되었다고 주장하는 사람은 다른 여자들과도 거리낌 없이(아무 런 방해도 받지 않) 성교를 할 수 있다. 왜냐하면 성교를 원하지 않는 사 람은 아예 성교를 할 수 없기 때문이다.

이러한 그릇된 주장에 대해 우리는 캐논 〈Si per sortiarias〉(34, Q. 8) 로 맞설 것이고 또한 모든 신학자들과 교회법 학자들의 견해를 제시할 것이다(그들은 성교를 방해하는 마녀들의 만행에 대해 언급하고 있다).

그리고 악마가 성교 행위를 방해할 수 있다고 해서 악마의 권능이 신의 권능보다 더 큰 것처럼 주장해서는 안 된다. 알다시피 자연적인 방법으로 성교 행위를 방해할 수 있는 약과 약초들이 있지 않은가! 악마는 이것들에 대해 잘 알고 있기 때문에 성교 행위를 더 잘 방해할 수 있는 것이다.

답변. 첫째, 마법이 단순한 상상의 유희가 아니라는 것은 이미 증명되었다. 마법은 현실이며 신의 묵인만 있다면 수없이 많은 마법이 일어날 수 있다. 앞에서 설명한 것처럼, 성교를 방해하는 행위가 신에 의해 허용되는 경우가 종종 있는데 이것은 성 풍속의 타락이 그 도를 더해가고 있기 때문이다. 그리고 성교를 방해하는 방법과 관련해서는 이러한 방해 행위가 성교뿐만 아니라 상상력과 인식 능력에도 영향을 미친다고 말해야 할 것이다. 팔루다누스의 피터는 성교를 방해하는 방법으로 다섯 가지를 꼽는다. 첫째, 악마는 물질적 창조물bodily creature을 지배하기 때문에 그것을 이동시킬 수도 있고 또 그것의 이동을 막을 수도 있다. 따라서 악마는 물질적 창조물들의 접근을 방해할 수 있다(악마는 인간의 형상을 취한 다음 성교를 하려는 사람들 사이에 드러눕는다). 예컨대 악마가 한 젊은 남자를 그런 식으로 방해한 일이 있었다. 이 남자는 한 여자와 결혼한 다음 또 다른 여자와도 결혼을 했다. 하지만 그는 악마의 방해로 인해 두 번째 여자와 관계를 맺을 수 없었다. 둘째, 악마는 여러 가지 약초로 성교를 방해할 수 있다. 셋째, 악마는 감수성과 상상력을 둔화시키고 여자의 외모를 혐오스럽게, 즉 남자들이 혐오감을 느끼게 바꿔 놓을 수 있다. 넷째, 악마는 수태와 관련된 신체 기관을 무기력하게 만들 수 있다. 다섯째, 악마는 정액의 배출을 방해할 수 있다(《Commentary on Pronouncements》, Bk. 4, Dist. 34).

파루데의 페트루스*는 "신의 묵인하에 가장 많이 마법에 걸리는 것이

---

* Peter Paludanus(Petrus de Palude)(1275~1342), 프랑스의 신학자 및 대주교. 그는 리옹의 도미니크 수도회 회원으로서 파리대학에서 자신의 이론을 정립하였다.

바로 성교 행위다"라고 말한 다음 "여자들의 경우도 마찬가지다. 악마는 여자의 상상력을 극도로 교란시켜 남자가 혐오스럽게 보이도록 만들 수 있다. 그러면 여자는 남자가 자신을 알아보는 것을 절대 용납하지 않을 것이다"라고 덧붙인다. 그리고 이 사상가에 따르면, 남자들이 여자들에 비해 더 쉽게 마법에 걸리는 이유는 남근을 무기력하게 만드는 것이 성교를 방해하는 데 가장 효과적인 방법이기 때문이다.

또한 그는 "신께서 믿음 깊은 사람보다는 죄 많은 사람이 더 쉽게 타락하도록 허락하셨다"라고 말한다. 그래서 천사가 도빗에게 "악마는 무절제와 방종에 빠진 사람들을 지배한다"라고 말했던 것이다.

어떤 여자와는 성교가 가능하고 또 어떤 여자와는 성교가 불가능한 이유가 무엇이냐고 묻는다면 이렇게 답해야 할 것이다(이것은 보나벤투라*의 견해다).

"전자의 경우는 신께서 두 남녀의 성교를 방해하는 것을 허락하지 않았기 때문이고 후자의 경우는 마법사가 남자에게 혐오감을 주는 여자를 악마에게 소개시켰기 때문이다."

보나벤투라는 다음과 같이 덧붙인다.

"악마가 어떻게 이런 일을 할 수 있느냐고 묻는다면 '악마의 방해는 내적인 방해(즉 생식기를 손상시키는 행위)를 통해서가 아니라 외적인 방해(즉 생식기를 사용할

---

* Sanctus Bonaventura(1218?~1274). 중세 시대 가장 뛰어난 로마 가톨릭 신학자이자 사상가이며 성인 중 한 사람으로 성 토마스 아퀴나스와 동시대인으로 큰 발자취를 남겼다. '세라핌적 박사'(The Seraphic Doctor)로 알려진 그는 성 프란치스코의 대전기를 비롯하여 수많은 저서들을 남겼다.

수 없게 만드는 행위)를 통해서 이루어진다. 그리고 이와 같은 방해는 자연적인 것이 아니라 인위적인 것이기 때문에 어느 한 여자와의 성교에서는 효과가 있지만 다른 모든 여자들과의 성교에서는 무의미해질 수도 있다. 또한 악마의 방해가 효과를 거두는 경우는 첫째, 여자와 성교하고 싶은 마음이 생기지 않는 경우 둘째, 약초를 먹는 경우 셋째, 신비로운 힘이 작용하는 경우다'라고 답해야 한다."

그런가 하면 성교 불능이 인간의 자연적 불감증에 기인하는 경우도 있다. 그렇다면 어떤 경우가 자연적 성교 불능이고 어떤 경우가 마법에 의한 성교 불능이란 말인가? 이 문제에 관해서는 호스티엔시스의 설명을 참고하도록 하자(단 목회자의 설교 내용에 이런 이야기가 포함되어서는 안 될 것이다). 그는 이렇게 설명한다.

"만약 남자의 생식기가 발기 불능이라면, 그래서 자기 아내와 성교를 할 수 없다면 그것은 자연적 불감증 때문일 것이다. 반면에 남자의 생식기는 정상적으로 발기하는데 성행위가 자꾸 중단된다면(즉 사정하기 전에 성행위가 끝난다면) 그것은 남편이 마법에 걸렸기 때문일 것이다"(《Summa》).

그리고 여자가 임신을 못하게 된다면(또는 뜻밖의 유산을 하게 된다면) 이 또한 마법에 걸린 경우라고 봐야 할 것이다. 이때 유념해야 할 것은, 남편에게(또는 아내에게) 복수하기 위해 출산 능력과 임신 능력을 빼앗는 사람은 교회법에 따라 살인자로 간주된다는 것이다. 이 문제와 관련해서는 《Extra de homic: Si aliguis》를 참고하도록 하자.

캐논은 또한, 연인에게 약물을 먹여 임신하지 못하게 만드는 음탕한 정부情夫들에 대해서도 언급한다(이 경우에는 악마의 도움을 받지 않는다). 이런 죄를 범하는 자들에게는 당연히 살인죄가 적용되어야 한다(자신의 죄를 뉘우친다 해도 달라지는 것은 없다). 그리고 약물을 만드는 마녀들은 가장 무거운 형벌로 다스려야 한다.

신학자들과 교회법 학자들이 지적하는 것처럼, 마법에 의한 출산 방해causing an impediment to procreation는 결혼한 사람과 결혼하지 않은 사람 모두에게 일어난다(특히 캐논 〈Extra de frigidis et maleficiatis〉와《Commentary on Pronouncements》(Bk. 4, Dist. 34)를 참고할 필요가 있다).

악마의 행위를 자연적 현상으로 설명하려는 시도는 너무나도 부질없는 짓이다. 가령 악마에게 사로잡힌 사람이 알아들을 수 없는 말로 지껄인다면 그것을 자연적인 현상으로 간주할 수 있겠는가? 그러므로 여기서는 사악한 의지를 지닌 특별한 존재, 즉 악마에게서 그 원인을 찾아야 한다. 가톨릭 학자들은 마법에 의한 발기 불능을 상시적 발기 불능과 일시적 발기 불능으로 구별한다. 발기 불능이 일시적일 경우에 부부는 3년간의 교회 성사聖事를 통해(또는 다른 치료 방법을 통해) 병을 고칠 수 있다. 하지만 발기 불능이 상시적일 경우에는 그 어떤 약도 도움이 되지 않는다. 만약 결혼하기 전부터 발기 불능 증세가 있었다면 그 결혼은 무효로 간주된다. 그리고 발기 불능 증세가 결혼 후에 나타난다면 부부로의 인연이 끊어지게 될 것이다.

쟁점 10
마녀가 인간에게 동물의 형상을 부여할 수 있는가?

마녀에게는 사람을 동물로 둔갑시킬 수 있는 능력이 있다.

어떻게 이런 일이 가능할까? 일부 학자들은 캐논 〈Episcopi〉의 권위에 의지하여 "그런 일은 일어날 수 없다"고 주장한다. 그렇다면 캐논 〈Episcopi〉의 입장은 어떨까? 문제의 대목은 다음과 같다.

"천지를 만드신 하느님 외에 그 누군가가 어떤 존재를 더 나은 상태나 더 못한 상태로 바꿔 놓을 수 있고 또 그 존재에게 다른 형상을 부여할 수 있다고 믿는 사람은 이교도보다 더 나쁜 사람이다."

이러한 논의를 좀 더 발전시키면 다음과 같은 결론이 나온다.

"어떤 형상을 지각知覺할 수 있다는 것은 곧 그 형상이 실제로 존재한다는 것을 의미한다. 만약 그렇지 않다면 지각 자체가 불가능할 것이기 때문이다. 따라서 어떤 짐승의 형상이 실제로 존재하지 않는다면 그 형상을 볼 수 없는 것은 물론, 어떤 방법으로도 그 형상을 만들어 낼 수 없다".

만약 "그 형상은 대기大氣 속에 들어 있다"고 주장한다면 그것은 잘못된 주장이다. 왜냐하면 쉴 새 없이 흘러 움직이는 대기 속에 그런 형상이나 이미지들이 들어 있을 리 만무하기 때문이다. 그리고 설령 이와 같은 변형transformation이 눈에 보인다 해도 그것은 현실이 아니다. 왜냐하면 아무리 악마라 해도 성인聖人들의 눈을 속일 수는 없기 때문이다.

보임sight은 피동적인 힘이고 보임의 대상은 능동적인 힘이다. 그리고 피동적인 힘은 능동적인 힘으로부터 영향을 받을 때 비로소 작용한다. 따라서 대상이 없으면 주체, 즉 피동적 요소는 아무것도 지각할 수 없다.

악마가 인간의 인식력을 작동시킬 때set cognitive power in motion 그는 자신의 존재가 인식되도록 하거나 아니면 인간의 인식력 자체를 변화시킨다. 하지만 악마는 자신의 존재가 인식되도록 하지 않는다. 왜냐하면 만약 그렇게 하기를 원할 경우 인간의 육신을 뒤집어써야 하기 때문이다. 두 개의 육신, 즉 자기 육신과 뒤집어씌워진 육신을 가지면 악마는 지각 기관을 얻을 수 없다. 왜냐하면 두 개의 육신이 동시에 한 곳에 있을 수 없기 때문이다. 또한 악마는, 현혹으로(또는 감각의 기만으로) 인간의 인식력을 작동시킬 수 없다. 왜냐하면 현혹이라는 것은 질적 현상qualitative phenomenon으로 봐야 하는데 악마의 경우 모든 성질을 잃었기 때문이다. 그리고 인간을 변형시킨다고 해서 이런 일을 해낼 수 있는 것도 아니다. 변형을 일으키기 위해서 악마는 완전히 다른 형상을 부여하거나 또는 부분적으로 다른 형상을 부여해야 한다. 하지만 악마는 둘 중 어느 하나도 해낼 수 없다. 첫 번째 경우가 가능하지 않은 이유는, 악마에게는 이런 일을 하는 데 필요한 능동적 속성active property이 없기 때문이다. 그리고 두 번째 경우가 가능하지 않은 이유는, 1) 고통의 감정 없이는 이러한 변형이 일어날 수 없고 2) 악마가 인간에게 보여 줄 수 있는 것이 기껏해야 인간이 이미 알고 있는 것들에 불과할 것이기 때문이다. 아우구스티누스에 따르면, 악마는 인간이 알고 있는 것도 보여 주고 인간이 알지 못하는 것도 보여 준다. 이와 같으므로 "악마는 인간의 상상력과 감정을 절대 기만할 수 없다"는 견해가 나오는 것이다.

하지만 이러한 견해는 "악마에 의한 변형(인간이 동물로 변하는 것)은 현실이 아니라 상상 속에서 일어나는 것이다"(《신국론》 18권)라는 아우구스티누스의 주장과 모순된다. 그리고 이것은 악마가 인간의 감정을 변화시킬 수 있을 때에만 가능한 일이다.

답변. 변형에 대해 더 자세히 알고자 하는 독자들을 위해 이 책 2부 6장에서 다시 한번 변형의 문제를 다루도록 하겠다. 이제 우리는 스콜라철학적인 논의를 위해 세 학자의 견해를 제시하려고 한다(이 세 명의 학자는, 악마가 인간의 지각을 기만하여 진짜 짐승이 눈 앞에 있는 것처럼 느끼게 할 수 있다는 주장에 동의하고 있다). 물론 세 명의 학자 중 가장 권위 있는 인물은 성 토마스 아퀴나스이지만 일단 안토니우스의 견해부터 살펴보기로 하자.

안토니우스의 설명에 따르면, 악마는 인간의 상상력과 감정에 영향을 미칠 수 있는데 이것은 인간의 상상력과 감정을 기만하기 위해서이다(안토니우스는 캐논의 권위와 자신의 풍부한 경험에 기초하여 설명한다).

첫째, 공간을 이동하는 인간의 육신은 천사들의 지배를 받는다. 악한 천사들이 비록 신에 의해 버림받았다고는 하지만 그렇다고 해서 자신의 천부적인 힘까지 잃어버린 것은 아니다. 그리고 선한 천사들뿐만 아니라 악한 천사들도 인간의 상상력을 좌우하는 신체 기관에 영향을 미칠 수 있는데 특히 악한 천사들은 사람을 동물로 둔갑시키는 일에 이 능력을 사용한다.

안토니우스는 "이것은 캐논 〈Episcopi〉(XXVI, 5)를 통해 분명히 알 수 있는 사실이다"라고 덧붙이고 있고 캐논 〈Episcopi〉(XXVI, 5)에는 다음과 같이 기록되어 있다.

"사탄의 유혹에 빠지고 악마의 미혹에 넘어가는 죄 많은 여자들이 있다. 그리고 이 여자들은 자신들이 이교의 여신 디아나(또는 헤로디아)와 함께 동물을 타고 밤하늘을 날아다닌다고 믿는다. 그러므로 성직자들은 신도들에게 '이 모든 이야기는 진실이 아니다. 이와 같은 환영들이 믿는 자들의 머릿속을 가득 채우는 것은 사람의 탈을 뒤집어쓴 사탄이 자신에게 사로잡힌 사람을 꿈으로 기만하여 타락시키기 때문이다'라고 설교해야 한다."

캐논 〈Episcopi〉의 의미에 대해서는 쟁점 1에서 이미 설명한 바 있다. 결론적으로 말하면, 문제가 되는 캐논의 대목이 진정으로 의미하는 것은 여자들이 동물을 타고 날아 다닐 수 없다는 것이 아니다. 알다시피 마법사가 아님에도 불구하고 자신의 의지와는 무관하게 먼 거리를 이동하는 사람들이 있다. 위에서 언급한 안토니우스의 저작과 〈Nec mirum〉을 통해 분명히 알 수 있는 것처럼, 공간 이동은 현실 속에서도 가능하고 상상속에서도 가능하다.

아우구스티누스는 마녀 키르케가 오디세우스의 동료들을 짐승으로 둔갑시킨 일에 대해 언급한다. 하지만 많은 예들을 통해 알 수 있는 것처럼, 이것은 실제로 일어난 일이라기보다는 감각이 기만당한 결과였다. 가령 성인들의 일대기에서 다음과 같은 이야기를 읽을 수 있다.

"한 동정녀가 살고 있었는데 하루는 젊은 남자가 더러운 관계를 요구해 왔다. 하지만 동정녀는 남자의 요구를 거절했고 이에 화가난 남자는 한 유대인의 도움을 받아 동정녀에게 마법을 걸었다. 결국 동정녀는 암망아지로 변하고 말았다."

여기서 동정녀의 변형은 실제로 일어난 일이 아니라 단지 그런 것처럼 느껴진 것에 불과했다. 이것은 악마의 미혹이었다. 즉 이전과 똑같은 모습을 하고 있음에도 불구하고 악마가 동정녀와 주위 사람들의 지각에 변화를 일으킨 결과, 여자가 마치 암망아지처럼 보이게 된 것이다. 결국 동정녀는 성 마카리우스 앞에 서게 되었고 악마는 이 의로운 사람을 속일 수 없었다(성 마카리우스는 여자의 진정한 모습이 무엇인지 한눈에 알아볼 수 있었다). 그리고 성인의 기도와 함께 동정녀는 악마의 미혹으로부터 벗어날 수 있었다.

동정녀는 자신이 성사聖事와 예배에 소홀했기 때문에 미혹에 빠지게 되었다고 말했다. 고결한 동정녀가 악마의 지배를 받게 된 것은 바로 이 때문이었다. 그러므로 악마는 인간의 영혼을 선동하고 체액을 뒤흔들어 놓음으로써stir up the humors 인간에게 영향을 미칠 수 있다.

하지만 신의 묵인이 없으면 악마는 아무것도 할 수 없다(악마가 우리를 기만하려 하고 또 우리를 해치려 할 때 신께서 악마의 악의를 억눌러 주시는 것이다). 아우구스티누스는 마녀들에 대해 언급하면서 다음과 같이 지적한다.

"그들은 신의 묵인하에 요소들을 뒤흔들고stir up the elements 믿음 없는(또는 부족한) 자들의 마음을 뒤흔든다"(⟨Nec mirum⟩ XXVI, Q. 5).

마녀들의 마법으로 인해 남편이 자기 아내와 성관계를 가질 수 없는 경우가 많은데 이것은 마법의 영향을 받은 지각知覺이 여자를 꼴사납고 혐오스러운 존재로 묘사하기 때문이다. 또한 악마는 깨어 있는 사람과 잠든 사람을 유혹하고 타락시키기 위해 그들의 의식 속에 온갖 추악한 표상representations of base things을 불러일으킨다. 하지만 죄악은 표상이 아니라 의지에 기인하는 것이니만큼 자신의 의지로 동의만 하지 않는다면(즉 죄악을 범하는 일에 동의만 하지 않는다면) 인간은 악마가 불러일으키는 온갖 추악한 표상과 부추김에도 불구하고 결코 죄악에 빠지지 않을 것이다.

악마의 미혹에 관한 두 번째 견해는 이미 살펴보았으니 다시 반복할 필요가 없을 것이다.

세 번째 견해는 성 토마스 아퀴나스의 견해로서 '마법에 걸린 사람이 취하는 짐승의 형상은 어디에 존재하는가?'라는 물음에 답을 제시한다. 그렇다면 짐승의 형상은 과연 어디에 있는 것일까? 우리의 감각 속에 있는 것일까, 아니면 현실(또는 대기) 속에 있는 것일까? 실제로 짐승의 형상, 즉 짐승의 상像은 인간의 내적 감각으로부터만 생겨난다. 그리고 강한 상상력에 의해 외적 감각으로 옮겨진다. 악마가 이런 일을 행하는 데에는 두 가지 방법이 있다. 1) 상상의 보고treasury of the imagination 속에 담긴 짐승의 상이 악마에 의해 외적 감각, 즉 시각에 도달하면 우리는 그것을 실제 형상처럼 느끼게 된다. 그리고 꿈 속에서도 이와 똑같은 일이 벌어진다. 2) 변화를 일으킨 내적 기관이 외적 감각에 영향을 미친다. 가령 미각이 손상되면 단맛을 쓴맛으로 느끼게 되는 것처럼 말이다.

앞에서 언급한 캐논 구절은 비록 자주 인용되기는 했지만 동시에 잘못된 해석을 불러일으키기도 했다. 이 구절에서 언급되고 있는 변형(즉 다른 존재로 바뀌는 것)이 감각의 기만을 통해서도 일어날 수 있다는 것은 의심할 여지가 없다. 하지만 같은 구절 속에 제시되어 있는 주장, 즉 악마의 능력으로는 그 어떤 피조물creature도 만들어낼 수 없다는 주장은 옳지 못한 주장이다(우리는 이 피조물을 최초의 피조물로 이해하지 않는다). 따라서 우리가 말하고 싶은 것은, 자연력에 의지할 경우 악마 또한 불완전한 피조물imperfect creature을 만들어낼 수 있다는 것이다. 이 문제와 관련해서 성 토마스 아퀴나스는 다음과 같이 밝히고 있다.

"육신bodily objects의 변형은 자연력natural powers을 통해 일어난다. 그리고 씨앗 seed(가령 뱀이나 개구리가 산란해 놓은 알처럼 땅속이나 물속에 있는 씨앗)의 이용 이 요구된다. 따라서 씨앗을 이용하면 악마도 변형을 일으킬 수 있다."

자연력에 의지하지 않는 한 악마는 어떠한 변형도 일으킬 수 없다. 가령 인간의 육신을 짐승의 육신으로 둔갑시키거나 또는 죽은 사람의 육신을 되살리는 것은 절대 있을 수 없는 일이다. 만약 이런 일이 일어난 것처럼 여겨진다면 그것은 곧 시각이 기만당했음을 의미한다. 그리고 만약 악마가 사람들 앞에 나타난다면 그 악마는 거짓된 육신assumed body을 입고 있는 것임에 틀림없다.

알베르투스 마그누스의 주장은 이러한 견해의 정당성을 뒷받침한다. 그는 악마 또는 마법사들이 신의 묵인하에 하찮고 불완전한 존재들을 만들어 낼 수 있느냐는 물음에 그렇다고 답한다. 하지만 악마와 마법사들이 순식간에 그런 일을 해낼 수 있는 것은 아니다(신은 그렇게 할 수 있다). 다시 말해서 이런 일을 해내기 위해서는 그들에게도 어느 정도의 시간이 필요하다. 출애굽기에는 "바로도 현인들과 마술사들을 부르매 그 애굽 요술사들도 그들의 요술로 그와 같이 행하되"라고 기록되어 있다(출애굽기 7장 11절). 알베르투스 마그누스는 이 대목과 관련하여 "마귀들은 온 세상을 돌아다니며 씨앗을 모은다. 그리고 그 씨앗들로 다양한 존재를 만들어 낸다"라고 밝히고 있고 이 대목에 대한 주석은 "마법사들이 어떤 일을 이루기 위해 악마의 도움을 요청하면 악마는 온 세상을 돌아다니며 씨앗을 모은다. 이렇게 해서 신의 묵인하에 새로운 형상들이 생겨난다"라고 덧붙이고 있다.

악마의 행위 중 일부는 심지어 기적이라고까지 부를 수 있다. 그럼에도 불구하고 악마의 기적은 진실을 인식하는 데 기여하지 않는다. 마찬가지로 적그리스도의 기적 역시 거짓이라고 말할 수 있다. 왜냐하면 적그리스도의 기적은 인간을 유혹하기 위해 행해지기 때문이다.

형상에 관한 문제도 명백한 답을 얻는다. 짐승의 형상은 대기 속에 있는 것도 아니고 또 현실 속에 있는 것도 아니다. 이것은 성 토마스 아퀴나스가 지적한 것처럼, 사람들의 감각 속에 존재한다.

우리는 피동적 요소가 능동적 요소에 의해 작동된다는 사실을 인정한다. 그리고 인간이 보는 형상이 외부로부터 직접 전달되는 형상일 수 없다는 것도 인정한다. 하지만 우리가 주장하고자 하는 것은, 외부로부터 내적 감각의 영역 안으로 들어온 형상이 그곳에 보관된다는 사실 그리고 보관되어 있던 형상이 외적 감각(주로 시각)으로 옮겨져 실제 형상을 재현한다는 사실이다.

악마가 체액과 이에 상응하는 영적 실체들spiritual substances을 통해 부분적으로나마 감각을 기만할 수 있다는 것도 의심할 여지가 없다.

만약 누군가가 "그렇다면 악마에 의해 새롭게 만들어지는 것이 아무것도 없지 않느냐"라고 이의를 제기한다면 우리는 "새로운 것은 두 가지 의미로 이해된다"고 답해야 한다. 첫째, 본질적으로 완전히 새로운 것이 있을 수 있다. 만약 새로운 것을 이런 의미로 이해한다면 악마는 아무것도 새롭게 만들어 낼 수 없다. 예컨대 날 때부터 봉사인 사람을 눈이 보이게 할 수 없고, 날 때부터 귀머거리인 사람을 귀가 들리게 할 수 없기 때문이다. 둘째, 전체의 관점에서 바라본 새로운 것이 있을 수 있다. 가령 어떤 사람이 황금산을 머리에 떠올린다고 가정해 보자. 물론 그는 황금산이라는 것을 한 번도 본 적이 없지만 황금에 대한 표상과 산에 대한 표상은 지니고 있을 것이다. 그렇다면 우리는, 이 사람이 무언가 새로운 것을 머리 속에 그리고 있다고 말할 수 있지 않을까? 그렇다. 악마는 바로 이 새로운 것을 인간의 표상 속에 만들어 내는 것이다.

쟁점 11
어른은 물론 아이들까지 잡아먹는 늑대들에 대해서는
어떻게 생각해야 하는가? 이런 일도 마녀들에 의해
일어나고 또 미혹을 통해 이루어지는가?

여기서 우리는 집에 있는 어른과 아이들을 아주 교활하고 능숙한 방법으로 잡아가고 또 잡아먹는 늑대들에 대해 살펴보자. 이런 일은 자연적으로 발생할 수도 있고 또 마녀들에 의해(미혹을 통해) 일어날 수도 있다. 첫 번째 경우와 관련해서 알베르투스 마그누스는 몇 가지 원인을 예로 든다. 첫째, 늑대의 굶주림 때문이다. 알다시피 굶주린 늑대들은 사람들이 모여 사는 마을로 내려와 먹잇감을 찾는다. 둘째, 늑대의 방종과 흉포함 때문인데 주로 추운 나라에 서식하는 늑대들이 그렇다. 셋째, 자라나는 새끼들을 먹여 살리기 위해서이다.

하지만 이런 일은 감각이 기만당해도 일어날 수 있다. 예컨대 하느님께서 죄 많은 인간들을 벌하고자 하실 때 악마의 힘을 빌려 그런 일을 행하실 수 있다. 레위기는 다음과 같이 기록하고 있다.

"너희가 나를 거슬러 청종하지 아니할진대 내가 너희의 죄대로 너희에게 일곱 배나 더 재앙을 내릴 것이라. 내가 들짐승을 너희 중에 보내리니 그것들이 너희의 자녀를 움키고 너희 가축을 멸하며 너희의 수효를 줄이리니 너희의 길들이 황폐하리라"(레위기 26장 21-22절).

어떻게 이런 일이 일어나는 것일까? 그것은 진짜 늑대들일까 아니면 늑대의 탈을 쓴 악마들일까? 사람들은 이렇게 말한다.

"그것은 악마에게 사로잡히거나 악마의 미혹에 넘어간 진짜 늑대들이다. 그리고 이런 일은 마녀의 개입 없이도 얼마든지 일어날 수 있다."

가령 예언자 엘리샤를 조롱했다는 이유로 42명의 아이들이 두 마리 곰에게 갈기갈기 찢겨 죽은 일이 그러했고 또 신의 명령에 순종하지 않은 예언자가 사자에게 찢겨 죽은 일이 그러했다(열왕기상 13장 24절).

늑대가 사람을 공격하는 것은 악마의 미혹 때문인 것으로 간주된다. 여기서 윌리엄의 이야기를 들어 보자.

"자신이 늑대로 변한다고 주장하는 사람이 있었다. 그는 늑대로 변할 때마다 굴 속으로 숨는다고 했고 또 굴 속에 가만히 앉아 있다 보면 어느새 늑대로 변해 마을 아이들을 찢어 죽이고 있는 자신을 발견하게 된다고 했다."

하지만 그는 잘못 생각하고 있었다. 왜냐하면 이 기이한 일의 원인은 다름 아닌 늑대 속에 깃들어 있는 악마에게 있었기 때문이다. 결국 그 사람은 미쳐 버렸고 얼마 지나지 않아 최후를 맞이했다(숲 속에서 시신으로 발견되었다). 악마는 이런 일들을 즐겁게 지켜보았다. 왜냐하면 이런 일을 통해 이교도들, 즉 남자들과 늙은 여자들이 짐승으로 둔갑한다고 믿는 이교도들의 망상을 되살릴 수 있었기 때문이다.

사람들을 공격하고, 사람들을 찢어 죽이는 늑대가 덫에 걸리지도 않고 다치지도 않는 것을 보면 이것은 분명 신이 묵인하신 일이요 또 악마가 참여하고 있는 일이다. 빈센트는 《역사의 거울》에서 "예수 그리스도가 강생하기 전에 그리고 포에니 전쟁이 일어나기 전에 갈리아 땅의 한 늑대는 예배가 진행되는 동안 칼을 훔쳤다"(6권 40장)라고 말한다.

쟁점 12
온갖 방법으로 임신을 방해하고 낙태를 유발하며 갓
태어난 아이를 악마에게 바치는 산파−마녀들에 관하여

여자들이 이처럼 극악무도한 죄를 범한다는 것은 여자들이 남자들보다 훨씬 더 쉽게 마법에 빠지고, 훨씬 더 쉽게 악마와 손잡는다는 것을 다시 한번 입증해 준다.

마녀가 출산을 방해하는 문제와 관련해서 교회법 학자들은 다음과 같이 주장한다.

"첫째, 마법은 남자들의 발기 불능은 물론, 여자들의 불임에도 영향을 미친다. 둘째, 마법은 임신에 성공한 여자를 유산流産하게 만든다. 셋째, 마녀는 갓난아이를 악마에게 바치거나 잡아먹는다."

물론 남자들의 발기 불능과 여자들의 불임은 자연적 원인에 의해서도 유발될 수 있다(가령 약초나 약제를 복용하면 그렇게 될 수 있다).

그렇다면 마녀가 갓난아이를 잡아먹는다는 사실을 입증해 주는 명백한 증거들에 대해 이야기해 보자(늑대를 제외하고는 그 어떤 짐승도 갓난아이를 잡아먹지 않는다). 코모Como의 이단 심문관은 보르미오 백작령伯爵領에 거주하는 주민들의 요청으로 종교 재판을 주관했는데 그가 들려준 사건의 전말은 다음과 같다.

"한 가정에 갓난아이가 있었는데 하루는 요람 안에 누워 있던 아이가 흔적도 없이 사라졌다. 그 아버지가 여기저기 수소문해 보았지만 범인의 행방은 묘연하기만 했다. 그러던 어느 날 밤이었다. 소문을 듣고 찾아간 여자들의 집회gathering of women에서 아버지는 놀라운 광경을 목격했다. 마녀들이 한 아이를 살해한 다음 그 아이의 피와 살을 게걸스럽게 나눠 먹고 있었던 것이다."

결국 이 사건으로 41명의 마녀가 형장의 이슬로 사라졌다(그것도 작년 한 해에만 말이다). 그리고 그들 중 일부는 오스트리아 왕자 지기스문트의 영지에 몸을 숨겨 목숨을 부지할 수 있었다(살아 남은 마녀는 열 명 정도였다). 요한 니더John Nider 또한 자신의 《개미둑Ant Hill》에서 이와 유사한 사례들을 제시한다(이 책은 아직까지도 우리 기억 속에 생생하게 남아 있다). 그리고 이 모든 사례는 결코 근거 없는 것들이 아니다. 왜냐하면 산파들의 행위가 실로 엄청난 해악을 불러오고 있기 때문이다. 이러한 사실은 마녀들의 자백을 통해서도 확인할 수 있다.

"산파들만큼 가톨릭 신앙에 큰 해를 끼치는 사람은 없다. 산원産院에서 아이를 살해하는 데 실패한 산파들은 어떠한 핑계를 대서라도 아이를 밖으로 안고 나온다. 그리고 밖으로 안고 나온 아이를 하늘 높이 들어올림으로써 악마에게 바치는 의식을 거행한다."

이 끔찍한 행위들에 대해서는 이 책 2부 7장에서 다시 살펴보기로 하자.

쟁점 13
마법을 행하기 위해서는 반드시 신의 묵인이 필요한가?

　이 문제는 다시 네 가지 문제로 나눌 수 있다. 1) 마법을 행하기 위해서는 신의 묵인이 반드시 필요한가? 2) 그 본성이 사악한 피조물에게 마법과 같은 끔찍한 죄를 범하도록 허락하는 것은 과연 온당한 일인가? 3) 마녀들의 추악한 만행은 신이 허락한 모든 악행을 뛰어넘는 것인가? 4) 이와 같은 내용을 어떤 식으로 설교해야 하는가?

　마녀들의 만행에 대한 신의 묵인이라는 문제를 논할 때는 신의 묵인을 인정하는 것이 과연 가톨릭 교리에 충실한 것인지, 즉 그것을 부정하는 것이 이단으로 간주되어야 할 만큼 가톨릭 교리에 충실한 것인지부터 살펴봐야 한다. 어떤 이들은, 악마가 인간을 해칠 수 있는 권한을 부여받지 못했다고 주장하는 것은 결코 이단이 아니며 오히려 가톨릭 교리에 매우 충실한 것이라고 말한다. 가령 다음과 같은 주장은 그 좋은 예가 될 것이다.

　"만약 악마가 인간을 해칠 수 있는 권한을 부여받았다고 주장한다면 그것은 곧 창조주를 모독하는 일이다. 왜냐하면 이러한 주장을 인정할 경우 '모든 일이 신의 섭리에 따라 이루어지는 것은 아니다'라는 결론이 나오기 때문이다. 지혜로운 예언자라면 누구나 악을 물리치기 위해 노력한다. 만약 그렇다면 마녀들의 만행을 허락하는 창조주는 결코 지혜로운 예언자가 될 수 없다. 그리고 모든 것이 창조주의 섭리에 따라 이루어지지도 않는다. 하지만 이런 일은 있을 수 없는 일이고 따라서 신의 묵인도 있을 수 없는 일이다."

신의 묵인하에 악행이 일어난다고 가정하면 두 가지 가능성이 생길 수 있다. 첫 번째 가능성은, 원할 경우 신이 그 악행을 경고할 수 있다는 것이고 두 번째 가능성은 비록 원한다 해도 신이 그 악행을 경고할 수 없다는 것이다. 하지만 둘 중 어느 것도 신의 개념과는 양립할 수 없다. 일단 첫 번째 가능성은 없다. 왜냐하면 그런 신은 인간의 행복을 시기하는 신이라고밖에 부를 수 없기 때문이다. 그리고 두 번째 가능성도 없다. 왜냐하면 그런 신은 아무것도 할 수 없는 무능한 신이라고밖에 말할 수 없기 때문이다. 그러므로 신의 묵인하에 마법이 행해진다고 말해서는 안 된다.

자신의 뜻대로 행동하도록 허락받은 사람은 타인의 구속을 받지 않는다. 솔로몬의 잠언은 "하느님께서는 인간을 지으실 때 스스로 결정하도록 지으셨다"라고 기록하고 있고, 악인들에 대해서는 "하느님께서는 악인들에게도 어느 정도의 자유를 허락하셨다"라고 기록하고 있다. 그러므로 모든 악이 신의 묵인으로부터 비롯된다고 주장해서는 안 된다.

게다가 아우구스티누스(《편람서Enchiridion》)와 아리스토텔레스(《형이상학》)는 "하찮은 것들에 대해 아느니 차라리 아무것도 모르는 편이 낫다. 하느님께서는 더 가치 있는 일들에 관심이 있으시다"라고 말한다. 이로부터 우리는 "하느님께서는 그런 하찮은 일에 대해서는 아무 관심도 없고 또 아무 걱정도 하지 않는다"라고 결론 내릴 수 있다. 고린도전서는 다음과 같이 기록하고 있다.

"하느님께서 어찌 소들을 위하여 염려하심이냐"(고린도전서 9장 9절).

하느님께서는 마법을 부리는 일 따위엔 아무 관심도 없다. 그리고 마법이라는 것이 어차피 하느님의 섭리로부터 나오는 것이니만큼 굳이 하느님의 묵인을 받을 필요가 없다.

그리고 필연에 의해 일어나는 것들은 신의 묵인과 분별prudence을 필요로 하지 않는다. 이러한 사실은 아리스토텔레스의 설명을 통해서도 확인할 수 있다.

"분별이란 우발적 상황, 즉 권유와 선택이 가능한 일상적 사건들 속에서 이루어지는 올바른 판단 행위를 말한다"(《도덕론》, 6권).

그리고 마법(마법 행위 또는 그 결과) 중에는 필연에 의해 일어나는 것들이 있다. 가령 천체의 영향으로 질병이 발생하는 경우가 그렇다(질병은 마법 행위 또는 그 결과로 간주된다). 따라서 필연에 의해 일어나는 마법은 신의 묵인을 필요로 하지 않는다.

만약 신의 묵인하에 마법에 걸리는 것이라면 이제 또 하나의 의문, 즉 "어떤 사람이 다른 사람들보다 더 크게 마법의 영향을 받는 이유가 무엇인가?"라는 의문이 생긴다. 이때 그 이유가 죄의 무거움 때문이라고 주장한다면 그것은 잘못된 주장이다. 왜냐하면 이 같은 주장을 받아들일 경우 죄가 무거울수록 마법의 영향을 더 많이 받는다는 결론이 나오기 때문이다. 하지만 실제로는 그 반대의 경우들이 나타나고 있다. 즉 죄 없는 아이들과 의로운 사람들이 더 많은 영향을 받는다는 것이다.

이러한 주장들에 대해서는 다음과 같이 반박해야 한다.

"비록 원하지 않는다 해도 신은 악이 행해지는 것을 허락할 수밖에 없다. 왜냐하면 신은 우주를 완성시켜야 하기 때문이다."

디오니시오스는 "모든 사람의 마음에 악이 깃들게 될 것이다. 그리고 악은 우주 완성perfection of the universe에 기여하게 될 것이다"(《신의 이름들Divine Names》 3권)라고 말했고 아우구스티누스는 "우주의 경이로운 아름다움은 선과 악의 총체totality of all things good and evil로 이루어져 있다. 그리고 흔히 '악惡'이라 불리는 것에도 나름의 주어진 사명이 있다. 악은 선과 함께 존재함으로써 선善이 더욱 뚜렷하게 드러날 수 있도록 돕는다. 즉 악과 비교되는 선이 더 큰 만족을 안겨 주는 것이다"(《편람서 Enchiridion》)라고 말했다.

한편 성 토마스 아퀴나스는 "신은 악을 원하지 않는다. 그럼에도 불구하고 신은 악이 존재하기를 바라고 또 악이 행해지기를 바란다"라는 견해에 대해 반론을 제기한다. 그의 주장은 이렇다.

"신은 악이 일어나는 것도 바라지 않고 또 악이 일어나지 않는 것도 바라지 않는다. 다만 우주의 완성을 위해 악의 존재를 허락하는 것뿐이다. 그러므로 신이 우주의 완성을 위해 악의 존재를 원하고 또 악이 행해지는 것을 원한다라는 주장은 옳지 못한 주장이다."

또한 성 토마스 아퀴나스는 "그 자체로서 선이 아닌 것을 선으로 간주해서는 안 된다. 그리고 악은 그 자체로서 선이 될 수 없으며 오직 우발적인 상황, 즉 누군가에 의해 행해진 악이 유익한 결과를 낳는 경우에만 선이 될 수 있다"라고 덧붙인다. 예컨대 의인義人들을 박해할 때 마법사와 압제자들이 보여준 행동이 그러한 경우다(마법사와 압제자들이 의도했던 바와 달리 순교자들이 보여준 인내심은 박해받는 의인들을 더욱 굳건하게 만들었다).

답변. 마녀를 주제로 한 설교가 대단히 유익한 만큼 그에 따르는 이해의 어려움도 클 수밖에 없다. 가령 학자들과 평신도들이 제기하는 반론들 중에서 특히 주목해야 할 것은 "이처럼 끔찍한 마법 행위(위에서 열거한 마법 행위)는 신의 묵인하에서는 결코 일어날 수 없다"라는 주장이다. 하지만 반론을 제기하는 사람들이 알지 못하는 사실이 있다(즉 신의 묵인과 관련된 근거들을 모른다는 말이다). 그리고 이와 같은 무지로 인해 사람들 사이에서는, 종교 재판의 철퇴를 피한 마녀들이 기독교 세계 전체를 몰락시킬 것이라는 생각이 만연하고 있다. 그러므로 우리는 다음의 사실들을 증명함으로써 이해의 어려움을 해소하고자 한다. 1) 우주 만물은 신의 섭리에 따라 움직인다. 따라서 신은 모든 것을 직접 내다볼 수 있다God oversees everything directly. 2) 태초에 두 번의 묵인(천사들이 타락했을 때의 묵인과 인류의 시조 아담과 이브가 타락했을 때의 묵인)이 있었던 만큼 신께서 모든 악행을 묵인하는 것은 너무도 당연한 일이다.

첫 번째 논점의 타당성을 입증하기 위해서는 먼저 반대론자들의 관점이 잘못되었음을 명백히 밝혀야 한다. 욥기는 다음과 같이 기록하고 있다.

"빽빽한 구름이 그를 가린 즉 그가 보지 못하시고 둥근 하늘을 거니실 뿐이라 하는구나"(욥기 22장 14절).

그런데 이 구절과 관련해서 "타락하지 않는 것들(가령 천체나 하등 사물들)은 신의 섭리의 지배를 받지만 타락하기 쉬운 것들은 신의 섭리의 지배를 받지 않는다"라고 단정하는 사람들이 있다. 그들은 "모든 하등의 사물들이 신의 섭리의 지배를 받지만 다만 개별적인 의미가 아니라 보편적인 의미에서 신의 섭리의 지배를 받는다"라고 주장한다. 하지만 신이 인간의 일보다는 하등 사물의 일에 더 많은 관심을 보인다는 것은 그야말로 어불성설이다. 그래서 모세는 다음과 같이 주장했다. "타락하기 쉬운 모든 것, 가령 개별적인 사물들은 신의 지배를 받지 않는다. 신의 지배를 받는 것은 오직 보편적인 것들뿐이다." 이러한 견해들로부터 우리는 "인간을 상대로 행해지는 마법은 신의 묵인하에 일어나지만 동물과 들판의 곡식을 상대로 행해지는 마법은 신의 묵인하에 일어나는 것이 아니다"라는 논리적 결론을 도출할 수 있다.

물론 이러한 견해는, 신의 섭리를 부정하고 우주 만물이 우연히 생겨났다고 보는 견해(데모크리토스와 에피쿠로스 학파 사람들의 이론 체계에서 발견할 수 있는 견해)보다 진리에 한 걸음 더 가까이 다가가 있기는 하지만 그럼에도 불구하고 신의 섭리가 어디까지 그 효력을 미치느냐는 문제에 있어서는 여전히 큰 오류를 범하고 있다. 모든 것은 보편적 의미에서뿐만 아니라 개별적인 의미에서도 신의 섭리의 지배를 받는다. 그리고 인간을 상대로 행해지는 마법뿐만 아니라 동물과 들판의 곡식을 상대로 행해지는 마법도 신의 묵인을 필요로 한다. 왜냐하면 신의 섭리는 인과관계의 지배를 받는 모든 것에 적용되기 때문이다(보편적인 것은 물론 개별적인 것에도 적용되고 또한 타락하기 쉬운 것은 물론 타락하기 어려운 것에도 적용된다). 신은 모든 것을 예견했기 때문에 모든 것을 만들고 이룰 때에도 일정한 목적을 가지고 있었다고 말할 수 있다. 그래서 로마서는 다음과 같이 기록하고 있다.

"권세는 하느님으로부터 나지 않음이 없나니 모든 권세는 다 하느님께서 정하신 바라"(로마서 13장 1절).

사도 바울이 이 구절을 통해 말하고자 했던 것은, 모든 것이 신으로부터 비롯되고 또 모든 것이 신의 섭리에 따라 움직인다는 것이었다. 이로부터 우리는 존재하는 모든 것이 신의 섭리의 지배를 받는다는 사실을 확인할 수 있다.

하지만 이것만으로는 신이 악과 마법의 존재를 허락한 이유를 설명하기 어렵다. 신은 선을 원하고, 인간 구원을 원한다. 그렇다면 신은 마땅히 모든 악으로부터 인간을 보호해야 할 것이다. 그런데도 신이 악을 묵인한다면 우리는 그것을 어떻게 설명해야 할까? 악을 만난 인간-예언자는 곧바로 그것을 물리치려고 한다. 왜냐하면 인간-예언자는 악을 선으로 바꿔 놓을 수 없기 때문이다. 하지만 우주 만물의 예언자인 신은 악으로부터 선을 이끌어낼 수 있다(예컨대 압제자들의 박해로 순교자들의 인내하는 힘이 더욱 강해졌던 일과, 마녀들의 마법으로 의인들의 믿음이 더욱 깊어졌던 일이 좋은 예가 될 수 있다). 그러므로 신의 입장에서는 모든 악을 미리 막을 필요가 없다. 만약 신이 그렇게 한다면 이 세상은 훌륭한 것들을 아주 많이 잃게 될 것이다. 아우구스티누스는 자신의 《편람서》에서 다음과 같이 지적한다.

"신은 너무나도 자비로우신지라, 만약 악을 선으로 바꿔 놓을 만큼 전능하지 못하고 선하지 못하다면 자신의 피조물들이 악을 행하도록 허락하지 않을 것이다."

이러한 사실의 예는 일상 생활과 자연 현상들 속에서도 찾을 수 있다. 개별 개체들separate individual에 대해 행해지는 악(가령, 절도범을 교수형에 처하거나 동물을 칼로 찔러 죽여 식용으로 사용하는 것)은 전체 개체 집단에 해를 끼치기보다는 오히려 인간이 생명을 유지하고 적합한 생활 조건을 마련하는 데 도움을 준다. 그리고 악에서 선이 생겨나는 것은 우주 만물의 경우에도 마찬가지다. 즉 종족 보존을 위해 개별 개체들의 소멸이 불가피한 경우가 있다는 것이다(이런저런 동물의 죽음으로 사자의 생명이 유지되는 경우가 좋은 예이다).

'어째서 신은 피조물들에게 순결한 본성을 부여하지 않았는가'에 대한 설명

위에서 우리는 "신이 악의 실현을 묵인하는 것은 지극히 당연한 일이다"라는 명제를 제시한 바 있다. 하지만 이 문제를 논의하기 전에 먼저 다음의 두 논점을 증명할 필요가 있다. 1) 인간이나 천사들 같은 피조물은 그 본성상 죄를 범할 수밖에 없다(즉 죄를 범하지 않는 능력을 부여받지 못했다). 2) 신이 죄를 범하거나 유혹에 빠지는 것을 허락하는 것은 지극히 당연한 일이다. 만약 두 논점의 정당성을 입증한다면 우리는 "신은 악마에 의한 마법 행위를 허락하지 않을 수 없다"는 결론을 얻게 될 것이다.

위의 두 논점 중 첫 번째 논점은 성 토마스 아퀴나스에 의해 입증된다.

"만약 어떤 피조물creature 안에 죄악을 범하지 않을 능력ability not to sin을 담을 수 있다면 신은 무슨 일이 있어도 그렇게 했을 것이다. 왜냐하면 우주 완성 perfection of the universe에 필요한 다른 모든 능력, 즉 부여할 수 있는 모든 능력은 이미 피조물들 안에 담아 놓았기 때문이다(가령 그리스도 안에 두 가지 본성이 결합되어 있고, 성모 마리아 안에 모성과 처녀성이 결합되어 있다)."

하지만 '죄악을 범하지 않을 능력'을 부여받은 피조물이 있다는 대목은 그 어디에서도 발견할 수 없다. 가령 욥기는 다음과 같이 기록하고 있다.

"사람이 어찌 하느님보다 의롭겠느냐. 사람이 어찌 그 창조하신 이보다 깨끗하겠느냐. 하느님은 그의 종이라도 그대로 믿지 아니하시며 그의 천사라도 미련하다 하시나니"(욥기 4장 17-18절).

이로부터 우리는, 인간이 그 본성에 있어 결코 순결할 수 없다는 것을 알 수 있다(물론 신의 축복을 받는다면 인간은 순결해질 수 있다).

만약 인간의 본성에 죄악을 범하지 않을 능력을 부여할 수 있었다면 우주는 완전해지지 못했을 것이다.

다음과 같은 주장은 옳지 못한 주장이다.

"자신의 형상을 따라 인간과 천사를 만드신 전능하신 하느님은 인간의 본성에 죄악을 범하지 않을 능력을 부여할 수 있었다."

이러한 주장이 옳지 못한 이유는, 비록 신이 전능하다고는 하지만 그럼에도 불구하고 죄악을 범하지 않을 능력을 부여할 수는 없기 때문이다. 그리고 신이 그런 능력을 부여할 수 없는 것은 신의 권능이 부족해서가 아니라 피조물들이 완전하지 못하기 때문이다. 이를 뒷받침하는 근거는 다음과 같다.

"인간은 신의 창조물이다. 따라서 인간의 존재existence는 창조주, 즉 신에 의해 결정된다. 만약 제멋대로 행동하도록 허락받았다면 인간은 무너지고 말았을 것이다. 하지만 자신을 만든 원인cause의 영향을 받음으로써 인간은 지금의 상태를 유지할 수 있었다. 신은 인간에게 자유 의지를 부여했다. 만약 인간에게 죄악을 범하지 않을 능력이 부여되었다면 인간은 자유 의지에 따라 신으로부터 멀어질 수 없었을 것이다. 바로 이런 이유 때문에 신은 '자유 의지'와 '죄악을 범하지 않을 능력'을 함께 부여할 수 없었던 것이다. 인간이 '죄악을 범하지 않을 능력'과 '자유 의지'를 동시에 갖는다는 것은 마치 살아 있으면서 동시에 죽어 있는 어떤 것을 가리키는 것만큼이나 어려운 일이다."

그리고 다음과 같은 주장도 옳지 못한 주장이다.

"신은 죄악을 범하지 않을 능력을 부여했어야 했고 이를 통해 인간과 천사들이 죄 없이 살아갈 수 있도록 했어야 했다."

즉 '피조물들의 본성이 완전했다면 죄악을 범하지 않았을 것'이라고 보는 관점 자체에 오류가 있는 것이다(본성이 완전하다는 것은 곧 신과 동일하다는 것을 의미한다). 인간은 선善의 화신化身이 되는 천복을 누릴 수 있다. 그리고 이를 통해 신의 아들이 되고 또 어느 정도 신의 본성에도 참여할 수 있다.

쟁점 14
신이 묵인한 두 가지 사건에 관하여

모든 악의 원흉인 악마가 죄악에 빠지는 것을 묵인했고 인류의 시조가 죄악에 빠지는 것을 묵인했다. 바로 이 때문에 신이 마녀들의 마법을 허락하는 것이다.

신이 인간의 유혹 행위와 범죄 행위를 묵인했음에도 불구하고, 어떤 사람은 신의 묵인하에 죄를 범하고 또 어떤 사람은 신의 은총을 입어 죄를 범하지 않는다면 우리는 그것을 온당한 처사라고 말할 수 있을까?

신의 섭리에 따라 모든 존재는 자신의 본성을 온전하게 유지할 뿐만 아니라 자신의 행동에 있어서도 아무런 방해를 받지 않는다. 디오니시오스는 다음과 같이 말한다.

"신의 섭리는 본성을 왜곡하는 것이 아니라 본성을 유지하는 것이다"(《신의 이름들》).

만약 이러한 견해를 타당한 것으로 본다면, 극복할 수 없는 힘이 죄악을 범하는 일을 방해할 경우 완성의 여러 단계들many levels of perfection이 사라진다는 사실에도 주목해야 한다. 즉 죄를 짓는 사람과 죄를 짓지 않는 사람 사이에 차이가 없어지고 또 이런 의미에서 모든 사람이 동등해진다.

만약 죄악에 대한 유혹이 있을 때마다 선이 그 유혹을 잠재운다면 우리가 신으로부터 얼마나 많은 은총을 입고 있는지 알 수 없을 것이고 또한 우리를 지배하는 힘이 어떤 일을 일으키는지도 알 수 없을 것이다(결국 이 모든 일들이 우주에 막대한 손실을 입힐 것이다).

악마가 죄악을 범할 때 외부로부터의 영향은 전혀 없었다. 또한 악마는 항상 자기 자신으로부터 동기를 부여받았다. 왜냐하면 악마는 신과 대등해지기를 원했기 때문이다. 이사야는 다음과 같이 기록하고 있다.

"가장 높은 구름에 올라가 지극히 높은 이와 같아지리라 하는도다"(이사야 14장 14절).

하지만 제한적이고 정도正道에서 벗어난 이성을 지닌 사탄은 자신이 이룰 수 없는 것은 추구할 수 없었다. 왜냐하면 자신이 신의 창조물이라는 것과 절대로 신과 대등해질 수 없다는 것을 잘 알고 있었기 때문이다(사탄은 자연의 질서를 변화시키려 하지 않았다). 모든 피조물을 능가했던 사탄은 자신의 높은 위상을 자각하고 있었다. 그리고 신으로부터 나온 지복

至福과 선이 모든 피조물에게 전해지는 것을 본 사탄은 지복과 선이 신이 아닌 자신으로부터, 즉 자신의 천부적인 힘으로부터 나와 우주 전체로 퍼져 나가기를 원했다.

악마가 다른 천사들에게 자신의 의도를 알리자 다른 천사들 역시 악마와 똑같은 욕망을 갖게 되었다. 하지만 사탄의 죄악은 다른 천사들의 죄악보다 더 의미심장한 것이었다. 요한계시록에는 다음과 같이 기록되어 있다.

"하늘에 또 다른 이적이 보이니 보라 한 큰 붉은 용이 있어 머리가 일곱이요 뿔이 열이라 그 여러 머리에 일곱 왕관이 있는데 그 꼬리가 하늘의 별 삼분의 일을 끌어다가 땅에 던지더라"(요한계시록 12장 3–4절).

사탄은 레비아탄의 모습으로 나타났고 레비아탄은 교만의 자식들을 다스리는 왕이었다. 철학자 아리스토텔레스는 레비아탄의 머리를 왕이라 불렀다. 왜냐하면 머리는 자신의 의지와 지배력으로, 자신에게 종속된 것들을 움직이기 때문이다. 결국 사탄의 죄악은 다른 천사들이 죄악을 범하는 계기가 되었다. 악마는 자기 자신은 유혹당하지 않으면서 다른 천사들을 유혹했다.

만약 신이 고결한 피조물들의 야망의 죄악sin of ambition을 묵인했다면 마녀들의 마법을 허락하는 것 역시 지극히 정당한 일이다. 그리고 마녀들의 죄악이 많은 점에서 사탄의 죄악이나 인류의 시조, 즉 아담과 이브의 죄악을 능가한다는 사실을 부정할 수 없다. 이러한 사실은 이 책 2부에서 증명하기로 하자.

신의 섭리가, 최초의 인간을 유혹하고 타락시키는 일을 허락한 이유는 타락한 천사들에 대한 설명을 통해서도 알 수 있다. 사탄은 물론, 인간 역시 자유 의지를 부여받았는데 이는 사탄과 인간이 그 공적에 따라 지복을 누릴 수 있도록 하기 위해서였다. 하지만 사탄이, 한편으로는 죄악의 힘power to sin이 다른 한편으로는 은총의 힘power of the Grace이 우주의 장관the beauty of the universe을 만들어 낸다는 것을 자신의 타락 이전에 미리 알지 못했던 것처럼 인간 역시 그것을 미리 알지 못했다.

성 토마스 아퀴나스는 이렇게 말한다.

"신을 찬양받을 만한 존재로 만드는 요소들은 어떠한 경우에도 과소평가되어서는 안 된다"(《Commentary on Pronouncements》Bk. 2, Dist. 23).

그리고 신은 죄악의 문제와 관련해서도 찬양받을 자격이 있다. 왜냐하면 신은 공명정대하게 징벌하고, 깊은 동정심에서 자비를 베풀기 때문이다. 그러므로 신은 죄악이 행해지는 것을 방해할 필요가 없다.

위에서 말한 것을 요약하면, 신의 섭리가 죄악을 허락하는 데에는 몇 가지 이유가 있다. 첫째, 단 하나의 영원불멸한 존재로서 신의 권능이 드러나도록 하기 위해서이다(모든 피조물은 일시적인 존재들이다). 둘째, 악에서 선을 이끌어 낼 수 있는 신의 지혜가 드러나도록 하기 위해서이다(인간이 죄를 범하지 않았다면 악에서 선을 이끌어 내는 일은 할 필요가 없었을 것이다). 셋째, 신의 은총을 보이기 위해서이다(예수 그리스도는 죽임을 당함으로써 타락한 인간을 구속으로부터 해방시켰다). 넷째, 신의 의로움이 드러나도록 하기 위해서이다(신의 의로움은 선한 사람들에 대한 표창과 악한 사람들에 대한 징벌로 표현된다). 다섯째, 인간이 다른 피조물들에 비해 더 열악한 조건에 처하지 않도록 하기 위해서이다(신은 다른 피조물들이 자신의 의사에 따라 행동하는 것을 허락했고 바로 이 때문에 인간에게도 자유 의지를 부여했다). 여섯째, 의로운 사람을 칭찬하기 위해서이다(여기서 의로운 사람이란 법을 어길 수 있었음에도 불구하고 끝내 그렇게 하지 않은 사람을 말한다). 일곱째, 우주 만물에 아름다움을 더하기 위해서이다.

악에는 세 가지 종류가 있는데 죄와 벌 그리고 해害가 그것들이다. 그리고 이 세 가지 악에 상응하는 세 가지 선이 있는데 도덕과 만족 그리고 유익이 그것들이다. 죄를 통해 도덕성이 높아지고 벌을 통해 만족이 커지며 해를 통해 유익함이 넘쳐난다.

논점에 대한 결론

1) "악마에게는 인간을 해칠 수 있는 능력이 있다"라는 주장을 이단으로 간주하는 것은 옳지 못하다. "신은 인간이 자유 의지에 따라 죄를 범하는 것을 허락하지 않는다"는 주장이 이단이듯 "신은 죄악에 대한 응보를 내리지 않는다"는 주장 역시 잘못된 주장이다. 그리고 가능한 한 악을 저지하려는 현명한 예언자에 대한 주장도 옳지 못하다. 사실 인간 세계의 예언자와 우주 만물의 예언자 사이에는 실로 엄청난 차이가 존재한다. 왜냐하면 신은 악을 선으로 바꿔 놓을 수 있지만 인간—예언자는 그렇게 할 수 없기 때문이다.

2) 신에 의해 죄악이 묵인됨으로써 신의 권능과 자비, 정의가 더 큰 후광을 얻는다. 신은 악을 바랄 수 없으며 사악한 행위의 실현도 원하지 않

는다. 다만 우주의 더 큰 완성을 위해 악의 실현을 묵인하는 것 뿐이다.

3) 아우구스티누스와 아리스토텔레스는 인간의 일상적 인식에 대해 설명한다. 그들에 따르면, 일상적 인식은 두 가지 이유로 해서 악에 관한 문제를 깊이 파고들지 않는 편이 더 낫다. 첫째, 우리가 그 문제를 언제나 인식할 수 있는 것은 아니기 때문이고 둘째, 악에 관한 일상적인 대화가 인간의 의지를 악으로 인도하기 때문이다.

4) 이성을 좇는 피조물들은 자유 의지를 통해 자신의 행위를 제어한다. 예컨대 신은 이런저런 행위를 이성적 피조물들의 책임이나 공으로 돌릴 수 있고 또 그 책임과 공에 따라 그들을 표창하거나 벌할 수 있다. 바로 이 때문에 신의 특별한 섭리가 필요한 것이다. 하지만 이성을 좇지 않는 피조물들은 신의 섭리를 따르지 않는다.

5) 인간은 천지만물의 조직자originator of nature가 아니다. 인간은 다만 자연의 힘을 이용하는 것뿐이다. 그래서 인간의 선견지명은 자연의 필연적 현상들obligatory phenomena에는 적용되지 않는다. 하지만 신의 섭리는 자연을 움직이는 힘이기 때문에 심지어 자연적 결함natural defects들까지도 신의 섭리에 따른다. 끝으로, 죄악에 대한 형벌이 신에 의해 결정된다고 하지만 그렇다고 해서 마법에 걸리는 사람들이 언제나 가장 극악무도한 죄인으로 간주되는 것은 아니다(악마는 자기 사람들이 천벌을 받는 것도 원하지 않고 또 신에게 의지하는 것도 원하지 않는다).

쟁점 15
마법의 공포에 관하여

여기서 논의되는 것들은 모두 설교 내용에 포함시킬 수 있다.

마녀들의 추악한 만행은 신에 의해 묵인되어 온 모든 악을 능가하는 것인가? 만약 누군가가 '쉽게 피할 수 있는 죄악'을 범한다면 그 죄악은 또 다른 사람의 '쉽게 피할 수 없는' 죄악을 능가하는 것이 될 것이다. 이러한 사실은 아우구스티누스의 말을 통해서도 확인할 수 있다.

"죄를 범함에 있어 그 차이가 크다 할 것이다"(《신국론》).

신의 은총을 입은 아담과 그 밖의 많은 사람들(어느 정도 완성의 상태state of perfection에 있었던 사람들)은 신의 은총을 입지 못한 마녀들에 비해 훨씬 더 쉽게 죄악을 피할 수 있었을 것이다. 따라서 아담을 비롯한 많은 사람들의 죄악은 마녀들의 죄악을 훨씬 능가하는 것이다.

더 큰 죄에 대해서는 더 큰 형벌이 내려지기 마련이다. 아담의 죄악은 실로 가혹한 형벌을 초래했고 그 후예들 또한 가혹한 형벌을 피할 수 없었다. 그러므로 아담의 죄악은 다른 모든 죄악보다 더 무거운 죄악이다.

해악에 대한 아우구스티누스의 견해는 다음과 같다.

"어떤 것을 악한 것으로 간주할 수밖에 없는 이유는 그것이 선을 배제하기 때문이다."

선을 배제하다 보면 점점 더 큰 죄가 일어나기 마련이다. 인류의 시조가 범한 죄악은 자연에 많은 재앙을 불러왔을 뿐만 아니라 신의 은총이라는 측면에서도 막대한 손실을 가져왔다(신의 은총이라는 측면에서 우리는 순결함과 영생을 잃었는데 이후에 범해진 그 어떤 죄악에서도 이런 결과는 나오지 않았다). 따라서 아담이 불러온 해악은 마녀들이 불러오는 해악보다 더 크다고 말할 수 있을 것이다.

이 문제에 대해서는 다음과 같이 설명해야 한다.

"더 많은 종류의 악을 담고 있는 것은 더욱 의미심장한 악으로 간주될 수밖에 없다. 예컨대 마녀들의 죄악이 바로 그런 경우다. 신의 묵인을 얻은 마녀들은 자연과 인류의 행복good things of nature and fortune에 온갖 악을 불러일으킬 수 있다(이러한 사실은 교황의 교서를 통해서 확인할 수 있다)."

아담이 지은 죄가 있다면 그것은 오직 금지된 일을 행한 죄뿐이다. 사실 아담은 원래부터 사악한 인간이 아니었다. 반면에 마법사들의 죄악은 사악한 만행으로 얼룩져 있다. 따라서 마법사들의 죄는 다른 모든 죄보다 무거울 수밖에 없다.

명백한 악의에서 비롯되는 죄악은 무지에서 비롯되는 죄악보다 훨씬 더 무겁다. 예컨대 마녀들이 신앙과 신앙의 성사Sacraments of the Faith를 멸시하는 것은 명백한 악의에서 비롯된다(재판에 회부된 마녀들이 이러한 사실을 인정했다).

답변. "오늘날 마녀들이 범하는 죄악은 지금까지 신이 묵인해 온 모든 악을 능가하는 것이다"라는 주장은 다음의 세 가지 방법으로 증명할 수 있다. 1) 마녀의 행위와 세상의 다른 죄악들을 전체적으로 비교하는 방법. 2) 마녀의 행위의 개별 형태들과 다른 미신들, 즉 악마와의 계약과 관련된 미신들을 개별적으로 비교하는 방법. 3) 마녀의 행위와 악한 천사들(그리고 인류의 시조)의 죄악을 비교하는 방법.

악은 죄罪, 벌罰, 해害로 이루어져 있다. 그리고 이 세 가지 악에는 세 가지 선, 즉 도덕, 만족, 유익이 대립한다. 마녀들의 죄가 다른 모든 죄를 능가한다는 것은 성 토마스 아퀴나스의 설명을 통해서도 확인할 수 있다.

"죄를 범할 때 사람들은 많은 것을 고려한다. 그리고 어떤 것들을 고려했느냐에 따라 죄의 경중이 달라진다".

이로부터 우리는 "똑같은 죄라 해도 어떤 사람의 죄는 더 가벼운 것으로 봐야 하고 어떤 사람의 죄는 더 무거운 것으로 봐야 한다"는 결론을 얻게 된다. 가령 젊은 남자가 음탕한 생활을 한다면 그 사람은 죄 많은 사람이라 불러야 하겠지만 만약 늙은 남자가 그런 생활을 한다면 그 사람은 미친 사람이라 불러야 할 것이다. 그리고 어떤 경우에는 아담의 죄가 다른 모든 죄보다 더 무겁지만(그 이유는 첫째, 아담이 아주 작은 유혹도 이겨 내지 못했기 때문이고 둘째, 신의 은총을 입은 아담이 그와 같은 유혹을 더 잘 이겨 낼 수 있었을 것이기 때문이다) 경우에 따라서는 아담의 죄보다 더 무거운 죄들이 범해지기도 한다(이러한 죄악들 중에서 특히 눈길을 끄는 것이 바로 마법사들의 죄악이다). 이러한 사실을 뒷받침해 주는 예들을 들어 보자. 가령 루시퍼의 죄악과 같이 그 결과가 참혹한 죄악이 있고 아담의 죄악과 같이 그 성격이 보편적인 죄악이 있으며 유다의 죄악과 같이 추악한 죄악이 있고 성령에 맞서는 죄악과 같이 용서하기 어려운 죄악이 있으며 무지의 죄악과 같이 위험한 죄악이 있고 육체적 죄악과 같이 욕망에 불타는 죄악이 있으며 불신과 이단의 죄악과 같이 신의 위대함을 모욕하는 죄악이 있고 교만의 죄악과 같이 극복하기 어려운 죄악이 있으며 분노의 죄악과 같이 영적으로 무분별한 죄악이 있다. 루시퍼의 죄악 이래 가장 끔찍한 죄악은 바로 마녀들의 죄악이다. 왜냐하면 마녀들의 죄악은 십자가에 못박힌 자를 부정하는 것에서부터 출발하기 때문이다. 마귀들과 성적 추행을 일삼으며 육욕에 사로잡히는 존재, 인간과 동물에게 해를 입히며 걷잡을 수 없는 기쁨과 악의에 사로잡히는 존재, 그것이 바로 마녀들이다.

신으로부터 멀어질수록 죄는 더 무거워질 수밖에 없다. 그리고 인간이 신으로부터 가장 멀어지는 경우는 불신에 사로잡히는 경우이다(마법이 다른 죄악들에 비해 더 많은 불신을 초래하는 것도 바로 이 때문이다). 이러한 사실은 '이단'이라는 단어의 의미를 통해서도 확인할 수 있다. 이 단어가 의미하는 것은 '신앙을 버리고 평생 죄악에 빠져 살아간다'는 것이다.

불신의 죄를 범한다는 것은 곧 신앙에 맞서는 죄를 범한다는 것이다. 그리고 신앙에 맞서는 죄는 두 가지 형태로 나타날 수 있다. 아직 받아들여지지 않은 신앙에 맞서는 것과 이미 받아들여진 신앙에 맞서는 것. 첫 번째 형태는 이교도들의 불신이고 두 번째 형태는 다시 두 가지 경우로 나뉜다. 오직 외적으로만 받아들여진 신앙에 맞서는 경우와 내적으로 받아들여진 신앙에 맞서는 경우. 기독교를 외적으로만 받아들이는 유대인들은 첫 번째 경우에 속하고 이단자들은 두 번째 경우에 속한다. 이로부터 알 수 있는 것은, 세 가지 불신 중에 가장 위험하고 무서운 것이 바로 마녀들의 이단이라는 것이다. 성 토마스 아퀴나스는 다음과 같이 주장한다.

"진리의 길을 깨달은 후 믿음을 버리는 것보다는 아예 그 길을 깨닫지 못하는 편이 더 낫다"(II, 2).

게다가 약속한 것을 이행하지 않는 자의 죄는 약속하지 않은 것을 이행하지 않는 자의 죄보다 더 무겁다. 이단자들의 죄가 무거운 것은, 한편으로 기독교에 대한 신앙을 고백하면서 다른 한편으로 유대인이나 이교도들보다 더 극악무도한 죄(기독교 신앙에 맞서고 기독교 신앙을 무너뜨리는 죄)를 범하기 때문이다.

흔히 마녀들을 '믿음을 버린 자' 또는 '배교자'라 부른다. 성 토마스 아퀴나스의 설명에 따르면, 배교란 신에 대한 믿음을 버리고 종교로부터 멀어지는 것을 의미한다. 그리고 라이문드와 호스티엔시스는 "배교란 신앙과 순종, 종교적 서약religious vows의 상태로부터 무분별하게 이탈하는 것rash withdrawal을 의미한다"라고 지적한다. 첫 번째 상태로부터의 이탈은 필연적으로 두 번째 상태로부터의 이탈을 불러온다. 그리고 그 반대의 경우는 일어나지 않는다. 그러므로 첫 번째 상태로부터의 이탈이 나머지 두 경우보다 더 무거운 죄악이다.

마녀들이 악마와 계약을 맺는다는 사실은 그들의 배교 행위가 얼마나 무섭고 위험한 죄악인지를 다시 한번 깨닫게 해준다. 우리는 신앙 개조 Articles of Faith 전체를 부정하는 여자들도 보았고 또 그 일부만을 부정하는 여자들도 보았다. 하지만 고해성사는 그들 모두가 거부했다.

만약 누군가가 "신에 대한 믿음을 잃지 않았음에도 불구하고 악마에게 순종하며 경의를 표하는 마녀들의 죄악은 어떻게 바라봐야 하는가?"라고 묻는다면 우리는 다음과 같이 답해야 할 것이다. "배교가 일어나는 방식에는 두 가지가 있다. 1) 악마와 계약을 맺지 않은 사람의 형식적인 불신 행위external acts of faithlessness를 통해서(이슬람교 국가에 거주하면서 이슬람교의 종교 의식을 받아들이는 기독교인들이 이런 식으로 행동한다). 2) 악마와 계약을 맺은 사람의 형식적인 불신 행위를 통해서(마녀들이 이런 식으로 행동한다). 여기서 첫 번째 경우에 속하는 사람들을 배교자 또는 이단자라고 부를 수는 없을 것이다. 하지만 그들의 죄가 결코 용서받을 수 없는 죄임에는 틀림없다. 여러 명의 아내를 두었던 솔로몬은 아내들이 섬기는 신에게 경배를 올렸다. 하지만 두려움으로 인해 악마에게 경배한다는 것은 결코 정당화될 수 없는 일이다. 아우구스티누스는 "우상에게 바쳐진 제물을 먹을 바에야 차라리 굶어 죽는 편이 더 낫다"라고 말했다. 그리고 설령 그 마음 속에 신앙이 남아 있다 해도 마녀들의 행위는 여전히 배교자의 행위로 간주될 수밖에 없다. 왜냐하면 악마와 맺은 계약이나 지옥과 맺은 동맹이 마녀 자신의 자발적 의지에 따라 이루어진 일이기 때문이다. 알베르투스 마그누스는 다음과 같이 주장한다.

"마법사들에게서는 말을 통한 배교와 행동을 통한 배교를 모두 발견할 수 있다. 가령 마법사들이 주문을 외우면 악마와 마법사 간에 공공연한 계약이 이루어지는데 바로 이것이 말을 통한 배교apostasy by words이다. 그리고 만약 이것이 어떤 단순한 행위simple work를 통해 일어난다면 그것은 행동을 통한 배교apostasy by works가 된다. 이처럼 신으로부터 기대해야 할 것들을 악마로부터 기대함으로써 마법사들은 신앙을 모욕하게 된다. 이로부터 우리는, 악마와의 계약은 배교 행위로 간주되어야 한다는 결론을 내릴 수 있다"(《동물에 관하여On Animals》).

학자들은 위에서 말한 두 가지 형태의 배교를 인정하면서 또 하나의 배교 형태, 즉 마음속에서 일어나는 배교를 인정한다. 물론 이 세 번째 배교가 아니라 해도 마녀들은 배교자로 간주될 수밖에 없고 따라서 이단자나 배교자에게 내려지는 벌과 똑같은 벌을 받는다.

그리고 마녀들이 범하는 죄악에는 또 하나의 극악무도한 측면이 있다. 즉 자신의 의지로 악마를 숭배한 이상 마녀들의 모든 행위는 설령 그것이 유익한 행위라 할지라도 결국에는 '죄받을' 행위로 간주될 수밖에 없다. 성 토마스 아퀴나스와 아우구스티누스 역시 이와 같은 견해를 피력했는데 특히 아우구스티누스는 "믿지 않는 자들의 삶은 모두가 죄악이다"(《신국론》XXVIII, 1, 2)라고 말했다.

마녀들은 세상에서 가장 가혹한 형벌로 다스려야 한다.

마녀들의 추악한 만행은 그 어떤 죄악보다도 끔찍하고 무서운 죄악이다. 따라서 마녀들은 이단자로서도 처벌받아야 하고 배교자로서도 처벌받아야 한다. 라이문드에 따르면, 이단자를 처벌하는 방법에는 네 가지가 있다. 파문, 면직, 재산 몰수, 육체적 죽음이 그것이다.

가혹한 형벌은 마녀의 일당, 즉 은닉자, 방조자, 비호자들에게도 똑같이 적용된다. 그리고 이단자들과 그 방조자들은 교회로부터 파문당하는 것은 물론, 교회 영지 사용권까지 박탈당한다. 만약 범죄 사실이 드러난 후에도 자신의 헛된 생각을 버리지 못한다면 그런 자들은 당장 화형에 처해야 한다(평신도가 이단자로 판명될 경우). 예컨대 화폐를 위조한 사람은 범죄 사실이 드러나는 즉시 형장의 이슬로 사라진다. 화폐를 위조한 사람의 죄가 이 정도라면 신앙을 위조한 사람의 죄는 얼마나 무겁단 말인가! 만약 성직에 있는 사람이 이단자로 판명될 경우, 그는 공식적으로 성직을 박탈당하는 것은 물론 세속 법정에 회부되어 사형선고를 받는다. 하지만 자신의 헛된 생각을 과감히 버리는 자들에게는 종신형을 선고한다(이단 포기 선서까지 한다면 이보다 더 가벼운 형벌을 받을 것이다). 법정 판결에 관한 자세한 내용은 이 책 3부에서 다루도록 하겠다.

마녀들은 평범한 이단자들이 아니다. 그들은 신앙을 거부하고 악마에게 충성을 맹세하는 아주 지독한 배교자들이다. 그러므로 설령 자신의 잘못을 뉘우치고 또 신앙을 되찾는다 해도 마녀들이 기대할 수 있는 것은 오직 사형뿐이다.

그리고 금지된 것을 가르치거나 배우는 자들의 죄 또한 마녀들의 죄 못지않게 무겁다. 그런 자들은 재산을 몰수당하는 것은 물론, 시민권까지 박탈당해야 한다. 끝으로, 여자들에게 마법을 걸어 간음하게 만드는 자는 짐승의 밥이 되고 말 것이다.

쟁점 16
죄가 없는 사람도 마법에 걸리는가?

신의 묵인하에 죄 없는 사람이 마법의 영향을 받는다는 것, 그것도 타인의 죄(특히 마녀들의 죄)로 인해 그렇게 된다는 것은 결코 놀라운 일이 아니다. 성 토마스 아퀴나스 또한 "신이 이런 일을 허락하는 것은 아주 당연한 일이다"라고 설명한다. 성 토마스 아퀴나스는 형벌의 세 가지 유형에 대해 언급한다.

1) 한 사람이 다른 사람의 잘못으로 인해 벌을 받는 것은 그 사람이 다른 사람의 소유물로 간주되기 때문이다. 아들은 그 아버지의 소유물로 간주되고 노예와 가축은 그 주인의 소유물로 간주된다. 그래서 가끔은 아버지의 잘못으로 인해 그 아들이 벌을 받는다. 가령 간통으로 태어난 다윗의 아들은 젊은 나이에 죽고 말았다.

2) 한 사람의 죄가 다른 사람에게로 옮아가는 경우가 있다(따라서 그에 상응하는 벌도 함께 옮아간다). 이런 일은 첫째, 모방을 통해 일어난다. 가령

아들이 아버지의 죄를 모방하고, 노예가 주인의 죄를 모방하는 것이 그 예가 될 것이다. 둘째, 아랫사람들subordinates의 죄를 통해 일어난다. 가령 아랫사람들의 잘못으로 인해 추악한 윗사람들이 권세를 잡는 경우가 그 예다. 욥기에는 다음과 같이 기록되어 있다.

"백성의 잘못으로 인해 위선자들이 권세를 잡았다."

또한 타인의 죄를 은폐하는 경우에도 죄가 옮아간다. 가령 윗사람이 아랫사람의 잘못을 꾸짖지 않는 경우가 그 예가 될 것이다. 그럼 여기서 우리들(이단 심문관들) 중 한 사람이 전해 들은 이야기를 소개하겠다.

"한 마을이 있었는데 그 마을은 높은 사망률로 인해 사람이 거의 살지 않는 황폐한 마을로 변해 있었다. 그리고 그 마을에서는 이상한 소문이 돌고 있었다. 그것은 '땅 속에 묻힌 한 여자가 관 속의 수의壽衣를 조금씩 뜯어먹고 있다. 그 여자가 수의를 다 뜯어먹기 전까지는 결코 역병이 사라지지 않을 것이다'라는 소문이었다. 결국 지역 당국의 결정에 따라 여자의 무덤을 파헤치게 되었는데 이때 무덤 앞에 서 있던 사람들은 관 속의 수의가 이미 절반쯤 뜯어먹힌 것을 목격할 수 있었다. 그리고 이 장면을 함께 지켜본 촌장은 여자의 머리를 잘라 멀리 던져 버렸다. 이 일이 있은 후 역병은 사라졌다. 한편 재판 과정에서 밝혀진 바에 따르면, 이 여자는 오랫동안 마법사로 살았고 당국의 박해도 받지 않았다. 즉 신의 묵인하에 여자의 죄가 무고한 사람들에게 돌아갔던 것이다(무고한 사람들이 그녀 대신 벌을 받았다)".

3) 죄 없는 자들이 마법에 걸리는 것 또는 신이 그 일을 묵인하는 데에

는 또 다른 이유가 있다. 그것은, 죄 없는 자들을 마법에 걸리게 함으로써 인간 사회에 상호부조가 널리 퍼질 수 있도록 하기 위함이고 또한 사회 구성원 모두가 죄악을 줄이는 일에 관심을 가지도록 하기 위함이다. 가령 아간의 죄가 그 좋은 예가 될 것이다(여호수아 7장).

그리고 여기에 두 가지 경우가 추가될 수 있는데 하나, 선한 사람이 악한 사람을 대신해 속죄하는 경우이고 다른 하나는 악한 사람이 악한 사람을 대신해 속죄하는 경우이다. 그라티아누스는 다음과 같이 밝히고 있다.

"악한 자들을 벌할 때 신이 직접 나서지 않는 경우가 있다. 즉 신의 명령에 따라 정당한 권한을 부여받은 자들이 그 일을 대신 하는 경우가 있다는 것이다. 이런 일은, 벌주는 자들의 이익을 위해 행해지는 경우도 있고(신이 자기 백성을 통해 가나안 사람들을 벌했던 일을 떠올려 보자) 또 벌주는 자들을 벌하기 위해 행해지는 경우도 있다(신이 베냐민 족속을 벌했던 일을 떠올려 보자). 뿐만 아니라 신은 자기 백성, 즉 신의 뜻을 따르지 않고 오직 자신의 탐욕만 채우려는 사람들을 벌하는 경우도 있다."

천벌을 받는 이유가 무엇이든 벌 받는 자는 인내심을 가지고 그 벌을 견뎌야 한다. 만약 그렇게 하지 않는다면 천벌은 속죄를 위한 채찍이 아닌 복수를 위한 채찍, 즉 언젠가 다시 천벌을 내리기 위한 채찍이 될 것이다. 신명기는 다음과 같이 기록하고 있다.

"그러므로 내 분노의 불이 일어나서 스올의 깊은 곳까지 불사르며 땅과 그 소산을 삼키며 산들의 터도 불타게 하는도다"(신명기 32장 22절).

만약 이 천벌을 끝까지 견뎌 낸다면 인간은 속죄 받을 수 있을 것이다 (물론 마법을 행했다는 이유로 또는 마법사라는 이유로 세속 재판관들의 철퇴를 피할 수는 없을 것이다). 그리고 자연적 죽음natural death이 극단적인 공포감을 안겨 주기는 하지만 그럼에도 불구하고 완전한 속죄를 위해서는 충분하지 못하다. 순종하며 맞이하는 죽음이 죄를 씻는다고는 하지만 어쨌든 자연사라는 것은 원죄에 대한 벌로서 주어진 것이기 때문이다. 반면에 강제에 의한 죽음은violent death(그 죽음이 당연한 것이든 아니면 부당한 것이든) 만약 그것을 인내와 감사로써 맞이하기만 한다면 언제나 죄를 씻어 줄 것이다. 지금까지 우리는 타인의 죄로 인해 부득이하게 감내할 수밖에 없는 형벌에 대해 살펴보았다.

또한 신은 현세적 삶present life 속에서도 인간의 죄악을 응징한다(마법을 묵인하는 것이 응징의 주된 방법이다). 도빗서는 다음과 같이 기록하고 있다.

"악마는 육욕에 탐닉하는 자들을 지배한다"(도빗서 6장 17절).

천국의 법정에 대해서는 이렇게 설명해야 한다. 신은 두 가지 형벌, 즉 영적 형벌과 세속적 형벌로 응징한다. 첫 번째 형벌은 죄를 짓지 않는 한 절대 가해지지 않는다. 그리고 두 번째 형벌은 죄가 없어도 가해질 수 있다(죄는 없지만 형벌을 받아야 할 이유는 있다). 영적 형벌은 다시 세 가지로 나뉜다. 1) 신의 은총을 입지 못하게 하는 형벌. 2) 하늘 나라의 영광을 보지 못하게 하는deprivation of glory 형벌. 3) 지옥 불의 고통을 느끼게 하는 형벌.

다음과 같은 경우에는 세속적 형벌이 적용된다. 1) 타인의 죄가 있을 때. 2) 타인의 죄도 없고 자신의 죄도 없지만 형벌을 받을 이유가 있을 때. 두 번째 경우와 관련해서는 피터 롬바드가 제시하는 아래의 다섯 가지 근거를 참고할 필요가 있다(《Pronouncements》, Bk. 4, Dist. 15, Ch. 2).

1) 신의 영광을 위해 – 가령 날 때부터 소경인 사람이 앞을 보게 되는 경우가 그렇다(요한 복음 9장 1–6절). 다시 말해서 어떤 사람을 소경으로 태어나게 하는 이유(즉 그 사람의 죄도 없고 타인의 죄도 없는데 형벌을 내리는 이유)는 기적적으로 그 병이 낫게 함으로써 모든 영광을 신에게 돌릴 수 있도록 하기 위해서이다.

2) 인내의 단련을 통해 공덕을 쌓도록 하기 위해 – 예) 욥(1장)과 도빗(2장).

3) 형벌이 안겨 주는 굴욕감을 통해 덕행의 가치를 깨닫도록 하기 위해 – 예) 사도 바울. 그는 스스로에 대해 다음과 같이 말한다. "여러 계시를 받은 것이 지극히 크므로 너무 자만하지 않게 하시려고 내 육체에 가시 곧 사탄의 사자를 주셨으니 이는 나를 쳐서 너무 자만하지 않게 하려 하심이라"(고린도후서 12장 7절).

4) 영원한 파멸eternal damnation이 현세에서부터 시작되도록 하고, 지옥에서 겪게 될 일을 미리 볼 수 있도록 하기 위해 – 예) 헤롯 왕(사도행전 12장 23절)과 안티오쿠스(마카베오서 9장 5절).

5) 죄악에 물든 인간을 정화淨化하기 위해 – 예) 나병에 걸린 미리암(민수기 12장 10절). 또는 형벌을 보상하기 위해 – 예) 간통을 범한 후 왕의 자리에서 물러날 수밖에 없었던 다윗(사무엘하).

따라서 우리가 받는 모든 형벌은 우리 스스로의 죄(대대로 물려받아 날 때부터 안고 태어나는 죄)에 기인하는 것이다.

세 번째 형벌, 즉 영원한 파멸의 형벌과 관련해서는, 마녀들이 겪게 될 고통이 다른 죄수들이나 저주받은 자들이 겪게 될 고통보다 훨씬 더 크다는 것을 그 누구도 의심치 못하게 해야 한다. 신명기는 "악인에게 태형이 합당하면 재판장은 그를 엎드리게 하고 그 앞에서 그의 죄에 따라 수를 맞추어 때리게 하라"라고 기록하고 있다(신명기 25장 2절).

쟁점 17
앞서 언급한 진실을 증명하기 위해서는 마법과 다른 종류의 미신들을 비교해 봐야 한다

마법의 죄가 얼마나 추악한지 그 진실을 밝히기 위해서는 마법사들의 또 다른 행위도 살펴봐야 한다. 먼저 예언(또는 점divination)에는 세 가지 종류가 있다. 그 첫 번째는 노골적으로 마귀들을 불러내는 것이고, 두 번째는 사물의 배치와 운행을 관찰하는 것이다(예를 들어 별자리, 태어난 날과 시 같은 것들). 그리고 세 번째는 인간의 행위를 관찰하는 것이다(관찰의 목적은 숨기고 있는 무언가를 드러내는 것이다).

노골적으로 마귀들을 불러내는 첫 번째 종류의 예언에는 마법, 꿈으로 점치기, 강신술, 흙점, 물점, 공기점, 불점 등이 있다. 더 자세한 내용은 성 토마스 아퀴나스의 설명을 참고하도록 하자(II, 2, 95, 26, 4 Igi Uur и 5 Nec mirum).

두 번째 종류의 예언에는 별점, 복점ㅏㅕ, 손금 보기, 어깨뼈 보기

divination by shoulder bone가 있다.

세 번째 종류의 예언에는 작은 점으로 점치기divination by the observation of dots, 짚 오라기로 점치기divination by the observation of straws, 주석을 부어 만든 형상으로 점치기가 있다. 이와 관련된 내용은 성 토마스 아퀴나스 의 설명을 참고하도록 하자(II, 2, 26, 4, pertotum).

하지만 이 모든 범죄를 능가하는 것이 바로 마녀들의 추악한 만행이 다. 따라서 이보다 더 시시한 미신들에 대해서는 언급할 필요조차 없다.

첫 번째 종류의 예언은 인간의 감각을 기만한다. 즉 사물이 실제와 다 르게 지각되는 것이다(예를 들어 시각 기관이나 촉각 기관에 의해). 하지만 마 녀들은 감각 기관을 속여 성기를 제거하는 것으로도 모자라 생식 능력까 지 빼앗는다. 그래서 여자들은 임신을 못하게 되고 남자들은 성교를 못 하게 된다(성기가 있는데도 성교를 할 수 없게 된다). 뿐만 아니라 임신을 막는 데 실패할 경우 마녀들은 뱃속의 아이를 유산시킨다(이때 감각을 속이는 일 은 하지 않는다). 이 밖에도 마녀들이 일삼는 만행은 그 수를 헤아릴 수 없 을 정도로 많다.

두 번째 종류의 예언은 강신술이다. 강신술이란 죽은 사람의 영혼을 불러내는 술법을 말한다. 세비야의 이시도르에 따르면, '강신술nigromancy' 이라는 단어는 그리스어의 necros(죽음)와 niantera(예언)에서 유래한 다《어원론》. 그리고 강신술사들의 술법에는 사람이나 동물의 피가 사용 된다. 즉 피가 어떤 모양으로 엉겨 붙는지를 보고 미래를 예언하는 것이 다(그들은 악마가 피를 좋아한다는 사실을 알고 있다). 하지만 강신술사들이 불 러내는 것은 망자의 영혼이 아니다. 알고 보면 그것은 악마가 대신 나타 나 마치 망자처럼 대답하는 것에 지나지 않는다. 가령 성경 말씀 중에, 사울왕이 신접神接한 여자에게 청하여 사무엘의 망령을 불러낸다는 아주 인상적인 대목이 있다(사무엘상 28장). 하지만 성경에 기록되어 있다고 해서 이런 일(강신술)이 가능하다고 생각해서는 안 된다. 아우구스티누스는 심플리시아누스에게 보내는 서한에서 다음과 같이 밝히고 있다.

"물론 '의로운 자의 영혼이 왕 앞에 나타날 수 있었던 것은 마법의 힘이 개입되어 있었기 때문이 아니라 마법사와 사울이 미처 깨닫지 못한, 신의 허락이 있었기 때문이다'라고 믿는 것도 전혀 터무니 없는 일은 아닐 것이다. 하지만 사울왕 앞에 나타난 것은 사무엘의 영혼이 아니라 전혀 다른 사람의 망령이었다. 결국 이 모든 일은 감각이 기만당했기 때문에 일어날 수 있었던 것이다"(《To Simplicianus》, 2.3).

세 번째 종류의 예언은 꿈을 통한 예언으로서 다음의 두 가지 경우로 구분할 수 있다. 그 하나는 꿈을 '악령의 암시를 통해 비밀을 밝히는 수단'으로 이해하는 경우이고(이때 점쟁이들은 의도적으로 악마와 계약을 맺는다) 다른 하나는 꿈을 신의 계시로 받아들이거나 자연적 원인natural cause(외부적이거나 내부적인 원인)에 의한 것으로 이해하는 경우이다. 이 문제와 관련해서는 성 토마스 아퀴나스의 설명을 참고하도록 하자.

설교자들은 청중이 더 잘 이해할 수 있도록 천사들에 관한 내용부터 설명해야 한다. 그리고 이때 "천사들이 지닌 힘은 제한적일 수밖에 없다. 따라서 천사들의 이야기에 귀를 기울이는 사람, 즉 천사들의 이야기를 들으려는 경향disposition이 있는 사람이 미래의 일을 더 잘 알게 된다"라고 설명해야 한다. 또한 잊지 말아야 할 것은, 외부 운동과 내부 운동이 잦아들고 수분의 발산이 멈추는 밤에, 또는 소화 작용이 완료되는 새벽에 그와 같은 경향이 가장 강하게 나타난다는 것이다. 하지만 보다 더 완전한 사람들은 아무 때나 천사들의 목소리를 들을 수 있다(낮이나 밤이나, 깨어 있을 때나 잠들어 있을 때나).

아리스토텔레스에 따르면, 예언적 꿈prophetic dream은 자연적 원인 natural cause에 의해 좌우된다(《수면과 각성Sleep and Wakefulness》). 즉 꿈에서 보게 되는 자연(또는 자연 현상)이 몸속의 다양한 경향들에 대해 미리 알려 준다는 것이다. 가령 꿈에서 불을 보는 것은 발끈하는 성질이 드러날 징후이고, 꿈에서 하늘을 날아다니는 것(가령 파리 같은 것)을 본다면 그것은 낙천적인 성질이 드러날 징후다. 그리고 물이나 액체에 관한 꿈을 꾸는 것은 가래가 생길 징후이고 흙에 관한 꿈을 꾸는 것은 우울해질 징후다. 의사가 환자들에게 무슨 꿈을 꾸었는지 물어보는 이유도 이처럼 꿈을 통해 몸 상태를 알 수 있기 때문이다.

하지만 마녀들의 경우는 다르다. 가령 육신을 움직여 비행하는 것을 원치 않을 때 마녀들은 자기 패거리가 무슨 일을 벌이고 있는지 알기 위해 왼쪽 옆구리를 바닥에 대고 눕는다. 또한 마녀들은, 마귀의 힘을 빌려 사람들의 비밀을 알아내려고 할 때에도 꿈을 이용한다. 이때 마녀들은 의도적으로 계약을 맺은 후 육신과 영혼을 악마에게 바친다. 그리고 불경한 말로 신앙을 부정하고 자기 아이와 남의 아이를 악마의 제물로 바친다.

이시도르의 주장에 따르면, 아주 오래전부터 행해져 온 또 다른 종류의 예언이 있는데 이 경우에 예언은 해몽이나 강신술을 통해서가 아니라 귀신 들린 자들의 입을 통해서 행해진다. 가령 사도행전에 등장하는 여종이 그런 경우다. "우리가 기도하는 곳에 가다가 점치는 '귀신 들린 여종' 하나를 만나니 점으로 그 주인들에게 큰 이익을 주는 자라. 그가 바울과 우리를 따라와 소리 질러 이르되 이 사람들은 지극히 높은 하느님의 종으로서 구원의 길을 너희에게 전하는 자라 하며 이같이 여러 날을 하는지라 바울이 심히 괴로워하여 돌이켜 그 귀신에게 이르되 예수 그리스도의 이름으로 내가 네게 명하노니 그에게서 나오라 하니 귀신이 즉시 나오니라"(사도행전 16장 18–18절).

이보다 더 시시한 종류의 미신들에 대해서는 자세히 설명할 필요가 없을 것이다. 지금까지 이야기된 것만으로도, 마녀들의 마법에 필적할 만한 미신이 없다는 사실을 잘 알 수 있기 때문이다. 만약 또 다른 종류의 예언이 필요하다면 흙점, 물점, 공기점, 불점 등을 예로 들면 될 것이다. 이 밖에 마귀들을 불러내 그들과 암묵적인 계약을 맺는 예언자로는 점성술사(태어날 때의 별자리로 그 사람의 운명을 예언한다), 창자 점쟁이haruspex(제물로 바친 짐승의 창자로 미래를 예언한다), 복점관augur(새의 움직임과 노랫소리로 미래를 예언한다), 손금쟁이(손금이나 동물의 어깨뼈로 미래를 예언한다) 등이 있다. 예언의 종류에 관심이 있는 독자들은 니더Nider의 《Praeceptorium》을 참고하도록 하자. 어떤 예언이 허용되는 예언이고 어떤 예언이 허용되지 않는 예언인지 쉽게 확인할 수 있다. 단 마녀들의 마법은 어떠한 경우에도 허용되지 않는다.

쟁점 18
마녀들의 죄가 더 무거운가 아니면 악마의 죄가 더 무거운가?

마녀들이 범하는 죄의 무거움은 악한 천사들이 범한 죄의 무거움을 능가한다. 그리고 마녀들의 죄가 그토록 무겁다면 그들이 받게 될 지옥의 형벌도 그에 못지않게 무거울 것이다. 마녀들의 죄가 더 무거운 이유는 다음과 같다.

1) 악한 천사들의 죄는 용서받을 수 없는 죄임에 틀림없다. 하지만 마녀들의 죄에 비하면 그들의 죄가 그리 무거운 것도 아니다. 왜냐하면 마녀들의 경우 세례를 통해 받아들인 신앙을 부정하기 때문이다.

2) 아우구스티누스는, 사탄의 죄가 용서받을 수 없는 이유를 사탄이 그 누구의 유혹도 받지 않았다는 데에서 찾는다. 의식적으로 행해진 죄악은 그렇지 않은 죄악보다 더 무거울 수밖에 없다. 게다가 의식적으로 행해진 죄악은 아무리 참회를 해도 용서받기 어렵다. 하지만 사탄의 죄가 마녀들의 죄보다 더 가벼운 이유가 있다. 캔터베리의 안셀무스

Anselmus Cantuariensis*에 따르면, 비록 사탄이 교만의 죄를 범하기는 했지만 죄를 범하기 전까지 죄를 지으면 형벌을 받는다는 사실을 전혀 알지 못했다. 하지만 마녀들은, 마법을 행했다는 이유로 많은 사람이 형벌에 처해졌다는 사실을 알고 있다. 게다가 마녀들은 사탄의 죄가 무엇인지, 그 죄로 인해 어떤 형벌을 받았는지 알고 있다. 그럼에도 불구하고 마녀들은 악의에 찬 만행을 멈추지 않는다. 게다가 사탄이 순결한 상태에서 타락했다면 마녀들은 세례 성사를 통해 얻은 순결을 헌신짝 버리듯 했다. 그러므로 마녀는 사탄의 죄보다 훨씬 더 무거운 죄를 범하고 있는 것이다.

3) 사탄은 창조주에게 대항하는 죄를 범했다. 그리고 우리들, 특히 마녀들은 창조주와 구세주에게 대항하는 죄를 범하고 있다.

4) 사탄이 신의 가호를 입지 못해 신으로부터 멀어졌다면 우리들, 특히 마녀들은 신의 가호와 은총을 입고 있음에도 불구하고 자신의 죄악으로 인해 신으로부터 멀어지고 있다.

5) 사탄이 신에 의해 거부당했다는 이유로 여전히 악의를 불태우고 있다면 야비한 우리는 신이 끊임없이 부르고 있음에도 불구하고 마법의 죄악에서 벗어나지 못하고 있다.

6) 신이 사탄을 벌함과 동시에 사탄에게 선을 권하고 있지만 사탄의 저항은 누그러들 줄 모른다. 그리고 사탄과 죄인들 모두 구세주에게 대항하고 있다. 하지만 사탄이 자신에게 요구하는 자에게 대항하고 있다면 우리는 우리를 대신해서 죽은 구세주에게 대항하고 있다(마녀들은 구세주를 능욕하고 비방한다).

---

* 캔터베리의 안셀무스(1033?~1109)는 이탈리아의 기독교 신학자이자 철학자로, 1093년 ~1109년 캔터베리 대주교를 지냈다. 스콜라 철학의 창시자로서, 십자군에 공개적으로 반대한 것으로 유명하다.

비교 분석의 방법을 통해 진실을 밝힐 수 있다.

1) 본 쟁점의 첫머리에서 우리는, 어째서 하나의 죄악이 다른 죄악보다 더 무거운지, 어째서 마녀들의 죄가 다른 모든 죄들보다 더 무거운지에 대해 설명한 바 있다. 형벌과 관련해서는, 아담의 죄뿐만 아니라 그에 대한 형벌 또한 두 가지 측면에서 살펴봐야 한다(아담이라는 한 개인의 측면과 그 후손의 측면에서). 아담 이후에도 사람들은 아담의 죄보다 훨씬 더 무거운 죄들을 많이 범해 왔다. 그리고 아담이 비록 나쁜 행동을 함으로써 죄악을 범하긴 했지만 그의 행동은 그 자체로서 나쁜 것이 아니라 금지된 일을 했기 때문에 나쁜 것이었다. 반면에 간음과 간통, 살인은 그 자체로서 나쁜 행동이고 금지된 행동이다. 그러므로 이 경우에는 형벌 또한 더 무거울 수밖에 없다.

2) 최초의 죄악이 가혹한 형벌을 불러오길 했지만 이것은 직접적인 형벌이라기보다는 간접적인 형벌이었다. 다시 말해서 아담의 후손이 원죄를 짊어지게 된 것은 자기 자신 때문이 아니라 인류의 시조, 즉 아담 때문이었고, 오직 독생자만이 그 죄를 씻을 수 있었다는 말이다(아담은 참회를 했고 그리스도는 그를 구원했다). 하지만 마녀들은 자기 자신의 죄로도 모자라 수많은 사람들을 자신의 만행에 끌어들이고 있다. 이런 점에서 마녀들의 죄악은 그 어느 죄악과도 비교될 수 없을 만큼 무겁다.

3) 아담의 죄로 인해 그토록 많은 불행이 초래된 것은 한마디로 우연의 결과였다. 아담의 시대에만 하더라도 인간의 본성은 아직 순수했다. 그런데 아담이, 그것도 자신의 의지가 아닌 필연에 의해 '타락한 본성'을 대대로 물려준 것이다. 하지만 이로부터 '아담의 죄가 그 자체로서 다른 죄들보다 더 무겁다'는 결론이 나오는 것은 아니다.

쟁점 19

"신은 악마와 마녀들에게 마법을 행할 권능을 부여하지 않는다"라고 주장하는 평신도들이 있다. 그들의 다섯 가지 주장에 대해 어떻게 대응할 것인가?

마녀의 존재를 부정하는 일부 학자와 평신도들은 "악마가 이러한 만행을 저지를 수 있다는 것은 인정하지만 신이 그런 일을 묵인한다는 것은 결코 인정할 수 없다"라고 주장한다. 그러므로 설교자들은 이러한 반대론자들의 주장에 신중하게 접근해야 한다. 물론 그들은 "신이 어떻게 그런 일까지 허락할 수 있겠느냐"라며 의문을 제기할 것이다. 하지만 우리는 그들의 주장이 근거 없는 주장이라는 것을 반드시 밝힐 것이다. 먼저 "신은, 악마가 그토록 무자비하게 인간을 괴롭히도록 내버려 두지 않는다"는 주장부터 살펴보자.

악마와 마녀들이 마법을 행할 때 신의 묵인이 필요한가? 이 문제와 관련해서 반대론자들이 제시하는 논거는 다섯 가지다. 그리고 이 논거들을 종합해 보면 마치 "신은 그런 일을 허락하지 않는다"라는 결론이 도출되는 듯하다. 다섯 가지 논거 중 첫 번째 논거는 신에 관한 것이고 두 번째 논거는 악마, 세 번째 논거는 마녀, 네 번째 논거는 질병, 다섯 번째 논거는 목회자와 판사들에 관한 것이다. 반대론자들의 논거는 다음과 같다.

1) 신은 전쟁과 기아, 죽음과 질병으로 죄 많은 사람들을 벌할 수 있다. 그리고 신은 이 네 가지 형벌에 만족한다. 따라서 또 다른 형벌, 즉 마법을 통한 형벌을 허락할 이유가 없다.

2) 목회자들에 따르면, 악마는 여자의 임신을 방해하고 만약 임신을 방해하지 못할 경우 유산을 시키며 유산을 시키지 못할 경우 갓 태어난 아이를 살해한다. 만약 이 말이 사실이라면 악마는 전 세계를 파멸시킬 수도 있을 것이다. 그리고 정말 그렇게 된다면 악마가 신보다 더 강해질 것이고, 신의 작품인 혼인 성사Sacrament of Maiirage보다 더 강해질 것이다.

3) 사람들은 말한다. 죄 많은 사람이 마법에 걸리는 것이라고. 하지만 실제로는 그렇지 않다. 마법의 피해를 입는 것은 죄 많은 사람이 아니라 의로운 사람righteous men이다(가령 천진난만한 아이가 어른보다 더 큰 피해를 입는 경우가 허다하다).

4) 가령 악을 막을 수 있는 존재가 있다고 하자. 그런데 그가 악을 막기는커녕 도리어 악을 묵인한다면 이는 곧 악이 그의 의지에 따라 행해진다는 것을 의미한다. 하지만 신이 악을 원한다는 것은 말이 안 된다. 따라서 신이 악의 실현을 허락한다는 것도 말이 안 된다. 질병의 경우도 마찬가지다. 질병은 마법의 결과물이라기보다는 자연적 원인에 의해 발생하는 것이다. 예컨대 절름발이나 소경이 되고 미치거나 죽는 일은 자연적 원인에 의해서도 일어날 수 있다. 그러므로 이 모든 일을 마녀들의

탓으로 돌려서는 안 된다.

5) 판사와 목회자들은 재판과 설교를 통해 마녀들(또는 마법사들)을 공격한다. 따라서 판사와 목회자들 중 자신의 안전을 확신할 수 있는 사람은 아무도 없을 것이다.

이상 다섯 가지 논거에 대한 반론은 이 책 1부의 쟁점 1과 쟁점 3에서 이미 제시하였으니 여기서는 간략하게 언급하도록 하겠다.

첫째, 누군가가 "신은 자연적인 질병natural illness만으로도 충분히 인간을 벌할 수 있다"고 말한다면, 이에 대해서는 세 가지 논거로 반박할 수 있을 것이다. 첫째, 신은 자연에 대한 자신의 권능을 자연적 원인들로 제한하지 않았다. 둘째, 신은 인간에게 자유 의지를 부여함과 동시에 악마에게는 그 악의를 드러내도록 허락한다. 또한 신은 두 세력으로부터 가능한 한 많은 선이 생겨날 수 있도록 한시도 주의를 게을리 하지 않는다. 바로 이 때문에 신이 마녀들의 죄악도 묵인하는 것이다. 셋째, 악마는 자신의 악이 선으로 바뀌고 더 나아가 신의 이름을 찬양하는 데 기여하고 신앙을 확고히 하는 데 기여하며 공덕을 쌓는 데 기여하는 것을 보고 심히 고통스러워한다. 이처럼 신이 마법을 허락하는 데에는 그만한 이유가 있는 것이다.

두 번째 논거와 관련해서는 이렇게 답할 수 있다.

"악마가 신보다 더 강할 수는 없다. 그리고 신의 묵인이 없다면 악마는 아무것도 이룰 수 없다."

하지만 악마는 인간의 힘을 능가하는 괴력을 지니고 있다. 욥기는 다음과 같이 기록하고 있다.

"세상에는 그것과 비교할 것이 없으니"(욥기 41장).

만약 그렇다면 신은 어째서 출산 능력force to procreate과 관련해서 마법을 묵인하는 것일까(다른 능력들도 많은데 말이다)? 우리는 '어떻게 마녀들이 출산 능력과 성교 능력을 앗아 갈 수 있는가?'라는 문제를 다룰 때 이미 이 질문에 대한 답변을 제시하였다. 한 가지 덧붙인다면, 이런 일을 묵인하는 것은 첫째, 행위의 혐오스러움이 요구되기 때문이고 둘째, 아담과 이브의 죄가 초래한 원죄가 후손에게 전해져야 하기 때문이다.

세 번째 논거에 대해서는 다음과 같이 반박할 수 있다.

"결국에는 악한 자들을 타락시키지만 그럼에도 불구하고 악마는 선한 자들의 타락을 갈망한다."

네 번째 논거에 대해서는 다음과 같이 반박할 수 있다.

"만약 누군가가 어떤 일을 방해할 수 있음에도 불구하고 그렇게 하지 않는다면 이는 곧 그 일이 그의 의지에 따라 이루어짐을 의미한다."

신은 악의 실현을 원치 않는다. 하지만 그렇다고 해서 신이 악을 허락하지 않는 것은 아니다. 그렇다면 마법이 불러일으키는 질병과 자연적인 질병은 어떻게 구별할 수 있을까? 가령 젊고 건강한 사람이 병에 걸렸는데 충분한 진찰 후에도 그 원인을 찾지 못한다면(혈액이나 위장에 문제가 있는 것도 아니고 병균의 침입이나 독물毒物에 의한 중독이 의심되는 것도 아닐 때) 의사들은 그 병을 요병妖病, 즉 마녀들이 불러일으킨 요사스러운 병으로 간주할 것이다.

그럼 여기서 우리(이단 심문관들) 중 한 사람이 전해 들은 이야기를 소개하겠다.

"슈파이어 시市의 한 유력 인사는 지독한 고집쟁이를 아내로 두고 있었다. 그런데 남편이 매사에 아내의 뜻을 따르려 했던 반면 아내는 남편이 원하는 것을 절대 들어주지 않았다. 그러던 어느 날, 남편이 집으로 돌아오자 아내는 늘 그랬던 것처럼 욕설을 퍼붓기 시작했다. 남편은 화가 났고 당장이라도 뛰쳐나가고 싶었다. 그러자 아내가 이렇게 말했다. '만약 당신이 나를 때리지 않는다면 그건 당신이 솔직하지 못하고 자존심이 없다는 증거예요'. 남편은 아내의 말을 무시하고 싶지도 않았고 아내에게 해를 끼치고 싶지도 않았다. 결국 아내의 뜻을 따르기 위해서는 손을 들어 아내의 어깨를 만지는 수밖에 없었다. 그런데 이게 어찌된 일인가? 아내의 어깨를 만진 남편이 갑자기 쓰러지고 말았다. 그 후 남편은 오랫동안 병석에 누워 있어야 했다. 하지만 그것은 자연적 원인에 의한 병이 아니었다. 그것은 바로 마법이 불러일으킨 병이었다."

이런 일은 슈파이어 시에서만 일어나는 것이 아니다.

사람이 병에 걸리는 이유를 알기 위해 용해된 납을 물 대접에 부어 보는 사람들이 있다(이때 물이 담긴 대접은 병든 사람의 몸 위에 있어야 한다). 즉 물 속의 납이 일정한 형태로 굳어질 경우 마법을 병의 원인으로 볼 수 있다는 것이다. 그리고 "이런 현상이 악마의 영향으로 나타나는 것이냐 아니면 자연적으로 나타나는 것이냐"는 질문에 대해 그들은 "이런 현상에 영향을 미치는 것은 바로 토성이다. 왜냐하면 악한 본성을 지닌 토성이 마법을 끌어당기기 때문이다"라고 답한다. 이런 실험이 과연 타당한 것일까? 이 문제는 이 책 3부에서 다시 살펴보기로 하자 (교회법 학자들은 이러한 실험을 타당한 것으로 보지만 신학자들은 정반대의 견해를 고수한다).

이제 세 가지 질문을 하고 그것에 대한 답변을 끝으로 1부를 마무리하도록 하겠다.

1) 어째서 마녀들은 부자가 못 되는가?

2) 어째서 마녀들은 자신에게 호의적인 세속 군주들을 돕지 못하는가? 다시 말해서, 어째서 마녀들은 자신의 원수들을 모조리 제거하지 못하는가?

3) 어째서 마녀들은 자신을 박해하는 사람들, 특히 목회자들에게 해를 입히지 못하는가?

이 세 가지 질문에 대해서는 다음과 같이 답할 수 있다.

첫 번째 질문에 대한 답변: 마녀들이 부자가 되지 못하는 이유는 첫째, 보잘것 없는 대가를 얻고도 기꺼이 창조주를 모욕할 각오가 되어 있기 때문이고 둘째, 자신의 부富로 사람들의 이목을 끌어서는 안 되기 때문이다.

두 번째 질문에 대한 답변: 모든 원수를 제거하지 못하는 것은 선한 천사가 그 일을 방해하기 때문이다. 다니엘서에는 다음과 같이 기록되어 있다.

"그런데 바사(페르시아) 왕국의 군주가 이십일 일 동안 나를 막았으므로 내가 거기 바사 왕국의 왕들과 함께 머물러 있더니 가장 높은 군주 중 하나인 미가엘이 와서 나를 도와주므로"(다니엘서 10장 13절).

'선한 천사들 사이에서 충돌이 일어나는지, 일어난다면 어떤 식으로 일어나는지'에 대해서는 성 토마스 아퀴나스의 설명을 참고하도록 하자.

세 번째 질문에 대한 답변: 마녀들은 이단 심문관은 물론, 관직에 있

는 그 누구도 해칠 수 없다. 왜냐하면 그들은 공의公義public justice 실현의
임무를 수행하고 있기 때문이다.

더 많은 예를 들 수 있겠지만 시간 관계상 이쯤에서 줄이도록 하겠다.

2부

마법의 수단과 마법 퇴치 방법

2부에서는 마법의 여러 수단과 마법 퇴치 방법을 두 개의 장으로 쟁점을 나누어 살펴볼 것이다(그 두 개의 쟁점은 다시 몇 개의 주제로 나뉜다).

이 책의 핵심인 2부에서는 복잡한 문제 두 가지를 총 18개 장에 걸쳐 다루게 되는데 그 하나는 마법에 걸릴 수 없는 존재들에 관한 것이고 다른 하나는 마법으로부터 벗어나는 방법에 관한 것이다. 우리는 먼저 다음과 같은 측면들에 주목해야 한다. 첫째, 마녀의 탄생sorceresses' initiation 또는 신성 모독적인 활동sacrilegious occupation. 둘째, 성공과 발전advance and procedure 셋째, 효과적인 마법 퇴치 수단과 예방책들. 지금 우리는 윤리morality에 관한 문제들을 다루고 있는 만큼 여러 가지 논거와 설명을 지나치게 자세히 논할 필요는 없을 것이다. 또한 지금부터 기술될 내용이 전술한 쟁점들을 통해 충분히 논의된 이상, 신앙심 깊은 독자들은 '진리에 대한 믿음이 있으면 쉽게 해결될 수 있는 문제들'에 대해서는 설명을 요구하지 않을 것이라 기대한다(진리는 보고 들은 것을 통해서도 입증될 수 있고 신뢰할 만한 사람의 이야기를 통해서도 입증될 수 있다). 첫 번째 측면과 관런해서는 두 가지 문제를 살펴볼 것이다. 하나는 악마를 끌어들이는 여러 가지 방법에 관한 문제이고 다른 하나는 마녀들이 이단을 공언하는 다양한 방법들various methods of avowing heresy에 관한 문제다. 두 번째 측면, 즉 마법의 수행 절차method of proceeding 및 마법으로부터 벗어나는 방법과 관련해서는 다음의 여섯 가지 문제를 살펴볼 것이다. 첫째, 마녀들 자신에게 어떤 일을 일으키는가? 둘째, 다른 사람들에게 어떤 일을 일으키는가? 셋째, 동물들에게 어떤 일을 일으키는가? 넷째, 들판의 곡식에 어떤 해를 입히는가? 다섯째, 남자들의 마법은 어떤 것인가(여자들이 아닌 남자들이 행하는 마법은 어떤 것인가)? 여섯째, 마법을 퇴치하고 마법으로부터 벗어나는 방법은 무엇인가? 앞에서도 말했듯이, 2부의 첫 번째 문제는 18개 장에 걸쳐 다루게 될 것이다. 왜냐하면 마법의 수단이 너무나도 다양하기 때문이다.

아래에 예로 든 수단들 중 그 어느 것에 의해서도 마법에 걸리지 않을 만큼 수호천사에 의해 철저히 보호받을 수 있는 사람이 있을까?

그런 사람은 존재하지 않는다. 앞에서 설명한 것처럼, 악마는 순진한 아이들이나 욥처럼 순결하고 죄 없는 사람 그리고 의로운 사람에게도 불행과 고통을 안겨 주기 때문이다. 하지만 그렇다고 해서 순결하고 죄 없는 사람들이 죄 많은 사람들만큼 큰 불행과 고통을 겪는 것은 아니다. 왜냐하면 전자의 경우 삶에 행복을 가져다 주는 것들the good things of life만 잃는 반면 후자의 경우 영혼까지 파멸당하기 때문이다.

하지만 마녀들의 입에서 나온 말은 이와 다르다. 마녀들은 "우리라고 해서 모든 사람에게 해를 입힐 수 있는 것은 아니다. 우리는 신의 도움을 받지 못하는 사람에게만 해를 입힐 수 있다"라고 말한다(마녀들은 악마의 교시를 통해 이런 사람을 찾아낸다).

답변. 신의 크나큰 은총을 입은 세 부류의 사람들이 있는데 이 사람들만큼은 마법도 어찌할 도리가 없다. 1) 마녀들에 맞서 공의公義 실현의 임무(또는 그 밖의 다른 공무)를 수행하는 사람. 2) 교회가 인정하는 성례聖禮를 통해 스스로를 지키는 사람(가령 성수를 뿌리거나 축성된 소금을 먹는 사람, 그리스도 봉헌 축일에 축성된 초를 사용하거나 종려 주일에 축성된 가지를 이용하는 사람이 그런 사람이다. 특히 축성된 초와 가지는 악마를 쫓을 때 사용된다). 3) 거룩한 천사들을 통해 신의 은총을 입는 사람.

첫 번째 경우와 관련해서는 하나의 근거를 제시한 다음 이를 뒷받침할 수 있는 경우를 예로 들 것이다. 모든 권능은 신으로부터 나온다. 또한 사도 바울에 따르면, 칼은 악한 자들에게 복수하고 선한 자들에게 보상하기 위해 사용된다.

"그는 하느님의 사역자가 되어 네게 선을 베푸는 자니라. 그러나 네가 악을 행하거든 두려워하라. 그가 공연히 칼을 가지지 아니하였으니 곧 하느님의 사역자가 되어 악을 행하는 자에게 진노하심을 따라 보응하는 자니라"(로마서 13장 4절).

따라서 마귀가 천사들에 의해 제압당하는 것은 전혀 놀라운 일이 아니다. 그리고 학자들에 따르면, 악마의 권능이 완전히 또는 부분적으로 제어되는 다섯 가지의 경우가 있다.

첫째, 욥기 1장 12절에 기록되어 있는 것처럼, 신이 허락하지 않은 일에 자신의 권능을 행사하려 할 때. 예컨대 《개미둑》에 등장하는 한 남자의 증언이 좋은 예가 될 것이다. 그의 증언에 따르면, 어떤 사람이 악마를 불러내 자신의 원수를 죽여 주든지 벼락을 맞게 해 달라고 부탁했다는 것이다. 그자가 재판관에게 자백한 내용은 다음과 같다.

"제가 악마를 불러 도움을 청하자 악마는 자기가 할 수 있는 일이 없다고 말했습니다. 그리고 악마는 '네가 죽이고자 하는 자는 선한 믿음을 가진 자로서 십자가의 거룩한 표식the Sign of the Cross으로 스스로를 보호하고 있구나. 그러므로 나는 그의 몸에 해를 입힐 수 없다. 그러나 만일 네가 원한다면 그가 수확한 곡식의 11분의 1에 해를 입힐 수 있다'고 말했습니다."《개미둑》5.3)

둘째, 발람의 나귀(민수기 22장 22-27절)의 경우와 마찬가지로 악마의 권능은 외적 장애inpediment applied externally에 의해서도 제어될 수 있다.

셋째, 기적에 의해 제어된다. 가령 특별한 은총을 입어 신의 가호를 받는 사람들의 경우가 그렇다. 나중에 다시 설명하겠지만 이 부류에 속하는 사람들은 절대 마법에 걸리지 않는다.

넷째, 사라의 일곱 남편을 목 졸라 죽인 아스모데우스의 경우와 같이, 신의 의지, 즉 선한 천사들을 통해 장애물을 제거하려는 신의 의지에 의해 제어당한다.

다섯째, 때로는 악마 스스로의 신중함 때문에 제어되기도 한다. 왜냐하면 해를 입히는 것이 오히려 더 나쁜 결과를 초래할 수 있기 때문이다. 그러므로 설령 신의 권능에 의해 제어당하지 않는다 해도 공의가 구현되기만 하면 악마 스스로 마녀들을 포기할 것이다. 악마는 마녀들의 개종(기독교로 귀의하는 것)을 두려워할 뿐만 아니라 그들의 파멸을 앞당기려 하기 때문이다.

실례를 들어 보자. 먼저 마녀들의 진술이다.

"사법부 관리들에게 체포되면 우리의 마법 능력은 곧바로 사라진다. 한번은 피터라는 판사가 하인들을 시켜 스태들린이라는 마법사를 잡으려고 했다. 그런데 이상하게도 하인들의 손이 심하게 떨리기 시작했고 지독한 냄새가 하인들의 코를 찔렀다. 하인들은 마법사에게 달려들어도 되는지 의심스러워지기 시작했다. 그러자 판사가 단호하게 명령을 내렸다. '아무 걱정 말고 그 비열한 놈을 덮쳐라. 그놈은 공의와 접촉하는 순간when he is touched by public justice 자신의 사악한 힘을 모두 잃어 버리게 될 것이다.' 결국 마법사는 체포되었고 마법 행위에 대한 당연한 응보로서 화형을 선고 받았다."

우리가 아는 사례는 이것이 다가 아니다. 용기를 내어 다른 사례들을 소개한다면 독자들의 마음을 완전히 사로잡을 수 있을 것이다. 하지만 자화자찬은 천박하기 짝이 없는 짓이고 또 자칫 잘못했다가는 쓸데없는 허세라는 비난을 받게 될 테니 사례 소개는 이 정도로 해 두는 것이 좋겠다. 단, 백일하에 드러난 사실은 예외다.

한번은 라벤스부르크의 법률 고문들이 후일 화형에 처해진 마녀들에게 "어째서 이단 심문관들에게는 마법을 걸지 않느냐"라고 물었다. 그러자 마녀들은 "여러번 시도를 했지만 번번이 실패하고 말았다"라고 대답했다. 그리고 실패한 원인이 뭐냐고 묻자 마녀들은 "그건 모른다. 우리는 마귀들이 시키는 대로 했을 뿐이다"라고 대답했다. 실제로 마녀들의 공격은 밤낮을 가리지 않는다. 때로는 원숭이처럼 떠드는 소리에, 때로는 암캐나 암염소처럼 울부짖는 소리에 잠시도 마음 편할 날이 없다(밤에 일어나 기도를 드릴 때면 더욱 극성을 부린다). 게다가 마녀들은 아주 높은 곳에 있는 창문, 그러니까 아주 긴 사다리가 있어야 올라갈 수 있을 만큼 높은 곳에 있는 창문도 마구 두드린다. 하지만 창조주께서 우리를 구원하셨으니 창조주의 자비에 감사 드릴 뿐이다(신의 정의를 구현하는 관리로서 아무 공도 세우지 못한 우리를 구원하셨다).

두 번째 경우와 관련해서는 그 근거가 자명하게 드러난다. 사실 이런 방법이 마녀의 공격으로부터 스스로를 보호하는 가장 확실한 방법이다(교회에서도 똑같은 방법으로 마귀를 몰아낸다). 만약 누군가가, 스스로를 보호하는 방법이 무엇이냐고 물으면 이렇게 답해야 한다. 첫째, 사람과 가축의 몸에 성수를 뿌린 후 성 삼위일체에 호소하고 주기도문을 외워야 한다. 가령 교회에서 귀신 물리치기exorcism를 할 때에도 "성수가 뿌려진 곳으로부터 모든 부정不淨과 죄악이 사라지고, 모든 악령이 물러가게 될 것이다"라고 말한다. 둘째, 필요할 경우 축성된 초를 사용해야 한다. 가령 집 안이 어두울 때 축성된 초에 불을 붙이는 것은 성수를 뿌리는 것과 동일한 효과를 갖는다. 셋째, 축성된 풀을 매달거나 그것으로 향을 피우는 방법이 있다(축성된 풀을 눈에 띄지 않는 곳에 두는 것도 좋은 방법이다).

이 책을 집필하기 시작할 무렵의 일이었다. 슈파이어 시에 한 신앙심 깊은 여자가 살고 있었는데 하루는 그녀가 마녀로 의심받는 여자와 심한 말다툼을 벌였다. 그날 밤, 젖먹이를 요람에 눕히려던 여자는 불현듯 낮에 있었던 일을 떠올렸고 곧이어 아이에게 좋지 않은 일이 생길지도 모른다는 생각이 뇌리를 스쳤다. 여자는 축성된 풀을 아이 몸 위에 올려놓은 다음 성수를 아이 몸 이곳저곳에 뿌렸다. 그리고 이것만으로는 부족하다고 생각했는지 아이 입에는 축성된 소금을 집어넣고 아이 주위에는 십자가를 세웠다. 시간이 흘러 자정 무렵이 되자 아이의 울음소리가 들렸다. 그래서 여자는 평소와 같이 아이를 어루만지고 요람을 흔들어 주려고 했다(요람은 여자의 침대 바로 옆에 있었고 그 높이도 침대 높이와 같았다). 하지만 여자는 요람을 흔들어 줄 수는 있었지만 아이를 만져 줄 수는 없었다. 아이가 사라지고 없었기 때문이다. 여자는 온몸을 떨며 흐느끼기 시작했다. 그리고 불을 켰다. 그런데 이게 어찌 된 일인가? 아이가 침대 아래 한쪽 구석에서 울고 있는 것이 아닌가! 다행히 아이에게는 아무 문제도 없었다. 그렇다, 악마의 간계에 맞서는 교회의 귀신 물리치기the exorcisms of the Church가 이토록 큰 힘을 발휘하는 것이다. 이제 우리는, 전능하신 하느님의 자비와 지혜가 악인과 마귀들의 악행까지도 선으로 이끈다는 것을 알게 되었다. 즉 악인과 마귀들이 아무리 기독교 신앙을 약화시키려고 해도 결과적으로는 기독교 신앙을 더욱 확고하게 만들 뿐이라는 것이다. 믿음 가진 자들에게 가장 유익한 악이 바로 이런 종류의 악이다. 왜냐하면 악마의 악의가 사람들의 믿음을 확고하게 만들고 신의 자비와 전능함을 드러내며 사람들이 신의 가호에 의지하도록 만들기 때문이다.

그 무렵 비젠탈Wiesental이라는 마을의 촌장도 마법에 걸리고 말았다. 그런데 그가, 자신이 마법에 걸렸다는 사실을 알게 된 것은 다른 마녀들을 통해서가 아니라 바로 자신의 경험을 통해서였다. 그는 "일요일마다 소금을 먹고 성수를 마시는 일이 습관처럼 되어 있었는데 한번은 결혼식에 참석할 일이 있어 그 일을 소홀히 했더니 아니나 다를까 그날로 마법에 걸리고 말았다"라고 말했다.

끝으로 라벤스부르크의 남자, 즉 여자 모습을 한 악마로부터 성관계를 요구받은 남자는 어떻게 되었을까? 악마가 물러가지 않자 그는 묘안을 생각해 냈다. 그것은 바로 소금을 먹는 것이었다(남자가 소금의 효력에 대해 알게 된 것은 교회 설교를 통해서였다). 남자는 방으로 들어가면서 축성된 소금을 입에 털어 넣었다. 그러자 여자는 잠시 매서운 눈으로 바라보다가 이내 사라지고 말았다.

그리고 산책길에 나선 세 남자의 이야기도 있다. 그들은 산책 도중에 벼락을 맞았는데 이상한 것은 세 명 중 두 명만이 벼락을 맞아 죽었고 나머지 한 명은 멀쩡하게 살아남았다는 것이다. 그리고 살아남은 한 명이 두려움에 떨고 있을 때 어디선가 이상한 목소리들이 들려왔다. 한 목소리가 "저 놈도 죽여 버리자"라고 하자 다른 목소리가 "그럴 수 없어. 저 놈은 오늘 '말씀이 육신이 되어the Word was made flesh'라는 구설을 들었단 말이야"라고 답했다. 세 번째 남자는 구원을 받았던 것이다. 그리고 그 이유는 그날 아침 미사에 참석해서 요한복음의 말씀을 들었기 때문이었다.

"태초에 말씀이 계시니라……"(요한복음 1장).

그런가 하면 몸에 지니고 다니는 호부護符, 즉 성언聖言이 적힌 호부도 놀라운 예방 능력을 갖는다. 단, 이 경우에는 일곱 가지 조건을 엄수해야 한다(일곱 가지 조건에 대해서는 2부 마지막 쟁점에서 살펴볼 것이다).

사람과 동물, 장소들을 보다 더 강력하게 보호할 수 있는 것이 바로 구세주가 얻은 승리의 칭호Triumphal Title다. 하지만 그 칭호는 네 단어가 십자가 모양을 이루도록 적어야 하고 (예수 + 나사렛 + 왕 + 유대) 여기에 동정녀 마리아의 이름이나 복음서 저자들의 이름 또는 "말씀이 육신이 되어"라는 요한복음 구절을 덧붙여야 한다.

마법이 해를 입힐 수 없는 사람들은 아주 특별한 부류의 사람들이다. 왜냐하면 그들은 내적으로나 외적으로 천사들의 특별한 보호를 받기 때문이다(내적으로는 신의 은총이, 외적으로는 천상의 힘heavenly forces, 즉 천체를 움직이는 힘the movers of the heavenly spheres이 보호한다). 그리고 이 부류의 사람들은 다시 두 그룹의 선택받은 자들the Elect로 나뉘는데 이것은 모든 마법으로부터 보호받는 사람이 있고 또 생식 능력과 관련해서만 보호받는 사람이 있기 때문이다.

내적 보호와 외적 보호, 즉 신의 은총과 천체의 영향에 관한 첫 번째 주장은 다음과 같다! 오직 신만이 우리의 영혼에 은총을 내린다. 따라서 그 어떤 피조물도 신의 은총을 대신 내릴 수 없다. 하지만 성 토마스 아퀴나스에 따르면, 신이 특별한 은총을 내리고자 할 때에는 선한 천사들이 그 일을 도울 수 있다. 디오니시오스도 자신의 저작 《신의 이름들》에서 이와 같은 견해를 피력한다.

"낮은 것들the lowest things은 높은 것들the highest things에 의해 완전해지며 이때 중간에 있는 것들the middle ones이 연결 고리가 된다."

다시 말해서, 선한 것들은 선의 원천으로부터 우리 속으로 흘러들어오고 이때 선한 천사들이 그 매개 역할을 한다는 것이다. 그렇다면 실례를 들어 보자. 예컨대 동정녀 마리아로 하여금 신의 말씀을 잉태케 하는 것은 신의 힘divine power만으로도 충분한 일이었다. 하지만 천사들의 도움이 있었기에 동정녀 마리아의 영혼이 크게 움직여 선으로 이끌릴 수 있었던 것이다. 근거는 다음과 같다. 위에서 언급한 학자의 견해에 따르면, 인간에게는 세 가지 능력, 의지와 이성 그리고 그 밖의 힘들(팔다리와 신체기관이 지니는 내적 힘과 외적 힘)이 있다. 여기서 첫 번째 능력(의지)에 영향을 미칠 수 있는 것은 오직 하느님뿐이다. 이것은 성경 말씀에도 기록되어 있다.

"왕의 마음이 여호와의 손에 있음이 마치 봇물과 같아서 그가 임의로 인도하시느니라"(잠언 21장 1절).

성향predisposition이 있을 경우에는 선한 천사들이 진리와 선을 더 잘 깨달을 수 있도록 이성을 교화한다. 따라서 깨우침을 통해 두 번째 능력에 영향을 미칠 수 있는 것은 신과 선한 천사들이다. 그리고 세 번째 능력에 영향을 미칠 수 있는 것은 선한 천사들과 악한 천사들인데 선한 천사들의 경우 좋은 영향을 미치고 악한 천사들의 경우 나쁜 영향을 미친다(단, 악한 천사들은 신의 허락을 받아야 한다). 하지만 이러한 영향을 받아들이고 물리치는 것은 인간의 의지력에 달려 있다. 왜냐하면 신의 은총을 입는 사람은 언제나 그런 영향을 물리칠 수 있기 때문이다.

신이 천체를 움직이는 힘을 통해 부여하는 외적 보호에 대해 말하자면 이것은 보편적인 교의로서 성경은 물론, 자연 철학과도 완전히 일치한다. 천체를 움직이는 것은 천사들의 힘이다. 예수 그리스도는 이 힘을 '하늘을 움직이는 힘'이라 불렀고 교회는 이것을 천상의 힘이라 부른다.

아리스토텔레스도 "이 세상의 모든 물체all the bodies of this world는 하늘의 영향heavenly influences에 좌우된다"(《형이상학》 1권)라고 지적했다. 그러므로 우리는 다음과 같이 말할 수 있을 것이다.

"신은 자신이 선택한 사람에게 특별한 섭리를 베푼다. 따라서 어떤 이들에게는 불행(형벌)을 안겨 주지만 또 다른 이들에게는 은총을 베푼다."

인간이 신의 가호를 입는 것은 선한 천사들, 즉 신의 호위병들을 통해서이거나 천체의 영향, 즉 천체를 움직이는 힘을 통해서이다.

한 가지 더 지적해야 할 것은, 어떤 이들은 모든 종류의 마법으로부터 보호받고 어떤 이들은 몇몇 마법으로부터만 보호받는다는 것이다. 그리고 선한 천사들의 보호를 받아 어떠한 마법에도 걸리지 않을 만큼 순결해지는 이들도 있다(생식 능력과 관련해서). 하지만 이 문제에 대해서는 굳이 언급할 필요가 없을 것이다. 생식 능력과 관련해서 마법에 걸리는 사람들은 수호천사들로부터 버림받는데 그 이유는 끊임없이 죄악을 범하기 때문이거나 강한 음욕이 그들을 괴롭히기 때문이다.

선한 천사들은 성적 능력과 관련해서 경건하고 의로운 남편들을 보호한다. 예를 들어 카시안*의 《신부들과의 대화Conferences with Fathers》에는 수도원 원장 성聖 시레니우스에 관한 이야기가 나온다.

"그는 마음의 순결을 얻기 위해 낮 기도와 밤 기도, 금식 기도와 철야 기도에 빠짐없이 참석했다. 그러던 어느 날, 신의 은총을 입어 마음속의 육욕이 깨끗이 사라졌음을 알게 되었다. 하지만 순결함에 대한 더 큰 열정에 사로잡힌 수도원 원장은 육체의 순결함도 허락해 달라고 간구하기 시작했다. 그로부터 얼마 후 한 천사가 나타났다.

---

* John Cassian(360~435), 수도승. 그의 가르침은 후세의 서방교회 수도사들에게 막대한 영향을 끼쳤다.

천사는 수도원 원장의 배를 열어젖힌 후 모든 장기와 타는 듯이 뜨거운 살 덩어리를 배 밖으로 꺼냈다. 그리고 잠시 후 그것들을 제자리로 돌려놓으며 '보라, 육욕을 불러일으키는 너의 살덩어리가 잘려져 나갔느니라. 이제 너는 네가 그토록 원하던 변함없는 순결을 얻었으니 앞으로 그 어떤 육욕의 충동도 너를 흥분케 하지 못할 것이니라'라고 말했다."

한편 성 그레고리우스는 수도원 원장 에퀴티우스에 관한 이야기를 들려준다.

"젊은 시절 육욕과의 힘겨운 싸움은 그에게 심한 고통을 안겨 주었다. 하지만 그로 하여금 기도에 더욱 매진하게 한 것도 바로 그 유혹의 고통이었다. 그는 전능하신 하느님께 간구했다. 유혹으로부터 벗어날 수 있게 해 달라고. 그러던 어느 날 밤 그는, 천사가 나타나 자신을 거세하는 듯한 환영을 보았고 이때 생식기의 모든 움직임이 멈춰 버리는 듯한 느낌을 받았다. 그리고 이때부터 그는 모든 유혹으로부터 벗어날 수 있었다. 보라, 순결의 은혜란 바로 이런 것이다! 신의 은총을 입은 에퀴티우스는 이제 더욱 강건한 사람이 되어 남자 수도원은 물론, 여자 수도원까지도 관리할 수 있게 되었다."

성 헤라클리데의 책 《낙원Paradise》에 엘리야라는 한 수사修士의 이야기가 나오는데 그 내용은 다음과 같다.

"연민의 정에 끌린 엘리야는 삼백 명의 여자들을 모아 수도원에서 생활하게 했다. 그런데 그로부터 두 해가 지나 그의 나이 서른다섯이 되던 해에 그만 육욕의 유혹을 느끼고 말았다. 엘리야는 수도원을 뛰쳐나왔다. 그리고 광야로 달려가 이틀 동안 금식 기도를 올리며 '주여, 저를 죽이시든지 유혹으로부터 벗어나게 하소서'라고 간구했다. 그런데 그날 밤 잠들어 있는 엘리야에게 세 천사가 나타났다. 세 천사는 '어째서 이곳으로 달려왔느냐?'라고 물었고 엘리야는 부끄러운 마음에 차마 대답을 하지 못했다. 그러자 천사들이 '유혹으로부터 벗어난다면 다시 수도원으로 돌아가 여자들을 돌보겠느냐?'라고 물었고 엘리야는 '기꺼이 그렇게 하겠습니다'라고 대답했다. 서약을 받은 세 천사는 엘리야를 거세하기 시작했다. 첫 번째 천사가 그의 팔을 잡았고 두 번째 천사가 그의 다리를 잡았다. 그리고 세 번째 천사가 엘리야의 고환을 잘랐다. 하지만 이것은 실제로 일어난 일이 아니라 단지 그렇게 느껴졌던 것뿐이었다. 천사들이 '이제 마음이 좀 편해졌느냐'라고 묻자 엘리야는 '마음이 아주 편안합니다'라고 대답했다. 닷새째 되던 날 엘리야는 비탄에 잠긴 여자들에게로 돌아갔고 이후 40년 동안 아무런 유혹도 느끼지 않았다."

그리고 이에 못지않게 큰 은혜를 입은 사람이 있었으니 그가 바로 성 토마스 아퀴나스였다. 토마스 아퀴나스는 우리 교단, 즉 도미니크회의 일원이 되었다는 이유로 친척에 의해 투옥되었다. 토마스 아퀴나스가 세속의 삶으로 돌아오기를 원한 친척은 화려하게 차려 입은 매춘부를 보내 그를 유혹케 했다. 하지만 토마스 아퀴나스는 횃불을 휘둘러 여자를 쫓아 버렸다. 토마스 아퀴나스는 순결의 은혜를 간구하며 기도를 올리다가 그만 잠이 들고 말았다. 그때 두 명의 천사가 나타나 이렇게 말했다. "이제 우리가 순결의 띠a belt of chastity를 채워 주노니 앞으로 그 어떤 유혹도 이 띠를 풀지 못할 것이다. 인간의 공덕으로 이룰 수 없는 일을 신의 은총이 이루었도다." 잠에서 깬 토마스 아퀴나스는 자신에게 순결의 힘이 부여되었음을 깨달을 수 있었다. 그리고 그 후로는 모든 쾌락을 멀리하게 되었다. 이렇게 해서 토마스 아퀴나스는 꼭 필요한 경우를 제외하고는 여자들과 이야기도 나눌 수 없는 처지가 되었지만 그 대신 완전한 순결을 얻게 되었다(이 이야기는 《개미둑》에 나오는 이야기다).

이 세 부류의 사람들 외에는 그 누구도 마법의 위험으로부터 안전할 수 없다(지금부터 설명할 열여덟 가지 방법에 의해 마법에 걸리거나 마법에 대한 충동에 사로잡히게 된다). 이제 우리는, 마법으로부터 벗어나는 방법이 무엇인지 보다 더 명료하게 규정하기 위해 그리고 이를 통해 열여덟 가지 방법을 보다 더 명확하게 밝히기 위해 이 문제를 열여덟 개의 장으로 나누어 살펴볼 것이다.

첫째, 무고한 처녀를 유혹하여 마녀로 만드는 방법. 둘째, 신성을 모독하는 방법(특히 악마에게 충성을 맹세하는 방법). 셋째, 공간을 이동하는 방법. 넷째, 악마-인큐버스에게 복종하는 방법. 다섯째, 교회 성사를 이용하는 방법과 신의 묵인하에 마법을 거는 방법(천체의 도움 없이). 여섯째, 생식 능력을 앗아 가는 방법. 일곱째, 마법으로 남근을 제거하는 방법. 여덟째, 사람을 동물로 둔갑시키는 방법. 아홉째, 마귀가 사람 머리 속으로 들어가는 방법(머리에 해를 입히지 않고). 열째, 마귀가 사람 몸속으로 들어가는 방법. 열한째, 온갖 질병을 일으키는 방법. 열두째, 특별한 질병을 일으키는 방법. 열셋째, 마녀-산파가 해악을 끼치는 방법(아이들을 살해하거나 악마에게 제물로 바치는 방법). 열넷째, 동물에게 해를 끼치는 방법. 열다섯째, 우박과 폭풍을 부르는 방법과 벼락을 떨어뜨리는 방법. 열여섯째, 열 일곱째, 열 여덟째, 남자 마법사들만 이용할 수 있는 방법. 그리고 마지막으로 이러한 마법으로부터 벗어나는 방법.

단, 이러한 방법들로부터 무언가 심오한 지식을 얻게 될 것이라고 기대해서는 안 된다. 왜냐하면 이런 방법들로부터 얻는 지식은 거의 쓸모가 없을 뿐만 아니라 심지어 해로울 수도 있기 때문이다. 또한 흑마술에 관한 금서禁書들도 인용하지 않을 것이다. 흑마술은 무식한 자들의 미신으로서 마법과 동일한 토대를 갖기 때문이다.

하지만 위에서 말한 방법들은, 마녀들의 만행이 믿기 어려운 일로 여겨지지 않도록 하기 위해서 단지 피상적으로만 소개되었을 뿐이다. 만약 누군가가 위에서 말한 것들을 근거로, '어떤 이들은 천체의 영향을 통해 보호를 받는다. 따라서 그런 사람에게는 어떤 방법으로도 마법을 걸 수 없다'라고 생각하거나 '마법은 천체의 영향에 기인한다'라고 생각한다면 그 사람은 몇 가지 점에서 학자들의 견해를 잘못 이해하고 있는 것이 분명하다. 첫째, 천상의 원인들heavenly causes에 의해 인도될 수 있는 행위에는 세 가지 종류가 있다. 그것은 바로 의지의 행위acts of the will, 이성의 행위acts of the intellect 그리고 육신의 행위acts of bodily things이다. 첫 번째 행위는 신이 직접 인도하고 두 번째 행위는 천사가 인도한다. 그리고 세 번째 행위는 천체이 인도한다(인도만 할 뿐 강제하는 것은 아니다). 둘째, 사도 바울에 따르면 인간의 선택과 의지는 신에 의해 인도된다("너희 안에서 행하시는 이는 하느님이시니 자기의 기쁘신 뜻을 위하여 너희에게 소원을 두고 행하게 하시나니" – 빌립보서 2장 13절). 그리고 인간의 이성적 인식은 천사를 매개로 하여 신에 의해 결정되고 육신의 모든 측면은 그것이 내적인 것이든(가령 선행이나 지식) 외적인 것이든(가령 건강이나 질병) 천사를 매개로 하여 천체에 의해 좌우된다. 디오니시오스 또한 《신의 이름들》제 4장에서 이 문제에 대해 언급하고 있다.

"세상의 모든 일을 일으키는 원인은 바로 천체이다."

하지만 이 말은 자연적 형태의 건강과 질병에 관련된 것으로 봐야 한다. 악마가 신의 묵인하에 불러오는 질병은 초자연적인 것이다. 따라서 만약 누군가가 마법에 걸린다면 우리는 그것을 천체의 영향 때문이라고 말할 수 없을 것이다. 하지만 만약 누군가가 마법에 걸릴 수 없다고 한다면 그것은 천체의 영향 때문이라고 말할 수 있을 것이다.

만약 누군가가, 이와는 정반대가 될 수도 있다고 주장한다면 다음과 같이 반박할 수 있다.

"어떤 사람이 초자연적 질병으로부터 보호받을 수 있다면 그것은 천사의 힘이 작용하기 때문이다. 그리고 천사의 힘은 천체를 움직이는 힘 the mover of a heavenly sphere으로부터 생겨날 수 있다."

가령 어떤 사람이 자신에게 허락된 시간을 모두 소진하여 당장 죽을 수밖에 없는 처지에 있다 해도 신은 이러한 상황을 변화시킬 수 있다. 즉 자연의 파괴적인 힘을 창조적인 힘으로 바꿔 놓을 수 있다는 말이다(이 경우에 신의 힘은 항상 매개 원인들intermediary causes을 통해 작용한다). 마법에 걸리는 사람들의 경우에도 마찬가지다. 마법에 걸리는 사람들도 이와 똑같은 방법으로 보호받거나, 신을 대신하는 수호천사의 도움을 받는다.

예레미야서에는 이렇게 기록되어 있다.

"너희는 이 사람이 자식이 없겠고 그의 평생 동안 형통하지 못할 자라 기록하라"(예레미야 22장 30절).

사실 이 구절은 의지의 선택the choices of the will이라는 측면에서 이해되어야 한다. 가령 의지의 선택 여하에 따라서 어떤 사람은 복을 받고 어떤 사람은 복을 못 받는다. 그리고 이런 일은 천체의 영향에 의해서도 일어날 수 있다. 가령 천체의 영향을 받으면 수도 서원誓願 같은 유익한 의지의 선택을 하게 된다. 그리고 천사의 빛이 그의 이성을 밝혀 그런 행동을 하도록 이끌고 또한 그의 의지가 신의 영향을 받아, 선택한 것을 실현하는 쪽으로 기운다면 그는 크나큰 복을 받은 것이다. 반대로 더 높은 원인들higher causes에 의해 유익하지 못한 선택을 하는 사람은 불운한 사람이라고 말할 수 있다.

의지의 선택에 관한 문제는 이쯤에서 일단락 짓기로 하자(이 문제와 관련해서는 성 토마스 아퀴나스의 《이교도 대전》을 참고하라). 왜냐하면 우리의 의도는 의지의 선택에 대해 논하는 것이 아니라 마법의 고통으로부터의 구원에 대해 논하는 것이기 때문이다. 따라서 지금부터는 마녀가 무고한 사람들을 유혹하여 자신의 신성 모독적인 만행에 끌어들이는 방법에 대해 살펴보도록 하자.

1절
악마가 마녀를 통해 무고한 사람을 유혹함으로써
더 큰 신성 모독을 자행하는 방법에 관하여

악마가 마녀를 통해 무고한 사람을 유혹하는 방법에는 세 가지가 있다. 첫째, 악마는 일시적인 불행으로 권태와 우울함에 빠져 있는 사람을 유혹한다. 성 그레고리우스에 따르면, 악마는 권태와 우울함에 사로잡힌 사람을 찾아다닌다. 하지만 이러한 유혹은 시험당하는 사람의 힘을 능가하지 못한다. 그리고 또 한 가지 분명히 알아 두어야 할 것은, 신이 악마의 유혹을 묵인하는 이유는 인간이 심약해지고 무기력해지는 것을 막기 위해서라는 것이다. 사사기에는 다음과 같이 기록되어 있다.

"하느님께서 이방인들을 쫓아내시지 않은 것은 그들을 통해 이스라엘을 시험에 들게 하기 위해서였다"(사사기 2장 21~22절, 여기서 '이방인들'이란 가나안 사람들과 에부스 사람들을 말한다).

신은 얀 후스John Huss의 신봉자들을 비롯한 온갖 이단자들의 존재까지도 묵인한다. 그래서 악마는 일시적 불행을 통해 마녀들의 이웃과 무고한 사람들을 괴롭히는데 이때 고통을 당하는 사람들은 어쩔 수 없이 마녀들의 조언을 구하고 그들의 뜻을 따르게 된다. 예를 들어 아우크스부르크 주교 관구의 한 여인숙 주인은 1년 동안 마흔네 마리의 말이 차례차례 마법에 걸리는 것을 지켜봐야 했다. 결국 이 일로 우울증을 앓게 된 아내가 마녀들에게 조언을 구했고 그 덕분에 나중에 구입한 말들은 마법으로부터 지켜 낼 수 있었다(하지만 마녀들의 조언으로 아내의 건강이 회복된 것은 아니었다).

종교 재판의 임무를 수행하는 동안 우리는 많은 여자들의 하소연을 들을 수 있었다. 그들은 젖소가 젖을 못 만들고, 가축이 병에 걸리는 등 이상한 일들이 벌어지자 마녀들을 찾아가 조언을 구했다. 그랬더니 마녀들이 "몇 가지 약속만 해 주면 여러 가지 방법을 알려 주겠다"고 했고 "무슨 약속을 해야 하느냐"고 묻자 "별거 아니다. 교회에서 예배 드릴 때 신령이 시키는 대로 하고 사제 앞에서 고해 성사를 할 때 어떤 일에 대해 침묵을 지키면 된다"라고 말했다.

여기서 주목해야 할 것은, 노련한 마녀들의 경우 이처럼 시시하고 하찮은 일부터 시작한다는 것이다. 예를 들면 성체 거양식이 진행되는 동안 땅바닥에 침을 뱉거나, 눈을 감거나, 무언가 좋지 않은 말unsalutary words을 내뱉는 것이다. 우리가 아는 마녀들 중에는 세속 권력의 비호를 받아 아직까지도 멀쩡히 살아 있는 마녀가 있는데 그녀가 하는 방식은 이렇다. 엄숙한 예배식에서 사제가 신도들을 향해 "신의 가호가 있기를" 이라고 말하면 이 마녀는 언제나 "네 혀를 내 항문에 집어넣고 빙빙 돌려라"라는 욕지거리를 내뱉는다. 또한 마녀들은 고해 성사를 할 때도 이와 비슷하게 행동 해야 한다(씻을 수 없는 큰 죄를 지었을 때는 더욱 그렇게 해야 한다). 이렇게 해서 마녀들은 다음 단계, 즉 신앙을 완전히 부정하는 단계와 불경하고 사악한 짓을 범하는 단계로 넘어간다.

이 방법은 나이 지긋하고 점잖은 여자들, 즉 육체적 죄악과는 거리가 멀지만 세속적 부귀영화에 눈이 먼 여자들에게도 사용된다. 그리고 육체적 쾌락에 탐닉하는 젊은 여자들에게는 또 다른 방법이 사용된다(육체적 욕망과 쾌락에 이끌리는 성향을 이용하는 것이다).

한 가지 지적해 두어야 할 것은, 실제로 유혹에 빠지는 사람들 대부분이 악한 사람들이긴 하지만(이것은 선한 사람보다는 악한 사람이 유혹에 더 쉽게 빠지기 때문이다) 그럼에도 불구하고 악마가 진정으로 유혹하고자 하는 것은 바로 선한 사람들이다. 가령 악마가 순결한 처녀들(또는 소녀들)을 유혹하려고 애쓰는 것도 바로 이 때문이다. 그렇다면 이에 대한 근거를 제시해 보자. 악한 사람은 이미 악마의 지배를 받고 있는 사람이다. 따라서 악마는 자신이 아직 장악하지 못한 경건한 사람을 무릎 꿇리기 위해 안간힘을 쓴다. 이것은, 세속 군주가 자신에게 반항하지 않는 사람들보다는 자신의 권리를 침해하려는 사람들에 대해 더 큰 분노를 느끼는 것과 마찬가지 경우라 할 수 있다.

그럼 여기서 몇 가지 실례를 들어 보자. 먼저 라벤스부르크의 한 마녀에 관한 이야기인데(목욕탕 관리인이었던 이 여자는 후일 형장의 이슬로 사라지고 말았다) 그녀는 "경건한 처녀를 유혹하라는 악마의 요구 때문에 이루 말할 수 없는 고통을 겪었다"고 털어놓았다. 마녀의 임무는, 경건한 처녀를 집으로 초대하여 청년으로 둔갑한 악마가 그녀와 대화를 나눌 수 있도록 하는 것이었다. 하지만 마녀의 고백에 따르면, 처녀는 마녀가 이야기를 나누려 할 때마다 성호를 그어 스스로를 보호했다고 한다. 물론 이것은 거룩한 천사가 악마의 일을 방해하기 위해 미리 암시를 주었기 때문에 가능한 일이었다.

그런가 하면 스트라스부르 주교 관구에 사는 또 한 명의 처녀는 이렇게 주장했다. "그날은 일요일이었어요. 아버지 집에서 홀로 시간을 보내고 있는데 웬 늙은 여자가 저를 찾아 왔어요. 그 여자는 한동안 입에 발린 말을 늘어놓더니 결국 자기와 함께 갈 곳이 있다고 했어요. 그 여자 말로는 타지에서 온 청년들이 그곳에서 묵고 있다는 것이었어요. 저는 동의를 한 뒤 그녀를 따라갔어요. 그런데 목적지에 거의 다다랐을 때 그 여자가 '자, 청년들이 묵고 있는 방으로 올라가자. 하지만 조심해, 성호를 그어서는 안 돼'라고 말하는 것이었어요. 물론 전 그렇게 하겠다고 약속했죠. 하지만 전 늙은 여자가 앞서 가고 있을 때 몰래 성호를 그었어요. 아마 그것 때문이었을 거예요. 청년들이 묵고 있는 방 앞에 이르렀을 때 늙은 여자가 갑자기 무서운 표정을 지으며 말했어요. '에잇, 뒈져 버려라. 왜 성호를 긋고 난리야? 악마의 이름으로 말하겠으니 썩 꺼져 버려라'. 이렇게 해서 저는 무사히 집으로 돌아갈 수 있었어요."

그런가 하면 위에서 언급한 목욕탕 관리인 역시 늙은 여자에게 유혹당한 적이 있다고 주장했다. 이 일은 길을 가던 그녀가 사람으로 둔갑한 악마와 마주치면서부터 시작되었다(사실 그녀는 음행淫行을 하기 위해 자신의 애인을 찾아가던 길이었다). 악마―인큐버스가 "나를 알아보았느냐?"라고 묻자 여자는 "전혀 알아보지 못했습니다"라고 대답했다. 그러자 악마가 "나는 악마이니라. 만약 네가 원한다면 언제나 너의 욕망을 채워 주겠고, 네가 곤경에 처하는 일이 없도록 하겠다"라고 말했고 여자는 이 제안을 받아들였다. 이 일이 있은 후 여자는 악마와 함께 추행을 일삼으며 여생을 보냈다고 한다.

인간을 유혹하는 세 번째 방법은 슬픔과 가난을 이용하는 방법이다. 결혼을 약속한 남자에게 몸을 맡긴 처녀들, 하지만 남자에게 버림받고 모든 희망을 잃어버린 처녀들, 바로 그런 여자들이 온갖 모욕과 수치를 견디다 못해 악마에게 도움을 청한다. 그들이 악마에게 도움을 청하는 목적은 옛 애인(또는 옛 애인과 관계를 가진 여자)에게 마법을 걸어 복수를 하려는 것일 수도 있고, 단순히 추악한 마법 행위를 일삼으려는 것일 수도 있다. 물론 이러한 처녀들의 수가 헤아릴 수 없이 많은 만큼 그들로부터 생겨 나오는 마녀들의 수도 무수히 많을 것이다. 하지만 여기서는 몇 가지 예만 제시하도록 하겠다.

브릭센 주교 관구에 사는 한 젊은 남자가 이런 이야기를 들려주었다. "젊은 시절 한 여자를 사랑했습니다. 그녀는 자기와 결혼해 줄 것을 끈질기게 요구했지만 저는 그녀의 요구를 거절했습니다. 그리고 얼마 후 저는 다른 관구 출신의 여자와 결혼을 했는데 옛정을 생각해서 옛 애인도 결혼식에 초대했습니다. 물론 그녀는 결혼식에 와주었습니다. 하지만 그녀의 행동이 어딘가 이상했습니다. 다른 여자들이 선물을 전달하고 있는데 갑자기 신부를 가리키면서 '며칠 후에 너는 건강을 잃게 될 거야'라고 말하는 것이었습니다. 그것도 주위에 있는 여자들이 모두 들을 수 있을 정도로 큰 소리로 말이죠. 영문을 알 지 못하는 신부는 주위에 있는 사람들에게 '누구길래 이렇게 위협을 해 대는 거죠?'라고 물었습니다. 그러자 사람들은 '저 여자는 그냥 떠돌아다니는 음탕녀promiscuous woman야'라고 말했습니다. 하지만 옛 애인의 예언은 이루어졌습니다. 며칠 후 아내가 팔다리를 쓰지 못하는 병에 걸리고 말았습니다. 그리고 그 마법이 어찌나 강력했던지 10년이 지난 지금까지도 자기 몸에서 마법을 느낄 수 있을 정도라고 합니다."

이 관구에 속한 도시 한 곳에서만도 수 없이 많은 사건들(마법에 관련된 사건들)이 일어났다. 만약 그 사건들에 대해 빠짐없이 기술한다면 책 한 권을 채우고도 남을 것이다.

이번에 소개할 이야기는 정말 듣도 보도 못한 놀라운 이야기여서 도저히 그냥 지나칠 수가 없다. 이 이야기는 츠바이브뤼켄 부근 베스트리흐 Westrich 관구 출신의 한 백작에 관한 이야기이다. 그는 양갓집 규수와 결혼을 했다. 하지만 마법에 걸린 후로는 아내와의 육체 관계를 상상도 할 수 없었다(결혼 후 삼 년이 지났는데도 말이다). 슬픔에 잠긴 백작은 성인들의 도움을 간구하기 시작했다. 그러던 어느 날, 일을 보기 위해 메스 시市에 간 백작이 집안 사람들과 함께 길을 거닐다가 우연히 한 여자를 만났다. 그 여자는 삼 년 전까지만 해도 백작과 사랑을 나누던 여자였다. 백작은 여자를 보자마자 자신이 마법에 걸렸다는 사실조차 잊어버린 채 그녀에게 다정하게 말을 걸기 시작했다. 이때 백작의 친절을 직감한 여자가 그의 건강과 기분에 대해 물었다. 하지만 백작이 "괜찮아."라고 답하자 그녀는 의외라는 표정을 지으며 입을 닫아 버렸다. 백작은 여자의 놀란 기색을 알아차리고 다시 한번 말을 걸었다. 하지만 백작 부인의 상태에 대해 물었을 때도 대답은 마찬가지였다. "아내도 잘 지내." 그리고 여자가

"아이는 있어?"라고 묻자 백작은 "아들만 셋이야. 1년에 하나씩 낳았지."라고 대답했다. 여자는 정말 뜻밖이라는 표정을 지어 보이고는 또다시 입을 다물어 버렸다. 백작은 이렇게 물었다. "왜 자꾸 물어봐? 내가 행복한 게 못마땅한 건 아니겠지?" 그러자 여자는 "그럴 리가 있겠어? 난 그저 당신 몸에 마법을 걸어 부부 관계를 갖지 못하게 만든 노파가 천벌을 받았으면 하는 마음 뿐이야. 당신 집 마당 한가운데에 우물이 있지? 그 안에 단지 하나가 있을 거야. 그리고 단지 안에 마법의 약이 들어 있는데 그건 당신을 발기 불능으로 만들려고 그 여자가 일부러 넣어 둔거야. 하지만 그렇게 해 봐야 아무 소용이 없다는 걸 알았으니 이제 됐어. 참 다행한 일이야."라고 말했다. 백작은 집으로 돌아오자마자 우물물을 모두 퍼내라는 지시를 내렸다. 우물 바닥에는 정말 단지 하나가 놓여 있었고 백작은 그 속에 든 것을 모두 태워 버렸다. 그리고 얼마 후 백작이 '잃었던 능력'을 되찾게 되자 그의 아내는 "기나긴 세월을 처녀의 몸으로 살아왔지만 이제는 내가 이 성城과 영지의 진정한 안주인이다."라고 선언했다(그녀는 귀족 부인들을 초대하여 다시 한번 결혼식을 올리기로 했다). 백작의 높은 지위를 생각해서 성과 영지의 이름은 밝히지 않는 것이 좋을 듯싶다. 다만 우리가 해야 할 일은 사실의 본질, 즉 이러한 죄가 얼마나 혐오스럽고 치욕적인 것인지 그 본질을 드러내는 것이다.

이로부터 우리는, 마녀들이 신성 모독의 극대화를 위해 온갖 방법을 다 사용한다는 것을 알 수 있다.

2절
마녀가 신성 모독 행위를 일삼는 방법에 관하여

악마와의 계약을 근거로 신성 모독 행위를 일삼는 방법에는 여러 가지가 있다. 먼저 다음과 같은 사실에 주목하도록 하자. 이 책 1부에서 이미 증명한 바와 같이, 마녀들은 크게 세 부류로 나뉜다. 첫째, 해를 입히지만 치료는 할 수 없는 마녀들. 둘째, 치료를 할 수 있지만 악마와의 특별한 계약으로 인해 해는 입히지 않는 마녀들. 셋째, 해도 입히고 치료도 할 수 있는 마녀들. 그리고 해를 입히는 마녀들 중에는 최고 등급의 마녀들이 있는데 그들은 모든 종류의 마법을 행할 수 있다(다른 마녀들의 경우 행할 수 있는 마법이 있고 행할 수 없는 마법이 있다). 따라서 최고 등급에 속하는 마녀들의 방법을 알게 되면 그보다 낮은 등급에 속하는 마녀들의 방법도 함께 알 수 있다. 또한 최고 등급에 속하는 마녀들은, 인간 본성에 반하여(심지어 야수의 본능에도 반하여) 아이들을 잡아먹는 습성을 지닌다.

온갖 종류의 해악을 불러오는 것은 바로 이 최고 등급의 마녀들이다.

그들은 첫째, 우박과 폭풍과 악천후를 부르고 둘째, 사람과 가축에게 불임을 일으키며 셋째, 자신이 잡아먹지 않은 아이를 악마에게 바치거나 살해한다(하지만 이런 일은 세례를 통해 거듭나는 아이들에게는 일어나지 않는다). 만약 다시 태어난 아이들까지 먹어 치운다면 그것은 오직 신의 묵인하에서만 그렇게 할 수 있을 것이다. 또한 그들은 물가에서 뛰어노는 아이들을 부모가 보는 앞에서 물에 빠뜨릴 수도 있고, 사람이 탄 말을 미치게 만들 수도 있으며, 상상을 통해 또는 직접 하늘을 날아 먼 거리를 이동할 수도 있다. 이 밖에 최고 등급의 마녀들이 행하는 일을 열거해 보면 첫째, 판사나 관리들이 자신에게 해를 입히지 못하도록 그들의 태도에 변화를 일으킨다. 둘째, 고문당하는 사람을 침묵하게 만든다. 셋째, 자신을 체포하려는 자들의 손과 마음에 극심한 전율을 일으킨다. 넷째, 몰래 감추고 있는 비밀을 알아낼 수 있다. 다섯째, 악마의 암시에 따라 미래를 예언한다(이것은 자연적 원인에 의해서도 일어날 수 있다-《Pronouncements》 Bk. 2, Dist. 12의 질문 "마귀들demons이 미래를 예견할 수 있는가"를 참고하라). 여섯째, 자리에 없는 사람을 마치 자리에 있는 사람처럼 볼 수 있다. 일곱째, 인간의 마음에 비정상적인 애정이나 증오심을 불러일으킬 수 있다. 여덟째, 원할 경우 벼락을 일으켜 인간과 가축에게 해를 입힐 수 있다. 아홉째, 생식 능력과 성교 능력을 빼앗을 수 있다. 열째, 유산을 일으킬 수 있다. 열한째, 슬쩍 만져서 뱃속에 있는 아이를 살해할 수 있다(가끔은 슬쩍 쳐다보는 것만으로도 아이를 살해할 수 있다). 열두째, 마법을 걸어 인간과 가축을 살해할 수 있다. 열셋째, 자신의 아이들을 악마에게 바친다. 단, 최고 등급의 마녀들이 이런 일을 행할 수 있는 것은 오직 하느님의 정의 God's justice가 이런 일을 허락하는 경우에 한해서이다. 그리고 최고 등급의 마녀들이 이 모든 일을 행할 수 있는 반면, 더 낮은 등급의 마녀들은 그렇지 못하다(단, 악마와 육체적 음행을 일삼는 일은 모든 마녀가 할 수 있다). 결국 최고 등급의 마녀들이 행하는 일을 보면 다른 마녀들이 어떤 일을 행하는지도 쉽게 파악할 수 있다.

이런 마녀들은 30년 전까지만 해도 베른 관구 방면의 사부아Savoy 인근 지역에서 활동했지만 현재는 오스트리아 공국 방면의 롬바르디에서 활동하고 있다. 하지만 롬바르디에서는 1485년 한 해에만 무려 41명의 마녀들이 화형에 처해졌다. 그리고 그들을 화형대로 올려 보낸 심문관은 현재까지도 종교 재판의 임무를 수행하기 위해 최선을 다하고 있다.

악마와 맺는 동맹에는 두 가지 종류가 있다. 하나는 격식을 차려서 맺는 공식적 동맹이고(이때 악마 앞에서 엄숙한 서약식을 치른다) 다른 하나는 아무 때나 맺을 수 있는 사적私的 동맹이다. 먼저 공식적인 동맹의 경우 다음과 같은 절차를 밟는다. 1) 정해진 날, 정해진 장소로 마녀들이 모인다. 2) 사람의 형상을 한 악마가 마녀들을 맞이한다. 3) 악마는 자신에 대한 마녀들의 충성심을 확인하고 마녀들은 순종의 서약을 한다. 4) 여자 초심자들female novice과 남자 문하생들male disciple이 기독교 신앙과 예배식을 모두 부정하고, 더 이상 뚱뚱한 여자fat woman(마녀들은 성모 마리아를 이렇게 부른다)를 경모敬慕하지 않겠다는 의지를 보일 경우 악마가 자신의 손을 앞으로 내민다. 5) 여자 초심자들과 남자 문하생들도 똑같이 손을 내밀어 악마의 뜻을 따르겠다는 서약을 한다. 6) 마녀들의 서약을 받은 악마가 "하지만 이것만으로는 부족하다."라고 말하면 그 제자가 "또 무엇을 해야 합니까?"라고 묻고 이에 대해 악마는 "맹세를 해야 한다."라고 말한다. 즉 자신에게 영과 육을 영원히 맡기는 것은 물론, 다른 남자들과 여자들도 자신에게로 이끌겠다는 맹세를 하라는 것이다. 7) 아이들의 뼈와 팔다리로 연고를 만들 것을 요구한다(이 연고를 바르면 원하는 것을 모두 이룰 수 있기 때문이다).

실제로 바젤 주교 관구의 브라이작 시市에서 이와 유사한 일이 일어났다. 우리에게 자세한 이야기를 들려준 것은 한 젊은 마녀였는데 그녀는 친척 아주머니로부터 유혹을 받았다고 자백했다. 그녀의 이야기를 들어보자.

"한번은 아주머니가 자기를 따라오라고 했어요. 계단을 따라 올라가니 방이 하나 있더라구요. 그래서 우리는 방 안으로 들어갔죠. 방 안에는 초록색 옷을 입은 청년들이 15명쯤 모여 있었어요. 그런데 아주머니가 '이 중에서 한 명만 골라 봐. 네가 원하는 사람으로 말이야. 그럼 그 사람이 너를 신부로 맞아들일 거야'라고 말하는 것이었어요. 저는 아무도 원하지 않는다고 말했어요. 그랬더니 아주 혹독한 매질이 시작되더군요. 저는 동의를 할 수밖에 없었고 결국 이런 식으로 동맹을 맺고 말았죠. 그 후 아주머니와 저는 밤마다 아주 먼 거리를 날아서 이동했어요. 스트라스부르에서 쾰른까지!"

우리는 이 책 1부에서 '마녀들이 실제로 공간 이동을 하는가'라는 문제와 관련해서 보충 설명을 하기로 약속한 바 있다. 문제는 캐논 〈Episcopi〉가 '마녀들의 공간 이동은 상상 속에서만 일어나는 일이다'라고 규정했다는 것인데 사실 공간 이동은 실제로도 일어날 수 있다. 이러한 사실은 위에서 언급한 마녀의 증언을 통해서도 확인할 수 있는데 그녀는 "그런 일은 상상 속에서도 일어날 수 있고 실제로도 일어날 수 있다"라고 말했다. 이제 우리는 공간 이동의 방법에 대해 설명함으로써 그 진실을 밝힐 것이다.

또한 이 마녀는 "아이들을 살해하거나 악마의 제물로 바치는 산파들이 더 큰 해를 끼친다"라고 주장했다. 실제로 그녀가 친척 아주머니에게 심한 매질을 당한 일이 있는데 그 이유는 몰래 숨겨 둔 단지, 즉 아이들의 머리로 가득 찬 단지를 열어 봤기 때문이었다. 게다가 악마와 동맹을 맺었다는 그녀의 이야기도 믿지 않을 수 없다. 왜냐하면 위대한 학자 요한 니더가 오툰Autun 관구의 심문관이 전하는 말을 토대로 그 사실을 입증했기 때문이다. 위대한 학자는 다음과 같이 밝히고 있다.

"심문관의 이야기를 듣고 나는, 로잔 공국의 마녀들이 자신의 아이를 끓여 먹는다는 사실을 알게 되었다."

그의 설명에 따르면, 먼저 인간의 모습으로 가장한 악마가 마녀들을 접견한다. 그리고 신봉자들이 악마에게 서약을 하는데 그 내용은 첫째, 기독교 신앙을 부정한다는 것 둘째, 성찬식에 참여하지 않는다는 것 셋째, 십자가를 발로 짓밟는다는 것이다.

그리고 또 하나의 예가 있다. 볼티겐에서 근무하는 피터 판사의 보고에 따르면 베른 주교 관구에서 무려 13명의 아이들이 마녀들에게 잡아먹혔다(물론 이 극악무도한 죄인들에게는 더없이 가혹한 형벌이 내려졌다). 피터 판사가 한 마녀에게 "어떤 식으로 아이들을 잡아먹느냐?"라고 묻자 마녀는 "우리가 잡아먹는 것은 세례 받지 않은 아이들이에요. 하지만 성호와 기도문으로 보호받지 않는다면 세례 받은 아이도 잡아먹을 수 있죠. 악마가 우리에게, 세례 받지 않은 아이를 잡아먹도록 권하는 것은 더 이상 세례 받는 아이가 나오지 않도록 하기 위해서예요. 우리는 요람에 누워 있는 아이나 부모 옆에 누워 있는 아이를 죽여요. 그래야 그 부모가 '우리 아이가 질식사했나 봐'라고 여기게 되니까요. 그런 다음 우리는 무덤에 가서 매장된 아이의 시신을 몰래 훔쳐 와요. 그리고는 그것을 뼈와 살이 문드러질 때까지 푹 삶아요. 다 삶아진 다음 물렁한 덩어리는 연고 재료로 쓰고 묽은 국물은 배가 불룩한 병에 담아요. 그리고 그 국물을 마시면 우리 교파의 우두머리가 되는 거예요"라고 답했다.

또 다른 예를 들어 보자. 이것은 마녀와 함께 체포된 한 젊은 남자에 관한 이야기다(체포된 마녀는 그의 아내였다). 남자는 아내와 격리되어 별도의 감옥에 수감되었고 이후 베른 시市 법정에서 다음과 같이 증언했다. "지은 죄를 용서받을 수 있다면 마법에 대해 알고 있는 것을 모두 말하겠습니다. 어차피 저는 죽을 목숨이니까요." 그리고 박식한 성직자들이 "진심으로 잘못을 뉘우친다면 죄를 용서받을 수 있을 것이다"라고 하자 남자는 다음과 같은 이야기를 들려주었다. "장차 제자가 될 사람 prospective disciple은 성수가 축성되기 전, 일요일에 스승들masters과 함께 교회로 가야 합니다. 그리고 스승들이 보는 앞에서 그리스도와 그리스도에 대한 믿음을 부정하고, 세례와 교회 전체를 부정해야 합니다. 그런 다음 제자는 스승, 즉 작은 스승little master에게 서약을 합니다. 여기서 작은 스승이란 악마를 말하는 것이구요. 그리고 서약식이 치러질 때 악마가 참석하는 경우도 있고 참석하지 않는 경우도 있는데 사실 이것은 아무 문제가 되지 않습니다. 왜냐하면 여기에는 악마의 교활함이 숨어 있기 때문입니다. 악마는 제자가 될 사람의 성향을 잘 알고 있습니다. 가령 자신이 참석하면 제자 될 사람이 겁을 먹고 움츠러들 수도 있다는 것을 아는 것이죠. 그럴 경우에 악마는 제자 될 사람의 친구나 지인들을 통해 동의를 받아내는 것이 더 낫다고 판단합니다. 그리고 악마가 참석하지 않는 경우에 악마를 작은 스승이라고 부르는 것도 모두가 예비 제자의 두려움을 덜어주기 위한 것입니다(스승이라는 말을 들으면 아무래도 그 분위기에 압도되고 말겠죠). 저와 제 아내도 이런 식으로 유혹을 당했습니다. 하지만 제 아내는 고집이 아주 센 여자라서 하찮은 진실을 고백하기보다는 오히려 화형대의 뜨거운 불길에 뛰어들려고 할 것입니다. 아아, 저와 제 아내는 정말 큰 죄를 지었습니다." 남자는 자신의 잘못을 깊이 뉘우치며 죽음을 맞이했다. 하지만 그의 아내는 목격자들의 증언에도 불구하고 그리고 고문의 고통과 화형대의 뜨거운 불길에도 불구하고 자신의 죄를 인정하지 않았다. 형리가 화형대에 불을 붙이는 순간 그녀는 차마 입에 담지 못할 상스러운 말들을 내뱉었다.

그렇다면 악마와 동맹을 맺는 또 하나의 방법, 즉 사적 동맹이란 어떤 것일까? 가령 사람들이 일시적인 고뇌에 빠져 있을 때 악마가 나타나는 경우가 있다. 이때 악마는 때로는 눈에 보이게, 때로는 매개자들을 통해 그들과 이야기를 나누는데 만약 그들이 자신의 조언에 따르겠다고 하면 악마는 "모든 일이 너희가 바라는 대로 이루어지도록 해 주겠다"라고 약속한다. 1장에서 설명한 것처럼, 악마는 작고 하찮은 일에서부터 시작한다. 물론 이를 뒷받침하는 실례들이 많이 있지만 여기서는 가능한 한 간략하게 설명하겠다.

먼저 악마가 서약을 받는 이유는 무엇이고 또 그 방법에는 어떤 것들이 있는지 살펴보자.

첫째, 악마가 서약을 받는 이유는 신의 피조물을 가로챔으로써 신의 권위를 더 크게 모욕하기 위해서이다. 이때 악마는 충성 맹세와 서약을 동시에 받기도 하고 또 서약만 받기도 한다.

서약은 신앙에 대한 전적인 부정이나 부분적인 부정을 그 내용으로 한다. 신앙에 대한 전적인 부정은 말 그대로 신앙을 완전히 부정하는 경우를 말하고 부분적인 부정은 악마와의 계약에 따라 교회 의식에 반하는 몇몇 의식들을 지키는 경우를 말한다. 가령 일요일마다 금식을 하고 금요일마다 육식을 하는 그리고 고해 성사를 할 때 지은 죄를 숨기는 경우 등이다. 충성 맹세란, 자신의 영과 육을 악마에게 바치겠다고 굳게 약속하는 것을 말한다.

그렇다면 왜 이런 일들이 필요한 것일까? 악마의 관점에서 본 네 가지 이유를 제시해 보자. 첫째, 1부에서 설명한 것처럼, 악마가 사람의 마음 속 깊은 곳을 꿰뚫어 보지는 못하지만(이것은 오직 신만이 할 수 있는 일이다) 그 대신 짐작으로 사람의 마음을 알아낼 수 있기 때문이다. 그래서 악마는, 여자 초심자가 쉽게 동의하지 않을 것이라고 판단할 경우 감언이설을 늘어놓으며 아주 작은 것부터 요구하기 시작한다.

둘째, 신앙을 부정하는 사람들이 저마다 차이를 보이기 때문이다. 즉 어떤 사람은 입으로만 신앙을 부정하고, 어떤 사람은 입과 가슴으로 신앙을 부정하기 때문이다. 그래서 악마는, 입으로만이 아니라 가슴으로도 자신에게 헌신하는지를 알기 위해 일정 기간 말과 행동으로써 그들을 시험한다.

셋째, 일정 기간이 지난 후에도 자발적으로 어떤 범죄 행위를 할 생각이 없고 또 입으로만 자신을 따를 뿐 실질적으로는 선한 천사의 보호를 받는다는 사실을 알게 되면(악마는 여러 가지 징후를 통해 이것을 알 수 있

다) 악마는 그 사람을 일시적인 고뇌에 빠뜨림으로써, 즉 억지로 타락시
킴으로써 이익을 얻으려고 한다. 그리고 일부 마녀들이 혹독한 고문에도
불구하고 자신의 죄를 인정하지 않는 이유가 무엇이냐고 묻는다면 그리
고 일부 마녀들이 자신의 죄를 인정한 후 자살로써 생을 마감하는 이유
가 무엇이냐고 묻는다면 우리는 "만약 거룩한 천사들을 통해 신의 강제
divine compulsion가 작용하지 않는다면, 즉 마녀들이 진실을 밝히고 또 침
묵의 마법spell of silence에서 벗어날 수 있도록 돕지 않는다면 모든 일은
악마에 의해 좌우되고 말 것이다"라고 말할 수 있다.

　마녀들의 자백을 통해 알 수 있었던 것은, 그들이 자발적으로 마법 행
위를 한 것은 아니라는 사실이다. 그리고 그것은 자유를 얻기 위해 거짓
으로 꾸며낸 자백도 아니었다. 왜냐하면 그들의 얼굴이 시퍼렇게 멍들어
있거나 퉁퉁 부어 있는 것을 보고 우리는 이 모든 일이 악마의 구타와 매
질로 인해 일어났다는 것을 금방 알아차릴 수 있기 때문이다.

　경험을 통해 드러난 진실은, 마녀들이 자신의 죄를 인정한 후 자살로
써 생을 마감하려 한다는 것이다. 그래서 죄를 인정한 마녀들에게는 매
시간 간수가 따라붙어 감시를 한다. 물론 감시가 소홀한 틈을 타 마녀들
이 목매달아 죽는 경우도 있다. 하지만 이것은 악마의 간계 때문에 일어
나는 일이다. 왜냐하면 악마는, 마녀들의 회한悔恨과 고해 성사로 그 죄
가 용서되는 것을 원하지 않기 때문이다. 악마는, 끝내 자신의 유혹에 넘
어오지 않는 사람들, 그래서 쉽게 신의 용서를 받을 수 있는 사람들을 일
시적인 절망에 빠뜨린 후 끔찍한 죽음을 맞이하게 만든다. 다시 한번 말
하지만, 진정한 회한과 자백이 이루어진다면 설령 마녀들이라 해도 신의
용서를 받을 수 있을 것이다(물론 가증스러운 마법 행위에 자발적으로 탐닉하지

않은 경우에만 그렇다).

이러한 사실은 약 3년 전, 스트라스부르 관구 및 콘스턴스 관구의 아그노 시市와 라벤스부르크 시市에서 일어난 일에 의해 명백하게 입증된다. 예를 들어 아그노 시에서는 한 마녀는 옷을 찢어 만든 길고 가느다란 끈으로 목매달아 죽었다. 그리고 또 한 명의 마녀(발푸르기스라는 이름의 마녀)는 침묵의 마법the sorcery of silence으로 명성을 떨친 후 그 술법을 다른 여자들에게도 가르쳐 주었다(놀랍게도 그 방법은 맨 처음 태어난 남자 아이first-born male child를 오븐에 넣고 굽는 것이었다).

그 다음, 어떤 경우에는 충성 맹세를 나중으로 미루고 어떤 경우에는 그렇게 하지 않는 네 번째 이유는 인간 수명에 관한 한 악마가 점성가들보다 훨씬 더 정확한 지식을 갖고 있기 때문이다. 게다가 악마는 인간의 수명이 다하는 시점을 미리 정할 수도 있고 또 그 시점을 예기치 않게 앞당길 수도 있다.

아우구스티누스는 자신의 책《악마의 본성The Nature of Demons》에서 악마가 미래를 예측할 수 있는 일곱 가지 이유에 대해 설명한다. 첫째, 악마는 천부적인 통찰력을 지니고 있기 때문이다. 둘째, 악마는 자신의 오랜 경험과 더 높은 신령들spirits above의 계시를 통해 인간이 아는 것보다 훨씬 더 많은 것들을 알고 있기 때문이다. 셋째, 전광석화와 같이 빠르기 때문에 서쪽에서 일어난 일을 거의 동시에 동쪽에서 예언할 수 있다. 넷째, 자신의 능력으로(물론 신의 묵인 하에) 온갖 재앙을 불러일으킬 수 있기 때문에 그것들을 예측하는 것이 얼마든지 가능하다. 다섯째, 몇 가지 징후만 있으면 의사보다 훨씬 더 정확한 예측을 할 수 있다. 의사들이 일반인은 알아차리지 못하는 징후를 통해 환자의 상태를 예측한다면 악마는 일반인의 눈에 보이지 않는 것을 꿰뚫어 봄으로써 인간의 상태를 예측할 수 있다. 여섯째, 몇 가지 징후를 통해 인간의 영혼 속에 무엇이 들어 있는지, 무엇이 새롭게 생겨날지에 대해 현명한 인간보다 훨씬 더 잘 알 수 있다. 즉 인간이 어떤 충동을 느끼게 될지 미리 알 수 있고 이로부터 그 다음에 어떤 행동이 나오게 될지 정확히 판단할 수 있는 것이다. 일곱째, 악마는 예언자들과 예언자들의 저작에 대해 인간보다 더 잘 알고 있기 때문에 이를 근거로 미래의 일을 예측할 수 있다. 그러므로 악마가 인간의 자연적 수명을 미리 예측한다는 것은 전혀 놀라운 일이 아니다. 하지만 우연한 죽음, 가령 화형에 의한 죽음이 찾아올 경우에는 상황이 달라질 수도 있다(앞에서 설명한 것처럼, 마녀가 자신의 의지를 거스를 경우 악마는 우연한 죽음을 촉진시킨다).

이제 이를 뒷받침할 실례를 들어보자.

바젤 주교 관구의 오베르바일러Oberweiler 마을에 한 사제가 살고 있었다. 그는 "마녀라는 것은 존재하지 않는다. 그것은 오직 인간의 상상 속에서만 존재할 뿐이다"라는 착각에 빠져 있었고 신은 그에게, 악마가 마녀들을 통해 인간 수명에 영향을 미칠 수 있다는 사실을 깨우쳐 줄 필요가 있었다. 그러던 어느 날, 급하게 일을 보러 가던 사제가 나지막한 다리 입구에서 한 노파와 마주쳤다. 노파에게 길을 양보하고 싶지 않았던 사제는 걸음을 멈추지 않았다. 그러자 사제의 몸이 노파를 밀었고 노파는 진흙탕에 빠지고 말았다. 화가 난 노파는 소리를 지르며 욕설을 퍼부었다. "조심해라, 이 사제 놈아. 벌을 받고 말 테니." 하지만 사제는 노파의 말을 무시했다. 그런데 이게 어찌 된 일인가! 그날 밤 사제가 자리에서 일어나려고 하는데 아랫도리가 말을 듣지 않았다. 사제는 자신이 마법에 걸렸음을 직감했고 이때부터 자기 어머니의 보살핌을 받았다. 그로부터 3년 후, 병에 걸린 노파가 고해 성사를 위해 사제를 찾았다. 사제는 "악마에게 갈 것이지 왜 나를 찾아왔느냐?"라며 거절했지만 결국 어머니의 강청에 못 이겨 노파의 집으로 갔다(두 명의 농부가 그를 부축했다). 집에 도착한 사제는 노파가 누워 있는 침대 옆으로 가서 앉았다. 그리고 함께 온 두 명의 농부는 집 밖 창가에서 귀를 기울이고 있었다. 마녀가 자신의 마법 행위를 인정하는지 궁금했던 것이다. 하지만 고해성사가 끝날 때까지 그런 말은 들을 수 없었다. 고해를 마친 마녀는 "당신에게 마법을 건 사람이 누군지 아시오?"라고 물었다. 사제가 모르겠다고 하자 마녀는 "당신은 나를 의심하고 있겠지, 맞아 내가 그랬어. 내가 그랬다구"라고 말했다. 그리고 사제가 "마법으로부터 벗어나게 해 주시오"라고 말하자 마녀는 "내가 죽을 날이 머지 않았어. 내가 죽고 나면 며칠 안에 건강을 되찾을 거야"라고 말했다. 마녀의 예언은 그대로 이루어졌다. 얼마 후 그녀는 세상을 떠났고 그로부터 30일이 지난 후 사제는 건강을 되찾을 수 있었다. 이 사제의 이름은 헤플린Heflin이었다.

같은 교구의 또 다른 마을에서도 이와 유사한 일이 있었다(마을 이름은 Bühl이었다). 후일 체포되어 화형에 처해진 한 여자가 6년 동안 인큐버스와 동거하며 성관계를 가졌던 것이다(심지어 잠들어 있는 남편 옆에서도 성관계를 가졌다). 그들은 일주일에 세 번, 그러니까 토요일, 수요일, 금요일에 성관계를 가졌고 이것으로도 모자라 거룩한 밤holy nights이 되면 어김없이 성관계를 가졌다. 결국 여자는 "7년 후에 나의 모든 것을 악마에게 바치겠다"라고 맹세했다. 하지만 신의 판단은 이와 달랐다. 6년째 되던 해에 그녀는 체포되고 말았다. 그리고 화형대에 오르기 전 그녀는 자신이 신의 용서를 받았다고 굳게 믿고 모든 진실을 털어놓았다. 그녀는 "만약 내가 자유의 몸이라면 악마의 지배를 받느니 차라리 죽음을 택하겠다"라고 말했다.

3절
마녀들의 공간 이동에 관하여

이제 우리는 마녀들이 사용하는 여러 가지 술법에 대해 살펴볼 것이다. 먼저 마녀들의 공간 이동에 대해 알아보자.

그 전에 한 가지 지적해 두어야 할 것은, 여러 차례 언급한 바 있는 캐논 〈Episcopi〉의 텍스트가 마녀들의 공간 이동을 설명하는 데 걸림돌이 된다는 것이다. 캐논 〈Episcopi〉에는 다음과 같이 씌어 있다.

"사탄의 유혹에 빠진 죄 많은 여자들이 있다. 그들은 자신들이 이교 여신 디아나(또는 헤로디아)와 함께 밤하늘을 날아다니고, 무한한 공간을 질주한다고 믿는다. 따라서 신을 섬기는 목회자들은 이러한 믿음이 헛된 망상에 불과하다는 것을 깨우치고 또한 믿음 가진 자들의 영혼 속에 이러한 환영이 뿌리내리는 것은 악령의 힘이 작용하기 때문이라는 것도 깨우쳐야 한다."

이와 같은 맥락에서 많은 목회자들이 "마녀가 인간과 가축과 곡식에 해를 입히는 것이 상상의 유희에 불과하듯 이런 일 역시 도저히 일어날 수 없는 일이다"라고 설교하고 있다.

하지만 이러한 견해는 악마의 권능을 묵인하려는 신의 의지에 반할 뿐만 아니라 성경 말씀의 참뜻에도 어긋나기 때문에 우리는 이것을 이단적인 견해로 간주할 수밖에 없다. 게다가 이러한 견해는 거룩한 교회Holy Church에도 엄청난 피해를 준다. 왜냐하면 이와 같은 불온不穩한 견해로 인해 벌써 몇 년째 마녀들에 대한 처벌이 제대로 이루어지지 않고 있고 그 결과 마녀들의 수가 급격히 늘어났기 때문이다. 이제 우리는 마녀들의 비행이 어떤 식으로 이루어지는지 살펴본 다음 반대론자들의 주장을 반박할 것이다.

먼저 마녀들이 육체적으로bodily 날 수 있다는 것은 마법사들의 또 다른 활동에 의해 입증된다. 왜냐하면 만약 마녀들이 날아서 이동할 수 없다면 그 이유는 첫째, 신이 그 일을 허락하지 않기 때문이거나 둘째, 악마가 그 일을 행할 수 없기 때문이거나 셋째, 피조물creation에게 그런 능력이 부여되지 않았기 때문일 것이다. 일단 첫 번째 이유는 성립되지 않는다. 왜냐하면 만약 신의 묵인하에 더 큰 일greater acts이 일어날 수 있다면 더 작은 일lesser acts도 일어날 수 있기 때문이다. 게다가 의인이나 신의 은총을 입은 사람들의 경우를 통해 알 수 있는 것처럼 아이들은 물론, 어른들에게도 더 큰 일이 허다하게 일어나고 있다. 만약 누군가가 "악마의 힘을 빌려 아이들을 바꿔칠 수 있는가? 악마가 자기 마음대로 사람을 이동 시킬 수 있는가?"라고 묻는다면 첫 번째 질문에 대해서는 그렇다고 답해야 할 것이다. 왜냐하면 파리의 윌리엄이 《우주론The Universe》마지막 부분에서 "신의 묵인을 얻은 악마는 아이를 바꿔칠 수도 있고 순식간에 이동 시킬 수도 있다"라고 밝히고 있기 때문이다. 그런 아이들은 늘 불쌍하게 울어 대기 때문에 네다섯 명의 엄마가 젖을 먹여도 충분하지 않을 때가 있다. 그리고 아이들은 아무리 먹어도 살이 찌지 않고 그저 무거워지기만 할 뿐이다. 만약 엄마들이 이런 일을 겪는다면 그 두려움은 이루 다 표현할 수 없을 것이다. 따라서 엄마들에게는, 긍정도 부정도 하지 말고 다만 박식한 사람들에게 조언을 구하라고 일러 주어야 한다. 신이 이런 일을 허락하는 이유는 그 부모들의 죄가 있기 때문이다. 가령 남편이 "뱃속의 아이가 악마라면 좋을 텐데"라는 식으로 임신한 아내를 저주하는 경우가 그런 경우다(성미가 급한 여자들도 이와 비슷한 말을 내뱉는다). 이 밖에 의인들에 관한 예도 들 수 있다. 가령 빈센트의 《역사의 거울》에는 한 귀족 집안의 다섯 살 난 아들에 관한 이야기가 나온다(이 이야기는 피터 다미안Peter Damian의 이야기를 기초로 하고 있다). 다섯 살 난 아이는 수도원 생활을 하고 있었다. 그런데 어느 날 밤, 이 아이가 자신도 모르는 사이에 방앗간으로 이동해 버렸다(방앗간은 자물쇠로 잠겨 있었다). 다음 날 아침 사람들이 "이게 어떻게 된 일이냐?"라고 묻자 아이는 "어떤 사람을 따라 성대한 연회장으로 갔어요. 그리고 그곳에서 음식을 먹은 후 아래로 내려갔더니 방앗간이더라구요"라고 대답했다.

끝으로, 흔히 흑마술사practitioner of black magic로 불리는 마법사들, 즉 악마의 힘을 빌려 땅끝 먼 곳까지 날아가는 마법사들에 대해서는 어떻게 설명해야 할까? 그들은 다른 사람을 끌어들여 함께 말을 타고 갈 때, 얘기도 하지 말고 성호도 긋지 말라고 주의를 준다(하지만 그들이 타고 가는 것은 진짜 말이 아니다. 그것은 말의 모습으로 가장한 악마가 분명하다).

이 책을 쓰고 있는 두 명의 저자 중 적어도 한 명은 이런 사람들을 수 없이 많이 봐 왔다. 가령 프라이징 교구의 한 사제는 학창 시절에 악마에 의해 공중으로 뜬 다음 아주 먼 곳으로 이동한 적이 있다고 하고 그의 동창생인 또 한 명의 사제(그는 란츠후트 시市 부근의 오베르도르프 마을 출신이다)는 친구가 팔을 쭉 뻗고 공중으로 날아오르는 모습을 자기 눈으로 직접 봤다고 한다(그는 소리는 질렀지만 울지는 않았다고 한다). 이 일의 자초지종은 다음과 같다. 술집에 모여 술을 마시던 학생들이 "맥주를 들고 오는 사람은 돈을 내지 않는 걸로 하자"라고 약속을 했다. 그런데 그들 중 한 명이 맥주를 가지러 가려고 문을 열었을 때 문 앞에는 안개가 자욱하게 끼어 있었다. 안개를 보고 놀란 학생은 친구들에게 돌아와 맥주를 가져오지 못한 이유를 설명하기 시작했다. 그러자 공중을 날았다는 그 학생이 화를 내며 말했다. "귀신이 나오든 말든 맥주는 가져 와야지." 그는 밖으로 나갔다. 그리고 모두가 보는 앞에서 하늘로 날아올랐다.

여기서 우리는, 이런 일이 '깨어 있는 사람'은 물론, '잠들어 있는 사람'에게도 일어날 수 있다는 사실을 인정해야 한다. 즉 잠들어 있는 사람도 육체적으로bodily 날아다닐 수 있다는 것이다. 가령 잠들어 있는 동안 건물들 지붕 위를 이리저리 넘어 다니는 사람들의 예를 통해 이러한 사실을 확인할 수 있다. 그들이 공중을 날아다니는 동안에는 아무것도 그들을 막을 수 없다. 구경꾼 중 한 사람이 그들의 이름을 부르면 그들은 곧장 땅바닥으로 떨어질 것이다. 마치 누군가에 의해 내던져지듯이 말이다.

많은 사람들이 "이 모든 일은 악마의 소행이다"라고 주장한다. 물론 일리가 있는 주장이다. 사실 악마라고 해서 다 같은 악마가 아니다. 하급 천사lower chorus of angels 출신의 악마들 중에는 '영원한 저주의 형벌'에 더

하여 가장 가혹한 형벌을 받게 될 악마들이 있는데 그들은 어느 누구에게도 해를 입힐 수 없다(최소한 심각한 해를 입힐 수는 없다). 그리고 그들이 주로 하는 일은 사람들을 우롱하는 것이다. 반면에 인큐버스와 서큐버스는 매일 밤 사람들을 벌하거나 방탕의 죄악sin of debauchery으로 사람들을 타락시킨다. 따라서 악마가 그런 식으로 장난을 치는 것은 너무도 당연한 일이다.

카시안에 따르면, 악령들은 인간들만큼이나 많은 직업을 갖고 있는 것이 분명하다. 그들 중 일부, 즉 일반인들은 목신faun이라 부르고 우리는 유령ghost 또는 요괴spectre라 부르는 악령들은 인간을 현혹하는 협잡꾼trickster으로서 늘 같은 장소에 나타나 지나다니는 사람들을 괴롭힌다. 하지만 이런 악령들은 인간을 조롱하거나 현혹하기는 해도 심각한 피해를 입히지는 않는다. 그런가 하면 멀리 지나다니는 사람들까지 공격하는 아주 광포한 악령들도 있다. 예를 들어 마태복음 8장에는 다음과 같이 기록되어 있다.

"또 예수께서 건너편 가다라 지방에 가시매 귀신 들린 자들이 무덤 사이에서 나와 예수를 만나니 그들은 몹시 사나워 아무도 그 길로 지나갈 수 없을 지경이더라"(마태복음 8장 28절).

이로부터 우리는 다음과 같은 결론을 내릴 수 있다. 만약 누군가가 "신은 마녀들의 비행을 허락하지 않는다. 따라서 마녀들은 하늘을 날 수 없다"라고 주장한다면 그것은 잘못된 주장이다. 만약 의로운 사람이나 순결한 사람 또는 마법사들이 신의 허락을 받는다면 악마에게 헌신하는 마녀라고 해서 신의 허락을 받지 말라는 법은 없다. 복음서가 증명하듯, 예수 그리스도를 높은 산 위에 올려 놓은 것은 악마였다.

그 다음, "악마에게는 그런 일을 행할 능력이 없다"라는 주장 또한 설득력이 없다. 앞서 말한 바와 같이, 악마는 모든 물리적인 힘physical powers을 능가하는 천부적인 힘natural power을 지니고 있다. 욥기는 다음과 같이 기록하고 있다. "세상에는 그것과 비할 것이 없으니"(욥기 41장 33절). 예컨대 루시퍼는, 선한 천사들이 지니지 못한 능력, 즉 천부적인 능력을 지녔다. 타락하는 과정에서 루시퍼는 신의 은총을 잃었다. 하지만 그의 천부적인 능력은 여전히 그 위력을 과시하고 있다. 위의 욥기 구절에 대한 주석은 다음과 같이 밝히고 있다.

"악마의 힘은 모든 힘을 능가한다. 하지만 악마의 힘이 아무리 강하다 해도 성인聖人들의 공덕 앞에서는 굴복할 수밖에 없다."

다음의 두 반론도 설득력이 없기는 마찬가지다.

"첫째, 인간의 영혼이 맞서 싸울 수 있다. 둘째, 성경 구절 속의 '그것'이란 바로 루시퍼를 가리키는 것이다. 왜냐하면 '그것'이라는 단어가 단수로 쓰였기 때문이다. 광야에서 예수 그리스도를 유혹한 것도 루시퍼였고 최초의 인간을 유혹한 것도 루시퍼였다. 하지만 루시퍼는 추방되었고 다른 악령들은 루시퍼만큼 강하지 못하다. 따라서 사악한 인간이 악령의 힘을 빌려 공간 이동을 한다는 것은 절대 있을 수 없는 일이다."

물론 이러한 주장은 설득력이 없다. 먼저 천사들에 대해 이야기해 보자. 그 계급이 아무리 낮다 해도 천사의 힘은 모든 인간의 힘을 능가한다. 그리고 이에 대한 근거는 얼마든지 제시할 수 있다. 첫째, 천사의 힘이나 영혼의 힘virtue of the soul이 육체의 힘virtue of the body보다 더 강하듯 영적인 힘spiritual virtue은 육체적 힘bodily power보다 더 강하다. 둘째, 영혼에 관한 이야기다. 모든 구체적 형태bodily form는 물질에 의해 개별화되고, 물질에 의해 규정된다. 그리고 비물질적인 형태들matterless forms은 절대적이고 초감각적이기 때문에 더욱 보편적인 힘을 갖는다. 그러므로 물질에 의해 구현된 영혼embodied soul은 자신의 육체를 공간 이동 시킬 수 없을 뿐만 아니라 위로 들어올릴 수도 없다. 하지만 신의 허락을 얻고 물질로부터 분리된다면 영혼은 충분히 그렇게 할 수 있을 것이다. 다시 말해서 비물질적 영혼matterless spirit은 이 모든 일을 충분히 해낼 수 있다는 것이다(가령 선한 천사와 악한 천사들처럼 말이다). 예컨대 하박국이 유대 땅에서 갈대아로 순식간에 이동할 수 있었던 것은 모두가 선한 천사 덕분이었다. 이를 근거로 다음과 같은 결론을 내릴 수 있다. 잠들어 있는 사람이 밤마다 높은 건물 위를 넘어 다닐 수 있는 것은 영혼의 힘 때문도 아니고 천체의 영향 때문도 아니다. 여기에는 더 높은 힘more excellent virtue이 작용하고 있는 것이다.

마녀가 하늘을 나는 방법에는 다음과 같은 것들이 있다. 먼저 아이를 살해한 다음 그 시신을 끓여 연고를 만든다(마녀가 특히 눈독을 들이는 것은 세례받지 않은 아이들이다). 그리고 악마의 지시에 따라 의자나 지팡이에 연고를 바르면 마녀의 몸이 공중에 떠오른다(이런 일은 밤에 할 수도 있고 낮에 할 수도 있다. 그리고 눈에 보이게 할 수도 있고 눈에 안 보이게 할 수도 있다). 이때 연고를 사용하는 것은 아이들로부터 세례와 구원의 은총을 빼앗기 위함이지만 연고가 없다고 해서 하늘을 날지 못하는 것은 아니다. 가령 마녀가 동물을 타고 비행하는 경우에는 연고가 없어도 된다(마녀가 타고 다니는 동물은 진짜 동물이 아니다. 그것은 동물의 모습으로 가장한 악마가 분명하다). 그리고 경우에 따라서는 외부로부터의 도움 없이도 하늘을 날 수 있는데 이때 눈에 보이지 않는 악령의 힘이 작용한다.

그럼 여기서 눈에 보이는 비행의 실례를 들어 보자. 라인강 상류 발드슈트 시市에 한 마녀가 살고 있었다. 그녀는 주민들 모두로부터 미움을 받는데 하루는 도시의 모든 여자들이 참석하는 결혼식에 자신만이 초대되지 않았다는 사실을 알게 되었다. 화가 난 마녀는 복수를 결심했고 악마를 불러내 자초지종을 설명하기 시작했다. 그녀가 원하는 것은, 우박을 일으켜 결혼식에 참석한 사람들을 뿔뿔이 흩어지게 하는 것이었다. 악마는 그렇게 하겠노라 약속을 했고 잠시 후 그녀의 몸을 공중으로 들어올렸다. 하늘을 날게 된 마녀는 곧장 도시 부근의 산으로 향했다. 바로 그때 목동 몇 명이 그녀의 비행을 목격했다. 산에 도착한 마녀는 제일 먼저 구덩이를 팠다. 그리고 주위에 물이 없다는 것을 알고는 물 대신 자기 오줌을 구덩이에 부어 넣었다(나중에 다시 설명하겠지만 우박을 일으키기 위해서는 이런 과정이 필요하다). 그리고 악마가 보는 앞에서 구덩이 속의 흙과 오줌을 휘저어 섞었다. 그러자 악마가 축축한 흙덩어리를 허공으로 던져 올렸다. 그리고 다음 순간 어마어마한 우박이 쏟아져 내렸고 결혼식에 참석한 사람들이 뿔뿔이 흩어졌다. 얼마의 시간이 흘렀을까, 사람들이 모여 웅성거리고 있을 때 마녀가 도시로 돌아왔다. 사람들은 마녀를 의심하기 시작했다. 그리고 목동들의 증언이 이어지자 사람들의 의심은 극에 달했다. 결국 마녀는 체포되었고 얼마 후 형장의 이슬로 사라지고 말았다.

이런 종류의 비행은 일반인도 잘 아는 비행이기 때문에 굳이 더 많은 예를 들 필요가 없을 것이다. 그리고 이런 종류의 비행을 완전히 부정하거나 또는 "이런 종류의 비행은 상상이나 환상 속에서만 가능한 것이다"라고 주장하는 사람들에게도 위의 예 하나면 충분할 것이다. 과연 그럴까? 만약 망상에 빠지는 것이 그들뿐이라면 괜찮을 것이다. 그리고 그런 망상이 신앙을 무너뜨리지만 않는다면 상관 없을 것이다. 하지만 그들은 홀로 망상에 빠지는 것이 두려웠는지 이제는 다른 사람들에게까지 망상을 심어 주려 하고 있다(결국 마녀들의 수만 늘리고 신앙만 더럽히는 꼴이 될 것이다). 그들은 "모든 마법은 상상 속에서 일어나는 허구에 불과하기 때문에 아무런 해도 끼치지 않는다"라고 주장한다. 결국 이러한 망상 때문에 대부분의 마녀들이 법망을 피해 가게 되고 또 이 때문에 마녀들의 수가 급격히 증가하는 것이다. 그들은 "마녀의 비행은 상상이나 환상을 통해서만 가능하다"라는 캐논 〈Episcopi〉의 텍스트를 인용한다. 하지만 그렇다고 해서 "마녀가 육체적으로 비행을 하는 것은 불가능하다"라고 결론 내릴 만큼 어리석은 자가 있겠는가? 게다가 "인간의 상태가 더 좋아지거나 더 나빠질 수 있다고 믿는 자들은 이교도로 간주되어야 한다"라고 주장하는 캐논 〈Episcopi〉의 마지막 부분으로부터 어떻게 "마법을 부린다고 해서 사람이 동물로 변하는 것은 아니다"라든가 "마법을 부린다고 해서 건강한 사람이 병에 걸리는 것은 아니다"라는 결론을 내릴 수 있겠는가? 캐논의 내용을 피상적으로만 이해한다면 이는 곧 성경의 참뜻을 거스르는 일이 될 것이다.

성직자들은 신도들에게 "마녀는 상상을 통해서만 하늘을 날 수 있는 것이 아니다. 마녀는 실제로도in body 하늘을 날 수 있다"라고 설교해야 한다. 이것은 한편으로 화형에 처해진 마녀들의 자백을 통해, 다른 한편으로 회개를 통해 참된 신앙을 얻은 마녀들의 자백을 통해 드러난 사실이다.

자백을 통해 진실을 밝힌 마녀들 중에는 브레이자흐Breisach 출신의 마녀도 있었다. 우리가 마녀에게 "마녀들은 상상을 통해서만 하늘을 나는 것인가 아니면 실제로도 하늘을 나는 것인가?"라고 물었을 때 마녀는 "둘 다 가능합니다"라고 대답했다. 그리고 직접 날아서 이동할 생각은 없지만 '마녀 모임'에 간 친구들이 무슨 일을 벌이는지 알고 싶을 때에는 다음과 같은 방법을 사용한다고 한다. 먼저 악령들의 이름을 부른 다음 왼쪽 옆구리를 바닥에 대고 눕는다. 그러면 마녀의 입에서 푸르스름한 연무 같은 것이 뿜어나오고 이와 동시에 모임에서 벌어지는 일들이 눈 앞에 펼쳐진다. 그리고 직접 날아서 이동하고 싶을 때에는 위에서 말한 방법을 사용한다고 한다.

그 다음, 비록 캐논의 내용을 문자 그대로 이해했다 하더라도 과연 "모든 마법 행위와 그로 인한 피해는 환상과 상상 속에서만 가능한 것이다"라고 주장할 만큼 어리석은 사람이 있을까? 마법 행위와 그로 인한 피해가 감각 기관을 통해 인지된다는 사실을 모든 사람이 알고 있는데도 말이다.

끝으로, 성 저메인St. Germain의 일대기에 근거한 예들 또한 매우 적절하지 못하다. 왜냐하면 아내가 남편 옆에서 자고 있다는 것을 증명하기 위해 악령들이 아내 대신 누워 있었을 가능성이 충분하기 때문이다. 이런 일이 실제로 일어났다고 주장하는 것은 성인의 명예를 더럽히는 일이 될 것이다. 다만 이런 예를 드는 것은 '성인전에 나오는 이야기와 반대되는 상황'도 얼마든지 가능하다는 것을 깨닫게 하기 위해서이다.

이 밖의 다른 주장들에 대해서도 이와 같은 식으로 반박할 수 있을 것이다. 마녀들이 실제로 하늘을 날 수 있다는 것은 여러 학자들에 의해 증명되고 있다. 그리고 관심 있는 독자들은 브라반트의 토마스 아퀴나스가 쓴 《꿀벌Bees》을 참고하기 바란다. 이 책에서 여러분은 인간의 비행(상상을 통한 비행과 실제 비행)에 관한 놀라운 사실들을 발견하게 될 것이다.

4절
마녀는 어떤 식으로 악마—인큐버스에게 몸을 바치는가?

이 질문에 답하기 위해서는 먼저 다음의 문제들을 살펴봐야 한다. 첫째, 사람으로 둔갑한 악마의 육신은 어떤 요소들로 이루어져 있는가? 둘째, 성행위를 할 때 정액의 유출the infusion of a seed이 수반되는가(물론 그 정액은 다른 사람의 몸에서 빌려 오는 것이다)? 셋째, 성행위를 하는 데 적합한 시간이 따로 있는가? 넷째, 성행위가 이루어지는 동안 여자가 악마의 모습을 볼 수 있는가? 그리고 이런 일을 겪는 여자들은 '악마와의 간음'에 의해 태어난 여자들인가? 다섯째, 태어날 때 악마에게 바쳐진 여자들 또한 이런 일을 당하는가? 여섯째, 악마와의 성행위가 성적 쾌감을 가져다 주는가?

먼저 악마의 육신body assumed by demon을 구성하는 재료와 그 성질에 대해 알아보자. 악마의 육신은 공기로 이루어져 있고 동시에 흙으로 이루어져 있다. 왜냐하면 공기가 응축되는 과정에서 악마의 육신이 흙의 특성을 띠기 때문이다. 공기는 그 자체로서는 형태를 취할 수 없고 오직 자신을 둘러싼 다른 물체에 의해서만 형태를 취할 수 있다. 따라서 공기는 자신의 경계가 아닌 다른 물체의 경계에 의해서만 그 범위가 정해진다. 그러므로 악마가 '공기로 된 육신'을 입는 것은 그리 간단한 일이 아니다. 여기서 주목해야 할 것은, 공기가 대단히 불안정하고 유동적인 물질이라는 사실이다. 예를 들어 어떤 사람이 악마의 육신을 칼로 베기도 하고 또 칼로 찌르기도 했지만 그때마다 실패하고 말았다. 왜냐하면 잘려진 공기 조각들이 순식간에 다시 붙어 버렸기 때문이다. 이로부터 우리는 다음과 같은 사실을 알 수 있다. 첫째, 공기가 악마의 육신을 구성하는 재료로서 아주 적합한 것은 맞다. 하지만 그 자체로서는 형태를 취할 수 없다. 둘째, 따라서 무언가 다른 물체, 즉 흙의 성질을 지닌 다른 물체와 결합하지 않는 한 공기는 응축 과정을 통해서 공기 본래의 속성과 흙의 속성을 동시에 지녀야 한다. 셋째, 악마 또는 육신으로부터 분리된 영혼들disembodied souls은 지면에서 올라오는 밀도 높은 수증기를 이용해 공기를 응축시킬 수 있다. 하지만 분명히 알아 두어야 할 것은, 공기로 육신을 만들 수 있다고 해서 악마가 창조주의 역할을 대신할 수 있는 것은 아니라는 사실이다. 악마는 공기로 이루어진 육신에 형식적으로 생명을 불어넣을 뿐이다.

　사람으로 둔갑한 악마가 마녀들과 이야기를 나눈다. 그리고 눈으로 보고 귀로 듣고 입으로 먹는다(심지어 자식까지 낳는다). 이런 일들을 어떻게 이해하면 좋을까? 실제로 대화가 가능하기 위해서는 세 가지 조건이 요구된다. 첫째, 공기를 빨아들일 폐가 필요하다(폐는 심장을 식히는 데 중요한 역할을 한다. 그래서 말 못하는 벙어리도 호흡을 해야 하는 것이다). 둘째,

공기 중에서 어떤 물체를 때려야 한다. 막대기로 종을 치듯이 말이다. '소리를 낼 수 있는 물질'을 '소리를 낼 수 있는 도구'로 때리면 물체 크기에 상응하는 소리가 발생하여 듣는 사람의 귀에까지 도달한다. 셋째, 목소리가 필요하다(생명이 없는 것들은 소리를 내지만 생명이 있는 것들은 목소리를 낸다). 말하자면 공기를 들이마시고 내뱉을 때 혀가 그 공기를 쳐야 한다. 넷째, 목소리를 내는 사람이 자신의 생각을 표현할 수 있어야 한다. 한 사람이 다른 사람의 생각을 이해할 수 있는 것은 말하는 사람이 자신의 목소리를 분할하기divide one's voice 때문이다. 혀가 이빨을 단속적으로 때리거나 입술이 열렸다 닫혔다 하면 목소리가 쪼개진다. 그리고 쪼개진 목소리가 공기 중에서 증폭되어 듣는 사람의 귀에 도달하면 그 소리를 듣는 사람이 말하는 사람의 생각을 이해하게 된다.

다시 주제로 돌아가자. 악마에게는 폐도 없고 혀도 없기 때문에 혀와 이빨, 입술을 인공적으로 만들어 낸다. 따라서 악마가 하는 말은 고유한 의미에서의 말이라고 할 수 없다. 하지만 악마는 목소리와 유사한 소리를 냄으로써 자신의 생각을 표현할 수 있다. 즉 사람처럼 공기를 들이마시고 내쉬는 것이 아니라 육신 속에 들어 있는 공기를 이용해 소리를 낸다. 호흡에 의하지 않고서도 목소리와 비슷한 소리를 낼 수 있다는 것은 몇몇 무호흡 동물의 예를 통해 증명할 수 있다. 가령 청어herring는 물 밖으로 나오는 순간 소리를 내고 죽는다.

지금까지 말한 내용은 앞으로 논의될 문제들에도 똑같이 적용될 수 있다(단, 선한 천사들의 경우에는 적용되지 않는다). 결론적으로 말하면, 악마는 귀신 들린 육신의 신체 기관을 이용해서 말을 한다. 단, 악마가 육신 속으로, 즉 육신의 외피를 뚫고 들어가는 것은 맞지만 그렇다고 해서 육신이나 영혼의 본질the essence of the body or soul 속으로 들어갈 수 있는 것은 아니다. 즉 본질과 우발적 속성incidental quality(또는 외적 속성)을 구별해야 한다는 말이다. 하지만 주제와 관련이 없는 문제를 깊이 다룰 필요는 없을 것이다. 더 자세한 설명이 필요하다면 성 토마스 아퀴나스의 《Commentary on Pronouncements》를 참고하도록 하자(Bk. 2, Dist. 8, Art. 5).

눈으로 보는 문제에 관해서는 "악마가 보는 것에는 두 가지 종류, 즉 영적인 눈으로 보는 것과 육체적인 눈으로 보는 것이 있다"라고 말해야 한다. 특히 영적인 눈으로 보는 행위는 육체적인 눈으로 보는 행위보다 훨씬 더 뛰어난 능력을 요구한다(영적인 눈으로 보는 경우 속을 꿰뚫어 볼 수 있을 뿐만 아니라 거리의 방해도 받지 않는다). 따라서 선한 천사는 물론, 악한 천사들도 '자신이 입은 육신assumed body'의 눈을 사용하지 않는다. 즉 악마의 눈은 가상의 눈imaginary eyes에 지나지 않는다. 하지만 그럼에도 불구하고 악마가 인간의 모습으로 나타나는 이유는, 인간에게 고유한 속성이 자신에게도 있다는 것을 보여주기 위해서다. 선한 천사들이 신의 명령과 묵인에 따라 신부神父들 앞에 나타날 때 인간의 모습을 하고 나타나는 것도 바로 이 때문이다. 한편 악인들 앞에 나타날 때 인간의 모습을 하고 나타나는 이유는 첫째, 사람들이 자신(악마)의 속성을 쉽게 알아차릴 수 있도록 하기 위해서이고 둘째, 이를 통해 사람들을 자기 편으로 끌어들이기 위해서이다. 결론적으로 말하면 이렇다.

"육체적으로 보는 행위는 곧 살아 있는 육신이 신체 기관을 통해 하는 행위다. 그런데 악마에게는 신체 기관이 없다. 따라서 인간의 육신을 입은 악마는 신체 기관과 비슷한 것을 이용하여, 육체적으로 보는 것과 비숫한 행위를 하는 것이다."

들는 문제의 경우도 이와 마찬가지다. 악마의 듣는 능력은 육신의 그것보다 훨씬 더 뛰어나다. 왜냐하면 악마는 이성의 사고와 영혼의 이야기를 인간보다 더 예리하게 인지할 수 있기 때문이다(인간은 육신의 말 bodily words로 표현된 생각을 듣는다). 인간의 드러나지 않는 의지는 얼굴 표정으로 알 수 있고, 인간의 감정은 심장 고동과 맥박으로 인지할 수 있는데 하물며 악마가 그런 일을 하지 못하겠는가?

먹는 문제에 대해서는 다음과 같이 말할 수 있다. 음식 섭취 과정이 완결되기 위해서는 네 가지 조건이 요구된다. 첫째, 입 속에 들어온 음식물을 잘게 부숴야 한다. 둘째, 잘게 부서진 음식물을 몸속으로 보내야 한다. 셋째, 몸속으로 들어온 음식물을 소화시켜야 한다. 넷째, 영양에 필요한 물질은 흡수하고 필요없는 물질은 내보내야 한다. 인간의 육신을 입은 천사들의 경우 음식물을 잘게 부수거나 몸속으로 들여보내는 일은 할 수 있다. 하지만 음식물을 소화시키거나 영양에 필요한 물질을 흡수하지는 못한다. 그 대신 천사들에게는 또다른 능력이 있다. 그것은 바로 음식물을 다른 물질로 변화시키는 능력이다.

예수 그리스도에게도 진정한 '먹는 능력'이 있었다. 그는 소화 능력은 물론 영양분을 흡수하는 능력도 지니고 있었다. 하지만 그 육신이 찬양받았기 때문에 그는 음식을 소화할 필요도 없었고 영양분을 흡수할 필요도 없었다. 예수 그리스도의 몸속으로 들어간 음식은 불 속에 부어진 물처럼 순식간에 흡수되어 버렸다.

마녀는 어떤 식으로 악마-인큐버스와 성관계를 맺는가? 악마-인큐버스와의 성관계로 인해 얼마나 많은 마녀들이 새롭게 생겨나고 있는가?

주전主前 약 1400년경에도 마녀들이 존재했다. 그렇다면 당시의 마녀들도 오늘날의 마녀들처럼 추악한 음행을 일삼았을까? 이 질문에 대해 정확한 답을 제시하기는 어렵다. 왜냐하면 그런 일이 있었다는 기록은 어디에서도 찾아볼 수 없기 때문이다. 하지만 역사를 깊이 이해하는 사람이라면 절대 의심할 수 없는 것들이 있다. 첫째, 마법사들은 어느 시대에나 존재했다는 것. 둘째, 그들의 만행으로 수많은 사람과 가축, 들판의 작물이 피해를 입었다는 것. 셋째, 과거에도 인큐버스와 서큐버스들이 존재했다는 것(캐논과 교부들의 성전聖傳에 이와 관련된 이야기들이 많이 나온다). 이 문제와 관련해서 더 많은 설명이 필요하다면 니더의 《개미둑》과 브라반트 토마스 아퀴나스의 《보편적 선Universal Good》(또는 《꿀벌》)을 참고하기 바란다.

오늘날의 마녀들이 이와 같은 악마적 음행에 물들어 있다는 주장에 우리는 전적으로 동의한다. 뿐만 아니라 마녀들의 증언 또한 이러한 주장에 신빙성을 더해 준다. 예전처럼 자발적으로 하는 것은 아니지만 어쨌든 마녀들이 이와 같은 노예적 굴종에 탐닉한단느 것은 분명한 사실이다. 우리는 여러 교구, 특히 콘스턴스 교구와 라벤스부르크 시市에서 무수히 많은 마녀들을 세속 권력에 인도한 바 있다. 어떤 마녀들은 12년 동안 또 어떤 마녀들은 20년, 30년 동안 악마와의 음행에 탐닉했고 그들 모두가 기독교 신앙을 거부했다. 결국 5년 동안 48명의 마녀가 형장의 이슬로 사라졌다(자신의 잘못을 뉘우친 후 참된 신앙을 되찾은 마녀들은 이 숫자에서 제외되었다). 이 문제에 대해서는 이 책 3부에서 다시 살펴보기로 하자.

이 모든 이야기는 우리의 경험과 믿을 만한 사람들의 보고에 근거한 것이다.

"악마와의 음행이 새로운 마녀들을 탄생시키는가?"라는 질문에 대해서는, 아우구스티누스의 설명처럼, "모든 미신적 술법은 인간과 악마의 유해한 동맹에 의해 생겨난다"라고 답해야 한다. 아우구스티누스는 자신의 책 《기독교 교의Christian Doctrine》에서 다음과 같이 지적한다.

"이러한 미신적 술법들은 모두가 무의미하고 해로운 술법들로서 인간과 악마가 맺는 유해한 동맹과 불경하고 교활한 친선 계약에 의해 생겨난다"(26, Q. 2).

이로부터 우리는, 악마와 동맹을 맺는 방법이 다양하듯 미신과 마법의 종류도 매우 다양하다는 것을 알 수 있다. 여기서 우리는 성 토마스 아퀴나스의 설명에 주목할 필요가 있다. 그는 "이런 식으로 태어난 사람이 다른 사람들보다 더 큰 힘을 지니게 되는가?"라고 묻고 이에 대해 "그렇다. 예를 들어 '당시에 땅에는 네피림이 있었고'(창세기 6장 4절)라는 성경 구절을 그 근거로 들 수 있다"라고 답했다(《Commentary on Pronouncements》, Bk. 2, Dist. 4, Art. 4).

다시 주제로 돌아가자. 만약 누군가가 "마녀의 탄생이 이러한 음행에 기인하는가?"라고 묻는다면 "마녀는 유해한 상호 동맹baneful mutual alliance에 의해 생겨난다"라고 답해야 한다. 하지만 마녀의 수가 증가하는 것은 이러한 음행 때문이 아니다. 악마가 음행을 갈망하는 이유는 자신의 욕정을 채우기 위해서가 아니라 죄악에 빠뜨리기 위해서이다. 따라서 악마와 마녀의 음행은 다음과 같은 방식으로 이루어진다. 먼저 서큐버스가 죄 많은 남자로부터 정액을 얻는다. 만약 이 악마가 남자를 담당하는 악마이고 또 인큐버스가 되는 것을 원치 않는 악마라면 정액은 또 다른 악마, 즉 여자(또는 마녀)를 담당하는 악마에게 전달된다. 그리고 정액을 전달받은 악마는 '도움이 되는 별자리'를 이용하면서 인큐버스로 활동하게 된다.

위에서 말한 것들은 성경 말씀에 어긋나지 않는다. 성경에는 마법사들에 대한 언급 대신 거인들과 힘센 사람들에 대한 언급이 있는데 이는 천리the Law of Nature의 시대, 즉 '천지창조에 대한 기억'이 생생했던 시대는 마법이라는 것이 존재하지 않았고 또 우상 숭배 현상도 나타나지 않았기 때문이다. 하지만 인간의 악한 본성이 싹트기 시작하면서 악마는 이와 같은 불행, 즉 믿음의 결여라는 불행을 가져올 좋은 기회를 얻게 되었다.

"악마—인큐버스는 항상 정액을 쏟아내는가?"라는 물음에 대해서는 가설적 가능성만을 제시할 수 있다. 가령 마녀의 나이가 많고 또 아이를 못 낳는 경우라면 악마는 사정을 하지 않는다. 왜냐하면 악마는 불필요하고 무의미한 일을 가능한 한 피하려 하기 때문이다(이런 경우 악마가 마녀에게 접근하는 목적은 오직 성적 쾌감을 안겨 주기 위해서이다). 이와 반대로 임신을 할 수 있는 경우라면 악마는 주저하지 않고 다가가 아이를 배게 만든다.

만약 누군가가 "성관계를 할 때 남자의 정액을 뽑아내듯 몽정하는 남자의 정액도 뽑아낼 수 있는가?"라고 묻는다면 "그것은 불가능하다"라고 분명하게 답해야 한다. 여기서 염두에 두어야 할 것은, 성교를 할 때 분비되는 정액이 몽정을 할 때 분비되는 정액보다 훨씬 더 뛰어난 생산력을 지닌다는 점이다(따라서 몽정할 때 분비되는 정액은 잘 사용되지 않는다). 그리고 어떠한 경우에도 부정할 수 없는 사실은, 결혼한 마녀가 남편의 아이를 임신하는 경우에도 인큐버스는 다른 남자의 정액을 섞어 넣음으로써 이미 잉태된 태아에게 해를 입힐 수 있다는 것이다.

인큐버스는 어느 때, 어느 곳에서 주로 활동하는가?

"인큐버스가 시간과 장소를 중요하게 생각하는가?"라는 질문에 대해서는 이렇게 답해야 한다. "마녀를 수태시킬 때 인큐버스는 천체 배열과 관련된 시간을 고려한다. 그리고 수태와 관계 없이 성적 쾌감만을 안겨 줄 때에도 항상 시간을 고려한다." 인큐버스들은 주로 성스러운 축일, 가령 성탄절과 부활절, 오순절 같은 종교적 축일을 선호한다. 그 이유는 무엇일까? 첫째, 마녀들로 하여금 신앙을 버리고 신성 모독의 죄를 범하도록 하기 위해서이다(이렇게 함으로써 악마는 창조주에게 더 큰 모욕을 안겨 줄 수 있지만 그 대신 마녀들은 더 큰 저주를 받게 된다). 둘째, 심한 모욕감을 느낀 신이 마녀들에게 더 큰 힘을 부여할 수 있도록 하기 위해서이다. 성경은 다음과 같이 기록하고 있다.

"범죄하는 그 영혼은 죽을지라. 아들은 아버지의 죄악을 담당하지 아니할 것이요 아버지는 아들의 죄악을 담당하지 아니하리니 의인의 공의도 자기에게로 돌아가고 악인의 악도 자기에게로 돌아가리라"(에스겔 18장 20절).

물론 이 성경 구절은 영원한 형벌eternal punishment이라는 측면에서 이해되어야 한다. 하지만 순결한 사람이 타인의 죄로 인해 일시적 형벌temporal punishment을 받는 경우도 허다하다. 예컨대 출애굽기는 다음과 같이 기록하고 있다.

"나 네 하느님 여호와는 질투하는 하느님인즉 나를 미워하는 자의 죄를 갚되 아버지로부터 아들에게로 삼사 대까지 이르게 하거니와"(출애굽기 20장 5절).

그런 형벌을 받은 사람들이 바로 소돔 사람들의 자식들이었다(아버지들의 죄로 인해 죄 없는 아이들이 물에 빠져 죽었다). 셋째, 더 많은 사람들, 특히 젊은 여자들을 타락의 길로 이끌기 위해서이다. 축일이 되면 무위와 나태에 빠진 사람들이 호기심에 이끌리고, 호기심에 이끌린 사람들은 마녀의 유혹에 쉽게 넘어간다.

다음은 장소에 관한 문제다. "인큐버스의 음행은 특정한 장소에서 이루어지는가?"라는 질문에 대해서는 다음과 같이 답해야 한다. "마녀들의 주장에 따르면, 성소聖所에서는 추악한 행위를 할 수 없다. 왜냐하면 수호천사가 지키고 있기 때문이다. 게다가 마녀들은, 예배가 있는 날을 제외하고는 하루도 마음 편할 날이 없다고 말한다. 가령 교회에서 예배를 드릴 때 마녀들은 서둘러 교회 안으로 들어가고 천천히 교회 밖으로 나온다. 그렇게 하지 않으면 악마의 지시에 따라 매우 사악한 의식을 수행해야 하기 때문이다. 예컨대, 성체 거양식Elevation이 진행될 때 바닥에 침을 뱉거나, 불경한 말을 내뱉어야 하는 것이다."

인큐버스와 서큐버스의 활동이 마녀와 주위 사람들의 눈에 보이는가?

이 질문에 대해서는 다음과 같이 답해야 한다. 마녀와 계약을 맺는 인큐버스는 '눈에 보이지 않게' 접근할 필요가 없다. 따라서 마녀와 성관계를 맺는 인큐버스는 항상 눈에 보이게 행동한다. 그렇다면 주위에 있는 사람들은 어떨까? 소문에 의하면, 들이나 숲에서 벌거벗은 채 누워 있는 마녀들이 자주 목격되었다고 한다. 목격자들은 "마녀들의 아랫도리, 그러니까 배꼽 아래의 맨살이 허옇게 드러나 있었다. 그리고 다리를 놀리는 모습이 마치 성교를 하는 것 같았다"라고 말했다. 물론 인큐버스의 모습은 보이지 않았다. 하지만 성교가 끝난 후 마녀의 몸에서 새까만 연기가 피어 올랐는데 그 높이가 사람 키만 했다고 한다.

그런가 하면 이런 경우도 있었다. 한 여자가 인큐버스와 성관계를 맺고 있는데 그 장면을 여자의 남편이 보고 말았다. 인큐버스의 정체를 모르는 남편은 칼로 인큐버스의 몸을 찔렀고 악마―인큐버스는 흔적도 없이 사라져 버렸다. 그리고 모욕감을 느낀 아내가 남편을 비웃으며 말했다. "눈이 어떻게 된 거 아냐? 당신 눈은 악마에 씐 게 분명해."

인큐버스는 음행으로 태어난begotten 여자들은 물론, 다른 모든 여자들까지도 공격 대상으로 삼는다.

악마는 모든 여자들, 특히 성녀들holy virgins을 타락시키는 데 혈안이 되어 있다. 예컨대 라벤스부르크 시市에서는 최종 판결을 앞둔 몇몇 마녀들(후일 화형에 처해진 마녀들)이 다음과 같이 증언했다.

"성녀들과 미망인들을 타락시키는 일에 전력을 기울이라는 것이 우리

스승들의 명령이었다."

"악마—인큐버스와 성관계를 맺는 여자들은 인간—남자들과 성관계를 맺을 때보다 더 큰 성적 쾌감을 느끼는가?"라는 질문에 대해서는 이렇게 답해야 한다. "만약 이 교활한 책략가가 적절한 피동적 요소appropriate passive elements와 적절한 능동적 요소appropriate active elements를 결합시킨다면 상당한 쾌감을 불러일으킬 수 있을 것이다." 하지만 이 문제는 '여성의 특성'이라는 주제를 다룰 때 다시 살펴보도록 하자.

5절
교회 성사를 통해 악행을 일삼는 마녀들,
그들은 어떤 식으로 생식 능력을 저해하고,
천체를 제외한 모든 피조물에게 피해를 입히는가?

양성의 피조물creatures of either sex과 들판의 작물에 마법을 거는 방법에는 첫째, 사람에게 마법을 거는 방법 둘째, 동물에게 마법을 거는 방법 셋째, 들판의 작물에 마법을 거는 방법이 있다. 사람에게 마법을 거는 방법은 여섯 가지로 나누어 살펴볼 수 있다. 1) 생식 능력을 저해하거나 성행위를 방해하는 방법은 무엇인가? 즉 여자를 불임으로 만들거나 남자를 발기 불능으로 만드는 방법은 무엇인가? 2) 어떤 여자와는 성행위를 할 수 있게 하고, 어떤 여자와는 성행위를 할 수 없게 하는 방법은 무엇인가? 3) 남근男根을 제거하는 방법은 무엇인가? 4) 앞에서 말한 것 중 어느 하나가 행해진다면 여기에는 악마의 힘이 작용하는 것인가? 5) 남자 또는 여자를 동물로 둔갑시키는 방법은 무엇인가? 6) 산파—마녀가 뱃속의 아이를 살해하는 방법은 무엇이고, 갓 태어난 아이를 악마에게 바치는 방법은 무엇인가? 이러한 문제들은 이미 이 책 1부에서 다루어진 문제들이다.

위에서 언급한 문제들을 더욱 명료하게 이해하고, '마녀는 존재하지 않는다. 따라서 마법 행위도 존재하지 않는다'라는 망상을 떨쳐 버리기 위해서는 마법 행위와 그 사건들에 집중할 필요가 있다. 먼저 마녀들이 인간에게 해를 입히는 여섯 가지 방법에 대해 알아보자. 첫째, 여자에 대한 음탕한 사랑을 남자에게 불러일으키거나, 남자에 대한 음탕한 사랑을 여자에게 불러일으킨다. 둘째, 증오심이나 질투심을 불러일으킨다. 셋째, '마법에 걸린' 남자들의 생식 능력을 저해하거나 마법에 걸린 여자들의 생식 능력을 저해한다(또는 위에서 말한 것처럼 유산을 하게 만든다). 넷째, 병에 걸리게 만든다(주로 팔다리에). 다섯째, 목숨을 빼앗는다. 여섯째, 이성을 잃게 만든다.

또한 악마는 모든 종류의 마법에서 가능한 한 많은 성사Sacraments 와 준성사Sacramentals 그리고 성물divine objects을 이용할 것을 마녀들에게 요구한다. 가령 밀랍 형상wax image을 제단 아래에 두거나 실에 성유를 묻히는 것이 좋은 예가 되겠다. 이제 성사와 준성사를 이용한 마법 행위의 예를 들어 보자(아래의 예들은 우리가 직접 목격한 사건들에 근거하고 있다).

성찬식에 참석한 한 마녀가 성체를 입에 넣는가 싶더니 도로 뱉어내고 말았다(마녀가 고개를 숙이고 있었고 또 면사포로 얼굴을 가리고 있었기 때문에 아무도 이 사실을 알아차릴 수 없었다). 마녀는 뱉어낸 성체를 손수건에 싼 다음 유유히 집으로 돌아갔고 집으로 돌아온 다음에는 악마의 지시에 따라 행동하기 시작했다. 먼저 손수건에 싸인 성체를 단지에 넣고 그 속에 두꺼비 한 마리를 넣은 다음 단지를 마구간에 묻었다. 다음 날 아침, 마구간 앞을 지나던 남자의 귀에 이상한 소리가 들렸다(이 남자는 날품팔이꾼이었다). 남자가 마구간 쪽으로 다가가자 그 소리가 더욱 또렷하게 들렸다. 그것은 땅속에서 나는 아이 울음소리였다. 남자는 그길로 곧장 치안 판사를 찾아가 근친 살인이 일어난 것 같다고 말했다. 관리들이 달려가 보니 정말 아이 울음소리가 들렸다. 하지만 관리들은 아이를 꺼내는 대신 수상한 여자, 즉 아이를 땅속에 묻은 것으로 의심되는 여자를 기다리기로 했다(관리들은 성체가 묻혀 있다는 사실을 알지 못했다). 그러던 어느 날 마녀가 나타났다. 마녀는 땅속의 단지를 꺼내 망토 속으로 숨기던 중 파수꾼들에게해 체포되고 말았다. 마녀는 자신의 죄를 인정하면서 이렇게 말했다. "성체와 두꺼비를 단지 안에 넣어 두면 가루dust가 생겨요. 그리고 그 가루를 이용하면 사람과 가축에게 해를 입힐 수 있어요."

그런가 하면 성찬식이 진행되는 동안 성체를 혀 밑으로 밀어넣는 마녀들도 있다. 그렇게 하면 성체를 더 쉽게 꺼낼 수 있고 또 이를 통해 창조주에게 더 큰 모욕을 안겨 줄 수 있기 때문이다. 따라서 모든 교구장과 성찬식을 베푸는 사람들은, 성찬식에 참석한 여자들이 지나치게 입을 크게 벌리는지, 혀를 쭉 내미는지, 옷자락을 들어올리는지 주의 깊게 살펴봐야 한다. 더 세심한 주의를 기울일수록 더 많은 마녀를 잡아낼 수 있다는 것을 명심해야 한다.

미신적인 목적에 이용되는 준성사들의 예는 셀 수 없이 많다. 가령 밀랍 형상이나 '향기 나는 물건aromatic ones'을 제대포altar cloth 아래에 두는 것도 그 중 하나가 될 것이다(이런 것들을 문간에 숨겨 두면 지나다니는 사람이 마법에 걸리게 된다).

6절
생식 능력을 떨어뜨리는 방법

생식 능력을 떨어뜨리는 것은 내부로부터도 가능하고 외부로부터도 가능하다. 먼저 내부로부터 떨어뜨리는 방법에는 두 가지가 있다. 하나는 음경의 발기, 즉 수태에 필요한 기능을 직접 억제하는 방법이고, 다른 하나는 정신적 자극spiritual impulse을 억제하는 방법이다. 즉 정신적 자극을 억제함으로써 정액이 지나가는 통로를 막아 버리는 것이다. 그리고 외부로부터 떨어뜨리는 방법에는 마법 이미지를 이용하는 방법, 풀을 먹는 방법 그리고 수탉의 고환 같은 외부 사물을 이용하는 방법이 있다. 하지만 이러한 방법들이 발기 불능을 일으키는 직접적인 원인이라고 생각해서는 안 된다. 여기에는 악마의 드러나지 않는 힘이 작용하고 있기 때문이다.

이런 일이 가능한 것은, 신이 인간의 다른 행위보다는 이와 같은 행위, 즉 원죄를 만연시킨 행위를 더 많이 묵인하기 때문이다. 뱀의 경우에도 마찬가지다. 뱀이 다른 동물들 보다 더 자주 마법에 이용되기 때문에 마녀들 또한 뱀을 이용해서 생식 능력을 떨어뜨리는 경우가 많다. 니더의 이야기를 들어 보자.

"로잔 교구에서 스타들린이라는 한 마법사가 체포되었다. 이 마법사는 '나는 뱃속의 아이를 일곱 명이나 죽였다. 그리고 일곱 명 모두 한 여자의 아이들이었기 때문에 그 여자는 계속 유산을 할 수밖에 없었다'라고 자백했는데 놀라운 것은 그 집의 크고 작은 가축들에게도 똑같은 일이 일어났다는 것이다. 어떻게 이런 일을 저지를 수 있느냐고 묻자 마법사는 '문간에 뱀을 묻어 두었소. 뱀을 치우면 생식 능력을 되찾게 될 거요'라고 답했다."

그의 예언은 적중했다. 하지만 뱀은 이미 흙으로 변해 있었고 사람들은 그 흙을 모조리 긁어냈다. 그리고 그해가 가기 전에, 여자와 가축들 모두 생식 능력을 되찾았다.

4년 전, 헤이쇼펜에서 또 하나의 사건이 발생했다. 그곳에는 가벼운 접촉만으로도 마법을 걸 수 있고 심지어 아이까지 유산시킬 수 있는 악명 높은 마녀가 살고 있었다. 그런데 하루는 한 세력가의 아내가 임신을 하게 되었다. 여자는 자신을 돌봐 줄 산파를 집으로 불렀고 그 산파는 "성 밖으로 나가지 말아요. 특히 마녀와 이야기를 나누는 일이 없도록 해요"라고 말했다. 몇 주 후 산파의 경고를 잊은 여자가 모임에 참석하기 위해 성문을 나섰다. 그리고 얼마 후, 모임에 나타난 마녀가 마치 인사라도 하듯 두 손으로 여자의 배를 감싸 쥐었다. 바로 그 순간 여자는 뱃속의 아이가 고통스럽게 움직이는 것을 느낄 수 있었다. 집으로 돌아온 여자는 밖에서 있었던 일을 산파에게 이야기해 주었다. 그러자 산파는 소리를 지르며 "아유 큰일 났네. 이제 애는 포기하는 게 좋겠어요!"라고 말했다. 드디어 분만이 시작되었다. 조각난 머리가 나왔고 조각난 팔, 조각난 다리가 나왔다.

한편 콘스턴스 교구의 메어스부르크 시市에서는 한 젊은이가 마법에 걸려 오직 한 여자와만 성관계를 맺을 수 있게 되었다. 그는 이렇게 말했다. "그 여자로부터 벗어나고 싶습니다. 다른 나라로 도망가고 싶단 말입니다. 하지만 밤만 되면 나도 모르게 벌떡 일어나 그녀를 찾아 달려가게 됩니다."

7절
마녀는 어떤 식으로 남근을 빼앗는가?

먼저 몇 가지 예를 들어 보자. 다만 한 가지 지적해 두어야 할 것은, 마녀가 남자의 성기를 빼앗는 것은 실제로 남자의 몸에서 성기를 떼어 내는 것이 아니라 마법을 부려 잠시 숨겨 두는 것에 불과하다는 것이다.

라벤스부르크 시市에 사는 한 청년이 여자와 사랑을 나누고 있었다. 그러던 어느 날 여자에게 싫증을 느낀 청년이 마법에 걸려 남근을 잃고 말았다. 남근이 있어야 할 자리에는 매끈한 살 덩어리만이 남아 있었다. 깊은 근심에 빠진 청년은 와인을 사러 술집에 들렀다. 그런데 술집에 앉아 있는 청년에게 한 여자가 다가왔다. 청년은 이 여자에게 모든 것을 털어놓았고 심지어 남근이 있던 자리까지 보여 주었다. 바로 그때 교활한 여자가 물었다. "혹시 의심 가는 사람이 있어요?" 청년은 한 여자의 이름을 말한 다음 그동안 있었던 일을 이야기해 주었다. 그러자 여자는 "그 여자를 찾아가서 모든 것을 원래대로 돌려 놓으라고 하세요. 좋은 말로

하지 말고 힘으로 하세요"라고 말했다. 청년은 평소 마녀가 잘 다니는 길에서 그녀를 기다렸다. 그리고 마녀를 만났을 때 "건강을 돌려 주시오"라고 말했다. 마녀는 "내가 무슨 잘못을 했나요? 난 아무것도 몰라요"라고 대답했다. 화가 난 청년은 마녀에게 달려들어 목을 조르기 시작했다. 청년이 "원래대로 해 놓지 않으면 내 손으로 죽여 버리겠어!"라고 하자 마녀는 "좋아요. 이 손을 치우면 그렇게 하겠어요"라고 했다. 청년은 여자의 목을 놓아 주었다. 그러자 마녀가 남자의 치골恥骨 아래에 붙은 허벅지 살을 손으로 만지며 이렇게 말했다. "이제 당신이 원하는 것을 다시 갖게 되었어요." 남자는 눈으로 보거나 손으로 만지지 않아도 알 수 있었다, 마녀가 살짝 건드리기만 했을 뿐인데 자신의 남근이 제자리로 돌아왔다는 것을. 슈파이어 수도원의 한 박식하고 덕망 있는 사제도 이와 비슷한 이야기를 들려주었다.

"한 청년이 찾아와서 고해 성사를 부탁했다. 그는 '제 성기가 없어졌습니다. 이제 어떻게 해야 하죠?'라고 말했다. 나는 청년의 말을 믿을 수 없었다. 하지만 자신의 중요 부위까지 보여 주는 청년을 더 이상 의심할 수는 없었다. 나는 '혹시 의심 가는 사람이 있습니까?'라고 물었다. 그러자 청년은 '의심 가는 사람이 있긴 하지만 그 사람은 지금 보름스에 살고 있습니다'라고 대답했다. 나는 그에게 이렇게 말했다. '자, 내가 시키는 대로 하세요. 지금 당장 그녀를 찾아가서 최대한 다정한 말로 그녀의 기분을 맞춰 주세요.' 청년은 내가 시키는 대로 했다. 그리고 며칠 후, 다시 찾아온 청년이 '고맙습니다. 모든 것을 되찾았습니다. 그리고 건강해졌습니다'라고 말했다. 나는 그의 말을 믿고 싶었지만 그래도 혹시나 하는 마음에서 다시 한번 눈으로 확인했다."

위에서 말한 것들을 보다 명료하게 이해하기 위해서 절대 잊지 말아야 할 것이 있다. 그것은 바로 마녀가 남자의 성기를 **빼앗는** 것은 실제로 남자의 몸에서 성기를 떼어내는 것이 아니라 눈으로 보지 못하고 손으로 만지지 못하도록 잠시 숨겨 두는 것에 불과하다는 것이다. 권위 있는 학자들 또한 이러한 견해에 동의하는데 가령 알렉산더 헤일즈는 "엄격하게 말해서 마법이란 악마가 일으키는 환각, 즉 감각의 기만에 불과하다. 그리고 이러한 현상이 일어나는 것은 사물이 변화를 일으키기 때문이 아니라 인식 능력, 즉 내적 감각이나 외적 감각과 관련된 능력에 변화가 생기기 때문이다"라고 설명한다. 단, 여기서 주목해야 할 것은, 이와 같은 경우에 기만을 당하는 것은 내적 감각이 아닌 외적 감각, 그중에서도 특히 시각과 촉각이라는 사실이다(내적 감각이란 공통 감각common sense, 환상, 상상, 판단, 기억의 다섯 가지 감각을 말한다. 하지만 환상과 상상을 동일한 것으로 간주하는 성 토마스 아퀴나스는 네 가지만을 내적 감각으로 인정한다-《신학 대전》, I,79,4).

악마가 이런 일을 할 수 있다는 것은 결코 놀라운 일이 아니다. 왜냐하면 이런 일은 병적인 상태에 있는 사람들에게도 얼마든지 일어날 수 있기 때문이다. 가령 정신 이상자와 우울증 환자 그리고 편집광과 알코올 중독자들에게는 사물을 올바로 분별할 수 있는 능력이 없다. 흔히 정신 이상자들이 사나운 짐승을 봤다거나 끔찍한 광경을 목격했다고 주장하는데 사실 그것은 현실에 없는 것을 있는 것처럼 느끼는 것에 불과하다.

악마는 하등 사물들lower things에 대해 어느 정도의 지배력을 지니고 있기 때문에 만약 신이 허락만 한다면 얼마든지 그것들을 변화시킬 수 있다. 예를 들어 눈에 눈물이 고였을 때 모든 것이 뿌옇게 보이는 것과 마찬가지로, 시각이 기만당하면 눈에 보이는 모든 것이 뿌옇게 보인다. 또한 악마는 지각 기관에서 얻어진 이미지의 변형이나 다양한 체액의 이동을 통해 상상력에 영향을 미침으로써 이와 같은 변화를 일으킬 수 있다. 가령 흙이나 '물기 없는 것'을 보면서 마치 불이나 '축축한 것'을 보는 것처럼 느끼는 경우가 그 좋은 예라 하겠다(어떤 집에서는 가족 모두가 옷을 벗고 뛰어다니는 웃지 못할 촌극이 벌어졌는데 사실 그들은 '물 속에서 헤엄을 치고 있다'는 착각에 빠져 있었던 것이다).

하지만 만약 누군가가 "신의 은총을 입은 사람이 병마에 시달리듯 감각의 기만 역시 선인과 악인의 구별 없이 누구에게나 일어나는가?"라고 묻는다면, 카시안의 견해에 근거해서 "그렇지 않다"라고 답해야 한다. 왜냐하면 감각의 기만은 '죽을 죄를 짓는 사람들'에게나 일어나는 일이기 때문이다. 안소니Anthony의 주장에 따르면, 악마는 그 어떠한 경우에도 인간의 영혼과 육신을 지배할 수 없다. 게다가 악마는, 영혼 속에 자리잡은 경건한 생각holy thoughts과 영적 명상spiritual contemplation을 몰아내지 않는 한 결코 그 속에 뿌리 내릴 수 없다.

보이티우스도 이러한 견해에 동의하고 있다.

"여러분은 영적 무기spiritual arms를 부여받았다. 만약 여러분이 그것을 버리지만 않는다면 그것은 무적의 장막으로 여러분을 지켜 낼 것이다."(《위로Consolation》, 1권)

한편 카시안은 두 이교 마법사에 관한 이야기를 소개하고 있다.

"두 마법사는 성聖 안소니에 대한 강한 증오심에 사로잡혀 있었다. 왜냐하면 수많은 사람이, 그것도 매일같이 그의 주위로 모여들었기 때문이다. 안소니를 수도원에서 내쫓을 수 있는 방법은 단 하나, 악마의 유혹뿐이었다. 결국 두 사람은 악마를 불러내 안소니를 유혹해 달라고 부탁했고 암자를 찾아간 악마는 집요한 방법으로 안소니를 괴롭혔다. 하지만 안소니는 이마와 가슴에 성호를 긋는 것은 물론, 쉴 새 없이 기도를 올림으로써 악마를 물리칠 수 있었다"(《Second Conference》, 수도원 원장 세레누스에 관하여).

따라서 우리는 "육체적인 병에 걸리는 경우가 아니라면 악마에게 기만당하는 모든 사람은 신의 은총을 입지 못한 사람들이다"라고 말할 수 있다. 도빗서에는 다음과 같이 기록되어 있다.

"육욕에 탐닉하는 자는 악마의 지배를 받게 될 것이다"(도빗서 6장).

이 책 1부에서 우리는 '마녀가 사람을 동물로 둔갑시킬 수 있는가?'라는 문제를 다룬 바 있다. 이때 예로 든 이야기, 즉 암말로 변한 한 처녀에 관한 이야기를 다시 떠올려 보자. 한 젊은 남자가 있었다. 그는 처녀를 유혹해 음탕한 짓을 하려고 했지만 처녀의 저항이 만만치 않았다. 남자는 유대인 마법사를 찾아가 부탁을 했고 유대인 마법사는 처녀를 암말로 둔갑시켜 버렸다. 처녀 자신이나 그녀의 모습을 본 다른 사람들은 사람이 암말로 변했다는 것을 믿어 의심치 않았다. 하지만 성聖 마카리우스만큼은 예외였다(마카리우스의 감각은 악마에 의해 기만당하지 않았다). 처녀가 치료를 받기 위해 찾아왔을 때 마카리우스는 암말이 아닌 진짜 여자의 모습real woman을 볼 수 있었다. 마카리우스는 기도를 올렸다. 그리고 기도의 '성스러운 힘'으로 처녀와 사람들은 미혹으로부터 벗어날 수 있었다. 마카리우스는 이렇게 말했다. "처녀가 이런 일을 당한 것은 예배와 성사(성찬식과 고해 성사)를 소홀히 했기 때문이다."

결론을 내려 보자. 악마와 그 충복들은 선한 사람에게도 해를 입힐 수 있다(재산을 빼앗거나 불행을 안겨 주거나 명예를 실추시키거나 건강을 해칠 수 있다). 하지만 욥의 역사를 통해 알 수 있는 것처럼, 인간이 자신의 의지에 반하여 죄악에 빠지는 경우는 없다. 악마는 내부로부터는 물론, 외부로부터도(육신을 통해서도) 욥을 유혹했다. 하지만 욥의 감각은 기만할 수 없었다. 감각의 기만은 크게 능동적 기만과 피동적 기만으로 나뉜다. 능동적 기만이란 은총을 입지 못한 사람의 감각을 기만하는 것을 말하고 피동적 기만이란 마법을 통해 성기를 제거하는 것을 말한다. 하지만 경건한 욥에게는 그 어떤 기만도 통하지 않았다(성행위에 있어서는 더더욱 그랬다). 왜냐하면 그는 "내가 내 눈과 약속하였으니 어찌 처녀에게 주목하랴"(욥기 31장 1절)라고 말할 정도로 극기심이 강한 사람이었기 때문이다. 하지만 죄 많은 사람들은 악마의 유혹에 쉽게 넘어간다. 누가복음은 다음과 같이 기록하고 있다.

"강한 자가 무장을 하고 자기 집을 지킬 때에는 그 소유가 안전하되"(누가복음 11장 21절).

끝으로 "남자의 성기를 스무 개, 서른 개씩 새 둥지(또는 상자)에 숨겨 두는 마녀들에 대해서는 어떻게 설명해야 할까? 소문에 의하면, 새 둥지나 상자 안에 든 성기들이 마치 살아 있는 생명체들처럼 움직였고 심지어 음식까지 먹었다고 하는데 과연 이 말을 믿어도 되는 것일까?"라는 질문에 대해서는 "이 모든 일은 악마의 미혹, 즉 감각의 기만에 기인하는 것이다"라고 답해야 한다. 예를 들어 보자. 성기를 잃어버린 한 남자가 있었다. 그가 마녀를 찾아가 건강을 되찾게 해 달라고 하자 마녀는 "나무 위로 올라가 봐. 새 둥지 속에 성기들이 가득 있을 거야. 그 중 하나를 골라 가져"라고 말했다. 그런데 이 남자가 좀 더 큰 것을 골라잡으려 하자 마녀는 "아냐, 그건 안 돼. 그건 교구 신부의 성기야."

만약 누군가가 "악마가 마녀의 도움 없이도 남근을 제거할 수 있는가? 만약 할 수 있다면 마녀의 도움을 받아 남근을 제거하는 경우와 어떤 차이가 있는가?"라고 묻는다면 다음과 같이 답할 수 있다.

"첫째, 마녀의 도움을 받지 않는 경우 악마는 실제로 남근을 제거하고 또 필요하다면 실제로 그것을 복구한다. 둘째, 악마가 직접 남근을 제거하는 경우 해를 입히거나 고통을 줄 수 있다. 셋째, 선한 천사의 협조 없이는 절대 이런 일을 하지 않는다."

악마는 인간의 다른 행위들보다 성교 행위를 통해 훨씬 더 많은 악행을 저지를 수 있다. 왜냐하면 신 역시 인간의 다른 행위들보다는 성교 행위에 대한 마법을 더 많이 묵인하기 때문이다.

만약 누군가가 "악마는 마녀의 도움을 받기보다는 오히려 혼자 힘으로 인간과 동물에게 해를 입히려고 하는 것 아닌가?"라고 묻는다면 다음과 같이 답할 수 있다.

"악마는 가능한 한 마녀를 통해 해를 입히려고 한다. 그 이유는 첫째, 신에게 헌신하는 피조물a creature dedicated to God을 사로잡는 것이 신에게 더 큰 모욕감을 안겨 주기 때문이다. 둘째, 신이 느끼는 모욕감이 크면 클수록 더 큰 권능, 즉 인간에게 해를 끼칠 수 있는 더 큰 권능이 악마에게 부여되기 때문이다. 셋째, 영혼의 파멸이 곧 자신의 이익이 되기 때문이다(여기서 영혼은 마녀의 영혼을 말한다)."

8절
인간을 짐승으로 둔갑시키는 방법

이 문제는 이 책 1부에서 이미 다루었던 문제다. 하지만 우리의 주장을 뒷받침할 사례가 제시되지 않았고 또 마녀가 짐승으로 둔갑하는 방법에 대해서도 아무런 설명이 없었기 때문에 일부 독자들에게는 다소 모호한 주장으로 받아들여졌을 것이다. 그러므로 이번 장에서는 이와 관련된 문제들을 살펴보도록 하자. 첫째, 변형transformation의 문제와 관련해서 캐논 〈Episcopi〉의 내용(XXVI, 5)을 잘못 이해하고 있는 학자들이 있다(아아, 그들이 진정한 학자라면 얼마나 좋을까!). 심지어 일부 학자들의 설교에서는 "설령 악마의 힘이 개입된다 해도 그와 같은 변형은 절대 일어날 수 없다"라는 주장이 공공연하게 제기되고 있다. 하지만 이러한 설교는 신앙의 진실성을 위태롭게 할 뿐만 아니라 마녀들의 입지를 공고히 하는 데에도 결정적인 기여를 하고 있다(마녀들에게는 반가운 설교가 아닐 수 없다). 목회자들이 오류를 범할 수밖에 없는 이유는 그들이 캐논의 본질적인 내용은 무시한 채 그 피상적 내용만을 다루고 있기 때문이다. 캐논 〈Episcopi〉에는 다음과 같이 씌어 있다.

"어떤 존재creature가 만들어질 수 있다고 믿는 사람 또는 어떤 존재의 모습이 달라질 수 있다고 믿는 사람은 불신자임에 틀림없다."

신앙심 깊은 독자라면 '존재가 만들어진다'라는 표현과 '모습이 달라진다'라는 표현에 주목할 필요가 있다. 여기서 '만들어진다be made'라는 표현은 두 가지 의미로 해석될 수 있는데 그 하나는 '전에 없던 것이 처음으로 만들어진다', 즉 '창조된다'이고(이것은 신만이 할 수 있는 일이다) 다른 하나는 '자연적으로 생성된다natural production'이다. 자연적 생성은 다시 둘로 나뉘는데 하나는 완전한 존재perfect creature(인간, 당나귀 등)의 생성이고 다른 하나는 불완전한 존재imperfect creature(뱀, 개구리, 쥐 등)의 생성이다. 캐논 〈Episcopi〉는 항상 완전한 존재에 대해서만 언급한다. 알베르투스 마그누스는 자신의 책 《동물Animals》에서 '악마가 진짜 동물real animals을 만들어낼 수 있는가?'라는 질문에 대해 긍정적인 답을 제시한다. 하지만 그는 동시에 "이것은 불완전한 존재들에게만 해당되는 이야기다. 그리고 출애굽기를 통해 알 수 있는 것처럼 어떤 존재를 만들어 내기 위해서는 어느 정도의 시간이 필요하다. 즉 신이 피조물을 창조해 내는 것처럼 갑자기 만들어 낼 수는 없다"라는 단서를 붙인다. 또한 형태가 달라지는 문제에 대해서는 다음과 같이 말해야 한다.

"변형은 크게 본질적 변형change in substance과 우발적(또는 부차적인) 변형change in an incidental trait으로 나뉘고, 우발적 변형은, 자연적 변형, 즉 존재에 고유한 형태가 변하는 경우와 존재에 고유하지 않은 형태가 변하는 경우(즉 보는 사람의 지각 속에서만 변하는 경우)로 나뉜다."

〈캐논 Episcopi〉에서 언급되고 있는 변형은 바로 이 첫 번째 변형, 즉 본질적인 변형으로서 오직 신만이 일으킬 수 있는 변형이다(왜냐하면 하나의 본질을 또 하나의 본질로 변화시키는 것은 오직 신만이 할 수 있는 일이기 때문이다). 캐논 〈Episcopi〉는 우발적인 변형에 대해서도 언급한다(이러한 변형은 악마도 일으킬 수 있다). 악마는 온갖 질병을 통해 우발적인 변형(더 정확하게는 가변적 변형)을 일으키는데 단, 신이 허용하는 범위 내에서만 그렇게 할 수 있다. 예를 들어 어떤 사람의 얼굴을 나병 환자의 얼굴로 만들어 버릴 수 있다. 하지만 이런 문제에 대해 길게 설명하고 싶은 생각은 없다. 정작 우리의 흥미를 끄는 것은 마법이 불러일으키는 착각과 환영, 즉 감각이 기만당했을 때 일어나는 기이한 현상들이다. 캐논 〈Episcopi〉도 변형의 가능성을 인정하지 않을 수 없을 것이다. 왜냐하면 교부敎父들의 권위와 이성적 판단 그리고 경험에 의해 변형의 가능성이 입증되고 있기 때문이다. 아우구스티누스는 자신의 책 《신국론》 18장 7절에서 악명 높은 여자 마법사 키르케에 관한 이야기를 소개하고 있다(그녀는 오디세우스 일행을 야수로 둔갑시켰다). 또한 아우구스티누스는, 손님을 '짐 나르는 짐승 beast of burden'으로 둔갑시킨 여인숙 주인들의 이야기와 '새'로 변한 디오메데스의 동료들이 오랫동안 사원 주위를 날아다닌 이야기 그리고 '말'로 변한 신부가 다른 말들과 함께 곡물을 날라야 했던 이야기도 함께 소개하고 있다. 오디세우스 일행의 변형에 대해서는 다음과 같이 말해야 한다.

"이런 일이 일어나는 것은 시각이 기만당하기 때문이다. 이미지 저장소repository of pictures(또는 기억 저장소)에 담긴 야수의 형상이 상상력the force of imagination에 전달되면 가상의 장면imaginary vision이 지각 속에 떠오른다. 그리고 이 가상의 장면이 다른 기능과 기관들에 강한 인상을 남기면 '보는 사람'은 마치 야수를 보는 듯한 착각에 빠지게 된다."

어떻게 이런 일이 일어날 수 있을까? 이 문제는 잠시 후 다시 살펴보기로 하자. 한편 여인숙 손님이 짐승으로 변하는 경우와 신부가 짐 나르는 말로 변하는 경우에는 세 가지 기만이 동시에 일어난다. 첫째, '사람이 짐승으로 변했다'고 착각하게 만든다. 둘째, '짐승으로 변한 사람이 산더미 같은 짐을 날랐다'고 착각하게 만든다(사실은 악마가 그들을 도와 준 것이다). 셋째, 짐승으로 변한 당사자까지 착각하게 만든다(네브카드네자르라는 사람은 소처럼 건초를 씹어 먹었다고 한다). 새로 변한 디오메데스의 동료들에 대해서는 다음과 같이 말해야 한다.

"디오메데스는 트로이 전쟁에 참전한 '그리스의 영웅'이었다. 그런데 고향으로 돌아가던 디오메데스가 자신의 동료들과 함께 물에 빠져 죽고 말았다. 얼마 후 그를 기념하는 이교 사원이 세워졌고 급기야 디오메데스가 신격화되기에 이르렀다. 그러자 마귀들은 사람들을 착각에 빠뜨리기 위해, 즉 '디오메데스의 죽은 동료들이 하늘을 날아다닌다'는 착각을 일으키기 위해 오랫동안 사원 주위를 날아다녔다."

여기서 우리는 감각의 기만과는 다른 또 하나의 미신과 마주하게 된다. 즉, 악마가 '보는 사람'의 눈에 전혀 다른 모습으로 비치는 것은, 저장소 속에 이미지가 상상력으로 이동한 다음 지각에 영향을 미치기 때문이 아니라 악마가 새의 육신the body of a bird을 입고 나타나기 때문이라는 것이다. 성 토마스 아퀴나스의 견해에 따르면 일부 학자들은 "선한 천사든 악한 천사든 실제 육신real body을 입고 나타나는 경우는 없다. 천사는 감각의 기만과 상상 속 비전imagination's vision을 통해 우리들 앞에 나타난다"라고 주장한다(《Commentary of Pronouncements》 II, 8, 2). 이때 성 토마스 아퀴나스는 감각의 기만이라는 개념과 상상 속 비전이라는 개념을 구별한다. 감각의 기만이란 실재하는 사물이 '보는 사람'의 눈에 전혀 다르게 보이는 것을 말하고 상상 속 비전이란 외부 사물에 의하지 않고 오직 '지각 속의 내부 이미지internal pictures of perception'에 의해서만 표상이 생겨나는 것을 말한다. 위에서 언급한 학자들은 "디오메데스의 동료들이 새의 육신을 입고 나타난 것이 아니라 상상 속 비전을 통해 나타났다고 주장한다. 하지만 성 토마스 아퀴나스는 그들의 해석을 받아들이지 않는다(하지만 그는 이단이라는 표현을 사용하지 않는다). 성 토마스 아퀴나스가 지적하는 것처럼 "천사는 보는 사람의 상상 속 비전을 통해 나타날 뿐만 아니라 육신의 외피를 입고 나타나기도 한다"라는 것이 모든 성인들의 공통된 주장이다. 그러므로 우리는 다음과 같이 결론 내릴 수 있다. "물론 '사원 주위를 날아다닌 것은 '보는 사람'의 상상 속 비전을 통해 나타난 이미지였다'라고 설명할 수도 있다. 하지만 이보다는 "사원 주위를 날아다닌 것은 '공기로 이루어진 육신'을 입은 악마였다. 다만 그것이 '보는 사람'의 눈에 새처럼 보였던 것뿐이다"라고 설명하는 편이 더 낫다.'

9절
감각을 기만하는 악마는 어떻게 해를 입히지 않고 사람의 몸과 머리 속으로 들어가는가?

만약 누군가가 "감각의 기만은 어떻게 일어나는가? 어떻게 악마는 사람의 몸과 머리에 침투하고, 그 속에 머무는가? 악마의 침투를 받은 사람을 '사로잡힌 사람'으로 간주해야 하는가? 어떻게 악마는 '내적 능력과 힘internal faculties and forces'에 해를 입히지 않고 사람 몸속에 깃들 수 있는가? 이 모든 것을 기적으로 보아야 하는가?"라고 묻는다면 다음과 같이 답해야 한다.

감각의 기만에는 두 가지가 있다. 하나는 순수한 감각의 기만이고 다른 하나는 상상 속 비전(즉 인간 내부에서만 형성되는 비전)이다. 전자의 경우 악마는 내부 감각 속으로 침투하지 않고 오직 외적으로만 영향을 미친다. 예를 들어 하나의 육신을 다른 육신으로 은폐하거나 육신의 외피를 입고 사람들에게 나타나는 경우가 그렇다. 그리고 후자의 경우 악마는 사람의 머리나 신체의 각 능력faculty 속으로 침투한다. 교부들의 권위와 이성적 판단이 이를 증명하고 있고 또한 두 개의 '창조된 영혼'이 동시에 한곳에 존재할 수 없다고 하였으므로 영혼이 신체 각 기관에 깃들어 있다는 것도 이와 모순되지 않는다. 다마스쿠스의 요한은 이렇게 말한다.

"천사는 자신이 활동하는 곳에 깃들어 있다An angel is in the place where he works."

그리고 성 토마스 아퀴나스는 다음과 같이 추론한다.

"선한 천사와 악한 천사에게는 육신을 변형시킬 수 있는 힘이 있다. 그들의 힘은 모든 물리적인 힘을 능가한다"(《Commentary on Pronouncements》Ⅱ, 7, 5).

이러한 결론을 내릴 수 있는 것은, 한편으로 그들의 본성이 우월하고 고결하기 때문이고 다른 한편으로 우주의 전 체계와 신에 의해 창조된 모든 피조물이 천사들에 의해 움직이기 때문이다(대교황 그레고리오, 《대화 Dialogues》, 4권). 눈에 보이는 세계는 눈에 보이지 않는 존재들에 의해서만 다스려질 수 있다. 따라서 모든 사물bodily objects은 천사들에 의해 다스려진다(이 점에 있어서는 교회 학자들과 철학자들의 의견이 일치한다). 또한 인간의 육신은 영혼에 의해 움직이고 다른 나머지는 천체와 천체의 고유한 힘에 의해 움직인다. 이 문제에 관해서는 성 토마스 아퀴나스의 《신학대전》(1, 90,1)을 참고하기 바란다.

이제 우리는 다음과 같이 결론 내릴 수 있다.

"악마가 활동하는 곳은 곧 악마가 존재하는 곳이다. 만약 악마가 인간의 내적 능력과 판타지에 영향을 미친다면 바로 그곳에 악마가 깃들어 있는 것이다."

인간의 영혼 속으로 들어가는 것, 그것은 영혼을 창조한 신만이 할 수 있는 일이다. 하지만 신이 허락만 한다면 악마가 인간의 육신 속으로 들어가는 것도 가능하다. 또한 악마는 인간의 내적 능력에 영향을 미칠 수 있기 때문에 인간의 지각에도 온갖 변화를 일으킬 수 있다. 악마가 인간의 지각에 변화를 일으키는 과정은 다음과 같다. 먼저 머리 뒤쪽 기억부에 저장되어 있는 표상(가령 말馬의 표상이라고 하자)을 자극한다. 그리고 공간 이동을 통해 머리 가운데 부분, 즉 상상부compartment for the force of imagination로 보낸 다음 그것을 다시 머리 앞쪽의 공통 감각부compartment for the common sense로 이동시킨다. 이때 말의 표상이 실제 말의 모습과 너무도 흡사하기 때문에 인간은 무의식석으로 그것의 진실성을 확신하게 된다.

만약 누군가가 "악마는 어떻게 아무 고통도 주지 않고 그런 환각을 일으킬 수 있는가?"라고 묻는다면 다음과 같이 답해야 한다. "첫째, 악마는 신체 기관을 쪼개거나 신체 기관의 본질을 변화시키지 않는다. 악마는 다만 이미지들을 움직이게 할 뿐이다. 둘째, 육체적 속성을 지니지 않는 악마는 영혼의 능동적 속성을 이용하지 않고 오직 그 피동적 속성만을 이용한다. 따라서 여기에는 병적인 현상, 즉 고통이 수반되지 않는다. 셋째, 환각은 이미지들의 공간 이동, 즉 머리 속에서의 이동을 통해 일어난다. 따라서 악마가 일으키는 환각에는 고통이 수반되지 않는다.

그렇다면 어떻게 두 개의 영two spirits, 즉 인간의 영과 악마의 영이 머리 속에 동시에 존재할 수 있는 것일까? 이 질문에 대해서는 다음과 같이 답해야 한다.

"인간의 영혼soul은 가슴 한가운데에 있다. 다시 말해서 가슴 한가운데에 깃들어 있는 영혼이 신체 각 부분으로 생명을 전하는 것이다".

가령 거미줄 한가운데에 있는 거미가 사방에서 일어나는 접촉을 감지해 내는 것과 마찬가지 경우라 하겠다. 아우구스티누스는 자신의 책《영과 영혼The Spirit and Soul》에서 다음과 같이 지적한다.

"영혼은 인간의 몸 구석구석에 깃들어 있다. 하지만 악마가 하는 일과 '인간의 영혼'이 하는 일이 서로 다르기 때문에 악마가 인간의 머리 속에서 활동하는 것이 충분히 가능하다. 인간의 영혼은 육신을 형성하고, 그 육신에 생명을 부여한다. 즉 인간의 영혼은 '물질에 형태를 부여하는' 형틀과도 같은 것이다. 반면에 악마가 인간의 머리 속으로 들어오는 목적은 머리 속의 이미지와 상상력에 영향을 미치기 위해서이다. 즉 영혼이 하는 일과 악마가 하는 일은 절대 뒤섞일 수 없다는 말이다. 그러므로 악마와 인간의 영혼은 머리 속에 동시에 존재할 수 있다."

악마가 사람의 머리 속으로 들어가 환각을 일으킨다면 그 사람은 사로잡힌 사람possessed으로 간주해야 하는가? 그리고 마법으로 인간을 사로잡을 수 있는가? 즉 악마가 인간을 육체적으로 지배할 수 있는가? 이러한 문제들은 다음 장에서 좀 더 자세히 살펴보기로 하고 여기서는 "마법에 의해 이런 일이 일어날 수 있는가?"라는 난제를 풀어보도록 하자.

만약 누군가가 "이러한 마법 행위를 기적으로 간주해야 하는가?"라고 묻는다면 그렇다고 답해야 한다. 비록 참된 의미에서의 기적은 아니지만 어쨌든 마법 행위는 창조된 자연created nature의 범위 밖에서, '우리가 알지 못하는 존재'의 힘에 의해 행해지기 때문이다. 가령 신이나 성인들이 '창조된 자연의 질서'를 초월하여 기적을 행하는 것과 마찬가지 경우라 할 수 있다. 이 책 1부(쟁점 5)에서 우리는 '세 번째 오류'에 대해 살펴봤다. 그리고 그 목적은, "마법 행위는 악마의 소행works of the Devil에 불과한 것이다. 따라서 마법 행위를 기적으로 간주해서는 안 된다"라는 주장을 논박하기 위해서였다. 물론 이렇게 주장하는 데에는 그만한 이유가 있다. 첫째, 기독교 신앙을 더욱 공고히 하기 위해 행해지는 기적이 '신앙의 적'에 의해 행해진다는 것은 말이 안 되기 때문이다. 둘째, 사도 바울에 따르면 적敵그리스도에 의해 행해지는 기적은 거짓된 기적이기 때문이다.

첫 번째 논거에 대해서는 이렇게 반박해야 한다. "기적을 행하는 능력은 신의 은총을 입은 사람에게 주어지는 선물과도 같은 것이다. 악인들이 기적을 행할 수 있는 것처럼 악령들 또한 그 힘이 미치는 범위 내에서 기적을 행할 수 있다. 그리고 선한 사람이 행하는 기적과 악한 사람이 행하는 기적 사이에는 세 가지 차이가 있다. 첫째, 기적을 행하는 능력에 차이가 있다. 알다시피 선한 사람이 신의 도움을 받아 행하는 기적은, 능동적 본성의 힘the virtue of active nature이 미치지 못하는 행위들 속에서 나타난다. 가령 죽은 사람을 다시 살아나게 하는 것이 그 예가 되겠다. 하지만 악마는 이런 기적을 행할 수 없다. 악마가 할 수 있는 일이라고는 기껏해야 감각의 기만을 통해 외견상의 부활을 실현하는 것뿐이다. 가령 시몬이라는 마법사가 죽은 사람의 목을 움직이게 한 것이 그 좋은 예가 될 것이다(하지만 이것만으로는 그 행위를 기적이라고 말할 수 없다). 둘째, 유익한 기적이 있고 유익하지 못한 기적이 있다. 선한 사람은 병을 치료하는 것과 같은 유익한 기적을 행한다. 반면에 마녀들이 행하는 기적은 하늘을 날거나 사람의 팔다리를 마비시키는 것과 같은 백해무익한 것들뿐이다(이러한 차이에 대해서는 성聖 피터의 《클레멘트의 여행기Itinerary of Clement》를 참고하기 바란다). 셋째, 신앙의 측면에서 차이를 보인다. 선한 사람의 기적은 신앙을 공고히 하고 훌륭한 성품을 키우는 데 도움이 되지만 악한 사람의 기적은 신앙의 순수성을 해칠 뿐만 아니라 인간의 고결한 삶에도 크나큰 해가 된다.

선한 사람과 악한 사람은 기적을 일으키는 방법에서도 차이를 보인다. 선한 사람은 경건한 마음과 간절한 기도로써 기적을 행하는 반면 악한 사람과 마법사는 헛소리를 중얼거리거나 주문을 외움으로써 기적을 행한다. 사도 바울은 "악마와 적그리스도의 기적은 신의 묵인하에 행해지는 거짓된 기적이다. 악마의 힘이 미치는 일이라면 그것은 진정한 악마의 기적이겠지만 악마의 힘이 미치지 않는 일이라면 그것은 거짓된 기적임에 틀림없다. 가령 죽은 사람을 다시 살리거나 장님을 눈뜨게 하는 것이 그런 경우라 하겠다"라고 말했다. 첫 번째 경우에 악마는 죽은 사람의 육신 속으로 들어가거나 또는 죽은 사람의 육신을 치우고 그 자리에 드러눕는다(이때 악마는 공기로 이루어진 인간의 육신을 입는다). 그리고 두 번째 경우에는, 먼저 감각의 기만을 통해 외견상의 병semblance of illness을 일으킨 다음 어느 순간 감각의 기만을 멈춤으로써by stopping the illusion 마치 병이 다 나은 것처럼 꾸민다. 물론 이 경우에 내적 특성의 변화는 일어나지 않는다.

적그리스도와 마녀들이 행하는 모든 기적은 거짓된 기적이라고 말할 수 있다. 왜냐하면 그들이 일으키는 기적은 '인간을 기만하는 것'을 그 목적으로 삼기 때문이다. 성 토마스 아퀴나스 또한 자신의 책 《신학대전》에서 이와 같은 견해를 피력하고 있다(제8편, 〈악마의 능력에 관하여〉).

《신학개론Compendium of Theology》에 따르면, 경이로운 것a wonder과 기적a miracle 사이에는 분명한 차이가 있다. 먼저 기적을 규정하는 네 가지 조건을 살펴보자. 첫째, 신으로부터 비롯되어야 한다. 둘째, 자연력의 한계를 뛰어넘어야 하고, 자연의 질서에 위배되어야 한다. 셋째, 명백하게 드러나야 한다. 넷째, 신앙을 공고히 하는 데 도움이 되어야 한다. 마녀들의 기이한 행위는 첫 번째 조건과 네 번째 조건을 충족시키지 못한다. 따라서 마녀들의 행위는 '경이로운 것'으로 불릴 수는 있어도 기적으로 불릴 수는 없다. 그나마 마녀들의 행위를 기적이라고 부를 수 있는 것은 그것이 초자연적 행위이기 때문이다(가령 처녀가 아이를 낳는 경우가 그렇다). 하지만 마녀들의 행위는 비록 자연의 질서에 위배된다해도 결국 자연계의 범위를 벗어나지 못하거나(가령 장님을 눈뜨게 하는 경우가 그렇다) 또는 자연력의 한계를 뛰어넘는다해도 결국 자연의 질서와 유사한 방식으로 행해지는 경우가 대부분이다(가령 지팡이를 뱀으로 둔갑시키는 경우가 그렇다. 하지만 이러한 현상은 자연적으로도 일어날 수 있다. 물론 그 씨앗이 형성되기 위해서는 장기간의 부패 과정이 필요하겠지만 말이다). 따라서 마녀들의 행위는 '경이로운 것'이라고밖에 부를 수 없다.

또 하나의 예를 들어 보자. 스트라스부르 교구의 모 도시에 한 남자가 살고 있었다(도시 이름은 밝히지 않겠다). 하루는 남자가 장작을 패고 있는데 큰 암고양이 한 마리가 다가와서 그의 일을 방해하려고 했다. 남자는 고양이를 쫓아 보냈다. 하지만 잠시 후에 더 큰 암고양이가 나타나더니 첫 번째 고양이와 함께 남자를 향해 달려들었다. 남자는 다시 한번 두 고양이를 쫓아 보냈다. 그러자 이번에는 세 마리의 암고양이가 나타나서 남자의 얼굴과 엉덩이를 물어뜯었다. 기겁을 한 남자는 성호를 그은 뒤

장작개비로 고양이들을 때리기 시작했다. 한 마리는 머리를, 다른 한 마리는 다리를 그리고 마지막 한 마리는 등을 맞았다. 남자는 천신만고 끝에 고양이들을 물리쳤다. 하지만 한 시간 후, 두 명의 시의회 직원이 찾아와 남자를 체포했고 남자는 판사에게 끌려갔다. 그런데 멀리서 남자를 발견한 판사는 그의 말은 듣지도 않은 채 종신형을 선고했다. 어찌 된 일인지 영문을 알 수 없었던 남자는 "내게 왜 이러는지 설명을 해 주시오"라며 눈물로 호소했다.

남자의 말을 들은 판사는 "범죄 사실이 명백한데 어찌 감히 자신의 죄를 인정하지 않는단 말인가?"라며 호통을 쳤다. 하지만 죄수의 말을 들어 보자는, 시의회 사람들의 청원이 이어졌고 판사는 그들의 청원을 받아들일 수밖에 없었다. 판사 앞에 끌려온 남자가 "제가 왜 벌을 받아야 합니까? 그 이유를 알고 싶습니다"라고 하자 판사는 "이런 괘씸한 놈, 네 죄를 모른단 말이냐? 모일 모시에 점잖은 부인 셋을 두들겨 패지 않았느냐?"라며 호통을 쳤다. 남자는 잠시 기억을 더듬는가 싶더니 이내 입을 열었다. "내 평생 단 한 번도 여자를 때린 적이 없습니다. 그리고 그 시간에 저는 장작을 패고 있었습니다." 이 말을 들은 판사는 "여러분, 잘 들으셨습니까? 점잖은 부인들이, 그것도 맞은 자리까지 보여 주면서 피해 사실을 주장하고 있는데 이자는 끝까지 잡아떼려 하지 않습니까?"라며 노발대발했다. 남자는 다시 한번 기억을 더듬은 후 "예 맞습니다. 때렸습니다. 하지만 고양이를 때린 적은 있어도 여자를 때린 적은 없습니다"라고 말했다. 주위에 있던 사람들이 깜짝 놀라며 "고양이라니, 무슨 말을 하는 거요?"라고 묻자 남자는 자초지종을 털어놓았다. 사건의 전말을 알게 된 사람들은 "이 일에는 악마가 개입되어 있는 것이 분명해. 그러니 아무에게도 이 일을 말해서는 안될 것이야"라는 말과 함께 남자를 풀어 주었다.

만약 누군가가 "남자 앞에 나타난 것은 무엇이었을까? 고양이로 둔갑한 악마였을까? 아니면 고양이처럼 보인 마녀였을까?"라고 묻는다면 다음과 같이 답해야 한다. "물론 둘 다 가능하지만 이 경우에는 감각을 기만당한 남자가 마녀를 고양이로 착각했을 가능성이 높다. 악마는 공간이동을 통해 고양이, 가해진 매질을 '집에 있는 여자들'에게 전할 수 있었을 것이다. 왜냐하면 악마와 마녀 사이에는 상호계약이 맺어져 있었기 때문이다. 사실 이 방법은 마녀들이 자주 사용하는 방법이다. 먼저 마법을 걸고 싶은 사람을 선택한 후 그 모습을 그림으로 그린다. 그런 다음 그림 속 이미지에 해를 입히는데(가령 바늘로 찔러서) 이때 실제로 해를 입는 것은 그림 속 이미지가 아니라 이미지가 묘사하고 있는 사람이다." 이와 유사한 예는 얼마든지 들 수 있다. 그리고 "남자에게 얻어맞은 여자들은 죄 없는 여자들이었을 것이다. 왜냐하면 마녀의 실수로 죄 없는 사람이 상해를 당하는 경우도 있기 때문이다"라는 반론에는 설득력이 없다. 왜냐하면 악마가 마녀를 통해 일으키는 상해傷害와 악마가 직접 일으키는 상해를 구별해야 하기 때문이다. 만약 마녀의 도움이 없다면 악마는 이와 같은 타격을 마녀에게 전할 수 없을 것이다. 하지만 마녀와 협력하면 사정이 달라진다. 어떤 모습으로 나타나고, 어떤 식으로 공격할지 서로 합의만 하면 얼마든지 타격을 전할 수 있다. 그러므로 악마는 죄 있는 사람에게만 타격을 전할 수 있고 또 계약에 의해 자신과 관련된 사람에게만 타격을 전할 수 있다. 다시 말해서 죄 없는 사람에게는 절대 그렇게 할 수 없다. 하지만 신의 묵인만 있다면 죄 없는 사람에게도 해를 입힐 수 있다. 예컨대 성스러운 욥의 경우가 그랬다. 하지만 이 경우에는 마녀가 관여하지 않았고 또 고양이의 환영the fantastical image of a cat도 사용되지 않았다(고양이의 이미지는 이교도(또는 불신자)의 상징이고 개의 이미지는 도미니크회 수도사의 상징이다).

위에서 언급한 세 마녀는 두 번째 방법, 즉 고양이로 가장해 인간을 공격하는 방법을 선택했다. 왜냐하면 그들의 호기심을 만족시키는 데 이보다 더 좋은 방법은 없기 때문이다. 단, 여기서 주목해야 할 것이 있다. 첫째, 세 마녀가 남자를 공격한 것은 악마의 부추김 때문이었다. 만약 악마의 부추김이 없었다면 세 마녀는 남자를 공격하지 않았을 것이다. 그렇다면 악마가 세 마녀를 부추긴 것은 무엇 때문이었을까? 그것은, 명백한 범죄가 형벌을 면하게 되면 신이 더 큰 모욕감을 느끼고 마녀의 수도 크게 늘어난다는 것을 잘 알고 있었기 때문이다. 둘째, 마녀의 동의가 있으면 육신을 움직이는 일transferring their bodies in location이 쉬워진다. 셋째, 남자를 공격한 악마는 타격을 피하지 못했다. 물론 마음만 먹었다면 얼마든지 타격을 피할 수 있었겠지만 악마는 남자에게 고통을 안겨 주기 위해 타격을 허락했던 것이다.

예를 들어 보자. 하루는 신부로 가장한 악마가 설교를 하고 있었다. 그런데 바로 그때 성령의 계시를 받은 한 남자가 신부의 정체를 알게 되었다. 남자는 악마의 설교에 귀를 기울였다. 하지만 악마의 설교는 흠잡을 데가 없었다(이 악마는 범죄crimes를 비난하는 발언도 서슴지 않았다). 설교가 끝난 후 남자가 "왜 그런 설교를 하는 것이냐?"라고 물었다. 그러자 악마는 "내가 진리를 말하는 이유는, 사람들이 신의 말씀은 듣되 그 말씀에 따라 행동하지 않을 때 신이 느끼는 모욕감이 더 커지고 또 내가 얻는 이익도 더 커진다는 것을 알기 때문이다"라고 답했다.

10절
마법으로 인간의 육신을 사로잡는 방법

　악마는 마녀의 부추김이 있어야만 인간을 지배할 수 있을까? 아니면 마녀의 부추김 없이 악마 혼자서도 인간을 지배할 수 있을까? 이 질문에 답하기 전에 먼저 세 가지 문제를 살펴봐야 한다. 첫째, 다양한 종류의 사로잡힘possession에 대해 살펴봐야 한다. 둘째, 신의 묵인을 얻고 마녀의 부추김을 받은 악마가 어떤 식으로 인간을 사로잡는지 그 방법에 대해 살펴봐야 한다. 셋째, 관련 사례를 제시해야 한다. 단, 첫 번째 문제의 경우, 사로잡힘의 일반적 형태, 즉 온갖 죽을 죄mortal sin에 수반되는 사로잡힘은 논외가 될 것이다(성 토마스 아퀴나스는 '죽을 죄를 짓는 사람은 항상 악마에게 사로잡히는가?'라는 문제를 제기한다 -《논점Quodlibet》 3, Q. 3). 우리가 다루고자 하는 문제는, 고린도전서에 기록되어 있는 것처럼 만약 은총을 입은 사람이 항상 하느님의 성령과 함께 한다면 그리고 죄악이 신의 은총에 대립하는 것이라면 그런 사람에게는 악마가 깃들 수 없어야 한다는 것이다("너희는 너희가 하느님의 성전인 것과 성령이 너희 안에 계시는 것을 알지 못하느냐"(고린도전서 3장 16절)).

성 토마스 아퀴나스는 다음과 같이 설명한다.

"인간 속에 깃든다inhabit a human는 말은 두 가지 측면에서 해석이 가능하다. 그 하나는 영혼의 측면이고 다른 하나는 육신의 측면이다."

먼저 악마가 인간의 영혼에 깃든다는 것은 말이 안 된다. 왜냐하면 그 것은 신만이 할 수 있는 일이기 때문이다. 그리고 악마가 인간의 육신에 깃드는 방법은, 인간이 죄악에 빠져 있느냐 아니면 은총을 입고 있느냐 에 따라 두 가지로 나뉜다. 첫 번째 경우에 인간은 마치 '키잡이 없는 배' 가 바다를 항해하듯 악마의 노예가 되고 또 악마의 지배를 받는다. 그리 고 사로잡힌 사람들seized의 예를 통해 알 수 있는 것처럼 악마는 인간 속 으로 들어갈 수도 있고, 인간 속에 깃들 수도 있다. 육체적 형벌은 죄 있 는 사람에게 내려질 수도 있고, 죄 없는 사람에게 내려질 수도 있다. 그 리고 악마는 신의 오묘한 섭리에 따라, 은총을 입은 사람에게도 깃들 수 있고, 그렇지 못한 사람에게도 깃들 수 있다. 주제와 관계가 없음에도 불 구하고 굳이 이런 종류의 사로잡힘에 대해 설명하는 것은, 신의 묵인을 얻고 마녀의 부추김을 받은 악마가 인간 속에 깃들 수 있다는 것을 보여 주기 위해서이다.

그럼 지금부터 악마가 인간에게 상해를 입히고, 인간을 사로잡는 다 섯 가지 방법에 대해 살펴보자(이런 일이 마녀를 통해 일어나면 신은 더 큰 모 욕감을 느끼게 되고 악마는 더 큰 권능을 부여받게 된다). 다섯 가지 방법은 다음 과 같다. 1) 육신에만 상해를 입힌다. 2) 육신과 내적 능력internal faculties 에 상해를 입힌다. 3) 내적으로 유혹하고 외적으로 유혹한다tempt inside and outside. 4) 일시적으로 이성을 마비시킨다. 5) 인간을 어리석고 분별 없는 동물로 둔갑시킨다.

다섯 가지 방법에 대해 논하기 전에 먼저 신이 사로잡힘을 묵인하는 다섯 가지 근거에 대해 살펴보자. 1) 자신의 큰 공덕. 2) 타인의 가벼운 죄. 3) 자신의 가벼운 죄. 4) 타인의 무거운 죄. 5) 자신의 무거운 죄. 이 중 첫 번째 근거에 대한 예는 세베루스(성聖 마르탱의 제자)의 책《대화 Dialogue》에서 찾아볼 수 있다. 경건한 삶을 사는 한 신부神父가 있었다. 그에게는 마귀를 쫓는 특별한 능력이 있었는데 그 능력이 얼마나 대단했던지 마귀들은 그의 말은 물론, 그가 쓴 글자letters와 사소한 몸짓 하나에도 줄행랑을 쳤다. 신부는 큰 명성을 얻었다. 하지만 명성과 함께 그를 찾아온 것이 있었다. 그것은 바로 허영심이었다. 신부는 용감하게 유혹과 맞서 싸웠다. 하지만 더욱 겸손해지기를 원했던 신부는 "다섯 달 동안 악마에게 사로잡히게 해 주십시오"라고 간구했고 신은 그의 간구를 들어주었다. 신부가 사로잡히자마자 사람들은 가능한 모든 수단을 써서 그를 치료하기 시작했다. 그리고 다섯 달 후, 마침내 그는 악마와 허영심으로부터 벗어날 수 있었다.

다음은 타인의 가벼운 죄로 인해 사로잡히는 경우다. 이 경우에 대한 예는 소박하고 겸손한 수도원 원장 성 엘레우테리오St. Eleutherius의 삶에서 찾을 수 있다(이 이야기는 교황 그레고리오 1세의《대화Dialogues》에 나오는 이야기이다). 수도원 원장이 여자 수도원 근처에서 하룻밤을 묵을 때의 일이었다. 수녀들이 수도원 원장에게는 알리지도 않은 채 한 남자 아이를 그의 방으로 보냈는데 알고 보니 그 아이는 매일 밤 악마에게 시달리던 아이였다. 수도원 원장의 방에서 하룻밤을 보낸 아이는 다음날 아침 악마로부터 벗어날 수 있었다. 이 일이 있은 후 수도원 원장은 아이를 자신의 수도원에서 지내게 했다. 그리고 얼마 후 수도원 원장은 수도사들이 모인 자리에서 "아이와 수녀들이 악마에게 희롱을 당했습니다. 하지만 신의 종복인 내가 함께 있으니 이 악마가 감히 접근할 생각을 하지 못했습니다"라고 말했다. 그러던 어느 날 예배를 인도하던 수도원 원장은 아이에게 문제가 있다는 것을 알아차렸다. 악령이 여전히 아이를 괴롭히고 있었던 것이다. 수도원 원장과 수도사들은 눈물로써 기도를 올렸고 결국 아이는 악마로부터 벗어날 수 있었다.

죄 없는 사람이 타인의 가벼운 죄로 인해 악령에게 사로잡힐 수 있다면 자신의 가벼운 죄로 인해 또는 타인의 무거운 죄로 인해 악령에게 사로잡히는 것도 충분히 가능할 것이다.

'자신의 가벼운 죄로 인한 사로잡힘'에 관해서는 카시안의 설명을 참고할 필요가 있다.

"유일하고 비길 데 없는 모세가 광야에서 마카리우스와 논쟁을 벌이던 중 거친 말 harsh statement을 내뱉음으로써 벌을 받게 되었다. 광포한 악령에게 사로잡힌 모세는 인분人糞을 입 속에 집어넣었다. 하지만 마카리우스가 겸손하게 기도를 올리자 악령이 물러갔다. 이것은 신이 내린 벌이었다. 신은 한 순간의 죄악의 흔적도 남지 않도록 모세를 정화하고자 했던 것이다"(《First Conference about Abbot Serenus》 1).

교황 그레고리오 1세 또한 자신의 책 《대화》에서 이와 유사한 이야기를 들려준다.

"한 수녀가 있었는데 그녀는 성호를 긋지 않고 샐러드를 먹었다가 그만 악령에게 사로잡히고 말았다. 하지만 그녀는 성 에퀴티우스의 도움으로 악령으로부터 벗어날 수 있었다."

네 번째 사로잡힘, 즉 '타인의 무거운 죄로 인한 사로잡힘'에 관해서는 대교황 그레고리오의 설명을 참고해야 한다. "하루는 성 포르투나투스 주교가 한 병자의 몸에서 악령을 몰아냈다. 하지만 악령은 순순히 물러나지 않았다. 악령은 순례자의 모습을 하고 도시 이곳저곳을 돌아다니며 '아아, 성 포르투나투스 주교가 나를 내쫓았다! 이제 나는 어디에서 쉬어야 한단 말인가'라고 외치기 시작했다. 이때 가족과 함께 식사를 하고 있던 한 남자가 식사를 같이 하자며 순례자를 초대했다. 남자가 '왜 쫓겨난 겁니까?'라고 묻자 순례자는 온갖 거짓말을 늘어놓기 시작했다. 그런데 남자가 '성스러운 사람을 헐뜯는 말the disparagement of the holy man'을 듣고 기뻐하자 악령은 남자의 아들을 사로잡아 버렸다. 잠시 후 악령은 남자의 아들을 불타는 숯 더미 속에 집어넣은 다음 곧바로 그 영혼을 쫓아 버렸다. 가엾은 남자는, 자신이 초대한 사람이 누구였는지 그제야 깨달을 수 있었다.

끝으로, 다섯 번째 사로잡힘에 대한 예는 성경과 성인전에서 찾을 수 있다. 가령 신의 뜻을 거스른 사울 왕이 악령에게 사로잡힌 경우가 그 좋은 예라 하겠다.

"여호와의 영이 사울에게서 떠나고 여호와께서 부리시는 악령이 그를 번뇌하게 한지라"(사무엘상 16장 14절).

이런 예들을 드는 것은, 마녀를 통한(또는 마녀의 부추김에 의한) 사로잡음이 가능하다는 것을 보이기 위해서이다. 예를 하나 더 들어 보자. 피우스 2세가 교황으로 재임하던 시절, 이 책을 쓰고 있는 두 심문관 중 한 사람이 다음과 같은 일을 겪게 되었다. 타호프 시市에 살고 있던 한 체코 사람이 악령에게 사로잡힌 아들을 치료하기 위해 로마로 왔다(그의 아들은 사제였다). 그리고 이 책을 쓰고 있는 두 사람 중 한 사람이 우연히 한 식당에서 그들과 함께 식사를 하게 되었다. 그런데 아버지로 보이는 남자가 "신의 가호로 아들의 병을 고칠 수만 있다면 얼마나 좋을까"라며 탄식을 했다. 연민의 정을 느낀 나는 로마에 온 이유를 묻기 시작했다. 그러자 아버지는 "아이고 선생님, 제 아들이 그만 악령에게 사로잡히고 말았습니다. 쉽지 않은 결정이었지만 어쨌든 아들의 병을 고치기 위해 이곳으로 오게 되었습니다." 내가 "아들은 어디에 있습니까?"라고 묻자 아버지는 내 옆에 앉아 있는 사람을 가리켰다. 나는 찬찬히 그를 살피기 시작했다. 그의 아들은 점잖게 식사를 하고 있었다. 왠지 미심쩍은 생각이 든 나는 "악마에게 사로잡힌 것 같지는 않습니다. 제 생각에는 병에 걸린 것 같은데요"라고 말했다. 그러자 옆에 있던 아들이 이렇게 말했다. "한 여자, 아니 한 마녀 때문에 이런 병에 걸리고 말았습니다. 한번은 교회 일로 그 여자와 말다툼을 벌였는데 여자의 고집을 꺾지 못한 제가 그만 심한 말을 하고 말았습니다. 그러자 그 여자가 '며칠 후에 당신에게 무슨 일이 일어나는지 잘 보란 말이야'라고 하지 않겠습니까? 제 속에 깃들어 있던 악령이 말하기를 '마녀가 마법의 물건을 나무 아래에 묻어 두었어. 그것을 파내지 않는 한 너는 병을 고칠 수 없어'라고 했는데 결국 그 나무가 어떤 나무인지는 알려주지 않았습니다." 만약 내가 경험 많은 사람이 아니었다면 나는 그의 말을 믿으려 하지 않았을 것이다. 내가 그에게 "어떤 경우에 사로잡히게 됩니까?"라고 묻자 그는 이렇게 대답했다. "예배를 드릴 때나 성소에 있을 때 이성을 잃게 됩니다. 제 속에 깃들어 있는 악령이 말하기를 '너의 설교가 마음에 들지 않는다. 그러니 네가 설교하는 것을 절대 허락하지 않겠다'라고 했습니다." 아버지의 말에 따르면 아들은 모든 사람으로부터 존경받는 훌륭한 목회자였다. 그의 병에 대해 더 자세히 알 필요가 있었던 나는 그와 함께 성소들을 찾아다니기 시작했다(15일 동안). 그러던 어느 날 우리는 성 프락시디스 교회를 방문하게 되었다(그 교회에는 구세주가 채찍질 당할 때 묶인 대리석 기둥이 그대로 남아 있었고 또 베드로가 십자가에 못박힌 장소도 그대로 보존되어 있었다). 악령을 쫓는 주문을 외우자 악령이 "그만해, 내가 떠나겠어"라며 울부짖기 시작했다. 하지만 그것은 말뿐이었다. 악령은 떠날 생각이 없었던 것이다. 귀신 물리기exorcism를 멈추자 아들은 점잖고 차분한 성직자의 모습을 되찾았다. 그가 악마에게 사로잡혔다는 것을 알 수 있었던 것은 교회 앞을 지날 때와 영광스러운 성모를 영접하기 위해 무릎을 꿇을 때였는데 그때마다 악마는 사로잡힌 사람의 혀를 밖으로 내밀었다. 내가 사제에게 "이런 짓을 그만둘 수 없겠소?"라고 묻자 그는 "어쩔 수가 없습니다. 악령이 제 팔다리와 신체 기관을 지배하고 있습니다. 자신이 원할 때 말하고 소리지르기 위해서 제 목구멍과 혀 그리고 가슴까지 완전히 사로잡아 버렸단 말입니다. 악마가 하는 말이 귀에 들립니다. 하지만 그런 줄 알면서도 어떻게 할 방법이 없습니다. 제가 경건한 마음을 가지면 가질수록 악마는 더욱 집요하게 저를 괴롭히고 또 그때마다 저의 혀를 밖으로 내밉니다"라고 대답했다.

성 베드로 성당에 가면 아주 정교하게 조각된 기둥이 있다(솔로몬 성전에 있던 것을 그곳으로 옮겨 놓은 것이다). 이 기둥은 예수 그리스도가 솔로몬 성전에서 설교를 행할 때 몸을 기댔던 기둥으로서 그야말로 놀라운 힘을 지니고 있었다. 나는 기둥의 힘을 빌려서라도 사제의 병을 치료하려고 했지만 그마저도 소용이 없었다. 하지만 오묘한 신의 섭리가 이와는 다른 방법을 내게 알려주었다. 사제는 하루 종일 기둥에 묶여 있었다. 하지만 악령은 그의 몸을 떠나려 하지 않았다. 다음 날, 군중이 지켜보는 가운데 여러 가지 귀신 물리기 의식이 행해졌다. 악령에게 "기둥의 어느 부분에 예수 그리스도의 팔꿈치가 닿았었느냐?"라고 묻자 악령은 이빨로 기둥을 덥석 물더니 "바로 여기, 바로 여기에 그가 서 있었다!"라고 외치기 시작했다. 악령은 끝까지 사제의 몸을 떠나지 않았다. 우리가 "왜 사제의 몸을 떠나지 않는 것이냐?"라고 묻자 악령은 "롬바르드족Lombards 때문이다"라고 대답했다. 그리고 "롬바르드족이 뭘 어쨌다는 말이냐?"라고 묻자 악령은 이탈리아어로 "그들 모두가 방탕의 죄악을 범하고 있다"라고 대답했다. 잠시 후 사제가 내게 물었다. "방금 악령이 이탈리아어로 한 말이 대체 무슨 말입니까?" 그리고 내가 설명을 해 주자 사제는 "말을 듣긴 들었는데 무슨 말인지 알아들을 수가 없네요"라고 말했다. 복음서에 기록된 구세주의 말씀처럼, 이런 종류의 사로잡힘은 금식과 기도로써만 치유될 수 있었다. 결국 한 덕망 있는 주교가 사제의 병을 치료해 주었고 사제는 병을 치료한 다음 자신의 고향으로 돌아갔다(40일간의 금식 기도만이 사제의 병을 고칠 수 있었다).

기적이 없다면 그 어떤 치유도 가능하지 않을 것이다. 하지만 우리는 '악령은 어떤 종류의 사로잡힘possession으로 인간에게 해를 끼치는가?'라는 질문에 답할 수 있다. 사로잡힘에는 다섯 가지가 있다. 첫째, 육신의 고통을 겪을 때. 둘째, 육신의 고통과 정신적 고통을 모두 겪을 때. 셋째, 정신적 고통만 겪을 때. 넷째, 일시적으로 이성을 잃을 때. 다섯째, 무분별한 야수처럼 변할 때(이 밖에 재산상의 손해를 입을 때도 있다).

위에서 예로 든 '사로잡힘'은 네 번째 경우에 해당한다. 욥이 그랬던 것처럼 사제는 육신의 고통을 겪지 않았다. 성경은 다음과 같이 기록하고 있다.

"여호와께서 사탄에게 이르시되 내가 그의 소유물을 다 네 손에 맡기노라. 다만 그의 몸에는 네 손을 대지 말지니라"(욥기 1장 12절).

즉 악령은 욥의 소유물에 손해를 끼칠 수 있었다. 또한 신은 육신에 대한 지배를 허락하면서 다음과 같이 말했나.

"여호와께서 사탄에게 이르시되 내가 그를 네 손에 맡기노라 다만 그의 생명은 해하지 말지니라"(욥기 2장 6절).

즉 악령이 욥의 생명을 빼앗는 것은 허락하지 않았던 것이다. 위에서 예로 든 사제의 경우에는 두 번째 종류의 사로잡힘으로 인해 고통을 겪었다고 할 수 있다. 왜냐하면 그는 육신의 고통은 물론, 정신적 고통까지 겪었기 때문이다. 성경은 다음과 같이 기록하고 있다.

"혹시 내가 말하기를 내 잠자리가 나를 위로하고 내 침상이 내 수심을 풀리라 할 때에 주께서 꿈으로 나를 놀라게 하시고 환상으로 나를 두렵게 하시나이다"(욥기 7장 13–14절).

니콜라스 리라와 성 토마스 아퀴나스의 설명에 따르면, 이 구절에서 언급되고 있는 꿈은 악마에 의해 유발되는 꿈이다. 잠잘 때는 꿈으로, 깨어 있을 때는 환영으로 인간을 두려움에 떨게 만든다(특히 밤에는 깨어 있을 때 본 이미지를 왜곡시킴으로써 두려움을 안겨 준다). 욥이 이런 일을 겪어야 했던 것은 그의 몸이 약했기 때문이고 따라서 욥은, 죽음 이외에는 곤경에서 벗어날 방법이 없다고 판단했다.

위에서 말한 모든 것이 악마와 마녀의 협력하에서만 가능하다는 점에는 의심의 여지가 없다. 잠시 후 우리는 이에 대한 예들을 살펴보게 될 것이다(우박에 의한 피해가 어떤 것인지, 인간과 가축이 어떤 상해를 입게 되는지 그 예를 살펴보게 될 것이다).

이번에는 마르부르크에서 있었던 일을 예로 들어 보자. 악마에게 사로잡힌 한 사제가 있었다. 퇴마사가 악마에게 "언제부터 사제의 몸에 들어가 있었느냐?"라고 묻자 악마는 "벌써 7년이나 되었다"라고 답했다. 퇴마사가 다시 "네가 사제를 괴롭힌 기간은 세 달밖에 되지 않는다. 그렇다면 그 전에는 어디에 있었느냐?"라고 묻자 악마는 "사제 몸속에 숨어 있었다."라고 답했다. 퇴마사가 "몸 어디에 숨어 있었느냐?"라고 묻자 악마는 "주로 머리 속에 숨어 있었다"라고 답했다. 그리고 "사제가 예배를 드리거나 성찬식을 행할 때 너는 어디에 숨어 있었느냐?"라고 묻자 악마는 "그의 혀 밑에 숨어 있었다"라고 답했다. 퇴마사가 "이 비열한 놈! 창조주의 면전에서도 감히 달아날 생각을 하지 않다니 정말 뻔뻔스럽구나!"라고 하자 악마는 "성인a holy man이 다리 위를 걷고 있으면 악한 자an evil man는 다리 밑에 숨을 수 있는 것 아닌가?"라고 말했다. 결국 신의 은총을 입은 사제는 악마로부터 벗어날 수 있었다. 하지만 악마의 말은 진실이었을까 아니면 거짓이었을까? 알 수 없는 일이다(악마는 거짓말쟁이이기 때문이다).

네 번째 사로잡힘, 즉 일시적인 이성의 마비는 앞에서 언급한 사제(로마에서 치료받은 사제)의 경우에 해당한다. 악마가 인간의 육신 속으로 들어갈 수 있다는 것은 분명한 사실이지만 그렇다고 해서 영혼 속으로까지 들어갈 수 있는 것은 아니다(오직 신만이 영혼 속으로 들어갈 수 있다). 게다가 악마는 비록 육신 속으로 들어갈 수 있다해도 육신의 실체the essence of the body에는 영향을 미치지 못한다. 왜냐하면 인간의 육신은 두 가지 종류의 경계boundary를 갖기 때문이다. 분량의 경계boundary of mass와 실체의 경계boundary of essence가 그것이다. 선한 천사나 악한 천사가 육신의 범위 내에서 활동한다면 악마는 육신의 분량 범위 내에서within the boundaries of the body's mass 활동한다. 물론 선한 천사는 선한 사람들에게 좋은 환영을 불러일으킨다. 하지만 육신의 일부가 되었든 아니면 육신의 힘a virtue of the body이 되었든 천사가 육신의 실체 속으로 들어가는 것은 불가능하다. 육신의 실체는 신에 의해 창조되었다. 그러므로 오직 신만이 그 실체의 활동을 지배할 수 있다. 만약 천사들이 인간의 육신 속으로 들어간다면 그것은 '육신의 실체'의 경계와 '육신의 분량'의 경계 사이를 통해 들어가는 것이다. 그리고 만약 천사들이 영혼에 영향을 미친다면 그것은 외부로부터의 영향이 될 것이다. 즉 천사들이 인간의 지각에 투영하는 환상적 이미지는 외부로부터 정상적인 방법으로 투영되는 이미지와는 전혀 관계 없는 것들이다. 악한 천사들이 이런 이미지를 사용하는 것은 첫째, 인간을 유혹하기 위해서이고 둘째, 추악한 생각과 욕망을 불러일으키기 위해서이다. 그리고 선한 천사들이 이런 이미지를 사용하는 목적은 첫째, 인간의 영혼을 교화하기 위해서이고 둘째, 인간이 진리를 깨닫도록 하기 위해서이다. 하지만 그렇다고 해서 선한 천사들이 영혼 속으로 들어갈 수 있다는 말은 아니다.

악마는 다음과 같은 방법으로 로마의 사제를 사로잡았다. 첫째, 분량의 범위 내에서 그의 육신 속으로 들어갔다. 둘째, 사제의 이성을 흐려 놓았다(물론 사제는 신의 은총을 입어 고통으로부터 벗어날 수 있었다). 셋째, 팔다리와 신체 기관을 사용할 수 없게 만들었고 심지어 말하는 능력까지 빼앗았다. 이러한 사로잡힘이 다른 종류의 사로잡힘과 다른 점은 바로 사로잡힘이 계속되지 않는다는 데 있다. 이러한 사실은 복음서를 통해서도 알 수 있다. 가령 한 간질 환자의 아버지는 예수 그리스도에게 이렇게 말했다.

"주여 내 아들을 불쌍히 여기소서. 그가 간질로 심히 고생하여 자주 불에도 넘어지며 물에도 넘어지는지라"(마태복음 16장 28절).

그리고 18년 동안 사탄에게 괴롭힘을 당한 여자를 예수 그리스도가 치료하는 장면에서도 이러한 사실을 확인할 수 있다.

"열여덟 해 동안이나 귀신 들려 앓으며 꼬부라져 조금도 펴지 못하는 한 여자가 있더라 예수께서 보시고 불러 이르시되 여자여 네가 네 병에서 놓였다 하시고"(누가복음 12장 11~12절).

11절
마녀가 마법을 통해 온갖 질병을 불러오는 방법에 관하여

신의 묵인만 있다면 마녀는 어떠한 질병도 불러올 수 있고 심지어 나병과 간질까지 불러올 수 있다(이것은 학자늘에 의해 승명된 사실이다). 악마의 권능과 마녀의 악독함을 고려한다면 이러한 사실을 믿지 않을 수 없을 것이다. 자신의 책 《Praeceptorium》과 《개미둑》에서 '마녀가 마법을 통해 인간에게 해를 끼치는 것이 정말 가능한 일인가?'라는 질문을 던지는 니더는 이 질문에 대해 긍정의 답을 제시함과 동시에 그 근거까지 제시한다. 또한 그는 '어떻게 이런 일이 가능한가? 이를 위해서 어떤 수단이 사용되는가?'라는 질문을 던지는데 그 중 첫 번째 질문에 대해서는 이책 1부에 제시된 것과 같은 답을 제시한다. 한편 세비야의 이시도르는 자신의 책 《어원론Etymologies》(8권 9장)에서 다음과 같이 말한다.

"그들이 마법사와 마녀로 불리는 것은 그들의 죄가 지극히 무겁기 때문이다. 그들은 악마의 힘을 빌려 4원소를 혼란에 빠뜨리고, 이를 통해 폭풍을 일으키거나 인간의 마음을 혼란에 빠뜨린다. 그들은 특별한 방법으로 인간의 이성을 마비시키고 또한 독 한 방울 사용하지 않고 오직 주술의 힘으로 인간의 영혼을 파괴한다."

성 토마스 아퀴나스의 주장에 따르면, 마법사들은 아주 다양한 방법으로 인간에게 해를 입힌다(재산, 명성, 육신, 이성 그리고 생명에 해를 입힌다). 그리고 악마 스스로 할 수 있는 일은 마녀를 통해서도 얼마든지 할 수 있는데 특히 마녀를 통해 활동할 때 신에게 더 큰 모욕감을 안겨 줄 수 있다. 이 문제에 대해서는 이미 설명한 바 있다.

재산property에 해를 입히는 경우는 욥의 삶에서 그 예를 찾을 수 있다(자세한 내용은 이미 앞에서 언급한 바 있다). 그리고 명성에 해를 입히는 경우는 성 히에로니무스의 일대기에서 그 예를 찾을 수 있다.

"한 악령이 나사렛 주교 성 실바누스의 모습을 하고 나타났다(실바누스는 성 히에로니무스의 친구였다). 어두운 밤, 악령은 침대에 누워 있는 한 귀족 여성에게 유혹의 손길을 뻗었다(그녀와 간음을 하려 했던 것이다). 여자가 소리를 지르자 악령은 침대 밑으로 숨어 버렸다. 잠시 후 덜미를 잡힌 악령은 자신이 실바누스 주교라고 주장했다. 그리고 다음 날, 실바누스 주교에 관한 악소문이 퍼지자 악령은 자취를 감추고 말았다. 얼마 후 악령이 다시 나타나 솔직한 이야기를 들려주었고 그제야 소문의 진실이 밝혀지게 되었다(인간으로 둔갑한 악령이 성 히에로니무스의 무덤 앞에 나타났던 것이다)"(John of Andrea, 《the Book on Jerome》).

악마가 인간의 육신에 해를 입히는 경우는 악성 궤양, 즉 나병에 걸린 욥의 삶에서 그 예를 찾을 수 있다. 지게베르트와 빈센트는 《역사의 거울》(XXI, 37)에서 다음과 같이 밝히고 있다.

"루이 2세 시절, 마인츠 교구에서는 한 악령이 집들을 향해 돌을 던지고 도둑질을 하는 등 도시 전체를 불안에 떨게 만들었다. 그러던 어느 날, 악령은 사람들을 부추겨 한 여관 주인을 미워하게 만들었다. 그리고 여관 주인이 새 여관을 세울 때마다 그 건물에 불을 질렀다. 사람들은 '화재가 끊이지 않는 것은 여관 주인이 죄를 지었기 때문이다'라고 여기기 시작했다. 악령은 때로는 온화했고, 때로는 미친 듯이 날뛰었다. 그로부터 3년, 모든 건물이 화재로 소실될 때까지 악마의 만행은 계속되었다."

사로잡힌 사람들의 예를 통해 알 수 있듯이 악마는 이성을 마비시키거나 내적 감각internal senses을 교란함으로써 인간에게 해를 입힐 수 있다. 이러한 사실은 복음서를 통해서도 확인할 수 있다. 그리고 생명에 해를 입히는 경우와 관련해서는 도빗서 6장에서 그 예를 찾을 수 있다.

"사라는 일곱 번이나 결혼을 했지만 매번 부부관계를 맺기도 전에 그 남편들이 죽임을 당했다"(도빗서 6장 14절).

이로부터 내릴 수 있는 결론은, 만약 악마가 마녀의 도움 없이 이런 일을 행할 수 있다면 마녀의 도움을 얻을 경우에도 이와 똑같은 일을 행할 수 있다는 것이다(어쩌면 더 큰 결과를 얻을 수도 있다).

만약 누군가가 "악마와 마녀가 협력할 경우 누구의 죄가 더 큰가?"라고 묻는다면 "악마의 죄가 더 크다"라고 답해야 한다. 마녀는 악마와 계약을 맺고 또 악마에게 봉사하기 때문에 비난받아 마땅하다. 가령 마녀가 밀랍 형상을 만들어 상해를 가하는 경우 밀랍 형상에 가해지는 상해를 살아 있는 사람에게 전달하는 것은 마녀가 아니라 악마다. 신은 마녀의 도움 없이 악마 스스로 상해를 입히는 것을 절대 허락하지 않을 것이고 악마 역시 스스로 상해를 입힐 생각은 감히 하지 못할 것이다.

악마가 악소문을 퍼뜨리는 경우와 관련해서는 "악마는 마녀의 도움 없이도 그런 일을 행할 수 있다"라고 말할 수 있다. 그렇다면 악마는 마녀의 도움 없이도 훌륭한 여성respectable woman에 대한 악소문을 퍼뜨리고 또 이를 통해 그 여자가 마녀로 의심받도록 할 수 있을까? 그리고 사람들에게 마법을 걸 때 여자의 모습으로 가장할 수 있을까? 이 질문에 답하기 위해서는 먼저 다음과 같은 전제가 필요하다.

"1부 마지막 쟁점에서 지적한 바와 같이, 악마는 신의 묵인 없이는 아무것도 할 수 없다."

의인들보다는 죄 많은 사람들에 대해 더 많은 묵인이 이루어진다. 따라서 악마는 죄 많은 사람들을 더 쉽게 괴롭힐 수 있다. 물론 악마는, 자신이 신의 묵인하에 의인의 명성과 건강에 해를 입힐 수 있다는 것을 알고 있다. 하지만 악마가 그렇게 하지 않는 이유는, 그렇게 해 봐야 의인의 공덕만 쌓일 뿐이라는 것을 잘 알기 때문이다.

우리는 지금 실제로 일어나지 않은 일들에 대해 논하고 있다. 따라서 미래에도 그런 일은 일어나지 않을 것이다. 뿐만 아니라 수호천사는 죄 없는 사람이 타인의 죄로 인해 고통을 겪는 것을 결코 허락하지 않을 것이다. 한편 신의 묵인을 얻은 마녀가 악마의 힘을 빌려 온갖 질병을 불러올 수 있다는 것은 앞서 제시된 설명에 의해 이미 입증된 사실로 간주된다. 한 가지 어려운 점이 있다면 그것은, 마녀가 나병과 간질을 불러올 수 있다고 봐야 하느냐 아니면 그렇지 않다고 봐야 하느냐이다. 원래 나병과 간질은 체질이나 장기臟器 결함으로 인해 발생하지만 경우에 따라서는 마법에 의해서도 발생할 수 있다. 예를 들어 보자. 바젤 교구의 한 덕망 있는 남자가 심술궂은 여자를 심하게 꾸짖은 일이 있었다. 모욕감을 느낀 여자는 복수를 하겠다며 남자를 위협하기 시작했다. 남자는 아무런 대꾸도 하지 않았다. 그러던 어느 날 남자의 목에 종기가 돋아났고 남자는 종기를 문질러 버렸다. 그러자 남자의 얼굴과 목이 부풀어 오르기 시작했다. 잠시 후 남자는 자신이 나병에 걸렸다는 것을 알아차렸다. 남자는 시의회 사람들과 친구들을 불러 자초지종을 털어놓았다. 그는 여자의 마법이 자신을 나병에 걸리게 만들었다고 확신했다.

얼마 후 여자가 체포되었다. 그리고 혹독한 고문을 견디다 못한 여자는 자신의 죄를 인정하고 말았다. 판사가 "왜 마법을 걸었느냐?"라고 묻자 여자는 "남자에게 심한 꾸지람을 들은 후 저는 치를 떨며 집으로 돌아갔습니다. 그런데 갑자기 악령이 나타나서 무엇 때문에 슬퍼하느냐고 캐묻기 시작했어요. 저는 자초지종을 털어놓은 후 복수를 하고 싶다고 말했어요. 그랬더니 악마가 '어떻게 복수를 해줄까?'라고 물었어요. 저는 '그 사람 얼굴이 퉁퉁 부어올랐으면 좋겠어요'라고 말했죠. 악마는 그길로 남자를 찾아가 병에 걸리게 만들었는데 알고 보니 그 남자는 제가 부탁했던 것보다 훨씬 더 심한 병에 걸렸더라구요. 악마가 나병을 불러올 줄은 꿈에도 몰랐어요"라고 답했다. 결국 이 마녀는 화형에 처해졌다.

브레이자흐 시市와 프라이부르크 시市 사이의 콘스턴스 교구에 나병에 걸린 여자가 살고 있었다. 여자가 나병에 걸리게 된 사연은 다음과 같다. 어느 날 밤이었다. 여자가 용변을 보기 위해 집 밖으로 나왔을 때 맞은편 집 쪽에서 따뜻한 바람이 불어와 그녀의 얼굴을 때렸다(맞은 편 집에는 그녀와 말다툼을 한 여자가 살고 있었다). 그리고 얼마 후 여자는 나병에 걸리고 말았다. 그런가 하면 같은 교구(슈바르츠발트 지역)의 한 마녀는 화형에 처해지기 직전에 형리를 향해 "네게 상을 주겠다!"라고 외쳤다. 다음 순간 마녀가 형리의 얼굴을 향해 입김을 내뿜자 형리가 나병에 걸렸고 며칠 후에는 세상을 떠나고 말았다. 시간 관계상 이 문제에 대해서는 더이상 언급하지 않겠다. 또한 우리가 알아낸 바에 의하면, 죽은 사람(특히 마법을 부리다가 죽은 사람)의 관 속에 넣어 둔 달걀로도 지랄병 또는 간질을 불러올 수 있다. 먼저 관 속의 달걀을 꺼내 일정한 의식을 치러야 한다. 그런 다음 그 달걀을 먹게 하면 누구나 간질병 환자가 된다.

12절
마녀가 또 다른 질병을 불러오는 방법에 관하여

마녀가 불러오는 질병을 모두 다 열거할 수는 없다. 그러므로 우리는 개인적 경험을 통해 알게 된 몇 가지 사례만을 소개하도록 하겠다.

인스브루크 시市에서 마녀 재판이 진행되고 있을 때의 일이었다. 대공大公의 수행원들Archduke's retinue 중 한 사람과 결혼한 한 덕망 있는 여자가 공증인notary과 법정 증인들lawful witnesses이 지켜보는 가운데 다음과 같이 증언했다.

"결혼하기 전, 한 시민의 집에서 일하고 있을 때 안주인이 심한 두통을 호소한 적이 있었습니다. 그때 안주인이 한 여자 주술사를 불렀는데 그 주술사는 주문을 외워 두통을 치료하려고 했습니다. 저는 주술사의 행동을 유심히 지켜보았습니다. 그런데 주술사가 접시에 물을 붓자 그 물이 자연의 법칙, 즉 아래로 흐르는 법칙을 거슬러 위로 흐르기 시작하더니 이내 다른 그릇 속으로 흘러드는 것이었습니다. 저는 마녀를 향해 이렇게 말했습니다. '지금 무슨 짓을 하는 거죠? 이건 정말 말도 안 되는 미신 아닌가요?' 그러자 마녀는 '사흘 후면 알게 돼, 미신인지 아닌지'라고 말했습니다. 사흘째 되던 날 아침, 저는 온몸이 바늘로 찔리는 듯한 통증을 느꼈고 특히 머리는 마치 타오르는 석탄을 뒤집어쓴 것처럼 아팠습니다. 그리고 제 몸은 머리부터 발 끝까지 종기로 뒤덮였습니다. 사흘을 그렇게 보낸 저는 정말이지 죽고 싶은 생각뿐이었습니다. 그런데 나흘째 되던 날, 바깥주인이 저를 불러 헛간으로 가자고 했습니다. 저는 바깥주인을 따라 헛간으로 갔습니다. 헛간 앞에 이르렀을 때 바깥주인이 '저기 헛간 문 위에 걸린 하얀 헝겊이 보이느냐?'라고 물었고 저는 '예, 보여요'라고 대답했습니다. 그러자 바깥주인이 '저걸 내려 봐. 아픈 게 사라질 거야'라고 했습니다. 저는 한 손으로 문설주를 잡은 다음 다른 한 손으로 헝겊을 벗겼습니다. 바깥주인이 '그걸 펴 봐. 그리고 그 속에 뭐가 있는지 잘 봐'라고 하길래 저는 시키는 대로 했습니다. 그런데 이게 웬일입니까? 그 속에는 종기처럼 생긴 하얀 낟알, 씨앗, 콩 꼬투리pods, 뱀의 뼈가 들어 있었습니다. 깜짝 놀란 저는 바깥주인에게 '이걸 어떻게 해야 하죠?'라고 물었습니다. 그러자 바깥주인이 '불 속에 던져 버려!'라고 말했습니다. 저는 시키는 대로 했습니다. 그런데 손에 든 것을 불 속에 던져 넣는 순간 언제 그랬냐는 듯 통증이 사라졌고 잠시 후에는 종기마저 사라졌습니다."

결국 여자의 전前 안주인이 마법 혐의, 즉 다른 마녀와 함께 마법을 행한 혐의를 받게 되었다. 추정컨대, 전 안주인이 여자에게 마법을 건 다음 그 사실을 남편에게 알렸고 남편은 여자를 돕기 위해 마법의 물건device for sorcery이 있는 곳을 알려 주었던 것이다.

또 다른 예를 들어 보자. 인스브루크시에 또 한 명의 덕망 있는 여자가 살고 있었는데 하루는 그녀가 심문관들을 찾아와 다음과 같은 증언을 하였다.

"저희 집 채소밭 바로 옆에 이웃집 채소밭이 있습니다. 그런데 하루는 저희 집 채소밭이 쑥대밭이 되어 버렸습니다. 누군가가 짓밟은 것이 분명한데 문제는 이웃집 채소밭에서 저희 채소밭 쪽으로 이상한 발자국이 찍혀 있었다는 것입니다. 저는 치밀어 오르는 분을 삭이며 채소밭 쪽문 앞에 서 있었습니다. 그런데 바로 그때 이웃집 여자가 다가와서는 '혹시 우리를 의심하고 있는 거예요?'라고 물었습니다. 그녀에 대한 소문이 좋지 않다는 것을 알고 있었던 저는 '발자국을 보면 누가 그랬는지 알 수 있잖아요'라고만 말했습니다. 이웃집 여자는 화를 내며 돌아갔어요. 그런데 집 안으로 들어가던 여자가 무언가 이상한 말을 내뱉었는데 전 그 말을 알아들을 수 없었습니다. 그리고 며칠 후, 제가 심한 복통을 앓게 되었는데 그 고통이 얼마나 심했던지 마치 두 개의 칼이 옆구리를 관통하는 듯한 느낌이었습니다(하나는 왼쪽에서 오른쪽으로, 다른 하나는 오른쪽에서 왼쪽으로). 저는 소리를 지르며 고통을 호소했습니다. 잠시 후 이웃들이 찾아왔는데 그 중에는 이웃집 여자와 간통을 저지른 옹기장이도 있었습니다. 옹기장이는 몇 마디 위로의 말을 건넨 뒤 곧바로 돌아가 버렸습니다. 하지만 다음 날 아침 옹기장이가 다시 찾아와 '당신이 마법에 걸린 것은 아닌지 확인하고 싶소. 만약 그렇다면 당신의 병을 고쳐 드리리다'라고 말했습니다. 옹기장이는 녹인 납을 물그릇에 부었습니다. 그리고는 그 물그릇을 제 배 위에 올려놓았습니다. 잠시 후 물 속의 납이 굳으면서 여러 가지 모양이 생겨났고 이것을 본 옹기장이가 '당신은 마법에 걸린 것이 분명하오. 문지방 아래에 있는 '마법의 물건'을 치워 버리면 건강을 되찾게 될 것이오.'라고 말했습니다. 잠시 후 문지방을 들어올린 옹기장이가 제 남편에게 '구덩이 속에 있는 것을 꺼내 보시오'라고 말했습니다. 남편은 옹기장이가 시키는 대로 했습니다. 그랬더니 크기가 접시만한 밀랍 인형이 나오지 않겠습니까? 더 놀라운 것은 인형 옆구리에 두 개의 바늘이 꽂혀 있었는데 하나는 왼쪽에서 오른쪽으로, 다른 하나는 오른쪽에서 왼쪽으로 꽂혀 있었다는 것입니다. 그리고 인형과 함께 헝겊 주머니들도 나왔는데 그 속에는 낟알, 씨앗, 뼈 조각들이 들어 있었습니다. 저는 인형과 헝겊 주머니들을 불 속에 던져 넣었습니다. 그러자 통증이 사라지기 시작했습니다. 하지만 쿡쿡 찌르는 통증 대신 식욕이 생겨나기 시작했습니다. 건강을 되찾고 싶었던 저는 옹기장이에게 부탁을 했습니다. 그러자 옹기장이는 '어딘가에 또 다른 마법의 물건이 숨겨져 있을 거요. 하지만 어디에 있는지는 알 수가 없소'라고 말했습니다. 그리고 제가 '문지방 아래에 있는 물건들은 어떻게 찾았어요?'라고 묻자 그는 '내가 그것을 알 수 있었던 것은 사랑하는 여자가 비밀을 알려 주었기 때문이오'라고 말했습니다. 옹기장이에게 비밀을 말해 준 사람은 바로 이웃집 여자였습니다."

인스브루크에서 일어난 일들을 모두 열거할 수는 없다(모두 열거하면 책한 권이 될 것이다). 이 지역은 가신들vassals과 병사들men-at-arms로 가득하다. 병사들은 한 여자를 유혹한 다음 다른 여자와 결혼하지만 거절당한 사랑은 복수를 부르기 마련이다. 예를 들어 보자. 한 요리사가, 사랑하던 마녀를 버리고 다른 처녀와 결혼했다(그는 대공의 요리사였다). 남자에게 버림받은 마녀는 목격자들이 지켜보는 가운데 "남편과의 즐거운 시간은 오래 가지 못할 것이다"라며 자신의 연적에게 죽음을 예고했다. 그리고 며칠 후, 여자는 "내가 죽을 수밖에 없는 이유는 한 여자가 신의 묵인을 얻어 내게 마법을 걸었기 때문이다"라는 말을 남기고 세상을 떠났다. 하지만 그것이 오히려 잘된 일이었는지도 모른다. 왜냐하면 천국에서의 또 다른 결혼식이 그녀를 기다리고 있었기 때문이다.

또 다른 예를 들어 보자. 한 남자가 한 여자를 사랑했다. 하루는 남자가 하인을 시켜 "일이 많아 내일 밤에는 가지 못 하겠소"라는 말을 여자에게 전하게 했다. 이 말을 전해들은 여자는 하인에게 이렇게 말했다. "주인에게 가서 전해라. 나를 불쾌하게 만들 날도 얼마 남지 않았다고." 다음 날 남자는 병에 걸렸고 그로부터 며칠 후 영원히 눈을 감고 말았다.

마녀들 중에는 단 한 번의 눈길만으로도 마법을 걸 수 있는 마녀들이 있다. 그리고 '그 누구도 우리를 괴롭힐 수 없다'고 호언장담하는 마녀들도 있다. 그런가 하면 형사범들에게 혹독한 고문을 견뎌낼 수 있는 강한 인내심을 심어 주는 마녀들도 있다.

한번은 마녀들이 채찍으로 때리고 칼로 찔러 십자가에 못박힌 예수상을 모독한 일이 있었는데 이것은 마법을 걸 때 더 큰 성공을 거두기 위해서였다(이때 마녀들은 성모 마리아의 순결함과 주 예수 그리스도의 탄생을 모독하는 말도 내뱉었다).

한 유대인 여신도는 다른 젊은 여자들을 타락의 길로 이끌었다. 그중에 발푸르기스Walpurgis라는 이름의 여자가 있었는데 그녀가 임종을 앞두고 있을 때 주위 사람들이 고해 성사를 권하자 여자는 "나는 내 영혼과 육신을 악마에게 바쳤다. 그런데 무슨 용서를 바란단 말이냐!"라고 말한 뒤 숨을 거두었다. 이런 이야기들을 일일이 소개하는 이유는 대공

Archduke을 비난하기 위해서가 아니라 오히려 그를 찬양하기 위해서이다. 그는 마녀를 퇴치하기 위해 많은 노력을 기울인 사람이었다. 지금까지 이야기한 모든 것은 인간에게 가해진 모욕the injuries to men에 대해서는 앙갚음하려 하면서도 신에 대한 모욕은 너그럽게 봐주는 사람들, 바로 그런 사람들의 죄를 저주할 근거가 될 것이다.

13절
산파가 해를 입히는 방법에 관하여
(아이들을 살해하거나 악마에게 바치는 행위에 관하여)

산파가 갓난아이에게 해를 입히는 것도 무시할 수 없을 것이다. 스드라스부르 교구의 사벤느 시市에 한 덕망 있는 여자가 살고 있었다. 여관 주인이었던 그녀는 다음과 같은 이야기를 들려주었다.

"제가 임신했을 때의 일이었습니다. 출산일이 다가오자 한 여자가 나타나 자신을 산파로 써 달라고 했어요. 하지만 전 그 여자에 대한 소문이 좋지 않다는 것을 알고 있었기 때문에 이미 다른 여자를 생각해 두고 있었어요. 그래서 말로는 그렇게 하라고 해 놓고 정작 출산 당일에는 다른 여자의 도움을 받았습니다. 그런데 아이를 낳고 채 여드레도 되지 않았을 때였어요. 귀찮게 굴던 여자가 낯선 여자 둘을 데리고 집으로 찾아왔어요. 세 여자가 침대 쪽으로 다가오는 것을 보고 전 남편을 부르고 싶은 마음이 간절했어요. 하지만 전 손가락 하나 까딱할 수 없었어요. 제 옆으로 다가온 마녀는 '이 더러운 여자야, 내 부탁을 거절했으니 벌을 받아야지!'라고 소리쳤어요. 그런데 두 여자가 저를 두둔하며 '이 여자는 우리에게 아무런 해도 끼치지 않았어'라고 말했어요. 그러자 마녀가 '아니야, 나를 산파로 쓰지 않았으니 벌을 받아야 해. 자 이제 네 장腸 속으로 무언가가 들어갈 거야. 여섯 달 동안은 아무 고통도 못 느끼겠지만 그 후에는 엄청난 고통을 겪게 될 거야'라고 말했어요. 마녀는 제게 더 가까이 다가오더니 제 배 위에 손을 얹었어요. 그리고는 뱃속의 장을 꺼낸 다음 그 자리에 무언가를 집어넣었어요. 여자들이 돌아간 다음 저는 기운을 차려 남편을 불렀어요. 그런데 제 얘기를 들은 남편은 '출산 후에 몸이 약해져서 그래. 헛것을 본 거라구'라고 말했어요. 그래서 저는 '여섯 달 후에 고통을 겪게 된다고 했어요. 만약 여섯 달 후에도 아무 일이 생기지 않는다면 그때는 당신 말을 믿을게요'라고 말했어요."

마녀의 예언은 적중했다. 여섯 달이 지난 후에 여자가 정말로 복통을 일으킨 것이다. 여자는 성모 마리아의 도움을 간구하며 금식 기도에 들어갔다. 그러던 어느 날 용변을 보던 여자는 더러운 것들이 몸 밖으로 빠져나오는 것을 보았다. 여자는 남편과 아들에게 '이래도 내가 헛것을 본 건가요? 내가 말했잖아요, 여섯 달 뒤에는 진실이 밝혀질 거라고. 나는 가시, 뼈, 나뭇조각 같은 것을 먹지 않았단 말이에요'라고 말했다. 여자의 몸 밖으로 나온 것들 중에는 길이가 손바닥만한 장미 가시rose thorn도 있었다.

또 다른 예를 들어 보자. 바젤 교구의 한 마녀는 갓 태어난 아이의 정수리에 바늘을 찌르는 방법으로 무려 40명이 넘는 신생아를 살해했다. 그리고 스트라스부르 교구의 한 마녀는 갓난아이를 살해한 후 현행범으로 체포되었다. 그녀는 다른 도시에서 산파 일을 본 후 다시 집으로 돌아가고 있었다. 그런데 도시 입구town gate를 막 지나려 할 때 그녀의 품에서 갓난아이의 팔이 떨어졌다. 주위에 있던 사람들은 고깃덩어리가 떨어진 줄 알고 그것을 집어 올렸다. 그런데 잘 살펴보니 그것은 갓난아이의 팔이었다. 사람들은 이 사실을 당국에 알렸다. 조사 결과 실제로 한 아이가 세례를 받기 전에 죽었고, 그 아이의 팔 하나가 없어진 것으로 밝혀졌다. 마녀는 체포되었다. 그리고 혹독한 고문 끝에 범죄 사실을 인정했다. 마녀의 살해 동기는 무엇이었을까? 그것은 분명 악령의 강요 때문이었을 것이다. 선민the Elect의 수가 천천히 늘어날수록 최후의 심판은 뒤로 미뤄진다. 이러한 사실을 알고 있는 악마는 '세례받지 않은 아이'를 죽임으로써 선민의 수를 줄이려 했을 것이다. 알다시피 선민의 수가 다 차게 되면 세상은 종말을 맞이하게 된다.

죽은 아이의 팔은 특별한 연고를 만드는 데 사용된다(이토록 끔찍한 죄악을 어찌 쉬쉬할 수 있단 말인가!). 그리고 아이를 죽이는 데 실패할 경우 마녀들은 악마에게 아이를 바친다. 먼저 갓 태어난 아이를 산원産院 밖으로 안고 나온 다음 아이를 높이 들어올려 마왕 루시퍼와 다른 마귀들에게 바치는 것이다.

갓 태어난 아이를 악마에게 바치는 예를 들어 보자. 한 남자가 있었다. 그는 출산을 앞둔 아내가 산파 대신 딸에게 도움을 청하는 것을 보고 이상한 생각이 들었다. 남자는 몰래 아내와 딸의 행동을 살피기 시작했다. 아내와 딸은 악마에게 제사를 드리는 등 신성 모독의 의식을 행하고 있었다(악마가 출산을 돕고 있었던 것이다). 이 장면을 목격한 남자는 가능한 한 빨리 아이의 세례식을 치를 수밖에 없었다. 교회는 이웃 마을에 있었다.

그리고 이웃 마을로 가기 위해서는 다리를 건너야 했다. 다리 앞에 이르렀을 때 남자는 아이를 안고 있는 딸에게 "아이를 내려 놓거라. 아이 혼자 걸어가게 하겠느냐 아니면 네가 강물에 빠져 죽겠느냐? 둘 중 하나를 선택하거라!"라고 외쳤다. 딸은 깜짝 놀라며 "제정신이세요?"라고 물었다. 그러자 남자는 "비열한 것, 네가 갓 태어난 아이에게 마법을 걸지 않았느냐. 그러니 어서 아이 스스로 건너게 하란 말이다. 그렇게 하지 않으면 너를 물 속에 처넣을 테다!"라고 외쳤다. 딸은 다리 위에 아이를 내려 놓고 악마를 불렀다. 그리고 다음 순간, 아이는 어느새 다리 건너편으로 옮겨져 있었다(악마의 행위는 눈에 보이지 않았다). 세례가 끝난 후 남자는 아내와 딸을 마법 혐의로 고발했고 두 여자는 화형에 처해졌다.

그렇다면 아이를 악마에게 바치는 목적은 무엇일까? 첫째, '숭배받고자 하는 욕구'를 충족시키기 위해서이고 둘째, 장차 '악마의 조수'가 될 사람들을 미리 확보하기 위해서이다. 신에게 바쳐진 아이가 평생 성스러운 일에 이끌리게 된다면 악마에게 바쳐진 아이는 평생 마법에 이끌리게 된다. 가령 이삭, 사무엘, 삼손 같은 족장과 예언자들은 이미 어렸을 때부터 신에게 바쳐진 사람들이었다. 경험을 통해 알 수 있는 것처럼, 마녀의 딸은 엄마가 하던 일을 그대로 따라하기 마련이다. 만약 그렇지 않다면 어떻게 여덟 살에서 열 살까지의 여자 아이들이 폭풍을 일으키고 또 우박을 불러올 수 있단 말인가? 여자 아이들이 그런 것을 알 리도 없고 또 악마와 계약을 맺을 수도 없는데 말이다. 결론적으로 말해서, 악마에게 바쳐진다는 것은 곧 악마와 관계를 맺는다는 것을 의미한다.

몇 가지 예를 들어보자. 슈바벤 지역에 한 농부가 살고 있었다. 하루는 딸과 함께 들판 위를 걷고 있던 농부가 "수확을 하려면 비가 좀 와야 할 텐데"라고 말했다. 그러자 딸이 "아버지, 비가 와야 돼요? 그러면 비가 쏟아지게 할게요"라고 했다. 농부가 "네가 그걸 어떻게 한단 말이냐?"라고 묻자 딸이 "비는 물론이고 우박도 쏟아지게 할 수 있어요"라고 말했다. 농부가 "누가 그런 걸 가르쳐 줬어?"라고 묻자 "엄마가요. 하지만 아무에게도 말하지 말라고 하셨어요"라고 말했다. 농부가 "어떻게 그런 일을 할 수 있단 말이냐?"라고 묻자 딸은 "엄마가 한 선생님에게 절 맡겼어요entrusted me to a master. 제가 원하기만 하면 당장에라도 그 사람을 불러낼 수 있어요"라고 말했다. 농부가 "그 사람을 본 적이 있어?"라고 묻자 딸은 "가끔 어떤 아저씨들이 엄마에게 들어갔다가 나오는 것을 봤어요. 누군지 궁금해서 엄마한테 물어봤는데 엄마는 그냥 '그 사람들에게 너를 맡겼단다. 돈도 많고 힘도 센 사람들이야.'라고만 했어요"라고 말했다. 깜짝 놀란 농부는 "지금 당장 비를 내리게 할 수 있단 말이냐?"라고 묻자 딸은 "할 수 있고 말고요. 그런데 비를 내리게 하려면 물이 좀 필요해요"라고 말했다. 딸과 함께 가까운 개울로 간 농부는 "자 이제 해 보거라"라고 말했다. 딸은 물 속에 손을 넣은 다음 물을 휘젓기 시작했다. 그러자 정말로 비가 쏟아져 내렸다. 잠시 후 농부는 이번에는 "우박이 쏟아지게 해 보렴"이라고 말했고 딸은 농부가 시키는 일을 능숙하게 해냈다. 얼마 후 농부는 자신의 아내를 마법 혐의로 고발했다. 농부의 아내는 화형에 처해졌고 그 딸은 다시 한번 세례를 받은 후 비와 우박을 부르는 능력을 잃고 말았다.

14절
마녀가 가축에게 해를 입히는 방법

사도 바울은 "하느님께서 어찌 소들을 위하여 염려하심이냐"(고린도전서 9장 9절)라고 말한다. 이 말은 곧, 인간 세계와 가축 세계의 모든 일이 신의 섭리에 따라 이루어지지만 그럼에도 불구하고 신은 가축보다는 인간을 위하여 더 많이 염려한다는 것을 의미한다. 마법사가 인간을 괴롭히는 방법에는 두 가지가 있다. 그 하나는 인간에게 직접적인 고통을 안겨 주는 방법이고 다른 하나는 인간과 밀접한 관계에 있는 것들에게 해를 입힘으로써 고통을 안겨 주는 방법이다. 자식의 불행은 곧 아버지의 고통이다. 왜냐하면 자식은 어느 정도 그 아버지의 소유물이라 할 수 있기 때문이다. 이런 점에서는 인간의 재산도 예외가 될 수 없다. 가령 악마의 공격을 받은 욥이 자신의 가축을 모두 잃어버린 경우가 그렇다. 그런가 하면 남의 집 암소에게 마법을 걸어 그 젖을 빼앗거나 심지어 목숨까지 빼앗는 경우도 있다. 성스러운 날 밤이 되면 마녀들은 집안 한쪽 구석에 자리를 잡고 앉는다. 두 넓적다리 사이에 들통을 끼운 다음 벽에 칼을 꽂는다. 그러고는 마치 소 젖을 짜듯 칼을 쥐어짜는 시늉을 한다. 이때 악마를 불러내 "이런이런 집의 이런이런 소의 젖을 가져다 주세요"라고 부탁한다(남의 집 젖소, 즉 건강하고 젖을 많이 생산하는 소의 젖을 요구하는 것이다). 그러면 악마는 마녀가 알려준 소의 젖을 짜서 마녀가 앉아 있는 곳으로 보낸다. 그러니까 마녀는 벽에 꽂힌 칼을 통해 젖을 얻는 것이다. 하지만 평범한 여자들은 이런 일을 할 수 없을 것이다. 왜냐하면 그들은 신앙을 부정한 적도 없고 또 악마를 숭배한 적도 없기 때문이다.

마법사들의 가축 살해는 접촉과 응시|touch and stare를 통해 일어나거나 접촉 없는 응시를 통해 일어난다. 물론 외양간 문턱 아래에 마법의 물건을 묻어 두는 경우도 있다. 예컨대 라벤스부르크의 한 심문관이 "어떻게 가축을 살해할 수 있었느냐?"라고 물었을 때 아그네스라는 이름의 한 마녀가 "마법의 물건을 외양간 문턱 아래에 묻어 두었어요"라고 대답했다. 그리고 "마법의 물건이란 무엇을 두고 하는 말이냐?"라는 물음에 그녀는 "동물의 뼈를 말하는 거예요"라고 답했고 또 "누구를 위해 이런 일을 하였느냐?"라는 물음에는 "악마와 마귀들을 위해서였어요"라고 답했다. 한편 안나라는 이름의 마녀는 무려 스물세 마리의 말을 차례차례 죽였다. 가산家産을 탕진한 말 주인은 스물네 번째 말을 구입한 다음 멀지 않은 곳에 있는 마녀에게 "자 또 한 마리의 말을 샀으니 마음대로 해 보거라. 신에게 맹세컨대 만약 스물네 번째 말까지 죽는다면 내 손으로 널 죽여 버리겠다"라고 말했다. 겁을 집어먹은 마녀는 더 이상 말을 해치지 않았다. 나중에 심문을 받은 이 마녀는 "어떻게 말을 죽일 수 있었느냐?"라는 질문에 "나는 구덩이를 팠을 뿐이다. 악마가 구덩이 속에 무언가를 집

어넣었지만 그게 무엇이었는지는 알 수 없다"라고 답했다. 이로부터 내릴 수 있는 결론은, 가축에게 해를 입힐 때 마녀가 하는 일은 기껏해야 가축을 만지거나 한번 쳐다보는 정도에 불과하다는 것 그리고 나머지 모든 일은 악마가 직접 한다는 것이다. 하지만 만약 이 일에 마녀가 관여하지 않았다면 악마는 아무런 해도 끼칠 수 없었을 것이다.

한편 목부牧夫들의 이야기에 따르면, 풀밭에서 풀을 뜯던 가축이 서너 번 높이 뛰어오른 다음 갑자기 땅바닥에 쓰러져 죽은 일이 여러 번 있었다. 악마와 마녀가 아니라면 누가 이런 일을 할 수 있겠는가? 이와 유사한 예를 들어 보자. 스트라스부르 교구의 퓌센 시市 부근에 한 갑부가 살고 있었다. 그는 산에서 풀을 뜯던 가축 40마리가 갑자기 죽어 버렸다고 주장했다. 그의 설명에 따르면, 가축이 병에 걸린 것도 아니었고 또 병에 걸린다 쳐도 갑자기 죽는 일은 없다는 것이었다. 사람들의 생각은 하나같았다. '가축이 떼죽음을 당하는 것은 마법에 걸렸기 때문이야.' 이런 일은 특히 산악 지대에서 자주 발생한다.

15절
우박과 폭풍우를 부르는 방법/인간과
가축에게 벼락을 내리는 방법

악마와 그 제자들은 우박과 폭풍우를 부를 수도 있고 인간과 가축에게 벼락을 내릴 수도 있다. 악마가 이런 일을 할 수 있는 것은 신으로부터 권능을 부여받았기 때문이다. 하지만 악마의 제자들은 신의 묵인이 있어야만 이런 일을 할 수 있다. 욥기의 내용을 예로 들어보자. 신으로부터 욥을 해쳐도 좋다는 허락을 받은 악마는 사바 사람들이 오백 마리의 수소와 오백 마리의 암당나귀를 훔칠 수 있도록 도왔고 칠천 마리의 낙타에게 벼락을 내렸으며 욥의 자식들이 살던 집을 무너뜨렸다. 또한 악마는 욥을 병들게 했고(온몸이 악성 종기로 뒤덮였다) 욥의 아내와 친구들이 그의 마음을 들쑤셔 놓게 했다.

성 토마스 아퀴나스는 욥기에 대한 주석에서 다음과 같이 설명한다.

"악마는 신의 묵인하에 폭풍우를 부르고, 바람을 일으키고, 벼락을 내린다. 육체적 본성bodily nature은 선한 천사의 명령도 따르지 않고 악한 천사의 명령도 따르지 않는다. 그리고 그들의 지시에 따라 다른 형태를 취하지도 않는다. 육체적 본성은 오직 신의 명령만 따를 뿐이다. 물질의 공간 이동과 관련해서는 '육체적 본성은 영적 본성spiritual nature에 복종하기 위해 창조되었다'라고 말할 수 있다. 인간의 경우를 예로 들어 보자. 인간의 팔다리를 움직일 수 있는 것은 오직 영혼 속에 존재하는 의지의 명령뿐이다. 만약 신이 방해만 하지 않는다면 물질의 공간 이동은 자연력을 통해 선에 의해서도 일어날 수 있고 악에 의해서도 일어날 수 있다. 또한 바람이나 비같이 공기 중에서 일어나는 현상은 '땅과 물에서 올라오는 증기'에 의해 일어날 수 있다. 따라서 이러한 현상은 악마의 자연력만 개입되어도 충분히 일어날 수 있다."

우리가 인생 행로에서 만나게 되는 악은 신이 마귀들을 통해 내려 보내는 것이다(마귀는 집행자executioner의 역할을 한다). 그래서 시편 115장에 대한 주석은 다음과 같이 밝히고 있다.

"악은 신의 묵인하에 악한 천사들에 의해 행해지며 기근은 기근을 담당하는 천사에 의해 일어난다."

니더는 자신의 책 《개미둑》에서 한 마법사에 관한 이야기를 소개하고 있다.

"판사가 마법사에게 '우박과 폭풍우는 어떻게 일으켰느냐? 어렵지 않았느냐?'라고 묻자 마법사는 '우박과 폭풍우는 쉽게 일으킬 수 있습니다. 하지만 내 마음대로 해를 입힐 수는 없습니다'라고 답했다(수호 천사들이 있기 때문이다). 그리고 마법사는 '우리가 해를 입힐 수 있는 사람은 신의 도움을 받지 못하는 사람들입니다. 그리고 성호를 긋는 사람에게는 해를 입히지 못합니다. 우리가 우박과 폭풍우를 부르는 방법은 이렇습니다. 먼저 주문을 외워 마귀를 불러냅니다. 마왕the Prince of All Demons에게 부탁해서 부하를 보내 달라고 하는 것이지요. 그리고 마귀가 나타나면 우리는 검은 수탉을 하늘 높이 던집니다. 마귀에게 제물을 바치는 것입니다. 제물이 받아들여지면 곧바로 바람이 일어납니다. 하지만 언제나 우리가 원하는 곳에 우박과 벼락이 내리는 것은 아닙니다. 마귀는 신의 묵인하에 그런 일을 하는 것입니다'라고 덧붙였다".

또한 《개미둑》에는 스타푸스Stafus라는 마녀 우두머리heresiarch of sorceresses에 관한 이야기도 등장한다. 그는 사람들 앞에서 "나는 쥐로 둔갑해서 적들을 따돌릴 수 있다"며 뻔뻔스러운 자랑을 늘어놓았다(사람들의 말에 따르면 그는 정말 그런 식으로 적을 따돌렸다고 한다). 하지만 신의 정의God's justice가 스타푸스의 악행에 종지부를 찍었고 스타푸스는 자객의 칼과 창에 찔려 비참한 최후를 맞이했다. 하지만 스타푸스에게는 호포Hoppo라는 제자가 있었고 호포에게는 스타들린Stadlin이라는 제자가 있었다. 이 두 사람은 우박과 폭풍우를 일으키는 것은 물론, 인간과 가축을 불임으로 만들 수도 있었고 또 벼락을 내릴 수도 있었다.

또 다른 예를 들어 보자. 콘스턴스 교구에, 그러니까 라벤스부르크 시市에서 잘츠부르크 방면으로 약 28 독일 마일* 떨어진 곳에 큰 우박이 내렸다. 우박을 맞은 곡물과 포도밭이 피해를 입었는데 특히 포도밭은 삼

---

* 독일 마일은 영국 마일의 4.6배에 해당한다. 또한 1 독일 마일은 7.42킬로미터에 해당한다.

년 후에나 수확을 기대할 수 있을 만큼 큰 피해를 입었다. 사람들은 종교 재판소가 조사에 나서줄 것을 요구했다(사람들은 마법 때문에 이런 일이 일어났다고 믿었다). 종교 재판소가 14일간 심문을 진행한 결과 두 명의 여자, 즉 아그네스와 안나라는 여자가 범인으로 지목되었다(두 여자 모두 민델하임 출신이었다). 두 여자는 독방에 감금되었다. 그리고 다음날 아침 아그네스에 대한 고문이 시작되었다. 처음에 아그네스는 믿기지 않을 정도의 강한 인내심으로 고문을 견뎌 냈지만 결국 자신의 죄를 모두 인정하고 말았다. 아그네스는 사람과 가축에게 해를 입힌 일, 신앙을 거부한 일, 인큐버스와 성교를 맺은 일을 모두 털어놓았다. 알고 보니 아그네스는 무려 18년 동안이나 신앙을 거부한 채 인큐버스와 성교를 맺어 온 여자였다. 우박을 일으킨 일에 대해 묻자 그녀는 "제가 집에 있을 때였어요. 낮 12시쯤 되었을까? 갑자기 마귀가 나타나서 '물을 가지고 쿠펠Kuppel 계곡으로 가거라'라고 했어요. 전 원하는 것이 뭐냐고 물었어요. 그랬더니 마귀가 '비를 부르려는 것이다'라고 했어요. 그리고 도시를 빠져나올 때 나무 아래에 서 있는 마귀를 보았어요"라고 말했다. "마귀가 어떤 나무 아래에 서 있더냐?"라는 질문에 여자는 감방에서 내다보이는 나무 하나를 가리키며 "저기 저 탑 맞은편에 있는 나무 아래에 서 있었어요"라고 답했다. 그리고 "나무 아래에서 무엇을 했느냐?"라고 묻자 여자는 "마귀가 저에게, 작은 구덩이를 판 다음 그 속에 물을 부으라고 했어요"라고 답했다. "서 있었느냐, 앉아 있었느냐?"라는 질문에 여자는 "마귀는 서 있었고 저는 앉아 있었어요"라고 답했다. "물은 어떻게 저었느냐? 물을 저을 때 무슨 말을 하였느냐?"라는 질문에 여자는 "손가락으로 물을 저으며, 옆에 서 있는 마귀의 이름과 다른 모든 마귀들의 이름을 불렀어요"라고 답했다. 판사가 "그래서 물이 어떻게 되었느냐?"라고 묻자 여자는 "물이 공중으로 떠올랐어요"라고 답했다. 다른 사람은 없었느냐고 묻자 여자는 "나무 아래에, 그러니까 제 맞은편에 또 한 명의 여자가 있었어요"라고 답했다. 이때 여자는 안나를 가리키며 "하지만 무엇을 하고 있었는지는 모르겠어요"라고 덧붙였다. 물이 공중으로 떠오른 다음 얼마 후에 우박이 쏟아졌느냐는 질문에 아그네스는 "우리가 집에 도착했을 때 우박이 쏟아지기 시작했어요"라고 답했다.

두 번째 마녀(안나) 역시 가벼운 고문과 함께 심문을 받았다. 그런데 놀라운 것은, 그녀 역시 아그네스가 한 것과 똑같은 진술을 했다는 사실이다(심지어 마법을 행한 시간과 장소에 있어서도 두 여자의 진술은 완전히 일치했다).

삼 일째 되던 날 두 여자는 화형대에 올랐다. 아그네스는 자신의 죄를 뉘우치며 신의 자비에 몸을 맡겼다. 그녀는 "더 이상 악마에게 농락당하고 싶지 않아요. 어서 죽여 주세요"라고 말한 후 십자가에 입을 맞추었다. 하지만 안나는 십자가를 거부했다. 안나는 20년 넘게 인큐버스와 관계를 맺어 온 여자로서 신앙을 거부한 것은 물론 인간과 가축에게 엄청난 피해를 입혔다.

벼락을 내리는 일에 관해서는 "마녀가 벼락을 내려 인간과 가축, 집과 곡물창고를 태워 버리는 경우가 허다하다"라고 말할 수 있다. 물론 마녀가 개입하지 않더라도 벼락은 얼마든지 떨어질 수 있다. 하지만 마녀들의 자백을 통해 드러난 것처럼, 마녀들이 벼락을 내리는 일은 비일비재하다(우박을 내리게 할 능력이 있다면 벼락이라고 해서 왜 못 내리겠는가!).

16절
남자들만의 마법

먼저 남자들이 범하는 일곱 가지 죄악을 살펴보자. 첫째, 그리스도 수난의 날, 즉 사순절 마지막 주 금요일에 장엄한 미사가 진행될 때 그들은 '십자가에 못박힌 예수상the image of the Crucifix'를 향해 활을 쐈다. 아아, 이 얼마나 잔혹하고 모욕적인 일인가! 둘째, 말로써 신앙을 부정했는지는 확실치 않지만 어쨌든 예수상을 향해 활을 쐈다는 것은 곧 행동으로써 신앙을 부정했음을 의미한다(예수상을 향해 활을 쏜다는 것은 신앙에 대한 크나큰 모욕이다). 셋째, 세 번 또는 네 번 예수상을 맞히면 하루 동안 같은 수의 사람을 활로 쏴 죽일 수 있다. 넷째, 악마의 도움을 받아 명중률을 높일 수는 있지만 활을 쏘기 전에 반드시 '표적이 된 사람'의 눈을 봐야 하고 또 죽이려는 의지가 확고해야 한다(표적이 된 사람은 절대 화살을 피할 수 없다). 다섯째, 그들은 놀라운 명중률을 자랑한다. 심지어 머리 위에 놓인 작은 동전도 맞힐 수 있다(총을 쏘는 경우에도 마찬가지다). 여섯째, 명사수가 되기 위해서는 몸과 마음을 바쳐 악마를 섬기고 숭배해야 한다.

예를 들어 보자. 한번은 '긴 턱수염'이라는 별명을 가진 한 제후가 렌델브룬Lendelbrunn 성을 포위 공격한 일이 있었다(당시 성 안의 주민들은 약탈을 일삼고 있었다). 이때 제후가 거느린 부하들 중에 푼커Puncker라는 궁수-마법사가 있었는데 그는 한 사람을 제외하고 성 안의 모든 사람을 활로 쏴 죽일 수 있을 만큼 뛰어난 명사수였다. 하지만 많은 사람을 쏴 죽일 수 있었던 데에는 그만한 이유가 있었다. 활을 쏘기 전에 '표적이 된 사람'과 눈을 마주치게 되면 치명적인 부상을 입힐 수 있었다. 게다가 이 궁수는 하루에 세 번씩 백발백중의 사격을 가할 수 있었는데 그 이유는 십자가에 못박힌 예수상을 세 번 활로 맞혔기 때문이었다(악마가 '삼'이라는 숫자를 선택한 것은 성스러운 삼위일체the Most Holy Trinity를 부정하기 위해서였다). 하지만 하루 세 번 배발백중의 사격솜씨를 발휘한 그 역시 다른 궁수들과 다를 바가 없었다. 그러던 어느 날 밤이었다. 성 안에 있던 한 사람이 "푼커, 성문 위에 걸린 고리를 그냥 놔둘 수 없겠나?"라고 외치자 푼커가 "지금은 그냥 놔두지. 하지만 성을 점령하게 되면 내가 가져가겠다"라고 말했다. 그는 약속을 지켰다. 한 사람을 제외하고 성 안의 사람들을 모두 쏴 죽인 다음 푼커는 성문 위의 고리를 떼어 보름스 교구에 있는 자신의 집 위에 걸었다. 하지만 그는 속죄도 하지 못하고 농민들에 의해 살해되고 말았다. 전하는 말로는 귀족 출신의 한 남자가 그의 실력을 시험했다고 한다. 그런데 남자의 제안이 예사롭지 않았다. 그가 원한 것은, 푼커의 아들을 기둥에 묶은 다음 그가 쓴 베레모 위에 작은 동전을 올려놓고 바로 그 동전을 활로 쏘아 떨어뜨리는 것이었다. 처음에 푼커는 남자의 제안을 받아들일 생각이 없었다. 왜냐하면 자신을 도와준 악마를 시험에 빠뜨리고 싶지 않았기 때문이었다. 하지만 그는 남자의 제안에 동의하고 말았다. 푼커는 두 개의 화살을 화살통에서 꺼낸 다음 하나는 품 안에 넣고 다른 하나는 활 시위에 걸었다. 그리고 무사히 동전을 쏘아 떨어뜨렸다. 귀족이 "화살 하나는 왜 품 안에 넣었느냐?"라고 묻자 푼커는 "만약 내가 악마에게 속아 내 아들을 죽이고 또 그 때문에 내 목숨까지 위협받았다면 품 속의 화살로 당신을 쏴 죽였을 것이오"라고 말했다.

악마의 도움으로 백발백중의 활 솜씨를 얻을 수 있다는 것은 분명한 사실이다. 하지만 구세주의 은총이 더 큰 기적을 불러올 수 있다는 것도 분명한 사실이다. 예를 들어 보자. 콘스턴스 교구에 새로 지은 교회가 하나 있는데(호헨촐레른Hohenzollern 성城과 수녀원 부근에 위치해 있다) 거기에 모셔진 예수상에는 화살이 꽂혀 있을 뿐만 아니라 말라붙은 핏자국까지 남아 있다. 과연 어떤 기적이 일어났던 것일까? 한 비열한 남자가 백발백중의 활 솜씨에 눈이 멀어 예수상을 향해 활을 쐈다. 그러자 예수상이 마치 기적과도 같이 피를 흘리기 시작했다. 다음 순간 남자는 소리를 지르며 쓰러졌다(그의 다리에는 화살이 꽂혀 있었다). 지나가던 행인이 "어떻게 된 일이오?"라고 물었지만 남자는 소리조차 낼 수 없었다. 바로 그때 십자가에 못박힌 예수상과 화살 그리고 상처에서 흘러나오는 피를 발견한 행인이 "이런 몹쓸놈! 주님에게 화살을 쏘았단 말이냐!"라고 외쳤다. 그리고 그는 다른 행인들에게 "이놈이 달아나지 못하도록 지키고 있어요"라고 말했다. 성으로 달려간 행인이 자초지종을 설명하자 사람들이 몰려가 남자를 일으켜 세웠다. 남자는 자신의 죄를 인정한 후 비참한 최후를 맞이했다.

위에서 우리는 궁수—마법사가 범하는 여섯 가지의 끔찍한 죄악을 살펴보았다. 이제 일곱 번째 죄악을 살펴보자. 일곱 번째 죄악을 범하는 사람은 바로 마법사들을 받아들이는 사람, 그리고 온갖 방법으로 그들을 비호하는 사람이다. 마법사를 비호하는 사람은 교회로부터 파문을 당한다(특히 성직자들은 자신의 지위와 영지까지 영원히 잃게 된다). 그리고 파문당한 사람이 일 년이 넘도록 참회하지 않는다면 그 사람은 이단자로 간주해야 한다.

⟨캐논 Ut inquisitionis, Prohibemus, lib. Ⅱ⟩에는 세속 권력이 주교와 종교 재판관의 직무 수행(심문을 하거나 판결을 내리는 일)을 방해해서는 안 된다고 명시하고 있다. 그리고 ⟨캐논 Ad abolendam⟩과 ⟨캐논 Excommunicemus Ⅰ, Ⅱ⟩는 마법사와 마법사를 비호하는 자들을 파문해야 한다고 명시하고 있다. 특히 ⟨캐논 Excommunicemus Ⅱ⟩는 "우리는 카타리파 신도들을 비롯한 모든 이단자들과 마법사를 비호하는 자들을 파문하고 저주할 것이다"라고 밝히고 있고 ⟨캐논 Excommunicumus Ⅰ, credentes⟩는 "마법사들의 말을 믿거나 그들을 비호하는 자 역시 파문당할 것이다"라고 밝히고 있다. 한편 ⟨캐논 Excommunicemus Ⅱ⟩는 1년 이상 파문당할 경우 어떤 형벌을 받게 되는지 밝히고 있다.

"마법사를 받아들이고 비호하는 자들은 마땅히 파문당해야 한다. 파문당한 자가 일 년 동안 참회하지 않는다면 망신을 당하게 될 것이다. 마법사를 비호한 자들은 공직에 오를 수 없을 뿐만 아니라 증인도 될 수 없다. 그들은 재산을 물려받을 수도 없고 또 물려줄 수도 없다. 그들과 업무 관계에 있는 사람은 그들에 대해 아무런 책임도 질 필요가 없다. 만약 판사라면 그는 공판을 맡을 수 없고 또한 그의 판결은 효력을 잃는다. 만약 변호사라면 그는 어떠한 경우에도 의뢰인의 이익을 변호할 수 없다. 만약 서기라면 그가 작성한 공문서는 효력을 잃는다. 만약 사제라면 그는 지위와 영지를 잃는다. 죄가 무거울수록 벌도 더 무거워질 것이다. 사제들은 파문당한 자의 장례식에 참석해서는 안 된다. 그리고 그들이 죽음을 맞이할 때 고해 성사와 성체성사를 거부해야 한다. 그들로부터 선물이나 헌금을 받아서는 안 된다. 이를 어기는 사제들은 지위를 잃게 될 것이다. 그리고 그들을 복직시킬 수 있는 것은 오직 교황 Apostolic See뿐이다."

파문당한 지 1년이 안 되는 자들도 형벌을 면할 수 없다. 가령 마법사를 비호한 자의 아들과 손자들이 그 직함과 개인적 권리 그리고 교회의 각종 명예직과 영지를 잃을 수도 있다. 이것은 캐논이 명시하고 있는 바이다. 그리고 적들과 맞서 싸우는 세속 권력이 궁수─마법사들의 힘을 빌려 사악한 폭군의 지배를 종식시키는 경우도 있을 수 있다. 그렇다면 군대 전체가 벌을 받아야 하는가, 아니면 마법사를 비호한 자들만 벌을 받아야 하는가? 이 질문에 대해서는 "군인의 수가 워낙 많기 때문에 그들에 한해서 법 적용의 엄격함을 완화해야 한다"라고 답해야 한다(dist. 40, constituetur를 참고하라). 가령 궁수─마법사들을 비호한 제후와 그 보좌관들 중에 사제의 경고에 귀기울이지 않은 자들은 모두 형벌을 피하지 못했다. 하지만 군대 전체가 파문을 당하지는 않는다. 왜냐하면 마법사를 뽑는 일은 그들의 의사와는 무관하게 진행되기 때문이다. 나라를 위해 목숨을 바칠 각오가 되어 있는 군사들이 세속 권력의 '마법사 비호'로 인해 피해를 입어서는 안 될 것이다. 단, 군사들에게 참회를 권할 필요는 있다. 고해 신부는, 가령 모든 군사가 궁수─마법사의 타락을 외면하고 있다는 확신이 들 경우 그들의 죄를 용서해야 한다. 하지만 궁수─마법사들은 무조건 나라 밖으로 추방해야 한다. 그렇다면 총사령관이 회개할 경우 누가 그의 죄를 용서해야 하는가? 이 질문에 대해서는 "그들은 사제와 종교 재판관에 의해 죄를 용서받을 수 있다"라고 답해야 한다. 이와 관련해서는 〈캐논 Ut officium〉을 참고하라.

이제 나머지 두 종류의 마법을 살펴보자. 가장 먼저 지적해야 할 것은, 신을 모독하는 말로 모든 무기에 마법을 걸어 그 어떤 무기도 자신에게 해를 입히지 못하게 하는 사람들이 있다는 것이다. 그리고 이런 부류의 마법사들 중에는 궁수-마법사들처럼 십자가에 못박힌 예수상을 능욕하는 마법사들도 있다. 예를 들어 머리에 상해를 입지 않기 위해 예수상에서 머리를 떼어 내거나 또는 목과 팔을 보호하기 위해 예수상의 목과 팔을 떼어 내는 것이 그런 경우다(때로는 예수상의 허리 윗부분이나 아랫부분 전체를 훼손하는 경우도 있다). 사거리crossroads에 있는 예수상들 중 온전한 것이 하나도 없는 것은 바로 이런 이유 때문이다. 그런가 하면 몸에 각종 부적을 지니고 다니는 사람들이 있는데 사실 그 목적은 누군가에게 해를 입히기 위해서가 아니라 자신의 몸을 보호하기 위해서이다. 따라서 몸에 부적을 지니고 다니는 자들은 이단자들의 거짓된 교의에 빠진 자가 아니라 자신의 죄를 뉘우치는 자로 간주해야 한다(단, 그들이 마법사라는 사실이 입증되고 또 자신의 잘못을 뉘우치고 있다고 판단될 경우에만 그렇다). 무기에 마법을 걸어 '그 날카로운 날' 위를 맨발로 걸어 다니는 자들은 크게 두 부류로 나뉜다. 하나는 거룩한 말Holy Words로 병자들에게 마법을 거는 자들이고 다른 하나는 알 수 없는 이름과 문자characters로 마법을 거는 자들이다(알 수 없는 이름이나 문자는 악마와 계약을 맺을 때 사용된다). 첫 번째 경우는 합법적이고 정당한 것으로 간주되지만 두 번째 경우는 만약 마법을 거는 사람이 그 행위를 멈추려 하지 않는다면 당연히 벌을 받아야 할 것이다. 궁수-마법사들이나 무기에 마법을 거는 자들의 경우 이와 같은 행위가 적발되면 악마와 계약을 맺은 것으로 간주해야 하고 또 이단을 행한 것으로 간주해야 한다.

또한 그들을 비호하는 자 역시 캐논에 따라 벌을 받아야 한다. 예를 들어 보자. 한번은 마법사들을 비호하던 한 제후가 자신이 다스리는 도시들 중 하나에 부당하게 세금을 부과한 일이 있었다. 한 신하가 과세의 부당함을 지적하자 제후는 "나의 결정이 부당한 것이라면 지금 당장 죽음의 벌을 받아도 좋다"라고 말했다. 이 말이 끝나기가 무섭게 신의 복수가 내렸고 제후는 그 자리에서 쓰러져 죽고 말았다. 그의 죽음은 부당한 과세와 이단자들을 비호한 것에 대한 벌이었다. 만약 고위 성직자prelates와 신부들이 마법사와 그 비호자들에 맞서 싸우지 않는다면 그들 또한 응분의 대가를 치르게 될 것이다.

2부의 두 번째 쟁점은 마법을 퇴치하는 방법 또는 마법에 걸린 사람을 치료하는 방법이다.

만약 누군가가 "다른 마법, 즉 역마법countersorcery이나 그 밖의 비합법적 수단으로 마법을 퇴치하는 것이 허락되는가?"라고 묻는다면 그렇지 않다고 답해야 한다. 왜냐하면 악마로부터 도움을 받는 것은 절대 허락될 수 없기 때문이다(앞에서 설명한 내용과 학자들의 주장이 이를 입증한다 - 《Commentary on Pronouncements》, Bk. 2, Dist. 7). 악마의 도움을 받는다는 것은 곧 신앙을 버린다는 것을 의미한다. 하지만 반대론자들은 다음과 같이 주장한다. "마법은 인간의 재주artifice나 악마의 재주 또는 신의 권능으로 퇴치할 수 있다." 하지만 인간의 재주로는 그렇게 할 수 없을 것이다. 왜냐하면 인간의 재주는 악마의 재주와는 비교가 안 될 정도로 형편없기 때문이다. 그리고 신의 권능으로도 마법을 퇴치하기는 어려울 것이다. 왜냐하면 비록 신의 권능으로 마법을 퇴치할 수 있다 해도 그와 같은 기적은 사람들의 요구가 아닌 신의 결정에 따라 행해지기 때문이다. 가령 예수의 어머니가 예수에게 포도주에 기적을 일으켜 달라고 부탁했을 때 예수는 "그것이 나와 무슨 상관이 있나이까?"라고 말했다. 요한복음은 다음과 같이 기록하고 있다. "포도주가 떨어진지라 예수의 어머니가 예수에게 이르되 저들에게 포도주가 없다 하니 예수께서 이르시되 여자여 나와 무슨 상관이 있나이까, 내 때가 아직 이르지 아니 하였나이다"(요한복음 2장 3-4절). 신의 도움으로 마법에서 벗어나는 경우는 아주 드물다. 그러므로 마법에서 벗어나는 유일한 방법은 악마의 힘을 빌리는 것이다. 그러나 악마의 도움을 구하는 것은 허락되지 않는다.

하지만 실제로는 마법에서 벗어나기 위해 악마의 도움을 구하는 경우가 허다하다. 흔히 있는 일이지만 마법에 걸린 사람은 사제나 퇴마사의 도움을 구하기보다는 미신에 사로잡힌 여자들(주로 엉터리 주술사들)을 찾아가 요병妖病을 치료한다. 즉 악마의 도움으로 마법을 퇴치하는 것이 관행처럼 되어 버린 것이다. 하지만 악마의 도움을 구하는 것이 허락되지 않는 만큼 마법을 퇴치하는 것도 허락되지 않는다. 따라서 마법은 참을성 있게 견뎌 내는 수밖에 없다. 게다가 성 토마스 아퀴나스와 보나벤투라의 설명에 따르면 "마법은 그 뿌리가 워낙 깊기 때문에 인간의 치료 방법으로는 도저히 그것을 치료할 수 없다. 그리고 설령 그런 방법이 존재한다 해도 그것은 인간이 알지 못하는 방법이거나, 사용이 허락되지 않는 방법이다"(《Commentary on Pronouncements》, Bk. 4, Dist 43 〈de impedimento maleficiali〉). 결국 두 사람이 말하고자 하는 것은, 마법이 불치의 병이나 다름없다는 것이다. 그리고 두 사람은 이렇게 덧붙인다.

"신이 '마법을 치료하는 방법'을 알려 주거나, 악마를 그 제물victim로부터 물러가게 할 수는 있어도 인간이 마법을 치료할 수는 없을 것이다."

결론적으로 말해서, 신이 개입하지 않는 한 어떤 식으로든 인간 스스로 마법에서 벗어나는 방법을 찾는 것은 허락되지 않는다는 것이다.

또한 성 토마스 아퀴나스와 보나벤투라는 '역逆마법'으로 마법을 퇴치하는 것에 반대한다. 그들은 "역마법을 통해 효과적인 치료 방법을 찾을 수 있다 해도 마귀를 불러내는 것은 절대 허락되지 않는다"라고 말한다.

게다가 교회의 귀신 물리치기exorcism가 항상 마귀를 물리칠 수 있을 만큼 강력한 것도 아니다(귀신 물리치기는 악마에게 사로잡힌 사람을 치료하거나 아이들을 위한 액막이를 할 때 효과가 있다). 그리고 죄악으로 인해 악마가 인간에 대한 지배력을 갖게 된 것은 사실이지만 죄가 없어진다고 해서 악마의 지배력까지 사라지는 것은 아니다. 왜냐하면 죄가 없어져도 벌은 그대로 남을 수 있기 때문이다. 두 학자의 결론은 이렇다. 첫째, 마법을 퇴치하는 것은 허락되지 않는다. 둘째, 마법은 참을성 있게 견뎌 내는 수밖에 없다. 셋째, 마법은 신이 그 재량에 따라 치료하게 해야 한다.

그러나 이러한 관점에 이의를 제기하는 사람들이 있다. 그들의 주장은 다음과 같다.

"신과 자연은 불필요한 것들redundancies을 가지지 않음과 동시에 필요한 것들necessities을 모두 갖추고 있다. 즉 '믿음 가진 자들'에게는 악마의 교활한 음모에 대적할 예방 수단과 치료 수단이 부여되어 있다는 말이다. 만약 그렇지 않다면 신은 믿음 가진 자들을 보살피지 못할 것이고 또한 악마의 행위가 신의 행위보다 더 큰 영향력을 갖는 것처럼 여겨질 것이다."

욥기 41장 33절("세상에는 그것과 비할 것이 없으니")에 대한 주석은 다음과 같이 밝히고 있다.

"그럼에도 불구하고 악마는 성인들의 공덕the merits of the Saints을 압도하지 못한다."

그리고 아우구스티누스는 "만약 우리가 신에게 매달린다면 우리의 영靈은 천사보다 더 강한 힘을 가지게 될 것이다"라고 주장한다(《교회의 관습Customs of the Church》). 다시 말해서 '신에게 매달리는 영'이 악마의 교활한 음모를 분쇄할 수 있다는 것이다.

답변. 이 문제와 관련해서 외견상 상반되는 두 견해가 있다. 신학자들과 교회법 학자들 중에는 "역마법으로 마법을 퇴치하는 것도 허락된다"라고 주장하는 사람들이 있다. 가령 스코투스, 호스티엔시스, 고프리두스 그리고 대부분의 교회법 학자들이 이러한 견해를 피력하고 있다. 그런가 하면 토마스 아퀴나스, 보나벤투라, 알베르투스 마그누스, 파루데의 페트루스 등 많은 사람들이 반대 견해를 고수하고 있다. 그들은 "역마법을 행해서는 안 된다. 그런 부질 없는 짓을 하느니 차라리 죽는 편이 더 낫다"라고 주장한다. 두 견해를 좀 더 자세히 살펴보자.

스코투스는 "역마법을 금기시하는 것은 정말 어리석은 일이다. 악마의 교활한 음모를 분쇄하기 위해 역마법을 행하는 것은 오히려 칭찬받을 일이다"라고 주장한다(《피터 롬바르드 금언집 주해》, Bk. 4, Dist. 34). 역마법의 예를 들어 보자. 가령 마법에 걸린 암소가 젖을 조금밖에 내지 못할 때 치료 주술사들medicine women은 그 젖을 양동이에 담아 불 위에 올린 다음 주문을 외우며 양동이를 후려친다(주로 지팡이로 후려친다). 그러면 그 타격이 악마에게 전해진 다음 곧바로 마녀에게도 전해진다(이때 악마와 마녀가 고통을 당하게 된다). 하지만 복수심에 불타는 악마가 '역마법을 행하는 여자'를 함정에 빠뜨릴 수도 있다.

의사들의 도움으로 받아 '성교 불능'을 치료할 것을 권하는 호스티엔시스는 교회가 '악에 의한 악의 타파smashing of evil with evil'를 묵인할 수 있다고 지적한다(《Summa copiosa de frigidis et maleficiatis》). 그리고 움베르트Umbert는 "마법은 기도나 술법, 즉 마법사의 술법으로 퇴치할 수 있다"(《Commentary on Pronouncements》, Bk. 4, Dist. 34)라고 주장하고 조프리는 "마법사, 즉 마법을 건 사람이 반드시 그 마법을 퇴치할 수 있는 것은 아니다. 왜냐하면 마법사 자신이 죽을 수도 있고 또 마법사가 마법 퇴치법을 모르거나 마력을 상실할 수도 있기 때문이다. 하지만 마법사가 그 방법을 알고 있다면 그의 치료를 받는 것은 얼마든지 허용된다"라고 밝히고 있다(《Summa》, 4.15).

마법의 영구성permanence of sorcery을 부정하는 학자들은 귀신 물리치기나 역마법 또는 진정한 회개를 통해 마법을 물리칠 수 있다고 확신한다(죄 많은 사람만이 악마의 지배를 받는다고 믿기 때문이다).

하지만 성 토마스 아퀴나스는 이와 반대되는 견해를 피력한다. 그는 "만약 어떤 마법이 역마법을 통해서만 퇴치될 수 있다면 그것은 영구적인 마법으로 간주되어야 한다"라고 지적한다.

이 부분에 대해서는 보나벤투라와 피터 롬바르드 그리고 알베르투스 마그누스와 대부분의 신학자들이 의견을 같이 하고 있다. 즉 귀신 물리치기와 진정한 회개만이 합법적인 마법 퇴치 방법이라는 것이다.

두 그룹이 의견을 같이 하는 부분은 첫째, 마법사의 역마법으로 마법을 퇴치할 수 있다는 것. 둘째, 마법사는 아니지만 비합법적 주문unlawful incantation을 외거나 비합법적 의식unlawful rites을 치를 줄 아는 사람도 마법을 퇴치할 수 있다는 것(이때 퇴치된 마법이 다른 사람에게 옮아가는 경우도 있다). 셋째, 마법사도 아니고, 타인에게 마법을 옮기지도 않지만 말없이 (또는 큰 소리로) 악마를 불러낼 줄 아는 사람도 마법을 퇴치할 수 있다는 것이다. 위에서 언급한 신학자들은 이 세 가지 경우 모두를 '용납할 수 없는 것'으로 간주한다. 즉 이처럼 추악한 행위를 하느니 차라리 죽는 편이 더 낫다고 생각하는 것이다. 반면에 교회법 학자들은 만약 교회의 귀신 물리치기와 진정한 회개 그리고 기도를 통한 성인聖人들의 도움 간구가 효과를 거두지 못할 경우 위에서 말한 두 번째 방법과 세 번째 방법을 묵인할 수 있다고 본다.

문제의 본질을 더 잘 이해할 수 있도록 몇 가지 예를 들어 보겠다. 니콜라오 1세가 교황으로 재위하던 시절, 독일의 한 주교가 교구 일을 처리하기 위해 로마로 갔다(이미 죽고 없는 사람이지만 그의 이름은 밝히지 않겠다). 로마에 도착한 주교는 한 젊은 여자에게 반해 그녀를 자신의 교구로 보내려고 했다(두 명의 하인을 딸려 보내고 그 길에 자신의 짐과 귀중품도 함께 보내려고 했다). 하지만 주교의 귀중품이 탐이 났던 여자는 주교에게 죽을병fatal disease을 일으키리라 마음먹었다. 얼마 후 주교는 생명이 위태로울 만큼 큰 병을 앓게 되었고 의사들은 회복될 가능성이 없다고 했다. 그러던 어느 날 한 노파가 찾아와서 "마법 때문에 병이 난 것이니 역마법을 사용해 보세요"라고 말했다. 달리 뾰족한 수가 없었던 주교는 교황에게 노파의 도움을 받을 수 있게 해 달라고 요청했다(이때 주교는, 역마법으로 퇴치한 마법을 마녀에게 걸어 버리겠다고 장담했다), 교황은 그의 요청을 받아들였다. 그리고 다음 날 밤, 주교는 언제 그랬냐는 듯 건강을 되찾았고 주교에게 마법을 걸었던 젊은 여자와 역마법을 건 노파는 그때까지 주교가 앓고 있던 병에 걸리고 말았다. 두 마법에는 한 명이 아닌 두 명의 악마가 개입되어 있었다. 한 명은 젊은 마녀와 손을 잡았고 다른 한 명은 노파와 손을 잡았던 것이다. 극심한 고통을 호소한 젊은 마녀는 얼마 못가 죽고 말았다. 그리고 주교는 무사히 자신의 교구로 돌아갈 수 있었다.

여기서 한 가지 덧붙여야 할 것은, 한 사람에 대한 특혜가 곧 모든 사람을 위한 원칙이 되는 것은 아니라는 점 그리고 교황이 허락했다고 해서 모든 사람이 역마법을 사용해도 좋다는 것은 아니라는 점이다.

니더의 《개미둑》에서도 이와 유사한 예를 찾을 수 있다. 한번은 자기 재산에 손해를 입힌 자를 찾는다며 한 남자가 마녀를 찾아간 일이 있었다. *그가 마녀에게 부탁한 것은 누가 범인인지 알려 달라는 것이었다. 마녀는 납을 녹인 다음 그 납을 물이 담긴 그릇에 부었다. 그러자 물 표면에 사람의 모습을 닮은 형상 하나가 만들어졌다. 마녀는 남자에게, 범인의 몸 어느 곳에 부상을 입히면 되겠느냐고 물었다. 이것은 남자로 하여금 범인을 알아볼 수 있게 하고 또한 범인의 죄상을 폭로할 수 있게 하기 위해서였다. 남자가 대답을 하자 마녀는 물 위에 떠오른 형상의 한 부분을 칼로 찌르기 시작했다. 그리고 다음 순간, 놀라운 일이 벌어졌다. 역마법을 행하는 마녀의 몸에 칼자국이 나기 시작한 것이다.* 단언컨대, 이러한 역마법은 절대 용납되지 않는다.

이제 '용한 의사'를 자처하는 치료 주술사들에 대해 알아보자. 그들은 자신을 찾아온 의뢰인에게 불행의 원인을 알려 줌과 동시에 의뢰인과 말다툼을 벌인 사람들의 이름을 일일이 열거한다. 그리고 자신의 범죄 행위를 숨기기 위해 의뢰인에게 성지 순례와 같은 경건한 일을 권한다. 하지만 주술사들의 장단에 놀아나는 사람은 자신의 수명을 단축시키게 된다. 사울을 예로 들어 보자. 처음에 그는 마법사와 점쟁이들을 모두 나라 밖으로 내쫓았지만 얼마 못 가 마법사들에게 조언을 구하기 시작했고 그 결과 여러 아들과 함께 전사하고 말았다("사울과 그의 세 아들과 무기를 든 자와 그의 모든 사람이 다 그날에 함께 죽었더라"(사무엘상 31장 6절)). 그리고 다리 난간에서 떨어진 아하시야가 죽음을 피할 수 없었던 것도 모두 그와 같은 이유 때문이었다(열왕기하 1장).

그럼에도 불구하고 많은 사람이 마녀들에게 몰려가고 있다. 예를 들어 라이크스호프에 사는 한 마녀의 집은 의뢰인들, 즉 마법에 걸린 사람들로 문전성시를 이루었는데 그 수가 어찌나 많았던지 통행세를 요구한 성주城主가 어마어마한 이익을 남길 정도였다(마녀의 집이 성 안에 있었기 때문이다). 그런가 하면 예닝겐 마을에 사는 한 남자 주술사의 집에도 의뢰인들의 발길이 끊이지 않고 있다(성모 마리아 성지 어디에서도 그렇게 많은 사람을 볼 수 없을 것이다).

역마법의 세 번째 경우는 맨 처음 마법을 건 마녀에게 마법을 걸지 않고 마법을 퇴치하는 경우이다. 슈파이어 시市의 한 상인에게 일어난 일을 예로 들어 보자. 한번은 이 상인이 두 명의 젊은 남자와 함께 아들링겐 성 부근으로 산책을 간 일이 있었다. 그런데 산책을 하던 도중 우연히 마녀로 의심되는 한 여자를 만났다. 두 명의 젊은 남자가 상인에게 "혹시 요병妖病에 걸릴지 모르니 성호를 긋도록 하세요"라고 말했지만 상인은 그들의 말을 듣지 않았다. 아니나 다를까 상인은 다리가 끊어질 듯 아프다며 고통을 호소하기 시작했다. 간신히 집으로 돌아온 상인은 마법 퇴치의 달인이라는 한 농부를 집으로 불렀다. 상인의 집에 도착한 농부가 가장 먼저 한 일은 납을 녹여 물그릇에 붓는 것이었고 이를 통해 농부는 상인이 마법에 걸렸다는 사실을 확인할 수 있었다. 그 후 농부는 사흘 동안 매일 상인의 집을 방문했는데 그때마다 상인의 다리에 손을 얹고 알 수 없는 말을 속삭였다. 결국 상인의 다리는 깨끗이 치료되었다. 하지만 여전히 풀리지 않는 의문은, 어떻게 납을 이용해 마법의 특징을 알 수 있었으며 또 어떻게 마법을 퇴치할 수 있었냐는 것이다. 십중팔구 이 농부는 악마와 무언의 계약tacit agreement을 맺고 있었을 것이다.

다음은 역마법의 네 번째 경우다. 일부 교회법 학자와 신학자들은 이것을 허용 가능한 것으로 간주하는데 그 특징은 악마를 부르지 않는다는 것 그리고 악마와 어떤 계약도 맺지 않는다는 것이다. 가령 앞에서 언급한 상황, 즉 여자들이 불 위에 올려진 우유 양동이를 지팡이로 후려치는 상황이 바로 이 네 번째 역마법에 해당한다. 그리고 '암소에게 마법을 건 마녀'를 찾아내는 풍습도 네 번째 역마법에 해당하는데 과연 어떤 식으로 마녀를 찾아내는지 그 방법을 살펴보도록 하자. 먼저 암소 머리(또는 등)에 남자 속바지나 지저분한 물건을 매단다. 그런 다음 암소를 집 밖으로 몰고 나가 지팡이로 때리는데 이때 우유 양동이를 후려치면서 했던 말과 똑같은 말을 내뱉는다. 그러면 이 암소가 곧장 마녀의 집으로 달려가 그 대문을 들이받는다.

일부 학자들의 견해에 따라 이와 같은 방법을 무조건 금기시해서는 안 되겠지만 그렇다고 해서 그것을 잘하는 일이라 할 수도 없을 것이다. 사도 바울은 "우리가 하는 모든 일은 주 예수 그리스도의 이름으로 행해져야만 한다"라고 말했다. 그런데 역마법을 행하는 자들은 비록 악마를 불러내는 것은 아니지만 어쨌든 악마에 대해 언급하고 있다. 이런 자들에게는 회개할 것을 권해야 하고 또한 성수聖水 사용과 귀신 물리치기를 권해야 한다.

그렇다면 죽은 가축의 내장을 꺼내 집으로 질질 끌고 오는 행동과 그것을 부엌으로 가져가 불판 위에 올려놓는 행동은 어떨까? 물론 옳지 않은 행동이다. 그렇게 하면 '가축에게 죽을 병을 일으킨 마녀'가 고통을 겪게 될 것이라 생각하겠지만 그런 행동은 결코 옳지 못한 행동이다.

결론을 내려 보자. 첫 번째 역마법과 두 번째 역마법은 어떠한 경우에도 허용되지 않는다. 그리고 세 번째 역마법의 경우 법적으로는 허용되지만 가톨릭 신앙의 관점에서 보면 여전히 의문의 여지가 남는다. 따라서 세 번째 역마법과 관련된 사건은 각별히 주의해서 다루어야 한다. 법은 역마법에 호의적이다. 《de maleficiis,1 eorum》에는 "만약 어떤 사람이 태풍이나 우박의 피해를 막기 위해 역마법을 행하였다면 그 사람은 벌이 아닌 상을 받아야 할 것이다"라고 씌어 있다. 그리고 안토니우스 또한 이와 같은 견해를 피력하고 있다(《Summa》). 만약 판사가 이러한 역마법을 충분히 검토한 다음 그것이 믿음 가진 자들에게 해가 되지 않는다고 판단한다면 그 역마법은 허용해도 무방할 것이다.

1절
인큐버스와 서큐버스에 대항하는 교회적 수단

이번 장에서는 마법에 대항하는 교회적 수단ecclesiastical remedy에 대해 살펴볼 것이다. 먼저 인큐버스(또는 서큐버스)와 관계하는 사람들을 세 부류로 나눌 필요가 있다. 1) 자발적으로 인큐버스에게 몸을 바치는 사람들(마녀들이 이 부류에 속한다). 남자들은 강한 이성을 지니고 있기 때문에 서큐버스의 유혹에 잘 넘어가지 않고 오히려 그와 같은 추행에 반감을 느낀다. 2) 마녀의 강요에 못 이겨 인큐버스(또는 서큐버스)와 성교를 하는 사람들. 3) 자신의 의지와는 무관하게 인큐버스에게 괴롭힘을 당하는 처녀들. 그러면 지금부터 그 예들을 들어 보자.

코블렌츠 시市에 사는 한 남자가 마법에 걸렸다. 그는 아내가 보는 앞에서 온갖 성행위를 즐겼는데 문제는 성행위의 대상이 자신의 아내가 아니라는 것 그리고 한번 시작된 성행위가 몇 번이고 되풀이된다는 것이었다. 아내의 눈물 어린 호소도 남자의 성행위를 멈출 수 없었다. 심지어 몇 차례 성행위를 한 후 "처음부터 다시 해!"라고 외치는 경우도 있었다. 하지만 과도한 성행위에 지칠 대로 지친 남자는 결국 쓰러지고 말았다. 나중에 정신을 차렸을 때 그의 아내가 "어떻게 된 일이에요? 당신 밑에 누가 누워 있었어요?"라고 묻자 남자는 "아무것도 보이지 않았어. 하지만 절제가 안 될 정도로 정신이 나가 있었던 것 같아"라고 말했다. 얼마 후 한 여자가 이 사건의 용의자로 지목되었다. 왜냐하면 그 여자가 "내 부탁을 거절했으니 벌을 받게 될 거야"라며 남자를 협박한 일이 있었기 때문이다. 하지만 떠도는 소문과 혐의만으로는 용의자를 처벌할 수 없었다(적용할 수 있는 법도 없었고 또 판결을 내릴 판사도 없었다). 유죄 판결을 내리기 위해서는 당사자의 자백 또는 법률이 인정하는 증인lawful witness 세 명이 필요했기 때문이다.

두 번째 부류의 사람들, 즉 마녀의 강요에 못 이겨 악마와 성교를 하는 사람들에 대해서는 브라반트 토마스 아퀴나스의 《꿀벌》에 나오는 이야기를 예로 들어 설명해 보자. 경건하고 정숙한 한 처녀가 고해를 하던 도중 "성교에 동의한 적이 없어요"라고 주장하기 시작했다. 고해 신부가 죄를 숨기면 천벌을 받는다고 하자 처녀는 눈물을 흘리며 "인큐버스는 제 몸이 아니라 제 마음mind을 더럽혔어요"라고 말했다. 인큐버스의 유혹은, 성호와 성수 그리고 성체 성사로도 물리칠 수 없을 만큼 아주 강했다. 하지만 몇 년이 지난 후 마침내 인큐버스를 쫓아낼 수 있었는데 그것이 가능했던 것은 바로 기도와 금식 덕분이었다.

니더는 자신의 책 《개미둑》에서 "처녀들과 남자들이 인큐버스와 서큐버스의 유혹에서 벗어나는 방법에는 다섯 가지가 있다"라고 밝히고 있다. 1) 고해 성사. 2) 성호 긋는 습관 들이기와 '성모 마리아에게 올리는 기도문' 반복해서 읽기. 3) 귀신 물리치기. 4) 거주지 변경. 5) 성자들이 내리는 신중한 파문 선고cautious excommunication.

하이스터박흐의 케사리우스는 사제와 정을 통한 여인에 대한 이야기를 소개한다(그 사제는 목매달아 죽었다). 수도원에 들어간 여인은 끊임없이 인큐버스의 유혹을 받았다. 성호를 긋고 성수를 뿌려 간신히 인큐버스를 쫓았지만 그것도 잠시뿐이었다. 그녀가 '성모 마리아'라고 말하자 인큐버스는 쏜살같이 달아나는가 싶더니 이내 다시 나타나고 말았다(하지만 그녀에게 다가가지는 않았다).

세 번째 방법, 즉 고해 성사와 관련해서 하이스터박흐의 케사리우스는 "사제의 여자는 진정으로 회개한 다음에야 비로소 인큐버스의 괴롭힘으로부터 완전히 벗어날 수 있었다"라고 밝히고 있다. 그리고 이와 비슷한 일을 겪은 리에주 출신의 한 남자 역시 진정한 회개를 한 다음에야 서큐버스의 유혹으로부터 벗어날 수 있었다. 또한 하이스터박흐의 케사리우스는, '신의 가호가 있기를'이라고 말함으로써 인큐버스의 교활한 음모로부터 벗어날 수 있었던 한 수녀의 이야기를 예로 드는데 그녀의 경우 기도와 고해 그리고 다른 어떤 영적 수행으로도 인큐버스가 잠자리로 기어드는 것을 막을 수 없었다.

하이스터박흐의 케사리우스는 '거주지를 변경함으로써 인큐버스로부터 벗어나는 방법'에 대해 한 사제의 딸을 예로 들어 설명하고 있다. 인큐버스에게 능욕을 당한 딸이 고통을 견디다 못해 환장을 하자 사제는 딸의 거처를 옮겨 버렸다. 그 후 인큐버스는 더 이상 딸을 괴롭히지는 않았지만 그 대신 자상한 아버지를 살해했다. 예를 하나 더 들어 보자. 밤마다 인큐버스의 유혹에 시달리던 한 여자가 친구를 불러 "내 침대에서 자지 않을래?"라며 부탁을 했다. 여자의 친구는 부탁을 들어줄 수밖에 없었다(여자의 친구는 아주 경건한 여자였다). 친구는 괴롭힘을 당하며 하룻 밤을 보내야 했고 여자는 그 동안의 괴로움을 잊고 편히 잠들 수 있었다. 윌리엄의 설명에 따르면, 대개의 경우 인큐버스들은 머리를 곱게 꾸민 여자들에게 나타나려고 한다. 왜냐하면 머리를 예쁘게 손질한다는 것은 곧 남자를 흥분시키고 싶어한다는 것을 의미하기 때문이다.

위에서 언급한 파문 선고와 관련해서는 성 베르나르의 일대기를 참고 할 필요가 있다. 일대기 속의 이야기를 예로 들어 보자. 아키텐에 살고 있던 한 여자는 무려 6년 동안이나 인큐버스에게 괴롭힘을 당하고 있었 다. 하루는 인큐버스가 "만약 네가 성 베르나르에게 도움을 청한다면 더 큰 고통을 겪게 해 주겠다"라며 엄포를 놓았다. 하지만 여자는 인큐버스 의 위협을 무시하고 성 베르나르에게 고충을 털어놓았다. 그러자 성 베 르나르는 자신의 지팡이를 여자에게 건네주며 "이 지팡이를 잠자리에 두도록 해요"라고 말했다. 여자는 성 베르나르가 시키는 대로 했다. 그 날 이후로 악마는 감히 여자에게 접근하지 못했다. 하지만 악마는 "언젠 가 이 원수를 꼭 갚아주마"라며 위협을 하기 시작했다. 얼마 후 성 베르 나르는 주민들을 불러 모았다. 그리고 사람들을 향해 "손에 든 초에 불을 붙이시오!"라고 외친 뒤 악마에게 파문 선고를 내렸다. 그리고 잠시 후, 여자는 인큐버스의 지배에서 벗어날 수 있었다. 인간에게 내려지는 파 문 선고로 악마를 쫓을 수 있다는 것이 언뜻 이상하게 여겨지겠지만 사 실 이것은 아주 간단하게 설명될 수 있다. 인큐버스 또는 서큐버스에게 괴롭힘을 당하는 사람들은 교회의 관할하에 있는under the jurisdiction of the Church 사람들이다. 그리고 교황권the Power of the Keys을 지닌 사람은 인간의 영혼을 연옥의 형벌로부터 구할 수 있고 또 이 일을 방해하는 마귀들도 충분히 제압할 수 있다.

원래 교황권은 교황에게만 부여되는 것이다. 하지만 교회 전체에 이로운 경우라면 교회의 다른 성자들에게도 부여될 수 있다. 그리고 한 가지 덧붙이자면, 만약 마녀와 마귀들이 교회로부터 파문당한다면 그리고 또 다른 형태의 귀신 물리치기가 적용된다면 그들의 간계에서 벗어나는 일이 더욱 쉬워질 것이다.

아디제 강 유역과 그 밖의 일부 지역에서는 '신의 묵인하에 포도밭과 곡물 그리고 모든 초목을 초토화하는 메뚜기 떼는 파문과 저주로써 능히 물리칠 수 있다'는 믿음이 널리 퍼져 있다. 만약 그와 같은 '물리침'을 성자의 공덕으로 돌리려 한다면 오직 신의 이름으로만 그렇게 해야 한다.

위에서 언급한 수단들이 아무 효과가 없다면 남아 있는 수단은 합법적인 귀신 물리치기lawful forms of exorcism밖에 없다(이 부분에 대해서는 잠시 후 다시 설명하도록 하겠다). 만약 귀신 물리치기마저 효과가 없다면 이제 인큐버스와 서큐버스의 유혹은 죄에 대한 응보로 받아들일 수밖에 없다. 우리는 그것을 인내와 순종으로써 받아들여야 하고 또한 신의 가호를 빌어야 한다.

그런가 하면 비현실 속에서 인큐버스에게 괴롭힘을 당하는 여자들도 있다. 쉽게 말해서 이런 여자들은 '인큐버스에게 괴롭힘을 당한다'는 착각에 빠지는 것이다. 사실 남자들에게는 이런 일이 잘 일어나지 않는다. 왜냐하면 남자들은 여자들에 비해 두려움이 많지 않고 또 환상적 이미지miraculous forms in the imagination에 대한 감수성도 여자들의 그것보다 훨씬 더 약하기 때문이다. 윌리엄은 다음과 같이 설명한다.

"환상적 현상은 우울증, 특히 여자들의 우울증에 기인하는 경우가 많다. 왜냐하면 여자들의 감수성이 남자들의 그것보다 훨씬 더 강하기 때문이다. 한번은 '악마가 나의 내부로부터 나를 알고 있다being known from inside by the Devil'라고 믿는 여자를 본 적이 있는데 사실 그녀의 감각은 믿을 만한 것이 못 된다."

윌리엄은, 비록 여자들의 배가 불러 오는 것은 인정하지만 그럼에도 불구하고 여자들이 인큐버스의 아이를 밸 수 있다는 것은 인정할 수 없다. 그의 설명을 들어 보자.

"출산 당일, 뱃속의 가스가 밖으로 배출되면 여자들의 배는 원래 크기로 돌아간다. 알다시피 음료수에 개미알을 타서 마시면 다량의 가스가 발생한다."

악마는 이러한 현상, 아니 이보다 더 놀라운 현상도 아주 쉽게 일으킬 수 있다. 이런 이야기를 하는 이유는, 여자들의 말을 과신하기보다는 오히려 '자신의 침대 위에서 직접 경험한' 사람들의 개연성 있는 이야기를 믿도록 하기 위해서이다.

2절
성행위가 마법에 걸리면 어떻게 치료해야 하는가?

마법을 거는 사람, 즉 마법사들의 경우 여자의 수가 남자의 수보다 많다. 하지만 마법에 걸리는 사람은 여자보다는 남자인 경우가 더 많다. 그리고 다른 행위들에 비해 성행위가 마법에 더 잘 걸리는 이유는 신이 '성행위에 대한 마법'을 더 많이 묵인하기 때문이다(원죄가 만연하게 된 것도 바로 이 성행위 때문이었다). 한편 성행위에 마법을 걸 때 주로 뱀을 이용하는 이유는 뱀이 다른 동물들에 비해 더 빨리 마법에 반응하기 때문이다(악마가 사용한 최초의 도구가 바로 뱀 아니었던가!). 파루데의 페트루스에 따르면 성행위에 마법을 거는 방법에는 다섯 가지가 있다(《Commentary on Pronouncements》, Bk. 4, Dist. 34).

1) 악마는 남자의 몸과 여자의 몸이 가까워지는 것을 방해할 수 있다. 이것은 영적 존재인 악마가 신의 묵인하에 육체적 존재들bodily creature을 지배하고 있고 따라서 그것들의 공간 이동에 영향을 미칠 수 있기 때문

이다. 악마가 남자와 여자의 접근을 막는 방법에는 직접적인 방법과 간접적인 방법이 있다. 직접적인 방법은, 자기 마음대로at his discretion 남자와 여자를 떼어 놓거나 가깝게 접근시키는 방법이다. 그리고 간접적인 방법은, 남자와 여자 사이에 장애물을 두는 방법이다. 예를 들어 보자. 한 이교도 청년이 한 여자와 약혼한 다음 다른 처녀를 아내로 맞이했다. 그런데 이 청년은 성관계를 맺을 수 없었다. 왜냐하면 '인간의 육신을 입은' 악마가 매번 그들 사이에 누워 있었기 때문이다. 2) 악마는 남자로 하여금 한 여자에 대해서는 연정을 불태우고 또 다른 여자에 대해서는 냉담한 태도를 보이게 할 수 있다. 3) 악마는 남편과 아내에게 증오심을 불러일으킬 수 있다(상상력에 영향을 미칠 수 있기 때문이다). 4) 악마는 남자의 발기 부전을 불러일으킬 수 있다. 5) 악마는 정액의 분비를 방해할 수 있고 심지어 정액이 생성되는 것도 방해할 수 있다.

만약 누군가가 "발기 부전 때문에 아내와 성관계를 맺을 수 없습니다. 이것은 어떤 종류의 마법입니까?"라고 묻는다면 우리는 다음과 같이 답해야 한다. "만약 다른 여자들과 성관계를 가질 때 발기 부전 증세가 나타나지 않는다면 그것은 두 번째 종류의 마법이다. 그리고 그 상황에서 자신의 아내를 증오한다면 그것은 두 번째 및 세 번째 종류의 마법이다. 하지만 아내에 대한 증오심이 없고 또 아내와 성관계를 갖고 싶은데 다만 음경이 제대로 발기되지 않는 경우라면 그것은 네 번째 종류의 마법이다. 끝으로 발기는 제대로 되는데 정액이 분비되지 않는 경우라면 그것은 다섯 번째 종류의 마법이다.

우리는 지금 '부부간의 성행위에 마법을 거는 경우'에 대해 이야기하고 있다. 부부간의 성행위가 마법에 걸린다는 것은 곧 두 사람이 또는 둘 중 한 사람이 '기독교적 사랑'을 잃어버렸다는 증거다. 한 천사가 도빗에게 말했다. "음욕에 탐닉하는 자들은 악마의 지배를 받게 될 것이다." 이 말의 진실됨은 '악마가 사라의 일곱 남편을 차례로 죽인 일'을 통해 확인할 수 있다. 성 안토니오는 '영적 묵상spiritual contemplation과 거룩한 생각saintly thoughts을 잃지 않은 사람'의 영과 육이 악마에게 사로잡힐 수 있다는 것을 인정하지 않는다. 그렇다면 이제 결론을 내려 보자. 신이 '성행위에 대한 마법'을 더 자주 묵인하는 이유는 첫째, 성행위의 불결함foulness 때문이고 둘째, 성행위를 통해 원죄가 만연했기 때문이다. 만약 어떤 부부가 둘 중 한 사람의 죄로 인해 신의 도움을 얻지 못한다면 그 부부는 특히 성행위와 관련해서 마법에 잘 걸리게 될 것이다.

만약 누군가가 "부부 중 한 사람이 짓는 죄란 어떤 죄를 말하는 것인가?"라고 묻는다면 "그것은 바로 성적 난행亂行sexual immorality의 죄악을 말하는 것이다"라고 답해야 한다. 히에로니무스는 "자기 아내를 너무 열정적으로 사랑하는 사람은 동시에 간통을 밥 먹듯이 하는 사람이다"라고 설명한다(《Against Jovinianus》). 즉 성적 난행을 일삼을 경우 그 사람의 성기가 마법에 걸리게 된다는 것이다.

교회가 제시하는 치료법은 두 가지이다. 그 하나는 법의 영역에 속하고 다른 하나는 양심의 영역에 속한다. 법의 영역에 속하는 치료법의 경우 발기 부전의 원인과 그 지속 기간을 밝히는 것이 관건이다. 만약 발기 부전이 일시적인 것이라면 그것은 결혼 생활을 방해하는 것으로 간주되지 않는다. 가령 교회 성사the Sacraments of the Church에 참여하거나, 그 밖의 다른 수단을 이용해서 3년 이내에 성관계를 가지게 된다면 그것은 일시적 발기 부전으로 간주된다. 하지만 그 반대의 경우, 즉 어떤 수단도 도움이 되지 않을 경우 그것은 영구적 발기 부전으로 간주된다.

혼인을 맺기 전이나 혼인이 완성되기 전에 발기 부전이 일어나면 그 혼인은 무효로 간주 된다.* 그리고 혼인을 맺었지만 아직 그 혼인이 완성되지 않은 상태에서 발기 부전이 일어나는 경우도 있는데 이것은 한때, 즉 혼인 이전에 정을 통했던 여자가 남자에게 마법을 걸었기 때문이다(자신을 버린 남자가 다른 여자와 동침하는 것을 원하지 않는 것이다). 하지만 남편과 아내가 자발적으로 '절제된 부부 생활'을 원할 경우 발기 부전은 문제가 되지 않는다. 그리고 혹자는 "남자의 발기 부전이 어느 한 여자와의 성관계에서만 일어나는 이유가 무엇인가?"라는 의문을 제기하는데, 사실 이것은 마녀가 악마에게 가리켜 보인 여자, 즉 남자의 발기 부전을 불러일으켜야 할 여자가 한 사람뿐이었거나 또는 '남자의 성교 능력을 완전히 빼앗는 것'을 신이 허락하지 않았기 때문이다. 신의 섭리란 참으로 오묘하지 않은가!

양심의 영역에 속하는 치료법은 캐논 〈Si per sortiarias〉에 명시 되어 있다. "신의 묵인을 얻은 악마가 성행위에 마법을 걸 경우 마법에 걸린 사람은 눈물로써 회개해야 하며 기도와 금식 그리고 후한 자선금으로 신을 기쁘게 해야 한다"(《Si per sortiarias》, 33, Q. 7). 이 말을 통해 알 수 있는 것은, 성행위에 대한 마법은 '기독교적 사랑을 잃어버린' 사람들의 죄악에 기인한다는 것 그리고 성직자들이 마법에 걸린 사람을 치료하기 위해 노력하고 있다는 것이다(아브라함은 자신의 기도로써 아비멜렉의 병을 고칠 수 있었다).

마법을 치료하는 합법적인 방법에는 다섯 가지가 있다. 1) 성지 순례. 2) 진정한 참회. 3) 성호 긋기와 경건한 기도. 4) 교회의 귀신 물리치기. 5) 경건한 서원誓願.

---

* 혼인의 완성이란 첫날밤 치르기로 혼인을 완성하는 것을 말한다.

3절
마법에 걸려 극단적인 사랑의 감정 또는 극단적인
증오심에 사로잡히는 사람들은 어떻게 치료해야 하는가?

성행위에 대한 마법과 마찬가지로 '사랑의 감정 또는 증오의 감정에 대한 마법' 역시 일종의 '의지에 대한 마법'이라고 할 수 있다.

이성異性에 대한 '극도로 격앙된 사랑의 감정'은 세 가지 원인에 의해 야기될 수 있다. 1) 경솔하고 신중하지 못한 바라봄incautious looking. 2) 악마의 유혹. 3) 주술사와 마녀가 행하는 마법(이때 악마의 힘을 빌리게 된다).

첫 번째 원인에 대해 야고보서는 다음과 같이 기록하고 있다.

"오직 각 사람이 시험을 받는 것은 자기 욕심에 끌려 미혹됨이니 욕심이 잉태한 즉 죄를 낳고 죄가 장성한 즉 사망을 낳느니라"(야고보서 1장 14-15절).

예컨대 세겜은 "그 땅의 딸들을 보러 나간 디나를 보고 끌어들여 강간하여 욕되게 하고 그 마음이 깊이 디나에게 연연하며 그 소녀를 사랑하였다"(창세기 34장 1~3절).

두 번째 원인, 즉 악마의 유혹에 대한 예는 암논과 그의 아름다운 여동생 타마르의 이야기에서 찾을 수 있다. 암논은 타마르를 너무도 사랑한 나머지 병이 나고 말았다(역대하 13장). 만약 암논이 악마의 유혹에 넘어가지 않았다면 이처럼 추악한 일은 일어나지 않았을 것이다. 그리고 사도 바울도 악마의 유혹에 대해 언급하고 있다.

"내 육체에 가시 곧 사탄의 사자를 주셨으니 이는 나를 쳐서 너무 자만하지 않게 하려 하심이라"(고린도후서 12장 7절).

세 번째 원인, 즉 '주술사와 마녀가 행하는 마법'에 대해서는 이 책 1부에서 이미 살펴보았다. 만약 누군가가 "베드로는 여자에 대한 사랑으로 이성을 잃고 말았다. 그렇다면 베드로가 마법에 걸린 이유는 무엇인가?"라고 묻는다면 "훈계와 매질 그리고 그 밖의 어떤 수단으로도 음욕을 잠재울 수 없다면 그리고 매력적인 아내를 거부하고 아주 못생긴 여자에게 집착하거나 또는 깊은 밤, 궂은 날씨에도 불구하고 모든 것을 뒤로 한 채 외간外間 여자에게 달려간다면 그것은 분명 악마의 소행임에 틀림없다"라고 답해야 한다.

앞 장章에서 소개한 치료법들, 그 중에서도 특히 거룩한 말을 통한 귀신 물리치기exorcism through Holy Words는 '광란의 상사병'을 치료하는 데에도 효과가 있다(마법에 걸린 사람이 직접 거룩한 말을 해도 된다). 즉 마법에 걸린 사람으로 하여금 매일 거룩한 천사의 이름을 부르게 하고 또 성지를 찾아가 진정으로 참회하게 하는 것이다(특히 성모 마리아의 성지를 자주 찾아 가야 한다). 이렇게만 하면 얼마든지 병을 치료할 수 있다.

힘없는 처녀들조차 덕행이라는 무기the weapons of the virtues로 마법을 물리치고 있는 마당에 자신의 안위를 위해 그 무기를 내던지는 남자들은 비난을 받아 마땅할 것이다. 예를 들어 보자. 콘스턴스 교구 린다우 시市 부근에 아름다운 외모를 지닌 한 처녀가 살고 있었다. 그러던 어느 날 '이름만 성직자였던' 한 남자가 그녀의 사랑을 구하게 되었다(처녀의 아름다운 모습에 넋을 잃고 말았던 것이다). 하지만 하늘의 계시를 받은 처녀가 남자의 구애를 거절했고 이 일로 모욕감을 느낀 남자는 "너에게 마법을 걸어 버리겠어"라며 처녀를 위협하기 시작했다. 처녀는 순례자들과 함께 성지 순례 길에 올랐고 악령이 자신을 괴롭히지 못하도록 비밀 고해 Sacramental Confession를 했다. 하지만 이 처녀는 성모 마리아에게 도움을 간구한 다음에야 비로소 악마의 간계에서 벗어날 수 있었다. 그런가 하면 인스브루크의 한 '돈 많은 청년'은 마녀의 맹렬한 공격에도 불구하고 언제나 용감한 마음을 잃지 않았고maintained a manly spirit 그 덕분에 앞서 언급한 치료법으로 승리를 거둘 수 있었다.

4절
마법에 의해 남근이 제거된 사람을 치료하는 방법
그리고 짐승으로 변한 사람을 치료하는 방법

감각의 기만Illusion을 통해 남근을 제거당한 사람은 자신의 죄를 진정으로 뉘우쳐야 한다. 사실 마녀의 '남근 제거'는 실제로 일어나는 일이 아니다. 그것은 감각이 기만당해 일어나는 현상, 즉 남자의 음경이 시각과 촉각으로부터 사라지는 현상에 불과하다. 게다가 신의 은총을 입은 사람의 감각은 쉽게 기만당하지 않는다. 한편 '자신이 짐승으로 변했다고 생각하는 사람들'에 대해 말할 때에는 "이러한 마법은 서방의 왕국들보다는 동방의 왕국들에서 더욱 성행하고 있다"라고 해야 한다.* 우리는 예루살렘 성 요한 기사단의 군 수사들military friars이 들려주는 이야기로부터 다음의 사실을 알게 되었다. 키프로스 살라미스에서 한 여자가 달걀을 팔고 있었다. 하루는 그녀가 한 외국인 청년에게 달걀을 팔았는데 알

---

* 여기서 서방의 왕국들이란 지중해 서쪽의 가톨릭교 영역을 말하고 동방의 왕국들이란 지중해 동쪽의 그리스 정교 영역을 말한다.

고 보니 이 청년은 배편으로 여행을 하기 위해 식량을 구하고 있었던 것이다. 바닷가에 도착한 청년은 달걀 몇 개로 허기를 때웠다. 그런데 이게 어찌 된 일인가? 달걀을 먹은 청년이 갑자기 벙어리가 된 것이다. 영문을 알 수 없었던 청년은 '어쨌든 배는 타야지'라는 생각에 배가 있는 쪽으로 갔다. 그런데 청년이 배에 오르려는 순간 위에서 기다리고 있던 선원들이 지팡이를 휘두르며 "아니 이놈의 당나귀가 왜 이래? 야 이 망할 놈의 짐승아, 너도 배를 타고 여행을 떠나려는 게냐?"라고 소리쳤다. 그제서야 청년은 깨달을 수 있었다. 달걀 장수가 마법을 부렸다는 것을! 청년은 달걀 장수가 마법을 풀어 줄 것이라고 믿고 그녀의 집을 찾아갔다. 하지만 그의 기대와 달리 달걀 장수는 청년을 부려 먹기 시작했다. 땔나무와 곡식 옮기는 일을 제외하고는 모든 일이 등으로 지고 나르는 일이었다. 마치 짐을 나르는 동물처럼 말이다. 그런데 주위 사람들 모두가 그를 당나귀로 여기고 있을 때 마녀들은 그가 사람이라는 것을 알고 있었다(사람 대하듯 그와 이야기를 주고받았다). 청년은 마녀들의 말을 모두 알아들을 수 있었지만 대답은 한 마디도 할 수 없었다. 청년의 말에 따르면, 그는 무려 3년 동안이나 그런 삶을 살았다고 한다.

아우구스티누스는, 손님을 짐 나르는 동물로 둔갑시킨 여관 주인들의 이야기와 말로 둔갑하여 다른 가축들과 함께 곡물 자루를 옮긴 신부의 이야기를 소개하고 있다. 아우구스티누스가 예로 든 변형transformation과 우리가 예로 든 변형 사이에는 분명 유사점이 존재한다. 그리고 우리가 예로 든 변형의 경우 세 가지 종류의 감각 기만이 일어나고 있음을 알 수 있다. 1) 청년을 당나귀로 여긴 사람들에 대한 감각 기만. 2) 청년이 날라야 했던 무거운 짐에 대한 감각 기만(청년이 날라야 했던 짐은 인간의 힘으로는 나를 수 없는 것이었다. 그것은 오직 악마만이 나를 수 있는 것이었다). 3) 스스로를 짐 나르는 동물로 여긴 청년 자신에 대한 감각 기만(그것은 청년의 '상상과 판단' 속에서 일어난 일이었다).

당나귀로 변한 지 4년째 되던 해, 청년은 마녀와 함께 도시로 갔다(그는 여전히 당나귀의 모습을 하고 있었고 마녀는 멀찍이 떨어져 앞서 가고 있었다). 그런데 도시로 가던 중 교회 하나가 청년의 눈에 들어왔는데 마침 그 교회에서는 성체 거양식이 진행되고 있었다. 청년은 교회 현관 앞으로 다가갔다. 그리고 그곳에서 마치 기도를 드리듯 무릎을 꿇고 앉았다. 병을 치료받고 싶은 마음은 굴뚝 같았지만 감히 교회 안으로 들어갈 수는 없었던 것이다(교회 안으로 들어갔다면 당장 매를 맞고 쫓겨났을 것이다). 이 장면을 목격한 제노바 상인들이 당나귀와 마녀를 법정으로 끌고 갔고 마녀는 자신의 죄를 인정할 수밖에 없었다. 마녀는 자신이 건 마법을 푼 다음 죄에 합당한 처벌을 받았고 청년은 기뻐하며 집으로 돌아갔다.

5절
마법에 사로잡힌 사람을 치료하는 방법

　이미 입증된 바와 같이, 악마는 마법에 걸린 사람에게 본질적으로 깃들 수 있다. 하지만 이것은 사로잡힌 사람 자신의 죄로 인해 일어나는 것이 아니라 사로잡힌 사람의 큰 공덕이나 타인의 크고 작은 죄로 인해 일어나는 것이다. 니더에 따르면 그 죄가 어떤 것이냐에 따라 사로잡힘 possession의 종류도 달라진다(《개미둑》). 앞에서 우리는 한 체코 사제의 사로잡힘에 대해 설명하면서 그에 적절한 치료법을 제시한 바 있는데 사실 그 외에도 세 가지 방법이 더 있다. 1) 성찬식 참여, 2) 성지 순례 또는 의인들의 기도, 3) 파문 철회.

　성체 성사에 대한 카시안의 견해는 다음과 같다.

　"악마의 간계를 막기 위해 성체 성사를 받는 일은 한번도 금지된 적이 없었다. 아니 오히려 그 반대였다. 선조들이 말하기를, 가능하면 매일 성체 성사를 받으라고 했는데 이것은 성체 성사를 통해, 육신에 깃드는 모든 악령을 물리칠 수 있다고 믿었기 때문이다. 가령 성체 성사를 받은 안드로니쿠스 수도원 원장이 악마로부터 벗어날 수 있었던 것이 그 좋은 예가 되겠다"(《First Conference》).

사도 바울이 말하기를 "사람이 자기를 살피고 그 후에야 이 떡을 먹고 이 잔을 마실지니"라고 했다(고린도전서 11장 28절). 만약 누군가가 "자신의 이성을 사용할 수 없는do not have use of their reason 사람이 어떻게 성체 성사를 받을 수 있는가?"라고 묻는다면 성 토마스 아퀴나스의 설명으로 답을 대신해야 할 것이다. 그는 제정신이 아닌out of their minds 사람들을 다음의 세 부류로 나누고 있다. 1) 박약한 이성의 소유자들 – 성체 성사를 베풀어도 좋다. 2) 태어날 때부터 이성을 사용할 수 없는 사람들 – 성체 성사를 베풀어서는 안 된다. 3) 박약한 이성을 지녔지만 성사에 대한 경외심을 잃지 않은 사람들 – 임종 시에 성체 성사를 베풀어야 하지만 단, 성체를 토해 내거나 뱉어 내는 일이 없도록 해야 한다. 카타르 공의회 결정문(Canon XXVI, Q. 6)에는 다음과 같이 씌어 있다.

"회개를 원하는 병자가 갑자기 말을 못하게 되거나 정신을 잃는다면 주위에 있는 사람들이 그를 대신해 증언해야 한다. 또한 회개를 원하는 병자가 곧 숨을 거둘 것 같으면 그를 축복한 다음 그의 입 속에 성체를 넣어 주어야 한다."

하지만 성 토마스 아퀴나스는 "만약 자신의 죄로 인해 고통받는 경우라면 그런 자는 성체 성사를 받아서는 안 된다"라고 지적하고 있고 이에 대해 파루데의 페트루스는 "자신의 죄로 인해 고통받는 사람은 곧 악마에게 헌신한 사람이다. 따라서 그런 사람은 '파문당한 자'로 간주해야 한다"라고 덧붙이고 있다.

의인들의 중재intercession of Saintly men와 간절한 기도로써 '사로잡힌 사람들'을 치료한 예는 여러 성인전에서 찾을 수 있다. 왜냐하면 거룩한 순교자와 독실한 신자 그리고 동정녀들의 공덕에는 항상 천국 성인들Saints in their Heavenly Homeland의 기도와 중재 그리고 이를 통한 악령의 극복conquest of evil spirits이 수반되기 때문이다.

마지막 방법, 즉 파문을 철회하는 방법에 대해서 말하자면 사실 이것은 흔히 적용되는 방법이 아니다. 하지만 사로잡힘의 원인이 '교회로부터의 파문' 때문이라는 것이 확실하다면 이 방법도 적용할 수 있을 것이다.

성 토마스 아퀴나스에 따르면, 교회의 구성원이 된다는 것은 곧 더 큰 은총을 받는다는 것과 더 많은 덕행을 쌓는다는 것 그리고 원수the Foe로부터 보호받는다는 것을 의미한다. 반면에 교회로부터 파문당한다는 것은 곧 신의 은총과 가호를 잃는다는 것 그리고 악마의 '더 큰 지배'를 받게 된다는 것을 의미한다. 하지만 교회가 파문을 내리는 목적은 파문당한 자들을 교화하기 위한 것이지 결코 저주하기 위한 것이 아니다. 왜냐하면 교회는, 만약에 원할 경우, 파문당한 자들을 다시 한번 교회로 받아들여 악마의 손아귀에서 구해낼 수 있기 때문이다.

따라서 퇴마사가 파문당한 자의 죄를 용서하는 것은 잘못된 일이 아닐 것이다. 하지만 니더가 지적하는 것처럼, 퇴마사는 자신의 힘을 과대평가해서는 안 되고 또 이처럼 숭고한 일에 독설이나 농담을 섞어서도 안된다(이때 미신적인 의식이나 마법으로 의심을 받지 않도록 각별히 주의해야 한다).

퇴마사가 자신의 힘을 과대평가하는 문제에 대해 대교황 그레고리오는 다음과 같이 설명한다.

"성 세바스찬 교회에서 헌당 예배가 진행되는 동안, 한 여자가 남편의 성화에 못 이겨 성관계를 가졌다. 그리고 성관계를 가진 후 교회 행렬the procession of the church에 참여하는 것이 얼마나 큰 죄인지 알면서도 여자는 교회 행렬에 참여했다. 아니나 다를까 여자는 악마에게 사로잡혔고 이내 미쳐 날뛰기 시작했다. 그리고 이 장면을 목격한 사제가 성찬대 덮개를 가져가 여자에게 씌우자 이번에는 사제가 미쳐 날뛰기 시작했다. 이것은 사제에게도 죄가 있음을 말해 주는 확실한 증거였다."

귀신 물리치기를 할 때 농담을 하는 문제에 대해 니더는 다음과 같이 설명한다.

"쾰른 교구의 한 수도원에 마귀도 잘 쫓고 농담도 잘하는 수사修士가 있었다. 하루는 궁지에 몰린 마귀가 '병든 자의 몸을 떠난 다음에는 어디로 숨어야 하느냐?'라고 물었는데 이때 수사가 '뒷간으로 가려무나'라고 말했다. 그날 밤, 용변을 보기 위해 뒷간으로 간 수사는 낮에 농담을 건넸던 악마에게 혼쭐이 나고 말았다(수사는 간신히 목숨을 건질 수 있었다)."

한편 위에서 언급한 여자(길거리에서 미쳐 날뛰었다는 여자)에 대해 대교황 그레고리오는 다음과 같이 설명한다.

"여자는 친척들의 손에 이끌려 마녀의 집으로 갔다(친척들은 마녀가 그 병을 고칠 수 있을 것이라 믿었다). 그리고 마녀는 집 근처의 강으로 여자를 데려갔다. 마녀가 여자를 물 속에 들어가게 한 다음 주문을 외우자 마귀가 물러가는가 싶더니 이내 마귀 군단이 그녀의 몸속으로 들어갔다. 친척들은 성 포르투나투스 주교를 찾아갔고 포르투나투스 주교는 밤낮 없는 금식 기도로 여자의 병을 깨끗이 치료할 수 있었다."

또한 귀신 물리치기를 할 때 풀a plant을 이용하는 퇴마사들은 그 풀을 축성해야 한다는 것을 잊어서는 안 된다. 사실 귀신 물리치기를 할 때 풀과 음악 선율 그리고 그 밖의 다른 수단을 이용하는 것은 비난 받을 일이 아니다. 가령 물고기의 간과 심장으로 마귀를 쫓을 수 있다는, 도빗서의 한 구절이 그 좋은 예가 될 것이다.

"마귀에게 괴롭힘을 당하는 사람이 있거든 그 사람 앞에서 물고기의 심장과 간을 태우거라. 그러면 그 사람은 더 이상 괴롭힘을 당하지 않을 것이다"(도빗서 6장 8–9절).

6절
합법적인 귀신 물리치기로 마법이 불러온 병을 치료하는 방법

앞에서 설명한 것처럼, 마녀는 온갖 육신의 병을 불러올 수 있다. 따라서 우리는 다음과 같이 결론 내릴 수 있다. "모든 치료 방법, 즉 말이나 행동으로 하는 모든 치료 방법은 아직까지 우리가 언급하지 않은 다른 병들, 가령 마법에 의한 간질병이나 나병을 치료하는 데에도 적용될 수 있다." 그리고 합법적인 귀신 물리치기는 말로 하는consisting of words 치료법에 포함시켜야 한다. 먼저 다음의 문제들을 살펴보도록 하자. 1) 퇴마사의 직에 있지 아니한 자, 가령 평신도나 속인들도 합법적인 귀신 물리치기를 행할 수 있는가? 2) 귀신 물리치기가 실패할 경우 어떻게 해야 하는가? 3) 말로 하는 치료법 외에 행동으로 하거나 사물을 이용하는 치료법에는 어떤 것들이 있는가?

첫 번째 문제에 대해 성 토마스 아퀴나스는 다음과 같이 설명한다.

"퇴마사 자격을 가진 사람이 귀신 물리치기를 하는 것은 당연한 일이다. 하지만 자격을 갖추지 않았다고 해서 귀신 물리치기를 할 수 없는 것도 아니다. 이것은 신에게 봉헌되지 않은 건물에서도 미사를 드릴 수 있는 것과 마찬가지다."

그렇다면 우리는 성 토마스 아퀴나스의 설명을 근거로 다음과 같이 말할 수 있을 것이다. "물론 능력 있는 퇴마사가 사로잡힌 사람을 치료하는 것은 좋은 일이다. 하지만 경건한 사람들devout persons 역시 귀신 물리치기를 통해 또는 그것의 도움 없이 '마법의 병'을 치료할 수 있다." 예를 하나 들어 보자. 가난하지만 아주 경건하게 살아가는 한 처녀가 있었다. 그런데 그녀와 알고 지내던 한 남자가 마법에 걸려 심한 다리 부상을 입고 말았다(아무 약도 듣지 않는다는 것을 알게 된 의사들이 '마법이 병의 원인'이라는 진단을 내렸다). 처녀는 남자를 찾아갔고 이때 남자는 자신을 위해 기도해 줄 것을 부탁했다. 처녀는 남자의 부탁대로 주기도문과 사도 신경을 외운 뒤 반복해서 성호를 그었다. 그러자 남자의 다리가 언제 그랬냐는 듯 깨끗이 나았다. 하지만 남자는 "비법을 알려 줘요. 언제 또 이런 일이 생길지 모르잖아요"라고 말했고 처녀는 남자에게 이렇게 대답했다. "당신은 믿음이 약하고 또 교회 성사에도 관심이 없어요. 게다가 당신은 병을 치료한다는 이유로 '금지된 주문과 요법'을 자주 사용했어요. 그러니까 병이 낫지 않는 거예요. 당신의 영혼은 항상 상처받고 있어요. 만약 당신이 기도와 성호 긋기를 소홀히 하지 않는다면 어떤 병이든 쉽게 치료될 거예요. 제가 당신을 위해 한 일이라고는 주기도문과 사도 신경을 외운 것뿐이에요. 그런데도 병이 깨끗이 나았잖아요."

만약 누군가가 "그렇다면 합법적인 귀신 물리치기에서 사용하는 합법적인 주문도 아무 효과가 없다는 말인가?"라고 묻는다면 "처녀가 금기시하는 것은 비합법적인 주문과 비합법적인 귀신 물리치기다"라고 답해야한다. 이 문제에 대한 이해를 돕기 위해서 먼저 주문이 어디서 유래했는지, 어떻게 왜곡의 길을 걷게 되었는지부터 밝힐 필요가 있다. 원래 주문이라는 것은 대단히 신성한 것이었다(구세주 예수가 그것을 성화聖化했기 때문이다. "믿는 자들에게는 이런 표적이 따르리니 곧 그들이 내 이름으로 귀신을 쫓아내며 새 방언을 말하며"(마가복음 16장 17절)). 하지만 악마와 악인들이 개입하면서부터 서서히 왜곡되기 시작했다. 맨 처음, 병든 자를 찾아간 사도와성인들이 거룩한 말로 기도를 올렸고 그 후 경건한 사제들이 마찬가지로기도를 올렸다. 그래서 마법은 물론, 모든 병을 치료함에 있어 신성한 귀신 물리치기holy exorcisms가 가장 효과적인 방법으로 자리잡게 되었다. 하지만 그 후, 미신에 사로잡힌 사람들이 백해무익한 주문을 만들어 냈고그 결과 지금까지도 그것들이 사람과 가축을 치료하는 데 사용되고 있는것이다. 그리고 더욱 안타까운 것은, 병자를 방문하는 성직자들이 더 이상 합법적인 말lawful words을 사용하지 않는다는 것이다(이런 일이 일어나는것은 모두가 성직자 자신의 나태함 때문이다). 처녀에게 비난받은 사람들이 바로 이 '믿음 약한'자들, 즉 미신에 사로잡혀 비합법적인 주문을 사용하는사람들이다.

합법적인 귀신 물리치기와 비합법적인 귀신 물리치기의 차이점은 무엇인가? 귀신 물리치기는 어떤 식으로 해야 하는가? 병든 자에게 귀신물리치기를 할 때 주문을 외워 악마를 쫓아야 하는가? 먼저 합법적인 귀신 물리치기와 비합법적인 귀신 물리치기의 차이점에 대해서는 다음과같이 말해야 한다. "기독교에서는 미신적이지 않은not superstitious 귀신 물리치기를 합법적인 귀신 물리치기로 간주한다. 그리고 '미신적'이라는 말은 '종교에 의해 규정된 것the limits of religion을 벗어난다'라는 의미를 갖는다. 한마디로 말해서 미신은 추악하고 불완전한 의식儀式evil and defective rites을 통해 표현되는 종교다.

가령 어떤 행위가 기독교의 힘으로 이루어진다고 했을 때, 즉 어떤 사람이 축복과 기도로 병든 자를 돕는다고 했을 때 그 사람은 일곱 가지 조건을 충족시켜야 한다. 그리고 그 일곱 가지 조건이 충족될 경우 귀신 물리치기는 합법적인 것으로 간주되어야 한다(비록 그것이 주술呪術의 형태를 띤다 해도 여전히 합법적인 것으로 간주되어야 한다).

첫째, 귀신 물리치기를 할 때 큰 소리로 악마를 불러내서도 안 되고, 말 없이 악마를 불러내서도 안 된다. 둘째, 귀신 물리치기를 할 때 알려지지 않은 말unknown words을 입에 올려서는 안 된다. 요한네스 크리소스토무스에 따르면 그런 말 속에는 무언가 미신적인 것이 잠재되어 있기 때문이다. 셋째, 귀신 물리치기를 할 때 거짓을 말해서는 안 된다(만약 그렇게 한다면 신의 도움은 기대할 수 없을 것이다. 왜냐하면 신은 '거짓의 증인'이 아니기 때문이다). 네째, 귀신 물리치기를 할 때 십자가 이외의 어떠한 표식sign도 사용해서는 안 된다. 이런 점에서 본다면 군인이 휘장을 달고 다니는 것 또한 비난받아 마땅하다. 다섯째, 부적에 씌어 있는(또는 장신구에 새겨진) 문자와 부호가 초자연적인 힘을 갖는다고 믿어서는 안 된다. 왜냐하면 그런 믿음은 신을 공경하는 일과 전혀 상관이 없기 때문이다. 여섯째, 신의 말씀을 입에 올리거나 성경 구절을 읽을 때 오직 거룩한 말씀과 그 의미 그리고 신의 권능the divine virtue에만 주의를 기울여야 한다. 일곱째, 예견되는 '귀신 물리치기의 성과'가 전적으로 신의 의지에 맡겨지도록 해야 한다. 왜냐하면 병든 자에게 무엇이 더 이로울지, 즉 건강이 더 이로울지 아니면 시련과 고난이 더 이로울지는 신이 더 잘 알고 있기 때문이다.

그렇다면 글로 적은 귀신 물리치기의 내용, 즉 기도와 주문은 어떻게 사용해야 하는가(또는 어떻게 지니고 다녀야 하는가)? 목에 걸어야 하는가 아니면 옷에 꿰매 붙여야 하는가? 전자와 후자 모두 미신적인 행위들이다. 이와 관련해서 아우구스티누스는 "우리 주위에 수천 가지의 마술과 치료약이 있지만 알고 보면 하나같이 미신에 속하는 것들뿐이다"라고 지적한다(《기독교 교의The Christian Doctrine》, Bk. 2). 그리고 요한네스 크리소스토무스의 견해도 이와 다르지 않다. "복음서 내용의 일부를 종이에 옮겨 적은 다음 그것을 목에 걸고 다니는 사람들이 있다. 하지만 매일같이 읽고 듣는 것이 바로 복음의 내용 아니던가? 만약 눈으로 읽는 복음이 무익한 것이라면 '목에 걸고 다니는 복음'도 무용지물이 아니겠는가? 복음서의 힘은 어디에서 나오는가? 글자 모양에서 나오는가 아니면 복음의 의미를 이해하는 것에서 나오는가?" 하지만 성 토마스 아퀴나스는 "병든 자에게 귀신 물리치기를 하는 것이 허용된다면 그 내용을 글로 적어 몸에 지니는 것도 충분히 가능한 일이다. 하지만 글의 의미보다 글 자체에 더 큰 의미를 부여하는 것은 비난받아 마땅한 일이다"라고 지적한다.

만약 누군가가 "악마를 쫓은 다음 병을 물려야 하는가 아니면 병부터 쫓은 다음 악마를 물려야 하는가? 혹시 둘 중 하나만 쫓아도 괜찮은 것인가?"라고 묻는다면 다음과 같이 답해야 한다. "귀신 물리치기exorcism의 대상은 병이 아니라 병에 걸린 사람 자신이다. 가장 먼저 해야 할 일은 병든 자에게 귀신 물리치기를 하는 것이고 그 다음에 할 일이 악마를 쫓아내는 일이다. 그리고 물과 소금이 귀신 물리치기의 대상이 될 수 있는 것처럼, 병자가 먹고 마시는 음식과 물도 귀신 물리치기의 대상이 될 수 있다.

그럼 지금부터 귀신 물리치기에 대해 알아보자. 먼저 '악마에게 사로잡힌 사람'이 진심으로 회개해야 한다. 그리고 병자가 거처하는 집을 구석구석 살펴야 하는데 이때 침대와 소파 속 그리고 문턱 아래에 마법의 도구가 숨겨져 있는지 잘 봐야 한다. 그리고 마법의 도구가 발견되면 곧바로 태워 버려야 한다. 물론 가장 좋은 방법은 다른 곳으로 거처를 옮기는 것이다. 만약 아무것도 발견되지 않을 경우 병자는 아침 일찍 교회로 가서 촛불을 들고 서 있어야 하고(또는 앉아 있어야 하고) 주위의 참석자들은 그를 위해 큰 소리로 기도해야 한다. 그리고 짧은 기도를 드린 후 사제는 병자의 몸에 성수를 뿌리고 다음과 같은 주문을 외워야 한다.

"병든 자여, 하지만 신성한 세례반the Holy Font of Baptism을 통해 다시 태어난 자여, 살아 계신 하느님과 (성호 긋기) 의로우신 하느님과 (성호 긋기) 거룩하신 하느님과 (성호 긋기) 그 보혈로 우리의 죄를 대속하신 하느님의 이름으로 그대에게 귀신 물리치기를 하노라. 악마의 기만이 불러온 온갖 해악every evil of the Devil's deceit과 온갖 부정不淨한 영들이여 썩 물러갈지어다. 아멘. 기도합시다. 사랑과 자비의 하느님, 그 큰 자비로 우리를 꾸짖으시고 벌하시는 하느님, 바라옵건대 육신의 고통을 겪고 있는 종에게 자비를 베푸소서. 주여 우리의 탄식을 가엾게 여기시고 주님의 자비를 믿는 병자의 눈물을 불쌍히 여기소서. 또한 주 예수 그리스도를 통해 화해 성사the Sacrament of Your reconciliation를 받을 수 있게 하소서. 아멘. 저주받은 악마여, 너에게 내려진 선고를 받아들이고, 의롭고 살아 계신 하느님과 주 예수 그리스도에게 경의를 표하거라. 악마여, 너의 간계를 모두 거두어 하느님의 종으로부터 당장 물러갈지어다."

이런 식으로 귀신 물리치기를 두세 번 반복한 다음 병자에게 성찬식을 베풀어야 한다. 그리고 "태초에 말씀이 계시니라"라는 요한복음 구절을 종이에 적어 병자의 목에 건 다음 신의 은총을 기다려야 한다.

본 장 서두에서 제시한 또 하나의 문제는, '귀신 물리치기로도 쾌유의 은총을 허락받지 못할 경우 어떻게 해야 하느냐'라는 것이었다. 먼저 쾌유의 은총이 허락되지 않는 이유를 살펴보자. 첫째, 주위의 참석자들이 그릇된 믿음을 가지고 있기 때문이다. 둘째, 병의 원인이 병자 자신, 즉 병자가 범한 죄에 있기 때문이다. 셋째, 이전에 사용한 부적절한 치료법 때문이다. 넷째, 퇴마사가 그릇된 믿음을 가지고 있기 때문이다. 다섯째, 악마가 두려워하는 퇴마사가 따로 있기 때문이다. 여섯째, 병자의 고통이 이후의 영적 교화spiritual enlightment나 영적 완성을 위한 것이기 때문이다.

앞의 네 가지 이유와 관련해서는 복음서를 통해 가르침을 얻을 수 있는데 가령 마태복음과 마가복음에 나오는 이야기가 그 좋은 예가 되겠다(예수의 제자들이 자신들의 불신과 한 아버지의 불신으로 인해 정신 병자를 치료할 수 없었다는 이야기). 정신 병자의 아버지가 예수에게 말했다. "주여, 저는 믿습니다. 저의 믿음 없음을 도와 주십시오Help my lack of belief." 그러자 그리스도가 사람들을 향해 말했다. "믿음이 없는 세대여 내가 얼마나 너희와 함께 있으며 얼마나 너희에게 참으리요 그를 내게로 데려오라 하시매"(마가복음 9장 19절). 이 구절에 주석을 단 히에로니무스는 "청년이 정신병에 걸린 것은 청년 자신의 죄 때문이었다"라고 주장하고 요한네스 크리소스토무스는 "믿음의 대들보들pillars of the Faith, 즉 베드로와 야고보와

요한이 그 자리에 없었고 또한 아무도 기도와 금식을 하지 않았다"라고 주장한다. 마가복음에 기록된 예수의 말은 참으로 의미심장하다.

"이르시되 기도 외에 다른 것으로는 이런 종류가 나갈 수 없느니라 하시니라"(마가복음 9장 29절).

그릇된 믿음이 치료 효과를 떨어뜨린다는 것은 예수의 말을 통해서도 확인할 수 있다. 예수의 제자들이 "우리는 어찌하여 능히 그 귀신을 쫓아내지 못하였나이까?"라고 묻자 예수는 "너희 믿음이 작은 까닭이니라 진실로 너희에게 이르노니 만일 너희에게 믿음이 겨자씨 한 알 만큼만 있어도 이 산을 명하여 여기서 저기로 옮겨지라 하면 옮겨질 것이요 또 너희가 못할 것이 없으리라"라고 말했다. 이 구절에 대해 푸아티에의 힐라리오는 다음과 같이 지적한다.

"사도들에게는 믿음이 있었다. 하지만 그 믿음이 완전하지 못했다. 무관심이 그들의 믿음을 '작게' 만들었던 것이다."

그 다음, 악마가 두려워하는 퇴마사가 따로 있기 때문에 귀신 물리치기가 실패로 끝나는 경우는 성인전에서 그 예를 찾을 수 있다. 가령 성 안토니오 일대기에 등장하는 이야기, 즉 미쳐 날뛰는 사람을 악마의 지배에서 벗어나게 해 준 것이 성 안토니오가 아닌 그의 제자 바울이었다는 이야기가 그 좋은 예가 되겠다.

마지막 여섯 번째 이유에 대해서는 "죄로부터 자유로워진다고 해서 형벌로부터도 자유로워지는 것은 아니다"라고 말해야 한다. 즉, 이전의 죄를 씻기 위해 계속해서 형벌을 받는 경우도 있다는 말이다.

이번에는 또 다른 방법, 즉 많은 사람을 악마의 지배에서 벗어나게 해준 방법에 대해 알아 보자. 그것은 바로 '병든 자를 다시 한번 세례하는' 방법이다. 우리는 이 방법에 대해 단정적인 판단을 내릴 수 없다. 하지만 분명한 사실은, 만약 첫 번째 세례 전에 제대로 된 귀신 물리치기가 이루어지지 않을 경우 악마가 신의 묵인하에 더 큰 지배력을 얻게 된다는 것이고 또 그와 같은 실수가 언제나 일어날 수 있다는 것이다. 하지만 이 말이 곧 '형편없는 사제들이 하는 성사는 효과가 없을 가능성이 많다'는 것을 의미하지는 않는다. 성직에 있는 사람으로서, 적절한 의식을 갖추고 그에 걸맞는 문구와 표현을 사용하며 효과적으로 성사를 끝맺으려는 의지만 보인다면 아무리 형편없는 사제라 해도 효과적인 세례 성사를 집전할 수 있다. 예를 들어 밤중에 높은 건물들의 지붕 위를 이리저리 넘어 다니는 환자들이 다시 한번 세례를 받게 되면 몸 상태가 상당히 호전된다(그들이 밑으로 떨어지지도 않고 또 다치지도 않는다는 것을 알게 된 사람들은 "악령의 지배를 받고 있는 것이 분명하다"라고 주장했다). 한 가지 놀라운 사실은, 그들이 높은 건물 위에 있을 때 그들의 이름을 부르면 여지없이 아래로 떨어진다는 것이다. 어쩌면 이것은 세례식 때 이름이 잘못 주어졌기 때문인지도 모른다.

이제 세 번째 문제, 즉 말이 아닌 행동을 통한 치료법remedies consisting of works에 대해 살펴보자. 먼저 이러한 방법에는 두 가지가 있는데 하나는 '합법적이고 의심스럽지 않은 방법'이고 다른 하나는 '부분적으로 합법적이고not altogether lawful 의심스러운 방법'이다. 첫 번째 방법은 앞 장에서 이미 살펴보았기 때문에 여기서는 의심스럽고 부분적으로 합법적인 방법에 대해 살펴보도록 하자. 결론부터 말하면 이렇다. "합법적인 귀신 물리치기가 아무 효과도 거두지 못할 경우 병자에게 조급하게 굴지 말 것을 권해야 하고 또한 다른 치료 방법을 찾는 데 급급하지 말 것을 권해야 한다." 아우구스티누스는 무당과 점쟁이들을 비난하는 설교에서 다음과 같이 밝히고 있다.

"형제 자매 여러분, 저는 여러분에게 이교도와 마법사들의 관행을 따르지 말 것을 여러 차례 당부한 바 있습니다. 그런데 많은 분들이 저의 당부를 무시하고 있습니다. 저는 최후의 심판일에 우리 모두를 대표하여 답을 해야 하고 또 여러분과 함께 영원한 형벌을 받아야 하기 때문에 앞으로도 여러분에게 '무당과 점쟁이를 멀리하고 그들의 조언을 구하는 일을 삼가할 것'을 권할 것입니다. 왜냐하면 그와 같이 행동하는 사람은 영락없이 '신성을 모독한 자' 또는 이교도로 전락하게 될 것이고 또 회개하지 않을 경우 영원한 파멸의 길을 걷게 될 것이기 때문입니다. 집 밖으로 나올 때나 집 안으로 들어갈 때 감시하는 사람이 없는지 잘 살피십시오. 그리고 무언가를 해야 하거나 또는 어디론가 가야 한다면 그리스도의 이름으로 성호를 그은 다음 주기도문이나 사도신경을 외우십시오."

자연의 사물을 그것의 고유한 효과effects를 얻기 위해 사용한다면 그것은 비합법적인 행위가 아니다. 하지만 자연의 사물을 이용해, 자연적 효과를 기대할 수 없는 어떤 의식을 행한다면 그것은 비합법적인 행위로 간주되어야 한다. 이 문제에 대해 아우구스티누스는 다음과 같이 지적한다. "악마는 신에 의해 창조된 사물과 존재들에 더 큰 흥미를 갖는다. 예컨대 악마는 '동물들처럼' 음식에 이끌리기보다는 오히려 '신령들spirits처럼' 다양한 표식, 돌, 식물, 동물, 주문, 의식 등에 이끌린다.

7절
우박을 막는 방법과 마법에 걸린 가축을 치료하는 방법

먼저 미신적인 주문과 미신적인 의식이 수반되는 비합법적 방법들에 대해 알아 보자. 가령 어떤 사람은 비합법적인 주문으로 '손가락에 생긴 벌레'를 죽이고heal worms in the fingers 또 어떤 사람은 '마법에 걸린 가축'의 몸에 성수를 뿌리지 않고 그 입 속에 성수를 부어 넣는다. 이런 방법을 옹호하는 사람들은 "하느님께서는 풀과 돌에 힘을 부여하신 것처럼 말words에도 힘을 부여하셨다"라고 주장한다. 하지만 거룩한 말과 축복의 말 그리고 합법적인 주문이 어떤 힘을 갖는다면 그것은 말로서가 아니라 신의 명령divine ordination의 결과로서 그리고 창조주와 맺은 계약의 결과로서 힘을 갖는 것이다.

그리고 그 밖의 다른 말과 주문들the other words and incantation에 대해서는 "그 속에는 특별한 힘이 잠재되어 있지 않다. 하지만 신의 이름을 부르고 탄원 기도를 올리는 것은 도움이 될 수 있다. 그것은 사람들이 신에게 희망을 걸고 있다는 증거이기 때문이다"라고 말해야 한다.

가령 슈바벤 지역에서는 다음과 같은 풍습이 이어져 오고 있다. 〈해마다 5월 1일 새벽이 되면 온 마을 아낙네들이 숲으로 가서 나뭇가지를 꺾는다. 그리고 그것으로 화환을 만들어 외양간 입구 위에 매단 다음 "앞으로 일년 동안 마녀들의 공격으로부터 가축을 지킬 수 있겠구나"라고 말한다〉. "덧없는 것은 덧없는 것으로vanities with vanities 쫓아야 한다"라는 논리에 따른다면 이와 같은 관습은 허용 가능한 것으로 간주되어야 한다는 결론이 나온다. 그리고 이런 논리를 펴는 사람들은 "따라서 주문을 외워 병을 치료하는 것도 얼마든지 허용될 수 있다"라고 주장한다. 이에 대해 우리는 다음과 같이 답해야 한다. "5월 1일 새벽에 나뭇가지를 꺾으러 가고 또 그것을 엮어 외양간 입구에 매달아도 상관없다. 만약 주기도문이나 사도 신경을 외운다면 그 사람은 비난받지 않을 것이다. 이것은, 포도밭이나 들판에 십자가를 세우고 또 '종려 주일에 축성된 나뭇가지'를 그 바닥에 꽂은 후 "이제 우박 때문에 피해 입을 일은 없겠구나"라고 말하는 경우에도 마찬가지고 또 소 젖을 지키기 위해 토요일 저녁에 짠 젖을 가난한 사람들에게 모두 나눠주면서 "이제 더 많은 젖을 짤 수 있을 거야"라고 생각하는 여자들의 경우에도 마찬가지다.

니더는 "종이에 적힌 성스러운 경구written holy aphorism로 가축이나 사람을 축복하는 것은 비합법적인 일이 아니다. 그리고 주문의 경우도 마찬가지다. 만일 그것이 귀신 물리치기의 일곱 가지 성공 조건(6장에서 제시한 조건)을 충족시키기만 한다면 당연히 합법적인 것으로 간주되어야 한다"라고 밝히고 있다(《Praeceptorium》). 경건한 사람들의 이야기에 따르면, 성호를 긋고 주기도문을 외우면 그로부터 3일 후, 마법에 걸린 암소가 다시 젖을 내기 시작한다. 또한 《개미둑》에 소개된 마녀들의 자백 내용에 따르면, 교회에서 행해지는 여러 가지 의식, 가령 성수를 뿌리는 의식이나 축성된 소금을 입에 넣는 의식 그리고 초에 불을 붙이는 의식이 마녀들의 마법을 방해한다고 한다.

우박과 뇌우를 막는 방법에는 성호 긋기만 있는 것이 아니다. 가령 '성 삼위일체에 호소하면서 우박알 세 개를 불 속에 던져 넣는' 방법으로도 우박과 뇌우를 막을 수 있는데 이때 주기도문을 외우는 것은 물론, 성모 기도the Hail Mary도 올려야 한다. 그리고 이런 식으로 두세 번 반복한 다음에는 요한복음의 구절 '태초에 말씀이 계시니라'를 외며 성호를 그어야 한다. 끝으로 "말씀이 육신이 되어", "복음서 말씀에 따라 뇌우여 물러갈 지어다"라는 말을 세 번 반복하면 곧바로 뇌우가 멎는다(단, 그 뇌우가 마법에 의해 발생했을 경우에만 그렇다). 만약 누군가가 "우박알을 불 속에 던져 넣지 않으면 뇌우를 멎게 할 수 없는가?"라고 묻는다면 "물론 멎게 할 수 있다"라고 답해야 한다. 왜냐하면 이 방법에서 가장 중요한 의미를 갖는 것은 바로 거룩한 말Holy Words이기 때문이다(우박알을 불 속에 던져 넣는 것은 단지 악마의 심기를 불편하게 만들려는 것일 뿐 정작 악마의 간계를 깨부수는 데 결정적인 역할을 하는 것은 성 삼위일체에 호소하는 행위이다).

마녀들의 자백에 따르면, 마법에 방해가 되는 다섯 부류의 사람들이 있다. 1) 신의 계율을 지키는 믿음 깊은 사람들. 2) 성호를 그으며 기도하는 사람들. 3) 교회의 의식과 전례를 충실히 수행하는 사람들. 4) 자신의 사법적 의무jucicial obligation를 충실히 수행하는 사람들. 5) 예수의 십자가 수난사를 말로 되뇌고 마음으로 되새기는 사람들. 그리고 니더는 다음과 같이 밝히고 있다. "모든 교회에서 종을 울리는 것은 첫째, 악마가 그 소리를 듣고 물러가도록 하기 위해서이고 둘째, 신도들이 한자리에 모여 뇌우를 막아 달라고 기도하도록 하기 위해서이다. 프랑스와 독일에서 오래전부터 전해오는 풍습, 즉 교회 행렬을 할 때 성찬식을 함께 하는 풍습도 바로 이런 이유에서 비롯되었다"(《Praeceptorium》).

8절
악마의 은밀한 유혹으로부터 벗어나는 비법

 이번 장에서는 또 다른 치료 방법, 즉 각종 작물의 피해를 막는 방법에 대해 살펴볼 것이다. 들판의 작물에 해를 입히는 것은 주로 벌레와 개미, 메뚜기들인데 특히 메뚜기들은 구름 떼처럼 날아 다니며 포도밭과 들판, 목초지를 초토화시킨다. 그리고 이 문제와 함께 '갓난아이 바꿔치기'를 막는 방법에 대해서도 살펴볼 것이다.

 성 토마스 아퀴나스는 "어리석은 피조물unreasoning creature에게 주문을 거는 행위 역시 합법적이다. 하지만 그 주문은 강제적 성격을 띠어야만 한다. 즉 인간을 해치기 위해 온갖 피조물을 이용하는 악마에 의해 강제되어야 한다는 말이다. 그리고 적절한 귀신 물리치기를 한다면 악마는 그 피조물에 대한 지배력을 잃게 될 것이다"라고 주장한다. 하지만 어리석은 피조물에게 주문을 건다는 것은 참으로 부질없는 짓이다. 따라서 그보다는 오히려 신도들에게 금식과 교회 행렬 참여 그리고 경건한 수행

修行을 권하는 쪽이 더 합리적일 것이다. 특히 경건한 수행을 권해야 하는 이유는, 이 모든 재앙과 불행이 음란이나 간통 같은 '인간의 죄악'으로부터 생겨나기 때문이다.

그런가 하면 아주 무시무시한 '신의 묵인'도 있다. 그것은 갓난아이를 바꿔치는 악마의 만행을 허락하는 것이다. 바꿔친 아이들(즉 악마가 몰래 가져다 놓은 아이들) 중 몇몇은 뼈만 앙상하게 남아 주야로 울어 대는데 심지어 네 명의 여자가 젖을 먹여도 그 굶주림을 채워 줄 수 없을 정도다. 그런가 하면 악마-인큐버스를 통해 세상에 태어나는 아이들도 있는데 사실 그 아이들의 아버지는 인큐버스가 아니다. 아이들의 진짜 아버지는 '악마-서큐버스'에게 자신의 정액을 빌려준 '인간-남자들'이다. 위에서 말한 바꿔친 아이들, 즉 악마가 몰래 가져다 놓은 아이들이 바로 이 아이들이다. 더욱 놀라운 것은, 갓난아이의 모습을 하고 엄마들의 꿈속에 나타난 악마가 바로 그 엄마들과 성관계를 맺는다는 사실이다.

사랑의 하느님은 어째서 이 모든 일을 허락하는 것일까? 여기에는 두 가지 이유가 있다. 1) 자식을 과도하게excessively 사랑하는 부모들을 이롭게 하기 위해서이다. 2) 이런 일을 겪는 엄마들이 대부분 미신에 사로잡힌 여자들이고 또 그 이전에 이미 여러 번 악마의 유혹에 넘어간 일이 있기 때문이다. 질투심 많은 남편이 간통의 낌새만 있어 가만있지 못하는 것처럼, 자신의 보혈로 미신에 빠진 여자들의 죄를 대신 씻으시고 또 신앙을 통해 그들과 약혼하신 그리스도께서도 그들이 구원의 적 악마와 간통하는 것을 보고는 가만있지 못하시는 것이다. 따라서 그런 여자들이 자신의 아이를 빼앗기는 것도 놀라운 일이 아니고 또 '간통을 통해 잉태된 아이'를 갖게 되는 것도 놀라운 일이 아니다.

구약을 통해 알 수 있는 것처럼 신은 불신을 의심할 수 있는 작은 징후들조차 묵과하지 않는다. 또한 신은 자기 백성을 이교異教로부터 지키기 위해 우상 숭배를 금하였을 뿐만 아니라 우상 숭배의 구실이 될 수 있는 모든 것들을 금하였다. 그래서 신은 "무당을 살려 두지 마라"(출애굽기 22장 18절)라고 했고 또 "그들이 네 땅에 머무르지 못하는 것은 그들이 너를 내게 범죄하게 할까 두려움이라 네가 그 신들을 섬기면 그것이 너의 올무가 되리라"라고 했다(출애굽기 23장 33절). 그리고 신은 "머리 가를 둥글게 깎지 말며 수염 끝을 손상하지 말며"(레위기 19장 27절)라고 했고 또 "여자는 남자의 의복을 입지 말 것이요 남자는 여자의 의복을 입지 말 것이라. 이 같이 하는 자는 네 하느님 여호와께 가증한 자이니라"(신명기 22장 5절)라고 했다. 왜냐하면 여자들은 여신 비너스를 숭배하기 위해 그렇게 할 것이고 또 남자들은 마르스를 숭배하기 위해 그렇게 할 것이기 때문이다. 그리고 이와 마찬가지의 이유로 신은 '우상들의 제단'을 파괴하라고 명령했다(그래서 히스기야가 사람들이 공물로 바치고자 했던 놋뱀bronze snake을 부숴 버린 것이다). 또한 이와 마찬가지의 이유로 신은 꿈을 풀어 길흉을 판단하는 일을 금지시켰고 또 새가 나는 것을 보고 미래를 점치는 일을 금지시켰다. 그리고 신은 퓌톤의 영pythonic spirit이 든 남자들과 여자들을 모두 죽이라고 명했는데 문제는 오늘날에도 그런 사람들이 있다는 것이다. 그들은 바로 마법사라 불리는 자들이다. 신이 이 모든 일을 금하는 이유는 딱 한가지이다. 바로 영적 간통spiritual adultery을 의심하게 만들기 때문이다.

이어지는 3부에서는 '마녀를 근절하는 방법'에 대해 살펴볼 것이다. 마녀

근절은 교회가 사용할 수 있는 최후의 수단으로서 신의 계율 속에서도 그 근거를 찾을 수 있다.

"무당을 살려두지 마라"(출애굽기 22장 18절).

3부

이단을 근절하는 방법

3부에서는 '이단을 근절하는 방법'에 대해 살펴볼 것이다(또는 교회 법정이

나 세속 법정을 통해 이단을 처벌하는 방법에 대해 살펴볼 것이다).

마녀와 그 비호자들에 대한 재판을 교회 법정과 세속 법정의 관할로 진행해야 하는가? 이단 심문관에게 이런 사건을 맡기지 말아야 하는 것인가?

캐논의 일부 조항에 근거해 "그렇다"라고 대답하는 사람들이 있다. 캐논《Accusatus & sane》(제6권)에 따르면, 이단 심문관이 예언자들과 관련된 사건을 심리할 수 있는 경우는 예언자들의 죄가 명백히 이단의 성격을 띠는 경우로 국한된다. 다시 말해서, 마녀가 이단의 죄로 고발당하는(또는 기소당하는) 경우에만 마녀 재판이 이단 심문관의 관할로 진행될 수 있는 것이다. 알다시피 마녀들의 죄가 언제나 이단의 성격을 띠는 것은 아니다. 가령 성체聖體를 마구 짓밟는 죄는 이단에 빠지지 않은 사람도 얼마든지 범할 수 있는 죄이다. 즉 사교邪敎를 믿지는 않지만, 악마의 힘을 이용해 부富를 얻으려는 사람도 충분히 범할 수 있는 죄라는 말이다. 따라서 이런 종류의 범죄 행위는 이단 심문관의 관할로 처리되어서는 안 된다.

솔로몬의 예를 들어 보자. 자신의 아내들이 섬기는 신들에게 제사를 지낸 솔로몬을 '신앙을 버린 자'로 간주할 수는 없을 것이다. 왜냐하면 다른 신들에게 제사를 지냈음에도 불구하고 그의 마음속에는 여전히 참된 신앙이 남아 있었기 때문이다. 이것은 악마와 계약을 맺은 마녀들의 경우에도 마찬가지다. 만약 그들이 참된 신앙을 간직하고 있다면 그들은 이단 심문관의 관할로 재판을 받아서는 안 된다.

설령 누군가가 "모든 마녀가 신앙을 포기해 버렸다"라고 말한다 해도 그것이 곧 모든 마녀가 이단에 빠졌음을 의미하는 것은 아니다. 그리고 신앙을 포기한 사람에 대한 재판은 이단 심문관의 관할이 아니다. 따라서 '신앙을 포기한 마녀들'에 대한 재판도 이단 심문관의 관할이 아니다.

혹자는 말하기를, "신앙을 포기하는 것과 이단은 동일한 것이다"라고 한다. 하지만 그런 경우에도 이단 심문관이 아닌 세속 판사가 개입해야 한다. 왜냐하면 이단 사건을 심리할 때 사람들을 불안에 빠뜨려서는 안 되기 때문이다(세속 판사는 불안을 야기하지 않고 심리를 진행할 수 있다 - 이 문제에 관해서는 《Autent, de manda, princip. coll. III, § necque occasione》를 참고하라). 진리를 수호하기 위해 우리는 다음과 같이 말해야 한다. "교회법 위반 사건의 경우 세속 권력 대표가 아닌 주교가 판결을 내리는데 이때 주교는 세속 권력 대표와 의견 조정을 해야 한다(이는 《Autent de mandaprincip, § sivero》에 근거한 것이다)". 이 규정에 대한 주석(註釋)은, "신앙의 문제와 관련된 경우 주교가 단독으로 재판을 진행하지만, 또 다른 기소 내용이 추가될 경우 세속 권력 대표와 주교가 공동으로 재판을 진행해야 한다"라고 밝히고 있다. 그리고 캐논 《De summa trinit et fide cathol》(제1권)과 《Eztra de haer, c . a d abolendam》 그리고 《c .

wergentis》와 《c. excommunicamus Ⅰ и Ⅱ》에 명시되어 있는 것처럼, 세속 군주가 사형을 선고한다고 해서 교회 법정의 필요성이 사라지는 것은 아니다. 마녀들의 죄는 부분적으로는 세속법에 따라 다스려야 하고, 부분적으로는 교회법에 따라 다스려야 한다. 왜냐하면 마녀들이 범하는 죄는 세속적 안녕과 행복은 물론, 종교적 신앙에도 해를 끼치기 때문이다. 따라서 마녀들의 범죄는 세속 권력과 교회 권력의 관할로 처리되어야 한다(《Autentutclericiapudpropriosindicesd, coll. Ⅵ》를 참고하라).

   답변: 본서의 목적은 '고지 게르마니아Germania Superior'의 이단 심문관들이 이 땅의 마녀들을 모조리 소탕할 수 있도록 돕는 것이다. 우리는 소송 과정에 개입하려는 것이 아니라 다만 주교가 단독으로(이단 심문관의 참여 없이) 마녀 재판을 진행할 수 있는 경우가 어떤 경우인지를 밝히려는 것이다(물론 이 경우에도 다른 이단 심문관들의 견해를 충분히 검토할 것이다).
   이단 심문관들의 주장에 따르면, 마법사와 점쟁이 그리고 무당들, 즉 한때 자신이 받아들였던 신앙을 미련 없이 포기한 예언자들은 캐논 《Multorum querela》의 규정에 따라 이단 심문관과 주교가 공동으로 진행하는 재판에 회부되어야 한다.
   또한 이단 심문관들은 "신을 모독한 자, 악마를 불러낸 자 그리고 1년 이상 파문당한 자 등 온갖 부류의 범법자들을 이단 심문관과 주교의 관할로 처리해야 한다"라고 주장함으로써 우리에게 더 많은 의무를 지우고 있다. 그들은 자신들의 관점이 옳다는 것을 증명하기 위해 토마스 아퀴나스, 알베르투스 마그누스, 보나벤투라 같은 성인들을 인용하고 있다 (피터 롬바르드의 《Sentence》(제2권 7부)에 대한 자신들의 주석에서). 그들의 주석에서 얻을 수 있는 결론은 다음과 같다. "예언자와 점쟁이들의 죄가 이단의 성격을 띨 경우 이단 심문관이 소송에 개입해야 한다." 예언자들과 점쟁이들은 두 부류로 나눌 수 있다. 하나는, 악마의 도움을 받지 않는 평범한 예언자들이다. 이를테면 우달리흐 장로가 절도 용의자를 찾기 위해 찾아간 점쟁이는 이단에 빠진 점쟁이가 아니었다(그 점쟁이는 악마의 도움 없이 천체 관측의儀로 사람을 찾았다).

다른 하나는, 악마를 불러내고 악마의 도움을 받는 주술사들이다. 이런 주술사들에 대해서는 이단 심문관들의 관할로 재판을 진행해야 한다.

캐논《Multorum》은 이단 재판에 대한 주교와 이단 심문관의 권한을 다음과 같이 규정하고 있다.

"이와 같은 해악을 더욱 적극적으로 근절하고 종교 재판을 보다 성공적으로 진행하기 위해서는 한편으로 교황청이 임명한 이단 심문관과 다른 한편으로 주교 관구의 책임자가 공동으로 소송을 진행해야 한다. 소송 관계자들은 세속적 증오심과 두려움을 버려야 하고 동시에 그 어떠한 세속적 이익에도 관여해서는 안 된다. 주교와 이단 심문관은 피고를 소환, 체포, 구금할 수 있으며 필요할 경우 피고에게 수갑과 족쇄를 채울 수도 있다(이러한 조치를 취할 때에는 양심에 거리낌이 없도록 해야 한다). 그리고 주교와 이단 심문관이 함께 사건을 검토할 수 있는 경우(사건 검토에 8일이라는 시간이 주어진다) 주교가 이단 심문관이나 그 대리인 없이 독자적으로 행동하거나 또는 그 반대로 이단 심문관이 주교나 그 대리인 없이 독자적으로 행동하는 것은 허용되지 않는다. 본 규정을 어길 경우 어느 한쪽이 단독으로 내린 결정은 법적 효력이 없는 것으로 간주된다. 본인이 직접 참석하지 못하는 경우 주교와 이단 심문관 또는 그 대리인들은 법정에 참석한 주교 및 이단 심문관 또는 그 대리인들에게 해당 사건에 관한 자신의 견해를 서면으로 통보할 수 있다."

우리는 캐논의 이러한 결정이 전적으로 정당한 것이라고 본다.

'마녀 이단'에 대한 소송을 진행할 때 주교는 자신의 직권, 즉 심리 및 판결에 관한 직무상의 권한을 세속 판사에게 위임할 수 있다. 알다시피 마녀들의 범죄는 신앙의 문제와 관련되어 있을 뿐만 아니라 물질적 피해도 초래하기 때문이다. 그리고 속계俗界에는 마녀들을 징벌할 수 있는 특별법이 마련되어 있다. 이 법은 이단 심문관들의 과중한 업무 부담을 덜어 줄 뿐만 아니라 마녀 퇴치에도 큰 기여를 하고 있다.

마녀 재판에서 교회 판사와 세속 판사가 담당하는 업무는 다음의 세 단계로 구분된다. 첫째, 소송의 제기. 둘째, 소송의 진행. 셋째, 소송의 마무리와 판결. 그럼 지금부터 이와 관련된 문제들을 살펴보도록 하자.

질문 1
소송은 어떻게 제기해야 하는가?

《Extravagantia de accusatione, denuntiatione et inquisitione》에 명시되어 있는 것처럼, 신앙의 문제와 관련된 소송은 다음의 세 가지 경우에 근거하여 개시할 수 있다.

1) 고발자가 "어떤 사람이 이단의 죄를 범했다" 또는 "이단자들을 비호한 사람이 있다"라고 고발하는 경우. 이 경우에 고발자는 증거를 제시할 수 있어야 한다. 증거를 제시하지 못하는 경우 고발자는 거짓 정보를 제공한 것에 대해 처벌을 받을 수도 있다.

2) 고발자의 진술에 신빙성이 없거나 고발자가 자신의 진술을 증명하지 못하는 경우. 이 경우에 대부분의 고발자들은 "신앙에 대한 열정 때문에 이단자를 고발했다"라든가 "이단을 은폐했다는 이유로 파문당하는 것이 두려워서 그리고 세속 법정이 내리는 형벌을 피하기 위해서 이단자

를 고발했다"라고 주장한다.

3) "모 도시에 이런저런 만행을 일삼는 마녀들이 있다"라는 소문이 이단 심문관의 귀에 들어오는 경우. 이 경우에 이단 심문관은 고발자의 진술에 의하지 않고 자발적으로 심리를 진행한다.

첫 번째 경우는 흔하지 않은 경우다(특히 마녀들이 남몰래 해를 끼치는 경우에는 더더욱 그렇다). 게다가 이런 부류의 고발자들은 만에 하나 자신의 고발 내용을 입증하지 못할 경우에 받게 되는 형벌을 두려워한다. 이런 형태의 고발은 많은 논쟁을 불러일으키기 마련이다.

판사는 교회나 시청의 중앙문에 다음과 같은 내용의 소환장을 붙임으로써 소송 절차를 개시한다. "이단 심문관의 대리인들인 우리는 우리가 돌보는 기독교 신자들이 단일하고 순수한 가톨릭 신앙 속에서 자라나고 또한 이단적 사도邪道에 빠지지 않기를 진심으로 바란다. 우리는 존경해 마지않는 예수 그리스도의 이름을 찬양하고 성스러운 정통 신앙을 찬양하기 위해 그리고 마녀들의 이단이 만연하는 것을 막기 위해 다음과 같이 권하고 명하는 바이다. 도시 내에 거주하거나 부근 2마일 이내의 마을에 거주하는 모든 주민은 지위 고하를 막론하고 지금으로부터 12일 이내에 법정에 출두하여 이단자 또는 마녀로 의심되는 여자들, 또는 사람과 가축의 건강에 해를 입히거나 들판의 곡식에 해를 입히는 여자들, 또는 국가에 해를 입히는 여자들을 폭로해야 할 것이다. 첫 나흘은 첫 번째 기한이고 그 다음 나흘은 두 번째 기한이며 마지막 나흘은 세 번째 기한이다. 만약 그런 여자들을 알면서도 법정에 출두하지 않고 그 사실을 폭로하지 않는 자들이 있다면 그들은 교회로부터 파문당하거나 가혹한 형벌을 받게 될 것이다. 우리는 순종하지 않는 자들에게 파문을 선고할 권한과 그들을 다시 교회의 품으로 받아들일 권한을 모두 부여받았다(세속적 형벌은 세속 권력의 재량에 따라 철회될 수 있다)."

증인을 소환할 때 세속 판사들이 잊지 말아야 할 것은, 증인에 의해 제시되는 증거가 충분하지 못하다고 해서 그 증인이 벌을 받는 것은 아니라는 점을 분명히 밝혀야 한다는 것이다. 이때 교회 판사는 "고발자는 용의자들의 죄를 입증할 필요가 없고 다만 그들을 지목하기만 하면 된다"라고 밝혀야 한다. 법정에 출두한 고발자들은 공증인과 두 명의 증인이 입회한 가운데 판사 앞에서 진술하게 된다(두 명의 증인은 성직자여도 상관없고 평신도여도 상관없다). 가령 공증인이 참석하지 못하는 경우에는 두 명의 적임자가 그 역할을 대신하게 된다(모든 고발 사항은 자세히 기록되어야 한다). 캐논《Ut officium, & werum》(제6권)과 대부제大副祭의 주석을 참고하라.

그 다음, 판사와 공증인은 다음과 같은 방식으로 회의를 진행할 수 있다. "주님을 위하여. 아멘. 모월 모일 본인과 공증인 그리고 아래에 서명한 증인들이 참석한 가운데 모 교구 모 도시 출신의 아무개가 판사 앞에 출두하여 다음과 같은 내용의 진술서를 제출하였다(이때 진술서 내용이 낭독된다. 만약 진술서가 제출되지 않고 구두로 고발 내용이 접수되는 경우에는 구술 내용이 조서에 기록됨과 동시에 고발자가 지목하는 사람들의 이름과 그들의 죄목도 함께 기록된다)".

그 다음에 고발자는 4대 복음서 또는 십자가를 걸고 선서를 하게 된다. 선서하는 사람은 오른손을 드는데 이때 세 손가락은 펴고 두 손가락은 구부린다. 이것은 한편으로 성삼위일체를 상징하고 다른 한편으로(고발자가 허위 진술을 할 경우) 영혼과 육신의 저주를 상징한다. 선서가 끝난 후 판사가 고발자에게 "어떻게 이 모든 일을 알게 되었는가? 증인의 눈으로 직접 목격하였는가?"라고 묻는데 이때 고발자가 "제가 직접 보았습니다. 모월 모일 모시 모처에서 용의자가 뇌우를 부르는 것을 보았습니다"라고 하거나 "용의자가 가축을 만지는 것을 보았습니다. 그리고 그 가축은 요병妖病에 걸리고 말았습니다"라고 할 경우 판사는 "본인 이외에 또다른 목격자가 있는가?"라고 물어본다. 만약 고발자가 "제가 직접 본 것은 아니고 다른 사람들에게서 전해 들은 것입니다"라고 답할 경우 판사는 누구로부터 전해 들었는지 또 함께 전해 들은 사람이 있는지 물어야 한다. 이런 식으로 얻어진 진술 자료는 빠짐없이 조서에 기록된다. 그리고 다음과 같은 내용이 조서에 추가된다. "고발자의 진술이 끝난 후 이단 심문관이 '다시 한번 4대 복음서를 걸고 자신의 진술이 진실이었음을 맹세하시오'라고 고발자에게 말하였다." 그런 다음 판사는 마지막으로 한 번 더 고발자에게 묻는다. "악의가 있어 또는 증오심때문에 고발한 것은 아닌가? 용의자와의 친분 때문에 무언가를 숨기고 있는 것은 아닌가?" 그리고 고발자는 "법정에서 진술한 내용을 아무에게도 말해서는 안된다"라는 명령을 받게 된다. 그리고 조서 마지막에는 "이상의 진술 내용은 모년 모월 모일, 모 도시에서 본인과 아무개 공증인 그리고 아무개 증인들과 필사원이 참석한 가운데 기록되었다"라는 내용이 기재된다.

세 번째 소송 제기 방식은 가장 평범하고 가장 널리 행해지는 방식으로서 고발자나 피고를 소환하지 않고 소송을 진행하는 방식이다. 이 경우에는 "아무개 마녀가 마법 행위를 했다"는 소문만으로도 소송을 제기할 수 있다. 위에서 언급한 공증인, 필사원, 두 명의 증인이 참석한 가운데 판사는 다음과 같이 소송을 제기한다. "주님을 위하여. 아멘. 모월 모일, 아무개 판사는 '모 도시 또는 모 마을에 사는 아무개가 마법을 거는 것을 보았다'는 이야기를 전해 들었다. 이것은 신앙에 반하는 일일 뿐만 아니라 국가에 크나큰 해를 끼치는 일이다. 이상은 모월 모일 모 증인들이 참석한 가운데 기록되었다."

질문 2
증인은 몇 명이 필요한가?

    판사가 두 명의 합법적 증인, 즉 증언이 서로 일치하는 두 명의 증인의 진술에 근거해서 마법 이단의 죄를 범한 여자에게 유죄 판결을 내릴 수 있는가? 혹시 더 많은 수의 증인이 필요하지 않을까? 물론 법조문에 따르면, 증인은 두 명이면 충분하다. 하지만 마법 범죄의 심각성을 고려한다면 유죄 판결에 필요한 증인의 수를 두 명으로 한정할 수는 없을 것이다. 비록 이단 심문관이 피고에 대해 적의를 품고 있는 증인을 거부한다고는 하지만 그럼에도 불구하고 피고는 자신의 죄를 아주 무겁게 만들 수 있는 증인과 대면할 수 없고 또 증인이 선서하는 모습도 볼 수 없기 때문이다. 심지어 두 명의 합법적 증인(증언이 서로 일치하는 증인)이 있고 피고에 대한 나쁜 소문이나 평판이 있는 경우라 하더라도 그 피고에 대해 유죄 판결을 내릴 수 없다. 왜냐하면 명백한 증거 없이는 유죄 판결을 내릴 수 없기 때문이다. 따라서 판사는 자신의 양심에 따라 판단해야 한다. 피고로부터 맹세(죄가 없음을 다짐하는 맹세)를 받고 정화淨化의 기회를 줄 것인지 아니면 법조문에 따라 판결을 내릴 것인지.

질문 3
증인에게 진술을 강요할 수 있는가?
증인을 여러 번 소환할 수 있는가?

모두 다 가능하다. 《Extra de haeret, can. Excommunicamus, § addicimus》에 따르면, 대주교 또는 주교는 세 명 이상의 신뢰할 만한 증인을 찾아 맹세하에 진술을 받아야 한다. 여기에는 다음과 같은 내용도 포함되어 있다.

"증인들 중 몇 명이 완강하게 맹세를 거부할 경우 그들은 맹세를 거부했다는 사실 하나만으로도 이단자로 간주되어야 한다"(캐논《Ut officium, * werum》).

더 정확히 말해서 '증인들'이라는 단어에 대한 자신의 주석에서 대부제大副祭는 다음과 같이 밝히고 있다.

"심리를 진행하는 판사는, 증인이 일관성 없고 모순된 진술을 하거나 심문이 충분치 않다고 판단될 경우 여러 차례에 걸쳐 증인 심문을 할 수 있다."

질문 4
증인의 자격 요건은 무엇인가?

파문당한 자, 마법 범죄에 연루되어 권리를 상실한 자, 범죄자 그리고 농노들도 종교 재판에서 증언을 할 수 있다. 그리고 이단자들이 이단자들에 대해 반대 증언을 할 수 있고 마녀들이 마녀들에 대해 반대 증언을 할 수 있다(심지어 가족끼리도 반대 증언을 할 수 있다). 캐논《In fidel, de haer》은 다음과 같이 밝히고 있다.

"이단자들에 대해 반대 진술을 할 증인이 없을 경우 파문당한 자들과 범죄를 공모한 자들도 종교 재판에 참여할 수 있으며 심지어 이단자들을 믿고 비호하는 자들까지도 증인으로서 재판에 참여할 수 있다(단 거짓 증언을 하지 않을 것으로 판단되는 경우에만 그렇다)".

맹세를 어기는 위증자들과 관련해서 캐논 《Accusatus, & licet》는 다음과 같이 밝히고 있다.

"만약 위증자들이 자신의 잘못을 바로잡기 위해 이미 진술한 내용을 번복하고 더 나아가 앞서 말하지 않은 내용까지 진술할 경우 그들의 진술을 참고해야 한다."

한편 캐논 《Accusatus, & licet》에 대한 주석에서 대부제는 "이단의 치욕과 오명이 너무도 크기 때문에 농노들이 지주에 대해 반대 진술을 하는 것도 허용되고, 온갖 범죄자와 권리를 상실한 사람들이 반대 진술을 하는 것도 허용된다"라고 밝히고 있다.

질문 5
불구대천의 원수도 증언을 할 수 있는가?

불구대천의 원수는 증언을 할 수 없다. 캐논《Accusatus, & licet》에 대한 주석에서 대부제는 다음과 같이 밝히고 있다.

"이 결정을 불구대천의 원수도 증언을 할 수 있다는 의미로 이해해서는 안 된다."

그렇다면 불구대천의 원수란 어떤 사람을 말하는 것인가? 불구대천의 원수란, 상대방을 죽이려 하거나 상대방에게 심한 부상을 입히려 하는 자 또는 상대방의 명예를 더럽히려 하는 자를 말한다.

그리고 또 다른 형태의 반목反目, 가령 여자들 특유의 적대감은 비록 그것 때문에 증언을 못하게 되는 것은 아니지만 어쨌든 증언의 설득력을 떨어뜨린다. 만약 그런 사람의 증언이 다른 사람들의 증언과 일치할 경우 그 증언은 충분히 신빙성을 얻는다. 이런 일이 일어나는 것은, 판사가 "증오심 때문에 피고에 대해 불리한 진술을 할 수 있는 원수들이 있는가?"라고 물을 때 피고가 특정인, 즉 자신에 대한 증오심으로 가득 차 있고 또 자신에 대해 불리한 진술을 할 수 있는 사람을 지목하지 않기 때문이다. 만약 피고가 특정 인물을 자신의 원수로 지목할 경우 판사는 그 사람을 증인 채택에서 배제할 수 있다.

질문 6
네 명의 입회인이 지켜보는 가운데 증인을 심문하는 방법은 어떤 것인가? 그리고 두 차례에 걸쳐 피고를 심문하는 방법은 어떤 것인가?

종교 재판에서는 불필요한 격식을 걷어낸 약식 소송 절차가 적용된다. 판사는 기소장을 요구해서는 안 되고, 재판 진행 과정에서 발생할 수 있는 불필요한 언쟁, 사건 심리를 방해하는 항의, 변호사들의 말다툼 그리고 불필요한 증인 채택을 중지시켜야 한다. 이러한 약식 소송 절차는 캐논 〈Extra de verbsig n.〉과 〈c. saepe contigit〉 in the Clementines의 규정에 따른 것이다.

민간인 기소자private prosecutor는 피고 측으로부터 위해를 입을 가능성이 있으므로 두 번째 또는 세 번째 심리 방법, 즉 고발denunciation이나 이단 심문의 방법을 사용해야 한다(이때 증인의 이름은 공개되지 않는다). 판사는 고발인denouncer에게 또 다른 증인을 알고 있는지 물어야 하고 알고 있다는 대답이 나오면 즉시 그들을 소환해 심문해야 한다. 그리고 서기는 다음과 같이 기록해야 한다. "고발 접수된 이단적 행위가 신의 권위를 땅에 떨어뜨리고 가톨릭 신앙과 공익에 피해를 준다는 점을 감안하여 판사는 다음과 같이 증인 심문을 하기로 결정하였다."

증인에 대한 질문

"모 도시에 사는 아무개가 증인으로 소환되어 선서를 한 뒤 '아무개를 알고 있는가?'라는 질문에(이때 피고의 이름이 호명된다) '알고 있다'라고 답한다. 그리고 '어떻게 그를 알게 되었는가?'라는 질문에 증인은 '그를 만나 이야기를 주고받은 적이 있다'라고 답한다. 이때 증인은 피고를 알게 된 시기와 그 배경에 대해 진술하게 된다. '피고에 대한 평판이 어떠했는가?'라는 질문에 증인은 '피고에 대한 소문이 좋지 않았다(또는 좋았다)'라고 답한다. 한편 피고의 신앙에 대한 사람들의 평가는 '피고는 마법을 행하는 사람이었다'라는 것이다(이러한 평가는 아무개와 아무개의 주장에 근거한 것이다). 피고는 '마법을 행한 혐의'를 받고 있는 여자와 친밀한 관계를 맺고 있거나 맺은 적이 있으며 또한 피고의 친척들 중에는 '마법의 죄'로 화형에 처해진 사람들이 있다. 그리고 '피고와의 관계 때문에 무언가를 숨기고 있는 것 아닌가?'라는 질문에 증인은 '그렇지 않다'라고 답한다."

"증인은 위의 고발 내용을 비밀에 부쳐야 한다. 증인 진술은 모일 모처, 아무개들이 참석한 자리에서 진행되었다."

증인을 심문할 때에는 적어도 다섯 명, 즉 판사, 답변인(증인이나 고발인 또는 피고), 공증인(또는 서기), 두 명의 입회인이 참석해야 한다. 그리고 증인 심문 후 범죄 사실이 인정되거나 그 혐의가 충분하다고 판단될 경우 그리고 피고의 도주가 우려될 경우 판사는 피고에 대한 구속 영장과 가택 수색 영장을 발부하는데 이때 피고가 소지한 무기와 도구들을 모두 압수한다. 그런 다음 판사는 기소 자료와 증인 진술 자료를 한데 모아 피고를 심문한다. 이때 피고는 증인이 했던 것과 마찬가지로 선서를 한 다음 심문을 받는다.

마녀 또는 마법사에 대한 일반적인 질문

제1단계

모 도시에 사는 피고 아무개는 선서를 한 후 '출신과 거주지가 어떻게 되는가? 부모는 살아 계시는가? 돌아가셨다면 어떻게 돌아가셨는가? 학력은 어떻게 되는가?'라는 질문에 '이러이러하다'라고 답한다. '거주지를 변경했는가? 했으면 왜 했는가?'라는 질문에 대해 피고는 '이러이러하다'라고 답한다. '마녀가 존재한다고 믿는가? 마녀가 뇌우를 불러올 수 있다고 믿는가? 마녀가 사람과 가축에게 해를 입힐 수 있다고 믿는가?'라는 질문에 피고는 '이러이러하다'라고 답한다. 해당 판사가 잊지 말아야 할 것은, 대개의 경우 마녀들은 1차 심문에서 모든 죄를 부인한다는 것이다 (이것이 오히려 마녀에 대한 의혹을 증폭시킨다).

마녀 또는 마법사에 대한 특별한 질문

제2단계

'사람들이 피고를 두려워하는 이유가 무엇인가? 피고는 왜 아무개에게 너는 무사치 못할 것이다라는 말을 하였는가?'라는 질문에 피고는 '이러이러하다'라고 답한다. '피고에 대한 소문이 좋지 않다는 것을 알고 있는가? 사람들이 피고를 몹시 싫어한다는 것을 알고 있는가?'라는 질문에 피고는 '이러이러하다'라고 답한다. '아무개를 위협한 이유가 무엇인가?'라는 질문에 피고는 '이러이러하다'라고 답한다. '위협을 당한 사람이 곧바로 요병妖病에 걸리는 것은 무엇 때문인가?'라는 질문에 피고는 '이러이러하다'라고 답한다. '피고가 아이 몸에 손을 대자마자 그 아이가 병에 걸렸는데 손을 댄 이유가 무엇인가?'라는 질문에 피고는 '이러이러하다'라고 답한다. '뇌우가 쏟아질 때 피고는 무엇을 하고 있었는가?'라는 질문에 피고는 '이러이러하다'라고 답한다.

질문 7
위의 질문으로부터 생겨나는 여러 가지 의혹을 밝혀 보자.
피고를 구속해야 하는가? 이단의 혐의가 명백하게
입증된 것으로 간주해야 하는 상황은 어떤 상황인가?

만약 피고가 자신의 죄를 부인할 경우 판사는 다음과 같은 사항을 고려해야 한다. 피고에 대한 나쁜 평판, 마법의 흔적the indications of the sorcery, 증인의 진술. 단, 이러한 사항들이 범죄에 대한 의혹을 불러일으킬 수 있지만 그렇다고 해서 이런 사항들만으로 의혹이 입증되는 것은 아니다. 이러한 경우 만약 심문받은 증인, 즉 피고에 대해 증오심을 품지 않은 증인의 수가 많다면 캐논 〈Ad abolendam, § praesenti, de haeret〉에 따라 피고는 자신의 죄를 인정하지 않는다 해도 유죄 판결을 받는다.

베르나르는 캐논 〈Ad abolendam, § praesenti〉에 대한 주석에서 "죄를 입증하기 위해서는 다음의 세 가지 요건 중 하나를 충족시켜야 한다"

라고 주장한다. 1) 죄가 명백해야 한다. 가령 공공연한 이단 설교나 노골적인 위협, 즉 '너는 건강을 잃을 것이다'와 같은 위협이 명백한 죄의 좋은 예가 될 것이다. 2) 증인들의 타당한 증언이 있어야 한다. 3) 피고의 자백이 있어야 한다. 만약 이 세 가지 요건 중 하나만 충족시켜도 피고의 죄를 명백히 드러낼 수 있다면, 피고에 대한 나쁜 소문과 마법의 흔적 그리고 증인들의 진술이 모두 일치할 경우 그 죄가 얼마나 명백하게 드러나겠는가!

죄가 드러났음에도 불구하고 그 죄를 인정하지 않는 자들은 세속 재판에 회부되어 화형을 선고받고, 자신의 죄를 인정하는 자들은 세속 재판에 회부되어 사형 또는 종신형에 처해진다. 만약 판사가 위와 같은 방법으로 재판을 진행하고 또 일정 기간 피고를 감옥에 가둬 둔다면 피고는 고통스러운 수감 생활을 견디다 못해 자신의 죄를 인정하고 말 것이다. 판사의 이러한 행동은 지극히 정당한 행동이라고 말할 수 있다.

질문 8
위 질문과 관련된 질문. 피고를 체포하고 구속하는 방법

제3단계

교회법 학자와 법률가들 중에는, "피고에 대한 나쁜 소문과 물증 그리고 증인 진술이 있음에도 불구하고 자신의 죄를 완강히 부인하는 피고는 '죄를 인정할 때까지' 구치소에 수감해야 한다"라고 보는 사람도 있고 또 "공판이 열리는 날까지는 보석으로 풀려날 수 있다. 단, 보석으로 풀려난 피고가 도주를 할 경우 그 죄가 입증된 것으로 간주해야 한다"라고 보는 사람도 있다. 물론 상황 여하에 따라 첫 번째 방법을 적용할 수도 있고 두 번째 방법을 적용할 수도 있지만 이때 어떤 방법을 선택하느냐는 전적으로 판사의 결정에 달려 있다. 만약 '존경할 만한 사람'이 보증인으로 나설 경우 피고는 공판이 열리는 날까지 보석으로 석방될 수 있다. 하지만 보증인이 없고, 도주가 우려되는 경우라면 그런 사람은 즉시 구치소에 수감해야 한다. 피고의 집 또한 철저히 수색해야 한다. 만약 그 집이 유명한 마녀의 집이라면 많은 마법 도구들이 집안에 숨겨져 있을 것이다. 그리고 피고에게 여자 친구나 하녀가 있다면 그들도 함께 구속하는 것이 좋다(고발장이 접수되지 않아도 그렇게 해야 한다). 명심해야 할 것은, 마녀를 체포할 때 방 안에 혼자 남겨 두어서는 안 된다는 것이다. 만약 혼자 남겨 둔다면 '마법의 약', 즉 침묵을 지킬 수 있게 하고 고문을 견딜 수 있게 하는 약을 삼켜 버릴지도 모르기 때문이다.

"마녀를 체포할 때 그 몸이 땅에 닿지 않도록 번쩍 들어올려야 하는가? 마녀를 감방으로 데리고 갈 때 광주리에 담아서 가야 하는가 아니면 어깨에 둘러메고 가야 하는가?"라는 질문에 대해 일부 교회법 학자와 신학자들은 "그렇게 하는 것도 가능하다"라고 말한다. 가령 호스티엔시스와 고프리두스 같은 학자들은 "헛되고 하찮은 것은 헛되고 하찮은 것으로 쫓아야 한다"라고 주장한다. 또한 개인적 경험과 마녀들의 자백을 통해 알 수 있는 것처럼, 마녀를 체포할 때 그 몸이 땅에 닿지 않도록 해야만 심문 과정에서 발생할 수 있는 '자백 거부 행위'를 막을 수 있다. 그리고 화형을 선고받은 마녀들이 "한쪽 발만이라도 좋으니 제발 제 몸이 땅에 닿을 수 있도록 해 주세요"라고 요청하는 경우는 많았지만 지금까지 그런 요청이 받아들여진 경우는 없었다. "왜 그래야 하느냐?"라는 질문에 마녀들은 "몸이 땅에 닿으면 곧바로 자유의 몸이 될 수 있고 또 화형장에 참석한 사람들에게 벼락을 내릴 수 있어요"라고 답했다.

질문 9
피고가 구속된 후에는 어떻게 해야 하는가?
피심문인들의 이름을 공개해야 하는가?

제4단계

피고를 구속한 다음, 판사는 피고에게 변론할 기회를 주거나 '고문실에서의 심문examination in the torture chamber'을 진행할 수 있다(이때 피고가 고문을 당하는 것은 아니다). 변론은 피고가 요청하는 경우에만 허락되며 '고문실에서의 심문'은 피고의 친구와 하녀들에 대한 심문이 끝난 다음에야 비로소 진행이 가능하다.

만약 피고가 "저는 죄가 없습니다. 저를 고발한 사람들의 이야기는 전부 거짓입니다. 그들을 만나게 해 주십시오"라고 말한다면 이는 곧 변론을 원한다는 말로 받아들일 수 있다. 이럴 경우 판사는 어떻게 해야 하는가? 만약 증인이 원하지 않는다면 판사는 증인의 이름을 밝힐 필요도 없고 또 대심을 허락할 필요도 없다. 왜냐하면 대심을 허락할 경우 증인의 생명이 위태로워질 수 있기 때문이다. 학자들 중에는 "어떠한 경우에도 대심을 허락해서는 안 된다"라고 주장하는 학자들도 있고 또 "증인의 안전이 보장될 경우 대심을 허락해도 된다"라고 주장하는 학자들도 있다. 예컨대 교황 보니파시오 8세는 다음과 같이 선언했다. "이단 재판에 관련된 증인의 이름은 절대 공개해서는 안 된다. 이것은 그들의 생명을 보호하기 위한 조치이다. 종교 재판관과 주교들은 증인의 이름이 공개되는 순간 그의 생명이 위태로워진다는 것을 절대 잊어서는 안 된다(주교 또는 종교 재판관의 동의가 있을 경우 세속 법정의 판사 역시 마녀 사건을 담당할 수 있다. 이때 주교나 종교 재판관에게 부여된 전권이 세속 법정의 판사에게 일시적으로 넘어간다). 단, 증인의 안전이 보장될 경우 주교 또는 종교 재판관은 증인의 이름을 공개해도 된다."

한편, '증인에게 해를 입힐 수 있는 사람들'의 힘이 고려되어야 한다. 첫째, 혈통과 가문의 힘power of birth and family. 둘째, 돈의 힘. 셋째, 가장 두려워해야 할 '원한의 힘power of evil'. 이 중에서도 원한의 힘이 특히 위험한 이유는, 피고와 행동을 같이 한 일당, 즉 어떤 일도 서슴지 않고 또 자신의 생명 외에는 아무것도 잃을 것이 없는 일당이 존재할 경우 그들이 귀족이나 부자들보다 더 큰 해를 입힐 수 있기 때문이다. 요한 안드레아의 주석에 따르면, 여기서 말하는 위험이란 자기 자신이나 부모 또는 자식들이 죽임을 당하거나 신체적 손상을 입을 위험 그리고 재산을 빼앗길 위험을 말한다. 따라서 소송에 관계된 모든 사람은 소송을 성공적으로 이끄는 데 도움이 된다면 그 어떠한 경우에도 기소자와 증인의 이름을 밝혀서는 안 된다(하지만 정작 그들의 이름을 밝힐 필요가 있을 때 정당한 이유 없이 그렇게 하지 않는다면 그 또한 처벌 대상이 될 것이다).

질문 10
피고 변론과 변호사 선임에 관하여

제5단계

증인의 이름이 공개되지 않은 상황에서 어떻게 피고가 변론을 할 수 있단 말인가? 피고 변론은 다음의 세 가지 요소로 구성된다. 첫째, 변호인이 지정되어야 한다. 둘째, 지정된 변호인에게 기소 내용이 고지되어야 한다(이때 증인의 이름은 고지되지 않는다). 셋째, 지정된 변호인이 피고를 변호해야 한다. 이때 변호인은 신앙을 모독해서도 안 되고 또 정의를 외면해서도 안 된다(이 문제는 잠시 후 다시 살펴보기로 하자). 한편 법정 대리인 legal representative에게도 기소장 사본이 전달되는데 이 경우에도 증인과 고발자의 이름은 공개되지 않는다. 변호인은 법정 대리인을 대신해서 피고를 변호할 수 있다. 하지만 피고가 직접 변호인을 지정해서는 안 된다.

피고가 지정하는 변호인의 경우 돈에 매수될 가능성이 크기 때문에 판사는 변호인 지정에 각별한 주의를 기울여야 한다(피고가 지정하는 변호인은 언쟁을 즐기거나 사악한 의도를 품은 경우가 많다). 따라서 판사는 아주 공정한 사람을 변호인으로 지정해야 한다. 변호인은 다음과 같은 요건을 갖추어야 한다. 1) 사건에 대해 잘 알고 있어야 한다. 만약 해당 사건을 맡는 것이 적절하다고 판단될 경우 그리고 자기 자신이 원할 경우 변호인은 그 사건을 담당해도 된다. 하지만 피고로부터 돈을 받은 후 재판 진행 과정에서 의뢰인의 잘못을 확신하게 되는 경우라면 당장 변호를 중단해야 하고 또한 변호의 대가로 받은 돈을 피고에게 돌려주어야 한다. 예컨대 고 프리두스는 "그런 식으로 받은 돈은 무조건 돌려주어야 한다"라고 주장하고, 호스티엔시스는 그와 반대되는 견해, 즉 "의도적으로 그렇게 한 것이 아니라면 그 돈은 돌려줄 필요가 없다"라는 견해를 고수한다. 다시 말해서 파렴치한 변호인이, 승산이 없다는 것을 알면서도 자신에게 사건을 맡길 것을 권한다면 그는 재판에 드는 비용은 물론, 패소로 인한 손해에 대해서도 책임져야 한다. 2) 변호인은 다음과 같은 성품을 지녀야 한다. 첫째, 겸손해야 한다. 변호인은 무례해서도 안 되고 또 싸움을 좋아하거나 말이 많아서도 안 되기 때문이다. 둘째, 정직하고 진실해야 한다. 변호인은 거짓된 증거나 자료를 제출해서도 안 되고 또 불필요한 절차를 피해야 하는 이단 재판에서 부당한 '재판 연기延期'를 요구해서도 안 되기 때문이다.

판사는 위에서 말한 조건을 변호인에게 알려 주어야 하고, 이와 같은 변론으로 '이단자를 비호하는 사람'이라는 비난을 받지 않도록 각별히 주의시켜야 한다. 만약 이러한 주의를 무시하는 변호인이 있다면 그는 파문을 면치 못할 것이다. 물론 변호인은 "이단을 변호하는 것이 아니라 형벌을 피할 능력이 없는 사람을 변호하는 것이다"라고 대답한다. 하지만 불필요한 절차를 피하기 위해 엄격하게 규정해 놓은 '약식 재판의 절차'를 따르지 않는다면, 즉 부당한 재판 연기를 요구하거나 부당한 이의를 제기한다면 그는 어떠한 경우에도 변호할 권리를 가질 수 없다. 이단을 변호하는 것이 아니라 해도 어쨌든 약식 재판의 절차를 무시하고 있는 만큼 그는 마녀들보다 더 큰 저주를 받게 될 것이다.

이단 혐의자를 부당하게 변호하는 사람에게는 이단 교사자abettor of heresy의 낙인이 찍힐 수밖에 없다. 만약 그런 변호인이 있다면 그는 주교 앞에서 '이단 포기 선서'를 해야만 할 것이다 (이것은 앞에서도 인용한 바 있는 《Accusatus》 장章에 명시되어 있는 내용이다).

질문 11
증인의 이름을 모르는 변호인은 어떤 식으로 변호해야 하는가?

제6단계

증인의 이름이 공개되지 않은 상황에서 피고가 그 이름을 알고자 한다면 변호인은 어떻게 해야 하는가? 먼저 판사로부터 상세한 기소 내용을 고지받은 다음(이 경우에도 증인의 이름은 공개되지 않는다) 피고에게 그 내용을 알려 주어야 한다. 증인의 이름을 계속 알려 달라고 할 경우 변호인은 "증인 진술 내용을 통해 알아냅시다"라고 제안한 후 다음과 같이 말해야 한다. "증인 진술 내용을 통해 증인의 이름을 추측할 수 있습니다. 가령 아무개의 아이 또는 아무개의 가축이 마법에 걸렸다고 되어 있겠죠. 그리고 당신의 부탁을 들어주지 않은 어떤 남자(또는 어떤 여자)에게 '내 부탁을 들어주지 않은 것을 후회하게 될 거야'라고 말하자 그 남자(또는 그 여자)가 병에 걸리고 말았다'라고 되어 있을 거예요. 당신의 행동이 마치 증언처럼 큰 소리로 외치고 있는 것이죠." 또는 이렇게 말할 수도 있을 것이다. "당신은 당신에 대한 소문이 좋지 않다는 것을 알고 있고 또 당신이 이미 오래전부터 '마법을 부려 사람들에게 해를 입힌' 혐의를 받고 있다는 사실도 알고 있어요." 이런 식으로 '피고를 비방한 사람들'의 이름을 밝히면 피고는 "내가 그런 말을 했다는 것은 인정하지만 그래도 해를 입힐 생각은 없었습니다"라고 말할 것이다. 그러면 변호인은 피고가 지목한 사람들의 이름을 판사에게 알려야 하고 판사는 그들에 대한 조사에 착수해야 한다. 만약 그 원한이 죽음을 부르는 원한death feud이라면, 즉 살해할 의도가 있었거나 실제로 그런 일이 벌어질 만큼 지독한 원한이라면 또는 그 원한이 반목과 언쟁의 결과로서 심각한 상해를 초래하는 원한이라면 판사는 어느 쪽의 죄가 더 무거운지, 즉 피고의 죄가 더 무거운지 아니면 고발자의 죄가 더 무거운지 신중하게 판단해야 한다. 만약 고발자나 증인의 죄가 더 무겁다면, 즉 실제로 마법에 걸린 사람이나 가축이 존재하지 않고 다른 증인들의 고발 진술도 없으며 심지어 피고에 대한 나쁜 소문마저 없다면 판사는, 증인의 진술이 복수심에서 비롯되었다는 것을 인정할 수밖에 없다. 만약 이러한 판단을 내리게 된다면 판사는 피고에 대한 무죄 방면을 선고해야 할 것이다(이때 피고로부터 '고발자나 증인에 대한 복수를 포기한다'는 약속을 받아야 한다).

그런가 하면 다음과 같은 경우도 있을 수 있다. "캐서린이라는 이름의 한 여자가 자신과 자신의 아이 그리고 집에서 기르는 짐승들이 기이한 마법에 걸렸다는 것을 알게 되었다. 그로부터 얼마 후 한 여자가 의심을 받게 되었는데 알고 보니 그 여자는 한때 캐서린의 남편과 친척들을 힘들게 했던 사람들과 관계가 있었다(그 여자의 남편과 친척들이 캐서린의 남편과 친척들에게 부당한 소송을 걸었던 것이다). 이 경우에 증인이 품은 앙심은 두 가지로 볼 수 있다. 하나는 마법에 대한 앙심이고 다른 하나는 '재판에서 입은 손해'에 대한 앙심이다. 그렇다면 의문이 생긴다. 캐서린의 진술을 받아들여야 할까 아니면 거부해야 할까? 한편으로는 거부하는 것이 옳은 일일 듯싶다. 왜냐하면 캐서린의 증오심이 개입되어 있기 때문이다. 하지만 다른 한편으로는 받아들이는 것이 타당할 것이다. 왜냐하면 범죄의 흔적signs of the crime이 제시되고 있기 때문이다. 이제 결론을 내려 보자. "피고를 비방하는 소문이나 또 다른 증인이 없을 경우 캐서린의 진술은 거부되어야 한다. 하지만 병의 원인이 마법에 있는 것으로 추정되는 만큼 피고에게도 의혹의 그림자가 드리워져 있다. 이런 경우에 피고는 캐논이 명하는 방식에 따라 혐의를 풀어야 한다canonical purgation.

한편, 피고를 비방하는 소문은 있지만 확실한 증거가 없을 경우 그리고 증인과 피고가 단순한 적의mere enmity를 품고 있을 경우 판사는 이와 같은 범죄의 흔적을 '피고에 대한 강한 혐의'를 불러일으키는 요인으로 간주할 수 있으며 그 결과 구속 상태에 있는 피고는 다음의 세 가지 형벌에 처해지게 된다. 1) 캐논이 정한 방식에 따른 정죄淨罪, 즉 혐의 풀기.(《inter sollicitudines, Extra de purq. can.》) 2) 이단 포기 선서.(《accusatus》) 3) 다양한 '혐의 근거'에 따른 다양한 이단 포기 선서.

만약 피고가 자신의 죄를 인정하고 회개하는 모습을 보인다면 그는 세속 재판에 회부되어 사형 선고를 받는 대신 교회 법정에서 종신형을 선고받게 될 것이다. 하지만 자신의 죄를 인정하고 회개하는 모습을 보임에도 불구하고 세속 법정에서 화형을 선고받는 경우도 있다(《 ad abolendam, §praesenti》,《excommunicatus II, de haeretic》).

지금까지 이야기한 것을 다시 한번 정리해 보자.

1) 판사는 변호인의 말을 쉽게 믿어서는 안 된다. 특히 피고에 대해 '죽음을 부르는 원한'을 품고 있는 사람이 있을 경우에는 더더욱 그래야 한다. 왜냐하면 마녀가 모든 사람의 증오 대상이고 따라서 이런 종류의 사건에서는 원한을 품지 않고 진술하는 경우가 거의 없기 때문이다.

2) 판사는 다음의 네 가지 방법으로 마녀의 유죄를 입증할 수 있다는 것을 기억해야 한다. 첫째, 증인의 도움을 얻는 방법. 둘째, 범죄의 흔적을 제시하여 의혹을 제기하는 방법. 셋째, 증거를 제시하는 방법. 넷째, 마녀의 자백을 이용하는 방법(자백을 얻어내는 방법에는 증인 진술에 포함된 나쁜 소문을 제시하는 방법, 범죄의 흔적을 제시하는 방법, 증거를 제시하는 방법이 있다). 의혹에는 세 가지 종류가 있다. 가벼운light 의혹, 강한strong 의혹, 극심한violent 의혹이 그것이다(이러한 의혹은 마녀의 자백이 없어도 제기할 수 있다).

3) 판사는 구속 상태에 있는 피고person under detention의 사건을 심리함에 있어 위에서 말한 방법들을 적용해야 하고, '죽음을 부르는 원한'에 관한 변호인의 질문에 답해야 한다. 이때 피고가 수감된 것이 단지 '피고를 비방하는 나쁜 소문' 때문인지 아니면 또 다른 특별한 근거, 즉 피고에 대한 강한 의혹(또는 가벼운 의혹)을 불러일으킬 만한 근거가 있는 지부터 밝혀야 한다. 그런 다음에야 판사는 피고가 지목한 사람을 증인으로 채택할 수 있는지 여부에 대해 답변할 수 있을 것이다. 한편 '피고가 내뱉은 위협의 말'에 대해 변호인은 "위협이 있은 후 증인의 재산 또는 신체

가 피해를 입은 것은 사실이지만 그렇다고 해서 그 원인이 마녀 때문이라고 말할 수는 없을 것이다. 왜냐하면 병은 여러 가지 원인에 의해 발생할 수 있고 또 말다툼을 할 때 위협의 말을 내뱉는 것 역시 모든 여자가 지니는 습성이기 때문이다."

이러한 주장에 대해 판사는 다음과 같이 반박해야 한다. "병이 자연적 원인에 의해 발생할 수 있다는 것은 전적으로 옳은 말이다. 하지만 마법이 개입되어 있어 자연적인 방법으로는 병을 치료할 수 없다는 사실을 범죄 흔적과 경험을 통해 입증할 수만 있다면 판사는 '마녀가 마법을 부린 것이 분명하다'라고 쉽게 결론 내릴 수 있다."

예를 들어 어떤 마녀가 "곳간을 불태워 버리겠어"라며 위협의 말을 내뱉었다고 하자. 그리고 어떤 사람이 그 곳간을 실제로 불태웠다고 하자. 이때 방화 혐의를 받는 것은 누구일까? 그렇다, 위협의 말을 내뱉은 마녀가 방화 혐의를 받게 된다.

'죽음을 부르는 원한'의 본질을 보다 깊이 있게 이해하려면 어떻게 해야 하는가?

제7단계

이미 지적한 바와 같이, 증인으로 채택할 수 없는 사람은 불구대천의 원수들mortal enemies뿐이다. 하지만 피고와 피고의 변호인이, '누가 불구대천의 원수이고 누가 불구대천의 원수가 아니냐'는 문제를 제기하고 있는 만큼 이 문제를 좀 더 자세히 살펴볼 필요가 있다. 이를 통해 판사는 죽음을 부르는 원한의 본질을 더 잘 파악할 수 있을 뿐만 아니라 죄 없는 사람이 유죄 판결을 받고, 죄 있는 사람이 무죄 판결을 받는 일도 막을 수 있다. 그들을 구별하는 방법은 대단히 교묘할 뿐만 아니라 심지어 궤변적이기까지 하다. 그럼에도 불구하고 판사는 신앙과 공익을 위해 그 방법을 적용할 수 있다.

첫 번째 방법은 다음과 같다. 피고 또는 피고의 변호인에게 기소 자료 사본을 전달한다. 이때 증인의 이름은 기소 항목의 순서와 각 기소 항목에 해당하는 증인의 순서가 일치하지 않도록 기재해야 한다. 가령 첫 번째 기소 항목의 내용이, 증인 명단의 첫 번째 줄에 기재된 증인이 아니라 여섯 번째 또는 일곱 번째 줄에 기재된 증인의 진술에 근거하는 식이다. 이렇게 해 놓으면 누가 무슨 말을 했는지 도저히 알 수 없을 것이다. 그리고 바로 그때 피고에게 "이 증인들 모두를 너의 원수들이라고 말하겠느냐?"라고 묻는다. 가령 피고가 증인들 모두를 자신의 원수들이라고 말한다고 가정해 보자. 그럴 경우 만약 판사가 원한의 이유를 따져 묻는다면 피고의 거짓은 당장 드러나고 말 것이다. 하지만 만약 피고가 특정 인물들만을 지목한다면 원한의 이유는 더 쉽게 드러날 것이다.

두 번째 방법은 다음과 같다. 피고 또는 피고의 변호인에게 위에서 말한 기소 자료와 증인 명단을 전달하되 다른 사건에 관련된 자료를 함께 섞는다(다른 사건에 관련된 자료는 증인 진술과는 전혀 상관이 없다). 이렇게 하면 피고는 누가 불구대천의 원수인지 확신할 수 없게 된다.

세 번째 방법은 5장에서 제시한 방법과 같다. 피고에 대한 2차 심문이 진행될 때, 즉 피고의 변론 요청과 피고에 대한 변호인 지정이 있기 전에 피고에게 "신의 노여움을 두려워하지 않고 거짓된 증언을 할 수 있는 불구대천의 원수가 있을 것이라고 보느냐?"라고 묻는다. 이런 질문을 받을 것이라고는 전혀 예상하지 못한 피고는 "그런 원수는 있을 수 없습니다"라고 대답할 것이다. 또는 피고가 "예, 있습니다"라고 대답한 후 원수들의 이름을 대고 반목의 원인을 밝힐 수도 있는데 만약 그렇게 된다면 나중에 기소

자료 사본과 증인 명단을 전달받은 판사가 더 확실하게 자료 검토를 할 수 있을 것이다.

네 번째 방법은 다음과 같다. 2차 심문이 끝난 후(피고 변론이 허락되기 전) 피고에게 "아무개와 아무개를 아느냐?"라고 묻는다. 이때 증인의 이름이 호명된다. 만약 피고가 "알지 못합니다"라고 말한다면 이후의 변론에서는 그와 반대되는 주장을 펼 수가 없다. 왜냐하면 하늘에 맹세코 불구대천의 원수가 아니라고 말했기 때문이다. 만약에 피고가 "알고 있습니다"라고 말한다면 다시 한번 "그렇다면 그 불구대천의 원수가 신앙에 반하는 일 something contrary to the Faith을 한 적이 있느냐?"라고 묻는다. 이때 피고가 "있습니다"라고 대답한다면 이번에는 "그 사람이 너의 친구냐 아니면 너의 원수냐?"라고 묻는다. 피고는 곧바로 이렇게 대답할 것이다. "저의 친구입니다." 이로써 피고는 더 이상 그를 불구대천의 원수라고 말할 수 없게 된다.

다섯 번째 방법은 다음과 같다. 피고 또는 피고의 변호인에게 기소 자료 사본을 전달한다. 이때 증인들의 이름은 밝히지 않는다. 피고에게 기소 내용을 낭독해 줄 때 피고의 변호인은 누가 피고에 대해 이러저러한 진술을 했을지 추측하게 된다. 만약 피고가 이러저러한 사람을 불구대천의 원수로 지목하고 또 증인들의 도움을 받아, 자신의 주장이 옳다는 것을 증명하고자 한다면 판사는 변호인을 통해 피고의 의사를 확인한 다음 피고의 주장이 정당한지를 검토해야 하고 또한 원한의 이유도 밝혀야 한다(이를 위해 원로 회의panel of old men를 비밀리에 소집한다). 그리고 '죽음을 부르는 원한'이 있다는 것이 확인될 경우 판사는 원한 관계에 있는 증인들을 거부해야 한다. 만약 피고에 대한 또 다른 증거가 없다면 피고는 석방되어야 한다. 이 다섯 번째 방법은 매우 자주 사용되는 방법이다. 실제로 마녀들은 기소장 사본을 읽기만 해도 자신에게 불리한 진술을 한 사람들을 쉽게 찾아낼 수 있다. 하지만 이런 종류의 사건에서 '죽음을 부르는 원한'을 품는 경우는 드물기 때문에 판사는 어렵지 않게 위의 방법들을 사용할 수 있다. 그리고 또 한 가지 지적해 두어야 할 것은, 증인들 중에는 피고—마녀를 직접 만나 "마법 때문에 얼마나 큰 고통을 겪었는지 아느냐!"라고 비난을 퍼붓고 싶어하는 증인도 많다는 사실이다.

끝으로, '죽음을 부르는 원한'을 드러내는 마지막 방법이 있다. 이 방법은 위에서 말한 방법들, 특히 앞의 네 가지 방법이 '오해를 불러일으킬 수 있는 복잡한' 방법으로 판단될 경우에 사용할 수 있다. 의구심을 품은 사람들에게 확신을 주고 자신에게 쏟아질 비난을 막기 위해 판사는 다음의 내용에 주의를 기울여야 한다. 위에서 말한 방법들 중 하나를 적용해 피고와 증인 사이에 '죽음을 부르는 원한'이 없다는 것을 밝힌 다음, 판사는 확인 절차를 밟아야 한다. 이를 위해 판사는 피고 또는 피고의 변호인에게 기소장 사본을 제공해야 한다(이때 증인 명단은 첨부하지 않는다). 또한 판사는 원로 회의를 소집하여 기소 내용 전체를 낭독하고 증인의 이름을 공개해야 한다(이때 원로들로부터 증인의 이름을 발설하지 않겠다는 다짐을 받아야 한다). 그런 다음 판사는, 자신이 이러저러한 원한을 '죽음을 부르는 원한'으로 간주하지 않는 이유를 원로들에게 설명해야 한다. 그러면 원로 회의는 어떤 증인을 불구대천의 원수로 간주해야 할 지 최종 결정을 내린다. 그리고 원로 회의에서 결정된 사항을, '피고와 증인의 관계'에 대해 잘 아는 다른 전문가들에게도 제공할 수 있다(이때 피고와 증인의 이름만 공개되고 기소 내용은 공개되지 않는다). 그리고 전문 위원들이 내린 결정은 최종적인 것으로 간주되어야 한다.

질문 13
피고 심문이 시작되기 전,
고문실에서 판사가 기억해야 할 것은 무엇인가?

제9단계

증거와 증인 진술을 통해 피고의 이단적 만행heretical depravity이 입증된다 해도 피고의 자백이 없으면 어떠한 경우에도 사형을 선고할 수 없다. 그리고 마녀의 자백을 얻어 내기 위해서는 고문을 가할 수밖에 없다. 이 문제에 대한 이해를 돕기 위해 슈파이어에서 일어난 일을 예로 들어 보자. 하루는 존경할 만한 한 남자 시민이 한 여자 상인의 옆을 지나가게 되었다. 그런데 여자가 팔고자 했던 물건을 남자가 사지 않은 것이 화근이었다. 화가 난 여자가 멀어져 가는 남자의 뒤에 대고 "이 물건을 사지 않은 것을 후회하게 될 거야"라고 소리쳤던 것이다(이런 말은 마녀들이 자주 사용하는 말이다). 여자의 말을 들은 남자는 그 의도를 알고 싶어 견딜 수가 없었다. 그래서 남자는 여자를 향해 돌아섰고 그 다음 순간, 남자의 얼굴이 흉칙하게 일그러졌다. 존경할 만한 시민은 그 후 오랫동안 일그러진 얼굴로 살아야 했다.

판사의 입장에서 본다면 이 일은 여자 상인을 현행범으로 간주하게 만드는 직접적인 증거가 될 것이다. 위에서 설명한 바와 같이, 죄를 입증하기 위해서는 세 가지 요소, 즉 증거와 증인 진술 그리고 자백이 필요하다. 하지만 사형 선고를 내리기 위해서는 피고의 자백이 필수적이다. 그렇다면 마녀가 자백을 거부할 경우 판사는 어떻게 해야 하는가?

먼저, 성급하게 고문을 해서는 안 된다. 그리고 지금부터 하는 이야기를 잘 새겨 들어야 한다. 모든 마녀가 똑같이 고문에 민감한 것은 아니다. 어떤 마녀는 고문에 대한 자극 반응이 너무 약해서 진실을 말하기 보다는 오히려 자신의 몸이 찢겨 나가는 고통을 끝까지 참으려고 할 것이다. 그런가 하면 너무 쉽게 자백하는 마녀도 있다. 어째서 이런 차이를 보이는 것일까? 그것은 악마와 맺고 있는 관계가 서로 다르기 때문이다. 가령 여러 해 동안(6년, 8년 또는 10년 동안) 악마를 위해 일하면서도 영과 육을 바치지 않는 마녀들이 있는가 하면 처음부터 신앙을 외면하고 악마에게 영과 육을 바치는 마녀들도 있다. 그렇다면 악마가 마녀들을 시험하는 이유는 무엇일까? 그것은 말로만 신앙을 거부하는지 아니면 마음으로도 신앙을 거부하는지 알고 싶어서이고 또한 자신을 숭배하고자 하는 마음이 단지 허울에 불과한 것은 아닌지 확인하고 싶어서이다(악마는 외적으로 드러나는 행동outer actions을 통해서만 내적 감정inner feelings of the heart을 파악할 수 있다). 마녀들 중에는 가난을 견디다 못해 마녀가 된 여자도 있고, 다른 마녀들의 꾐에 넘어가 마녀가 된 여자도 있다. 그리고 신앙을 완전히 잃는 마녀가 있는가 하면 신앙의 일부만 잃는 마녀도 있다. 시험을 통과하지 못한 마녀는 악마에게 버림받는다. 그래서 그런 마녀들이 쉽게 자백하고 마는 것이다. 반면, 말로도 헌신하고 마음으로도 헌신하는 마녀는 악마의 보호를 받는다. 예를 들면 '자백을 거부할 수 있는 강한 인내심'을 심어 주는 것이다. 그런가 하면 자신의 죄를 인정한 다음 자살을 시도하는 마녀들이 있는데 이것 역시 인류의 적 악마가 그렇게 하도록 부추기는 것이다(고해 성사를 받지 못하도록 자살을 부추기는 것이다). 악마의 부추김으로 자살을 시도하는 마녀는 주로 '비자발적으로 악마를 숭배한' 마녀들이다. 이제 어떤 마녀들이 악마의 보호를 받지 못하는지 분명히 알 수 있을 것이다.

이제 결론을 내려 보자. 마녀를 고문할 때에는 사로잡힌 사람을 악마로부터 벗어나게 할 때와 마찬가지로 대단한 노력을 기울여야 한다. 그리고 성급하게 고문을 해서는 안 된다. 고문은 사형 선고를 받아야 할 사람에게만 해야 한다.

질문 14
피고를 고문하기 위해서는 어떻게 해야 하는가?
첫째 날에는 어떤 식으로 고문해야 하는가?
목숨을 살려준다는 약속을 해도 되는가?

제10단계

피고에 대한 고문이 필요하다고 판단될 경우 판사는 다음과 같은 판결문을 작성해야 한다.

"본 재판부는 모 교구 모 도시의 아무개 피고에 대한 재판을 진행한 결과 피고의 진술이 앞뒤가 맞지 않고 모호하다는 결론을 내리게 되었다. 예컨대 피고는 이러저러한 위협의 말을 하기는 했지만 그 말대로 행동할 생각은 없었다라고 말하기 때문이다. 뿐만 아니라 본 재판부는 고문을 실시해도 될 정도의 많은 증거를 확보하고 있다. 따라서 본 재판부는 금일 모시에 피고에 대한 고문을 실시할 것을 결정하여 선고하는 바이다."

하지만 이러한 판결이 내려졌다고 해서 당장 고문이 실시되는 것은 아니다. 일단 피고는 더 이상 사전 구속imprisonment before trial 상태가 아닌 '형을 선고받기 위한 수감 상태'에서 재판을 받게 된다. 그리고 판사는 피고의 친구들을 불러 "진실을 밝힌다면 형벌이나 죽음은 면할 수 있을 것이다"라고 설명해 준다. 부단한 반성과 견디기 힘든 수감 생활 그리고 고결한 사람들upright men의 권유로 피고의 마음은 진실을 밝히는 쪽으로 기울게 된다. 그래서 한번은 조리 있는 설득reasonable exhortation에 감화된 마녀들이 바닥에 침을 뱉고 "썩 물러가라, 빌어먹을 마귀야! 나는 올바르고 떳떳한 일을 하겠다"라고 소리 높여 말한 일이 있었다. 그리고 얼마 후 그 마녀들은 자신의 죄를 인정했다.

피고를 여러 차례 설득했음에도 불구하고 아무것도 달라지는 것이 없다면 판사는 제한적 고문, 즉 피를 보지 않는without shedding blood 고문을 실시하게 된다. 고문을 시작하기 전에 피고의 옷부터 벗겨야 하는데 만약 피고가 여자라면 존경할 만하고 평판이 좋은 여자들respectable women of good reputation이 옷을 벗겨 주어야 한다. 이렇게 하는 이유는 피고의 옷에 마법의 도구가 부착되어 있는 것은 아닌지 그 여부를 검사하기 위해서이다(특히 악마의 사주를 받은 마녀들이 이런 방법을 자주 사용한다. 가령 세례받지 않은 아이의 신체 일부를 마법 도구로 사용하는 것이 그 좋은 예가 되겠다). 고문 기구가 준비되는 동안 판사는 다시 한번 피고에게 자백을 권해야 한다. 또다시 자백을 거부할 경우 피고에 대한 고문이 시작된다. 그리고 고문이 진행되는 동안에도 자백할 기회가 주어지는데 이때 피고는 '자백을 하면 목숨은 살려 주겠다'는 약속을 받는다.

그렇다면 이런 의문이 생긴다. "평판이 좋지 않은 사람, 증인 진술과 증거에 의해 혐의가 입증된 사람 그리고 자신의 죄를 인정하지 않는 사람에게 살려 준다는 약속을 해도 되는 것인가?" 이 문제에 대한 학자들의 견해는 다양하다. 어떤 학자들은 "마법을 풀고 다른 마녀들을 검거하는 데 협조하는 피고에게는 사형 대신 종신형을 선고할 수 있다. 이때 피고에게는 '감옥 생활을 하게 된다'는 말 대신 '목숨을 살려 주겠다', '가벼운 형벌을 받게 된다'는 말만 해야 한다"라고 주장하고, 어떤 학자들은 "그 약속은 얼마 못 가 깨지고 말 것이다. 왜냐하면 피고는 어차피 화형에 처해질 것이기 때문이다"라고 주장한다. 그런가 하면 "담당 판사가 살려 주겠다고 약속한 다음 또 다른 판사가 사형 선고를 내리면 된다"라고 주장하는 학자들도 있다.

가장 효과적인 방법은 역시 첫 번째 방법이다. 왜냐하면 마녀를 이용해 마법에 걸린 사람들을 치료할 수 있기 때문이다. 하지만 마법으로 마법을 퇴치하는 것은 허용되지 않는다. 단, 허망하고 미신적인vain and superstitious 방법으로 마법을 예방하고 퇴치하는 것은 문제가 되지 않는다. 아마도 다양한 연구와 경험 그리고 실무를 통해 많은 지식을 쌓아 온 판사들이 더 정확한 판단, 즉 허용될 수 있는 것은 무엇이고 허용될 수 없는 것은 무엇인지에 대해 더 정확한 판단을 내릴 수 있을 것이다. 어쨌든 분명한 것은, 죽음의 두려움 앞에 직면하게 되면 마녀들도 진실을 말한다는 것이다.

마녀들이, 목숨을 살려 준다는 약속과 온갖 위협에도 불구하고 계속해서 자백을 거부할 경우 형리가 통상적인 방법으로 고문을 실시하게 된다. 이때 형리는 새롭고 기발한novel and new-fangled 방법을 사용해서는 안 된다. 그리고 고문의 강도는 죄의 경중에 따라 달라진다. 한편 피고는 고문을 받는 동시에 죄와 관련된 질문을 받는데 처음에는 비교적 가벼운 죄에 관한 질문을 받는다(무거운 죄보다는 가벼운 죄를 더 빨리 인정하기 때문이다). 고문과 함께 진행되는 심문의 내용은 공증인에 의해 기록된다. 그리고 자백이 시작되면 마녀는 다른 방으로 옮겨지게 된다(이것은 자백 내용이 포함된 진술을 듣기 위해서이다). 만약 제한적인 고문으로는 자백을 받아내기 어렵다고 판단될 경우 피고에게 다른 고문 기구들을 보여 주면서 "진실을 말하지 않는다면 이것들을 사용할 수밖에 없다"라고 경고해야 한다. 이렇게까지 했는데도 자백을 거부하면 둘째 날, 셋째 날에도 고문이 계속되어야 한다는 취지의 판결문을 낭독한다. 이때 명심해야 할 것은, 고문은 계속되는 것continuation이지 반복되는 것repetition이 아니라는 점이다. 왜냐하면 새로운 증거가 나오지 않는 한 고문을 반복할 수는 없기 때문이다. 판결문은 다음과 같은 내용을 담고 있어야 한다. "본 재판부는 아무개 피고가 진실을 말할 수 있도록 고문을 계속할 것을 명하는 바이다." 고문이 재개되기 전에도 재판부는 계속해서 피고를 설득해야 한다. 그리고 고문이 재개되기 전 짧은 막간에도 항상 감시의 눈길을 소홀히 해서는 안 된다. 왜냐하면 언제 어느 때 악마가 찾아와 자살을 부추길지 모르기 때문이다(자살을 부추기는 이유는 더 이상 마녀를 돕고 싶지 않아서이거나 신이 악마에게 마녀를 놓아 줄 것을 요구하기 때문이다).

질문 15
고문은 어떤 식으로 재개되어야 하는가? 판사가
자기 자신을 마법으로부터 보호하려면
어떻게 해야 하는가? 머리카락은 어떻게 잘라야 하는가?
마법의 도구는 어디에 숨겨 두는가?
완강하게 버티는 마녀를 어떻게 굴복시켜야 하는가?

제11단계

하나의 치료약으로 모든 병을 치료할 수는 없다. 마찬가지로 이단자
나 이단 혐의자들을 심문할 때에도 한 가지 방법만 사용해서는 안 된다.
즉 피고가 속한 교파와 피고의 인격에 따라 다양한 심문 방법을 적용해
야 한다. 또한 '지혜롭고 명민한 의사'로서 썩은 팔다리gangrenous limbs를
잘라 내고 옴에 걸린 양들mangy sheep을 건강한 양들로부터 떼어 놓기 위

해 애쓰고 있는 판사들은 피고가 침묵의 마법the sorcery of silence을 부릴 줄 안다는 사실을 절대 잊어서는 안 된다. 하나의 방법만을 제시하는 것이 옳지 않은 이유는, 만약 그렇게 할 경우 언제나 같은 방법이 사용된다는 것을 알아차린 어둠의 자식들sons of darkness이 그 예방책을 마련할 것이기 때문이다. 명민하고 열정적인 판사라면 증인의 답변과 증언 그리고 개인적 경험과 관점에 따라 다양한 심문 방법을 적용해야 한다.

마녀가 스스로에게 침묵의 마법을 걸었는지 알기 위해서는 심문을 하거나 고문을 할 때 마녀가 눈물을 흘릴 수 있는지부터 살펴야 한다. 대가들의 견해와 개인적 경험에 따르면, 마녀가 눈물을 흘리지 않는다는 것은 곧 마녀가 침묵의 마법에 걸렸다는 것을 의미한다. 즉 침묵의 마법에 걸린 마녀는 어떠한 설득과 권유로도 눈물을 흘리게 할 수 없다. 십중팔구 마녀는 우는 시늉을 하기 위해 울먹이는 소리를 낼 것이고, 뺨에 침을 바르려고 할 것이다. 따라서 주위에 있는 사람들은 잠시도 방심해서는 안 된다. 그리고 마녀의 '진정한 눈물'이 필요한 경우라면(즉 죄가 없는 경우라면) 판사나 신부는 마녀의 머리에 손을 얹고 "세상을 구원하기 위해 십자가에 못박히신 주 예수 그리스도의 눈물과 저녁 무렵 그 어머니 성모 마리아께서 예수의 상처 위에 흘리신 눈물 그리고 모든 성인과 신의 선민the Elect of God이 흘린 눈물로써 너에게 주문을 거노라. 이제 신께서 그들의 눈물을 닦으셨으니 이는 죄 없는 너로 하여금 눈물을 흘리게 하기 위해서이다. 성부와 성자와 성령의 이름으로 아멘."이라고 말해야 한다.

경험을 통해 알 수 있는 것처럼, 주문을 걸면 걸수록 눈물 흘리는 일은 점점 더 힘들어진다(눈물을 흘리려고 애를 써도 달라지는 것은 없다). 하지만 판사가 없을 때, 즉 판사가 고문실 밖에 있을 때 눈물을 흘릴지도 모른다. 그렇다면 눈물을 흘리지 못하는 이유는 무엇일까? 회개하는 사람의 눈물은 신이 내린 특별한 선물 중 하나이기 때문에 구원의 적the Enemy of Salvation이 그것을 달가워할 리가 없다. 따라서 악마가 마녀의 눈물을 막으려고 하는 것은 너무도 당연한 일이다(궁극적으로는 마녀의 회개를 원하지 않는다).

여자들에게 고유한 속성이 바로 울기와 속이기 그리고 이야기 만들어 내기weaving이다. 따라서 악마의 교활한 음모와 신의 묵인만 있다면 심지어 마녀들까지도 눈물을 흘릴 것이다. 신의 정의the Judgments of God란 참으로 오묘한 것이다. 만약 증인의 폭로 진술exposing testimony과 증거만 없다면 눈물 흘리는 마녀는 얼마든지 그 눈물로써 자신의 무죄를 입증할 수 있을 것이다. 또한 나쁜 소문으로 인해 가벼운 의혹을 받는 마녀들은 '이단 포기 선서'를 통해 언제든 그 의혹을 풀 수 있다.

판사와 배석 판사들은 마녀와의 신체 접촉을 특별히 경계해야 한다(특히 손목을 못 만지게 해야 한다). 그리고 혹시 있을지 모를 불행한 일을 막기 위해 종려 주일에 축성된 소금과 풀 그리고 밀랍을 목에 걸고 다녀야 한다. 왜냐하면 마녀는 신체 접촉은 물론, 사악한 말과 눈길로도 요병을 불러일으킬 수 있기 때문이다. 경험이 알려 주는 바에 의하면, 고문이 진행되는 동안 마법에 걸릴 가능성이 특히 높다. 우리가 아는 경우를 예로 들어 보자. 한번은 마녀들 쪽에서 먼저 판사와 배석 판사들에게 눈길을 준 일이 있었다. 그런데 마녀와 눈을 마주친 판사와 배석 판사들이 갑자기 관대한 태도를 취하기 시작했고 그 결과 마녀들이 석방되고 말았다.

따라서 피고를 법정으로 끌고 들어갈 때 피고의 얼굴이 앞을 향하게 해서는 안 된다. 즉 판사와 눈을 마주치게 해서는 안 된다. 그리고 판사와 배석 판사들은 심문이 시작되기 전에 반드시 성호를 그어야 하고 또 시종일관 용감한 태도를 잃지 말아야 한다. 그러면 신의 가호가 있어 유혹자the Ancient Serpent의 힘을 능히 꺾을 수 있을 것이다. 그리고 "마녀를 뒷걸음질로 입장시키는 것은 미신이 아니냐?"라는 의구심을 가져서도 안 된다. 교회법 학자들도 인정하는 것처럼, 헛되고 하찮은 것에는 헛되고 하찮은 방법으로 맞설 수 있는 것이다.

몸에 난 털을 모두 깎아 버리는 것도 마법의 확산을 막는 방법 중 하나다. 이렇게 하는 이유는 마녀의 옷을 이리저리 살펴보는 이유와 같다. 예컨대 마녀들은 혹독한 고문을 견뎌 내기 위해(즉 자백을 거부하기 위해) 옷에는 물론, 몸 구석구석에 난 털 속에도 부적을 숨기고 다닌다(심지어 입에 담기도 민망한 신체 부위에 부적을 숨기는 경우도 있다). 물론 악마는 부적 따위를 사용하지 않더라도 얼마든지 마녀의 입을 닫아 버릴 수 있다. 하지만 악마가 부적을 사용하는 이유는 영혼을 파괴하고 신의 존엄을 모독하기 위해서이다. 예를 들어 보자. 아그노에 사는 한 마녀는 '자백 거부'의 능력을 얻기 위해 다음과 같은 방법을 사용했다. 세례받지 않은 첫 아들을 살해한 후 그 시신과 물건 몇 가지를 활활 타오르는 난로에 집어넣어 재로 만들어 버렸다(그 물건이 어떤 물건이었는지는 밝히지 않는 것이 좋겠다). 그리고 그 재를 몸에 지니고 다닌 마녀는 어떠한 고문에도 굴하지 않고 자백을 거부할 수 있었다. 악마는 영혼을 파괴하고 신의 존엄을 모독하기 위해 이런 방법을 사용한다.

침묵을 지키는 능력은 마녀들은 물론 평범한 죄인들도 가질 수 있는 능력이다. 그리고 그런 능력을 가능케 하는 요인으로 세 가지를 꼽을 수 있다. 첫째, 강한 정신력hardness of the mind이다. 가령 정신력이 약한 사람은 쉽게 그 기가 꺾여 모든 혐의를 인정하고 심지어 억울하게 뒤집어쓴 혐의까지도 인정하는 반면, 정신력이 강한 사람은 어떠한 고문에도 굴하지 않고 자백을 거부한다. 그리고 여러 번 고문을 받은 사람이 특히 완강하게 범행을 부인하는데 이것은 고문을 받을 때 비틀렸던 손목 관절이 고문이 끝남과 동시에 원상태로 돌아가기 때문이다. 둘째, 부적의 사용이다. 부적은 옷에 꿰매어 붙이거나 몸에 난 털 속에 숨기는 경우가 대부분이다. 셋째, 자유의 몸으로 살아가는 마녀들이 '수감된 마녀들'에게 거는 마법이다. 가령 인스브루크의 한 마녀는 "수감된 마녀의 옷에서 나온 실오라기 한 가닥만 있어도 그녀를 어떠한 고문에도 굴하지 않는 마녀로 만들 수 있다"고 자랑을 늘어놓았다.

만약 그렇다면 레겐스부르크 교구에서 있었던 일, 즉 자신의 죄를 인정한 이단자들이 불 속에 던져져도 불에 타지 않고, 물 속에 던져져도 물에 가라앉지 않은 것은 어떻게 받아들여야 하는가? 나중에 밝혀진 사실이지만, 이단자들이 죽지 않은 것은 그들의 겨드랑이, 즉 겨드랑이 부위의 피부와 살 사이에 부적이 들어 있었기 때문이다. 하지만 부적을 제거한 후에는 아무 문제 없이 이단자들을 불살라 버릴 수 있었다. 사람들의 말에 따르면, 한 주술사는 악마에게서 '부적이 숨겨져 있는 곳'을 알아냈다고 한다. 아마도 악마는 신의 권능을 이기지 못해 비밀을 알려줄 수밖에 없었을 것이다. 만약 이런 일을 당하는 판사가 있다면 그는 다음과 같이 해야 한다. 옷을 갈아입히거나 몸에 난 털을 모두 깎아 버려도 자백을 하지 않을 경우 경건한 사람들의 금식 기도로 마귀를 물리칠 수 있게 해달라고 신에게 간구해야 한다.

독일 지역에서는 몸에 난 털, 특히 은밀한 신체 부위의 털을 깎는 것을 온당치 못한 일로 간주한다. 그래서 우리는 그와는 다른 방법을 사용한다. 우리가 사용하는 방법은, 마녀의 머리털을 깎은 후 축성된 물이 담긴 술잔에 축성된 밀랍 한 방울을 떨어뜨린 다음 그것을 삼 일 내내 마시게 하는 방법이다. 반면에 다른 나라의 심문관들은 털이라는 털은 모두 깎아 버린다. 코모의 한 이단 심문관의 말에 따르면, 그는 작년(1485년) 한 해에만 무려 마흔한 명의 마녀를 태워 죽였는데 단, 온 몸의 털을 깎은 후 화형대 위로 올려 보냈다고 한다.

만약 누군가가 "마법을 무력화할 방도가 없을 경우 한 마녀가 행한 마법을 또 다른 마녀의 도움을 받아 퇴치해도 되는가?"라고 묻는다면 "주술사의 도움으로 부적을 찾아내는 경우가 있다. 하지만 마녀들의 도움에 호소하는 일은 결코 있어서는 안 된다"라고 답해야 한다. 왜냐하면 마녀의 도움에 호소하는 것 자체가 신의 존엄을 더럽히는 일이고 또 마녀의 도움을 받지 않더라도 마법에 대항할 합법적인 방법들이 있기 때문이다. 가령 다음과 같은 방법들이 있을 수 있다. 첫째, 마법에 걸린 사람 자신의 주도면밀한 노력으로 문제를 해결해야 한다(물론 신의 도움도 구해야 할 것이다). 둘째, 경험 많은 대가들의 조언을 구해야 한다. 왜냐하면 자신은 생각지도 못한 아주 효과적인 방법을 대가들이 알려 줄 수도 있기 때문이다. 셋째, 경건한 사람들의 도움을 구해야 한다.

질문 16
시간과 두 번째 심문 방법에 관한 질문.
판사가 취해야 할 최후의 전략은 무엇인가?

제12단계

마녀들에 대한 심문은 전례상의 대축일에 그것도 교회 미사가 열릴 때 진행하는 것이 가장 바람직하다. 이때 기도를 올리는 사람들은 신의 도움을 간구해야 하고 이와 동시에 위에서 말한 축성된 물건들과 '그리스도가 십자가 위에서 했던 일곱 마디의 말' 즉, 십자가상의 칠언을 적은 종이를 마녀의 목에 걸어야 한다. 경험을 통해 알 수 있는 것처럼, 마녀의 활동을 방해하는 데 이것들만큼 큰 도움을 주는 것도 흔치 않을 것이다.

1) 그런 다음에 위에서 말한 '마실 것'(축성된 물이 담긴 술잔에 축성된 밀랍 한 방울을 떨어뜨린 것)을 마녀의 입에 부어 넣는다. 그리고 설득이 이어

지는 가운데 마녀의 몸을 위로 들어올린 다음 증인들의 진술 내용을 읽어 주는데 이때 증인들의 이름도 알려 주어야 한다(몸을 위로 들어올리는 것은 마녀의 몸이 땅에 닿지 않도록 하기 위해서이다). 그런 다음에 판사는 "자 보아라, 증인들이 너의 죄를 입증하고 있지 않느냐"라고 말해야 한다(피고와 증인들의 대질 심문에서도 이와 똑같은 말을 해야 한다). 피고가 계속해서 자백을 거부할 경우 판사는 뻘겋게 달아 오른 쇠glowing iron를 사용하겠다고 말해야 한다. 그러면 모든 마녀들이 그렇게 하라고 말할 것이다. 왜냐하면 악마가 자신을 지켜 줄 것이라는 확신이 있기 때문이다(달아 오른 쇠를 사용하지 못하게 하는 것은 바로 이런 이유 때문이다). 마녀가 계속해서 버틸 경우 족쇄와 포승줄을 푼 다음 다른 감방으로 보내야 한다. 하지만 무슨 일이 있어도 보석 석방을 허락해서는 안 된다. 만약 그렇게 한다면 피고가 더욱 완강해져 아무런 자백도 받아내지 못할 것이다. 그리고 먹고 마시는 문제에 있어서 만큼은 피고를 인도적으로 대할 필요가 있고 또 피고에게 자백을 권할 수 있는 '존경할 만한 남자'와도 만나게 해야 한다. 뿐만 아니라 판사 자신도 피고에게 다가가 신의 자비를 약속해야 한다. 그리고 마침내 피고가 자백을 할 경우 "네가 원하는 것보다 더 많은 것을 얻게 될 것이다"라고 약속해야 한다. 이렇게 하는 이유는 피고에게 신뢰감을 주기 위해서이다.

2) 계속해서 자백을 거부할 경우 판사는 피고의 여자 친구들을 심문해야 한다(단, 피고에게는 비밀로 해야 한다). 그리고 여자 친구들로부터 새로운 사실, 즉 피고의 죄를 가중시킬 만한 사실을 알아낼 경우 그 사실을 피고에게 알려야 하고 또 가택 수색을 통해 찾아낸 연고와 단지를 보여 주면서 "이것은 무엇에 쓰는 물건이냐?"라고 물어야 한다.

3) 위의 방법도 통하지 않는다면 이번에는 존경할 만한 남자, 즉 피고가 신뢰하는 남자를 피고가 있는 감방으로 보내야 한다. 그리고 남자와 피고가 대화를 나눌 때 문 밖에 서 있는 별도의 증인이 두 사람의 대화를 엿들어야 한다.

4) 피고의 자백이 시작되면 판사는 무슨 일이 있어도 피고의 진술을 중단시켜서는 안 된다. 가령 한밤중에 자백이 시작되더라도 계속해서 심문을 진행해야 하고 또 대낮에 자백이 시작되더라도 심문을 중단해서는 안 된다(식음을 전폐하는 한이 있어도 심문은 계속되어야 한다). 상황이 여의치 못하다면 대충이라도 자백을 받아야 한다. 만약 그렇게 하지 않는다면 마녀는 또다시 입을 닫고 말 것이다.

5) 모든 시도가 수포로 돌아가면 다음과 같은 방법을 사용해야 한다. 먼저 피고를 성城으로 끌고 가 그곳에 가둔다. 그리고 며칠 후 종교 재판소로부터 권한을 부여받은 남자들과 여자들, 즉 마녀와 가깝게 알고 지내던 사람들을 피고가 있는 방으로 보낸다. 그리고 그들이 "우리에게 마법을 가르쳐 주면 완전한 자유를 얻게 해주겠다"는 약속하면 피고는 곧바로 죄를 인정해 버린다. 예를 하나 들어 보자. 아주 최근에 스트라스부르 교구, 즉 슐레트슈타트 시市 부근에 위치한 쾨니히스하임Königsheim 성城에 한 마녀가 수감되었다. 그런데 이 마녀는 어떠한 고문에도 굴하지 않고 완강하게 자백을 거부했다. 그러던 어느 날 평소 마녀와 가깝게 알고 지내던 세 사람이 그녀를 찾아가 "우리에게 마법 몇 가지를 가르쳐 주면 완전한 자유를 얻을 수 있어"라고 말했다. 처음에 피고는 지인들의 제안을 받아들이기는커녕 오히려 "너희들이 나를 헐뜯으려 하는구나"라며 비난을 퍼부었다. 하지만 피고는 그 제안을 받아들일 수밖에 없었

다. 피고가 지인들에게 "무엇을 배우겠다는 것이냐?"라고 묻자 지인들 중 하나가 '우박을 내리게 하는 법'을 배우고 싶다고 했고 또 다른 지인은 '여자의 마음을 얻는 법'을 배우고 싶다고 했다. 먼저 우박을 내리게 하는 법을 가르쳐 주기로 한 피고는 대접에 담긴 물을 손가락으로 저으며 알아들을 수 없는 말을 중얼거리기 시작했다. 그러자 성 부근의 수풀 위에 폭풍을 동반한 우박이 쏟아지기 시작했다.

이제 3부의 세 번째 부분으로 넘어갈 차례다. 지금부터 우리는 최종 판결로 종교 재판을 마무리짓는 과정을 살펴볼 것이다.

마법 이단the Heresy of Sorcery의 특성에 대해 살펴본 후 신앙에 관련된 재판proceedings involving the Faith을 시작하고 진행하는 방법에 대해 살펴본 지금, 우리에게 남은 일은 그 재판이 어떻게 마무리되어야 하는지를 살펴보는 것이다. 먼저 마법 이단은 다른 평범한 이단들과는 다르다는 점, 즉 마법 이단 속에는 종교적인 죄와 세속적인 죄가 뒤섞여 있다는 점을 지적하지 않을 수 없다. 따라서 우리는 최종 판결의 여러 형태를 논함에 있어 다음의 세 가지 문제를 우선적으로 살펴봐야 할 것이다. 첫째, 항소의 원인이 되는 부분, 즉 세속 재판관이 단독으로 처리하는 부분. 둘째, 교회 재판관과 세속 재판관이 함께 처리하는 부분. 셋째, 항소를 접수한 교회 재판관이 처리해야 하는 부분.

질문 17
영적 정죄spiritual purgation는 어떤 식으로 이루어지는가?
'달아 오른 쇠의 시험'이란 어떤 시험을 말하는 것인가?

　교회법이 규정하는 통상적인 정죄usual canonical purgation에 그쳐야 하는가(II, qu. 4 consuluisti; monomachiam을 참고하라) 아니면 마녀가 원할 경우 달아 오른 쇠를 사용하는 신의 심판*을 적용해야 하는가? 마녀들에 대해서는 두 번째 방법을 적용하는 것이 타당하다. 형사 사건이나 민사 사건에서 결투를 통해 옳고 그름을 가리는 것과 마찬가지로 달아 오른 쇠를 만지게 하거나 끓는 물을 마시게 함으로써 옳고 그름을 가릴 수 있다. 가령 결투를 허용 가능한 것으로 보는 성 토마스 아퀴나스는 "결투는 제비를 뽑아 결정하는 일반적인 방법과 그 성격이 유사할 경우 허용 가능한 것으로 간주된다. 그렇다면 달아 오른 쇠를 사용하는 시험도 어느 정도

---

*　옳고 그름을 당사자들의 결투를 통해 가리거나, 당사자들을 불이나 물 등으로 시험해서 가리는 재판.

허용 가능한 것으로 간주될 수 있다"라고 지적한다.

많은 통치자들이 사용했던 '진실 규명'의 방법이 바로 달아 오른 쇠의 시험examination by glowing iron이었다. 예컨대 경건한 삶을 살았던 황제 성聖 헨리가 간통이 의심되는 자신의 처 쿠니군다를 달아 오른 쇠로 시험했다. 사회의 공익을 위해 노력하는 판사들과 더 큰 악을 피하기 위해 더 작은 악을 이용하는 판사들 역시 그런 식으로 행동할 수밖에 없다. 예를 들어 판사가 도시의 매춘부들을 너그럽게 용서하는 이유는 '충족되지 못한 육욕'으로 인해 걷잡을 수 없는 혼란이 야기되는 것을 막기 위해서이다. 아우구스티누스는 다음과 같이 지적한다. "매춘부들이 사라진다면 그야말로 큰 혼란이 야기될 것이다." 만약 '달아 오른 쇠의 시험'으로 사회를 안정시킬 수 있고 또 부당한 비난으로부터 피고를 보호할 수 있다면 무엇 때문에 그런 시험에 반대한단 말인가?

게다가 뜨겁게 달아 오른 쇠를 손으로 만지게 하는 것은 결투로 목숨을 잃게 하는 것보다 더 작은 악이 아닌가. 따라서 결투가 허용되는 경우라면 '달아 오른 쇠의 시험'도 당연히 허용되어야 한다.

하지만 교회법은 이와는 다른 입장을 취하고 있다.

"이러한 방법을 따르는 자들은 신을 유혹하는 자들로 간주된다"(《Monomachiam》, 2, Q. 5).

여기에 학자들은 "악은 물론이요 악처럼 보이는 것도 삼가야 한다."라고 덧붙이고 있다(이것은 사도 바울의 가르침에 따른 것이다. "악은 어떤 모양이라도 버리라"(데살로니가전서 5장 22절)). 바로 이 때문에 "이러한 방법을 따

르는 자들은 신을 유혹하는 자들이다"라고 씌어 있지 않고 "이러한 방법
을 따르는 자들은 신을 유혹하는 자들로 여겨진다"라고 씌어 있는 것이
다. 이렇게 씌어 있는 이유는, '그런 방법을 따르는 자들이 올바른 목표
를 추구하고 있다'는 것을 이해시키기 위해서이다. 하지만 이런 방법은
조심해서 사용해야 한다. 왜냐하면 나쁜 방법처럼 보이기 때문이다.

나는 이렇게 대답할 것이다. '달아 오른 쇠의 시험'이 허용될 수 없는
이유는 다음과 같다. 첫째, 이 방법은 드러나지 않는 것들을 드러낼 때
사용하는 방법이고 드러나지 않는 것들을 드러내는 일은 오직 신만이 할
수 있기 때문이다. 둘째, 이런 방법은 성경에도 언급되어 있지 않고 교황
들의 저작에도 언급되어 있지 않기 때문이다. 캐논은 다음과 같이 밝히
고 있다.

"교황의 저작에 근거하지 않는 것들은 미신적 허구superstitious invention로 간주되
어야 한다"(《consuluist i, II qu, 5》).

그리고 교황 스테파노는 다음과 같이 주장한다.

"우리 법정은 강요받지 않은 자백 또는 증인의 증언에 근거하여 죄를 심판할 수
있는 권한만을 부여받았다. 드러나지 않는 것과 알려지지 않은 것을 심판하는 일은
'다만 홀로 사람들의 마음을 헤아리시는' 분에게 맡겨야 할 것이다."

결투와 '달아 오른 쇠의 시험' 사이에는 분명한 차이점이 존재한다. 결
투는 '제비를 뽑아 결정하는 일반적인 방법'과 그 성격이 유사하다. 왜

냐하면 주먹 싸움을 하는 사람들의 경우 그 힘과 기술이 완전히 대등하기 때문이다. 하지만 달아 오른 쇠의 시험에는 그와 같은 대등함이 없다. 물론 '사람들의 드러나지 않는 행위'를 드러낸다는 점에서는 차이가 없다. 하지만 달아 오른 쇠의 시험에서 기대할 수 있는 놀라운 결과 wonderous outcome를 결투에서는 기대할 수 없다(결투에서는 둘 중 한 사람이 또는 두 사람 모두 목숨을 잃는다). 달아 오른 쇠로 시험하는 방법은 통치자나 세속 재판관들이 원하는 경우에만 허용된다(즉 결투를 대신하는 방법이 되는 것이다).

리라의 니콜라스는 자신의 성서 주석(사무엘상 17장에 대한 주석)에서 다윗과 필리스틴 사람이 벌인 결투와 관련해서 "위에서 말한 조건에 따른다면 결투는 허용될 수 있다"라고 밝히고 있다. 하지만 부르고스의 바울은 "이것은 성 토마스 아퀴나스의 가르침에 모순되는 주장이다"라며 니콜라스의 견해를 반박한다. 통치자와 세속 재판관들은 이러한 점을 간과해서는 안 될 것이다. 또한 부르고스의 바울은 "결투 또는 그와 유사한 시험들은 드러나지 않는 것을 드러내기 위해 사용하는 방법이다. 하지만 드러나지 않는 것을 드러내는 일은 신의 섭리에 맡겨야 한다"라고 주장한다. 그리고 '다윗과 골리앗의 싸움이 시작될 때부터 결투는 하느님의 명에 의해 결정된 일이었다'라고 주장해서는 안 된다. 왜냐하면 다윗과 골리앗의 싸움은 '필리스틴 사람들이 나를 모욕하였으니 골리앗과 싸워 그 복수를 하도록 하여라'라는 신의 계시에 의한 것이었기 때문이다. 이는 다윗의 말을 통해서도 확인할 수 있다.

"나는 만군의 여호와의 이름 곧 네가 모욕하는 이스라엘 군대의 하느님의 이름으로 네게 나아가노라"(사무엘상 17장 45절).

다시 말하자면, 다윗은 결투자가 아니라 신의 선고를 집행하는 사람이었던 것이다.

둘째, 결투를 벌이는 두 사람에게는 서로를 죽일 수 있는 기회가 주어진다. 즉 죄 없는 사람이 죽을 수도 있다는 말이다. 하지만 이것은 결코 용납될 수 없는 일이다. 왜냐하면 죄 없는 사람이 죽는다는 것은 신의 계율에 어긋나는 일일 뿐만 아니라 자연의 법칙에도 반하는 일이기 때문이다. 만약 이런 일이 일어난다면 결투에 관여한 모든 사람(두 명의 결투자와 판사 그리고 조언자들)이 살인자로 간주될 것이다.

셋째, 결투는 한 사람의 말이 진실이고 다른 한 사람의 말이 거짓이라는 것을 입증하기 위한 싸움이다. 그런데 어느 한쪽의 승리를 마치 신의 판결인 것처럼 받아들여야 하는 상황 자체가 두 사람, 즉 결투를 신청한 사람과 그 신청을 받아들인 사람에게는 절대 용납할 수 없는 일이 될 것이다. 그러므로 판사는 공정한 판결을 내릴 다른 방법을 찾아야 한다. 만약 결투를 종용하는 판사가 있다면 그 판사는 마치 '죄 없는 사람을 살해하는 데 동의하는 사람'처럼 되고 말 것이다.

다시 마녀의 문제로 돌아가자. 만약 절도 사건이나 강도 사건을 다루는 법정 심리에서 이와 같은 방법이 합법적인 것으로 간주되지 않는다면 마법 사건을 다루는 심리에서야 오죽하겠는가? 그리고 상처를 입히거나 그 상처를 치료할 때 또는 상처 입는 것을 방해할hinder injuries 때에도 마녀들이 악마의 힘을 빌려 마법을 부릴 수 있다는 것은 의심할 여지 없는 사실이다. 따라서 달아 오른 쇠로 시험을 당할 때에도 마녀들은 얼마든지 상처 입는 것을 막을 수 있다. 또한 자연과학자들의 설명에 따르면 화상을 막을 수 있는 약초도 있다고 하는데 악마가 그 약초에 대해 모를 리 없을 것이다. 다시 말해서 악마는 치료 효과가 있는 즙을 이용하거나, 달아 오른 쇠와 그것을 운반하는 사람의 손 사이에 어떤 물체를 끼워 넣음으로써 마녀를 화상으로부터 보호할 수 있다는 말이다. 그리고 피고들 자신이 이러한 시험을 요구한다는 사실은, 그들이 마녀들이라는 것을 의심케 하는 결정적인 근거가 아닐 수 없다. 예를 하나 들어 보자. 약 3년 전, 콘스턴스 교구의 퓌르스텐베르크 백작 영지에 한 마녀가 살았는데 그 평판이 어찌나 안 좋았던지 주민들 모두가 마녀를 미워했다. 결국 마녀는 백작 집 하인들에게 체포되었다. 그리고 며칠 후, 증인 진술을 통해 수많은 증거들이 쏟아져 나왔고 곧바로 마녀에 대한 고문이 시작되었다. 그런데 고문이 시작되자마자 이 마녀가 불에 달군 쇠로 시험해 줄 것을 요구했다. 이런 일에 경험이 없었던 젊은 백작은 마녀의 요구를 들어주고 말았다. 마녀에게는 뻘겋게 달아 오른 쇠를 세 걸음만큼 옮겨 놓으라는 지시가 내려졌다. 하지만 마녀는 그 뜨거운 쇠를 여섯 걸음만큼이나 옮겨 놓았고 또 그것으로도 모자라 더 멀리 옮기게 해 줄 것을 요구했다. 마녀의 이러한 행위는 마법을 부린 사실을 입증하는 확실한 증거가 될 수 있었다. 왜냐하면 그 어떠한 성인聖人도 감히 그런 식으로 신의 도움을 시험할tempt the assistance of God 생각을 하지 못했기 때문이다. 하지만 이 모든 일이 있었음에도 불구하고 마녀는 자유의 몸이 되어 지금 이 순간에도 마음 편히 살고 있다.

질문 18
최종 판결이란 어떤 것이며, 어떤 식으로 내려지는가?

　지금부터 우리는 세속 재판관이 내릴 수 있는 판결 그리고 원할 경우 교회 재판관이 참여하지 않아도 되는 판결에 대해 살펴볼 것이다. 마녀들의 마법 이단이 '순수하게 종교적인 범죄'가 아닌 만큼 세속 법정 또한 이런 사건을 다룰 수 있고 또 판결을 내릴 수도 있다(《ut induisitionis,§ prohibemus, de haeret, lib Ⅵ》을 참고하라).

　최종 판결과 관련해서는 다음과 같이 말해야 한다. "아우구스티누스의 견해에 따르면, 자신의 죄를 인정하지 않는 자에게는 판결을 내릴 수 없다. 자백에는 자발적으로 하는 자백과 '증언의 압력에 못 이겨' 하는 자백이 있다. 그리고 판결의 종류는 세 가지인데 잠정 판결, 최종 판결 그리고 지시 판결instructional sentence이 그것이다(《Summary Gloss》를 참고하라). 라이문드의 설명에 따르면, 중간 판결interlocutory sentence이란 주요 기소 항목에 관한 판결이 아니라 소송 과정에서 발생하는 부차적 문제들에 관한 판결을 말한다(가령 '증인을 퇴장시킬 것이냐 말 것이냐'라든지 '연기 신청을 받아들일 것이냐 말 것이냐' 같은 부차적인 문제들에 관한 판결이 그것이다). 최종 판결이란 주요 기소 항목에 관한 판결을 말하며 지시 판결이란 상급자가 하급자에게 지시하는 판결을 말한다(가령 기결수를 어떤 식으로 대해야 하는 지에 대한 지시).

잘못 작성된 판결문은 효력이 없는 것으로 간주된다(《II, du 6, i dnando, § diffinitiva》를 참고하라). 모든 판결은 적당한 때, 적당한 장소에서 이루어 져야 한다. 특히 야간이 아닌 주간에 이루어져야 한다(《III du, 3 induciae, § spacium》을 참고하라). 서면 형태로 작성되지 않은 구두 판결 또한 서면 형 태의 판결과 동일한 효력을 갖는다. 담당 판사가 주교일 경우 판결문 낭 독을 대리인에게 위임할 수 있다. 끝으로 마법 이단 사건에 대한 형 집행 이 연기되는 경우는 다음과 같다. 첫째, 기결수가 임신을 한 경우(출산 이 후로 집행이 연기된다). 둘째, 자신의 죄를 인정한 기결수가 또다시 죄를 부 인할 경우.

질문 19
판결을 가능케 하는 혐의에는 어떤 것들이 있는가?

'마녀 이단'과 관련하여 법이 규정하고 있는 혐의의 종류는 모두 세 가지이다. 첫째, 가벼운 혐의. 둘째, 강한 혐의. 셋째, 아주 강한 혐의. 가벼운 혐의는, 죄를 범한 사실이 있을 것이라는 일반적인 추측과 가벼운 증거로부터 생겨난다. 이런 혐의를 불러일으키는 사람은, 비밀 종교 집회에 참석하는 사람과, 신앙인이 하는 행위와는 다른 행위를 하고 신앙인이 지닌 습관과는 다른 습관을 지닌 사람이다(《ExcommunicamusI, extra de haeret》를 참고하라).

강한 혐의는, 어떤 사람이 이단자라는 사실을 알면서도 그를 숨겨 주고, 그에게 동조하고, 그를 찾아가고, 그에게 선물을 주고, 그를 지켜 주는 사람이 불러일으키는 혐의를 말한다. 또한 비정상적인 애정unusual love이나 증오심을 불러일으키는 남자와 여자도 이러한 혐의를 받게 된다

(《accusatus, §illo vera》를 참고하라).

아주 강한 혐의는, 유죄를 확신할 수 있을 정도의 명백한 증거와 확실한 증인 진술에 근거를 둔 혐의를 말한다. 이런 혐의를 불러일으키는 사람은, '마법 의식'으로 간주되는 행위를 하는 사람 그리고 마녀들이 하는 '위협의 말'을 입에 올리는 사람이다(위협을 받은 사람은 곧바로 병에 걸린다).

신의 묵인을 얻은 악마는 마녀의 협조 없이도 얼마든지 사람과 가축에게 병을 일으킬 수 있다. 하지만 신에게 헌신하던 피조물a creature dedicated to God이 신앙을 포기하고 끔찍한 범죄에 관여할 때 신이 더욱 너그럽게 묵인한다는 것을 아는 악마는 '마녀를 통해 자신의 목적을 이루는 것'에 더 큰 매력을 느낄 수밖에 없을 것이다. 가벼운 혐의를 불러일으키는 피고에게는 캐논이 정한 방식에 따른 정죄canonical purgation나 이단 포기 선서를 요구해야 한다(《ExcommunicamusI & accisatus》를 참고하라). 이단 포기 선서를 거부하는 자에게는 파문 선고를 내려야 한다. 그리고 선고가 내려진 날로부터 1년이 경과하면 그는 명백한 이단자로 간주된다.

아주 강한 '이단 혐의'를 불러일으키는 자는 이단자로서 유죄 판결을 받아야 한다(《 Excommumcamus I, extra de haeret, § cum contumacia; ut officium, lib. VI》을 참고하라). 만약 그들 중에 자신의 그릇된 생각delusion을 포기하는 자가 있다면 그에게는 회개할 기회를 주어야 한다. 하지만 그 반대의 경우라면 세속 법정에 회부하여 화형에 처해지도록 해야 한다. 또한 범죄 사실이 입증되었음에도 불구하고 끝까지 자백을 거부하는 피고가 있다면 그는 회개하지 않은 이단자로 간주되어 응분의 대가를 치르게 될 것이다.

질문 20
첫 번째 판결 방법은 무엇인가?

　사건 심리 과정에서 피고의 무죄가 입증될 경우 다음과 같은 무죄 선고가 내려진다.

　"아무개 주교(또는 아무개 판사)는, 모 교구에 거주하는 피고 아무개가 마녀 이단의 죄를 범하였다는 기소 내용을 인정하여 사건 심리에 착수하였다. 심리를 위해 증인 및 피고에 대한 심문을 진행하였으며 교령이 요구하는 모든 조치를 취하였다. 이후 관련 자료를 면밀히 검토하고 관계자들의 의견을 청취한 결과 본 재판부는 다음과 같은 결정을 내리게 되었다. 우리가 보고 들은 모든 것 그리고 우리가 전해 들은 모든 정황을 고려했을 때 피고의 이단 혐의 또는 마법 혐의는 인정되지 않는다. 따라서 본 재판부는 피고에 대한 심리와 소송을 즉각 중단하고 피고를 석방할 것을 선고하는 바이다."

한 가지 주의할 점은, 그 어떤 판결문에서도 '피고는 죄가 없다'는 말을 사용해서는 안 된다(그 대신 '심리 결과 범죄 사실이 드러나지 않았다'라는 문구를 사용해야 한다). 왜냐하면 피고가 다시 한번 법정에 섰을 때 피고의 죄를 입증할 수 있는 증거가 제시되면 이전의 선고 내용과 관계없이 유죄 선고가 내려질 수도 있기 때문이다.

질문 21
두 번째 판결 방법은 무엇인가? 특히 평판이
나쁜 피고에게는 어떤 판결을 내려야 하는가?

두 번째 판결 방법은 평판이 나쁜 피고들에게 적용되는 방법이다. 평판이 나쁜 피고는 주로 여자들로서, 자기 자신의 자백이나 증인 진술을 통해 그 죄가 폭로되지는 않았지만 자신에 대한 나쁜 평판 때문에 혐의를 받는 여자들이다. 따라서 이 경우는 마법을 행한 사실을 입증할 수 없을 뿐만 아니라 강한 혐의(또는 아주 강한 혐의)도 제기되지 않는 경우가 되겠다. 하지만 그렇다고 해서 앞 질문(질문 20)에서 언급한 무죄 선고가 내려질 수 있는 것도 아니다. 이런 피고에게는 캐논이 규정하는 정죄를 선고해야 한다. 이때 판사가 염두에 두어야 할 것은, 이단 재판에서 '선하고 존경받을 만한 사람들 사이에서 도는 나쁜 평판'을 이용하는 것은 아무 의미가 없다는 사실이다. 그보다는 오히려 평범하고 신분이 낮은 사람들 사이에서 무언가 나쁜 소문이 돌고 있지 않은지 그 여부를 조사해야 한다. 왜냐하면 대부분의 경우 피고에 대한 나쁜 소문은 피고를 고발하는 사람들 사이에서 퍼지기 때문이다. 하지만 또 한 가지 분명한 사실은, 남녀노소 누구든 이단자를 고발할 수 있다는 사실이다(재판부가 받아들이지 않는 것은 오직 '불구대천의 원수들'이 하는 진술뿐이다).

정죄를 선고하는 주교(또는 판사)는 다음과 같이 밝혀야 한다.

"피고의 경우 마법의 죄가 입증된 것도 아니고, 가벼운 이단 혐의를 받는 것도 아니다. 하지만 선한 사람들과 악한 사람들 사이에서 나쁜 평판을 얻고 있는 만큼 피고는 캐논이 규정하는 정죄 의식을 치름으로써 신앙인들 사이에서 좋은 평판을 얻을 수 있도록 해야 할 것이다."

정죄 의식은 모월 모일 모시에 치러지는데 이때 피고는 자신과 같은 신분에 속하는 사람들이 지켜보는 가운데 정죄 의식을 치르게 된다. 그리고 정죄 의식을 치를 때, 피고를 잘 아는 가톨릭 신앙인들이 면책 선서자compurgator 역할을 하게 된다. 만약 피고가 정죄 의식이 요구하는 것들을 제대로 이행하지 않을 경우 이단의 죄가 드러난 것으로 간주하여 피고에게 파문 선고를 내린다. 그리고 1년이 넘도록 파문 상태에서 벗어나지 못하는 사람은 이단자로서 형을 선고받는다(《Excommunicamus itague, §dui autem》을 참고하라).

정죄 의식이 시작되면 피고는 자신 앞에 놓인 복음서에 손을 얹고 이렇게 말한다.

"이 네 권의 거룩한 복음서를 걸고 맹세하건대 나는 한번도 이단을 따른 적이 없고 다른 사람에게 이단을 권한 적도 없다."

그 다음, 면책 선서자 전원이 복음서에 손을 얹고 다음과 같이 말한다.

"거룩한 복음서를 걸고 맹세하건대 정죄자의 말이 진실임을 인정한다."

그리고 정죄 의식을 치르는 장소로는 '주민들 모두가 피고를 알고 있는 지역'이 선정되어야 한다. 만약 그런 지역이 여러 곳이라면 피고는 일일이 그 지역을 찾아가 공개적으로 가톨릭 신앙을 고백하고 소문의 근원인 마녀 이단을 저주해야 한다(《de purg. can., inter sollicitu dines》를 참고하라).

정죄 의식을 치른 후 또다시 이단에 빠지는 사람은 세속 법정에 회부되어 화형에 처해진다(《Excommunicamus I, § adiicimus i vel si est post purgationem; ad abolendam, § illos ddnadne》를 참고하라). 그리고 정죄 의식을 치른 후 '또 다른 이단'에 빠지는 사람은 처음부터 다시 조사를 받는다.

질문 22
세 번째 판결 방법은 무엇인가?
특히 평판이 나쁜 사람 그리고 고문을 받아야 할
사람에게는 어떤 판결을 내려야 하는가?

피고가 자백을 거부하거나 증인 진술에 증거 능력이 부족할 때 또는 증거에 설득력이 없을 때 피고의 죄가 드러나지 않을 수도 있다. 이럴 경우 피고에게 이단 포기 선서를 요구할 수는 없을 것이다. 하지만 피고의 진술이 앞뒤가 맞지 않거나, 또 다른 증거가 있을 것으로 판단될 경우 피고에 대한 고문을 실시할 수 있다. 단, 피고에게 판결을 내릴 때 형 집행이 즉시 이루어진다는 사실을 분명히 밝혀 두어야 한다(이 판결문은 피고가 있는 자리에서 낭독되어야 한다). 하지만 피고에 대한 고문은 다른 방법들이 실패로 끝나는 경우에만 실시해야 한다. 따라서 판사는 피고의 친구들에게 '자백 권유'를 요청하는 등 다양한 방법을 적용해야 한다. 끊임없는 반성과 견디기 힘든 수감 생활 그리고 존경할 만한 사람들의 설득이 피고를 회개하게 만들 수도 있다. 만약 이 모든 시도가 수포로 돌아간다면 제한적인 고문, 즉 피를 보지 않는 고문을 실시해야 한다. 하지만 고문을 실시한다고 해서 반드시 자백을 받아 낼 수 있는 것은 아니다. 의지가 약한 사람은 쉽게 혐의를 인정한다(심지어 거짓된 혐의를 인정하는 경우도 있다). 반면, 의지가 강한 사람은 아무리 심한 고문을 받더라도 자신의 죄를 인정하지 않는다. 그리고 이미 여러 차례 고문을 받은 사람은 그 누구보다 고문을 잘 견디는데 이것은 고문대에서 몸이 들어올려질 때 팔을 쭉 뽑았다가 다시 굽히기 때문에 가능한 것이다. 또한 마법의 힘을 빌려 끝까지 자백을 거부하는 사람도 있는데 오죽했으면 자백을 하느니 차라리 죽음을 택하겠다고 말하겠는가? 형리가 고문 기구를 준비하는 동안 주교(또는 판사)는 계속해서 피고를 설득하는데 바로 이때 '목숨을 살려 주겠다'는 약속을 해야 한다. 고문이 다 끝날 때까지 자백을 거부할 경우 판사는 둘째 날, 셋째 날까지 고문이 이어질 수 있도록 해야 한다. 만약 둘째 날, 셋째 날까지도 자백을 거부한다면 그 피고는 풀어 줄 수밖에 없다. 하지만 죄를 인정하고 교회의 용서를 구한다면 그 피고는 '혐의가 입증된 이단자'로 간주하여 세속 법정에 회부해야 한다.

질문 23
네 번째 판결 방법은 무엇인가? 가벼운 혐의를 받는 피고에게는 어떤 판결을 내려야 하는가?

네 번째 판결 방법은 '가벼운 이단 혐의'를 받는 사람에게 적용되는 방법으로서 피고의 자백, 물증, 증인 진술 그리고 그 밖의 다른 명백한 증거는 없지만 증인들이 제시하는 가벼운 간접적light and indirect 증거가 존재하는 경우에 적용되는 방법이다. 물론 이 경우에 자신에 대한 고발 내용을 인정하려는 피고는 없을 것이다. 만약 피고가 '명백한 이단 혐의'를 받는 경우라면 그는 공개적으로 이단 포기 선언을 해야 한다.

공개적 이단 포기 선언의 내용은 다음과 같다.

"모 교구 모 도시에 거주하는 아무개는 법정에 출두하여 모 도시의 주교가 지켜보는 가운데 거룩한 복음서를 앞에 놓고 맹세하노라. 나는 신성 로마 교회가 믿고 따르는 거룩한 가톨릭 신앙과 사도 신앙Apostolic

Faith을 믿는 사람으로서 앞으로도 그 믿음을 간직할 것을 맹세하노라. 나는, 주 예수 그리스도와 모든 성인들이 가증스러운 '마녀 이단'을 멸시하고 있다는 것 그리고 마녀 이단을 신봉하는 자들이 회개를 통해 거룩한 교회에 순종하지 않을 경우 그들 모두가 악마와 함께 영원한 불의 고통을 겪게 된다는 것을 믿어 의심치 않는다. 비록 여기 있는 주교와 판사가 나를 의심하여, 내가 마녀들과 교제함과 동시에 그들의 거짓된 교리를 옹호하였다고 비난하고 또한 종교 재판관과 '마녀 박해자들'을 증오함과 동시에 마녀들의 죄상을 폭로하지 않았다고 비난하지만 이제 내가 마녀 이단을 포기할 것을 맹세하노라. 나는 단 한 번도 마녀 이단을 믿은 적이 없고 지금도 믿지 않으며 앞으로도 믿지 않을 것임을 굳게 다짐하노라. 나는 단 한 번도 마녀 이단을 전도한 적이 없고 앞으로도 전도하지 않을 것이다. 만약 위에서 맹세한 것들 중 어느 하나라도 어긴다면 나는 '이단을 포기한 후 다시 한번 이단에 빠지는 사람들'에게 주어지는 형벌을 기꺼이 받을 것이다. 또한 내가 한 말과 행동에 대한 대가로 어떠한 고행도 달게 받을 것이며 있는 힘을 다해 회개할 것이다. 주 하느님과 거룩한 복음서가 이를 증거할 것이다."

이단 포기 선언은 해당 지역의 언어로 해야 한다. 그래야 지역 주민들 모두가 알아들을 수 있기 때문이다. 포기 선언이 있은 후 판사는 다음과 같은 말을 피고에게 할 수 있다. "내 아들(또는 내 딸)은 들어라. 너에게 쏟아지는 혐의를 맹세코 부인하고 정죄를 하였으니 앞으로는 이단에 빠지지 않도록 조심하여라. 비록 회개를 하여 세속 법정에 회부되는 일은 없겠지만(즉 화형에 처해지는 일은 없겠지만) 그럼에도 불구하고 너는 이단을 부인하였으니 그렇지 않은 경우보다 더 무거운 형벌을 받게 될 것이다.

그리고 다시 한번 이단에 빠진다면 너는 더 이상 가벼운 혐의가 아닌 강한 혐의를 받게 될 것이다. 만약 두 번째 이단 포기 선언 후 또다시 혐의를 받는다면 너는 인정 사정 볼 것 없이 세속 법정에 회부되어 최후의 형벌을 받게 될 것이다."

만약 비공개적으로, 즉 사람들이 지켜보지 않는 곳에서 포기 선서를 할 경우 판결 내용도 조금 달라질 것이다(가령 주교나 판사의 사무실에서 선서를 할 수도 있다).

그리고 공증인이 기록해야 할 내용은 다음과 같다.

"아무개 피고가 이단 포기 선서를 하였다. 그에게는 강한 이단 혐의가 아닌 가벼운 이단 혐의만 있을 뿐이다."

만약 이렇게 하지 않는다면 피고는 더 큰 위험에 직면할지도 모른다.

질문 24
다섯 번째 판결 방법은 무엇인가?
강한 혐의를 받는 피고에게는 어떤 판결을 내려야 하는가?

다섯 번째 판결 방법은, 심리 결과 강한 이단 혐의가 있는 것으로 간주되는 피고들에게 적용되는 방법이다. 즉 피고의 이단적 사행邪行을 폭로하는 진술이 있음에도 불구하고 법적 효력이 있는 증거들, 즉 피고의 자백, 물증 그리고 증인 진술에 의해 그 혐의가 입증될 수 없는 경우 하지만 의혹을 불러일으키는 '유력한 간접 증거들'이 있는 경우에 적용되는 방법이다. 이런 경우에는 다음과 같이 판결해야 한다. 피고는 자신의 이단적 사행을 포기해야 한다. 만약 다시 한번 이단적 사행에 빠진다면 그에 상응하는 형벌, 즉 세속 법정이 내리는 최후의 형벌을 받게 된다(《accusatus, de haeret., lib. VI.》를 참고하라). 피고는, 공개적으로 혐의를 받느냐 아니면 비공개적으로 혐의를 받느냐, 많은 사람들로부터 혐의를 받느냐 아니면 소수의 사람들로부터 혐의를 받느냐 그리고 존경할 만한 사람들로부터 혐의를 받느냐 아니면 신분이 낮은 사람들로부터 혐의를 받고 있느냐에 따라 공개적으로 이단 포기 선서를 해야 할 수도 있고, 비공개적으로 해야 할 수도 있다. 이단 포기 선서를 하는 날, 즉 일요일이 되면 제일 먼저 목회자가 이단 포기 선서와 관련된 설교를 해야 한다. 그리고 설교가 끝난 다음 공증인은 다음의 내용을 낭독해야 한다. 첫째, 피고의 구체적인 범죄 사실. 둘째, '피고에 대한 강한 혐의'를 불러일으키는 것들. 그런 다음 판사가 '이단 포기 선서로 그 혐의를 풀 것'을 피고에게 권하면 피고는 자신 앞에 놓인 복음서 위에 손을 얹고 포기 선서를 시작한다. 이때 피고는 원고를 보고 낭독해도 되고 아니면 공증인이 읽어 주는 것을 따라해도 된다(선서 내용은 앞 질문들 중 하나에서 예로 든 것과 유사하다). 만약 피고가 마법 이단의 혐의를 받는 경우라면 다음과 같은 내용이 추가되어야 한다.

"나는 평범한 이단자들이나 종파 분리론자schismatic들뿐만 아니라 마녀 이단에 물든 사람들 또한 영원한 불의 고통을 겪게 된다는 것을 믿어 의심치 않는다. 왜냐하면 마녀 이단에 물든 사람들은, 신성한 세례를 통해 받아들인 가톨릭 신앙을 포기하였고 사악하고 천박한 욕망을 충족시키는 일에 급급하였으며 사람과 가축, 들판의 농작물에 크나큰 해를 입혔기 때문이다. 나는 마녀 이단을 부정한다. 아니 더 정확하게 말해서 '세상에 마녀라는 것은 존재하지 않는다. 따라서 마녀가 악마의 힘을 빌려 해를 입힌다는 것은 얼토당토아니한 말이다'라며 거짓된 주장을 펼치는 불신앙unbelief을 부정한다. 나는 알고 있다. 그와 같은 불신앙이 거룩한 성모 교회Holy Mother Church의 가르침과 가톨릭 학자들의 가르침 그리고 '마녀는 화형으로 벌해야 한다'라고 선언한 제국의 법을 부정한다는 것을. 맹세코 말하건대, 나는 단 한 번도 마녀 이단을 믿은 적이 없고 지금도 믿지 않는다. 나는 마녀 이단의 옹호자가 아니며 앞으로도 그런 사람이 되지 않을 것이다. 나는 단 한 번도 마녀 이단을 전도한 적이 없고 앞으로도 전도하지 않을 것이다."

이단 포기 선서를 할 때에는 해당 지역의 언어를 사용해야 한다. 그래야 모든 사람이 알아들을 수 있기 때문이다. 만약 성직자들만 참석하는 경우라면 라틴어로 선서를 해도 무방하다. 그리고 법정이나 주교 관저에서 이루어지는 비공개 포기 선서일 경우 다음과 같은 절차를 따라야 한다. 이단 포기 선서가 끝난 후 판사는 또다시 이단 혐의를 받는 일이 없도록 하라고 단단히 일러 주어야 한다. 그리고 만약 그렇게 될 경우 어떤 결과가 초래될지에 대해서도 알려 주어야 한다. 그런 다음 판결문을 읽는다(판결문 내용은 위에서 예로 든 판결문 내용과 거의 차이가 없다).

마녀 이단의 혐의만 있고 구체적인 범죄 사실이 드러나지 않은 경우 무기 금고형을 선고해서는 안 된다. 왜냐하면 무기 금고형은 회개한 이단자들에게만 선고할 수 있는 형벌이기 때문이다. 하지만 이런 경우에도 일정 기간의 금고형을 선고하는 것은 가능하다(《commissi, de haeret, lib. Vl》를 참고하라). 또한 혐의만 있는 피고가 참회의 십자가penitential cross를 부착하고 다니는 것도 허용되지 않는다. 왜냐하면 의복에 부착하는 십자가는 회개한 이단자를 상징하는 표식이기 때문이다. 혐의만 있는 사람은 이단자가 아니다. 따라서 그런 사람은 십자가를 달고 다녀서는 안 된다. 혐의가 입증되지 않은 피고는, 특정 축일에 밀랍으로 만든 초를 손에 들고 교회 현관 앞에 서 있게 할 수도 있고 또 순례길에 오르게 할 수도 있다.

질문 25
여섯 번째 판결 방법은 무엇인가? '아주 강한' 혐의를 받는 피고에게는 어떤 판결을 내려야 하는가?

여섯 번째 판결 방법은 심리 결과 아주 강한 이단 혐의가 있는 것으로 간주되는 피고들에게 적용된다. 즉 피고의 자백과 물증 그리고 증인들의 폭로 진술이 없어 구체적인 범죄 사실을 밝힐 수는 없지만 그 대신 '아주 강한' 혐의를 불러일으키는 매우 유력한 직접 증거들이 존재하는 경우 이런 혐의를 받는다.

그렇다면 평범한 이단의 경우와 마법 이단의 경우를 예로 들어 보자. 먼저 평범한 이단의 경우다. 만약 어떤 사람이 1년 이상 파문당한 상태로 살아간다면 그는 가벼운 '이단 혐의'를 불러일으킬 것이다(《de poenis, gravem》을 참고하라). 만약 법정에 출두하라는 명령을 무시한 채 끝까지 모습을 드러내지 않는 피고가 있다면 그런 피고는 교회로부터 파문당하는 것은 물론 '이단적 사행'의 혐의까지 받게 될 것이다. 만약에 그 피고가 1년 이상 파문당한 상태로 살아간다면 이는 곧 그를 '강한 혐의를 받는 자'로 간주할 수 있는 근거가 된다. 결국 그는 아무런 법적 보호도 받지 못한 채 이단자들에게 내려지는 형벌과 똑같은 형벌을 받게 된다.

피고가 아주 강한 혐의를 받는 경우는, 그가 '마녀들이 하는 말과 행동', 즉 누군가에게 마법을 걸어야 할 때 마녀들이 하는 말과 행동을 그대로 따라하는 경우이다. 대부분의 경우 마녀들은 위협의 말로 해를 입히거나 눈길 또는 접촉through sight or touch을 통해 해를 입히는데 결국에는 그 말과 행동이 마법 행위를 폭로하게 된다. 사실 이런 피고들은 이단자가 아닐 수도 있다(가령 이단적 교의를 따를 생각도 없고 또 이단적 강팍함 obstinacy도 지니지 않는 경우가 있을 수 있다). 하지만 그럼에도 불구하고 그들을 이단자로 간주할 수밖에 없는 이유는 아무런 법적 보호도 받을 수 없는, 아주 강한 혐의를 받고 있기 때문이다. 만약 이단 포기 선서를 거부하는 피고가 있다면 그런 피고는 세속 법정에 회부하여 상응하는 형벌을 받도록 해야 한다(《abolendam, § praesenti》를 참고하라). 하지만 그 반대의 경우, 즉 이단 포기 선서를 하는 경우라면 피고는 종신형을 선고받는다.

그런가 하면 아주 강한 이단 혐의를 불러일으키는 피고가 범죄 사실을 부인하면서 "내 입에서 나온 '위협의 말'은 해를 입히기 위한 것이 아니었다. 그것은 단지 말싸움을 하기 위한 것이었다"라고 주장하는 경우도 있다. 그러면 판사는 피고에 대한 소문이 어떤지를 조사하게 된다(이때 피고는 계속 수감 상태에 있게 된다). 만약 증인 진술을 통해 피고의 정체, 즉 피고가 마녀라는 사실이 드러날 경우 판사는 피고에 대한 고문을 실시할 수 있다. 그리고 고문을 진행하는 과정에서 마법 행위를 입증할 만한 증거가 나올 경우 판사는 앞에서 설명한 다양한 수법을 동원해 진실을 밝히게 된다.

이 모든 시도가 실패로 끝난다 해도 절대 피고를 풀어 주어서는 안 된다. 적어도 1년 동안 심문을 진행함으로써 감옥의 불결함filth of prison과 수감 생활의 고통을 뼈저리게 느끼도록 해야 한다. 만약 피고에 대한 나쁜 소문이 돌고, 범죄 사실을 폭로하는 증인의 수가 많을 경우 판사는 피고에 대해 화형을 선고할 수 있다. 하지만 사랑의 계율을 실천하고자 하는 판사는 '캐논이 규정하는 방식에 따른' 정죄를 선고할 수도 있다(정죄 의식에는 이삼십 명의 면책 선서자들이 참여해야 한다). 이때 판사는 "만약 정죄 의식이 요구하는 것들을 제대로 이행하지 않을 시에는 죄를 범한 것으로 간주하여 화형에 처할 것이다"라고 경고해야 한다. 만약 정죄 의식을 치른 후 또다시 이단에 빠지는 피고가 있다면 그런 피고에게는 종신형을 선고해야 한다.

이단 포기 선서가 있은 후 판사는 피고에게 내려진 파문 선고를 철회한 다음(《Excommunicamus I & II, de haeret., abolendam》을 참고하라) 다음과 같이 말해야 한다. "인간에 대한 모욕을 벌하면서 어찌 신에 대한 모욕을 벌하지 않겠는가? 신의 존엄에 대한 모욕은 인간에 대한 모욕과는 비교도 안 될 만큼 무거운 죄가 아니던가? 피고의 벌받지 않은 죄unpunished crime가 '다른 사람들이 그와 똑같은 죄를 범하는' 구실이 되지 않도록 하기 위해 그리고 앞으로는 피고가 좀 더 주의 깊게 행동하고 또 더 이상 이러한 죄악에 이끌리지 않도록 하기 위해 우리는 다음과 같이 선고하는 바이다. 첫째, 피고는 납빛 스카퓰래*를 걸치고 다녀야 한다(이

---

* 등과 가슴을 가리는 기다란 숄 모양의 걸치개를 말한다. 머리를 집어넣어 걸칠 수 있도록 구멍이 뚫려 있다.

때 수사들이 쓰는 모자는 쓰지 않는다). 그리고 스카퓰래의 앞과 뒤에는 황색 천으로 만든 십자가(그 길이가 손바닥 셋만하고 그 폭이 손바닥 둘만하다)를 부착해야 한다. 이 스카퓰래는 얼마 동안 계속 입고 다녀야 하고(1년 또는 2년 등 죄의 경중에 따라 정확한 기간을 명시해야 한다) 또 얼마 동안 그것을 입고 교회 문 앞에 서 있어야 한다. 둘째, 피고에게 무기 금고형(또는 일정 기간의 금고형)을 선고하는 바이다. 우리는 피고에 대한 형벌을 더 가볍게 하거나 더 무겁게 할 수 있다(또는 그 형벌을 완전히 면제하거나 부분적으로 면제할 수 있다).

이러한 선고는 내려짐과 동시에 집행된다.

질문 26
이단 혐의를 받는 피고, 평판이 나쁜 피고에게는
어떤 판결을 내려야 하는가?

　평판이 나쁘고 이단적 사행의 증거가 있는 경우 '두 번째 판결 방법'을 설명할 때 제시한 방법으로 혐의를 풀어야 한다. 그런 다음에 피고가 이단 포기 선서를 하는데 이때 '어떠한 형벌도 달게 받겠다'는 의사 표시를 해야 한다. 피고가 의사 표시를 하면 판사는 구체적인 범죄 사실을 일일이 열거한 다음 '피고에게 적용될 형벌'에 대해 설명한다.

　예를 들어 특정 일요일과 축일에, 미사가 열리는 교회 문 앞에 맨발로 서 있게 하는 형벌이 있다(이때 일정한 무게의 밀랍 조각을 들고 있어야 하고 나중에는 그것을 제단 위에 올려놓아야 한다). 그리고 정해진 날에 금식하게 하는 형벌이나 정해진 기간 동안 도시를 떠나지 못하게 하는 형벌 그리고 정해진 날에 주교(또는 판사)를 찾아가게 하는 형벌도 있다. 이와 같은 형벌들은 죄의 경중에 따라 차등 적용되며 선고와 동시에 집행된다. 또한 형벌을 받는 사람이 순종하느냐 순종하지 않느냐 또는 회개하느냐 회개하지 않느냐에 따라 그 형벌이 가벼워질 수도 있고, 변경되거나 취소될 수도 있다.

질문 27
자신의 죄를 인정하고 잘못을 바로잡으려는
피고에게는 어떤 판결을 내려야 하는가?

피고가 이단의 죄를 인정하고 자신의 죄를 뉘우칠 때 그리고 교회의 품으로 돌아오기를 원할 때 판사는 그 이전에 이단 포기 선서를 한 적이 없는지 그 여부를 조사한다. 만약 그런 일이 없는 것으로 밝혀질 경우 판사는 피고가 원하는 바를 들어줄 수 있다(이단 포기 선서의 내용은 위에서 언급한 선서의 내용과 유사하다). 판사가 피고에게 "여러 해 동안 마법에 탐닉한 사실이 있느냐?"라고 물으면 피고는 "네"하고 대답한다. 판사가 "그동안 네가 인정한 죄를 범한 사실이 있느냐?"라고 물으면 피고는 "네"라고 대답한다. 피고의 이단 포기 선서가 있은 후 곧바로 주교(또는 판사)의 선고가 이어지는데 이때 주교(또는 판사)는 "죽는 날까지 참회하는 이단자 penitent heretic의 옷을 입을 것이고 남은 여생을 감옥에서 보내게 될 것이다. 그리고 고통의 빵the bread of pain과 두려움의 물the water of fear만 먹게 될 것이다"라고 말해야 한다. 선고를 내린 다음 판사는 다음과 같이 덧붙인다.

"내 아들 아무개야(또는 내 딸 아무개야), 너는 다음과 같은 형벌을 받을 것이다. 첫째, 죽는 날까지 십자가와 함께 해야 한다(옷에 십자가를 달고 다녀야 한다). 둘째, 교회 미사가 있는 날 교회 입구 계단에 서 있어야 하고 나머지 시간은 감옥에서 보내야 한다. 하지만 너는 해 낼 수 있을 것이다. 인내심을 가지고 잘 견뎌 낸다면 반드시 자비를 얻을 것이다. 의심하지도 말고 절망하지도 말아라. 오직 간절히 바라는 것만이 살 길이다."

이 말이 끝남과 동시에 곧바로 형이 집행된다. 먼저 모든 사람이 볼 수 있는 위치, 즉 교회 입구 계단에 서 있어야 한다(이때 세속 법정 관계자들the staff of the secular court이 피고를 에워싼다). 그리고 식사 시간이 되면 감옥으로 돌아가서 식사를 한다.

질문 28
또다시 죄를 범한 후 그 죄를 인정하고 잘못을 뉘우치는
이단자에게는 어떤 판결을 내려야 하는가?

또다시 이단에 빠졌다고 자백하는 피고, 하지만 자신의 잘못을 뉘우치며 교회와 한 몸이 되기를 원하는 피고는 곧바로 세속 법정에 회부해야 한다. 이러한 형벌의 적용 대상은 '강한 이단 혐의'를 불러일으키는 피고들이다(가벼운 혐의를 불러일으키는 피고에게는 이러한 형벌이 적용되지 않는다). 강한 혐의를 불러일으키는 '참회하는 죄인들'에게는 신뢰할 수 있는 사람 두세 명을 보낸다(피고를 잘 알고, 피고가 호의적으로 대하는 사람들이어야 한다). 그들은 적당한 때를 골라 피고를 찾아가야 하고 피고를 만난 다음에는 세상에 대한 경멸contempt for this world, 세속적 삶의 불행과 고통 그리고 천국의 기쁨과 영광에 대해 이야기해야 한다. 그런 다음 그들은 주교(또는 판사)의 이름으로 "육신의 죽음은 피할 수 없는 것이다"라고 말해야 하고 또한 "모든 죄를 인정하고 성체 성사를 받아라. 그러면 너의 영혼이 구원받을 것이다"라고 말해야 한다. 피고에게 진정한 회개를 권하고 피고를 교회의 품으로 돌아오게 하는 것이 그들에게 맡겨진 임무다. 그리고 이삼 일 후, 주교(또는 판사)는 지방 행정관the bailiff of the place이나 세속 법정의 최고 책임자the chief magistrate에게 "모처 또는 모 광장으로 와서 '또다시 이단에 빠진 죄인'을 데려가시오"라고 통보해야 한다. 죄인을 넘겨주는 날 또는 그 하루 전날 아침에는 도시 주민들을 모아 놓고 "모일 모시 모처에서 목회자의 설교가 있을 것이다. 그리고 주교와 판사들은 '또다시 이단에 빠진 죄인'에게 형을 선고한 후 그를 세속 법정에 넘겨줄 것이다"라고 공표해야 한다.

만약 성직에 종사하는 자가 유죄 판결을 받는다면 세속 법정에 인도하기 전에 성직을 박탈해야 한다. 즉 '성직 박탈 의식'을 치러야 한다는 말이다(《 ad abolendat § praesenti, de haeret》을 참고하라). 이때 주교는 교회가 정한 문구, 즉 성직을 박탈할 때 사용하는 문구를 소리 내어 읽은 다음 이단자가 입은 제의祭衣와 영대領帶*를 벗겨야 한다.

성직 박탈 의식이 끝난 후 곧바로 판결문이 낭독되는데 이때 판사는 피고가 자백한 사실, 피고가 자신의 망상delusion을 포기한 사실 그리고 피고가 또다시 이단에 빠진 사실을 지적한다. 그리고 "또다시 죄를 범한 피고를 다시 한번 교회의 품으로 받아들였다"라고 밝힌 다음 판사는 다음과 같은 판결을 내린다.

"또다시 이단에 빠진 죄인을 세속 법정의 처분에 맡기기로 결정하였다. 하지만 우리는 피 흘리는 일을 막고 피고의 생명이 위태로워지는 것

---

* 성직자가 성사를 집행할 때 목에 걸쳐서 무릎까지 늘어뜨리는 좁고 긴 헝겊 띠.

을 막기 위해, 판결 수위를 낮춰 줄 것을 세속 법정에 요청할 것이다."

이렇게 해서 주교와 배석 판사들assessors이 뒤로 물러나고 세속 법정이 임무 수행에 나서게 된다.

여기서 한 가지 지적해 두어야 할 것이 있다. 주교와 종교 재판관이 또다시 이단에 빠진 사람을 회개하게 만들고 또 가톨릭 신앙을 고백하게 만들기 위해 최선을 다해야 하는 것은 맞다. 하지만 그 목적을 달성한 다음에는, 그리고 법정 위원회the panel of the court가 "피고가 비록 회개하였다고는 하나 또다시 이단에 빠지는 죄를 범하였으므로 세속 법정에 인도할 수밖에 없다"라고 결정한 다음에는 절대 피고에게 어떤 형벌이 기다리고 있는지 말해 주어서는 안 된다. 왜냐하면 판사의 말을 듣는 순간 피고는 인내심을 가지려 하기보다는 오히려 회개를 거부하려 들 것이기 때문이다. 그러므로 주교와 종교 재판관은 피고가 악의를 품지 못하도록, 선고를 내리기 전이든 내린 후이든 피고와 구두 접촉을 해서는 안 된다. 이런 경우에는 차라리 위에서 언급한 사람들, 즉 피고가 호의적으로 대하는 '존경할 만한' 사람들을 보내 피고를 설득하게 해야 한다. 즉 사형을 눈 앞에 둔 피고를 '마음의 준비를 하고 믿음을 굳건히 하며 모든 것에 순종하도록' 설득해야 하는 것이다. 그들은 선고가 있은 후 곧바로 피고를 찾아가 그 마음을 위로한 다음 함께 기도를 올려야 한다. 그리고 피고가 자신의 영혼을 창조주에게 맡기는 순간까지 절대 그의 곁을 떠나서는 안 되고 또한 형이 집행되기 전까지 피고가 자신의 몸을 만지지 못하도록 각별한 주의를 기울여야 한다. 왜냐하면 만약 그런 일이 일어날 경우 모든 책임을 그들 자신이 져야 하고 또한 자신의 공功으로 되어야 할 일이 도리어 자신의 죄와 형벌로 될 수 있기 때문이다.

'또다시 이단에 빠진 사람'을 세속 법정에 인도하는 일은 축일이나 성스러운 날에 해서도 안 되고 또 교회에서 해서도 안 된다. 피고가 세속 법정에 인도된다는 것은 곧 죽음이 초래된다는 것을 의미한다. 어떻게 그런 일을 주 하느님께 바쳐진 교회에서 그것도 축일에 할 수 있단 말인가!

질문 29
자신의 죄는 인정하였지만 회개를 거부하는
이단자에게는 어떤 판결을 내려야 하는가?

열 번째 판결 방법은, 이단의 죄를 인정한 후 회개를 거부하는 피고, 하지만 '또 다른 이단의 죄'를 범한 적이 없는 피고에게 적용되는 방법이다. 하지만 이런 경우는 극히 드문 경우라고 할 수 있다. 그리고 이런 재판은 절대 서두를 필요가 없다. 적어도 수 개월 동안 피고에 대한 감시를 소홀히 해서는 안 되고 동시에 피고를 참된 길로 이끌려는 노력도 게을리 해서는 안 된다. 그럼에도 불구하고 온화하게 다루어도, 엄격하게 다루어도 그리고 위협이나 감언이설로 설득을 해도 회개를 거부한다면 주교와 판사들은, 피고를 세속 법정에 인도할 준비를 해야 한다. 그리고 지방 행정관이나 세속 법정의 최고 책임자에게 통지서를 보내 "모일 모시에 모처로 나와 회개하지 않은 이단자를 인도받도록 하시오"라고 알려 주어야 한다. 다음은 최종 판결의 결론 부분이다. "이 판결로써 우리는 회개하지 않은 이단자를 세속 법정의 처분에 맡기도록 하겠다. 하지만 피 흘리는 일을 막고 피고의 생명이 위태로워지는 것을 막기 위해 판결의 수위를 낮춰 줄 것을 세속 법정에 요청하는 바이다."

질문 30
'또다시 이단에 빠진 사실'을 인정한 후 회개를
거부하는 피고에게는 어떤 판결을 내려야 하는가?

열한 번째 판결 방법은, '또다시 이단에 빠진 사실'을 인정한 후 회개를 거부하는 피고에게 적용되는 방법이다. 이런 경우에는 주교와 판사가 지켜보는 가운데 다음과 같은 판결을 내려야 한다.

"너의 영혼이 구원받을 수 있도록 하기 위해 그리고 '영혼과 육신의 죽음'을 피할 수 있도록 하기 위해 우리는 많은 노력을 기울여 왔다. 하지만 너는 악령의 마수에서 벗어나지 못했고 결국 거짓된 교의를 버리고 성모 교회의 품으로 돌아오기보다는 지옥에서의 영원한 고통과 '현세에서의 화형의 고통'을 선택했다. 따라서 우리는 '또다시 이단에 빠진 사실'을 인정한 후 회개를 거부하는 너를 세속 법정의 처분에 맡길 것이다. 하지만 피 흘리는 일을 막고 피고의 생명이 위태로워지는

것을 막기 위해 판결의 수위를 낮춰 줄 것을 세속 법정에 요청하는 바
이다."

질문 31
죄가 입증되었음에도 불구하고 완강히 그 죄를 부인하는 피고에게는 어떤 판결을 내려야 하는가?

열두 번째 판결 방법은, 죄가 입증되었음에도 불구하고 완강히 그 죄를 부인하는 이단자들에게 적용되는 방법이다. 즉 피고의 이단적 사행이 합법적으로 입증될 때 이런 방법이 적용된다(가령 명백한 이단 행위나 합법적인 증인들legal witnesses에 의해 그 죄가 입증될 수 있다).

이런 경우에는 어떤 조치를 취할 수 있을까? 먼저 손과 발에 수갑과 족쇄를 채워 피고의 신체를 철저히 구속해야 하고 동시에 자백을 유도하기 위한 관리들의 노력, 즉 설득과 권유가 병행되어야 한다. 단, 피고를 설득할 때에는 "망상에 빠져 있었음을 인정하고 이단 포기 선서를 한다면 자비를 얻을 것이다. 하지만 만약 그렇게 하지 않는다면 사형을 면키 어려울 것이다"라고 말해 주어야 한다.

이와 같은 설득에도 불구하고 완강하게 자신의 죄를 부인할 경우, 주교와 관리들은 증인을 한 사람씩 불러 "심문 과정에서 진술한 내용이 모두 진실이었느냐?"라고 물은 다음 "만약 거짓을 말하였다면 그것은 곧 당신 자신을 영겁의 죄에 빠뜨렸다는 것 그리고 피고를 속세에서의 일시적인 파멸transient damnation on earth에 처하도록 운명지웠다는 것을 의미한다"라고 알려 주어야 한다.

만약 그 증인이 두려움 때문에 주저하는 경우라면 비밀을 보장하는 한이 있더라도 반드시 진실을 말하게 해야 한다(혹시 있을지 모를 '부당한 사형 선고'를 막기 위해서 반드시 그렇게 해야 한다).

피고가 자백을 거부하고 증인 진술이 번복되지 않는 상황이 지속된다고 해서 사건을 서둘러 종결시켜서는 안 되고 또한 피고를 세속 법정에 인도해서도 안 된다. 그보다는 피고를 감금한 상태에서 계속 설득해야 하고, 증인들에게도 스스로의 양심을 시험해 볼 것을 권해야 한다. 그리고 더 선한 마음을 가지고 더 떳떳한 양심을 가진 것으로 판단되는 증인에게는 특히 각별한 주의를 기울여야 한다(이때 주교와 판사는 증인 심문을 마친 다음 진술 내용의 진실성 여부를 확인해야 한다).

만약 증인의 진술에 일관성이 없거나 그의 진술을 거짓으로 간주할 만한 증거가 나올 경우 주교와 판사는 전문가들과 협의한 후 곧바로 그를 체포해야 하고 법에 따라 소송을 제기해야 한다.

하지만 경험을 통해 알 수 있는 것처럼, 피고를 제대로 설득하기만 한다면 그리고 세속 법정에 인도하지 않고 자비를 베풀겠노라고 약속하기만 한다면 제아무리 고집 센 피고라 해도 자신의 죄를 인정하고 진실을 털어놓을 것이다(물론 이 경우에도 신뢰할 만한 증인들의 폭로 진술이 요구된다).

그런가 하면 악의와 적개심에 사로잡힌 증인들이 자기들끼리 담합하여 무고한 사람에게 이단적 사행의 죄를 뒤집어씌우는 경우도 있고 또 주교와 관리들의 설득에 감화되어 양심의 가책을 느낀 증인들이 "악감정ill-will을 주체하지 못해 그만 거짓을 말하고 말았습니다"라고 솔직하게 털어놓는 경우도 있다. 그러므로 이러한 피고에 대해서는 판결을 서두를 필요가 없다. 차라리 1년이든 2년이든 기다렸다가 도저히 안 되겠다 싶을 때 세속 법정에 인도하는 편이 더 나을 것이다.

오랜 설득 끝에 자신의 죄를 인정하고 이단 포기 선서에 동의하는 피고와 자신에게 선고되는 형벌을 기꺼이 받아들이겠다고 말하는 피고는 '회개하는 이단자'로서 사람들이 지켜보는 가운데 이단 포기 선서를 해야 하고 또한 겸허한 마음으로 회개해야 한다.

하지만 마지막 순간까지 자신의 죄를 인정하지 않는 피고는 '회개하지 않는 이단자'로서 세속 법정에 인도되어야 한다(회개하지 않는 이단자들은 질문 29에서 설명한 방법에 따라 처리해야 한다).

피고가 자신의 죄를 부인하고 증인이 폭로 진술을 부인할 경우, 즉 개인적 복수심, 타인의 간절한 부탁, 뇌물 수수 등의 이유로 무고한 사람을 비방했다는 사실을 인정할 경우 거짓 증인false witnesses은 그에 상응하는 벌을 받는다. 거짓 증인에게는 최소한 종신형이 선고되어야 한다(죽는 날까지 빵과 물만 먹도록 해야 한다). 하지만 어느 정도 시간이 흐른 뒤에는 주교가 그 판결을 변경할 수 있다(형벌을 더 가볍게 하거나 더 무겁게 할 수 있다).

증인의 폭로 진술이 있는데도 완강하게 죄를 부인하는 피고는 세속 법정에 인도되어야 한다.

먼저 청렴한 사람들upright men, 즉 피고에게 반감을 불러일으키지 않고 오히려 피고의 호의적 태도를 이끌어낼 수 있는 독실한 신자들을 피고에게 보내야 한다. 그리고 피고와 마주한 신자들은 다음과 같이 말해야 한다.

"세속 법정에 인도되는 순간 모든 것이 끝장나고 말 것이다. 지방 행정관과 세속 법정 최고 책임자에게 '모일 모시 모처에서 죄인이 인도될 것이다'라는 내용의 통지서가 전달되었다. 당신이 세속 법정에 인도되는 날 온 도시 주민들이 모여 설교를 들을 것이다. 그리고 설교가 끝난 다음 주교와 판사가 최종 판결을 내리게 되면 당신은 세속 법정의 손에 넘어가게 된다. 이때 당신은 누구나 볼 수 있도록 높은 단 위에 올라가야 하고 그 위에서 당신의 죄목이 일일이 열거되는 것을 당신의 두 귀로 들어야 한다."

주교와 판사는 청렴하고 독실한 신자들에게 명하여 형이 집행되기 전까지 피고와 함께 있도록 할 수 있다. 그들의 임무는 '마지막 순간까지 피고를 회개하게 만드는 것'이고 '이단 포기 의사를 밝히게 하는 것'이다. 물론 이런 식으로 이단 포기 의사를 밝히는 것은 진리에 대한 사랑love of the truth때문이기보다는 죽음에 대한 공포 때문일 가능성이 크다. 하지만 개인적으로 나는 '자비를 베풀어 피고를 회개한 이단자로 간주해야 하고 또 종신형에 처해야 한다'고 본다. 반면, 법을 엄격하게 적용해야 하는 교회 재판관의 입장에서는 그와 같은 회개가 크게 신뢰할 만한 것으로 여겨지지 않을 것이다.

질문 32
이단의 죄가 입증된 후 종적을 감춘 피고에게는
어떤 판결을 내려야 하는가?

열세 번째 판결 방법은, 심리 결과 그 이단적 사행이 입증되었지만 도주 후 잠적하거나 법정 출두를 완강하게 거부하는 피고에게 적용되는 방법이다. 가능한 경우 세 가지를 살펴보자.

첫째, 피고의 자백 또는 범죄의 흔적evidence of the crime 또는 증인들의 폭로 진술에 의해 피고의 죄가 입증되었지만 도주 후 잠적하거나 법정 출두를 거부하는 경우.

둘째, '가벼운 혐의'를 받는 피고가 법정 출두를 거부함으로써 교회로부터 파문당하는 경우와 파문당한 후 회개를 거부하는 경우.

셋째, 누군가가 주교 및 판사의 사건 심리(또는 판결)를 방해하거나, 그러한 방해자에게 조언 및 도움을 제공하는 경우(회개를 거부한 채 1년 이상 파문당한 상태로 살아갈 경우 그는 이단자로서 형을 선고받아야 한다).

첫 번째 경우의 죄인은 회개하지 않은 이단자로서 그에 상응하는 형벌을 선고받아야 한다(《ad abolendam, § praesenti》를 참고하라). 그리고 두 번째 경우와 세 번째 경우의 죄인은 회개하는 이단자로서 그에 상응하는 형벌을 선고받아야 한다(《 cum contumacia 및 ut inquisitionis, § prohibemus, de haeret., lib VI》를 참고하라).

이러한 이단자들에 대해서는 다음과 같은 조치를 취해야 한다. 소환에 불응한 사실을 확인한 다음 다시 한번 피고를 소환해야 한다. 이때 범행이 일어난 교구의 주교좌 교회와 피고가 거주하는 지역의 여러 교회들에 피고가 재소환되었다는 사실을 알려야 한다.

다음은 소환장에 명기되어야 할 내용이다.

"피고 아무개는 저주받은 마법 이단에 빠져 어디어디에서 마법 행위를 자행하였으며 이후 합법적인 증인들에 의해 그 이단적 사행이 입증되었거나, 피고 자신이 그 죄를 인정하였다. 우리는 피고 아무개에 대한 사건 심리에 들어갔고 피고는 체포되었다. 하지만 피고는 구원의 치료약the medicine for Salvation을 거부하고 도주하였다. 이에 더 솔직한 답변을 듣기 위해 피고를 소환했지만 악령의 지배를 받는 피고는 소환에 불응했다."

또는 다음과 같이 명기할 수도 있다.

"이단자로 지목된 피고 아무개는 증인들의 진술을 통해 '가벼운 혐의를 불러일으키는 자'로 간주되었다. 이에 우리는 피고가 직접 출두하여 자신의 신앙을 밝힐 수 있도록 피고를 소환하였다. 하지만 피고는 출두를 거부하였고 이에 우리는 피고에 대해 파문 선고를 내린 후 그 사실을 모든 사람에게 알렸다. 피고는 어디어디에 숨어 1년 이상을 파문당한 상태로 살았다. 어디서 무엇을 하며 살았는지 알 수 없지만 우리는 피고가 거룩한 신앙의 품으로 다시 돌아오기를 학수고대하였다. 하지만 사악한 의도를 품은 피고는 우리의 바람을 외면하고 말았다. 정의의 요구에 따라 피고의 사건을 종결시킬 수밖에 없으며 더 이상 추악한 범죄를 묵과하지 않을 것이다. 우리는 도주 후 잠적해 버린 피고 아무개를 찾고 있다. 그러므로 피고 아무개는 모년 모월 모일 모시에 모 교구 모 주교좌 교회로 나와 피고에 대한 최종 판결을 직접 들어야 할 것이다. 설령 피고가 정해진 날, 정해진 장소에 나타나지 않는다 하더라도 '법과 정의의 요구에 따른 최종 판결'은 내려지고야 말 것이다. 피고의 입에서 '그런 내용은 통보받은 적이 없다'라는 말이 나오지 못하도록 본 소환장을 주교좌 교회의 주요 출입문에 붙여 모든 사람이 볼 수 있도록 할 것이다."

최종 판결을 내리기로 한 날 잠적했던 피고가 나타나 "공개적으로 이단 포기 선서를 할 테니 자비를 얻게 해 주시오"라고 할 경우 만약 그가 다시 한번 이단에 빠진 자가 아니라면 자비를 베푸는 것이 가능하다. 만약 피고 자신의 자백이나 증인들의 폭로 진술에 의해 이단의 죄가 입증된 경우라면 피고는 회개하는 이단자로서 이단 포기 선서를 해야 하고 질문 27에서 설명한 방법에 따라 회개해야 한다. 만약 강한 이단 혐의를 불러일으키던 피고가 1년 이상 파문당한 상태로 살다가 드디어 회개를 하는 경우라면 그런 피고에게는 자비를 베풀고 이단 포기 선서를 하게 해야 한다. 이런 경우에는 질문 25에서 설명한 방법에 따라 회개해야 한다. 만약 법정에 출두는 했지만 이단 포기 선서를 거부하는 경우라면 회개하지 않은 이단자로 간주하여 세속 법정에 인도해야 한다(질문 29의 내용을 참고하라). 또한 법정 출두를 완강하게 거부하는 피고에 대해서는 다음과 같이 판결해야 한다. "모 교구 모 도시에 거주하는 피고 아무개가 이단적 신성 모독을 저질렀다는 이유로 고발되었다. 우리는 스스로의 의무를 다하기 위해 피고에 대해 제기된 혐의가 사실에 근거하는지 여부를 조사하였으며 그 결과 믿을 만한 증인들의 진술에 의해 피고의 이단 혐의가 입증되었다. 그래서 우리는 '피고를 소환하고 법정에 출두하는 즉시 체포하라'는 지시를 내렸다(이 대목에서 피고가 법정에 출두했는지 여부, 선서를 하고 심문을 받았는지 여부, 자백을 하였는지 여부를 밝혀야 한다). 하지만 악령의 권유에 귀를 기울인 피고는 포도주와 기름으로 상처가 치유되는 것을 두려워한 나머지 도주 후 종적을 감추고 말았다. 그러나 피고의 사건을 종결지어야 하고, 정의의 요구에 따라 최종 판결을 내려야 하는 우리로서는 피고에 대한 재소환 명령을 내릴 수밖에 없었다. 왜냐하면 피고가 직접 그 내용을 들어야 하기 때문이다. 하지만 피고는 끝내 모습을 보이지 않았고 이로써 자신의 이단적 망상을 포기하지 않겠다는 뜻을 분명히 밝힌 것이다. 우리는 정의를 회피할 수도 없고, 회피하고 싶은 마음도 없다. 그리고 신의 교회에 순종하지 않는 크나큰 죄악을 더 이상 좌시하지 않을 것이다. 그러므로 우리는 가톨릭 신앙을 찬양하고 '이단적 신성 모독'을 근절하기 위해, 이 자리에 없는 피고에 대해 다음과 같이 판결하는 바이다.

본 종교 재판은 그 절차를 준수하였다. 피고는 합법적으로 소환되었음에도 불구하고 법정에 출두하지 않았으며 이것은 어떠한 경우에도 정당화될 수 없는 일이다. 그리고 피고는 여러 해 동안 이단의 죄를 범했고 여러 해 동안 파문당한 상태로 살았다. 피고가 파문과 이단 excommunication and heresy을 고집하고 있고, 앞으로도 그렇게 할 것이므로 우리는 사도 바울의 예를 따라 피고 아무개의 '세속 법정 인도'를 선고하는 바이다. 하지만 이와 동시에, 피고의 생명이 위태로워지는 일이 없도록 판결의 수위를 낮춰 줄 것을 세속 법정에 간절히 요청하는 바이다.

질문 33
마녀가 반대 증언을 할 경우 피고에게는 어떤 판결을 내려야 하는가?

열네 번째 판결 방법은, 법률 전문가들의 조언을 통해 확인된 '마녀의 진술'에 의해 이단자로 간주된 피고에게 적용되는 방법이다(이때 마녀는 진술 후 화형을 당한 마녀일 수도 있고, 화형을 눈앞에 두고 있는 마녀일 수도 있다). 판결 방법을 적용할 수 있는 경우는 다음과 같다.

 1) 피고의 무죄가 입증되는 경우.

 2) 피고에 대해 나쁜 소문이 도는 경우.

 3) 고문이 필요하다고 인정되는 경우.

 4) 피고에 대해 가벼운 이단 혐의가 제기되는 경우

 5) 피고에 대해 강한 이단 혐의가 제기되는 경우.

 6) 피고에 대해 아주 강한 이단 혐의가 제기되는 경우.

7) 피고에 대한 이단 혐의가 인정되고, 피고에 대한 나쁜 소문이 입증되는 경우.

첫 번째 경우는, 단 한 명의 마녀가 피고에 대해 반대 증언을 하고 피고 자신은 죄를 인정하지 않는 경우이다(이때 다른 증거는 존재하지 않는다). 이러한 피고는 심지어 세속 재판관, 즉 고발한 마녀를 이미 화형시켰거나 곧 화형시키려고 하는 세속 재판관에 의해서도 무죄를 인정받게 될 것이다.

두 번째 경우는, 한 명의 마녀가 피고에 대해 반대 증언을 하고, 피고에 대한 나쁜 소문이 온 마을(또는 온 도시)에 퍼져 있는 경우이다. 이때 결정적 역할을 하는 것은 피고에 대한 나쁜 소문이고 마녀의 증언은 단지 피고에 대한 혐의를 더 강하게 만들 뿐이다.

폭로 진술을 한다 해도 마녀의 전력, 즉 신앙을 포기하고 악마를 숭배한 전력을 고려한다면 그 진술을 크게 신뢰하기는 어려울 것이다. 따라서 판사는 "나쁜 소문 외에 피고에게 불리한 증거는 아무것도 없다"라고 판단하게 되는 것이다. 이러한 피고에게는 '캐논이 규정하는 방식에 따른 정죄'가 선고되어야 한다(피고는 자신과 같은 신분의 면책 선서자들을 추천해야 한다).

세 번째 경우는, 피고의 자백이나 범죄의 흔적 그리고 이와 유사한 다른 증거로도 피고의 죄가 입증되지 않았지만 폭로 진술을 하는 마녀가 "피고는 나와 함께 마법 행위를 일삼았다"라고 주장하는 경우이다. 이런 경우에는 피고와 마녀의 대질심문을 실시해야 하고 이때 양측의 비난과 답변reproofs and responses을 면밀히 검토해야 한다. 만약 피고의 주장이 앞뒤가 맞지 않고 고문을 통해 구체적인 범죄 사실을 밝혀 낼 수 있을 것이라고 판단될 경우 질문 23에서 설명한 방법에 따라 선고를 내려야 한다.

네 번째 경우는, 피고의 자백이나 구류되어 있는 또 다른 여자의 자백을 통해 가벼운 혐의를 불러일으키는 자로 간주되는 경우이다. 가령 다음과 같은 문제들에 대해 마녀로부터 조언을 받는 사람도 '가벼운 혐의를 불러일으키는 사람들'의 부류에 포함시킬 수 있다. 첫째, 여자를 유혹하여 죄를 범하게 하는 방법은 무엇인가? 둘째, 서로에 대한 증오심으로 불화를 겪고 있는 부부 사이에 사랑의 감정이 싹트게 하는 방법은 무엇인가?

또한 세속적 이익을 얻기 위해 마녀의 시중을 드는 사람 역시 '가벼운 이단 혐의를 받는 자'로 간주된다. 이런 사람은 캐논이 규정하는 방식에 따라 정죄를 하거나 이단 포기 선서를 해야 한다(선고 방법에 관해서는 질문 24를 참고하라).

다섯 번째 경우는, 앞의 경우와 마찬가지로 마녀에 의해 그 죄상이 폭로된 피고가 강한 이단 혐의를 불러일으키는 경우이다. 강한 이단 혐의를 불러일으키는 사람들은 다음과 같은 사람들이다. 첫째, 의도적으로 판사의 직무 수행을 방해하는 사람들. 둘째, 그런 사람을 돕거나 비호하는 사람들. 셋째, 법정에 소환된 사람이나 체포당한 이단자에게, 진실을 숨기고 거짓을 말할 것을 권하는 사람들. 넷째, 이단자를 초대하거나 이단자의 집을 방문하는 사람들. 다섯째, 이단자들과 한패가 되는 사람들. 만약 마녀에 의해 폭로된 범죄 사실이 피고와 직접 관련된 것이라고 판단될 경우 피고에 대한 선고는 질문 25에서 설명한 선고 방법에 따라 이루어져야 한다. 즉 "또다시 이단에 빠질 경우 세속 법정에 인도될 것이다"라고 위협한 후 이단 포기 선서를 종용해야 한다.

여섯 번째 경우는, 마녀의 폭로 진술과 그 밖의 다른 증거들이 아주 강한 이단 혐의를 불러일으키는 경우이다. 가령 구속 상태에 있는 마녀가 "내가 마법을 행할 때 피고도 함께 있었다"라고 주장하는 데 반해 그 말을 들은 피고는 "그것은 사실이 아니다"라고 주장하는 경우가 그 좋은 예가 되겠다. 이런 경우 '피고가 강한 혐의를 불러일으키지는 않는지', '강한 혐의가 아주 강한 혐의로 바뀔 가능성은 없는지' 잘 따져 봐야 한다. 만약 법정에 소환된 사람이 정당한 이유 없이 출두를 거부할 경우 소환 사유가 신앙의 문제와 관련이 없다 해도 그 사람은 가벼운 이단 혐의를 불러일으킨다. 하지만 그 반대의 경우, 즉 신앙의 문제와 관련된 사유로 소환된 사람이 출두를 거부할 경우 그리고 이로 인해 파문 선고를 받을 경우 가벼운 이단 혐의는 강한 이단 혐의로 바뀐다. 또한 '1년 이상 파문 상태에 머물러 있는 사람'의 경우 강한 이단 혐의가 아주 강한 이단 혐의로 바뀐다(선고 방법은 질문 26에서 제시한 선고 방법과 같다).

일곱 번째 경우는, 마녀의 폭로 진술에 또 다른 증거들, 즉 피고를 '아주 강한 혐의를 불러일으키는 사람'으로 간주할 수 있게 만드는 증거들이 더해지는 경우이다. 피고에게 '가깝게 알고 지내는 마법사들'이 있는 경우가 그 좋은 예가 되겠다. 이런 피고는 '캐논이 규정하는 방식에 따른 정죄'와 이단 포기 선서를 해야 한다. 물론 이 경우에도 "다시 한번 이단에 빠지는 날엔 세속 법정에 인도될 것이다"라는 경고의 말을 잊어서는 안 된다(선고 방법은 질문 27에서 제시한 선고 방법과 같다).

여덟 번째 경우는, 마녀의 폭로 진술에 의해 혐의를 받게 된 피고가 자신의 이단 행위를 인정한 후 회개하는 경우이다(이때 피고는 단 한 번도 '회개한 이단자'였던 적이 없어야 한다). 여기서 한 가지 밝혀 두어야 할 것은, '또

다시' 이단에 빠진 사람과 '처음' 이단에 빠진 사람 그리고 회개하는 사람과 회개하지 않는 사람을 구별하는 것은 전적으로 교회 재판관의 몫이라는 사실이다. 즉 교회 재판관이 세속 법정의 판결에 개입하지 않기 때문에 세속 재판관은 피고의 참회 여부와 관계 없이 시민법civil law과 제국법 imperial law에 근거해서 판결할 수 있는 것이다. 하지만 무언가 미심쩍은 부분이 있을 경우 세속 재판관은 위에서 언급한 '판결의 열세 가지 경우'를 참작할 수 있다.

질문 34
마법을 퇴치하는 마녀와 산파–마법사들 그리고 궁수–마법사들에게는 어떤 판결을 내려야 하는가?

열다섯 번째 판결 방법은, 이단적 사행의 혐의를 받는 피고가 '마법을 일으키는 사람'이 아니라 '마법을 퇴치하는 사람'인 경우에 적용되는 방법이다. 하지만 마법을 퇴치하는 사람들 중에는 합법적인 방법을 사용하는 사람도 있고 비합법적인 방법을 사용하는 사람도 있다. 물론 합법적인 방법을 사용하는 사람은 마법사가 아닌 그리스도를 숭배하는 사람worshipper of Christ으로 간주되어야 한다. 비합법적인 방법을 사용하는 경우는 완전히 비합법적인 방법absolutely unlawful을 사용하는 경우와 부분적으로in some specific regard 비합법적인 방법을 사용하는 경우로 나뉜다. 그리고 완전히 비합법적인 방법은 다시 '친지나 이웃에게 해를 입히는 방법'과 '그렇지 않은 방법'으로 나뉘는데 단, 노골적으로 악마를 불러낸다는 점에서는 두 경우 모두 마찬가지다. 하지만 '부분적으로 비합법적인 방법'의 경우 노골적으로 악마를 불러내는 대신 암암리에 악마를 불러낸다implicit invocation. 교회법 학자들과 일부 신학자들은 이러한 치료 방법을 비합법적 방법이 아닌 허망한vain 치료 방법이라고 부른다. "허망한 것으로 허망한 것을 쫓는 일이 금기시되어서는 안 된다"라고 주장하는 교회법 학자들의 견해를 따르는 교회 재판관(또는 세속 재판관)은 이러한 '허망한 방법'을 관대하게 눈감아 줄 것이다.

하지만 노골적으로 악의 세력을 불러내 마법을 퇴치하는 마녀는 절대 관대히 다루어서는 안 된다. 특히 '한 사람에게서 마법을 푼 다음 그 마법을 다른 사람에게 거는 마녀'는 어떠한 경우에도 관대히 다루어서는 안 된다.

만약 누군가가 "합법적인 방법으로만 마법을 퇴치한다고 주장하는 피고에 대해서는 어떤 조치를 취해야 하는가? 그리고 그 주장의 진위는 어떻게 가려내야 하는가?"라고 묻는다면 다음과 같이 답해야 한다. "먼저 피고를 소환한 다음 어떤 치료 방법을 사용하는지 물어야 한다. 이때 판사가 명심해야 할 것은, 피고의 말을 전적으로 믿을 것이 아니라 다른 사람들을 통해서도 피고의 치료 방법에 대해 알아봐야 한다는 것이다. 필요할 경우 판사는 피고가 등록되어 있는 교구의 사제에게 이 일을 맡길 수 있다. 그리고 판사로부터 위임을 받은 사제는 교구 신도들을 통해 피고의 치료 방법을 알아내야 한다. 만약 피고가 사용하는 방법 중에 미신적인 치료 방법이 있을 경우 피고는 아래와 같은 방법으로 형벌을 받아야 한다."

만약 누군가가 "마녀들의 주장에 따르면, 그들은 누구나 알고 있는 기도 문구와 풀prayers and plants을 이용해 병을 없애고 있다. 그렇다면 합법적인 방법과 비합법적인 방법의 차이는 무엇인가?"라고 묻는다면 "사건을 면밀히 조사하면 얼마든지 두 방법을 구별해 낼 수 있다"라고 답해야 한다. 마녀는 아무에게도 자신의 치료 방법을 알려 주지 않는다. 왜냐하면 자신을 체포할 빌미를 주어서는 안 되고 또 어리석은 사람을 함정에 빠뜨려야 하기 때문이다(기도 문구와 풀을 이용하는 것은 어리석고 순진한 사람들의 주의를 딴 데로 돌리기 위해서이다). 하지만 우리는 다음의 네 가지 특징을 통해 그들의 정체, 즉 그들이 마녀(또는 마법사)라는 사실을 확인할 수 있다.

첫째, 마녀는 드러나지 않는 것들에 대해 예언하고, 악령의 도움 없이는 도저히 알 수 없는 것들에 대해 알려 준다. 가령 해를 입은 사람이 자신을 찾아오면 "이웃집 여자와 말다툼을 했기 때문이다"라는 식으로 그 원인을 설명해 준다.

둘째, 마녀는 해를 입은 사람이나 마법에 걸린 사람을 치료할 때, 어떤 사람에게는 '도와 주겠다'라고 말하고, 어떤 사람에게는 '도와 줄 방법이 없다'라고 말한다. 예컨대 슈파이어 교구에 사는 한 마녀는 "내가 고칠 수 있는 사람이 있고 내가 고칠 수 없는 사람이 있다. 왜냐하면 내 힘으로는 깰 수 없는 아주 강력한 마법이 존재하기 때문이다"라고 주장한다.

셋째, 마녀는 치료를 시작하기 전에 일정한 조건을 앞세운다. 결국 그 조건을 이행하느냐 이행하지 않느냐에 따라 치료의 성공 여부가 결정된다는 것이다. 예를 하나 들어 보자. 슈파이어에 사는 한 존경할 만한 여자가 정강이에 병이 생겨 고생을 하고 있었다. 하루는 이 여자가 주술사를 불렀는데 여자의 집으로 들어오던 주술사가 병에 걸린 여자를 보고는 다음과 같은 조건을 내걸었다. "만약 상처 속에 비늘과 머리카락scales and hair이 들어 있다면 그건 꺼낼 수가 없어. 하지만 나머지 것들은 모두 꺼낼 수 있을 거야." 그런 다음 주술사는 여자가 병에 걸리게 된 원인을 알려 주었다. 하지만 이상한 것은, 여자의 집에서 무려 2마일이나 떨어진 곳에 사는 주술사가 어떻게 그 원인을 알 수 있었느냐는 것이다. 어쨌든 주술사는 "이웃집 여자와 말다툼을 한 적이 있지? 그래서 병에 걸린 거야"라고 설명한 다음 상처 속에 들어 있는 온갖 잡다한 물건들을 꺼내 놓았다(주술사가 꺼낸 물건들 중에 비늘과 머리카락은 없었다). 그리고 잠시 후, 언제 그랬냐는 듯 여자의 몸이 회복되었다.

넷째, 미신적 의식을 행하는 여자 주술사 또는 다른 사람에게 미신적 의식을 행하도록 권하는 여자 주술사는 마녀일 가능성이 높다. 이런 주술사들은 보통, 동이 트기 전에(또는 하루 중 특정한 시간에) 자신을 찾아올 것을 권하거나 자신이 치료할 수 있는 사람의 수가 1년에 두세 명 정도라고 말한다.

마법을 행하는 치료 주술사들 중에서 산파—마녀들을 빼놓을 수 없을 것이다. 그들은 죄악을 범함에 있어 타의 추종을 불허하는 사람들이다. 산파—마녀들에 대해서는 이 책 1부에서 이미 언급한 바 있다. 그들의 수는 실로 어마어마하다. 오죽하면 "산파—마녀가 없는 마을은 눈을 씻고 찾아도 찾을 수가 없다"라고 말하겠는가(우리는 지금 마녀들이 자백한 내용을 근거로 이런 이야기를 하는 것이다). 만약 세속 권력이 '맹세한take an oath 산파들'에게만 '해산을 돕는 일'을 허락한다면 산파—마녀들이 초래할 위험을 어느 정도 줄일 수 있을 것이다(산파—마녀들에게 대항할 또 다른 방법에 대해서는 이 책 2부에서 이미 설명하였다).

여기서 우리는 궁수-마법사들에 대해서도 이야기할 수 있을 것이다. 궁수-마법사들은, 자신을 숨겨 주고 지켜 주는 사람들이 귀족과 제후들의 땅에서 아무 탈 없이 편하게 지내면 지낼수록 더 위협적인 존재가 될 수밖에 없다. 어쩌면 이러한 은닉자들과 옹호자들이 마녀들보다 더 큰 저주를 받아야 할지도 모른다. 교회법 학자와 신학자들은 이러한 옹호자들을 두 부류로 나누고 있다. 하나는 거짓된 교의, 즉 이단을 옹호하는 자들이고 다른 하나는 한 개인individual을 옹호하는 자들이다. 거짓된 교의를 옹호하는 자들은 직접 그것을 믿고 따르는 자들보다 더 큰 비난과 벌을 받아야 한다. 그리고 그런 자들은 이단자가 아닌 이단자들의 우두머리로 간주되어야 한다(《XXIV, qu. 3, – qui illorum》을 참고하라). 하지만 우리 법에서는 이러한 옹호자들에 대한 언급을 전혀 찾을 수 없다. 왜냐하면 우리의 법은 거짓된 교의를 옹호하는 자들을 다른 이단자들과 동일시하기 때문이다. 그런가 하면 거짓된 교의를 옹호하는 대신 그것을 믿고 따르는 사람을 옹호하는 자들도 있다. 그들은 마법사와 이단자들을 보호하기 위해 자신의 세력과 영향력을 이용한다. 즉 마법사와 이단자들이 심문받고 형벌에 처해지는 것을 막기 위해 권력에 대항하는 것이다.

궁수-마법사를 비호하는 사람들은 두 부류로 나눌 수 있다. 하나는 세속 재판을 주재하는 관리들, 즉 공권력을 행사하는 사람들이다(그들의 신분은 거짓으로 만든 신분일 수도 있고, 성직자 신분일 수도 있다). 그리고 이 부류에 속하는 사람들은 다시 두 부류로 나뉜다. 하나는 자신의 부주의로 인해 비호자가 되는 사람들이고 다른 하나는 의도적으로 이단자들의 운명에 개입하는 사람들이다. 자신의 부주의로 인해 '이단자들의 비호자'가 되는 사람들은, 마법사와 그 추종자, 마법사를 은닉한 자와 마법사를 옹호한 자 그리고 마법사를 비호한 자들에 대해 응당 취해야 할 조치를 취하지 않는 사람들이다. 그들은, 피고를 체포하지 않거나 피고에 대한 감시를 소홀히 할 경우 그리고 수감자 이송에 관한 지시 사항을 이행하지 않거나 신속하게 판결을 집행하지 않을 경우 주교(또는 종교 재판관)에 의해 면직 처분을 받는다(《 ut inquisitionis, lib. VI de haeret》을 참고하라). 그리고 주교(또는 판사)의 허락 없이 마법사를 풀어 주거나 마법사들에 대한 형 집행을 직접 또는 간접적으로 방해하는 권력자들 또한 '이단자들의 비호자'로 간주된다(《 ut officium § prohibemus》를 참고하라). 이런 사람들 모두가 이단자를 비호한 죄로 파문 선고를 받게 될 것이다. 그리고 1년 이상 파문 상태에 머물러 있는 사람은 이단자로서 유죄를 선고받아야 한다.

만약 누군가가 "어떤 사람이 은닉자인가? 은닉자를 이단자로 간주할 수 있는가?"라고 묻는다면 다음과 같이 답해야 한다. "궁수—마법사와 주술사들 그리고 이단적 마법사들heretical sorcerers에게 은신처를 제공하는 사람들 또한 두 부류로 나눌 수 있다. 가령 한두 번에 그치지 않고 기회 있을 때마다 은신처를 제공하는 은닉자들이 있다. 하지만 이런 은닉자들에게 죄를 물을 수 없는 경우도 있다. 가령 '모르고' 그렇게 한 사람에게 죄를 물을 수는 없을 것이다. 은닉자들이 죄를 범하게 되는 경우는, 자신이 숨겨 준 사람이 그릇된 망상에 사로잡혀 있다는 것을 알고, 또 교회가 그들을 잔혹한, 신앙의 원수로서 박해해 왔다는 사실을 똑똑히 아는 경우이다. 엄격히 말해서 그들은 이단자—은닉자들이다. 따라서 그들은 법이 요구하는 바에 따라 파문 선고를 받아야 한다.

끝으로 '주교가 진행하는 종교 재판'을 방해하는 사람들은 어떻게 해야 하는가? 그들을 이단자로 간주해야 하는가? 그런 사람들 중 몇몇은 노골적으로 재판을 방해한다. 가령 이단 혐의를 받는 피고를 아무 생각 없이 풀어 주거나 증인 진술을 하는 사람에게 상해를 입히는 경우가 그 좋은 예라 하겠다. 또한 세속 군주가 "이 사건은 내가 직접 처리할 것이다. 그러니 아무도 사건 심리에 개입해서는 안 된다"라고 결정하는 것도 같은 종류의 방해 행위라고 할 수 있다. 종교 재판과 형 집행을 노골적으로 방해하는 사람들과 그와 같은 방해 활동을 비호하고 돕는 사람들은 비록 그 죄가 명백하다 해도 절대 이단자로 간주해서는 안 된다. 그들을 이단자로 간주할 수 있는 경우는, 그들이 또 다른 범죄에 연루되는 경우뿐이다. 즉 또 다른 범죄에 연루될 경우 그들은 이단자로 간주되어 파문 선고를 받는다(1년 이상 파문 상태에 머물러 있을 경우 유죄를 선고받는다).

그런가 하면 간접적으로 재판을 방해하는 사람도 있다. 가령 "이단자들을 체포할 때 무기를 소지해서는 안 된다. 단, 세속 군주의 명을 받은 사람은 예외로 한다"라고 명령하는 사람이 그런 사람이다(《Statutum》, 특히 'indirecte'라는 표현에 대한 존 안드레아의 주석을 참고하라). 하지만 간접적으로 방해하는 사람의 죄는 노골적으로 방해하는 사람의 죄보다 무겁지 않다. 물론 교회로부터 파문 선고를 받기는 하겠지만 그렇다고 해서 이단자가 되는 것은 아니다. 만약 그들이 파문당한 날로부터 1년이 지날 때까지 참회하지 않는다면 그들 역시 '회개하지 않은 이단자'로서 유죄를 선고받을 것이다(이단 포기 선서를 하는 경우에만 자비가 허락된다).

산파─마법사들을 비롯한 모든 마녀는 자신이 범한 죄의 경중에 따라 처벌받아야 한다. 그리고 마법을 퇴치한다는 이유로 악마의 힘을 빌리거나 미신적인 방법을 사용하는 마녀들 역시 응분의 대가를 치러야 한다. 왜냐하면 마법을 퇴치할 수 있다는 것은 곧 마법을 부릴 수 있다는 것을 의미하기 때문이다. 마녀들이 머리를 맞대고 누가 마법을 걸고 누가 마법을 풀 것인지 미리 정하는 이유는 그래야만 순박한 사람들의 정신을 쉽게 흐려 놓을 수 있고 불신lack of faith을 조장할 수 있기 때문이다.

궁수-마법사들이 존재할 수 있는 이유는 세속 권력자들의 은닉과 비호가 있기 때문이다. 따라서 그들 모두가 위에서 언급한 형벌에 처해져야 한다. 또한 종교 재판관의 임무 수행을 방해하는 자에게는 이단자를 비호하는 자에게 내리는 것과 똑같은 형벌을 내려야 한다. 파문당한 날로부터 1년이 지날 때까지 참회하지 않는 이단자는 세속 법정에 인도되어야 한다. 하지만 참회와 이단 포기 선서를 한다면 그 역시 자비를 얻을 것이다.

궁수-마법사와 주술사-마녀를 비호하는 자와 은닉하는 자들에 대해 이야기한 것은 '다른 모든 마녀와 마법사들'을 옹호하는 자들에게도 똑같이 적용된다. 진정으로 참회하고 용서를 구한다면 그들 모두 자비를 얻을 것이다. 하지만 만약 그렇게 하지 않는다면 그들 모두 법정에 소환되어 최후의 판결을 듣게 될 것이다.

질문 35
근거 없는 항소 또는 근거 있는 항소를 하는
마녀에게는 어떤 판결을 내려야 하는가?

    피고의 항소가 예상될 경우 재판부는, '정당하고 근거 있는' 항소가 제기될 수도 있고, '부당하고 근거 없는' 항소가 제기될 수도 있다는 점을 명심해야 한다. 신앙의 문제와 관련된 재판에서는 불필요한 형식을 없앤 약식 소송절차가 적용되기 때문에 항소 청구권이 인정되지 않는다(《Clementines》의 〈multorum quaerela〉 장을 참고하라). 하지만 사건 자체가 복잡하고 까다로울 경우 판사 재량으로 재판 종료termination of the proceedings를 뒤로 미룰 수 있다. 이때 판사는 다음과 같은 점에 유의해야 한다. 피고의 입에서 '판사가 법과 정의에 반하는 행동을 한다'라는 말이 나올 경우 피고의 항소는 정당한 것으로 간주된다(피고의 진술을 제대로 검토하지 않거나 주교의 허락 없이 또는 전문가들과의 협의 없이 고문을 지시하는 경우 피고의 항의가 있을 수 있다).

둘째, 항소 의사를 전달받은 판사는 놀라거나 당황하지 말고 "시간이 많지 않으니 항소 내용을 문서로 작성하여 그 사본을 제출토록 하라"라고 말해야 한다. 그리고 서면 형태로 항소가 접수된 다음에는 "이틀 후에 답을 주겠다. 그리고 30일 정도의 심리 기간이 필요하다"라고 말해야 한다. 물론 경험 많고 식견이 높은 판사라면 답을 주고 심리를 하는 데 그렇게 오랜 시간이 걸리지는 않을 것이다. 하지만 상황 판단에 신중을 기하기 위해서는 사건 심리를 뒤로 미루는 것이 바람직하다(10일 후나 20일 후 또는 25일 후 등 법정 심리 기간 내에서 판사의 재량으로 연기할 수 있다).

셋째, 위에서 말한 심리 기간 내에 판사는 항소의 근거를 면밀히 검토해야 한다. 만약 피고에 대한 부당한 처사(가령 피고에게 변론의 기회를 주지 않았거나 정당한 사유 없이 고문을 실시한 경우)가 있었다고 판단될 경우 판사는 '피고가 변론의 기회를 줄 것을 요청한 시점'으로 돌아가 자신의 과실을 바로잡아야 한다. 그리고 이러한 문제를 해결한 판사는 재판을 재개할 수 있다. 즉 피고가 이의를 제기한 사항이 해결된 다음에는 항소의 효력이 사라지는 것이다(《cessante extra de appellationibus》를 참고하라). 용의주도하고 분별력 있는 판사라면 쉽게 바로잡을 수 있는 문제가 있고 또 도저히 돌이킬 수 없는 문제가 있다는 것을 알고 있을 것이다. 가령, 피고가 고문을 당하거나 가택 수색에서 발견된 귀중품과 유용한 물건들useful items이 소실消失되는 경우, 즉 마법의 도구와 함께 불타버린다면 그것은 '돌이킬 수 없는 문제'가 될 것이다. 소실된 것은 되찾을 수 없다. 게다가 '마법의 도구를 불태운 일'을 무효로 할 수도 없는 일이다. 따라서 소실되기 이전 시점으로 재판을 되돌리는 것 역시 불가능한 일이 될 것이다.

결론. 판사들은 다음과 같은 경우에 대비해야 한다. 더 이상 무죄 판결을 기대할 수 없을 때 피고가 형벌을 피하기 위한 수단으로 항소를 청구하는 경우가 있다. 하지만 이러한 항소가 근거 없는 항소가 될 수밖에 이유는, 피고가 "부당하게 나를 가두어 두었고 보석으로 풀어 주지도 않았다"라는 식의 터무니 없는 주장을 내세우기 때문이다. 따라서 이러한 항소를 접수받은 판사는 항소 내용을 서면으로 작성해 제출할 것을 요구해야 한다. 그리고 서면 형태로 항소를 접수받은 판사는 '항소 사건에 관한 결정 사항'을 전달할 날짜, 시간, 장소를 정해 피고에게 알려 주어야 하고(10일 후, 15일 후, 20일 후, 30일 후 등으로 정할 수 있다) 그 기간이 경과하기 전에 면밀한 사건 심리를 진행해야 한다. 만약 그 항소가 근거 없는 것으로 판명되거나 또는 유죄 판결을 피하기 위한(또는 판결을 뒤로 미루기 위한) 수단에 불과했다고 판단될 경우 판사는 그 항소를 기각해야 한다. 하지만 피고에 대한 판결이 편파적이었다고 판단되거나 그 판결이 돌이킬 수 없는irremediable 것이라고 판단될 경우 또는 혐의를 입증할 근거가 충분하지 못하거나 원고(항소를 청구한 피고)의 적개심에 신물이 나고 자신을 짓누르는 중압감으로부터 벗어나고 싶을 경우 판사는 긍정적인 답변affirmative answer을 준비해야 한다. 답변을 주기로 한 날까지 답변을 준비하지 못하거나 문서로 작성하지 못할 경우 판사는 최종 판결을 연기할 수 있다(가령 30일째 되는 날로 연기할 수 있는데 30일은 법이 허용하는 가장 긴 답변 기간이다). 판사의 답변 내용은 다음과 같다.

"판사 아무개는, 캐논과 제국법 그리고 시민법에 따라 공명정대하게 활동해 왔고 앞으로도 그렇게 할 것이다. 또한 판사 아무개는 법이 규정하는 판사의 임무를 포기한 적이 없으며 앞으로도 그렇게 하지 않을 것이다. 판사 아무개는 원고를 곤경에 빠뜨리거나 방해한 적이 없으며 앞으로도 그런 일은 없을 것이다. 피고를 체포하고 감금하는 행위를 변론 방해 행위로 간주해서는 안 된다. 피고를 구속할 수밖에 없었던 것은 그의 이단적 사행을 폭로하는 증인 진술이 있었기 때문이다. 그리고 피고를 보석 석방할 수 없었던 것은 이단의 죄가 너무도 큰 죄였기 때문이다. 게다가 피고는 그 죄가 입증되었음에도 불구하고 완강하게 자백을 거부하였다. 그래서 그를 보석 석방할 수 없었던 것이다."

이런 식으로 피고의 항소 근거를 차례차례 논박한 후 다음과 같이 말해야 한다.

"나의 행동은 정당했다. 나는 정의를 버리지도 않았고, 원고를 부당하게 괴롭히지도 않았다. 그런데 피고는 날조된 근거를 들이대며 유죄 판결을 피하는 일에만 급급하고 있다. 따라서 피고 아무개가 청구한 항소는 확실한 근거가 없는 것은 물론, 법적 효력도 없다. 법적 효력이 없는 항소는 법적 검토의 대상이 아니므로 본 판사는 피고의 항소를 기각한다."

이렇게 말한 다음 판사는 공증인에게 답변서를 전달해야 한다(피고의 항소장을 판사에게 제출한 사람도 바로 이 공증인이었다).

답변서를 전달한 판사는 그 후속 조치로서 피고를 구속하거나 법정에 출두케 한 다음 재판을 속개한다. 하지만 판사는 항소장이 제출될 때부터 항소 심리가 끝날 때까지 피고에 대해 어떠한 조치도 취해서는 안 된다(피고를 구속해서도 안 되고 석방시켜서도 안 된다).

만약 판사가 항소 근거를 인정하는 쪽으로 가닥을 잡는다면 다음과 같은 답변서를 작성해야 한다.

"판사 아무개는 공명정대하게 재판을 진행해 왔다. 또한 판사 아무개는 피고의 권리를 침해한 적이 없으며 앞으로도 그렇게 하지 않을 것이다. 판사 아무개는 피고의 변론을 방해한 적이 없다(여기서 항소 내용을 자세히 밝혀야 한다). 판사 아무개는 항소를 청구한 피고에게 아무런 방해 행위도 하지 않았으며 '부당한 사건 처리'를 의심받을 만한 행동도 하지 않았다. 피고 아무개가 청구한 항소는 확실한 근거가 없는 것은 물론 법적 효력도 없다. 법 규정대로라면 피고의 항소는 기각되어 마땅할 것이다. 하지만 사도좌the Apostolic See에 경의를 표하는 차원에서 판사는 피고의 항소를 인정하여 사건 심리를 진행하기로 하였으며 이에 사건 전체를 교황청에 송치하고 원고(항소를 청구한 피고)에게는 수 개월의 기간을 주어 그 기간 동안 봉인된 재판 기록sealed protocols을 교황청 또는 교황에게 직접 전달하게 할 것이다. 끝으로 판사 아무개는 '항소 사건의 심리를 진행한다'는 취지의 결정문을 원고에게 전달하는 바이다."

판사는 이 답변서를 공증인에게 전달해야 한다.

현명한 판사라면 다음의 내용을 간과해서는 안 된다. 위와 같은 내용의 답변서를 전달하는 순간 판사는 더 이상 해당 사건의 담당 판사로 간주되지 않을 뿐만 아니라 원고에 대해 어떠한 사법 행위도 할 수 없게 된다(단, 교황으로부터 사건을 환송還送받아 재판을 속개하는 경우는 예외다).

만약 피고와 관련된 또 다른 사건, 즉 '피고가 항소를 청구하지 않은 사건'을 담당하는 경우라면 판사는 그 사건에서만큼은 담당 판사로서의 직무를 수행하게 된다. 그리고 피고의 항소가 인정된 후 피고와 관련된 또 다른 사건이 접수될 경우 판사는 새로운 재판을 진행하게 된다(교황청이 첫 번째 사건을 환송할 경우 판사는 즉시 두 번째 사건을 종결짓는다).

판사들이 명심해야 할 것은, 교황청으로 보내는 '봉인된 재판 기록'에 판사들의 이름, 즉 최종 판결을 내리게 될 판사들의 이름이 명시되어 있어야 한다는 것이다. 그리고 로마에 간 원고, 즉 항소를 청구한 피고가 어떤 비난을 늘어놓을지에 대해서도 염려할 필요가 없다. 왜냐하면 로마 교황청 역시 자체적인 기준에 따라 심리를 진행할 것이기 때문이다. 만약 "항소 사건에 원인을 제공한 판사가 판결을 내리는 것은 바람직하지 못하다"라고 판단할 경우 교황청 판사들이 직접 판결을 내린다.

그 다음, 원고의 요청에 따라 '사건을 담당했던 판사'가 로마 법정으로 소환되는 경우 판사는 해당 사건과 관련해서 맹세를 하는 일이 없도록 주의해야 한다. 판사들이 신경 써야 할 부분은, 항소 사건이 원심 판사들에게 환송되도록 하는 일 그리고 하루 속히 본연의 임무로 돌아가 더 이상 건강을 해치지 않도록 하는 일이다(격무로 인한 스트레스와 불쾌감 그리고 걱정과 불안은 건강을 해칠 수밖에 없다). 이런 일로 교회가 피해를 입어서는 안 된다. 또한 이런 일로 해서 이단자들이 스스로를 더 강한 존재로 여기는 일도 없어야 한다.

교황청에서 격무에 시달리며 의기소침해 있는 판사들, 만약 그들의 모습을 다른 이단자들이 본다면 그들은 판사들을 업신여기기 시작할 것이고 더욱 대담하게 세력 확산을 시도할 것이다. 뿐만 아니라 이단자들 자신에 대한 재판이 시작되면 너 나 할 것 없이 항소를 제기할 것이다. 설상가상으로 스트레스와 불쾌감을 피하려는 일부 판사들은 '이단자 소탕'의 임무를 수행함에 있어 나약한 모습을 드러내고 말 것이다. 결국 이 모든 일이 가톨릭 신앙을 해치는 일이 될 것이고 또한 하느님의 교회를 해치는 일이 될 것이다.

교회의 신랑되시는 우리 주 예수 그리스도께서 교회를 지켜주실 것을 믿사옵나이다.

해설

중세 유럽의 운명을 결정한 책

2세기의 저명한 신학자로서 권위 있는 저서《이단 논박Adversus haereses》을 집필한 이레니우스*는 한편으로 천주와 예수, 다른 한편으로 악마의 권리 관계를 밝히려 했던 최초의 기독교 저술가였다.

이레니우스에 따르면, 유혹에 빠진 인간이 신의 명령을 어기고 죄를 범하는 순간 인간에 대한 지배권은 악마의 손아귀에 넘어가고 말았다. 물론 인간을 유혹하여 죄에 빠지게 한 것은 악마, 즉 신이 창조한 영역에 억지로 끼어든 존재의 소행이었다. 그러나 인간에 대한 완전한 지배권이 악마에게 넘어갈 수 있었던 것은 인간 스스로가 유혹에 빠져 신의 품을 떠나 버렸기 때문이었다. 만일 신이 원하기만 했다면 자신의 영역에 끼어든 죄를 물어 그 결과물, 즉 인간에 대한 지배권을 악마에게서 도로 뺏아 올 수 있었을 것이다. 그러나 신은 그 형언할 수 없는 의로움으로 이 일을 행하지 않았고 오히려 '유혹에 빠진 인간'에 대한 권리를 악마에게

---

* 이레니우스(140~203), 초기 교회의 교부이자 최초의 가톨릭 신학자이다. 이단 그노시스파와의 논쟁을 통해 그리스도의 구원을 역설했고, 신학의 성립·발전에 매우 중요한 역할을 하였다.

넘겨주었다. 그렇다. 이 권리는 인간 스스로가 되찾아야 하는 권리였고 또 인간이 다시 한번 자신의 의지로 악마의 유혹에서 벗어나기만 한다면 얼마든지 되찾을 수 있는 권리였다. 만일 그렇게만 되었다면 창조주와 피조물 간에 성립된 최초의 권리 관계가 회복될 수 있었을 것이고 또 패배당한 악마는 더 이상 인간에 대한 지배권을 주장할 수 없었을 것이다.

하지만 자신의 의지로 악마의 유혹에서 벗어난다는 것은 인간의 능력을 뛰어넘는 일이었다. 결국 인간의 몸을 입은 구세주가 개입하게 되는데 이때 구세주가 인간의 몸을 입고 나타날 수밖에 없었던 이유는, 인간의 자발적 해방이 '악마의 지배로부터 신의 품으로의 정당한 복귀'라는 권리 회복의 형태로 이루어져야 했기 때문이다. 하지만 비록 인간의 몸을 입었다고는 하나 인간의 능력을 뛰어넘는 일을 행해야 했던 만큼 구세주의 능력은 인간의 능력을 훨씬 뛰어넘는 것이어야 했다. 악마를 이길 수 있는 방법은 오직 하나, 예수의 절대적 복종뿐이었다. 한 사람의 죄로 인해 모든 사람이 죄지은 자가 되었고 한 사람의 절대적 복종으로 인해 모든 사람의 죄가 씻겨질 수 있었던 것이다. 구세주가 죽음으로써 사람들은 악마의 지배로부터 벗어날 수 있었는데 사실 이렇게 된 데에는 악마 자신의 잘못도 컸다. 의롭고 순결한 그리스도를 죄 많은 인간으로 착각했던 것이다. 돌이킬 수 없는 실수를 저지른 악마는 결국 패배할 수밖에 없었다. 그리고 인간에 대한 권리는 애초에 그것이 악마에게 있었던 것이 아니었기에 예수는 그 권리를 원래의 주인인 창조주에게 돌려주었다.

'악마가 구세주에게 속임을 당했다'고 주장한 오리게네스*는 이레니우

---

* 오리게네스(185?~254?), 알렉산드리아 학파의 대표적 신학자. 성서, 체계적 신학, 그리스도의 변증적 저술 등과 관련하여 많은 저서를 남겼다. 그리스도교 최초의 체계적 사색가로

스의 권리론을 열렬히 옹호하고 나섰다. 오리게네스에 따르면, 악마는 인간에 대한 지배권을 돌려주는 대신 그에 상응하는 보상을 요구했고 그 보상이 바로 구세주의 피였다. 즉 구세주의 죽음이 악마의 힘을 꺾을 수 있는 수단이 되었던 것이다. 그리스도가 지닌 인간적 속성이 악마를 유인하는 미끼 역할을 했고 결국 악마는 마치 쥐가 쥐덫에 걸리듯 속임을 당하고 말았다. 육신의 껍질 속에는 그리스도의 거룩한 힘이 숨겨져 있었다. 그런데 이것을 알아차리지 못한 악마가 인간의 육신과 함께 천사의 신성神性을 삼켜 버린 것이다. 신학자 나지안조스의 그레고리우스*는 악마가 속임을 당하고 웃음거리가 되었다는 사실에 기쁨을 감추지 못했고 대大교황 그레고리우스**는 "예수는 겉모습만 인간이었다. 그리고 그런 예수를 쫓아다닌 악마는 결국 자신의 지배하에 있던 인간들을 모두 잃고 말았다. 그림자를 쫓으면 실재實在는 얻을 수가 없는 법이다"라고 했다(욥기의 도덕률을 참고하라). 한편 8세기 그리스 정교회의 유력 인사였던 다마스쿠스의 성聖 요한은 《그리스 정교 신앙에 관한 정확한 해설》에서 이러한 견해를 더욱 발전시킨다. 그에 따르면, 악마는 '생명을 가져다주는 의로운 육신'의 냄새를 맡은 뒤 자신이 삼킨 것을 도로 토해 낼 수밖

서 이후의 신학사상 발전에 공헌하였다.

* 나지안조스의 그레고리우스(329?~390)는 그리스의 카파도키아 지방의 나지안조스의 기독교 주교이자 콘스탄티노폴리스 대주교(379~381)로서 그리스 교부의 대표적 인물이며 삼위일체설을 확립하는데 커다란 공헌을 한 것으로 평가된다.

** 그레고리우스 1세(540?~604), 로마 교황(재위: 509~604). 귀족 가정에서 태어나 로마 지사까지 지냈지만 아버지가 죽자, 상속받은 재산의 일부를 남기고 모두 자선 사업 및 여러 수도원에 기부하고 지위를 버린 후, 베네딕트회 수도사가 되었다. 574년 콘스탄티노플 주재 교황 사절이 되었고, 587년 로마 수도원 원장을 거쳐 펠라기우스 2세(Pelagius II 재위: 579~590) 사후, 롬바르드인의 침입 · 전염병의 유행 · 동서 교회 분리 등의 문제로 괴로움을 당한 교도들에 의하여 590년 교황에 추대되었다.

에 없었고 바로 이 때문에 패배를 당하게 되었다. 십자가에 못박힌 속죄자를 쥐덫 모양으로 묘사한 피터 롬바르드(~1164년)에 이르기까지 많은 선교사들과 작가들이 이레니우스의 기본적인 견해들, 즉 '악마가 인간에 대한 지배권을 빼앗겼다'는 견해와 '속죄란 곧 인간이 악마의 구속으로부터 벗어나는 것을 의미한다'는 견해를 다양한 형태로 변형시키고 있는 것이다.

'그리스도에게 속임 당한 악마' 이론이 그 뿌리를 얼마나 깊이 내렸는지는 15세기에 독일 여러 단체들(마르키온 공동체*를 포함한 일련의 단체들)이 펴낸 책을 통해서도 알 수 있다. 어찌 보면 이 책은 '인간에 대한 지배권'이라는 주제를 놓고 그리스도와 악마가 벌이는 권리 논쟁과도 같은 것이었는데 심지어 책 제목도 《원고 악마와 피고 예수 그리스도 간의 권리 논쟁》(스트라스부르, 1484)이었다.

기독교 교의학에 악마를 끌어들인 이레니우스는 이후 악마의 입지를 더욱 공고히 다져 놓았다. 그에 따르면, 다른 천사들과 비슷한 모습으로 창조된 악마는 천성이 선하고 자유 의지를 지녔기 때문에 선과 악을 모두 행할 수 있지만 자신의 의지와 과실로 인해 사악한 존재가 되어 오직 악한 일만 행하게 되었다. 즉 악마는 특유의 교만함과 도도함 그리고 강한 질투심으로 인해 자신에게 허락된 자유를 남용했고 결국 타락한 천사가 되어 하늘에서 떨어지고 말았다. 그 후 아담과 이브에게 자식이 있다는 사실을 알게 된 악마는 걷잡을 수 없는 질투심에 사로잡혔고 급기야 카인을 부추겨 동생 아벨을 살해하게 만들었다(악마가 죽음의 창시자가 된

---

* 마르키온은 초기 기독교 신학자로서 스스로를 사도 바울의 후계자로 여겼다. 그는 구약 성경의 하느님은 신약 성경의 하느님과 다르다고 보고 신약 성경을 구약 성경과 분리할 것을 역설했지만 자신의 냉철한 비판 자세 때문에 교회로부터 이단으로 간주되었다. 후에 마르키온의 신학을 따르는 교회와 단체들이 많이 생겨났다.

것은 바로 이 때문이었다). 그리고 악마의 타락에 영향을 미친 또 하나의 속성으로 과도한 음욕을 들 수 있는데 바로 이 음욕 때문에 수많은 천사들이 인간의 딸을 탐하게 되었고 또 타락의 구렁텅이에 빠지게 되었다. 한편 타락한 천사들이 인간의 딸과 동거에 들어가자 이제 신성神性과는 거리가 먼 마귀들, 즉 악마의 협력자와 조력자들이 생겨나 온갖 해악을 끼치기 시작했다. 이레니우스에 따르면, 악마가 타락한 시기는 인간이 창조된 시기와 인간의 속죄가 이루어진 시기의 중간쯤에 해당한다. 그리고 타락한 천사는 비록 평범한 인간의 육신보다는 덜 물질적이라 해도 어쨌든 육신을 입은 존재임에는 틀림없었다.

2세기의 신학자 타티안은 "악마와 마귀의 몸은 공기 또는 불로 이루어져 있으며 몸이 물질로 이루어져 있는 만큼 먹을 것을 필요로 한다"고 확신했고 오리게네스는 "악마와 마귀는 산 제물에서 피어 오르는 연기를 게걸스럽게 들이마신다"라고 주장했다. 오리게네스에 따르면, 평범한 인간에 비해 정신적으로나 육체적으로 훨씬 더 많은 재능을 지닌 악마와 마귀를 죽은 사람의 영혼 정도로 여기는 것은 잘못된 일이다. 그들은 별의 위치와 움직임으로 미래를 내다볼 수 있고 또 신비로운 지식의 소유자이기도 하다(유독 여자들에게만 자신의 지식을 나눠준다).

2세기 말, 위대한 교부 알렉산드리아의 클레멘스도 자신의 저서 《스트로마타》(또는 잡문집)에서 위와 같은 견해를 강조한 바 있다.*

한편 타락한 천사와 함께 악마 군대의 한 축을 이루었던 이교 신들은 기독교가 발전하는 과정에서 비열하고 교활한 마귀로 전락했다. 페르시아가 선사 시대 이란인들의 구舊이교로부터 조로아스터교로 개종할 무

---

* 알렉산드리아 학파의 기독교 신학자였으며 유명한 알렉산드리아 교리문답 신학교의 수장이었다. 또한 그는 오리게네스의 스승이었다.

렵, 한때 동정녀로 불렸던 신들이 악마, 즉 파괴적인 아리만*의 신하가 되고 또 동정녀라는 이름이 악마를 일컫는 데 쓰이기 시작했던 것처럼 그리스 로마 신들 역시 기독교의 승리와 함께 신의 지위에서 밀려나 악마가 지배하는 지옥의 나락으로 떨어졌다.

이제 과거의 신은 악마와 마귀, 즉 시대에 뒤떨어진 신, 열등한 신, 쓸모 없는 신, 거짓으로 꾸며낸 허구의 신이 되어 버렸고 또 과거의 모든 유물들이 그러하듯 자신의 신성神性을 잃어버린 채 그 대립물로 전락해 버렸다. 가령 솔단**이 지적한 것처럼, 주후主後 첫 3세기 동안에는 모든 교부들이 "그리스 로마인들이 숭배한 신은 마귀에 불과하다"고 주장했다.

하지만 기독교도들은 악마와 마귀로 하여금 "나는 결코 신이 아니며 단지 실제로 존재하는 '죽은 신'에 불과하다"고 자인하게 만들 수 있다. 악마와 마귀가 기독교 세계에서조차 자신의 옛 모습으로 나타나는 데에는 그만한 이유가 있는 것이다.

투르의 저명한 주교 성聖 마르티노(316~397)는 주피터, 머큐리, 비너스의 형상을 한 마귀들을 자주 보았고 또 그로부터 몇 세기 후 노체라의 라이날도 주교는 주피터, 바커스, 비너스의 모습을 한 마귀들과 이야기를 나누었다. 한편 13세기의 학자 라벤나의 빌가르도 역시 오늘날 악마가 되어 버린 전설 속의 신들과 마주한 일이 있었는데 하루는 이 전설 속의 신들이 베르길리우스, 호라티우스, 유베날리스 등 빌가르도가 좋아하는 고대 작가들의 모습을 하고 나타났다. 그리고 악마의 기원이 그리스 로

---

* 페르시아 조로아스터교의 신으로 선신善神 아프라 마즈다에 대항하는 악신惡神이자 파괴의 화신이다.

** 마리아노 솔단(1821~1886), 페루의 역사학자이자 지리학자.

마에서 비롯되었다는 사실에 고무된 예르몰라이 바르바로*는 아리스토텔레스가 사용한 용어 '엔델레키아'의 의미가 궁금해지자 곧바로 악마에게 설명을 요구했다.

많은 중세 신학자들의 주장에 따르면, 악마는 대단히 해박한 지식을 지녔던 것으로 추정된다. 왜냐하면 그 본질에 있어서는 거짓되지만 그럼에도 불구하고 놀라울 정도로 다양했던 고대의 지식이 바로 오늘날 악마로 전락해 버린 신들로부터 나왔기 때문이다. 게다가 악마의 노련함과 뛰어난 재능은 비단 고대 학문 분야에만 국한된 것이 아니었다. 사실 고대의 물질 문명 전체가 악마에 의해 창조되었다고 해도 과언이 아닌데 이런 점에서 본다면 악마를 능수능란한 장인, 건축가 그리고 예술가라 부르는 것도 당연한 일일 것이다.

그렇다. 악마의 비범한 능력은 바로 여기에서 비롯되었다.

하드리아누스 황제 치세에 영국과 스코틀랜드 접경 지대에 축성된 방벽과 스위스 실레넨에 축성된 교량도 악마의 작품이었고 또 레겐스부르크의 두나이강을 가로지르는 교량과 아비뇽의 론강을 가로지르는 교량도 악마의 작품이었다. 한편 건축 분야에서 드러난 악마의 기예도 실로 대단한 것이었는데 심지어 노르망디에 '세상에서 가장 아름다운 교회'를 세울 때에는 대천사 미카엘과 실력 경쟁을 벌일 정도였다. 어디 그뿐이겠는가! 빅토르 위고의 《세기의 전설》을 통해 알려진 것처럼, 악마는 세상에서 가장 아름다운 것을 누가 만들어 낼 수 있는지 내기를 하자며 신에게 도전장을 던졌다. 하지만 악마가 팔을 걷어붙이고 세상에서 가장 아름다운 것을 만들기 시작하려는 순간 신에게는 이미 태양이 완성되어 있

---

* 아크빌레이의 총주교, 1493년 사망.

었다. 눈깜짝할 사이에 거미로 태양을 만든 신 앞에서 악마는 호되게 망신을 당하고 말았다. 하지만 이미 죽어 버린 신, 과거의 추악한 신이 살아 있는 진정한 신을 이긴다는 것은 애당초 말이 안 되는 일이었다.

하지만 다방면으로 뛰어난 재주를 지녔고 또 모든 것을 다 알고 있다고 자부했던 악마는 첫째, 인간에게 가능한 한 많은 해악을 끼치고 둘째, 인간에게 가능한 한 강한 타격을 주며 셋째, 인간에 대한 신의 권력에 가능한 한 심각한 손상을 입히고 넷째, 인간을 악마의 권력 앞에 무릎 꿇리는 일에 자신의 모든 능력과 관심을 집중시켰다. 이런 점에서 본다면 마귀들 모두가 동일한 기원을 갖는다고 말할 수 있다. 과거의 그리스 로마 신과 타락한 천사의 속성은 동일하다. 또한 그들이 추구하는 목적도 동일하다. 한마디로 말해서 그들이 하는 일은 재앙을 불러오고 해악을 끼치는 것이 전부다. 바로 이 때문에 그들을 '해악을 끼치는 자들'이라고 불러야 한다.

마귀는 사람들을 통해 해악을 끼친다. 그리고 그 사람들은 마귀로부터 특별한 능력을 부여 받은 자들로서 흔히 마법사, 마술사, 요술쟁이, 점쟁이, 예언자, 주술사 등으로 불린다. 하지만 직접 해악을 끼치든 아니면 마술사를 통해 해악을 끼치든 그 결과는 마찬가지다. 언제 어디서나 인간에게 육체적인 고통을 주고 가뭄, 흉작, 기근, 전염병, 역병에 의한 떼죽음, 나병과 같은 재앙을 불러오기 때문이다(이 모든 것은 신의 묵인이 있기 때문에 가능한 것이다). 게다가 정신적 해악의 근원 또한 악마와 그 조력자들에게서 찾을 수 있다. 악마의 패거리가 이교를 확산시켰고 이교도들 앞에서 마치 신처럼 행세했다. 마술, 요술, 점성술과 같이 여러 가지 징후와 전조를 해석하고 앞일을 내다보는 능력도 바로 그들에게서 비롯되었다. 그들은 기독교 신앙의 적으로서 사람들을 이단과 이교에 빠뜨린다. 그리고 그들의 부추김으로 기독교 신앙과 기독교도에 대한 무자비한 박해가 시작된다. 3세기에 프로콘술 아프리카*의 여러 교회를 이끌었던 성聖 키프리아누스는 "악마는 이단의 창시자이자 모든 교회 분열의 창시자이다"라고 주장했다.

중세 초기 최고의 권위를 누렸던 신학자 성聖 아우구스티누스(354~430년) 또한 로마인들이 섬기는 이교 신들을 마귀로 간주했다. 물론 마귀가 실제로 존재한다는 사실에는 의심의 여지가 없다. 하지만 기독교 교의가 승리를 거둔 이상 마귀들의 사악한 의지도 누그러지고 약화될 수 있다(제물을 바쳐서가 아니라 기독교의 귀신 쫓는 의식이 있기 때문이다). 만일 귀신 쫓는 의식이 없다면 악마가 온갖 질병과 불행, 흉작과 가뭄 그리고 기근을 불러올지도 모른다. 인간이 동물로 변할 수 있다고 믿었던 아우구스티누스는 이렇게 말했다.

"악마는 주위 사람들이 보면 동물이라고 여길 만큼 사람 얼굴을 완전히 일그러뜨릴 수 있다. 아니 어쩌면 주위 사람들이 보는 것은 진짜 사람이 아니라 사람의 판타스티쿰**, 즉 사람이 꿈을 꿀 때 그 몸에서 빠져 나와 동물의 형상을 취하는 무엇일지도 모른다. 물론 이것은 악마가 개입했기 때문에 가능한 일이다."

아우구스티누스는 이러한 판타스티쿰을 확고부동한 사실로서 받아들인다. 왜냐하면 꿈 속에서 일어나는 수많은 경우들, 즉 판타스티쿰이 사

---

* 프로콘술 아프리카는 지중해 연안을 포함하는 고대 로마의 속주를 가리키는 말이다.

** 영혼과 유사한 것으로서 악마적 성격을 띠고 있다. 악마는 자신의 마력을 이용해 이 판타스티쿰에 동물이나 사람의 형상을 부여한다.

람으로부터 떨어져 나와 무한한 공간 속으로 사라지는 수많은 경우들이 그 가능성을 말해주기 때문이다. 본질에 있어 영혼과 판타스티쿰이 동일하다고 보는 아우구스티누스는 결국 '판타스티쿰은 악마의 마력에 의해 동물의 형상이나 사람의 형상으로 변한다'는 테마로까지 나아가게 된다.

'인간의 육신도 영혼(판타스티쿰)처럼 허공을 날 수 있을까?' 세 번째 하늘*에 올랐던 사도 바울에게서 확실한 답을 얻지 못한 아우구스티누스는 이 물음을 의문의 여지가 있는 것으로 남겨둔다.

아우구스티누스는 '어떤 대답을 해야 할지도 모르는 악마가 과연 새로운 생명을 창조할 수 있을까'라는 물음에 대해서도 확실한 답을 하지 못한다. 그는 이렇게 말한다.

"악마는 사四원소 속에 숨겨진 씨앗을 잘 찾아낸다. 그리고 비록 새롭게 창조하는 것은 아니지만 어쨌든 이 씨앗을 이용해서 그리고 자신의 교묘한 재주를 이용해서 필요한 동물을 뚝딱뚝딱 만들어 낸다(여기서 악마는 여러 가지 물질로 벌레와 파리를 만들어 내는 사람을 연상시킨다)."

그런가 하면 악마가 여자와 성관계를 맺을 수 없다고 주장하는 것 또한 아우구스티누스에게는 대단히 파렴치한 일로 여겨졌다. 왜냐하면 악마와 여자의 성관계를 신고하는 경우가 아주 많았기 때문이다. 물론 악마가 불러일으키는 이 모든 재앙은, 아우구스티누스의 설명처럼, 신의 묵인과 허락이 있기 때문에 가능한 것이다('신에 의해 묵과되는 악'에 관한 일반적인 교의로부터 이런 결론을 내릴 수 있다).

---

* 하늘을 몇 개로 구분하던 구약 성경에서 빌려 온 개념.

마법사는 과연 형벌을 받아야 하는가? 마귀의 사악한 의지의 도구 노릇을 하는 마법사는 온갖 불행과 재앙을 일으키고 인간을 타락으로 이끌며 인간에게서 꿈과 평온, 만족과 먹을 것을 앗아 가기 때문에 이미 고대 때부터 죄의 경중에 따라 가혹한 형벌을 받았다.

　　마법사가 끼치는 해악이 크면 클수록 그에게 내려지는 형벌은 더 무자비해졌고, 정당한 응보의 원리는 더 확실하게 자신의 승리를 축하할 수 있었다. 과거의 신들에 의해 지배당하는 마법사는 그들을 위해 봉사할 수밖에 없었다. 하지만 일생을 마친 신, 즉 사악한 마귀가 되어 버린 신을 숭배하는 모든 행위는 고대 세계에서 처벌 받아 마땅한 것이었다. 그리고 마법사에 대한 징벌은 그 본질에 있어 아주 세속적인 것이었지만 표면적으로는 다분히 종교적인 색채를 띠고 있었다.

　　악마를 섬기는 자들이나 우상 숭배자들이 형벌을 받은 이유는 종교적인 죄를 지었기 때문도 아니었고, 일생을 마친 신을 믿었기 때문도 아니었다. 그들이 형벌을 받은 이유는 세상에 앙갚음 하려는 신, 즉 오늘날의 문화에 뒤떨어진 옛 신의 부추김으로 위법 행위를 저질렀기 때문이었다. 많은 로마 황제들이 기독교를 박해하기는 했지만 사실 여기에 종교적 요소가 있었던 것은 아니다. 기독교도들은 사악한 신과 악마 그리고 우상들에게 복종한 대가로 그에 상응하는 벌을 받았다.

　　초기 기독교 세계에서도 마법사를 대하는 태도는 마찬가지였다. 우상 숭배로의 회귀(이제 이것은 로마 신들을 믿는다는 것을 의미했다)가 벌을 받을 수밖에 없었던 이유는, 악마가 되어 버린 옛 신들이 기독교에서 이탈한 사람들을 악으로 이끌거나 재앙을 불러일으키는 일밖에 할 수 없었기 때문이다. 당시 사람들은 중독사中毒死라는 말을 대단히 충격적으로 받아들였기 때문에 마법사는 독살자와 동일시되기 시작했다.

한편 세속 권력이 죄를 범한 마법사들을 살해자와 해악을 끼치는 자로서 박해해야 했다면 신도 수를 늘리려 했던 교회 역시 신도들의 이탈을 가만히 지켜볼 수만은 없었다. 신도들의 이탈이 더욱 위험했던 것은 가령 유해한 행위만 하지 않는다면 우상 숭배자들도 얼마든지 벌을 받지 않고 교회를 떠날 수 있었기 때문이었다.

교회를 이탈한 신도가 '교회 죄인'의 범주에 포함되기 시작했다는 것은 전혀 놀라운 일이 아니다. 이제는 이 교회 죄인들에게까지 종교적 처벌이 확대 적용되어야 했고 특히 교회를 이탈하는 행위와 죽기 전에 성찬 의식을 거부하는 행위는 엄벌에 처해져야만 했다. 그리고 옛 신들에게 돌아간 죄가 얼마나 큰지는 더 이상 중요하지 않았다. 신도들이 벌을 받은 이유는 사회에 끼친 해악 때문도 아니요 사람에게 저지른 범죄 때문도 아니었다. 그들이 벌을 받은 이유는 교회를 이탈하고 신의 말씀에서 벗어나는 행위를 했기 때문이었다(특히 신의 말씀에서 벗어나는 행위에는 형사 범죄가 수반되지 않을 수도 있었다). 마법의 범위에 포함되는 것은 마술, 예언, 점치기, 매혹 등이었지만 이 밖에도 마법사가 사용할 수 있는 방법은 아주 많았다.

306년 엘비르 공의회는 "인간이 다시 우상 숭배에 빠짐으로써 마법이 가능하게 되었다"며 마법을 맹렬히 비난했다. 그리고 엘비르 공의회와 동일한 관점을 지녔던 314년 앙키르 공의회와 375년 라오지케이 공의회는 "성직자들 중에 마법을 행하는 자, 부적을 만드는 자가 있고 또 수학자, 주술사, 점쟁이가 되는 자들이 있다"고 지적했다.

이제 많은 공의회들이 무시무시한 '마법 범죄'에 대해 본격적으로 논의하기 시작했고 나무, 바위, 돌, 샘 따위를 숭배하는 행위 역시 마법 범죄에 해당하는 것으로 간주했다. 게다가 551년 엘류즈에서 열린 대교구 공의회는 정신적 징벌에서 한 걸음 더 나아가 낮은 신분 또는 노예 신분의 마법사들을 채찍질로 벌할 것을 요구했고, 나르본 공의회는 우상 숭배의 마법에 빠진 자유인을 노예로 팔 수 있는 법을 제정했다. 이처럼 교회는 6세기 중반을 기점으로 마법사에 대한 이중 처벌을 요구하기 시작했고 또한 마법사를 처벌하는 일에 세속 권력을 끌어들이기 시작했다. 마법사는 아무 해악도 끼치지 않고 아무런 파괴 행위도 하지 않았다 하더라도 두 권력, 즉 세속 권력과 교회 권력 모두에 의해 단죄되어야 했다.

세속 법정은 마법사가 해악을 끼치는 경우 또는 마법사로 인해 타락의 길에 빠진 사람의 고소가 있는 경우에만 재판을 진행하려고 노력했지만 공의회의 결정들이 가해 오는 압박을 끝까지 견뎌낼 수는 없었다. 하지만 중세 초기에는 피해자 측의 발의로 고소가 이루어졌기 때문에 무고한 마법사들이 박해로부터 보호받을 수 있었다. 그들은 교회의 교리를 따른다면 당연히 극악무도한 죄인이었지만 실제로는 사람들의 불만을 살 만한 행위를 하지 않았고 또 피해자들이 처벌을 요구할 만한 아무런 근거도 제공하지 않았다.

세속 법정은 해악을 끼치지 않는 마법사들에게는 거의 관심이 없었고 오히려 '밤마다 날아다니는 여자들'을 박해한 자들, 즉 "이 여자들이 아이들을 잡아먹고, 산 사람의 내장을 빨아먹는다"고 주장한 자들을 비난했다.

세속 법정은 이러한 주장을 무분별한 광기의 발로로 간주했고, 사람들에게 그것을 경계할 것을 권했지만 그럼에도 불구하고 두 종류의 마법사, 즉 해를 끼치는 마법사와 해를 끼치지 않는 마법사가 존재한다는 사실은 분명히 강조했다. 643년 랑고바르드의 왕 로타르가 공포한 칙령은 기독교도들이 '여자들은 흡혈귀가 될 수 있고, 산 사람의 내장을 빨아먹을 수 있다'는 말을 믿지 못하도록 금지시켰고, 판사들에게는 '억울한 죄를 뒤집어쓴 여자들이 미치광이들에 의해 살해되는 일이 없도록 하라'고 명했다. 그런가 하면 로타르 왕보다 더 강경한 태도를 보인 카롤루스 대제는 787년의 1차 색슨 법령*에서 "악마에게 속고 우롱당하여 '산 사람을 잡아먹는 여자들이 있다'고 믿게 된 자들 그리고 이를 근거로 죄 없는 불쌍한 사람들을 살해하는 자들, 그런 자들은 마땅히 사형에 처해져야 할 것이다"라고 밝혔다.

이처럼 세속법은 이교적 광기와 마법 사이에 분명한 경계선을 그어 놓고 있었다. 세속법의 견해에 따르면, 마법사는 실제로 존재했고 또 주위 사람들에게 해를 끼친 만큼 가혹한 형벌을 받아야 했다. 하지만 흡혈귀니 하늘을 나는 여자니 하는 것들은 모두 부질없는 생각으로 단지 악마에게 기만당한 몇몇 미치광이들이 무고한 사람들을 박해하기 위해 지어낸 헛소리에 불과했고 따라서 이 미치광이들은 자신이 늘어놓은 헛소리에 대해 법적인 책임을 져야만 했다.

하지만 세속 법정이 스스로를 군중의 광기와 엄격하게 구별 지은 반면 교회의 견해는 점점 더 군중의 광기에 가까워지고 있었다. 그리고 얼마 후 교회는 세속 법정을 자신의 영향력 하에 두었다.

9세기까지만 해도 세속법은 마법사가 실제로 해악을 끼쳤는지 안 끼

---

* 색슨족을 정복하는 과정에서 카롤루스 대제가 발포한 명령.

첬는지 그 여부를 판단하는 일이 우선되어야 한다고 보았고, 해악을 끼친 사실이 인정될 경우 그 경중에 따라 서로 다른 형량을 선고했다. 하지만 교회 권력이 강화되면서 '마법사의 죄'가 갖는 종교적 성격이 더욱 두드러지게 나타나기 시작했다. 이제 마법사는 사람들에게 해를 끼친 죄는 물론 신성을 모독한 죄, 악마에게 복종한 죄 그리고 이교적 원리의 힘 앞에 굴복한 죄에 대해서도 벌을 받아야 했다. 그리고 세속 법정에 의해 선고되는 형량 역시 범법 행위crime의 경중보다는 종교적 죄sin의 경중에 따라 달라졌다. 예컨대 마법이 개입되지만 않는다면 살인죄와 같은 중죄가 점술이나 주술 행위보다 더 가벼운 형량을 받을 수 있었던 것이다(점술과 주술은 악마적 미혹의 요소가 뚜렷하게 드러나는 것으로 간주되었다).

교회와의 조화를 모색했던 세속 권력으로서는 교회법의 요소들을 받아들이지 않을 수 없었다. 이제 세속법은 자신의 징벌의 검을 교회의 손에 쥐어 주었을 뿐만 아니라 스스로 '교회 정신'에 고취되어 마법사를 종교적 죄인으로 보지 않으려 했던 자신의 견해로부터도 벗어나게 되었다.

하지만 세속적 사상이 교회의 원리들에 오염되어 가면서 하나 둘 운명적인 결과들이 초래되기 시작한다. 교회가 '마법사들이 범한 죄'의 종교적 성격을 전면에 내세우기 시작했고, 군중의 광기, 즉 날아다니는 여자, 산 사람을 잡아먹는 흡혈귀 그리고 악마와 성교를 하며 온갖 동물로 둔갑하는 여자들의 존재를 믿는 군중의 광기를 확산시켰다(알다시피 랑고바르드의 로타르 왕과 카롤루스 대제는 이 모든 것들이 헛소리에 불과하다며 맹렬한 비난을 퍼부었다).

이미 확인한 바와 같이, 세속법에 의해 무분별한 광기로 매도되었던 민간 신앙은 성 아우구스티누스의 견해에 많은 영향을 주었다. 그는 "비록 인간의 육신은 아니지만 어쨌든 악마의 영향으로 물적 존재의 외형을 띠게 된, 인간의 판타스티쿰이 하늘을 날아다닌다"라고 했다.

교계에서 아우구스티누스가 누렸던 권위는 그야말로 절대적인 것이었다. 그럼에도 불구하고 《악마적 본성과 마귀들의 예언》에 기술된 그의 악마론은 한동안 신학계의 폭넓은 관심을 끌지 못했다. 하지만 7세기 중반 세비야의 이시도르 주교가 아우구스티누스의 학설에 기초해 《어원학》이라는 신학 백과사전을 펴내게 된다. 이 책에서 이시도르는 어떻게 마법사들이 우박, 비, 가뭄 같은 자연 현상을 불러올 수 있는지, 어떻게 한 동물을 다른 동물로 만들고 또 사람을 동물로 만들 수 있는지에 대해 자세히 설명하고 있다. 물론 이 책에 언급되어 있는 사람들이 로마 시인 호라티우스 같은 이교도들뿐이었지만 어쨌든 이시도르는 이 모든 이야기들을 마치 명백한 사실인 것처럼 기술하고 있다. 가령 하늘을 나는 여자들이나 아이를 잡아먹는 여자들에 대해 이야기할 때 그는 근거 있는 사실들보다는 오히려 세간에 떠도는 소문들을 더 많이 소개했다(사실 소문이라고 해서 무조건 믿어서는 안 된다는 것도 말이 안 된다). 하지만 악마와 여자의 성관계에 대해 이야기할 때는 보다 명확한 근거를 제시했는데 물론 또다시 이교도들만을 인용하기는 했지만 어쨌든 그의 주장대로라면 악마와 여자가 성관계를 맺는다는 것은 분명한 사실이었다. 이제 교회는 당대 최고의 권위를 자랑하는 인물과 그 견해에 힘입어 군중의 광기에 한 걸음 더 가까이 다가갔고 동시에 군중의 광기가 갖는 가장 두드러진 특징을 얻게 되었다.

이후 많은 신학자들이 이시도르의 《어원학》에 주석을 달고 내용을 보충하여 더욱 충실하게 만들었는데 중요한 것은 그들 모두가 라미아*, 흡혈귀 그리고 악마와의 동거에 관한 이시도르의 견해를 명백하게 입증된 것으로 받아들였다는 사실이다. 9세기, 명성이 자자했던 마인츠의 라바누스 마우루스 대주교가 그랬고, 이시도르의 추종자였던 레임스의 힝크마 대주교가 그랬다. 한마디로 신학계 전체가 악마와 마귀 군대의 끔찍한 만행을 기술하는 데 여념이 없었다.

군중의 환상은 학자들의 날조된 이야기와 스콜라철학의 교묘한 술수 그리고 이교 신화체계에 의해 더욱 풍부해졌다. 일단 민간의 미신이 신학 사상에 흡수되었고 그 다음에는 신학 사상이 광신과 광기 그리고 공포를 민간에 확산시켰다. 이제 악마가 벌이는 전대미문의 만행과 그 파렴치함에 대해 이야기하는 주석서들이 마치 봇물 터지듯이 쏟아져 나왔고 수도사들은 시대의 영웅이 되어 버린 악마의 환상적인 위업을 묘사하기 위해 자신의 모든 능력을 연마하기 시작했다. 노장Nogent의 아바트 기베르에 관한 이야기를 읽어보자. 그는 원래 자신이 태어났어야 하는 때보다 7년이나 더 늦게 태어났는데 그 이유는 아버지가 악마의 마법에 걸려 있었기 때문이다. 그런데 아버지가 발기 부전증을 앓고 있던 어느 날 밤(기베르의 출생이 늦어진 바로 그 7년 중의 어느 날 밤이 되겠다), 놀라운 일이 벌어졌다. 남자의 모습을 한 악마가 갑자기 나타나 기베르의 어머니와 몰래 정을 통하려 했던 것이다. 하지만 바로 그 순간 선한 신령이 홀연히 나타났고 결국 악마는 선한 신령에 의해 쫓겨나고 말았다. 이 선한 신령은 기베르 어머니의 도덕적 순결을 지키는 신령이었다.

---

* 그리스 신화에 나오는 인물로 어린아이를 유괴하여 잡아먹었다고 한다.

한편 클레르보의 선교사 베르나르*에게는 남자로 둔갑한 악마를 쫓는 비상한 재주가 있었다. 그는 12~13세기에 성聖 아우구스티누스의 학설이 부흥하는 데 적지 않은 기여를 했고 또 그의 적극적인 활동 덕분에 악마와 마귀들의 광기 어린 만행이 민간에 널리 알려지게 되었다.

아우구스티누스와 이시도르의 저작에 조예가 깊었던 솔즈베리의 요한** 역시 자신의《폴리크라티쿠스Polycraticus》에서 대단히 끔찍한 이야기들을 들려주었다. 그리고 블루아의 피터***는 악마의 지시를 따르는 여자들이 찰흙과 진흙으로 인간의 형상을 만들고, 그 형상으로 자신의 적들에게 고통을 주거나 자신이 사랑했던 사람의 마음에 사랑을 불어넣는다는 주제로 확장함으로써 악마의 만행과 관련된 분야에서 솔즈베리 요한의 경쟁 상대로서 두각을 나타냈다. 그런가 하면 노르만의 여러 수도원에서 북프랑스 전체로 확산된 공포가 큰 문제로 대두되었는데 그 정도가 얼마나 심했던지 수도사들과 주민들의 마음을 가라앉히기 위해 교황의 개입이 필요할 정도였다. 뿐만 아니라 그 유명한 코베이Corvey 수도원에서도 똑같은 일이 벌어졌는데 원장 비발드의 말에 따르면, 심지어 이교도들조차 믿지 않을 만큼 터무니없는 헛소리들이 바로 이 수도원에서 시작되었다는 것이다. 그것은 훈족이 마귀들의 자손이라는 이야기와 키프로스 섬 주민들이 악마, 즉 남자로 둔갑하여 여자와 성관계를 맺는 악마의 자식이라는 이야기였는데 무슨 이유 때문이었는지 알 수 없지만

* 클레르보의 베르나르(1090~1153). 12세기에 활동한 수도사로서 시토회를 창립하였으며 제2차 십자군 원정 중에 설교를 행하였다. 이후 로마 가톨릭의 성인으로 추앙받았다.

** 솔즈베리의 요한(1115~1180), 중세 영국의 인문주의자. 토마스 베켓과 친구. 키케로와 플라톤을 좋아했고 수사학과 논리학을 결합, 수려한 문체를 창출했다.

*** 블루아의 피터(1130~1203), 프랑스의 정치가이자 신학자.

어쨌든 이런 이야기가 믿을 만한 이야기로 받아들여지기 시작했다. 여자의 모습으로 나타나는 서큐버스(아래에 누워 있는 악마)와 달리 이 악마는 오래전부터 인큐버스(위에 엎드려 있는 악마)라는 이름으로 불리고 있었다. 한편 영국 왕 메를린에 대해서는 수녀였던 영국 공주와 인큐버스 사이에서 태어난 아이가 바로 메를린 왕이라는 이야기가 있었고 또 발터는 수많은 사람이 메를린 왕처럼 기이한 출생의 비밀을 가지고 있다고 주장했다.

이제 인큐버스와 서큐버스의 문제가 신학적 사유의 단골 테마로 등장하는데 특히 파리의 빌헬름은 이 문제에 깊은 관심을 보인 신학자들 중한 사람이었다. 그에 따르면, 피그미*, 목신牧神**, 늑대 인간 그리고 하이에나는 서로 다른 형태의 마귀와 반半마귀들로서 아주 교활한 방법으로 사람들의 운명을 좌우했다. 그의 생각에 따르면 인큐버스와 여자 사이에서 태어난 목신은 완전한 마귀적 존재라고 할 수 없는 유한한 생명을 가진 존재였다.

빌헬름은 '마귀는 인간을 만들어 낼 수 없으며 단지 인간의 정자를 빌려 여자의 몸속에 그것을 집어넣는 것뿐'이라고 보았다.

12세기에는 피터 롬바르드가 이 분야의 탁월한 권위자로 등장한다. 그의 권위가 토마스 아퀴나스***의 권위로 대체될 때까지 거의 모든 신학자들에 의해 회자된 그의 금언金言들 속에는 아주 다양한 악마적 행위들이

---

*   그리스 신화에 나오는 난쟁이.

**   반은 사람, 반은 양의 모습을 한 신으로 음탕한 성질을 지님.

***   토마스 아퀴나스Thomas Aquinas (1224~1274). 이탈리아의 가톨릭 신학자, 도미니크 교단의 수사. 알베르투스 마그누스의 제자. 1323년 성인으로 추대되었다. 그는 아리스토텔레스의 철학 중에서 유물론적 요소를 제거하고 관념론적 요소인 부동不動의 동자動者, 제1원리로서의 신이라는 관념 등을 취하여 기독교에 적용시켰다.

언급되어 있는데 그 중에서도 특히 피터 롬바르드의 관심을 끈 것은 바로 발기 부전 현상, 즉 악마에 의해 야기되어 결국 부부의 이혼 사유가 되는 발기 부전이었다. 그는 "악마적 발기 부전은 자연적 발기 부전과 달라서 여자 쪽에서만 결혼 생활이 불가능해지기 때문에 만약 발기 부전의 마법에 걸리는 남자가 있다면 그 사람은 부인과 이혼하고 곧바로 다른 여자와 결혼해야 한다"라고 주장했다. 피터 롬바르드는 '신은 어째서 악마가 결혼 생활을 망쳐 놓도록 허락하는가?'라는 물음에 대해 '이 모든 일이 신의 묵인 하에 이루어지고 있고 또한 그것은 악마에 홀린 사람들의 죄악이 빚어낸 결과다'라는 답을 내놓았다. 하지만 이보다 더 해결하기 힘든 문제는 바로 '음란하고 방탕한 악마, 사람들을 음탕한 생활로 이끄는 악마가 왜 하필이면 발기 부전이라는 고통을 안겨 주는가'라는 문제였다. 일부 파리 신학자들에 의해 제기된 이 골치 아픈 문제를 해결하기 위해서는 아마도 합법적인 아내에게만 적용되는 악마적 발기 부전의 독특한 성격을 이해할 필요가 있을 것이다.

이처럼 다양한 형태로 되풀이되는 추론들로 인해 인간 사회가 악풍惡風에 물드는 것은 당연한 일이었고 또한 사람들이 전능한 악마, 도처에 존재하는 악마 그리고 인간 생활의 가장 내밀한 곳까지 침투하여 평온을 깨뜨리는 악마를 떠올리는 것도 당연한 일이었다.

악마 연구의 학술적 성격은 무지한 대중이 악마의 실제적 존재 가능성을 놓고 심한 동요를 일으킬 수도 있다는 사실을 인정하지 않았다. 하지만 위협적이고 신비로운 힘의 근원으로서 악마가 불러일으키는 공포감은 날로 확산되었고 이 때문에 많은 사람들이 심각한 정신 질환을 앓게 되었다. 이제 사람들은 자신이 악마의 마법에 걸렸다는 것, 악마의 도움을 받으면 다른 사람들을 자신의 도구로 만들 수 있다는 사실을 믿게 되었다. 12세기의 인간 사회가 크나큰 파국을 맞이하게 된 것이다.

악마의 활동 범위가 세례 받지 않은 자와 이교도들에게만 국한된다는 생각은 이미 과거의 일이 되어 버렸다. 신이 그 지극한 의로움으로 믿음 가진 자까지 유혹하고 괴롭힐 수 있도록 허락하였고 따라서 믿음 가진 자는 자신의 자유로운 선택으로 지고의 행복에 도달할 수 있는 가능성과 유혹자(악마)를 물리치고 자신의 믿음을 굳건히 하며 타인의 마음과 양심을 위로하고 북돋아줄 수 있는 가능성을 부여받았다. 다시 말해서 이제 그 누구도 악마의 유혹을 구실 삼아 자신을 정당화할 수 없게 된 것이다 (원래 악마는 죄를 짓도록 부추기는 일만 할 뿐 죄악을 강요하지는 못한다).

오리게네스는 마귀들이 없었다면 죄악도 없었을 것이라는 견해에 동의하지 않았다. 그는 다음과 같이 말했다.

"사람들이 악에 빠지는 것은 바로 그들 자신이 지닌 결함 때문이며 마귀들은 단지 악을 유발하고 촉진하는 역할만 할 뿐이다. 따라서 죄에 대한 책임은 악마와의 싸움에서 패배한 인간들 스스로가 져야 하며 그 책임을 유혹자에게 떠넘겨서는 안 된다. 자비와 사랑으로 인도하시는 하느님은 인간의 힘으로 극복할 수 없는 유혹은 허락하지 않는다. 인간은 언제나 신의 도움을 기대할 수 있을 것이며 의지할 데 없는 사람이 여러 악마의 영향을 동시에 받는 일은 없을 것이다. 신께서 믿는 자들에 대한 악마의 영향력을 무력화하지 않은 것은 믿음 가진 자들이 악마와 싸우며 항상 깨어 경계할 수 있게 하기 위해서, 그리고 무위와 나태의 나락으로 떨어지지 않게 하기 위해서였다."

교회는 악마에 대항할 강력한 수단이 있다고 가르쳤으니 그것이 바로 참된 기독교 신앙이었다. 독일 연구가 솔단에 따르면, 기독교는 그 교리를 통해 튼튼한 방벽을 쌓아 올렸기 때문에 모든 신자는 그 방벽 뒤에서 안전하고 용감해질 뿐만 아니라 마법의 해로운 영향도 두려워할 필요가 없었다.

사도 바울의 제자로서 로마서에 등장하는 헤르마스는 악마로부터 안전해질 수 있는 가장 좋은 방법은 신을 두려워하는 경건함과 종교적 열정이라고 했다. 즉 믿음이 악마를 패주시키고 진정으로 믿는 자가 마귀들을 두려움에 떨게 만든다는 것이다. 독실한 믿음으로 끝까지 버티는 자는 악마를 두려움에 떨게 하지만 믿지 않는 자는 악마를 두려워하게 된다. 또한 기도가 악마를 몰아내고 십자가 표식이 악마를 두렵게 만들며 그리스도의 이름을 말하는 순간 악마가 사라진다.

오리게네스에 따르면, 믿는 자에게 패한 마귀는 나락으로 떨어질 뿐만 아니라 인간을 유혹할 수 있는 권리마저 잃는다. 믿는 자들이 더 많은 승리를 거둘수록 마귀의 수는 점점 더 줄어들고 이교도들은 더 쉽게 악마의 추악함에서 벗어날 수 있다. 오직 세례를 받지 않은 자들과 이교도들만이 계속해서 악마와 마귀들의 지배를 받게 되는데 바로 이 때문에 세례를 받을 때는 반드시 악마를 쫓는 의식을 치러야 한다. 그리고 3세기 중반부터는 '내쫓는 자'라는 독특한 직함을 가진 관리가 등장하는데 처음에 이 관리는 자신의 옛 신념을 버린 성인 이교도들만 상대했지만 나중에는 악마에 홀린 아이들이 악마를 내뱉고 선한 신령을 들이마실 수 있게 하는 일까지 담당했다. 세례식을 치를 때 이 관리는 "나오너라 악령아! 선한 영靈에게 자리를 비켜 주거라"라고 말했다.

성스러운 힘으로 악마를 쫓을 것을 권했던 그레고리우스 대교황 (540?~604)은 자신이 한 아리우스파 교회에서 악마를 쫓았을 때의 경험담을 들려주었다. 그에 따르면, 이 악마는 돼지의 모습을 하고 있었는데 마침 자신 앞에 한 성인聖人의 유골이 나타나자 그 돼지가 큰 소리로 꿀꿀거리며 달아났다고 한다. 그리고 그는 《옛 이탈리아 교부들의 삶과 기이한 사건들》에서 악마에 관해 자세히 기술하였고 교회당 안내인 피터에게는 여러 주교와 수도사들에게 일어난 기이한 일들, 즉 귀찮게 따라다니는 악마를 주교와 수도사들이 멋지게 쫓아 버린 일들에 관해 이야기해 주었다. 예를 들어 한 장로에게는 이런 일도 있었다. 장로가 악마에게 말을 걸어 "여봐라 악마야, 이리 와서 내 장화를 좀 벗겨 다오!"라고 하자 이 악마가 정말 장로 앞에 나타나 장화를 벗기려 했다. 하지만 이때 믿음 가진 자가 성호를 긋자 놀란 악마는 그대로 줄행랑을 쳤다.

8세기에 소위 '독일의 사도'였던 성聖 보니파키우스는 세례식에서 악마를 쫓으며 "자 이제 여러분은 악마와 악마의 창조물들 그리고 악마의 모든 허세를 부인했습니다. 악마가 창조한 것이 어떤 것들입니까? 그것은 바로 우상 숭배와 독약, 주술과 예언입니다"라고 말했다.

그런데 악마의 힘이 너무 강해지고 그 허세가 너무 심해져서 심지어 교회를 대표하는 사람들조차 비굴하게 악마의 만행을 지켜봐야 했던 경우도 적지 않았다. 가령 수도원 원장 트리테미우스는 끔찍했던 858년의 사건에 대해 기술하면서 "당시 악마가 일으킨 화재로 수많은 건물이 소실되었고 '불을 끄려 했던 사제들'과 '피해자들을 도우려 했던 사제들'까지 돌에 맞아 부상을 당했다"라고 묘사했다.

871년 마인츠 공의회에서는 작센 주에서 온 두 사제가 마치 주교보다 더 신앙심이 깊고 고결한 성직자인 것처럼 행동한 일과 또 그 결과로서 수많은 신자들이 그들을 섬기게 된 일을 놓고 열띤 논의가 벌어졌다. 결국 한 사람은 루이버트 주교에 의해 파면당했고 나머지 한 사람은 '신의 징벌을 집행하는 자' 또는 징벌 대신大臣의 모습으로 나타난 악마에게 사로잡혔다. 그런데 이 징벌 대신이라는 자는 속인俗人을 교회 울타리 안에 매장하면 크게 화를 내곤 했다. 한번은 발렌틴이라는 사람이 제노바의 한 교회에 매장된 일이 있었다. 그런데 어느 날 밤 지하 납골당 쪽에서 소름 끼치는 소리가 들렸고 이 소리를 들은 문지기들이 달려갔을 때 그곳에서는 악마 둘이 발렌틴의 발을 묶어 교회 밖으로 끌어내고 있었다. 겁에 질려 줄행랑을 친 문지기들은 다음날 아침 지하 납골당에 있던 발렌틴의 시신이 발이 묶인 채 교회 울타리 밖으로 옮겨져 있는 것을 발견하였다. 이 일은 공의회에서 특별히 다루어졌고 공의회는 '발렌틴에게 일어난 일은 영원히 잊어서는 안될 기이하고 끔찍한 사건이다'라는 결론을 내렸다. 그리고 이 사건으로 인해, 895년에 열린 보름스 공의회의 제2 교회법에는 '성부聖父들의 명령에 따라 또한 기이한 사건들이 더 이상 일어나지 않도록 앞으로는 속인을 교회 안에 매장하는 것을 금한다'라는 규정이 생겨났다.

악마의 활동 범위가 터무니없이 넓어지자 악마에 대한 공포심이 전에 없이 빠른 속도로 고조되었고 심지어 신조차 악마의 전능함에 위협을 느꼈다. 그리고 신과 악마라는 두 세력의 충돌 가능성과 어느 쪽이 이길지 모른다는 불안감은 많은 신자들을 두려움에 떨게 만들었고 심지어 권위 있는 성직자들까지 악마의 무한한 전능함을 운운하게 만들었다.

10세기 중반 이탈리아 베로나의 라테리우스는 "나는 신의 전능함 편에 설 수밖에 없고 따라서 악마가 굴복하게 될 것이라고 주장할 수밖에 없다"고 말했다. 하지만 악마의 위력이 얼마나 대단했던지 963년에 로마 공의회는 "교황 요한 12세가 악마의 건강을 위해 포도주 잔을 들었고 주노, 비너스와 같은 이교 세계의 여신들에게 구원을 요청하였다. 교황은 악마에게 무릎을 꿇고 말았다"라고 선언했다.

한편 신학자들은 가축과 야수로 둔갑하는 악마의 능력에 각별한 주의를 기울였는데 그들의 주장에 따르면, 사람을 동물로 만들 수 있는 악마의 능력은 신의 묵인이 있었기에 가능한 것이었다.

교회는 '사람이 변해서 생겨난 동물들'에게도 영혼이 있다는 사실을 믿어 의심치 않았다. 하지만 이런 동물들이 사람의 영혼을 악용하는 것은 아니라는 식으로 사람들을 안심시켰다. 스위스 로잔의 한 주교는 '악마의 도움을 받은 마법사들이 수많은 사람을 벌레, 메뚜기, 두꺼비, 풍뎅이 같은 해충으로 만들어 버렸다'고 믿었다. 그래서 그는 주교 연단에서 이 무시무시한 해충들을 향해 세 번 설득과 위협의 말을 던진 다음 "아벤티쿰 법정으로 직접 나오든지, 대리인을 보내든지 하라"고 요구했다. 그는 종소리가 울려 퍼지는 가운데 아주 엄숙하게 말을 이어 갔다. 농부들도 무릎을 꿇고 앉아 주기도문과 아베 마리아聖母歌를 세 번 외운 다음 메뚜기 떼와 다른 모든 해충들이 죽어 없어지게 해 달라고 기도를 올렸다. 얼마 후 메뚜기 떼와 벌레들이 주교를 상대로 소송을 제기했고 법정에는 그 대리인이 출석했다. 결국 소송은 주교의 승리로 끝났고 로잔의 해충들은 성부와 성자와 성령의 이름으로 영원한 저주를 받았다. 하지만 악마는 주교의 저주로 무릎 꿇릴 수 있을 만큼 약한 존재가 아니었다. 1년 후 농민들에게는 똑같은 재난이 닥쳤고 악마의 힘을 꺾지 못한 교회는 큰 모욕감을 느꼈다. 한편 보름스의 대주교 아델베르트 역시 악마와의 싸움을 치르고 난 후에야 교회의 힘이 약하다는 것을 깨달을 수 있었다. 1065년, 부활절을 맞아 대주교가 한 환자의 병을 고쳐 주려 했는데 이를 원치 않은 악마가 그의 일을 방해했고 결국 그 환자는 죽고 말았다.

이 일이 있기 50년 전, 오를레앙 공의회에서도 이와 유사한 사례들이 많이 소개되었는데 당시 악마와 그 패거리(점쟁이, 마법사, 요술사, 마녀, 귀신 들린 사람, 미쳐 날뛰는 사람 등)의 전능함을 입증하는 수많은 증거들에 의기 소침해 있던 성직자들은 이러한 사례들에서 깊은 인상을 받았다.

놀라운 사실은, 이런 일이 있은 다음부터 유력 인사들의 행동에 조금 이라도 미심쩍은 구석이 있을 경우 모두가 그 행동의 악마적인 이면裏面 을 찾으려 했다는 것이다. 그리고 이런 점에서는 교황도 예외가 될 수 없 었다. 고프레르에 따르면, 교황 그레고리우스 7세는 '마법서를 읽는다'는 의혹, 다시 말해서 악마와 손잡고 일한다는 의혹에 휩싸였다. 한마디로 말해서 색다른 것, 대담한 사고思考 그리고 일상적 삶이나 익숙한 사고 방식에서 벗어나는 모든 것들이 악마의 개입을 의심하게 만들었다.

13세기 초에 수사修士이자 작가로 활동했던 하이스터박흐의 케사리우 스*의 이야기를 들어 보자. 한 사제가 있었는데 그 목소리가 너무나도 매 혹적이었다. 그리고 그의 목소리에 반한 친구들은 늘 그의 노래를 청해 듣곤 했다. 그런데 한번은 그와 가깝게 알고 지내던 한 수도사가 그의 노

---

* 케사리우스Caesarius von Heisterbach(1180?~1240). 교회 저술가. 저서로 《Dialogus Miraculorum(기적들의 대화)》(1223)이 유명하다. 이 책에는 수련자들을 위한 교육적이고 영 적인 일화 및 초자연적인 사건들이 많이 담겨 있다.

래 소리를 듣고는 "사람은 이런 목소리를 낼 수 없어. 이건 악마의 목소리야"라고 외쳤다. 그리고 그는 모든 사람이 지켜보는 가운데 악마를 쫓기 시작했다. 악마가 자신의 몸을 빠져 나오는 순간 가수-사제는 심한 고통을 호소했다.

한편 교황 알렉산더 3세는 도둑을 찾아낼 목적으로 천체 관측기구를 이용하는 행위를 금지시켰다. 왜냐하면 천체 관측기구 안에 악마가 숨어 있다고 믿었기 때문이다.

1183년 시스테리시안 수도회 총회에서는 모든 예언 행위를 금한다는 결정이 내려졌고, 교황 호노리우스 3세는 성직자 임명을 놓고 내기를 하거나 예언하는 자들을 비난했다. 그리고 그 후 프랑스 학자 가브리엘 노데가 방대한 분량의 책을 펴냈는데 이 책은 위인들 대부분이 악마와 편지를 주고받았음을 입증하는 책이었다.

이처럼 악마에 관한 온갖 터무니없는 이야기들을 퍼뜨려 자기 모순에 빠지게 된 교회는 이제 악마의 미혹을 두려워하기 시작했다. 그래서 교회는 마법에 홀려 정신을 차리지 못하는 나약한 사람들을 벌하기 위해 특별한 빗자루를 만들어 내는데 이 빗자루는 세상으로부터 교회를 쓸어 내고 온 세상을 고스란히 악마의 손아귀에 쥐어 줄 수 있는 빗자루로 여겨졌다. 이제 악마를 대신해 신과 한판 대결을 벌이려는 아주 무서운 적이 인간 세상으로 다가오고 있었고 교회는 신의 편에 서서 그 적과 맞서 싸우려는 각오를 다지고 있었다(신은 자신의 개인적인 원수를 파멸시키는 일에서도 혼자 나서기를 원치 않았던 것 같다).

싸움은 심각한 것이었다. 그도 그럴 것이 거의 대등한 두 존재가 세상에 대한 지배권을 얻기 위해 치열한 경쟁을 벌였기 때문이다. 신에게는 천국의 군대와 천사들이 있었고 악마에게는 자신의 지배를 받는 작은 악마들과 마귀 대군이 있었다. 비록 악마의 군대가 전의를 불태우고 있고, 전에 없이 위험한 싸움이 기다리고 있었지만 황제의 권력을 무릎 꿇리고, 이교와의 싸움에서 승리한 교회는 이미 오래전에 검증된 확실한 수단에 기대를 걸고 용감무쌍하게 싸움에 뛰어들었다.

"인류의 적은 검과 불에 의해 절멸되어야 한다. 인류의 적을 옹호하는 자들은 그 누구도 파멸을 면치 못할 것이다. 이제 악마는 자신이 몰래 숨어들었던 좁디 좁은 틈으로부터 쫓겨나고, 자신이 들러붙어 살던 아주 은밀한 곳으로부터도 쫓겨날 것이다."

교회가 악마를 위해 점점 더 새로운 '골짜기들'과 점점 더 신비로운 '굴들'을 끊임없이 고안함으로써 이제 이 전대미문의 악마 사냥은 정말이지 무서울 정도로 그 규모가 커지게 되었다. 그리고 교회가 만들어 낸 악마는 교회 자체의 노력에 의해 아주 보편적인 성격을 띠게 되었다(악마와 싸우기 위해서는 엄청난 에너지와 극도의 긴장이 요구되었다).

하지만 13세기까지는 마법이 탄압을 받는 경우가 그리 흔치 않았다. 왜냐하면 악마의 교사를 받은 범법자들을 교회가 직접 나서서 탄압하기보다는 국가에 그 일을 위임하는 경우가 많았고, 국가는 종교적 죄인을 벌하기보다는 범법자들을 벌하는 것이 국가의 할 일이라고 여겨 실제로 타인에게 피해를 준 사람들만 처벌하는 경향이 있었기 때문이다. 하지만 우상 숭배자들이 응당한 처벌을 받아야 한다고 생각했던 성직자들은 교회로부터의 파문에 만족하지 않았고 결국 세속 권력이 나서서 대신 심판해 줄 것을 요구하기 시작했다. 교회의 힘 앞에 무릎 꿇을 수밖에 없었던 세속 권력은 이제 신앙을 버렸다는 이유만으로 사람들을 처형하기 시작했다.

마법사들이 처음에 어떻게 처형당했는지는 투르의 그레고리우스 주교가 저술한 《프랑크인의 역사》를 통해 알 수 있다. 그에 따르면, 580년에 왕의 두 아들을 죽음으로 이끈 한 마녀가 화형을 당했고 또 그로부터 3년 후 프레데군트 왕비의 셋째 아들이 죽었을 때는 악마의 조종을 받은 여자들 몇 명과 장관 뭄몰이 살인 혐의를 받았다. 심한 고문을 견디지 못한 뭄몰은, 왕과 왕비의 총애를 받기 위해 마녀들로부터 연고와 음료를 받았다고 실토했고 결국 보르도로 유배되었다. 그리고 여자들 역시 자신의 죄를 인정하고 스스로를 마녀라고 불렀는데 이들은 능지처참(당시에는 사지를 수레바퀴에 매어 찢어 죽였다)을 당한 후 화형에 처해졌다. 바로 이것이 메로빙거 왕조 시절 세상을 떠들썩하게 했던 마법 재판이었다.

카롤링거 왕조 시절에도 이와 비슷한 사건이 있었다. 당시 루드비히 황제는 아름다운 외모를 가진 주디스에게 마음을 빼앗겨 결혼까지 하게 되었는데 어쩌다가 그녀의 유혹에 넘어가 제국의 일부를 재분할한다는 결정을 내리고 말았다. 하지만 이 결정은 첫 부인에게서 태어난 두 아들에게는 불리한 결정이었다. 성직자들이 성난 두 아들을 돕기 위해 나섰고 "루드비히 황제가 사랑에 빠지게 된 것은 주디스의 마력 때문이다. 궁 안에 황제를 미혹하는 마법사와 점쟁이 그리고 마녀들의 소굴이 있으니 이 마귀들을 궁에서 몰아내면 황제가 정신을 차릴 것이다"라고 알려주었다. 결국 아버지와 두 아들의 싸움이 시작되었고 그 과정에서 주디스 지지자의 딸이었던 게르베르가 수녀가 샬롱에서 체포되었다. 또한 게르베르가는 사람들에게 해를 끼쳤다는 이유로 손 강에 던져졌다.

9세기에는 이런 식의 '마녀 처벌'이 광범위하게 확산되었다. 특히 황제 로타르 2세가 자신의 아내 토이트베르가를 이런 식으로 벌하려고 했는데 그는 "마법에 걸려 부부의 의무를 다할 수 없다"며 토이트베르가를 비난했고 이 일과 관련해서 트리어와 쾰른의 대주교들 그리고 메스의 주교의 지지를 얻었다. 하지만 정작 황제를 병에 걸리게 만든 것은 그의 정부情婦 발트라다였다. 그녀는 이렇게 하면 로타르와 토이트베르가가 이혼하게 될 것이라고 믿었던 것이다. 하지만 발트라다는 자신의 교활함에 대한 대가로 극심한 고통을 받아야 했다. 한편 899년에 있었던, 비교적 젊은 왕 아르눌프의 사망 사건 역시 마법사들의 간계에 의한 것으로 간주되었다. 워낙 한창 나이에 죽었기 때문에 그의 죽음에 사악한 힘이 개입되었다는 주장이 설득력을 얻을 수 있었던 것이다. 왕의 측근들 중에는 사형에 처해진 사람도 있었고, 멀리 달아난 사람도 있었다. 그리고 진짜 범인 루드푸르그는 혹독한 고문 끝에 자신의 죄를 인정했고 얼마 후 아이블링에서 교수형에 처해졌다.

11세기에는 법정까지 가는 '마법 사건'의 수가 크게 늘어났다. 1016년 트리어의 대주교 포포에게 일어난 일을 예로 들면 이렇다. 하루는 포포가 한 수녀를 불러 장화 한 켤레를 만들어 줄 것을 부탁했다. 그런데 포포가 너무도 마음에 들었던 수녀는 장화에 마법을 걸어 누구든 장화를 신기만 하면 자신에 대한 강한 욕정으로 불타오르게 만들었다. 아니나 다를까 장화를 신자마자 포포는 수녀에 대한 알 수 없는 욕정으로 불타올랐다. 무언가 잘못되었다는 것을 깨달은 그는 다른 사람들에게 장화를 신어 보라고 했다. 하지만 수녀에 대한 욕정으로 불타오른 것은 그들도 마찬가지였다. 악마에게 홀린 것이 분명하다고 판단한 포포는 잘잘못을 가리지도 않고 수도원의 모든 수녀를 내쫓았다. 하지만 그의 경솔한 행동이 신의 노여움을 샀고 결국 포포는 속죄를 위해 예루살렘으로 떠나야 했다.

1075년 쾰른 대주교에게도 이와 유사한 일이 일어났는데 이때 혐의를 받은 마녀는 도시의 높은 성벽 위에서 아래로 던져지고 말았다. 한편 앙굴렘의 한 마녀는 빌헬름 백작을 중병에 걸리게 만든 죄로 이와 똑같은 벌을 받았는데 다만 이 마녀는 심한 고문 속에서도 자신의 죄를 부인했고, 그녀의 죄를 밝히기 위한 열띤 토론에서도 명쾌한 답이 나오지 않았다. 빌헬름은 마녀에게 죄가 없다고 보았다. 하지만 빌헬름이 죽은 후, 마녀가 '흙으로 만든 사람의 형상'에 마법을 걸었다는 소문이 돌기 시작했고 이에 고무된 빌헬름의 아들 알두인 백작은 재판도 받지 않은 마녀를 사형에 처해 버렸다. 그리고 1090년에는 프라이징 법정이 주교와의 갈등으로 인해 제 기능을 못하고 있었는데 이때 마법 혐의를 받던 세 여자가 군중에 의해 가혹한 형벌을 받는 사건이 발생했다. 세 여자는 먼저 '물에 빠지는 형벌Witch dunking'을 받았고 그 다음에는 채찍으로 맞는 형벌까지 받아야 했다. 하지만 이처럼 혹독한 고문 속에서도 세 여자는 끝까지 자신의 죄를 인정하지 않았다. 세 여자의 교활함에 대한 소문은 주민들을 더욱 불안하게 만들었고 결국 세 여자는 다시 한번 채찍으로 맞은 후 이자라 강가에서 산 채로 화형당했다.

1128년에는 플랑드르의 한 백작 집에서 일하던 하인들이 이와 비슷한, 하지만 규모는 조금 더 작은 린치*를 가한 일이 있었다. 이야기인 즉슨,

---

* 교수형과 같은 폭력적인 사적私的 제재.

릴* 근교의 데일 강을 건너던 백작이 한 여자로부터 물세례를 받은 후 병들어 죽었다는 것인데 당시 백작의 하인들은 그 물이 '마법에 걸린 물'이라고 믿었고 물을 뿌린 여자는 하인들에 의해 화형당했다. 그리고 같은 해 헨트**에서는 군중이 마녀 하나를 고문한 다음 그녀의 위胃를 들고 도시 이곳저곳을 돌아다녔고 또 보브***에서는 이와 반대로 마녀에 대한 진짜 재판이 열렸다. 재판에는 시 당국자들과 성직자들이 참석했고 마녀의 화형식은 성대하고 장엄한 분위기 속에서 치러졌다. 그리고 이 무렵 소에스트****에서는 한 젊은 성직자가 유해한 마법사로 낙인 찍혀 화형에 처해졌는데 그를 고소한 사람은 다름아닌 그가 사랑하는 여자, 즉 그가 오랜 동안의 시도 끝에 마법의 약으로 사로잡은 아름다운 여자였다. 이처럼 13세기까지의 마법의 실제를 통해 알 수 있는 것은 첫째, 세속 법정이 단지 '병과 죽음을 초래했다'는 억측만으로 마법사에게 사형을 선고하는 경우가 적지 않았고 둘째, 교회도 세속 법정의 도움으로 그와 똑같은 만행을 저질렀으며 셋째, 군중마저 무고한 죄인들을 대상으로 무자비한 폭력을 행사했다는 것이다. 하지만 여기서 중요한 것은, 비록 교회가 범법 행위crime와 우상 숭배의 종교적 연관성을 강조하지만 대부분의 경우 화형에 처해지는 사람들은 이단자들이 아닌 범법자들이었다는 사실이다.

　남프랑스 및 북이탈리아에서 중산 계층이 등장하고 지중해 해상 무역이 발달하면서 서서히 반교회 운동이 고개를 들기 시작했다. 특히 11세기에 광범위하게 확산된 이 운동은 대개의 경우 상업 부르주아에 의해

주도되었지만 나중에는 도시 빈민과 농민도 참여했다(상업 부르주아는 교회가 자신의 활동 범위를 제한하는 것에 불만을 품었을 뿐만 아니라 교회가 무역을 벌이는 곳에서 함께 경쟁해야 하는 상황도 탐탁지 않게 여겼다). 도시 빈민과 농민은 십일조를 비롯하여 교회가 물리는 온갖 세금에 허덕이고 있었고 그 분노는 하늘을 찌를 듯했다. 특히 토지를 갖지 못하고 도시에서조차 일자리를 찾지 못한 농민들은 그야말로 피폐해질 대로 피폐해져 있었다. 하지만 교회는 농민과 수공업자들을 저변으로 하고 상업 부르주아에 의해 주도되는 이 운동을 이단적 운동이라 불렀고 그 지지자들을 카타리파* 신자들이라 불렀다. 하지만 반교회 운동에 참여한 사람들 중에는 상당수의 지주 귀족들도 있었는데 이들 역시 교회가 광대한 영지를 소유하는 것에 반감을 품고 있었다. 이렇게 해서 12세기 말~13세기 초에 툴루즈와 카스텔나우다리 사이에 있던 대부분의 성城들에는 카타리파 신자들과 그들을 지지하는 사람들이 거주하게 되었다. 1215년 몽테스키외에서는 거의 모든 성직자가 카타리파 사제 드 라모타의 영향을 받았고 또 몽지스카르에서도 똑같은 상황이 벌어졌다. 카타리파 출신의 귀족들은 '교회가 호사를 누려서는 안 되고 가난하게 살아야 한다'며 걸핏하면 수도원과 교회의 재산을 약탈했다. 1196년 교황 셀레스티누스 3세는 토지 귀족이 생질Saint-Gilles 수도원을 약탈한 일을 개탄했고 나르본* 대주교는 니오르**의 한 귀족에게 수많은 교회와 수도원을 약탈한 죄를 물었다. 특히 푸아, 툴루즈, 카르카손, 라우라가이스의 영주들 중에 카타리파 신자들이 많았다. 교황이 "랑그도크***가 이단에 사로잡혔다"라고 주장했을 때

* 프랑스 남부의 도시.

** 프랑스 서부의 도시.

*** 프랑스 남부에 있는 지방 이름.

에는 그만한 이유가 있었던 것이다. 그리고 프랑스 남부에서 이단 심문이 실시되었을 때에는 상당수의 귀족이 화형에 처해지기도 했다. 그런데 상업 부르주아와 수공업자 그리고 농민들보다는 오히려 토지 귀족이 훨씬 더 비겁한 모습을 보였다는 것은 아주 의미심장한 일이다. 이단 심문소의 무자비한 심문이 시작되자 귀족들이 회개하며 나타났는데 사실 그들은 이단 심문이 시작되기 전까지만 해도, 지나치게 부유하고 탐욕스러운 교회에 대해 노골적으로 반기를 든 사람들이었다.

이단 신봉자들은 프랑스 남부뿐만 아니라 북이탈리아에도 있었다. 랑그도크에서 작용한 경제적 요인들이 북이탈리아에서도 작용하고 있었기 때문이다. 뿐만 아니라 이탈리아에서는 정치적 요소 또한 반교회 정서에 영향을 미쳤다. 로마에 종속되는 것을 원치 않았던 교황들(교황은 세속 권력의 적이었다)이 북이탈리아에 작은 나라를 세워 로마로부터 독립하거나 교황의 권력을 이용해 황제의 권력을 강화하려 했던 것이다.

다른 모든 이단들이 그랬던 것처럼 카타리파 신자들 역시 종교 재판을 피해 갈 수 없었다. 11세기, 즉 이단이 출현하기 전까지만 해도 종교 재판이 선고하는 형벌은 주로 정신적 형벌에 국한되는 경우가 많았다. 예를 들면 장시간의 기도와 일시적인 파문이 그런 형벌이었다. 하지만 심할 경우 종신 파문을 선고받아 임종할 때조차 성찬을 받지 못하는 사람도 있었고, 때에 따라서는 사형에 처해지는 이단자도 있었다. 물론 이러한 태도는 다소 에피소드적인 성격을 띠고 있었다. 카타리파 신자들이 등장하자마자 교회는 종교 법정과 세속 법정을 가리지 말고 모든 법정이 교회 수호에 앞장서야 한다고 주장했고, 기독교 세계 전체를 향해 "잠시의 망설임도 없이, 징벌의 권력을 총동원하여 이단을 퇴치하자"고 호소했다. 카타리파는 악마의 힘을 찬양하고 물질 세계에 대한 지배권이 악마에게 있다고 주장하는 등 마법이 지닌 요소와 유사한 요소들을 지니고 있었다. 그래서 징벌 기관들은 마법사들에게 선고된 형벌과 똑같은 형벌이 카타리파 이단자들에게도 적용되어야 한다고 보았다. 결국 1022년 오를레앙에서 카타리파 신자들에 대한 최초의 화형식이 거행되었는데 이때 화형이 선택된 이유는 화형이 가장 고통스러운 형벌 중 하나였고, 범법자─이단자들을 흔적도 없이 제거할 수 있는 유일한 방법이었기 때문이다. 그리고 오를레앙의 뒤를 이어 툴루즈, 리모주, 몬테포르테, 아라스에서도 화형이 집행되었고 세속 법정과 종교 법정의 단호하고 강경한 조치에 위축된 카타리파 이단자들은 지하로 숨어 버렸다. 하지만 봉건 경제와 자연 경제의 붕괴로 민중의 불만은 계속 고조되었고 상업 부르주아와 교회의 충돌도 더 잦아졌다. 이제 사회적 삶의 모순은 종교적 동요와 불만의 형태로 나타나기 시작했다. 그리고 역사의 무대에서 사라지는 카타리파 운동의 뒤를 이어 발도파*운동이 일어나기 시작했다.

13세기가 그 전 세기에 비해 훨씬 더 많은 발전을 이룩하고, 십자군 원정이 사회적 삶의 속도를 한층 더 높여 놓았던 만큼 발도파의 활동범위는 카타리파의 활동범위보다 훨씬 더 넓을 수밖에 없었다(13세기 한 세기 동안 일어난 변화가 그 이전의 2~3세기 동안 일어난 변화보다 많았다). 발도파 운동의 심각한 위험성을 감지한 교회는 이제 이 새로운 이단과의 싸움에 총력을 기울여야만 했다. 하지만 이 위험하고 무시무시한 현상을 근절하기 위해서는 더 강력한 수단이 필요하다고 판단한 교황은 결국 십자군 원정 선포와 이단 심문소 설치라는 극약처방을 내렸다.

---

* 12세기에 프랑스인 피터 발도가 창시한 기독교의 일파.

이단 심문소를 설치한 목적은 유럽의 심장에 꽂혀 있는 '이단의 독침'을 제거하는 것이었다. 하지만 마법이 과연 이단이었을까? 이단의 특징은 첫째, 그릇된 사고를 한다는 것이고 둘째, 그 그릇된 사고를 끈질기게 고집한다는 것이다. 그런데 마법이 악마의 존재를 믿는다고 해서 반드시 그릇된 사고를 한다고 말할 수 있을까? 그렇지 않다. 왜냐하면 악마는 실제로 존재하기 때문이다. 그리고 마법사의 완고함 역시 이단적이라고 말할 수 없다. 왜냐하면 마법사는 그릇된 사고를 고집하는 것이 아니라 사실상 교회와 교회의 모든 권위자들이 인정하는 것들을 고집하기 때문이다. 게다가 이단자라는 말은 원래 거짓된 사상이나 새로운 사상을 창시하는 사람 또는 그런 사상을 따르는 사람들을 가리키는 말인데 마법사들은 그런 거짓된 사상이나 새로운 사상을 창시하지 않는다. 따라서 당시 사람들은 마법이 종교 재판의 표적이 될 것이라고는 전혀 생각하지 못했을 것이다.

잔혹하기로 유명하여 '이단자들을 때려잡는 망치'라는 별명을 얻은 이단 심문관 베르나르의 이야기를 살펴보자. 1245년 툴루즈와 카르카손 사이에 위치한 작은 도시에서 이단자들의 소굴을 발견한 그는, 반⧧목격자─반⧧범죄자의 자격으로 도시 주민 전체를 재판에 끌어들였다. 하지만 그는 이웃집 여자들을 질병으로부터 보호하기 위해 그들의 옷과 허리띠, 샌들에 마법을 걸었다고 주장하는 마녀가 왜 기소되어야 하는지 의문을 품게 되었다. 게다가 베르나르의 관할 구역이 13세기에 수많은 마녀와 마법사들이 활동한 지역이긴 했지만 그가 기소한 5,600건의 사건에서 마법사를 지목하는 증언은 거의 나오지 않았다. 한편 툴루즈의 이단 심문관 베르나르 귀(14세기 초에 활동) 역시 600건의 사건을 처리하는 과정에서 단 한 번도 마법사를 언급한 적이 없었다. 물론 이 600건 외에도 수많은 사건들이 있었겠지만 그렇다고 해서 공개되지 않은 또 다른 사건들 중에 마법과 관련된 사건이 상당수 있었을 것이라고 생각할 근거는 전혀 없다. 이단 심문관들은 마법을 이단으로 보지 않았고 따라서 종교 재판소의 박해를 받아서는 안된다고 생각했다. 그래서 종교 재판소가 설치된 후 약 60~70년 동안은 주교 법정과 세속 법정이 마법 사건을 처리했다. 하지만 마법과 이단 사이에 밀접한 관계가 있다는 견해가 교계 전체로 퍼지기 시작했고, 마법사를 이단자로 간주하여 종교 재판에 회부해야 한다는 주장이 고개를 들기 시작했다.

13세기 초 무자비한 탄압을 피해 밤마다, 그것도 지하실에서 종교 의식을 행해야 했던 카타리파 신자들과 발도파 신자들은 사탄의 집회를 열었다는 이유로 고발당했다. 집회를 통해 교회와 그리스도가 유린당하고 신성모독 행위가 자행되며 심지어 사탄이 직접 나타남으로써 참된 믿음에 더 큰 모욕을 안겨 준다는 것이었다. 사탄의 출현은 마법사들을 집회로 달려가게 하는 좋은 구실이 되었는데 사실 그들이 집회에 참석하려 했던 목적은 자신의 감정을 악마에게 표현하고, 악마로부터 마법에 관한 지시를 받기 위해서 였다. 결국 이것은 이단자들과 마법사들의 총회로 발전했고 총회를 통해 더 가까워진 악마 숭배자들은 하나의 동질적인 집단을 형성했다. 그리고 마법사들은 이러한 총회를 통해 자발적으로 악마와 동맹을 맺거나 '악마와의 계약'을 성사시킬 수 있었다.

교회는 인간과 악마가 동맹을 맺는다는 사실을 오래전부터 알고 있었다. 하지만 13세기 중반 카타리파 신자들의 '사탄의 집회' 사건이 있은 후부터는 악마와의 계약이 아주 일상적인 현상이 되었는데 가령 이단 심문관들과 여러 가톨릭교 인사들의 저작에서도 악마와의 계약에 대해 언급한 대목을 쉽게 발견할 수 있었다.

　서면으로 맨처음 악마와 계약을 맺은 사람은 6세기 중반 아다나에서 교회 집사로 일한 테오필이었다. 아다나 주교가 죽은 후 테오필은 새 주교로 선출되었다. 하지만 테오필이 이를 거절했고 주교 자리에는 다른 사람이 올랐다. 그런데 테오필에 대해 알지 못한 새 주교는 테오필이 주교 자리를 거절할 만큼 겸손하다는 사실을 인정하지 않은 채 의심의 눈으로 바라보기 시작했고 급기야 그를 파면하고 말았다. 심한 모멸감을 느낀 테오필은 유명한 유대인 마술사를 찾아가 다시 집사로 일할 수 있게 해 달라고 부탁했다. 유대인 마술사는 테오필에게 아무것도 두려워할 필요 없고 그저 성호만 그으면 된다고 알려 준 다음 그를 시내 서커스장으로 데려갔다. 서커스장에는 많은 사람이 모여 있었는데 저마다 횃불을 하나씩 들고 큰 소리로 노래하고 있었다. 그리고 그 한가운데에 자리한 옥좌에는 근엄한 모습의 악마가 앉아 있었다. 테오필은 악마 앞으로 나아가 무릎을 꿇은 다음 그의 발에 입 맞추기 시작했다. 그리고 악마가 "대담하게 서커스장을 찾은 이유가 무엇이냐"라고 묻자 테오필은 머리가 땅에 닿도록 깊은 절을 올리고는 "그대에게 절대 복종하려고 찾아왔소"라고 대답했다. 옥좌에서 반쯤 몸을 일으킨 악마는 테오필의 얼굴을 한 번 어루만진 다음 입을 맞추었다.

　예수와 마리아를 부정하고 악마의 부하가 되어 버린 테오필은 악마의 군사가 되었음을 증명하는 문서를 직접 작성하고 그 위에 밀랍 도장까지 찍었다. 그리고 그 다음날 그는 교회 집사로 화려하게 복귀했다. 하지만 악마의 가신家臣이 된 테오필은 교만한 삶을 살기 시작했고 급기야

심한 양심의 가책을 느꼈다. 그는 구원을 바라며 40일 동안 성모 마리아에게 기도를 올렸고 이에 마음이 누그러진 성모 마리아가 자신의 아들에게 테오필을 용서해 줄 것을 부탁했다. 그러던 어느 날 테오필이 교회에서 잠들었을 때 성모 마리아가 '돌려받은 증서'를 그의 가슴 위에 올려놓았다. 잠에서 깬 테오필은 가슴 위에 놓인 증서를 보고 미칠 듯이 기뻐했다. 그리고 그는 자신의 그릇된 생각을 큰 소리로 부정했고, 자신에게 나타난 성모 마리아를 세 번 찬양했다. 얼마 후 테오필은 증서를 불살랐고 그로부터 3일 후 의로운 자로서 죽음을 맞이했다. 후에 그는 교회에 의해 성인으로 추앙되었고 그의 위대한 공적 또한 세상에 널리 알려지게 되었다.

악마와의 계약을 깨는 것은 극히 드문 일이었고 바로 이 때문에 테오필의 공적이 더욱 위대한 것으로 평가받을 수 있었을 것이다. 악마와의 계약은, 계약을 맺는 사람의 피로 그 계약서가 작성될 만큼 확고부동한 것이었다.

파리국립도서관에는 마귀 아스모데가 수도원 원장 그랑디에게 보낸 자필 편지와 그의 서명이 보관되어 있는데 특히 아스모데의 자필 편지는 1635년 소송 사건의 첨부자료로 제출되기도 했다. 1635년의 소송 사건은 루덴 수도원의 우르술라회*에 불어닥친 미혹迷惑 전염병과 관련된 사건이었는데 바로 이 사건에서 아스모데의 편지가 결정적인 역할을 했다. 그랑디에는 프랑스 남부와 서부의 귀족 출신 신도들을 모집한 루덴 수도원의 우르술라회 수녀들을 파멸시키기 위해 악마와 계약을 맺었던 것이다.

한편 교황 실베스터 2세에게도 '악마와 계약을 맺은 것이 아니냐'는 의

---

* 1537년 이탈리아에 창설된 가톨릭 수녀회.

혹이 쏟아졌다. 문제가 된 것은 실베스터(게르베르투스) 교황이 지닌 방대한 수학적 지식과 철학적 지식이었는데 세간에서는 이 모든 것이 악마와 계약을 맺었기 때문에 가능한 것이라고 떠들어 댔다. 베네딕트 수도회의 역사학자였던 맘스베리의 빌헬름은 다음과 같이 기록하고 있다. 갈리아 태생의 게르베르투스는 수사 시절 스페인으로 건너가 사라센인들에게서 점성술과 마술을 배우기 시작했다. 그러던 어느 날 한 무슬림 철학자를 만나 흑마술을 배웠고 이때부터 악마와 친교를 맺게 되었다. 악마는 게르베르투스에게 교황의 자리를 약속했다. 프랑스로 돌아온 게르베르투스는 학교를 세워 수많은 제자들을 가르치게 되는데 그 중에는 프랑스 왕 로베르도 있었다. 이제 학교장으로서 화려한 성공을 거둔 그에게는 랭스*의 주교 자리가 보장되어 있었다. 하지만 그는 주교 자리에 만족하지 못하고 다시 로마로 갔고 그곳에서 우연히 옥타비아누스 황제의 보물을 발견하게 되었다. 황금은 교황의 권좌로 가는 길을 열어 주었고 게르베르투스는 교황의 자리에 올랐다. 교황이 된 후 그는 무엇이든 묻기만 하면 답을 알려 주는 마법의 머리를 만들었다. 그런데 하루는 자신이 예루살렘에서 예배를 마칠 때 죽음을 맞이하게 된다는 사실을 알게 되었다. 실베스터는 무슨 일이 있어도 예루살렘에는 가지 않겠노라고 단단히 마음먹었다. 하지만 그는 어쩔 수 없이 예루살렘의 성십자가 교회에서 예배를 드리게 되었고 예배가 끝난 후 곧바로 병에 걸렸다. 마법의 머리가 함정에 대해 미리 알려주었지만 스스로의 잘못으로 함정에 빠졌던 것이다. 죽을 때가 되었음을 깨달은 실베스터는 추기경들을 불러 모은 자리에서 자신의 비밀을 털어놓았고 얼마 후 그는 능지처참을 당해 교회

---

* 프랑스 북부의 도시.

밖으로 내던져지고 말았다. 또 다른 설에 따르면, 황소가 끄는 수레에 그의 시신을 싣고 가다가 황소가 멈춰 선 자리에 매장했고 나중에 그의 뼈는 대리석으로 만든 관 속에 넣었는데 그때 이후로 교황들이 죽음을 맞이할 때마다 이 관이 땀으로 젖어 버린다는 것이다. 그런가 하면 연대기 작가 지게베르트(1030?~1112년)는 관이 땀으로 젖는다는 이야기는 하지 않고 단지 "실베스터는 회개하지 않았다. 그래서 악마에게 끌려가고 말았다"라고 주장한다.

발테르 만 또한 '악마와 자발적으로 맺은 계약'의 몇몇 사례를 소개하고 있다. 그에 따르면, 마법사들은 피부 속에 계약서를 꿰매 붙이고 다녔는데 계약서가 피부 속에 있는 한 그들에게는 두려울 것이 없었고 또 피부를 걷어 내고 계약서를 떼어 내지 않는 한 형벌을 받을 걱정도 없었다. 그리고 하이스터박흐의 케사리우스에 따르면, 한 사제는 강신술을 통해 두 마법사의 피부 속에 계약서가 들어 있다는 사실을 알게 되었다. 그는 이 사실을 주교에게 알렸고 주교는 마법사들의 피부를 들어 올려 계약서를 빼내는 데 성공했다. 그리고 두 마법사는 화형에 처해졌다. 그때까지 두 마법사를 당해 낼 재간이 없었던 교회로서는 이 일이 대단한 승리가 아닐 수 없었다. 1270년경 독일 레겐스부르크 출신의 저명한 전도사 베르톨트는 "악마와 계약을 맺는 목적은 땅 속에 숨겨진 보물을 찾기 위해서이다"라고 밝혔다. 그리고 베르톨트와 견해를 같이 한 토마스 아퀴나스는 악마와의 계약을 두 종류로 구별했는데, 하나는 묵시적인 계약이었고 다른 하나는 격식을 갖추어 맺는 계약, 즉 공식적인 계약이었다.

수 세기 동안 대단히 중요한 역할을 했던 토마스 아퀴나스에 대해 좀 더 자세히 살펴보자.

13세기 중반 자신의 대표작 《신학대전》과 《철학대전》을 발표한 이래 토마스 아퀴나스는 정통 가톨릭 교도들에 의해 가장 권위 있는 스승으로 간주되었을 뿐만 아니라 공의회와 교황들로부터도 여러 차례 칭송을 받았다. 예컨대 교황 레오 13세는 자신의 임기 초(1879년)에 가톨릭교의 모든 성직자들, 즉 총대주교와 대주교 그리고 주교들에게 특별 회칙回勅을 전달했는데 여기서 그는 "토마스 아퀴나스를 모든 철학과 신학의 스승으로 추앙한다"고 선언했다. 토마스 아퀴나스는 스콜라 철학의 위대한 스승들 중에서도 단연 으뜸가는 인물이었다.

성聖 토마스 아퀴나스는 리옹 공의회, 비엔 공의회, 플로렌스 공의회, 바티칸 공의회에 참석하여 그리스인들과 이단자들 그리고 합리주의자들의 그릇된 견해와 주장을 철저히 논파했다. 그래서 트리엔트 공의회에 참석한 교부들은 그에게 전례없이 깊은 경의를 표했고 동시에 그의 저작을 성경과 교황의 회칙이 놓이는 성단 위에 함께 올려놓음으로써 그의 원칙과 논거와 조언을 구하려고 했다.

토마스 아퀴나스의 책에서 얻을 수 있는 결론은 다음과 같다. 첫째, 악마의 전능함에 대한 믿음을 망상으로 간주하는 것 자체가 잘못된 일이고 둘째, 악마는 마귀 왕국 전체를 지배하는 우두머리이며 셋째, 마귀들이 악천후를 비롯한 온갖 해악을 불러일으키고, 결혼한 사람이 부부의 의무를 다할 수 없도록 방해하는 것은 다만 신의 묵인이 있기 때문에 가능한 것이다.

또한 그의 견해에 따르면, "악마와 여자 사이에서 태어난 아이는 악마 자신의 정자가 아니라 다른 남자의 정자, 즉 '악마가 다른 남자에게서 얻은 정자'로부터 생겨난다. 그리고 '남자와 성교하는 여자'의 형상을 취하는 악마는 동시에 '여자와 성교하는 남자'의 형상도 취할 수도 있다(신학대전, 제1부, 질문 51, a. 3)."

이러한 견해는 그의 대전大典들 속에서 아주 다양한 방법으로 되풀이된다. 가령 그는 인큐버스(여자 위에 엎드려 있는 남자 형상의 악마)와 서큐버스(남자 밑에 누워 있는 여자 형상의 악마)라는 개념을 도입해 온갖 종류의 마녀와 점쟁이들 그리고 그들이 부리는 마술에 대해 자세히 기술한다. 하지만 아퀴나스는, 그 고결한 본성으로 인해 일부 마법 행위에 대해 혐오감을 느끼는 악마들이 존재한다는 것을 인정한다.

토마스 아퀴나스의 철학적 사고는 '유난히 악마적이었던 세기'(구스타프 로스코프는 13세기를 이렇게 규정한다)뿐만 아니라 오늘날에도 그 타당성을 인정받고 있다. 1889년, 프랑스 대혁명이 일어난 지 꼭 100년이 되던 해에 교황은 토마스 아퀴나스의 불후의 대작들을 다시 출간할 것을 명했다. 물론 그 목적은 신도들이 '위에 엎드려 있는 악마들'과 '아래에 누워 있는 악마들'에 관한 아퀴나스의 금언들을 명확하게 이해할 수 있도록 하는 것이었다. 그런데 무엇이 그렇게 부끄러웠는지 독일의 번역가 숨머스Summers은 자기 생각에 너무 파렴치해 보이는 몇몇 대목을 빼 버리고 말았다(물론 그는 번역서 서문에서 자신이 아퀴나스의 저작들을 완벽하게 번역해 냈다고 주장한다).

한편 교황 그레고리우스 9세 역시 토마스 아퀴나스와 거의 같은 시기에 악마의 활동, 악마와의 자발적인 계약, 악마와 마법사들의 친밀한 관계에 대해 언급하기 시작했다. 그레고리우스가 '유해한 악마의 존재'를 주장하게 된 계기는 대단히 심각한 것이었다.

올덴부르크의 스테딩Steding 지역(브레멘 북쪽 지역)에 살고 있던 프리슬

란트 출신의 부유한 농민들은 십일조를 비롯한 각종 세금의 납부를 원치 않았고 이 때문에 브레멘의 대주교와 잦은 충돌을 일으켰다. 그리고 주민들의 완강한 저항으로 대주교 관구의 물질적 손실이 늘어나자 대주교는 교회의 요구에 불응하는 이단자들을 십자군 원정으로 다스려 줄 것을 교황에게 청원하였고 교황은 이 청원을 받아들였다(1198년). 교황은 교회가 정한 십일조를 거부했다는 사실이 곧 십자군 원정을 선포할 수 있는 근거가 된다고 보았던 것이다. 이제 스테딩에는 고통스럽고 끔찍한 시기가 닥쳐오고 있었다.

그러나 스테딩 지역의 프리슬란트 출신 농민들은 불요불굴의 용감한 투사들이었고 싸움은 좀처럼 끝날 기미가 보이지 않았다. 십자군이 연전연패를 거듭하고, 교회가 십일조를 거두지 못하는 상황이 지속되자 교회에서는 극단적인 조치를 취해야 한다는 쪽으로 의견이 모아지기 시작했고 급기야 "수천, 수만의 십자군을 조직하여 농민들을 무자비하게 징벌해야 하고, 교회 재원을 잠식하는 이단을 뿌리째 뽑아야 한다"는 주장이 제기되기 시작했다.

스스로 스테딩인이라 칭하는 무신론자—폭도들의 가공할 범죄에 두려움과 분노를 금치 못한 교황 그레고리우스 9세는 1233년 칙서를 공포하여 스테딩 주민들이 벌이는 전대미문의 추악한 만행을 만천하에 공개했다. 그레고리우스의 이야기는 다음과 같다.

"버림받은 사람들의 무리에 신입자가 들어올 때 개구리(어떤 이들은 이것을 두꺼비라 부른다)의 형상을 한 환영이 나타난다. 어떤 이들은 추잡하게도 그 엉덩이에 입을 맞추고, 어떤 이들은 그 입에 입을 맞추는데 심지어 그 혀를 자기 입 속에 집어넣거나 그 침을 빨아먹기까지 한다. 두꺼비는 실물 크기일 때도 있지만 거위나 오리만큼 커질 때도 있고 심지어 주방에 있는 난로만큼 커질 때도 있다. 그리고 다음 순간 놀라울 정도로 새까만 눈과 놀라울 정도로 창백한 얼굴을 한, 깡마른 체구의 남자가 지쳐 빠진 모습을 하고 나타나자 이번에는 신입자가 그 남자에게 입을 맞춘다. 그런데 입을 맞추자마자 가톨릭교에 관한 모든 기억들이 사라지고 신앙에 대한 생각마저 그의 마음 속에서 완전히 지워진다. 그리고 얼마 후 그들은 수도원 식당으로 가서 식사를 한다. 그런데 식사가 끝나자마자 테이블 옆에 있던 조각상에서 검은 고양이(크기가 개만한 고양이)가 기어 나와 꼬리를 내린 채 천천히 뒷걸음질 친다. 그리고 바로 이때 가장 존경할 만한 사람들, 즉 고양이에게 입을 맞출 권리가 없는 사람들이 고양이에게 입을 맞추기 시작한다. 하지만 이 사람들은 가장 큰 스승으로부터 용서를 받고 또 가장 큰 스승은 고양이에게 용서를 구하며 다른 사람들이 검은 고양이의 명령에 복종할 각오가 되어 있다는 것을 확실하게 밝힌다. 그리고 다음 순간 불이 꺼짐과 동시에 어떤 혈족 관계도 가리지 않는 구역질 나는 난교 파티가 시작된다. 남자가 여자보다 많을 경우 자연을 거슬러 남자들끼리 성교를 하기도 한다. 또 여자가 남자보다 많을 경우에는 여자들이 그와 같은 식으로 행동한다. 그리고 성욕이 일시적으로 충족된 다음에 다시 불이 켜지는데 이때 어두운 구석에서 한 사람의 모습이 나타난다. 그의 상반신은 태양빛으로 빛나고 그의 하반신은 우리가 알고 있는 검은 고양이처럼 아주 어둡다. 하지만 그의 상반신에서 나오는 빛이 방 안을 밝게 비춘다. 가장 큰 스승이 신입자의 옷에서 찢어 낸 옷 쪼가리를 '빛을 발하는 자'에게 건네며 "주인님, 제가 이것을 받았습니다. 그리고 제가 받은 것을 주인님께 드립니다"라고 하자 빛을 발하는 자가 "네가 나를 잘 섬겨 왔고 또 앞으로도 잘 섬길 터이니 이제 너로부터 받은 것을 다시 너에게 맡기노라"라고 답한다. 그리고 다음 순간 빛을 발하는 자가 순식간에 사라진다."

마치 사소한 것 하나도 빠뜨리지 않으려는 듯, 브레멘 대주교 관구에서 벌어지는 일들을 하나하나 아주 정확하게 묘사하고 있는 그레고리우스 9세는 칙서 마지막에서 다음과 같이 절규한다.

"이 모든 추악하고 파렴치한 만행에 치를 떨지 않을 자 누구인가!? 이 극악무도한 자들에 대적할 자 누구인가!? 하루에 2만 명의 이교도를 절멸시킨 모세의 충정은 어디로 갔단 말인가? 창 하나로 유대인들과 모아브인들을 찔러 죽인 제사장 비느하스의 열정은 어디로 갔단 말인가? 450명이나 되는 발람의 추종자들을 검 하나로 쓰러뜨린 엘리야의 열정은 어디로 갔단 말인가? 유대인들을 절멸시킨 마태의 열정은 어디로 갔단 말인가? 설령 대지와 수많은 별들 그리고 존재하는 모든 것들이 다같이 궐기하여 그들을 모조리 절멸시킨다 해도 그들이 마땅히 받아야 할 징벌에는 결코 미치지 못할 것이다! 만일 그들이 깨달음을 얻어 순종하는 자로 되돌아오지 않는다면 우리는 무자비한 조치를 취할 수밖에 없다. 치료가 도움이 되지 않는다면 검과 불을 써야 할 것이고, 썩은 살은 떼어내야 할 것이기 때문이다."

1233년 6월 13일 마인츠와 하이데스하임 주교들에게 전달된 칙서에서도 스테딩인들의 사건에 세속의 군사력이 개입해야 하고 또 그리스도를 믿는 자들 모두가 무기를 들고 원정에 나서야 한다는 주장이 제기된다.

"우리는 신의 관대함과 사도 베드로와 사도 바울의 힘을 믿고 사면을 허락한다. 이단자들을 뿌리 뽑기 위해 성전에 참여하는 사람들 모두에게, 성지로 십자군 원정을 떠나는 사람들에게 주어지는 것과 똑같은 권리와 특전이 부여될 것이다."

이것은 교황의 권좌로부터 울려 퍼진 최초의 호소문이었고 그 내용은 악마(개구리와 고양이의 형상을 하고 때로는 주방 난로 만한 크기로 나타나는 악마)의 지배를 받는 자들에 맞서 불과 검을 사용하자는 것이었다. 물론 교황의 호소는 효과적이었다. 독일 북부 지역에서 출발한 사람들이 십자군 원정의 출발점인 브레멘을 향해 구름 떼처럼 몰려들기 시작했다.

스테딩인들에 관한 논문을 발표한 역사학자 슈마커에 따르면, 십자군은 6월 26일 스테딩 동쪽으로부터 침공해 들어갔다. 엄청난 규모의 파괴와 약탈이 일어났고 심지어 아이들과 여자들까지 살해당했다. 잔혹한 유혈로 하늘과 땅 모두 시뻘겋게 물들고 있었다. 하지만 십자군의 무분별한 광기를 말해 주는 것은 비단 여러 마을을 통째로 집어삼킨 불길뿐만이 아니었다. 십자군은 포로로 잡힌 사람들을 화형대의 뜨거운 불길 속으로 던져 넣는 만행을 저질렀던 것이다. 그럼에도 불구하고 스테딩인들은 굴복하지 않았다. 그들은 서부 지역으로 후퇴하여 그곳에 난공불락의 진지를 구축하였고 심지어 올덴부르크의 부르카르트 백작이 이끄는 200인人 기병부대를 섬멸하는 전과까지 올렸다.

교황의 '검과 불'로는 악마의 자식들을 소탕할 수 없다고 확신한 브레멘 대주교 게르하르트는 물을 이용하기로 결정하였고 얼마 후 스테딩 지역에 있는 모든 강과 개천의 수문과 제방을 파괴했다. 하지만 이번에도 십자군의 작전은 실패했고 원정은 1234년 봄까지 미뤄질 수밖에 없었다. 위트베럼 출신의 수도원 원장 에모에 따르면, 이른 봄날부터 라인란트, 베스트팔렌, 네덜란드, 플랑드르 그리고 브라반트에 수많은 전도사들이 나타나 '악마의 장난에 놀아나는 이단자들'을 뿌리 뽑는 성사聖事에 귀족과 평민이 모두 참여할 것을 호소했다. 그리고 전도사들 중 일부는 심지어 영국까지 건너가 세인트 올번스의 베네딕트회 수도사들에게 "스테딩의 악이 널리 퍼져 기독교 세계 전체를 삼켜 버릴 수도 있으니 십자군 원정에 참가해야 한다"고 주장했다.

1234년 4월 독일 정예 기사단이 원정길에 올랐다. 그리고 라베스베르그의 루드비히 백작, 네덜란드의 플로렌틴 백작, 겔데른의 오토 백작, 브라반트의 하인리히 공작, 베르그의 아돌프 7세, 율리히의 빌헬름 6세 등 많은 귀족이 원정에 참가했다.

5월 25일, 브레멘에 집결한 기사들은 십자군 원정을 맨처음 선포한 성聖 우르바누스의 축일을 기리기 위해 성대한 의식을 거행했다. 그리고 이틀 후 4만 대군이 최고 성직자들과 함께 원정길에 올랐다. 알테네쉬Altenesch 마을 부근에서 농민과 십자군의 전투가 벌어졌고 마을 주변 지역은 전사한 농민 6천 명의 시신으로 뒤덮였다. 하지만 의로운 십자군 전사들이 이단자들과 저주받은 자들의 시신 옆에 나란히 묻히는 것을 염려한 교황 그레고리우스 9세는 인근 지역의 교회와 묘지들을 다시 성스럽게 만들 것을 명했고 동시에 운터베저 계곡이 무서운 악으로부터 해방된 사건을 기념하여 특별한 십자가를 세울 것을 명했다. 알테네쉬의 날에 구호금을 기부하는 자는 20일 동안 죄를 용서받았다. 그리고 1511년 브레멘의 성직자들은 스테딩인들을 무찌르기 위해서는 성체성사聖體聖事*가 필요하다는 것을 교구 신도들에게 상기시켰다. 성 베네딕토 13세로부터 자신의 저작을 인정받은 리폴(그의 책은 성 베네딕토 13세의 승인을 받았다)에 따르면, 스테딩인이라는 이름은 '혼합'을 의미하는데 이것은 그들이 가장 혐오스러운 형태의 근친상간을 일삼았기 때문이다.

---

* 성체, 즉 예수의 몸과 피를 상징하는 빵과 포도주를 받는 성사로서 하느님의 은총을 받는 칠성사 가운데 가장 핵심적이며 중심이 되는 성사이다.

스테딩인들을 남김 없이 소탕할 것을 호소했던 그레고리우스 9세는 자신의 칙서에서 스테딩 이단자들의 거짓된 의식儀式에 대해 자세히 묘사했는데 이 과정에서 한편으로는 스테딩인들을 카타리파 신자들이나 발도파 신자들과 동일시했고 다른 한편으로는 스테딩 이단자들과 마법사들 간에 아무 차이가 없는 것처럼 만들어 버렸다. 사실 그때까지만 해도 마법사들이 직접적인 의미에서의 이단자로 간주된 적은 없었지만 어쨌든 그 의식에 있어서는 카타리파 신자들과 다를 바가 없는 것으로 알려져 있었다. 알다시피 카타리파 신자들은 '사탄의 집회'라는 비밀 집회에서 마법사들이 행하는 것과 똑같은, 아주 혐오스러운 의식을 거행한다는 비난을 받고 있었다. 따라서 만일 카타리파 신자들이 이단자로 간주된다면 마법사들 역시 이단자로서 종교 재판에 회부되어야만 했다.

마법사들과 마찬가지로 이단자들 또한 악마의 가신들이다. 그리고 그들은 봉건 사회의 관례에 따라 입맞춤으로써 악마에 대한 경의를 표시한다. 파리의 빌헬름에 따르면, 입맞춤이 혐오스러운 부위에서 이루어질 수밖에 없는 이유는 신이 그 혐오스러움을 노리고 입맞춤 행위를 허락했기 때문이다. 만일 입맞춤의 행위가 혐오스럽지 않았다면 그것은 결코 가능하지 않았을 것이다. 그리고 사탄의 집회에서 벌어지는 난교 파티, 악마의 입맞춤, 이단자들과 마법사들의 야간 집회, 간음, 신에 대한 불경, 보편적 죄악, 소돔의 타락 등을 주제로 하는 수많은 학술적 논문과 비학술적 논문들은 하나같이 다음과 같은 결론을 도출하고 있다.

"이단자들과 마법사들은 대동소이하며, 마법사들의 행위가 그 파괴적인 측면을 논하는 데 많은 시간을 할애해야 할 만큼 강한 이단적 요소를 드러내기 때문에 만일 이단자들이 종교 재판을 받아야 한다면 마법사들을 예외로 삼을 이유가 없다."

마법사들은 범법자라기보다는 종교적 죄인이다. 따라서 마법사들이 세속 법정이나 주교 법정의 특혜를 누리는 일이 있어서는 안 된다. 그리고 권위 있는 이단 심문관 니콜라스 에이메릭도 자신의 지도서에서 "법률적 관점에서 중요한 것은 첫째, 마법사가 악마와 어떤 관계를 맺고 있느냐이고(즉 마법사의 유해함이 아니라 악마와 맺은 관계의 성격이 중요하고) 둘째, 마법사가 오직 신만이 할 수 있는 일을 악마에게 요구하느냐 아니냐를 밝히는 것이다"라고 강조한다. 만일 마법사가 악마에게 그런 일을 요구하고, 전능함에 있어 악마가 신에 뒤지지 않는다고 믿는다면 그는 이단자이다. 왜냐하면 이것이야 말로 명백하게 '그릇된 사고'이기 때문이다.

마법사와 카타리파 신자들 간에 큰 차이가 없다는 성직자들의 주장과 함께 마법은 개인적인 범죄에서 집단적인 범죄로 그 성격을 달리하게 되었다. 그리고 여기서 한 걸음 더 나아가, 무리 지어 악마 숭배의 의식을 행하고 악마의 지시를 받아 그 의지를 실현하는 '마법의 교파'가 존재한다는 견해까지 생겨났다. 물론 교회로서는 집단적이고 분파주의적인 범죄가 개인적인 범죄보다 더 위협적이었다. 그래서 13세기 말부터는 마법사의 정체가 드러날 경우 그 일당, 즉 같은 교파 형제들에 대한 심문이 뒤따랐는데 이때 심문당하는 사람은 혹독한 고문을 견디다 못해 자신의 죄를 인정하거나 거짓으로 공모자를 만들어 내야 했고, 종교 재판이 진행되는 과정에서 밀고, 여론 몰이, 누명 씌우기, 감금(죄상을 더욱 분명히 밝히기 위한 일시적 감금) 등이 자행되었다. 이제 분파주의 운동의 성격을 띠게 된 마법도 이러한 심문을 피해갈 수 없었고 급기야 아주 혐오스러운 현상들이 나타나기 시작했다(다른 형태의 이단들이 박해받을 때에도 이와 똑같은 현상들이 발생했다). 대대적인 처형과 마법사 소굴에 대한 수색이 시작되었던 것이다.

교황 알렉산더 4세와 신학의 대가들이 내린 결정들 또한 종교 재판의 개입을 정당화하는 구실로 작용했다. 이 결정들에 의하면 좁은 의미에서의 이단은 물론이고 '명백하게 이단의 냄새'가 나는 것들까지 종교 재판의 대상이 되어야 했다. 물론 사건에서 어떤 냄새가 나느냐, 즉 향기가 나느냐 악취가 나느냐에 대한 결정은 전적으로 법정의 자의적 판단에 맡겨졌다. 그리고 '명백한 이단의 냄새'라는 표현을 놓고 수많은 스콜라 철학적 해석들이 쏟아졌는데 결국 그 목적은 모든 마법을 이단이라는 개념 속에 끼워 맞추기 위함이었다. 악마에 대한 집단적 경배의 소굴로 지목된 사탄의 집회가 바야흐로 마법사들을 종교 재판의 무시무시한 형벌로 내몰고 있었다.

사탄의 집회로 인해 '마법에 관한 관념'의 범위가 확장되었고 이제 새로운 종류의 마법이 탄생하게 되었다.

악의에 찬 공상가들이 묘사하는 사탄의 집회는 각지에서 모여든 카타리파 신자들과 발도파 신자들 그리고 마법사들이 참석하는 아주 성대한 집회였다. 이 집회는 참석자가 많으면 많을 수록 더욱 성대한 집회가 되었고, 음란과 신성 모독 그리고 악마 숭배가 더 극적인 효과를 얻게 되었다. 그래서 이단 심문관들은 집회에 많은 사람이 참석한다는 점을 강조했고, 법정에 끌려나온 이단자가 참석자의 수를 거짓으로 고한다고 주장했다. 신학계는 엄청난 규모의 집회를 고안해 낼 필요가 있었고 결국 '악마는 먼 거리를 극복할 수 있고 그 추종자들 역시 비행 능력을 부여받아 공간 이동이 가능하다'는 식의 시나리오를 만들기 시작했다. 사실 공중을 날아다니는 능력에 대해서는 이미 성 아우구스티누스가 언급한 바 있는데, 그는 판타스티쿰, 즉 영혼의 비행에 대해서는 확실한 주장을 내세웠지만 육체가 공중을 날아다니는 문제에 대해서는 "사도 바울이 세 번째 하늘에 오를 때 그의 육체가 올라간 것인지 그의 영혼이 올라간 것인지 알 수 없다"는 식으로 의문의 여지를 남겼다. 그리고 아우구스티누스의 이러한 우유부단함으로 인해 신학자들 사이에서는 끝없는 논의가 이어졌는데 사실 〈캐논 Episcopicanon Episcopi〉(오랫동안 앙카라 공의회의 결과물로 여겨졌던 교회법)가 "사람이 밤에 공중을 날아다닐 수 있다고 믿는다면 이는 곧 이교도들의 미혹에 빠지는 것이다. 이러한 믿음은 성령의 의지에 의해 생겨나는 것이 아니라 믿음이 부족한 악령의 의지에 의해 생겨나는 것이다"라고 규정했을 때만 해도 이 문제는 '육체의 비행은 불가능하다'는 쪽으로 일단락되는 듯했다.

하지만 스콜라철학과의 논쟁에서는 교회 법규의 무기력함이 여지없이 드러났다. 한때 우유부단함을 보였던 교회 스콜라철학이 '인간의 공중 비행이 가능하다'는 주장을 펼치기 시작했고 나중에는 '실제로 그것이 행해진다'는 쪽으로 입장을 굳혔기 때문이다.

가톨릭 관련 문헌에서 차지하는 캐논 〈Episcopi〉의 역할이 지대했던 만큼 여기서 《종규 전집》(제2판, 라이프치히, 1879, 1030-1031쪽)에 실린 캐논 전문을 살펴보도록 하자.

"주교들과 사제들은 악마가 고안한 마법과 점술이 자신의 교구에 발붙이지 못하도록 최선을 다해야 한다. 만일 어떤 사람이(그것이 남자이든 여자이든) 이와 같은 죄로 의심을 받는다면 주교들과 사제들은 당장 그 사람을 내쫓아야 하고 그 사람이 심한 수치심을 느끼도록 해야 한다. 사도 바울은 이렇게 말했다. "이단에 속한 자는 한두 번 타이른 후 멀리하도록 하라. 이러한 사람은, 네가 아는 바와 같이, 타락하고 부패하여 죄에 빠지느니라"(디도서, 3장, 10-11절). 악마의 유혹에 빠지고 창조주로부터 버림받은 자들은 악마에게 도움을 청하기 마련이다. 그러므로 이런 고약한 전염병을 교회에서 몰아내지 않으면 안 된다. 그리고 절대 잊지 말아야 할 것은, 사탄의 뒤를 이어 타락의 늪에 빠지고(디모데 1서, 5, 15) 마귀들의 속삭임과 꾐에 빠진 죄 많은 여자들이 있다는 사실이다. 이 여자들은, 자신이 동물 위에 올라타고 밤하늘을 날아다닌다고 믿을 뿐만 아니라 이교 여신 디아나, 헤로디아 그리고 다른 많은 여자들과 함께 끝없는 공간 속을 날아다닌다고 믿는다. 게다가 이교 여신의 명령에 절대 복종하는 이 여자들은 여신의 부름을 받으면 곧바로 그녀를 섬기러 나타난다고 주장한다. 만약 이런 여자들이 있다면 오직 그들만이 파멸의 길로 빠지게 해야지 그렇지 않으면 다른 사람도 파멸의 길에 빠지게 된다. 왜냐하면 이처럼 그릇된 생각에 사로잡히는 사람들은 그것이 올바른 견해라고 믿고 또 그런 잘못된 믿음으로 인해 올바른 믿음으로부터 멀어져 이교도의 망상에 빠지기 때문이다(유일신 이외의 다른 신적 존재들이 존재한다고 믿게 되는 것이다). 그러므로 사제들은 자신에게 맡겨진 교회에서 이 모든 것이 새빨간 거짓말이라는 것을 설교해야 하고, 이러한 환상은 성령이 아닌 악령의 힘에 의해 신앙심이 부족한 사람들의 영혼 속에 자리 잡게 된다는 것을 일깨워 주어야 한다. 빛의 천사로 변신하는 사탄은 여자를 매혹하고 복종시키며 믿음으로부터 멀어지게 한다. 또한 사탄은 여자의 꿈 속에 나타나(다양한 사람의 모습을 하고 나타난다) 악마의 놀이를 함께 즐기는데 이때 즐거운 얼굴과 슬픈 얼굴을 번갈아 보이고, 아는 자의 얼굴과 낯선 자의 얼굴을 번갈아 보인다. 이때 마음이 타락한 자들은 이 모든 것이 영적으로 일어나는 것이 아니라 육체적으로 일어나는 것이라고 믿는다. 물론 꿈을 꿀 때 자기 몸을 빠져 나오는 듯한 경험을 해 보지 않은 사람이 어디 있겠는가? 또 현실에서 한 번도 본 적 없는 것들을 꿈 속에서 보게 되는 일이 왜 없겠는가? 하지만 영적으로 일어나는 이 모든 일들이 물질적으로 존재한다고 여길 만큼 어리석고 무분별한 사람이 있겠는가? 선지자 에제키엘은, 육신을 입은 주가 아니라 영靈을 입은 주를 보고 들었다고 했다. 또 사도 바울은 육신을 입은 삶이 기쁨을 가져다주었다고 감히 말하지 못했다. 그러므로 이와 같은 일들을 믿는 자는 곧 믿음을 버린 자이고, 신을 진정으로 믿지 않는 자는 더 이상 신의 자식이 아니라 악마의 자식이라는 것을 만천하에 알려야 한다. 주께서는 다음과 같이 말씀하셨다. 만물이 그로 말미암아 지은 바 되었으니 지은 것이 하나도 그가 없이는 된 것이 없느니라(요한복음, 1장, 3절). 따라서 모든 것을 만드신 창조주의 관여 없이 어떤 존재가 더 좋은 상태와 더 나쁜 상태로 변할 수 있다거나 다른 모습으로 변할 수 있다고 믿는 사람은 틀림없이 믿지 않는 자이며 이교도보다 못한 사람이다"(그라티아누스 교령집 제2부, 제26항, 쟁점 5, 카논 12).

알베르투스 마그누스*는, 흡혈귀(날아다니는 여자)가 마귀도 아니고 사람도 아니라고 말한다. 그에 따르면, 흡혈귀는 피에 굶주린 야수로서 단지 여자의 모습을 취할 뿐 여자들에게도 남자들에게도 위험한 존재가 아니다. 하지만 신학은 이러한 견해에 반대했고 그 근거로서 "첫째, 물질적 존재를 공중 이동시킬 수 있는 악마의 능력이 입증되었다. 둘째, 성聖 아우구스티누스가 설득력 있게 보여준 것처럼 사람이 하늘 높이 올라간다

---

* 알베르투스 마그누스(Albertus Magnus, 1193년~1280년)는 독일의 신학자 · 철학자 · 자연과학자이다. 파리와 쾰른에서 가르치고 레겐스부르크의 주교가 되었다. 도미니크회의 중심인물로 토마스 아퀴나스와 함께 스콜라 철학을 완성시켰다.

는 것은 이미 잘 알려진 사실이다"라는 주장을 펼쳤다. 가령 브장송의 안티지야 주교를 예로 들면, 그는 야간 비행으로 불과 몇 시간 만에 브장송과 로마를 왕복한 것으로 알려져 있다. 그의 《일대기》(11세기)에 묘사된 이 기적과도 같은 비행은 같은 세기에 겜블루 지거버트에 의해, 더 나중에는 뱅상 드 보베에 의해 사실인 것으로 확인되었다.

1220년경 저명한 하이스터바흐의 케사리우스는, 하셀트에서 한 여자가 "나는 신의 지배에서 벗어나 스스로를 악마의 지배에 맡길 것이다"라고 외치며 큰 나무통에서 거꾸로 날아 나온 이야기를 들려주었는데 이때 악마는 곧바로 그 여자를 받아들었고 깜짝 놀란 사람들은 그녀가 산과 숲 위로 날아가는 것을 오랫동안 지켜봤다고 한다. 또한 카이사리우스는 프랑스 북부의 한 기사에게 일어난 일도 알고 있었다. 그에 따르면, 악마로부터 비행 능력을 부여받은 이 기사는 자신의 집과 인도 사이를 하룻밤 사이에 왕복할 수 있었는데 비행 속도에서 그와 겨룰 수 있는 사람은 단 한 사람, 마법에 걸린 말을 타고 한 시간 만에 예루살렘과 리에주를 왕복한 십자군 전사뿐이었다.

그런데 이런 '여행자들'이 뜻하지 않은 사고를 당하는 경우도 있었다. 카이사리우스에 따르면, 검은 황소를 타고 하늘을 날던 한 교회지기가 이젠부르크의 탑 꼭대기에 부딪친 일이 있었다. 그런가 하면 뤼베크의 한 수도사는 이 교회지기보다 훨씬 더 운이 좋았는데 그는 뤼베크에서 가장 높은 교회 지붕(반구형의 둥근 지붕)보다 훨씬 더 높이 날아 올랐다. 하지만 야간 비행의 명백한 증거를 제시한 것은 비단 카이사리우스뿐만이 아니었다(카이사리우스는 다소 귀가 여린 사람이었다). 캉브레 부근 출신으로 도미니크회의 권위 있는 수사였던 아퀴나스도 본질에 있어서는 카이

사리우스와 다를 바가 없었다.

《꿀벌의 나라》(A. 카우프만, 독일어판, 1899를 참고하라)에서 아퀴나스는 카이사리우스가 그랬던 것처럼 많은 에피소드를 소개하고 있는데 그 중에는 몇몇 남자가 수많은 십자군 전사들의 길 안내자 역할을 했다는 이야기도 있다. 이 안내자들은 팔레스타인으로 가는 길을 잘 알고 있었다. 왜냐하면 깊은 밤에 마법의 말을 타고 서유럽 여러 도시를 날아다녔기 때문이다.

또한 아퀴나스는, 1256년 브라반트에서 일어난 일도 소개한다. 당시 브라반트에는 죽을병에 걸린 여자들이 있었는데 악마가 그 육신을 다른 육신, 즉 '거짓된 육신'(상상에 의해 만들어진 육신)으로 바꾸는 순간 홀연히 침대에서 사라졌다. 그리고 거짓된 육신은 죽어서 땅에 묻히지만 사라진 여자들은 마치 아무 일도 없었다는 듯 어디에선가 편안한 삶을 살아간다. 그런데 이런 이야기를 하면서도 아퀴나스는 전혀 놀라지 않는다. 왜냐하면 지극히 평범한 마법사들도 막대기를 뱀으로 만들거나 개구리를 불러내는 일 그리고 물을 피로 바꾸는 일 정도는 얼마든지 할 수 있었기 때문이다.

만일 인간의 영靈이 인간의 몸, 즉 육체적 존재를 이동시킬 수 있다고 믿었다면 인간을 공중 이동시키는 악마의 능력은 어떻게 부정할 수 있었을까? 알다시피 악마의 영이 인간의 영보다 강하고, 인간의 영이 할 수 있는 일을 악마의 영이 하지 못할 리 없지 않은가? 이 문제를 미심쩍어하는 사람들에게는 다니엘서 마지막 두 장章에 언급된 하바쿡의 비행과 악마가 예수를 데려가 성전 꼭대기와 높은 산 위에 세우는 이야기가 근거로 제시되었다.

하지만 어떻게 이러한 사실들과 신학계의 이론적 명제들을 그 유명한 캐논 〈Episcopi〉와 조화시킬 수 있을까? 알다시피 캐논 〈Episcopi〉는 여자들의 비행을 이교도들보다 더 타락한 사람들의 터무니없는 공상쯤으로 간주하는데 말이다. 결국 날아다니는 여자들이 실제로 존재할 가능성을 열어 두기 위해서 그리고 캐논 〈Episcopi〉 역시 본질적으로는 야간 비행의 가능성을 배제하지 않는다는 것을 입증하기 위해서 고도의 용의주도함과 지혜가 발휘되었다. 그리고 고문을 통해 수집된 '사실들'이 야간 비행의 실재성을 입증하자마자 소심했던 견해들은 확고부동한 정언적 명제로 바뀌었고, 악마와 계약을 맺은 마녀들이 악마의 야연夜宴에 참석하기 위해 밤하늘을 날아 모여든다는 이야기가 마치 진실처럼 되어 버렸다.

캐논이 종교 재판에 유리하게 해석되기 시작한 것은 "캐논에서 언급되는 여자들은 마녀가 아니다"라는 주장이 나오면서부터였다. 캐논 〈Episcopi〉에서 거론되는 여자들은 그리스도를 부인하지 않았고 악마를 숭배하지도 않았다. 게다가 이 여자들은 악마와 간음하지 않았고 그 어떤 해악도 끼치지 않았다. 디아나(또는 헤로디아)와 함께 하늘을 날아다니는 여자들이란 사실 시시한 공상의 산물에 불과했다(악명 높은 캐논은 그런 공상을 믿는 것 자체를 비난했다). 하지만 그렇다고 해서 마법에 걸린 여자들이 캐논에서 언급되는 여자들과 동일시되어야 한다는 결론을 내려서는 안 되고 동시에 그 여자들이 하늘을 날지 못하고 끔찍한 범죄를 저지를 수 없다는 결론도 내려서는 안 된다. 왜냐하면, 일상적으로 드러나는 사실들이 말해 주듯, 캐논은 이런 새로운 종류의 범죄에 적용될 수 없기 때문이다(종교 재판소가 이런 범죄에 직면한 것은 1239년의 일이었다).

1239년 마른 주州 샬롱 근교에서는 하루에 182명의 카타리파 신자들이 화형에 처해졌는데 이때 화형식은 수많은 성직자와 시민 그리고 농민들이 참석한 가운데 아주 성대하게 치러졌다. 그리고 이단 심문관이 한 여자 범죄자로부터 자백을 받아 냈는데 그녀가 자백한 내용은 다음과 같다. 어느 날 밤 그녀는 샹파뉴에서 밀라노로 날아가 카타리파 신자들이 마련한 식사 자리에 참석했다. 그리고 그녀가 공중을 날아 여행하는 동안 남편 옆에는 악마가 누워 있었다. 그런데 이 악마가 여자의 모습을 하고 있었기 때문에 남편은 여자가 사라진 사실을 전혀 눈치채지 못했다.

게다가 이 불쌍한 카타리파 여신도의 자백을 받아 낸 것이 그 유명한 이단 심문관 로베르 르 부르그였다는 사실은 이 이야기의 진실성과 정확성을 한층 더 높여 준다. 밀라노에서 20년 동안 카타리파 신자로 활동한 로베르 르 부르그는 이 분파의 신앙과 성향에 대해 잘 알고 있었다. 그리고 그의 해박한 지식이 이단을 뿌리 뽑는 일에 크게 기여할 것이라 여긴 교황 그레고리우스 9세는 1233년 그를 이단 심문관으로 임명했다.

마른 샬롱 부근에서 일어난 일은 거리距離, 언어와 관습의 차이 그리고 성별이나 나이가 문제 되지 않는 '대규모 야간 집회'가 가능하다는 것을 여실히 보여 주었다. 이제 종교 재판소는 유럽 각지에서 모여드는 무리에 대해 이야기했고 이 범죄자들을 잡기 위해 종교 재판소 망을 여러 나라로 확대했다. '악마의 연회'로 불린 이 집회들은 대체로 그 구성 방식이 동일했고, 행해지는 의식도 같았기 때문에 거의 모두가 동일한 집회들이었다고 말할 수 있다.

악마의 연회에는 참석자가 많으냐 적으냐에 따라 두 종류, 즉 큰 연회와 작은 연회가 있었다.

큰 연회는 한 지역의 마녀들이 모두 모이는 연회로서 주로 버려진 묘지, 교수대 주위, 폐허가 된 옛 성터나 옛 수도원터를 연회 장소로 삼았다. 연회장으로 가기 위해 마녀들은 아이들(세례받지 않고 죽은 아이들)의 간으로 만든 특수 연고를 사용했는데 이 연고를 몸에 바르고 주문을 외운 후 빗자루에 올라타면 곧장 공중으로 날아올라 연회장으로 갈 수 있었다. 마녀는 굴뚝에서 날아 나오기도 하고 심지어 밀폐된 방안에서 날아 나오기도 했다. 그리고 마녀가 주문을 외우면 바람, 폭풍, 비, 시간, 거리, 어둠 등 모든 장애물이 무력화되었다. 하지만 연회장에 도착한 후에는 마녀들도 검사를 받아야 했다. 자기 몸에 '사탄의 인印', 즉 이전에 악마와 접촉한 자리가 있다는 것을 증명해야 했던 것이다. 그리고 그 다음에는 옥좌에 앉아 있는 악마에게 예배를 드렸다(악마는 긴 꼬리와 염소 다리, 박쥐 날개를 가지고 있었다).

악마의 연회에서는 모든 것이 반대였다. 등을 돌려 신과 성모와 성인들을 부인했고 악마에게 큰절을 올렸다. 자신을 악마에게 바쳤던 것이다. 사탄은 세례를 조롱했고 모두에게 십자가를 짓밟으라고 지시했다. 마녀와 마법사들은 횃불을 손에 들고 미친듯이 춤을 추었고 자정이 되자 서로를 등지고 땅에 엎드렸다. 그리고 대향연이 시작되었다. 향연에 참석한 사람들은 수많은 두꺼비들을 먹어 치웠을 뿐만 아니라 세례받지 않고 죽은 아이들의 간과 심장과 시체도 게걸스럽게 먹어 치웠다. 그리고 향연 도중에 파렴치한 무도회와 역겨운 난교 파티가 열렸고 그 뒤를 이어 흑미사가 거행되었다. 검은 제의祭衣를 입은 악마가 기독교 예배 의식을 조롱했고 예배를 위해 거대하고 붉은 당근을 사용할 것을 제안했다. 새벽녘 수탉이 울기 전까지 향연과 무도회, 난교 파티와 기괴한 교회 예배식이 번갈아 가며 이어졌다. 여명이 비치자 마녀들이 뿔뿔이 흩어지더니 마치 놀란 까마귀들처럼 사방으로 날아갔다. 집으로 돌아오는 길에 마녀들은 추수한 곡식 위로 연고와 독약을 던졌고 이 때문에 곡식들이 결딴나고 말았다. 또 먼 거리를 날아가야 하는 마녀들은 가축으로 둔갑하여 아무도 눈치채지 못하게 집으로 돌아갔다.

마녀가 악마의 연회가 열리는 날에만 해악을 끼친다고 생각해서는 안 된다. 마녀가 악마를 알게 된 순간부터 사람들은 갖가지 재앙을 겪기 시작했는데 그 주된 원인은 죽은 사람의 뼈를 빻아서 만든 가루, 즉 동맹의 상징으로서 악마가 마녀에게 건네준 '마법의 가루'였다. 마녀는 집요하고도 계획적으로 이 가루를 뿌리고 다녔다. 그 결과 온 들판이 벌레와 두꺼비, 다람쥐와 뱀들로 뒤덮였고 심지어 사람들까지 목숨을 잃었다. 그리고 이 가루가 음식에 떨어지면 음식이 곧바로 독으로 변해 인간을 돌이킬 수 없는 파멸의 길로 이끌었다. 또한 마녀는 마법의 지팡이도 사용했는데 이 지팡이로 물웅덩이를 내려치면 억수 같은 비와 무시무시한 우박이 쏟아졌고 기름진 땅은 메마른 땅으로, 메마른 땅은 기름진 땅으로 변했다.

이 모든 일은 마녀 자신의 의지는 물론 악마의 지시가 있었기 때문에 가능했다. 악마는 자신의 뜻을 따르지 않는 마녀를 가만두지 않았다. 매와 고문으로 고통을 주었고 또 그 영혼 속으로 들어가 꼭두각시를 만들었다. 마녀의 입으로 신성 모독을 범하는가 하면 마녀의 손으로는 온갖 추행을 일삼았고, 마녀의 발로는 타인의 삶과 재산을 짓밟았다. 하지만 악마에게 조롱당하는 마녀도 위험한 존재가 아닐 수 없었다.

그렇다고 해서 마녀가 행복했다고 말할 수도 없다. 대부분의 경우 악마는 자신의 약속을 이행하지 않았고 또 이행한다 해도 그가 준 돈과 보석은 쓰레기, 두꺼비, 두더지로 변해 버렸기 때문이다. 악마는 자신과 관계 맺은 사람들을 기만했다.

이러한 새로운 종류의 죄, 즉 악마와 부부 관계를 맺고 하늘을 날아 악마의 연회에 참석하는 죄의 첫 희생자가 된 사람은 아마도 툴루즈 출신의 귀족 여성 안젤라 라바르트(56세)였을 것이다. 그녀는 악마와의 동거 끝에 아이를 낳았는데 알고 보니 그것은 사람이 아니라 늑대 머리와 용의 꼬리를 가진 괴물이었다. 안젤라는 매일 밤 남의 집 아이들을 훔쳤고 그 아이들을 괴물에게 바쳤다. 이 모든 사실이 이단 심문관 휴고 레오니드에 의해 명백하게 입증되었는데 심지어 안젤라 자신이 매일 밤 악마와 성관계를 맺었다고 자백할 정도였다. 결국 안젤라는 1276년 아우토다페(종교 재판소의 판결 선고식)에서 화형에 처해졌다.

안젤라 라바르트의 일이 있기 전에도 이와 똑같은 형벌에 처해진 여성 범죄자들이 있었다(그들은 트리어 근교에 사는 여성들이었다). 하지만 그들은 악마와 부부 관계를 맺은 사실을 부인했고 단지 두꺼비, 고양이와 관계를 맺은 사실만 인정했다. 한편 남자들의 경우에는 고양이, 염소와 성관계를 맺어도 화형에 처해지지 않았는데 이것은 그런 행위가 이단적인 죄로 간주되지 않았기 때문이었다.

인간과 악마의 동맹에 대해 최초로 언급한 교황은 공교롭게도 자기 자신이 악마와의 관계로 의심을 받은 요한 22세였다.

자신의 칙서 《수페르 스페쿨라》에서 "악마에게 제물을 바치고 악마에게 기도 드리는 사람들이 있다. 그들은 그림, 거울, 반지, 병 따위를 만들어 악마를 그 속에 들어가게 한 다음 간절히 도움을 청하는 것이다. 이제 이 혐오스러운 역병이 기독교도들에게 무서운 해악으로 다가오고 있다" 라고 밝힌 요한 22세는 이후로 그 누구도 이와 같이 혐오스러운 일을 가르치거나 배우지 못하도록 하기 위해서는 그 효력이 영원히 지속되는 교령을 공포해야 한다고 판단했다. 그는 다음과 같이 말했다.

"자신의 행위로 전능한 신을 모욕하는 자는 마땅히 가혹한 형벌을 받아야 할 것이다. 따라서 앞으로 교회의 명령과 지시를 어기는 자들과 혐오스러운 짓을 행하는 자들은 모두 교회에서 파문당할 것이다. 교회의 경고가 있은 날로부터 8일 이내에 잘못을 바로잡지 않는 자들은 재산을 몰수당할 뿐만 아니라 이단자들과 행동을 함께한 죄로 형벌을 받을 것이다."

악마의 교활함에 대한 교황의 확신이 어느 정도였는지는 그가 뱀 모양의 뿔피리를 찾는 일에 깊은 관심을 보였다는 사실에서도 잘 드러난다. 이 뿔피리를 이용하면 물건 속에 든 독 그러니까 아주 기이하게 물건 속으로 들어간 독을 모두 찾아낼 수 있었다. 마침내 뿔피리를 가진 여자가 나타났고 교황은 뿔피리에 대한 담보로 자신의 모든 동산動産을 내놓겠다고 제안했다. 거래는 성사되었고 곧이어 요한 22세의 엄명이 떨어졌다. 부당한 방법으로 뿔피리를 훔쳐 가는 자는 온갖 형벌을 면치 못할 것이라는 내용이었다.

독약에 대한 생각을 잠시도 떨칠 수 없었던 요한 22세는 급기야 자신의 생각을 공공연하게 밝히기 시작했다.

"브라반트의 마법사 야곱과 아만토의 마법사 요한이 우리를 파멸시키기 위해 독약을 만들었다. 그렇지만 독약을 마시게 할 기회를 찾지 못하자 그들은 밀랍으로 우리의 초상화를 만들었고 그 초상화에 구멍을 내어 우리를 살해하려고 했다. 하지만 신께서 우리를 구원하사 그 밀랍 초상이 우리 손에 들어왔다.”

　신의 구원과 함께 찾아온 마음의 평화는 그리 오래가지 않았다. 알려진 바에 의하면 요한 22세는 자신의 밀랍 초상화에 구멍이 뚫릴지도 모른다는 두려움 속에서 여생을 보냈다고 한다.

　교황은 밀랍 초상화를 만든 범인으로 라고르의 주교 휴고 게라디를 지목했고 이 비운의 주인공은 아비뇽의 교황 관저로 끌려갔다. 결국 밀랍 그림을 만든 죄가 입증되었고 휴고는 관직을 박탈당한 뒤 화형에 처해졌다.

　밀랍으로 만든 마법의 초상화, 처음에 그 존재를 믿었던 사람은 교황뿐이었지만 이제 그 믿음은 기독교 세계 전체로 퍼져 나갔다. 그리고 게라디의 뒤를 이어 '무분별한 광기'의 희생자들이 속출하기 시작했다.

　1347년 11월 15일 사제 스테판 뻬뻰이 랑게독 망드의 주교 알베르토 앞에 서게 되었는데 그는 그로부터 4년 전 밀랍으로 만든 주교의 형상을 이용해 그를 살해하려 했다는 혐의를 받았다. 고문을 견디지 못한 스테판은 범죄를 저지를 의도가 있었노라고 자백했다. 실제로 그는 2파운드의 밀랍을 구해 주교의 형상을 만들었고 이때 주문도 함께 외웠다. 그리고 주교의 형상에 세례를 베푸는 대신 그 위에 여섯 영靈과 그 협력자들(그리고 선동자들)의 이름을 적었다. 하지만 여섯 영을 주교의 형상 속에 들여보냈느냐고 묻자 스테판은 애매한 대답을 했다. 그의 대답은 다음과 같았다.

"한 위대한 스승에게서 그 비법을 배웠다. 그 분은 '사람이 쉽게 그 방법을 배울 수 있으나 다만 루시퍼는 신에 의해 북풍에 매였기 때문에 형상 속으로 들어가게 할 수 없다'고 가르쳐 주었다."

1339년 카르카손에서도 이와 유사한 사건이 발생했다. 레코르디라는 수도사가 '밀랍으로 여자의 형상을 만들었다'는 이유로 심문을 받았는데 그가 밀랍 형상을 만든 것은 그 여자의 사랑을 얻기 위해서였다.

그 후에도 이런 식의 비난은 끊이지 않았고, 밀랍 형상의 뒤를 이어 온 갖 종류의 형상이 등장했다.

솔단, 로스코프 등 일부 연구자들의 견해에 따르면, 마법사와 마녀에 대한 탄압이 심해진 것은 어디까지나 악마와 마법에 대한 요한 22세의 개인적 두려움 때문이었다. 사실 교황은 봉건적 교회의 전반적인 정책을 대표하는 상징적 인물에 불과했지만 교황의 칙서와 교황의 입에서 나온 온갖 성명이 여러 가지 편견을 키우는 계기가 되었다(교황 자신이 그런 편 견을 옹호하는 사람들 중 하나였다). 1320년에 교황은 '이단적인 마법'을 탄압 하는 일과 관련하여 매우 광범위한 권한을 종교 재판소에 부여했다.

1320년부터 1350년까지 카르카손에서 유죄판결을 받은 400명의 이단 자들 대다수가 마법에 연루되어 있었다는 것은 결코 우연한 일이 아니다 (여기서 마법은 소극적인 의미에서의 마법, 즉 악마와 정식 계약이나 동맹을 맺지 않 은 마법으로 이해되었다).

하지만 봉건적 생활 양식에 젖어 있던 중세인들에게 동맹과 결사라는 관념은 너무도 익숙한 것이어서 그것이 곧 다양한 공동체의 형성을 의미 한다는 것을 쉽게 알 수 있었다. '주종 관계', '숭배' 같은 봉건 사회의 특징들이 당연한 현상들로 여겨졌던 것처럼, 길드, 사단社團, 카스트 같은 것들이 악마적 환경으로 옮겨지는 일 또한 지극히 자연스러운 현상으로 받아들여졌다. 이제 악마적 관계의 모든 체계가 기존의 봉건적 관계들에 기초하여 형성됨으로써 보다 큰 신뢰성을 얻었고, '악마의 편재遍在와 전능함에 대한 믿음'이 확산되어 가는 상황에서 사람들에게 더 쉽게 받아들여졌다.

물질적 궁핍, 도를 더해 가는 농민 착취, 끊임없는 기아 그리고 가난과 역병에 시달리던 사람들은 교회의 설명에 기꺼이 호응할 수밖에 없었다. 봉건적 질서의 와해와 삶의 불안이 도를 더해 갈수록 사람들은 더 쉽게 악마의 유혹에 빠졌고, 자신의 초보적 사고 수준에 맞는 교회의 설명에 더 단단히 매달렸다.

자연 경제와 봉건 사회의 붕괴는 여자들의 어려운 처지를 더욱 절박하게 만들었고 악마는 이러한 상황을 틈타 여자들 사이에서 특히 많은 수확을 거둘 수 있었다. 일거리를 얻지 못하고 노동의 삶에서 강제로 밀려나는 여자들의 고통은 이루 말할 수 없는 것이었다.

전쟁과 내란은 물론, 위험하고 힘든 일에도 참여하지 않은 여자들은 남자들에 비해 그 수가 월등히 많았고, 수도원과 자선 단체는 남아도는 여자들로 넘쳐 났다. 부부의 인연을 맺지 못하고 경우에 따라서는 은거 생활까지 해야 했던 여자들은 성적 욕구 불만의 희생자가 되었고 급기야 위험천만한 공상에 빠져들었다. 물론 이러한 사회적 환경은 악마와 마귀들에 대한, 교회의 광기 어린 망상이 뿌리내리는 데 더없이 좋은 기회였다. 육체적 욕구 불만에 사로잡힌 여자들은 교회가 현실로 바꿔 놓은 '허구의 세계'에 몸을 던졌다(봉건 사회의 붕괴와 함께 아무짝에도 쓸모 없는 존재가 되어 버린 무지하고 히스테릭한 여자들은 허구의 세계를 굳게 믿었다). 그리고 여자들은 결혼하는 대신 불 속으로 들어갔고, 자신의 우매함과 교회의 환상을 위해 무모한 희생을 마다하지 않았다. 특히 병에 걸린 여자들은 악마의 가장 강력한 대리인으로 간주되었고 교회는 이 집요하고 위험천만한 이단자들을 뿌리 뽑는 일에 온 힘을 쏟아 부었다. 이미 오래전부터 교회에 의해 자행되어 온 추악한 범죄가 피비린내 나는 학살 속에서 되풀이되었던 것이다. 교회는 불 속으로 뛰어드는 여자와 악마의 관계를 부정하지 않았고 그런 여자를 병자라고 부르지도 않았으며 그 입에서 나온 말을 '인류의 적−악마'와 죄인의 실제적 관계를 증명하는 자백으로 간주하고 만천하에 폭로하기 시작했다.

교회는 가장 위험한 죄인으로서 여자들을 불태워 죽였고 이를 통해 광기를 확산시킴과 동시에 악마주의와 마법의 관념이 사회에 깊이 뿌리내리게 했다(머지않아 이 광기는 교회의 탐욕, 즉 모든 것을 집어삼키는 탐욕의 희생양이 된다). 하지만 가장 위험한 미신의 근원으로서 '환상'이라는 독약을 마시게 한 교회는 자신이 키워 놓은 일을 뿌리 뽑을 수 없었다.

하지만 무모한 광기가 만연하는 가운데 자신의 목소리를 내는 사람들이 있었다. 비록 그 수가 많지 않았고 또 대담한 것도 아니었지만 그들의 견해는 악마의 연회와 마법, 악마 숭배에 정면으로 맞서는 것이었다. 생 제르맹 수도원 원장 빌헬름 에델린에 관한 이야기를 예로 들어 보자. 1453년 9월 12일 빌헬름은 에브뢰 주교에 의해 재판에 회부되었다. 그가 재판에 회부된 이유는 자신의 설교에서 '마녀가 장작개비, 빗자루, 먼지떨이, 지팡이를 타고 공중을 날아다닌다'는 사실을 부정했기 때문이었다. 그에게는 "악마와 동맹을 맺고 악마의 부추김에 놀아난 탓에 이처럼 도전적이고 뻔뻔스러운 설교를 하는 것이다. 악마는 엄연한 '현실', 즉 악마의 조종을 받는 사람이 아니면 도저히 의심할 수 없는 현실을 마치 환각에 지나지 않는 것처럼 만들기 위해 동맹을 맺은 것이다"라는 비난이 쏟아졌다.

결국 빌헬름은 자신이 악마의 사주를 받았음을 자인했고 이로써 악마의 존재에 대한 보편적 교리가 다시 한번 입증되었다. 이처럼 당시 사회의 도덕적 상태를 반영한 보편적 교리는 동시에 사회가 그와 같은 세계관을 고수하도록 강요했다. 그렇다면 수도원 원장으로서 당연히 교리에 충실했어야 할 빌헬름이 어떻게 '악마적 마법의 힘'을 부정할 수 있었을까? 빌헬름의 성명이 나오기 60년 전에 대★이단 심문관 니콜라이 에이메릭의 지도서(이것은 이단 심문관들을 위해 편찬된 체계적 지도서였다)에서 마법이 이단적 현상 또는 '이단의 냄새가 나는' 현상(따라서 다른 이단과 마찬가지로 근절되어야 하는 현상)으로 규정되었고 또 그의 지도서가 모든 가톨릭 설교자와 교회 종사자들이 읽어야 할 필독서로 선정 되었는데도 말이다.

빌헬름은 유명한 도미니크회 수도사이자 이단 심문관이었던 요한 니더(오스트리아 빈에서 신학 교수로 일했고 나중에는 뉘른베르크와 바젤의 도미니크회 수도원 원장을 지냈다)의 작품《개미둑》도 알고 있었을 것이다. 1441년 초판이 나온 비교적 짧은 기간에 일곱 번이나 재출간된 이 작품은 악마의 편력에 대해 자세히 다루었고 '악마와 인간의 성교에 의해 아이가 태어날 수 있느냐'는 물음에 대해서도 긍정적인 답을 내놓았다.

니더는 이론적으로 추정하기보다는 논쟁의 여지가 없는 명백한 사실들을 인용한다. 그리고 자신의 주장으로 내세우는 것은 "젊은 여자가 악마의 아이를 잉태한다고 해서 동정童貞을 잃는 것은 아니다. 왜냐하면 악마의 아이를 잉태하는 것은 겉보기에만 그런 경우가 종종 있기 때문이다"라는 것이 전부다. 결국 니더는 '개미 알'에서 잉태의 원인을 찾았다. 악마의 도움을 받은 개미 알은 쉽게 여자의 몸속으로 들어갈 수 있었다.

니더가 쾰른대학에서 수학하던 시절, 하루는 열여섯 살 난 소녀의 입안으로 파리 한 마리가 날아들었는데 알고 보니 그 파리는 악마의 혈통을 지닌 파리였다. 소녀는 파리를 삼켰고 곧바로 귀신이 들리고 말았다. 그런가 하면 니더는 악마에게 강간당한 한 '성녀聖女'에 대해서도 알고 있었는데 이 악마는 가짜가 아닌 진짜 정자로, 그것도 천 명의 남자가 가질 수 있을 만큼의 많은 정자로 여자를 수태시켰다고 한다. 수도원 원장 빌헬름은 이 모든 이야기를 알고 있었을 것이다. 그리고 사악한 무식쟁이니 고집불통의 이단자니 하는 평판을 두려워한 나머지 "내가 마녀의 실재實在를 부정한 것은 악마의 부추김 때문이었다. 악마는 기독교 세계 전체에 큰 해를 입히기 위해 가증스러운 음모를 꾸며 왔고 이제 그 음모를 실현하기 위해 나를 이렇게 만든 것이다"라고 말할 수밖에 없었을 것이다.

빌헬름이 자신의 잘못을 깨닫게 된 것과 거의 때를 같이 하여 북프랑스의 이단 심문관 니콜라이 자퀴어의 방대한 저작이 출간되었다. 이 저작은 '마법의 강력한 힘'이 실제로 존재한다는 것을 증명했을 뿐만 아니라 악마의 비열하고 간교한 술책에 의해 '마녀의 비행은 상상으로 꾸며낸 비행에 불과하다'는 생각이 널리 퍼지게 되었다고 주장했다.

자퀴어에 따르면, 여자들뿐만 아니라 남자들도 '마법 교파'에 관여하고 있었다. 가장 난감한 것은, 성직자들과 수도사들이 마귀의 매혹적인 제안 앞에서 평정심을 잃는 경우가 종종 있었다는 것이다. 그들의 귀가 솔깃해질 수밖에 없었던 이유는 마귀들의 제안을 따를 경우 계약 체결의 대가로 사람들에게 온갖 질병과 정신착란 그리고 죽음을 불러올 수 있었고 또한 마귀들의 특별한 비호 아래 수확물과 부부 생활을 망쳐 놓는 등 온갖 끔찍한 일을 벌일 수 있었기 때문이다. 목요일마다 열리는 연회에서는 십자가가 멸시당하고 근친 상간이 일어나며 악령들과의 정교情交가 일어난다. 자퀴어는, 악마의 연회에서 마귀들이 아닌 마녀들을 보았다는 몇몇 목격자들의 주장을 "어떤 사람은 마귀를 볼 수 있지만, 어떤 사람은 마귀의 모습을 볼 수 없다"는 식으로 해석한다. 결론에서 자퀴어는 이렇게 주장한다.

"귀신 들린 자들이 절대 구원받지 못하도록 해야 한다(악마의 동맹자들은 더더욱 그렇게 해야 한다). 또한 그들은 무조건 세속 권력에 인도되어야 한다."

1459년 아라스의 이단 심문관 피에르 르 브루사르가 한 여자의 죄를 추궁했는데 그 죄목이 자퀴어의 《채찍》에 자세히 기술된 죄목과 일치했다. 결국 그녀는 "악마의 집회에 여러 차례 참석했고, 그곳에서 아는 여자 몇 명을 만난 적이 있다"고 자백했다. 고문을 견디지 못한 피고들은 셀 수 없이 많은 죄목을 다 인정한 후에야 화형에 처해졌는데 그 죄목이 프랑스 이단 심문관 자퀴어의 저작에 기술되어 있는 내용을 거의 통째로 옮겨 놓은 것이었다. 하지만 화형대에 오르기 전에 여자들이 남긴 말이 있었다. 그것은 바로 "이단 심문관에게 속았다"는 말이었다. "죄를 인정하면 용서하겠지만 죄를 부인하면 불살라 버리겠다"는 위협이 있었던 것이다. 여자들은 자신의 죄를 인정했음에도 불구하고 사형 선고를 면할 수 없었고 사형 선고를 받은 죄인들의 항의는 대수로운 문제가 될 수 없었다. 이제 '마법의 죄를 범한 자들은 예외 없이 세속 권력에 인도되어야 한다'는 자퀴어의 가르침이 법이 되어 버린 이상 비운을 타고난 여섯 명의 여자는 활활 타오르는 불길 속에 던져질 수밖에 없었다. 그들이 소유했던 부동산은 종교 재판소에 의해 몰수되었고 동산은 아라스 주교에게 넘어갔다.

교회가 악마적 마법의 존재에 대해 확고부동한 입장을 표명하는 가운데 프란치스코회 수도사 사무엘 드 카시니와 밀라노 수도원의 수도사 산타 안젤리는 실로 대담한 성명을 내놓았다. 산타 안젤리는 자신의《흡혈귀에 관한 문제》(1505)에서 마녀들의 존재와 마녀들이 지닌 초자연적인 힘은 인정하면서도 마녀의 공중 비행은 인정하지 않았다. 사무엘의 성명은 신학계에 엄청난 파장을 불러일으켰고 일련의 권위 있는 저작이 출간되는 직접적인 계기가 되었다. 포문을 연 것은 도미니크회 수도사 빈센트 도도의 저작이었고 이후 도미니크회 동료들, 즉 코모의 베르나르드, 실베스테르 프리에리아스, 바르톨로메오 드 스피나를 비롯하여 프랑스, 이탈리아, 독일의 여러 신학자들이 그를 지지했다.

독일 역사가 한센에 따르면, 1540년까지 〈악마적 음모의 진실성〉이라는 주제로 46종에 달하는 이론서들이 출간되었고, 동일한 주제로 47건의 교황 성명이 발표되었다.

여기서는 바르톨로메오 드 스피나의《마녀들에 관한 연구》를 자세히 살펴보도록 하자(이 책은 저자의 권위에 힘입어 16세기 초에 널리 보급되었다).

스피나의 설명에 따르면, 마녀들을 심문한 수많은 종교 재판과 그들에게 가해진 형벌들이 마법의 실재實在를 증명해 준다. 만약 마법이 실재하지 않았다면 마녀들에게 사형 선고를 내린 이단 심문관들은 '공정하지 못한 재판관들'로 전락했을 것이다. 게다가 교회 또한 이러한 선고에 대해 알고 있었고, 그것을 정당한 것으로 인정했던 만큼 이 일은 실제로 있었던 일임에 틀림없다. 온 세상이 악마적 범죄로 몸살을 앓고 있었다. 공중 비행이 가능하다는 것이 수많은 재판을 통해 입증되었고, 악마가 다양한 동물의 형상을 취할 수 있다는 것도 일상적인 경험을 통해 충분히 알 수 있었다. 어디 그뿐이겠는가. 악마와 인간이 동거하며 성관계를 갖는다는 사실이 증명되어 더 이상의 논거가 필요 없게 되었고, 집회에 참석한 마녀들이 황소와 여러 동물을 불에 구워 게걸스럽게 먹어 치운다는 사실도 더 이상 부정할 수 없게 되었다. 분별 있는 사람이라면 아이들이 마녀에 의해 살해된다는 사실을 부정할 수 없을 것이다. 그러므로 부모들은 수상한 자가 나타나 아이들에게 입맞춤을 하는지 주의 깊게 살펴봐야 한다. 하지만 이 모든 일은 신의 지혜와 관용이 있기에 묵인될 수 있는 것이다. 만약 마녀가 사라지고 없는데도 침대 위에 누군가 누워 있다면 그것은 말할 필요도 없이 악마가 마녀의 모습을 하고 누워 있는 것이다. 코모의 베르나르드의 관할 구역에서만 매년 천 명 이상의 마녀가 포로로 잡히고 그 중 백 명 이상이 화형에 처해지는 상황에서 어떻게 이 모든 일의 실재성을 의심할 수 있단 말인가?! 아주 최근에 페라라의 한 의사가 들려준 이야기처럼, 그의 사유지에서 일하는 농민이 "악마의 연회에 참석한 6천 명의 남녀가 불경하고 모독적인 음란 행위에 탐닉하는 장면을 직접 목격했다"고 증언하는 상황에서 어떻게 더 이상 주저할 수 있단 말인가?! 작년에 베르가마의 안드레이 마냐니가 이런 이야기를 들려

주었다. 한 젊은 여자가 엄마와 함께 베르가마에 살고 있었는데 하루는 자신도 모르는 사이에 베니스에 사는 친척 남자의 침대 위에 벌거벗은 채 누워 있는 자신을 발견하게 되었다. 그녀는 서러움의 눈물을 쏟으며 이렇게 말했다. "밤에 잠에서 깨어 보니 알몸을 한 엄마가 몸에 연고를 바르고 있었고 연고를 다 바른 다음에는 지팡이를 타고 창밖으로 날아갔어요. 그래서 나도 자리에서 일어나 연고를 몸에 발랐죠. 그랬더니 제 몸이 순식간에 누군가의 방에 가 있었고 그 방에서는 엄마가 한 아이를 죽이려 하고 있었어요. 나는 엄마가 보는 앞에서 큰 소리로 예수와 성모 마리아의 이름을 외쳤어요. 그랬더니 엄마는 곧 사라져 버렸고 나는 실오라기 하나 걸치지 않은 채 그 방에 남게 되었어요." 물론 이 모든 일은 베르가마 종교 재판소에서 고문을 했기 때문에 명백히 드러날 수 있었다. 어떻게 마귀가 고양이 모습을 하고 나타나는지, 얼마나 많은 아이들이 마녀들에 의해 살해되었는지 그리고 살해된 아이들의 시체로 얼마나 많은 마법의 연고가 만들어졌는지를 보여주는 사례는 셀 수 없을 정도로 많을 것이다. 하지만 이 모든 사실을 굳이 열거할 필요가 있을까?

그렇다. 악마가 존재한다는 사실은 교회에 의해 확실하게 입증되어 있었다. 15세기 말에 중요한 문제로 대두된 것은 이론적인 증명이나 새로운 사실들의 열거가 아니라 악마의 전능과 편재遍在에 맞서 싸울 최선의 방법이 무엇이냐는 것이었다. 그래서 교황 인노첸시오 8세는 자신의 유명한 칙서《지고의 것을 추구하는 이들에게》(이른바 마법에 관한 칙서)를 통해 "마법의 악이 그 도를 넘어 더 이상 관용과 아량으로 대할 수 없게 되었다. 앞으로 독일 종교 재판소의 주된 임무는 마법과 가차없는 투쟁을 벌이고 마법을 완전히 뿌리 뽑는 일이 될 것이다. 또한 악마가 전 인류를 지배하려는 야심을 품고 있는 만큼 교회는 전력을 다해 악마와 싸워야 하고 그 뿌리 깊은 마성魔性을 완전히 근절시켜야 한다"라고 지적했다.

악마 또는 그 협조자들과의 성교가 의심되는 사람은 누구나 박해를 당할 수밖에 없는 잔학한 핍박의 시대가 시작되었다.

교황의 칙서가 갖는 역사적 의미가 바로 그것이었다. 칙서의 권위를 빌어 미신을 믿는 자들, 병든 자들, 불쌍한 자들, 무지한 자들을 불살라 죽이고 고문하고 절멸시키는 일들이 무려 2백 년 이상 지속되었다. 그리고 이 칙서는 종교 재판소의 활동에 있어서도 하나의 전환점이 되었다. 이제 종교 재판소는 모든 관심과 주의를 마법에 집중시켰고, 그 결과 가톨릭 신앙의 고결함이나 각각의 교리가 갖는 타당성을 구명究明하기보다는 '인류 지배'의 야욕에 사로잡힌 무시무시한 세력을 소탕하는 일에 전력투구하게 되었다(이 세력의 궁극적인 목적은 인류가 교회의 품을 떠나고, 신의 지배로부터 벗어나도록 만드는 것이었다).

인노첸시오 8세의 칙서에 고무된 종교 재판소는 마녀와의 전쟁에서 놀라운 투지를 발휘했고 그 투지에 감복한 시칠리아의 이단 심문관 루드비히 파라모는 다음과 같이 썼다.

"종교 재판소가 엄청난 수의 마녀를 소탕함으로써 인류를 위해 큰 공헌을 했다는 것을 지적하지 않을 수 없다. 150년 동안 스페인, 이탈리아, 독일에서 화형당한 마녀의 수가 적어도 3만 명이었다. 생각해 보라! 만약 이 마녀들이 소탕되지 않았다면 전 세계는 실로 상상할 수 없는 큰 재앙에 직면했을 것이다."

파라모가 이 글을 쓴 것은 1598년의 일이었다. 따라서 17세기 후반 로렌 지방에서 죽어 간 9백 명의 마녀들(15년간 니콜라이 레미에 의해 화형당한 마녀들)과 17세기 풀다에서 화형당한 7백 명의 마녀들(광포한 발타자르 포스의 손에 죽어 간 마녀들) 그리고 1624~1630년에 밤베르크에서 화형당한 6백 명의 마녀들을 포함하여 인노첸시오 8세의 칙서로 인해 불타 죽을 수밖에 없었던 수많은 마녀들은 앞에서 말한 3만 명의 마녀들 속에 포함될 수 없었다.

인노첸시오 8세의 칙서로 희생된 마녀들의 수는 대략적으로 추정하는 것조차 힘들 만큼 많다. 지방의 기록 보관소들이 거의 매년 마녀 사건에 관한 보고서를 펴내기 때문에 그렇지 않아도 잔혹 행위로 가득한 이 끔찍한 광경이 갈수록 새로운 디테일들로 채워졌다. 가령 작은 도시 로텐부르크 암 네카어에서는 매년 열 명, 스무 명의 마녀들이 화형에 처해졌고 끝없이 이어지는 소송 사건에 지칠 대로 지쳐 버린 시의회는 급기야 '이러다가는 남아나는 여자가 없겠다'며 탄식을 쏟아내기 시작했다(17세기). 한편, 1588년 소도시 오스나브뤼크에서는 불과 3개월 만에 121명의 마녀가 화형에 처해졌는데 사실상 그 지역의 모든 여자가 파멸의 운명에 직면해 있었다고 해도 과언이 아니었다.

공식 자료에 의하면, 1587년부터 1593년까지 트리어 부근의 20개 마을에서 306명의 주민이 화형에 처해졌는데 그 중 두 개 마을의 경우 살아남은 여자가 두 명에 불과했다(헤넨, 《트리어 근교에서 벌어진 마녀 재판》, 1887). 소도시 헤롤츠고펜에서는 1616년에 99명의 마녀가 화형에 처해졌고 그 다음 해에는 88명의 마녀가 화형에 처해졌다. 또한 1590년 소도시 엘링겐에서는 8개월 만에 71명의 마녀가 화형에 처해졌고 1612년 엘바겐

에서는 예수회(제수이트) 신자들에 의해 167명의 주민이 불 속으로 던져졌
다. 베스테르스테텐에서는 2년 만에 6백 명의 주민이 화형에 처해졌고
1589년 크베들린부르크에서는 하루 만에 133명의 주민이 죽음을 맞이했
다. 한편 노이스에서는 마녀들을 위한 어마어마한 크기의 특수 가마가
제작되었고 밤베르크에서는 마녀들을 수용할 수 있는 별도의 시설, 즉
재판이 열릴 때까지 마녀들을 가둬 놓을 수 있는 시설이 만들어졌다. 마
녀들은 물 한 모금 마시지 못한 채 소금에 절인 청어만 먹었고 심지어 끓
는 물 속으로 들어가는 것까지 강요당했다(끓는 물에는 후추가루를 뿌렸다).
브라운슈바이크 형장의 경우 어찌나 많은 화형대가 세워졌던지 당시 사
람들이 이 형장을 소나무숲과 비교할 정도였다. 1628년 나사우에서는 〈
각 마을에서 대표자를 선출하여 앞으로는 그 대표자가 '마법 행위가 의
심되는 자'를 특별 위원에게 신고하도록 한다〉는 훈령이 공포되었다(특
별 위원들은 이 일을 위해 전국을 돌아다녀야만 했다). 그로부터 얼마 후 감옥이
사람들로 넘치게 되었는데 이들은 심한 고문 끝에 사탄의 난교파티에서
벌어진 끔찍한 만행을 자백한 사람들이었다. 사람들의 불안과 동요는 극
에 달했고 심지어 스스로 마녀 행세를 하는 사람들까지 나왔다. 1583년
만크에서는 예수회 신자들이 열여섯 살 난 소녀 안나 쉴루텐바우어의 몸
에서 12,655마리의 작은 악마들을 내쫓는 데 성공했다. 그런데 이 일이
있은 후 뜻밖에도 소녀의 할머니(70세)가 고문을 받게 되었고 할머니는
"50년째 악마와 관계를 맺고 있고 악마의 연회에도 매년 참석하고 있다.
그리고 나는 악천후도 불러올 수 있다"고 자백했다. 유죄 판결을 받은 할
머니는 말 꼬리에 매달려 형장으로 끌려갔고 그곳에서 산 채로 화형당했
다. 그런가 하면 1542년 제네바에서는 아주 짧은 기간에 무려 5백 명의

마녀가 화형에 처해졌는데 그로부터 몇년 후(1546년) 간수 중 하나가 "감옥마다 마녀들로 가득하다"고 시의회에 보고했고 형리 중 한 명은 "혼자서는 도저히 이 일을 감당할 수 없다"고 보고했다.

이단 심문관들 밑에 여덟 명 이상의 형리가 딸려 있었던 츠카만텔에서는 1639년에 242명이 화형을 당했고 몇 년 후 다시 102명이 화형에 처해졌는데 그 중에는 악마의 자식으로 낙인찍힌 두 명의 아이도 포함되어 있었다. 베른에서는 1591년부터 1600년까지 매년 30명씩 화형에 처해졌고 콜롬비에에서는 1602년부터 1609년까지 매달 여덟 명씩 화형에 처해졌다. 그리고 알자스, 슈바벤, 브라이스가우에서도 화형이 끊이지 않았다. 1620년 한 해에만 무려 8백 명이 화형을 당했는데 항간에는 '많이 죽일 수록 더 많은 마녀들이 생겨날 것'이라는 추측이 난무하기도 했다. 알자스의 현실을 묘사한 쉬테베르는 "마치 잿더미 속에서 마녀들이 생겨나오는 것 같다"라고 했다.

한편 프랑스에서는 '늑대 인간 전염병'이 창궐했다. 늑대들이 이 마을 저 마을 돌아다니며 사람들을 놀라게 한 사건이었는데 사실 이 늑대들은 진짜 늑대가 아니라 늑대로 둔갑한 악마와 마녀들이었다. 그래서 1573년 프랑슈콩테 의회는 농민들에게 늑대 인간을 마음껏 사냥할 수 있는 권리를 부여했다. 하지만 이 무렵 늑대에 관한 소문으로 몸살을 앓고 있던 쥐라 주써에서는 스스로를 야수로 여기는 정신병이 진정한 전염병의 성격을 띠게 되었다. 많은 사람들이 스스로를 '짐승의 털로 뒤덮이고 무시무시한 송곳니가 튀어나온' 존재로 여기기 시작했고, 자신들이 밤마다 이곳저곳을 돌아다니며 동물과 사람, 특히 아이들을 찢어 죽인다고 주장하기 시작했다. 16세기 말 마녀 전문가로 유명했던 프랑스 재판관 보그는 늘대 인간을 태워 죽이는 일에 헌신했고 심지어 늘대 인간에 대한 책까지 썼는데 이 책에는 '둔갑하는 자들'을 재판하기 위한 법규집도 포함되어 있었다. 한편 대단한 정력가였던 드 랑크르 역시 이 분야의 전문가였는데 그는 자신의 광기를 소재로 한 문학 작품도 남겼다.

작가가 되고자 했던 영국 왕 제임스 1세도 유명한 문학 작품들을 남겼다. 확신에 찬 악마 연구가였던 그가 덴마크에서 약혼식을 올린 뒤 영국으로 돌아가고 있을 때의 일이었다. 바다를 건너던 중 갑자기 폭풍우가 휘몰아쳤고 이를 분하게 여긴 왕은 폭풍우를 일으킨 자, 즉 악마를 붙잡아 혼을 내주려고 했다. 범인 추적이 시작되었고 마침내 피안 박사가 폭풍우를 일으킨 장본인으로 지목되었다. 혹독한 고문을 받은 피안 박사는 처음에는 자신의 죄를 인정했지만 나중에는 자신이 한 말을 모두 부인했다. 왕은 피안의 열 손가락에 붙어 있는 손톱을 모두 뽑은 다음 그 자리에 못을 박으라고 명령했다. 하지만 못을 박는 정도로는 악마를 물리칠 수 없었다. 왜냐하면 악마가 그의 영혼 속 깊은 곳까지 뿌리내리고 있었기 때문이다. 결국 피안 박사는 산 채로 화형을 당하고 말았다. 왕은 피안 박사의 화형식에 참석했고 그 후로도 계속 화형식에 참석하여 화형 집행의 증인이 되었다. 그러던 어느 날 제임스가 아주 득의양양해지는 순간이 있었다. 한 이단자의 화형식에서 프랑스어로 속삭이는 악마의 말이 그의 귀에 들렸던 것이다. 악마가 한 말은 "여기에 있는 왕은 하늘이 내린 사람이로구나"라는 것이었고 왕은 자신이 쓴 《악마학》 덕분에 이런 칭찬을 듣게 된 것이라고 생각했다. 악마와 학술적 논쟁을 벌이고 싶었던 제임스 1세는 장학 기금을 만들어 마녀에 관한 보고서를 제출하는 캠브리지대학 신학과 학생들에게 매년 일정 금액의 장학금을 지급하기도

했다.

  제임스는 관대한 판결을 내리는 재판관들에게도 탄압의 철퇴를 휘둘렀다. 그리고 마태 홉킨스라는 악당이 '마녀 사냥꾼'을 자처했을 때에는 그야말로 영국 전역에 탄압의 폭풍이 휘몰아쳤다. 그는 마녀 색출을 위해 에식스 주, 서식스 주, 노퍽 주 등 전국을 뒤지고 다녔고 그 결과 수백 명의 무고한 사람들이 형장의 이슬로 사라졌다. 하지만 이 일로 사람들의 노여움을 산 홉킨스는 뜻하지 않게 마법 행위를 의심받게 되었고, 결국 물고문을 당한 후 살해되고 말았다. 그리고 얼마 지나지 않아 또 한 명의 마녀 사냥꾼이 뉴캐슬에 출현했는데 그는 죄인 한 명을 찾아낼 때마다 20실링씩의 돈을 받아 챙겼다. 물론 이런 식으로 꽤 많은 돈을 모았지만 사람들의 분노를 피해 갈 수 없었다. 결국 체포되어 재판에 회부된 그는 220명의 죄 없는 여자들을 화형대에 오르게 했다고 자백했고(은전銀錢의 대가로 뿌려진, 무고한 사람들의 피가 그를 괴롭혔던 것이다) 얼마 후 타오르는 불 속에서 최후를 맞이했다.

  '마법 재판'에서는 금전적 요소가 아주 중요한 역할을 했다. 예컨대 성당 참사회 의원 코르넬리우스 루스는 마녀 재판을 연금술에 비유했는데 이것은 연금술을 이용하면 사람의 피로 금과 은을 만들 수 있었기 때문이다. 또한 1522년 뉘른베르크에서 열린 주州의회에서는 루터 지지자들이 "지금 로마에서는 마법 행위로 고발당한 사람이 자신의 무죄를 입증할 경우 2.5굴덴*의 돈을 받고 풀어주고 있다"고 지적했다. 한편 16세기의 한 연대기 작가는 트리어와 그 주변 지역에 만연했던 가난에 대해 기술하면서 "이제는 재판관과 심문관, 마녀 사냥꾼들이 큰 부자가 되었고,

---

* 굴덴은 네덜란드, 독일, 오스트리아의 옛 금화 또는 은화를 말한다.

형리와 형리의 아내는 금과 은으로 치장하고 다닌다"라고 지적했다. 그리고 16세기 바이에른 주州의 실상을 소개한 주겐하임은 "재판의 수익성이 떨어지자 사건 수도 줄어들기 시작했다"고 지적했고 이와 동시에 "그 어려운 시절에도 형리들은 마녀들 덕분에 169 탈레르*라는 큰 돈을 벌었다"라고 덧붙였다. 예를 들어 16세기 말 코부르크의 밀고자들은 한 사람당 매년 4~5탈레르씩의 돈을 죄인들로부터 거둬들였다. 그리고 대사제 올무츠는 재판관 보블리그에게 수고비 조로 246굴덴을 지불했고 프로스니차의 악명 높은 두 마녀에게 화형을 선고한 대가로 상당한 금액의 돈을 추가로 지불했다. 이쯤 되면 보블리그는 마법 재판에서 생기는 수입만으로도 충분히 살아갈 수 있었을 것이다. 리츨레르는 자신의 저작에서, 바이에른 주의 여러 도시에서 삼두마차를 타고 다닐 수 있는 사람은 오직 교회 재판관들뿐이라는 견해가 굳어지게 된 과정을 자세히 소개하고 있다. 그리고 1628년 디부르크에서는 재판관 한 사람에게 250굴덴이라는 큰 돈이 지불되었는데 이것은 죄인 한 사람당 3굴덴으로 계산한 금액이었다.

30년 전쟁이 끝난 후 독일의 몰락한 세습 지배 계층은 마녀 재판이 자신의 처지를 개선할 수 있는 좋은 발판이 될 것이라고 생각했다. 예를 들어 작가 호르스트의 이야기에 따르면, 재판관 게이스는 마녀를 탄압함으로써 얻게 되는 이익이 얼마나 큰 것인지를 시市 권력자에게 증명해 보였다고 하는데 이것은 30년 전쟁이 끝난 후 독일 하급 기사들의 처지가 얼마나 열악했는지를 보여 주는 단적인 예라고 할 수 있다. 게이스는 자신의 경험을 예로 들며 아주 자신 있게 말했다. 그의 주장을 통해 분

---

* 15~19세기에 독일 각지에서 발행된 은화.

명히 알 수 있는 것은, 그가 마법 혐의자들을 체포하는 일로 현금 188탈러르를 모을 수 있었다는 사실이다. 한편 에스멘겐의 경우 1662년부터 1663년까지 마녀 재판에 들어간 비용이 2,300굴덴이었던 반면 순이익은 1,045굴덴에 불과했다. 이단 심문관의 입장에서 재판에 이렇게 많은 비용이 든다는 것은 정말이지 분하기 짝이 없는 노릇이었다. 하지만 그렇다고 해서 재판 비용을 줄일 수도 없었을 것이다. 왜냐하면 "이 죄인은 교회 법정에 서는 것이 합당하다"라고 확인해 주는 대가로 스트라스부르, 튀빙겐 그리고 하이델베르크의 여러 법학 대학에 돈을 지불해야 했고, 사제들에게는 '죄의 유무가 확실치 않은' 사람들의 영혼을 위로해 준 대가로 돈을 지불해야 했기 때문이다. 하지만 당시에는 사제들에게 돈 대신 독한 포도주를 주는 관행이 있었는데 가령 다음의 우스갯소리를 통해 당시의 관행이 어땠는지 알 수 있다.

Bonum vinum cum sapore

Bibat abbas cum priore

(거품 이는 좋은 포도주는 수도원 원장들이 마셔도 된다고 하던데).

술 마시는 일에 있어서는 민주주의가 완전히 정착되어 있었기 때문에 성직자들은 늘 다음과 같이 말하곤 했다.

Bibat servus et ancilla,

Bibat herus, bibat hera

Ad bibendum nemo serus

(농노가 마셔도 되고 하녀가 마셔도 되고 지주들이 마셔도 된다. 하지만 밤늦게 마시는 일은 절대 없어야 한다).

필요할 경우 성직자들은 맥주와 빵도 마다하지 않았다.

마법 재판에 소요되는 모든 비용은 유죄 판결을 받거나 단순히 책임 추궁을 당한 마녀와 마법사들의 돈으로 충당되었는데 이때 그들이 소유한 부동산과 동산은 물론 생활필수품까지 모두 몰수당했다. 그리고 무죄를 선고받는다고 해서 그것들을 돌려 받는 것도 아니었다.

결국 악마 퇴치자들의 욕망을 억누르기 위한 대책으로 모든 일에 공정 요금을 매기는 방안이 마련되었다. 화형에 가장 비싼 요금이 매겨졌고 채찍으로 때리는 일은 거저먹기라는 평가를 받았다. 특히 밀고가 요금표의 주빈석을 차지했는데 이것이야말로 교회의 전폭적인 지지를 받으며 아주 집요하고 아주 조직적으로 행해지는 일이었다. 가끔 밀고자들의 요구가 지나치다 싶을 때에는 그 일에 대한 요금이 내려가는 경우도 있었다. 말하자면 지금 당장의 행복, 즉 속세의 행복보다는 나중에 있을 천국의 행복을 약속받았던 것이다. 하지만 이러한 요금 인하 조치는 뜨거운 논쟁을 불러일으켰고 그 논쟁을 잠재울 수 있었던 것은 '이러다가는 내가 희생시킨 사람과 똑같은 처지가 될지도 모른다'는 밀고자 자신의 두려움뿐이었다.

밀고는 사람들의 재산을 몰수할 수 있는 마지막 수단으로 이용되기도 했다. 더 이상 합법적으로 강탈할 방법을 찾기 어려울 때 마법의 죄를 뒤집어씌우는 것이었다. 예를 들어 화폐주조국 기술 책임자였던 베를린 출신의 유대인 리폴드는 1573년에 선제후選帝侯* 이오힘의 일을 망쳐 놓았다는 혐의를 받았다. 물론 그의 죄는 입증되지 않았다. 그러자 이번에는 마법 행위를 의심하기 시작했다. 그는 재산과 어음을 몰수당했고 1573년, 오늘날 루터 기념비(종교와 사랑, 자비를 기념하기 위해 세워진 비)가 서 있는 바로 그 자리에서 화형당하고 말았다(아커만 박사, Münzmeister Lippold, 프랑크푸르트, 1910).

밀고가 마치 유행병처럼 비상식적이고 무분별한 성격을 띠는 경우가 종종 있었는데 특히 밀고자가 '종교적 순수성을 옹호하는 사람들이 나를 의심하고 있을지도 모른다'는 두려움에 사로잡힐 때에는 더욱 그랬다. 예컨대 트루아 에셀이라는 사람은 1576년 자신이 체포되기 직전에 "3십만 명의 마녀와 마법사들을 넘겨줄 수 있다"는 보고를 올렸고 그 결과 여러 지역의 주민들 모두를 '바늘로 찌르는 형벌'에 처해도 좋다는 당국의 허락을 받았다. 하지만 그가 찾아낸 죄인은 기껏해야 3천 명 정도였다. 그런데 어찌된 일인지 당국은 이 3천 명조차 탄압하지 않았다. 장 보댕은 이것이 당시 프랑스를 통치했던 카트린 드 메디시스 때문이었다고 설명한다. 한 나라의 통치자였던 그녀가 '마법을 행하는 자로서 트루아 에셀의 바늘에 찔린 자들과 전혀 다를 바가 없는 죄인'이라는 소문에 휩싸여 있었던 것이다.

한편 도를 넘어서는 밀고 행위로 몸살을 앓았던 스트라스부르에서는 시의회가 '마법 행위'의 혐의를 뒤집어씌워 무고한 사람의 명예를 훼손해서는 안 된다는 취지의 〈명예 훼손 금지령〉을 공포했다. 사실 이런 극약 처방을 내릴 수밖에 없었던 것은 '머지않아 엘자스에서는 혐의 없는 사

---

* 황제를 선정하는 일에 참여할 수 있었던 사람으로 백작, 공작 등 대단히 높은 작위를 수여받았다.

람을 찾아보기 어려울 것'이라는 우려의 목소리가 터져 나왔기 때문이다(루돌프 레이세, 마법, 1893). 물론 아주 드문 일이긴 했지만 밀고당한 죄인이 화형에 처해지지 않는 경우도 있었다. 하지만 그럴 때조차도 밀고당한 희생자가 정신병에 걸리거나 자살을 선택하는 경우가 적지 않았다. 가령 1669년에 사람들의 밀고로 체포된 유대인 여자 골다는 몇 달간 감옥에서 온갖 고초를 겪은 뒤 고문을 당했다. 하지만 혹독한 고문을 견디지 못한 골다는 "어머니 뱃속에 있을 때부터 악마의 저주를 받았고 제빵 실습생과 정을 통했으며 마을 전체를 파멸에 빠뜨릴 생각이었다"라고 자백했다. 하지만 이것이 끝이 아니었다. 추가 심문을 위해 마르부르크로 이송된 골다는 그곳에서 다시 4개월을 감방에서 보내야 했고 결국 정신병자 판정을 받은 다음에야 자유의 몸이 될 수 있었다. 하지만 몰수당한 남편의 재산은 돌려받을 수 없었다.

카롤루스 대제가 '종교적 순수성을 앞세운 재판의 물질적 이면'에 주목했다는 것은 매우 의미심장한 일이다. 카롤루스는 811년에 열린 성당 참사회에서 "성직자들이 돈을 모으고 온갖 물질적 이익을 얻기 위해 악마와 지옥을 악용하고 있다"고 비난했다. 그리고 17세기에는 예수회에서 탈퇴한 프리드리히 스페가 자신의 책 《마녀재판에 관하여》(1631년)에서 이와 같은 견해를 일관되게 주장했다.

스페는 "오늘날 많은 종교인들과 비종교인들이 유죄 판결에 굶주려 있다. 왜냐하면 그들에게 유죄 판결은 아주 좋은 돈벌이이기 때문이다"라고 주장하면서 이단 심문관들이 공갈과 협박으로 돈을 갈취한 사례를 제시했다. 당시 이단 심문관들은 무시무시한 마귀의 모습을 떠올리게 함으로써 사람들을 공포의 도가니로 몰아넣었다. 그리고 광신과 망상에 사로잡힌 주민들이 이단 심문관을 찾아가 악마를 퇴치해 달라고 간절히 부탁했을 때 그들에게 돌아온 대답은 "이단 심문관은 다른 곳에서도 일을 해야 한다. 하지만 일정 금액의 돈을 지불하면 이단 심문관을 잠시 붙잡아 둘 수 있다"는 것이었다. 하지만 이 '잠시'라는 기간이 너무 짧았기 때문에 주민들은 시도 때도 없이 돈을 갖다 바쳐야 했다. 이제 악마는 다양한 계층의 자금 공급원 역할을 할 수밖에 없었다.

절름발이, 꼽추, 문둥이, 장님, 귀머거리들은 악마의 미혹에서 벗어난 척하거나 그 희생자 행세를 했고 인정 많은 사람들은 병과 흉한 모습으로 이익을 얻으려는 자들에게 돈, 음식, 옷가지 등 온갖 동냥을 베풀었다. 사람들은 이 도시 저 도시를 무리 지어 다니며 자신의 불행에 대해 이야기했고, 자신의 병을 보란 듯이 드러냄으로써 신의 가호를 받는 사람들로부터 동정심과 두려움을 동시에 샀다. 그리고 병으로 이익을 얻는 자들과 늘 함께 다닌 사람들이 있었으니 바로 '돈을 주면 악마와 그 패거리의 계략에서 벗어나게 해준다'는 성직자들이었다. 이렇게 해서 마법은 재판정 문턱을 넘어 거리로 나오게 되었고 이를 틈탄 사악한 협잡꾼들과 기만당한 사기꾼들은 거리의 새로운 직업, 즉 '마법업業'에 종사하게 되었다.

기만당한 사기꾼들은 이른바 귀신 들린 자들로서 17세기의 모든 수도원, 특히 여자 수도원에 떼지어 몰려 있었다. 귀신 들림 현상은 이미 성경에서 언급된 바 있고 또 복음서에서도 분명하게 언급되고 있지만 그 성격이 전염병의 성격을 띠게 된 것은 17세기에 들어서부터였다. 교회는 무려 2백 년에 걸쳐 별의별 악령을 다 만들어 냈고 이에 놀란 심약한 사람들은 말로 표현할 수 없는 광기에 사로잡혔다. 교회는 기도와 주문으로 귀신 들린 사람을 치료했는데 특히 주문 요법은 교회에 의해 종교 의식으로 자리잡게 되었다.

주문의 문구는 헤아릴 수 없이 많았다. 그 중 가장 널리 알려진 것들은 다음과 같다.

"거짓과 불법을 일삼는 사악한 영靈아 썩 나오거라. 거짓의 화신이요 천사의 무리에서 쫓겨난 자여 썩 나오거라. 간교함과 반란의 원수야 썩 나오거라. 천국에서 쫓겨나고 신의 자비를 구할 자격도 없는 자여 썩 나오거라. 암흑의 자식이요 영원한 불의 자식인 자여 썩 나오거라. 우매하고 탐욕스러운 늑대야 썩 나오거라. 음험한 마귀야 썩 나오거라. 영원한 불의 형벌을 선고받은 악마의 화신아 썩 나오거라. 존재하는 것들 중 가장 악질인 이 몹쓸 짐승아 썩 나오거라. 음탕과 탐욕으로 가득 찬 이 금수만도 못한 도적놈아 썩 나오거라. 영원한 고통의 형벌을 선고받은 악령아 썩 나오거라. 술에 젖어 사는 더러운 유혹자여 썩 나오거라. 모든 악과 죄의 근원인 자여 썩 나오거라. 사람 잡아먹는 요괴야 썩 나오거라. 거짓과 분노로 가득 찬 사악한 냉소자여 썩 나오거라. 진리의 적, 삶의 원수야 썩 나오거라. 불화와 반목의 근원인 자여 썩 나오거라. 미친 개요, 야비한 뱀이요, 악마의 도마뱀인 자여 썩 나오거라. 독을 내뿜는 전갈이요, 간악한 음모의 화신인 큰 뱀아 썩 나오거라. 사탄의 앞잡이요 지옥의 문지기인 자여 썩 나오거라. 비열한 인간 쓰레기들의 수호자여 썩 나오거라. 악에 물든 도깨비야 썩 나오거라. 검은 까마귀와 뿔 달린 파충류야 썩 나오거라. 교활하고 추잡하고 역병에 걸린 거짓말쟁이야 썩 나오거라."

1610년 엑상프로방스의 우르슐라회 수도원에서 최초의 마귀 전염병이 발생했다. 두 명의 수녀에게 아주 기이한 발작이 일어났는데 이를 지켜본 사람들 모두 '두 수녀가 악마에 홀린 것이 분명하다'고 확신했다. 악마를 쫓기 위해 주문도 외어 봤지만 아무 소용이 없었다. 그런데 바로 그때 두 수녀 중 하나였던 루이자 카포가 자기 몸속에 세 악마가 깃들어 있다고 주장했다. 첫 번째 악마는 가톨릭교도이자 '공기의 마귀들' 중 하나인 선한 악마 베린이고 두 번째 악마는 논쟁하기와 반대하기를 좋아하는 사악한 악마 레비아탄이며 세 번째 악마는 사악한 의도를 가진 신령이라는 것이었다. 루이자는 이 세 악마를 자신에게 보낸 마법사가 루이 고프리디 신부라고 말했다. 한편 두려움에 떨고 있던 또 한 명의 수녀 막달리나는 고프리디가 마술을 부려 그녀를 망쳐 놓았고, 그녀에게 셀 수 없이 많은 마귀들, 즉 6,666명의 마귀를 보냈다고 주장했다. 두 수녀는 악마를 쫓는 의식, 즉 구마驅魔 의식을 치르기 위해 이단 심문관 미카엘리스에게 보내졌고 미카엘리스는 마술사 고프리디를 고발했다. 그리고 얼마 후 고프리디가 체포되었고 이제 두 수녀의 진술을 듣는 일과 구마 의식을 치르는 동안 악마가 두 수녀에게 한 짓을 지켜본 미카엘리스의 증언을 듣는 일만 남아 있었다. 미카엘리스는 "주문을 외우는 동안에도 베엘제불*은 쉴 새 없이 막달리나를 괴롭혔다. 땅 바닥에 서너 번 엎어뜨리고 자빠뜨리더니 이내 목을 조르기 시작했다. 점심을 먹을 때도 머리를 땅에 처박아 놓은 채 고문을 했고 또 저녁을 먹을 때도 팔과 다리를 비틀면서 한 시간 내내 고문을 했는데 어찌나 세게 비틀었던지 팔다리 뼈가 부러지고 뱃속의 내장이 뒤집어질 정도였다. 고문이 끝난 다음에는 아주 깊은 잠에 빠지게 했는데 이때 그녀는 마치 죽은 사람 같았다"라고 진술했다. 그리고 루이자는 "고프리디가 육식을 안 하는 척하지만 사실은 자

---

* 복음서에서는 귀신의 왕이며, 〈구약성서〉에서는 '바알즈붑'이라는 필리스티아 도시 에크론의 신에게 붙여진 이름으로 Beelzebub, Baalzebub라고도 한다.

기가 질식시킨 아이나 무덤에서 파낸 아이의 고기를 질리도록 먹어 댄다"라고 진술했다. 한편 막달리나는, 고프리디가 아이들의 고기를 먹었다는 루이자의 증언이 끝나기가 무섭게 저주와 욕설로 그에 대한 감정을 표시했고, 자신을 유혹한 죄와 그 밖의 온갖 만행을 저지른 죄를 용서해서는 안 된다고 말했다. 비운의 사제 고프리디는 신과 성인들의 이름을 걸고 맹세하기를 "이 모든 이야기는 사실과 다르다"라고 주장했다. 하지만 그의 말을 믿는 사람은 아무도 없었다. 고프리디의 마술이 악마와 관련되어 있다는 것은 두 수녀의 진술로 명백하게 입증되어 있었기 때문이다. 그는 고문을 견디다 못해 이렇게 자백했다.

"악마가 나를 자주 찾아왔고 나는 교회 문 앞에서 그를 기다렸다. 그리고 루시퍼가 내게 불어넣은 독기 가득한 숨을 천명의 여자들에게 다시 불어넣었다. 뿐만 아니라 내가 악마의 연회에 가기를 원했을 때 내 몸은 어느새 열린 창문 앞에 가 있었고 잠시 뒤에는 다시 연회장에 가 있었다. 연회장에서는 보통 두세 시간을 머물렀는데 경우에 따라서는 네 시간을 머무를 때도 있었다."

자백이 있은 후 고프리디의 몸 세 곳에서 악마의 인印이 발견되었고 그 자리에는 곧바로 바늘이 꽂혔다. 하지만 고프리디는 아무 고통도 느낄 수 없었고, 바늘에 찔린 자리에서도 피 한 방울 나오지 않았다. 그 후 유죄가 확정된 고프리디는 성직을 박탈당하는 것은 물론, 교회 정문 앞으로 끌려가 공개적으로 참회하며 신과 왕, 재판관들에게 용서를 빌어야 했다. 1611년 4월 30일 고프리디는 화형에 처해졌다(J. 칸토로비치, 중세의 마녀 재판, 1899).

아이들도 광기를 피해갈 수 없었다. 1669년 스웨덴 달라르나 지역에서는 많은 아이들이 졸도와 발작을 동반하는 괴질을 앓았다. 그런데 이 아이들이 "마녀가 우리를 블라쿨라Blakulla 라는 곳으로 데려갔어요. 그리고 그곳에서는 악마의 향연이 벌어지고 있었어요"라고 주장하기 시작한 것이다. 지역 전체가 술렁대기 시작하고, 여기저기에서 철저한 조사를 요구하는 민원이 제기되자 당국은 특별 조사위원회를 설치해 약 300명의 아이들을 심문하기에 이르렀다. 조사 과정에서 고문이 행해졌고 그 결과 84명의 어른과 15명의 아이들이 화형에 처해졌고 128명의 아이들이 매주 교회 문 앞에서 채찍질을 당했다. 주목할 만한 사실은, 스웨덴의 저명한 법률가들이 "아이들의 진술을 근거로 사람을 태워 죽일 권리가 있느냐"며 문제를 제기했다는 것이다. 하지만 교회는 '주의 대적으로 말미암아 어린아이들과 젖먹이들의 입으로 권능을 세우심이며'라는 시편 구절을 근거로 법률가들의 주장을 일축해 버렸다. 이렇게 해서 많은 아이들이 총체적 광기의 희생양으로 선택되었고, 상당수의 엄마들까지 파멸의 운명을 맞이하게 되었다.

이후 '아이들의 마법'은 달라르나*에서 옹에르만란드**로 확산되어 1675년 한 해에만 75명의 옹에르만란드 주민이 화형을 당했다. 이런 점에서는 스톡홀름, 윌링겐 그리고 스웨덴의 일부 다른 지역들도 예외가 될 수 없었고 또 스웨덴 이외의 나라들도 예외가 될 수 없었다. 1659년 독일 밤베르크에서는 7세에서 10세까지의 소녀 22명이 화형에 처해졌는데 형이 집행되기 전에 이 아이들은 악마의 기술을 가르쳐 준 자신의 엄마에게 온갖 욕설과 저주를 퍼부었다. 당시 이 사건을 다룬 한 보고서는 "아이들이 거리와 학교에서 서로에게 마법을 가르쳐 줄 정도로 바이에

---

*   스웨덴 중부 스베알란드 지방에 있는 지역.

**   스웨덴 북부 노를란드 지역을 구성하는 지방 가운데 하나.

른 주 전역에서 마법이 기승을 부렸다"라고 묘사했다. 1673년 뷔르템베르크에서도 아이들의 '마법 전염병'이 발생했는데 이곳의 아이들은 빗자루, 염소, 닭, 고양이를 타고 악마의 연회장으로 날아가 그곳에서 성聖삼위일체를 부정한다는 터무니없는 상상에 빠져 있었다. 이 사건을 담당한 특별위원회로서는 아이들이 사라진다는 소문이 맞는지 그 진위를 확인하는 것이 급선무였다. 조사 결과 밤새 부모 품을 떠난 아이는 없었고 그제야 사람들은 '아이들의 진술은 마녀의 미혹이 빚어낸 망상에 불과하다'는 주장을 받아들일 수 있었다. 결국 이 사건은 몇 명의 여자들이 화형에 처해지는 것으로 일단락되었다.

'마녀 이단'에 대항하기 위해 공포된 인노첸시오 8세의 악명 높은 칙서 《지고의 것을 추구하는 이들에게》는 다음과 같이 밝히고 있다.

"우리는 가톨릭 신앙이 어디에서나 성장하고 번창할 수 있도록 최선을 다하고 있고, 모든 이단적 독신瀆神 행위가 근절될 수 있도록 혼신의 힘을 다하고 있다. 그런데 최근 독일 일부 지역, 특히 마인츠, 쾰른, 트리어, 잘츠부르크, 브레멘에서 남녀를 불문하고 아주 많은 사람들이 자신의 구원을 소홀히 여기고 가톨릭 신앙을 거부한 채 마귀들과 함께 육욕에 탐닉한 것으로 드러났다. 또한 그들이 마법, 마술, 주술 등 온갖 미신적이고 사악한 범죄 행위로 여자들을 조산早産시킬 뿐만 아니라 남자들과 여자들, 가축과 들짐승들, 덩굴 위의 포도와 나무 열매, 포도밭과 풀밭, 목초지와 논밭 그리고 곡식 등 땅에서 나고 자라는 것들을 모두 망쳐 놓는다는 사실도 밝혀졌다. 또한 그들은 남자들과 여자들과 가축들에게 극심한 고통을 안겨 줄 뿐만 아니라 남자가 아이를 만드는 것을 방해하고 여자가 아이를 잉태하는 것을 방해하며 남편과 아내가 부부의 의무를 다하지 못하도록 한다는 사실이 드러났고 또한 자신의 영혼을 파괴하고 신의 위대함을 모욕하며 불경한 말로써 신앙을 부정하고 인류의 적 악마의 사주를 받아 말로 형언할 수 없는 악행과 죄악을 저지르고 있다는 사실도 밝혀졌다. 우리가 도미니크회 회원 하인리히 크라머와 야콥 슈프랭거를 이단 심문관으로 임명한 이래 하인리히 크라머는 위에서 말한 독일 북부지역들(이 지역들은 여러 주와 도시들 그리고 교구를 포함한다)에서 일하고 있고 야콥 슈프랭거는 라인강 연안의 여러 주에서 일하고 있다. 그런데 이들 지역의 일부 성직자와 평신도들이 자신의 견해를 너무 높이 평가한 나머지 그야말로 파렴치하고 집요한 주장을 하고 있다. 그들의 주장에 따르면, 전권 증서에 교구명, 도시명, 지역명 그리고 사람 이름과 그 과실이 정확하게 명시되지 않았기 때문에 우리의 두 이단 심문관이 위에서 언급한 지역들에서 종교 재판을 행해서는 안되며, 두 이단 심문관이 형벌을 내리거나 감옥에 가두거나 교화시키는 것도 허용해서는 안 된다는 것이다. 그리고 이것이 빌미가 되어 앞에서 언급한 지역들에서 극악무도한 죄를 범한 자들이 무죄 방면되고 있는데 이는 곧 그들을 파멸의 길로 이끄는 일이요 영원한 구원으로부터 멀어지게 하는 일이다. 이제 우리는 이단 심문관들의 임무 수행을 방해하는 모든 장애물을 제거할 것이다. 그리고 이단적 독신 행위를 비롯하여 그와 유사한 죄악들이 무고한 사람들을 중독시키지 못하도록 응분의 조치를 취할 것이다. 바로 이것이 우리의 할 일이고, 우리의 신앙적 열정이 그렇게 하도록 고무하고 있기 때문이다. 이와 같으므로 이제 앞에서 언급한 지역들이 종교 재판의 혜택을 누릴 수 있도록 다음과 같이 결정하는 바이다.

우리의 두 이단 심문관이 어떠한 방해도 받지 않도록 하라. 그리고 두 이단 심문관이 죄인을 교화하고 체포하고 처벌할 수 있도록 하라(전권 증서에 지역명, 도시명, 교구명, 인명 그리고 죄목이 정확하게 명시되었을 때와 동일한 권한을 갖는다). 그리고 이와 같은 전권이 앞에서 언급한 지역들로 확대되는 만큼 앞으로 이들 지역에서 죄를 범하는 자가 나올 경우, 즉 두 이단 심문관이 죄가 있다고 판단할 경우, 콘스탄츠 교구의 수도회 회장 요한 그렘페르의 협조 아래 그들을 교화하고 감옥에 가두고 재산을 몰수하여 처벌할 수 있는 권한은 전적으로 두 이단 심문관에게 위임될 것이다. 또한 필요하다고 판단되는 모든 교회에서 신의 말씀을 설교할 권한과, 필요하다고 판단되는 모든 일을 수행할 수 있는 권한을 두 이단 심문관에게 부여하는 바이다. 존경하는 동료 스트라스부르 주교에게 특별 교서敎書로 명하건대, '누구든 두 이단 심문관을 방해해서는 안 되고, 누구든 두 이단 심문관에게 해를 끼쳐서는 안 된다'라고 엄숙하게 선언하라. 그리고 두 이단 심문관을 방해하는 자들은 지위고하를 막론하고 처벌해야 할 것이며 파문, 예배 인도 금지, 성사聖事 자격 박탈은 물론 이보다 더 잔혹한 형벌도 적용해야 한다. 그 누구도 우리의 교서를 범해서는 안되며 그 누구도 교서에 반하는 행동을 해서는 안 된다. 누구든 이러한 일을 꾀하는 자가 있다면 그가 곧 전능하신 신과 사도 베드로와 사도 바울의 분노를 사게 될 것임을 분명히 말해 두노라.

주 강생 후 1484년 12월 5일 로마에서 반포."

이 칙서가 공포된 것은 위에서 언급한 두 이단 심문관, 즉 하인리히 크라머와 야콥 슈프랭거의 불만 때문이었을 것이다. 칙서를 통해 알 수 있는 것처럼 종교 재판을 주관한 두 사람은 실제로 독일 여러 지역에서 방해를 받았고 바로 그 장애 요소를 제거하는 것이 칙서의 공식적인 목적이었다. 게다가 교황이 두 재판관을 지원하기 위해 자신이 아끼는 수도회 회장을 보내려 했다는 점을 고려하면 칙서의 목적이 무엇이었는지 더욱 분명하게 알 수 있다. 이제 그 누구도 '크라머와 슈프랭거는 마법 혐의를 받는 이단자들을 포함하여 모든 이단자들을 탄압할 권한을 갖는다'라는 결정에 이의를 제기할 수 없었다. 그리고 이제 독일 제국 어디에서

나 거리낌 없는 탄압이 자행될 것은 불을 보듯 뻔한 일이었다.

인노첸시아 8세의 칙서는 부적과도 같은 것이었다. 즉 두 재판관의 임무 수행(인류의 적을 단호히 징벌하는 일)을 방해하는 온갖 반대와 저항이 교황의 칙서 앞에서는 여지없이 무너지고 말았다. 그리고 짧은 기간에 두 재판관에 의해 처형된 마녀의 수가 48명에 달했다는 사실은 이러한 징벌이 아주 잔혹해질 것임을 예고하고 있었다. 한편 수도회 회장의 기도로 불과 1년 만에 85명의 보름스 주민이 화형에 처해졌다. 따라서 두 재판관이 그의 지원을 받게 된다는 것은 곧 교황이 엄청난 규모의 전쟁(마녀들과의 전쟁)을 수행할 각오가 되어 있다는 것을 의미했다(그가 의도했던 전쟁의 규모는 '악마와 사탄의 마법에 걸린 이단자들'에 대한 박해를 포함해서 그때까지 행해졌던 모든 박해의 규모를 능가하는 것이었다). 하지만 '1484년 12월 5일의 칙서'를 앞세웠음에도 불구하고 크라머와 슈프랭거의 잔혹함은 수많은 지역의 주민들을 분노에 휩싸이게 만들었다. 그리고 1485년, 인노첸시아의 칙서가 막 공포되어 독일 여러 도시에서 '악마―마법의 모닥불'이 활활 타오르고 있을 때의 일이었다. 인스브루크에서 성대한 마녀 화형식을 준비하는 과정에서 하인리히 크라머가 주민들의 심한 저항에 부닥쳤다. 이 일을 계기로 그는 칙서에 언급된 '위대한 진리'를 실제에 적용하는 일을 포기하고 말았다.

그뿐만이 아니었다. 크라머가 비교적 쉽게 사태를 수습할 수 있었던 것은 브릭센의 관대한 주교 게오르그 골세르의 개입 덕분이었다. 이 주교의 임무는 크라머를 인스브루크 밖으로 쫓아내는 것이었고 또한 하인리히 크라머가 체류하는 동안 벌어진 불쾌한 일들이 하루 빨리 주민들의 뇌리에서 지워지도록 하는 것이었다.

골세르는 아부의 말을 늘어놓으며 실패한 이단 심문관을 도시 어귀 밖까지 배웅했다. 나중에 그는 "이 재판관은 나이가 너무 많아 노망이 든 것 같았다"라고 말했다.

종교 재판을 방해하는 최후의 장애물들이 반드시 제거되어야 했고, 신성한 종교 재판소의 활동을 방해할지도 모를 최후의 저항 세력도 기필코 분쇄되어야만 했다. 그래서 하인리히 크라머는 거룩한 성전聖典의 발간을 계획하게 되었다. 이 책은 구약성경 및 신약성경에서 취한 인용구들과 권위 있는 교부들 및 신학의 스승들에게서 얻은 논거들을 담은 책으로서 '가장 위험한 이단자들, 즉 마녀들을 탄압할 수 있는 신성한 권한이 종교 재판소에 있다는 것'을 영원히 입증하게 될 성전이었다(오직 이단자들만이 마녀의 존재를 의심할 수 있으며 그런 이단자들은 준엄한 징벌을 받아 마땅할 것이다).

비록 교회법이 있다고는 하나 마녀들에게만큼은 사형이 적용되어야 한다. 설령 자신의 죄를 뉘우친다 해도 그렇게 되어야 하고 또 상습적이고 처치 곤란한 죄인이 아니라 해도 그렇게 되어야 한다.

이단 심문관 크라머에게는 자신의 '대중적 수단public instrument'을 만드는 데 도움을 줄 사람, 즉 협력자가 필요했다. 대중적 수단이란 '악마 이단 퇴치 사업'을 영구적으로 정착시키고 이단 심문청의 신성한 사업 앞에 놓인 장애물을 모조리 제거할 수 있는 책을 의미했고, 협력자란 이 책을 함께 펴낼 사람을 의미했다.

크라머와 함께 이단 심문의 과업을 이끌어 갈 사람은 바로 슈프랭거였다. 체면을 구긴 '대업大業의 투사'에게 신학교수이자 도미니크 수도회 회원이었던 슈프랭거는 협력자로서 더없이 적합한 인물이었다. 이렇게 해서 야콥 슈프랭거가 《말레우스 말레피카룸: 마녀를 심판하는 망치》 집필 작업에 동참하게 된다.

하지만 슈프랭거의 역할은 기껏해야 서문을 집필하는 정도였고 정작 책의 대부분을 집필한 것은 하인리히 크라머 자신이었다(슈프랭거의 서문에는 해명解明이라는 이름이 붙여졌다). 그가 슈프랭거를 끌어들인 진짜 목적은 아직 이단 심문관으로서의 명예를 잃지 않은 그의 권위를 이용하는 것이었고 이를 통해 자신이 집필하게 될 책에 더 많은 도덕적 권위를 부여하는 것이었다.

크라머는 책을 집필하는 데 혼신의 힘을 기울었다. 그리고 1487년 봄, 드디어 책이 완성되었고 어쩌면 같은 해 5월에 출간되었을 가능성도 있다.

슈프랭거의 작업 속도도 무척 빨랐다. 그가 쓴 서문은 기한 내에 전달되었고, 이로 인해 크라머의 책 발간 작업이 늦어지는 일은 없었다.

슈프랭거는 자신의 서문에서 이렇게 썼다.

"정말이지 한 순간도 멈추지 않고 '독으로 가득한' 전염병을 불러왔던 과거의 악이 오늘날 다시 한번 그 진면목을 드러내고 있다. 왜냐하면 자신에게 남은 시간이 많지 않다는 것을 깨닫고 분노에 휩싸여 버렸기 때문이다."

슈프랭거는 지옥과 동맹을 맺고 죽음과 계약을 맺는 마녀들을 가장 위험한 이단자들로 간주한다. 따라서 망치의 주 타격 방향은 당연히 마녀들에게 맞춰질 수밖에 없다. 여기서 타격이라는 말은 실제 타격이라기보다는 그 어떤 이론적인 타격으로 이해해야 한다(물론 이단 심문관의 생각에 이론과 실제는 하나로 합쳐지기 마련이었지만 어쨌든 여기서는 책과 관련된 이야기를 하고 있기 때문이다).

슈프랭거는 다음과 같이 썼다.

"이 책에는 위대한 교부들과 권위 있는 신학자들이 언급하지 않은 그 어떤 새로운 내용도 없다. 우리가 집필한 책은 오래되었으면서도 새롭고, 짧으면서도 길다. 우선 그 내용과 권위에 있어서는 오래된 책이고, 사상의 편집과 배치에 있어서는 새로운 책이다. 그리고 수많은 대가들의 작품을 단편적으로 인용했기에 짧은 책이고, 주제가 한없이 방대하고 마녀들의 해악이 무궁무진하기에 긴 책이다."

또한 그는 이 책이 두 저자의 명예와 평판을 드높이는 수단이 되어서는 안 된다고 보았고 다만 그 속에 이름이 언급되어 있는 사람들과 저작이 인용되어 있는 사람들에 대한 존경심과 경외심을 드높이게 될 것이라고 생각했다. 그의 설명은 계속된다.

"다양한 문헌에서 발췌한 단편들과 최고 권위자들의 사상 및 금언들로 구성된 만큼 이 책은 더 이상 우리의 시詩도 필요로 하지 않았고 또 우리의 복잡한 이론도 필요로 하지 않았다. 우리는 필사자의 관행에 따라 책을 집필하였고, 지고의 삼위일체에 영광을 드리기 위해 책을 집필하였다. 이 책은 시작, 계속, 끝맺음의 세 부분으로 구성되었고 책 제목은 '말레우스 말레피카룸: 마녀를 심판하는 망치'로 정해졌다. 또한 책을 검토하는 일은 동료들에게 맡겨질 것이고 그 내용을 실제에 적용시키는 일은 이단 심문관들에게 맡겨질 것이다. 왜냐하면 주께서, 악한 이들에게는 복수하고 선한 이들에게는 칭찬할 것을 이단 심문관들에게 명했기 때문이다. 주께 영원한 경배와 찬양을 올리나이다. 아멘."

하지만 두 사람이 공동 집필했다는 것만으로는 아직 충분하지 않았다. 크라머와 슈프렝거에게는 '《말레우스 말레피카룸: 마녀를 심판하는 망치》로 마녀들을 깨부술 수 있다'는 확실한 보장이 필요했던 것이다. 결국 두 사람은 당시 독일에서 최고의 권위를 누리고 있던 쾰른대학 신학학부를 찾아가 《말레우스 말레피카룸: 마녀를 심판하는 망치》에 대한 격려와 지지를 당부했다.

쾰른대학의 협조가 중요했던 이유는, 교황 비오 2세와 식스투스 4세의 특별 교령에 따라 쾰른대학이 최고 검열권을 가지고 있었기 때문이다.

한편 이 책을 검토한 신학대 학장 램버트 드 몬테는 학부 교수 4명의 동의를 얻어 호의적이면서도 다소 신중한 평가를 내놓았는데 그 내용은 다음과 같다.

"이 책의 이론적인 부분은 대단히 주도면밀한 성격을 띠고 있고, 그 실제적인 부분은 교회법의 입장을 고수하고 있다. 이 책이 많은 수의 '역량 있는' 독자와 전문가들을 만나기는 어려울 것이다. 그리고 그들 이외에 또 다른 열성 독자들을 만나는 것도 쉽지 않을 것이다."

뿐만 아니라 《말레우스 말레피카룸: 마녀를 심판하는 망치》에는 두 심문관에 대한 황제 막시밀리안 1세의 감정이 표현되어 있다(황제는 그들에게 대단히 숭고하고 중대한 임무를 부여했다).

하지만 《말레우스 말레피카룸: 마녀를 심판하는 망치》를 기다리고 있었던 것은 믿을 수 없을 정도의 대성공이었다. 9년이라는 짧은 기간에 무려 9판을 거듭한 이 책은 그 후에도 판을 거듭하여 출간되었다(총 29판 중 16판은 독일, 11판은 프랑스, 나머지 2판은 이탈리아에서 출간되었다).

출간과 함께 세간의 화제가 된 《말레우스 말레피카룸: 마녀를 심판하는 망치》는 많은 사람들로부터 호평을 받았다. 예를 들어 16세기의 유명한 네덜란드 법률가 조도쿠스 담구데르Jodocus Damhouder는 당시 선풍적 인기를 끌었던 《형사사건의 실제》에서 "이 책은 세상에 있어 법과 같은 효력을 갖는다"라고 밝혔다. 신학자들과 철학자들, 법률가들이 앞다투어 《말레우스 말레피카룸: 마녀를 심판하는 망치》를 환영했고 개신교 학자들은 가톨릭 신학자들과 성직자들의 목소리에 자신의 목소리를 섞어 넣었다. 천재 화가 알브레히트 뒤러가 이 책을 위해 기꺼이 붓을 들겠다고 했고 정통 루터주의자였던 베네딕트 가르프쪼프 교수는 이 책에 최고의 권위를 부여했다(시인들도 아무 망설임 없이 찬가를 지어 바쳤다). 그리고 막시밀리안의 〈바바리아 법전〉에서 이단자 처벌과 관련된 부분도 이 책을 기초로 해서 작성되었다. 한마디로 말해서 크라머와 슈프랭거의 책이 하나의 확고부동한 전제로 간주되었던 것이다.

교황 알렉산드르 6세, 교황 레오 10세 그리고 교황 하드리아노 6세는 《말레우스 말레피카룸: 마녀를 심판하는 망치》의 기본적 입장과 주장들이 모두 정당하다는 것을 여러 차례 강조했고, 이와 관련해서 특별 교시를 하달하기도 했다.

화제작으로서 큰 인기를 얻게 된 《말레우스 말레피카룸: 마녀를 심판하는 망치》는 그 분량이 점점 늘어나게 되었다. 하지만 이것은, 같은 주제를 갖는 다른 저작들이 기계적으로 추가되는, 아주 특이한 방식을 취하고 있었다. 예를 들어 이 책의 여섯 개 판(版)은 요한 니더의 유명한 책 《개미둑》의 5부가 이어 붙여지는 식으로 출간되었다. 니더의 《개미둑》은 당시 대단한 권위를 누리고 있었지만 《말레우스 말레피카룸: 마녀를 심판하는 망치》의 부록으로 전락하는 순간 그 영향력이 줄어들고 말았다.

이제 《말레우스 말레피카룸: 마녀를 심판하는 망치》는 여러 저작을 한데 뭉뚱그려 놓은 책이 되었고 심지어 몇몇 판(版)에는 '이 책을 사서 읽으십시오. 돈이 아깝지 않을 것입니다'라는 제사(題詞)까지 붙었다. 16세기의 많은 신학서들이 니더의 책과 운명을 같이했고, 17세기에 들어서는 이런 현상이 더욱 두드러졌다. 한편 가톨릭교─이단 심문소의 입장을 대변하던 일부 고전 작품의 경우 오히려 이 '거대하고 육중한 책'의 보조 수단이 되면서부터 각광을 받기 시작했는데 심지어 그 유명한 바르톨로메오 드 스피나마저도 《말레우스 말레피카룸: 마녀를 심판하는 망치》의 영향력에 의지했다.

《말레우스 말레피카룸: 마녀를 심판하는 망치》가 성공을 거둘 수 있었던 것은 두 저자의 문학적 재능 때문도 아니었고 그들의 해박한 지식 때문도 아니었다. 두 사람 모두 글재주나 독창성이 뛰어난 것도 아니었고 그렇다고 해서 대담한 사고나 판단력이 돋보이는 것도 아니었다. 그들은 '권위 있는 신학서에서 끌어 온 수많은 인용문 없이는 결코 안전하지 못하다'고 생각했다. 그리고 책 제목에서도 독창성의 결여가 여실히 드러나는데 가령 5세기 초에 성(聖) 히에로니무스*가 '이단자들의 망치'라는 이

---

* 에우세비우스 소프로니우스 히에로니무스(348~420)또는 예로니모(Jeronimo). 제1차 니케아 공의회 이후의 로마 가톨릭교회 신학자이자 4대 교부 중 한 사람으로서 불가타의 역자로 잘 알려져 있다.

름을 얻었고 나중에는 베르나르드와 게르하르트 그루트 역시 이와 똑같은 이름으로 불렸다. 그리고 프랑크푸르트 출신의 이단 심문관 요한이 저술한 책도 '유대인들의 망치'라는 제목을 가지고 있었다(이 책은 1420년경 출간된 책으로서 유대인들에 대한 잔혹한 비난으로 점철되어 있다). 십중팔구 두 저자는 자신들이 쓴 책의 제목으로 정할 만큼 이 이름에 매료되어 있었을 것이다.

하지만 《말레우스 말레피카룸: 마녀를 심판하는 망치》의 성공 원동력은 바로 이와 같은 무미건조함과 단조로움 그리고 특색 없는 전형성에 있었다. 다시 말해서 이 책이 모든 이들의 자산이 될 수 있었던 것은 첫째, 지극히 평범한 독자들에게도 쉽게 이해되었기 때문이고 둘째, 아무런 문제 제기 없이 마치 날씨나 자연처럼 아주 당연한 것으로 받아들여졌기 때문이다. 수백 명의 이단 심문관들이 이 책을 탐독했고 수천 명의 사제와 전도사들이 청중 앞에서 이 책의 내용을 설명했다. 게다가 사제들과 전도사들은 일부러 유식한 척을 할 필요도 없었고 해설을 덧붙일 필요도 없었으며 여담을 하기 위해 지엽으로 흐를 필요도 없었다. 뿐만 아니라 수만 명의 평신도들이 전문가의 지도 없이 책 내용을 습득했고, 수십만 명의 평민들이 신의 지혜가 담겨 있는 이 책에 대해 전해 들었다. 그리고 그 이름이 입에서 입으로 전해진 탓에 이 책은 아주 쉽게 보급될 수 있었고 높은 권위를 누릴 수 있었다(이것은 《말레우스 말레피카룸: 마녀를 심판하는 망치》가 점점 더 빠른 속도로 판을 거듭했다는 사실을 통해 잘 알 수 있다).

《말레우스 말레피카룸: 마녀를 심판하는 망치》에는 당시의 신학이 제공할 수 있는 모든 것이 집중되어 있었다. 스콜라철학자들은 심지어 이교도들에게까지 손을 벌리며 지혜의 씨앗을 그러모았고 그것들 모두를 한데 모아 거대한 덩어리로 만든 다음 여기에 책이라는 형식을 부여했다. 이 책 속에는 마치 영화 필름이 돌아가듯 아리스토텔레스, 토마스 아퀴나스, 대교황 그레고리우스, 모세, 보나벤투라, 요한네스 크리소스토무스*, 오리게네스 그리고 파리의 윌리엄이 번갈아 등장한다.

《말레우스 말레피카룸: 마녀를 심판하는 망치》의 저자들은 이 위대한 인물들에게서 지혜의 말씀과 신의 말씀을 발견하고 있다. 신의 말씀은 곧 영원불멸의 이야기이고 동시에 어떠한 비판도 없이 무조건 따라야 하는 이야기이다. 왜냐하면 신의 말씀은 완전무결한 것이고 따라서 그 누구도 마저 채우거나 고치려 해서는 안 되기 때문이다. 이 책 전체가 마치 다음과 같이 이야기하는 듯하다.

"죽음을 면치 못할 자들이여, 신의 지혜에 귀를 기울일지어다. 그러면 너희들은 영생永生 교회의 유덕한 아들로 거듭나게 될 것이고, 참된 믿음을 가진 아들로 거듭나게 될 것이다."

《말레우스 말레피카룸: 마녀를 심판하는 망치》는 3부로 구성되어 있다. 1부는 이론적인 부분으로서 열여덟 개의 난해한 질문과 이에 대한 아주 간단한 답변들을 제시하고 있다. 가령 악마가 인큐버스와 서큐버스를 통해 사람을 낳을 수 있느냐는 질문에 대해 두 저자는 장황하고 비논리적인 추론을 늘어놓은 다음 토마스 아퀴나스의 말을 인용하는 것으로 답변을 대신한다. 알다시피 이 교활한 질문은 이미 오래전에 토마스 아퀴

---

* 요한네스 크리소스토무스(349?~407) 또는 요한 크리소스톰John Chrysostom은 초기 기독교의 교부이자 제37대 콘스탄티노폴리스 대주교였다. 뛰어난 설교자였던 그는 중요한 신학자 가운데 한 사람이었고 끊임없이 기독교 교리에 대해 설전을 펼쳤다.

나스의 긍정적인 답변에 의해 의심의 여지가 없는 것으로 입증되지 않았는가!

이와 마찬가지로 '사람을 낳을 수 있는 악마들이 어떤 악마들이냐'는 질문 역시 별다른 증명을 요구하지 않는다. 왜냐하면 가톨릭적 관점에서 봤을 때 '원래 최하급 천사였던 악마들이 이 일을 할 수 있다'는 주장이 정통 교리로 인정되기 때문이다.

여섯 번째 질문, 즉 '마법을 행하는 사람들은 어째서 대부분 여자들이냐'는 질문에 대해서도 아주 간단한 답변이 제시된다.

"여자femina라는 말은 fides(믿음)와 minus(더 적다)에서 유래된 것으로 '더 적은 믿음'이라는 의미를 갖는다. 다시 말하면, 본질에 있어 여자는 남자에 비해 '더 적은 믿음'을 갖는 경향이 있다. 게다가 이미 오래전부터 알려져 있는 사실들을 예로 들어 보면 첫째, 여자의 음욕에는 끝이 없다. 둘째, 여자는 곱게 화장한 '타고난 악natural evil'이다. 셋째, 여자를 버리는 것은 잘못된 일이지만 여자를 옆에 두는 것 또한 고통스러운 일이다. 넷째, 여자는 남자와 다른 종種에 속한다. 그리고 이 모든 주장은 우리의 위대한 스승들이 깨달은 확고한 진리에 근거하고 있다."

또한 몇몇 질문에 대해서는 자신의 경험과 잘 알려진 사실들을 인용함으로써 답변을 대신한다. 가령 '마녀가 사람을 동물로 만들 수 있느냐'는 질문에 대해서는, 〈암말이 되었다가 성 마카리우스에 의해 구원받은 한 젊은 처녀에 관한 이야기〉로 답변을 대신한다.

세상에 태어나지 않은 아이들을 잡아먹는 문제에 대해서도 아주 간단한 논거가 제시된다.

"코모 출신의 이단 심문관이 전하는 바에 따르면, 그가 관할하는 주에서 마녀들의 야연夜宴이 열렸는데 그곳에서 아직 세상에 태어나지도 않은 아이가 잡아먹혔다는 것이다! 이 일로 인해 작년 한 해에만 41명의 마녀가 화형을 당했고 또 몇 명의 마녀는 아예 종적을 감춰 버렸다."

마지막 질문, 즉 '신이 과연 인간에 대한 광범위한 지배권을 악마와 마녀들에게 부여할 수 있었느냐'는 질문(일부 평신도들이 이 문제와 관련해서 의심을 품고 있었다)에서는 실제로 있었던 일을 예로 드는데 여기서 두 저자는 마치 수수께끼 같은 이야기를 늘어놓는다.

"우리 중 한 사람은 이런 사실도 알고 있다. 슈파이어의 한 덕망 있는 시민이 자기 아내를 때리려고 손을 들어올리는 순간 갑자기 의식을 잃고 쓰러졌다. 그리고 몇 주 동안 앓아 눕는 신세가 되고 말았다. 알고 보니 그의 아내, 즉 여자 마법사가 그에게 병을 불러온 것이었다."

물론 이단 심문관들은 마법사들을 두려워하지 않았다. 왜냐하면 이단 심문관들은 정의로운 사회 사업을 수행하고 있었기 때문이다.

이러한 견해(즉 크라머와 슈프랭거의 견해)를 뒷받침이라도 하듯 로렌 지방의 재판관 니콜라이 레미는 '가장 사악한 마녀들조차 이단 심문관이나 심문청 소속 관리들 앞에서는 무기력하기 짝이 없었다'는 것을 입증하는 많은 증거들을 인용하고 있다(니콜라이 레미는 '로렌 지방의 토마스 드 토쿠마다'라는 별명으로 불렸다). 예를 들어 1584년에 체포된 낭시 출신의 무시무시한 마녀 래니어는 담당 재판관들 앞에서 "우리는 당신들을 파멸의 구렁텅이로 빠뜨리고 싶어 미칠 지경입니다! 하지만 당신들 앞에서는 아무 것도 할 수가 없으니 정말이지 당신들은 세상에서 가장 운이 좋은 사람들입니다"라고 말했다. 이뿐만이 아니었다. 체포되어 이단 심문소의 수중에 들어간 여자에게는 더 이상 악마의 개입이 허용되지 않는 것 같았다. 예컨대 아르비에르(도피네) 출신의 마르가리타가 이단 심문소 감방에 갇혀 있을 때 그녀의 스승—악마가 나타난 일이 있었다. 등불처럼 빛나는 눈을 가진 악마는 마르가리타와 성교를 하기 시작했고 성교가 끝나자 "너는 곧 화형에 처해질 것이다"라고 말했다. 하지만 악마는 더 이상 그녀를 구해 줄 수 없었고 이제 이 '체포된 마녀'가 기대할 수 있는 것은 자살뿐이었다(악마가 그녀에게 자살을 권했기 때문이다). 15~17세기의 많은 기록들이 말해 주듯, 당시에 이단 심문소와 세속 권력이 운영하던 교도소에서는 자살 사건이 비일비재했는데 이처럼 자살 사건이 꼬리에 꼬리를 물고 일어나게 되면 재판관들은 다른 죄인의 죄를 폭로하는 데 어려움을 겪을 수밖에 없었다. 그래서 니콜라이 레미의 경우 교도소 내에서 발생하는 자살 사건에 대해 가급적 말을 아끼면서 서둘러 재판을 진행했다. 이것은 최상의 결과, 즉 체포된 자들의 화형을 이끌어내기 위해서였다.

이론적 논의가 주를 이루는 1부에서는 이처럼 세 가지 힘, 즉 악마와 마법 그리고 신의 묵인에 관한 이야기가 소개된다.

2부에서는 두 가지 근본적인 문제가 제기된다. 하나는 '마법의 해를 입지 않는 사람은 누구인가?'이고 다른 하나는 '마법을 퇴치할 수 있는 수단에는 어떤 것들이 있는가?'이다.

특히 2부에서는 어떠한 논박도 허용되지 않는 역사적 사실들이 주로 다루어지는데 대부분의 경우 권위 있는 인물들의 이야기를 그대로 끌어다 쓴 것들이다(이야기를 들려주는 인물들 자신이 그 이야기의 목격자인 경우가 많았다). 《말레우스 말레피카룸: 마녀를 심판하는 망치》의 두 저자는 "우리도 독자들이 깜짝 놀랄 만한 이야기들을 많이 들려줄 수 있다. 하지만 자화자찬은 괜히 요란스럽기만 할 테니 우리는 '더 이상 비밀로 할 수 없는 것들'에 대해서만 이야기하겠다"며 겸손한 모습을 보인다. 그리고 독자의 눈 앞에는 믿기 어려울 정도의 기이한 사건들이 펼쳐진다. 예를 들어 브라이자흐의 마녀들 중에는 다음과 같이 자백한 마녀들도 있었다.

"우리는 악마의 연회에 참석할 기회는 없었지만 그래도 그곳에서 무슨 일이 일어나는지 알고 싶었다. 그래서 우리는 왼쪽 옆구리를 바닥에 대고 누워 여러 악마들을 불러모았다. 그런데 우리 앞에 나타난 악마들의 입에서 무시무시한 김이 뿜어나왔고 우리는 그 입김을 통해 악마 연회에서 일어나는 일들을 모두 지켜볼 수 있었다."

한번은 이런 일도 있었다.

"여자의 모습을 한 악마(서큐버스)가 나타나 남자와 성관계를 맺었고 성관계를 맺는 동안 남자의 씨앗을 따로 모아 두었다. 나중에 남자의 모습으로 다시 나타난 이 악마(인큐버스)는 전에 모아 두었던 씨앗으로 여자를 수태시켰다."

마귀들은 빈틈이 없다. 가령 늙은 여자들과 동거할 때는 절대 그들을 수태시키지 않는데 이것은 마귀들이 '과도한 무절제'를 삼가기 때문이다. 한편, 성행위를 하는 동안 마녀의 모습은 눈에 보이지만 악마의 모습은 그렇지 않을 수도 있다는 것이 경험을 통해 확인되었다. 예를 들어 스트라스부르 교구에 살았던 한 나무꾼은 다음과 같은 일을 겪었다.

"커다란 고양이가 나타나 나무꾼을 물었다. 그리고 두 번째, 세 번째 고양이가 나타나 그에게 달려들었다. 나무꾼은 방어에 들어갔고 굵은 막대기로 고양이들을 두들겨 팼다. 그런데 한 시간 뒤에 이 나무꾼은 영문도 모른 채 체포되었고 결국 법정으로 끌려가게 되었다. 그의 죄목은 '덕망 있는 세 여자를 두들겨 팼다'는 것이었다(여자들은 굵은 막대기로 두들겨 맞은 후 오랫동안 앓아 누워야 했다). 물론 이 모든 일의 배후에는 악마의 간계가 숨어 있었다."

《말레우스 말레피카룸: 마녀를 심판하는 망치》 2부에서, 첫 번째 문제에 할애된 부분 역시 이와 유사한 사실들로 가득 메워져 있다.

그리고 그 뒤를 잇는, 지극히 단조로운 여덟 개의 장에서는 마녀와 싸우는 방법, 마녀를 쫓는 방법, 마녀를 절멸시키는 방법이 자세히 소개된다. 그런데 워낙 많은 사례들이 인용되다 보니 다음과 같이 우스꽝스러운 것들도 섞여 들어갔다.

"쾰른의 유명한 '악마 사냥꾼'이 악마의 질문을 받았다. 질문의 내용은 '도미니크회 수도원을 빠져나가려면 어디를 통해서 나가야 하느냐'는 것이었는데 도미니크회 수도원은 바로 이 전문 사냥꾼이 악마를 쫓던 곳이었다. 전문가는 농담조로 대답했다. "화장실을 통해서 나가야지." 다음 날 밤 이 전문가는 화장실에 갔고 바로 그곳에서 성난 악마에게 혼이 나고 말았다. 까불거리기를 좋아했던 악마 사냥꾼은 간신히 목숨을 건질 수 있었다."

마법과 악마의 장난에서 벗어날 수 있는 여러 가지 방법을 소개한 두 저자는 '마법과 악마의 장난에서 벗어나는 데 가장 중요한 수단이 되는 것은 바로 마녀를 절멸시키는 것'이라고 결론 내린다. 하지만 이 방법을 실현하기 위해서는 세속 권력의 도움, 즉 징벌 수단이 필요했다.

법률과 관계된 내용이 주를 이루는 3부에서는 '마녀 재판을 어떻게 시작해야 하는가', '마녀 재판을 어떻게 진행해야 하는가', '마녀 재판을 어떻게 마무리 지어야 하는가'라는 문제들이 집중적으로 논의된다(그리고 이런 문제들에 부수적으로 따르는 여러 가지 특례特例들도 함께 제시된다). 또한 농노와 죄인들 그리고 권리를 빼앗긴 사람들에게까지 이단 비판이 허용될 정도로 이단의 '치욕스러운 오점'이 크다는 것을 증명한다(농노들에게 이단 비판을 허용한 것은 농노들이 지주에게 불리한 증언을 할 수 있도록 하기 위해서였다). 사형 선고가 내려지기 위해서는 무엇보다 죄인의 자백이 필요하다. 하지만 어떻게 죄인의 자백을 받아낼 수 있을까? 가령 웬만한 고문에는 끄떡도 않는 마녀들이 있는데 그들은 자신의 죄를 인정하기보다는 오히려 몸이 서서히 찢겨 나가는 고통을 끝까지 참아내려 할 것이다. 그런가 하면 시간을 끌지 않고 순순히 자백하는 마녀들도 있다. 사실 이 모든 것은 '마녀가 악마와 어떤 관계를 맺고 있느냐'에 따라 달라지게 된다. 마녀라는 것을 입증하는 증거와 목격자들의 증언이 있는데도 그 여자를 살려둘 수 있는 재판관이 있을까? 이 문제와 관련해서는 학자들의 의견이 엇갈린다. 가령 다른 마녀들의 죄를 폭로하고 요사스러운 마법을 풀겠다고 하는 마녀는 살려 줘도 좋다고 보는 학자들이 있는가 하면 얼마 동안 그 약속을 지켜도 되지만 결국에는 불태워 죽여야 한다고 보는 학자들도 있다. 그리고 일단 목숨을 살려 주겠다고 약속한 다음 다른 재판관이 사형 선고를 내리면 된다고 보는 학자들도 있다. 재판장과 배석 판사들은 마녀와 접촉하는 일이 없도록 조심해야 하고 특히 마녀가 손목을 만지지 못하도록 해야 한다. 이런 일을 미연에 방지하기 위해서는, '부활절 직전 일요일에 축성祝聖한' 소금과 밀랍을 목에 발라야 하고, 축성한 풀을 목에 붙이고 다녀야 한다. 실제 경험을 통해 밝혀진 것처럼, 마녀는 고문을 당하고 심문을 받을 때 사람의 마음을 홀릴 수 있는 특별한 능력을 지니고 있다. 크라머와 슈프랭거는 "마녀들에게 이런 능력이 없었더라면 좋았을 것을!" 이라고 절규한다. 어쩌면 두 저자는 화형장으로 끌려가는 마녀들을 보면서 내심 두려움에 떨었을지도 모른다. 그도 그럴 것이, 레겐스부르크에서 자신의 죄(마법 행위)를 자백한 이단자들이 불 속에 던져져도 타지 않고 물 속에 던져져도 가라앉지 않았으니 어찌 두려움이 생기지 않을 수 있었겠는가?! 이단자들이 죽임 당하지 않는다는 것을 확신한 레겐스부르크의 성직자들은 3일 동안 금식할 것을 교구 신도단에 지시했다. 그리고 얼마 후, 이단자들이 죽임 당할 수 없는 이유가 그들의 겨드랑이 밑, 피부와 살 사이에 들어 있는 부적 때문이라는 사실이 밝혀졌다. 따라서 마녀들에게 영향을 미치기 위해서는 옷을 갈아 입히거나 털을 미는 방법을 써야 한다. 단 생식기 주위의 털을 깎는 것은 독일에서는 당치 않은 일로 받아들이기 때문에 마녀의 자백을 받기 위해 전혀 다른 방법을 사용했다. 머리털을 깎은 다음 축성한 물을 담은 와인 잔에 축성한 밀랍 한 방울을 떨어뜨렸다. 그리고 그것을 마녀들에게 마시게 했다(마녀들은 그것을 3일 연속하여, 그것도 공복에 마셔야 했다).

　결론에서 두 저자는 '재판관들은 상습적인 항소를 허용해서는 안 된다'라고 경고한다. 첫째, 상습적인 항소가 재판관들을 지치게 하고 둘째,

상습적인 항소로 인해 이단자들이 더욱 사악해지고 오만불손해질 뿐만 아니라 고개를 쳐들고 재판관을 업신여기게 되기 때문이다. 《말레우스 말레피카룸: 마녀를 심판하는 망치》의 내용은 이상과 같다.

지루하고 숨 막히는 구성 형식에도 불구하고 《말레우스 말레피카룸: 마녀를 심판하는 망치》에서는 이전에는 볼 수 없었던 새로운 주장들이 제기되는데 그 중에는 마녀와의 전쟁에 또 다른 방향을 제시하는 주장들도 있다. 《말레우스 말레피카룸: 마녀를 심판하는 망치》의 저자들이 강조하는 내용은 다음과 같다.

"마법에 파괴의 요소가 있음에도 불구하고 마녀 박해의 임무를 오직 이단 심문관들에게만 맡기는 것은 옳지 못하다. 마녀는 이단자로서 종교적 죄인에 해당할 뿐만 아니라 동시에 치명적인 해악을 끼치는 범죄자이므로 당연히 세속의 '징벌 검劍'으로 무자비하게 처단해야만 한다(로마법 역시 민중에 의해 마녀로 불리는 자들을 그와 같은 무자비함으로 다스릴 것을 요구한다). 또한 이미 야기된 파괴 행위를 처벌하지 않고 내버려 둘 수는 없으므로 이제 고문과 처형이라는 정의의 원리가 실현되지 않으면 안 된다(죄인의 자백과 회개는 더 이상 고려의 대상이 되지 못한다)."

이전에 신학적 교활함이 '마법은 가장 나쁜 형태의 이단으로서 종교 재판에 회부되어야 한다'는 것을 증명했다면 이제 크라머와 슈프랭거는 마녀 징벌의 권한이 이단 심문청에 있다는 것을 부정하지 않으면서도 다른 한편으로 세속 권력이 '마법 퇴치'의 문제에서 방관자로 남아 있을 수 없다는 점을 강조한다. 그리고 흡혈귀, 스트리가*, 여자 이단자 같은 이

---

* 밤에 가장 왕성하게 활동하는 마귀로 남자와 성교 맺기를 좋아하고 또 남자의 피를 즐겨 마신다고 한다.

름의 사용을 피하면서 오직 마녀들에게 복수할 것을 호소하는 《말레우스 말레피카룸: 마녀를 심판하는 망치》는 마치 온몸으로 '세속의 검劍'에 도움을 청하는 듯하다.

《말레우스 말레피카룸: 마녀를 심판하는 망치》의 저자들에게 있어 '주어진 구체적인 마법 사건에서 얼마나 명백한 이단의 냄새가 나느냐'는 문제는 이제 더 이상 의미를 갖지 못한다. 마법에는 언제나 파괴의 요소가 있고 또 그 요소가 필연적으로 죽음을 초래하는 형태로 존재하기 때문에 굳이 이단의 냄새가 얼마나 나느냐를 따지지 않더라도 사형에 처해질 만하다는 것이다. 그리고 《말레우스 말레피카룸: 마녀를 심판하는 망치》에서 사용되고 있는 '마법'이라는 단어는 '아이들을 유괴한다', '아이들을 집어삼킨다' 그리고 '악마 숭배의 극악무도한 행위를 일삼는다'라는 개념들을 내포하고 있다. 한편 크라머와 슈프랭거의 이와 같은 주장은 1514년 교황 레오 10세의 주재 하에 열린 라테라노 공의회에서 전면적인 찬동을 얻는다. 공의회는 "마법은 혼합 범죄로서 교회법적 관점이나 세속법적 관점에서 봤을 때 당연히 처벌받아야 하는 범죄이다"라고 선언했다. 16세기, 서유럽 여러 국가의 이단 심문 제도가 무용지물로 전락하던 시기에 이와 같은 결정은 매우 중대한 의미를 지닐 수밖에 없었다. 다시 말해서 그동안 이단 심문청의 소관이었던 마녀 박해 사업이 세속 법정의 소관으로 넘어가게 된 것이다. 이제 라테라노 공의회의 결정에 따라 이단 심문 제도를 폐지하게 된 각국의 사법 당국은 마법에 관련된 모든 행위를 엄격하게 처벌하기 시작했다. 마법은 예외적인 형태의 범죄로 간주되었고 마법사들에게는 종교 재판의 법적 절차가 적용되었다.

그리고 얼마 후 일부 변호사들이 "세속 법정의 소송 실무에서 마녀들의 야간 비행과 같은 눈에 보이지 않는 범죄는 처리될 수 없다"며 이의를 제기했는데 교회가 이것을 일축해 버렸다. 그 근거는, 전혀 다른 접근 방식이 요구되는 마법 범죄의 특이성이 이미 오래전에 입증되었다는 것이었다. 한편 16세기의 저명한 신학 작가 바르톨로메오 드 스피나는 "날아다니는 마녀들에게는 남편이 있다. 그런데 이 남편들은 야간 비행이 사실이라고 인정하기는커녕 도리어 자기 아내와 편안하게 잠을 잤다고 주장한다"라고 했다. 그리고 그는 "이것은 악마의 장난에 불과하다. 남편은 악마에게 기만당했고 또 남편 옆에 누워 있는 것은 아내의 모습을 취한 '육신의 유사물'에 지나지 않는다"라고 지적했다.

야간 비행이 주로 목요일 밤에 일어난다는 소문이 돌자 종교적 순수성을 옹호하는 사람들이 목요일 밤마다 감시를 하기 시작했다. 문제의 여자를 현장에서 붙잡으려고 했던 것이다. 하지만 날아다니는 마녀를 직접 확인하려는 이단 심문관들의 시도는 매번 헛수고로 끝났다. 드 스피나는 "이 일이 말해 주는 것이 무엇이겠습니까?"라고 묻고는 곧바로 다음과 같이 대답했다. "바로 악마의 놀라운 힘이 입증되고 있는 것입니다?!" 이제 이 모든 상황을 받아들일 수밖에 없었던 세속 법정은 '예외적인 범죄이자 특이한 성격을 지니는 마법에 대해 사형을 적용한다'라는 조항을 법조문에 포함시켰다. 많은 나라들이 이미 이단 심문 제도를 폐지한 후였음에도 불구하고 이런 종류의 범죄에는 여전히 종교 재판의 방식이 적용되었다. 그리고 한때 스페인 이단 심문청의 만행에 분개하며 가톨릭교와 맞서 싸웠던 위대한 법률가 조도쿠스 담구데르 역시 '세속 권력에 의한 마법 박해의 필요성'을 입증하기 위해 자신의 재능을 바쳤고, 크라머와 슈프랭거의 책에 찬가를 지어 바쳤다.

물론, 세속 법정의 활동 범위를 마법 범죄로까지 확대해야 한다는, 크라머와 슈프랭거의 견해는 아직까지 이단 심문 제도가 유지되고 있던 나라들에서 강한 반발을 불러일으켰다.

이단 심문관들은 마녀 재판을 포기할 수 없었다. 그렇게 하기에는 마녀 재판이 너무나도 군침이 도는 꿀단지였기 때문이다. 그래서 스페인과 이탈리아에서는 이단 심문관들의 끝없는 논쟁이 시작되었는데 그들의 주장은, 마녀를 박해하는 것은 종교 재판소의 고유 권한이라는 것이었다.

논쟁은 쌍방을 만족시키는 절충안이 나온 다음에야 끝날 수 있었는데 그 내용은 '세속 법정과 교회 법정 모두 마법 범죄를 박해할 수 있지만 어느 쪽도 독점권을 주장해서는 안 된다'는 것이었다. 이렇게 해서 16세기부터는 교회와 국가가 동일한 소송 절차로 마법과의 투쟁에 나서게 되었다. 경쟁은 말할 수 없을 정도로 치열했다. 세속의 검과 교회의 검이 동시에 광기를 발산했던 16세기와 17세기에는 특히 많은 사람들이 희생되었다.

1781년, 스페인 세비아에서 마녀 한 명이 화형을 당했는데 당시 스페인에는 아직 이단 심문 제도가 남아 있었기 때문에 희생자는 종교 재판소의 '자산 항목'에 이름을 올리게 되었다. 하지만 1년 후인 1782년, 스위스 글라루스 주의 한 처녀가 똑같은 죄목으로 처형을 당했는데 이번에는 세속 권력에 의해 죽임을 당했다. 당시 스위스에는 이단 심문 제도가 없었기 때문에 대對악마 투쟁의 공이 국가에 돌아갔던 것이다.

하지만 18세기에 들어서자, 악마 징벌의 영예를 놓고 한판 경쟁을 벌이던 두 세력은 더 이상 큰 공을 세울 수 없었다. 1746년에 마리 테레즈가 마녀 재판을 중단했고 일년 후인 1747년에는 뷔르템베르크가 이에 동참했다. 그리고 1775년에 바이에른이 선례를 따랐고 1793년, 즉 프랑스에서 루이 16세가 처형된 해에는 폴란드의 포즈난이 마녀 재판을 폐지했다.

이 책의 원본은 1588년에 나온 라틴어판을 사용하였다.

사무일 로진스키*

---

* 사무일 로진스키(1874~1945). 러시아의 역사학자. 그는 베를린 대학교, 파리 대학교, 페테르부르크 대학교에서 역사—철학을 전공하였다. 시오니즘에 대한 연구를 하였으며 러시아에서 시오니즘 운동을 조직한 사람 중의 한 명이다. 그는 1904년부터 1919년까지 잡지사 편집장으로 키예프와 페테르부르크 등지에서 일을 하였다. 1919년~1925년에는 페트로그라드에 있는 유대인 대학교 총장으로 재직하였다. 그곳에서 그는 중세 유대인의 경제사와 유대인의 근대사를 강의하였다. 그는 이후 페테르부르크, 민스크, 로스토프 나 도누, 키로프의 대학 등에서 근대사에 대한 강의를 하고 유럽 근대사에 관한 저서들을 저술하였다. 저서로 《프랑스 제2공화국의 역사》, 《오스트리아의 정당과 민족 문제》, 《벨기에와 네덜란드의 근대사》, 《스페인에서의 종교 재판사》, 《종교 재판》, 《교황권의 역사》 등 유대사에 관한 많은 책들이 있다.

쟁점별 테마별 질문별 차례

2부 마법의 수단과 마법 퇴치 방법

3부 이단을 근절하는 방법

말레우스 말레피카룸
마녀를 심판하는 망치

초판 1쇄 | 2016년 10월 25일
　　2쇄 | 2017년 7월 31일

지은이 | 야콥 슈프랭거, 하인리히 크라머
옮긴이 | 이재필
편　집 | 강완구
디자인 | 임나탈리야
브랜드 | 우물이 있는 집

펴낸이 | 강완구
펴낸곳 | 써네스트

출판등록 | 2005년 7월 13일 제 2017-000025호
주　소 | 서울시 양천구 오목로 136, 302호
전　화 | 02-332-9384　　　　**팩　스** | 0303-0006-9384
이메일 | sunestbooks@yahoo.co.kr
ISBN 979-11-86430-34-7 (93920)　　　　값 30,000원

정성을 다해 만들었습니다만, 간혹 잘못된 책이 있습니다. 연락주시면 바꾸어 드리겠습니다.

이 도서의 국립중앙도서관 출판사도서목록(CIP)은 서지정보유통지원시스템 홈페이지
(http://seoji.nl.go.kr)와 국가자료공동목록시스템 (http://www.nl.go.kr/kolisnet)에서 이
용하실 수 있습니다. (CIP제어번호 : CIP2016023153)